Geschichte Russlands

Reclam Sachbuch premium

Geschichte Russlands

Von
Hans-Heinrich Nolte

Mit zahlreichen
Karten, Schaubildern
und Tabellen

Reclam

Für Christiane

MIX
Papier aus verantwortungsvollen Quellen
FSC® C019821

4., erweiterte, aktualisierte und bibliographisch ergänzte Ausgabe des Bandes *Kleine Geschichte Russlands*, zuerst erschienen 1998

RECLAMS UNIVERSAL-BIBLIOTHEK Nr. 14442
1998, 2012, 2024 Philipp Reclam jun. Verlag GmbH, Siemensstraße 32, 71254 Ditzingen
Umschlagabbildung: Junge Männer in Militäruniformen auf dem Roten Platz in Moskau. – © Anton Brehov / Alamy Stock Foto
Druck und Bindung: Druckerei C.H.Beck, Bergerstraße 3–5, 86720 Nördlingen
Printed in Germany 2024
RECLAM, UNIVERSAL-BIBLIOTHEK und RECLAMS UNIVERSAL-BIBLIOTHEK sind eingetragene Marken der Philipp Reclam jun. GmbH & Co. KG, Stuttgart
ISBN 978-3-15-014442-8

Auch als E-Book erhältlich

www.reclam.de

Inhalt

1
Voraussetzungen osteuropäischer Geschichte

2
Die Kiewer Zeit

3
Die Mongolenherrschaft

4
Nationalreich und Expansion

5
Die Zeit der Wirren

6
Restauration und Erneuerung

7
Der Aufstieg zur europäischen Großmacht

8
Das Petersburger Imperium

9
Russland als Gendarm Europas

10
Russland im Imperialismus

11
Der Rote Oktober

12
Neue Wirklichkeiten und alte Zwänge

13
Weltrevolution und Rückkehr ins internationale System

14
Ethnien, Nationen und Gründung der Union

15
Industrialisierung

16
Deutsche in Stalingrad, Russen in Berlin

17
Der Kalte Krieg

18
Die Struktur des Monopolsozialismus

19
Erste Reformversuche

20
Die ärmliche Weltmacht

21
Woche für Woche ...

22
Perestrojka und das Ende der Union

23
Abschiede und Neuanfänge: Nationenbildung

24
Die Russländische Föderation

25
Der Doppelstaat

29
Stammtafeln

30
Verzeichnis der Karten, Schaubilder und Tabellen

31
Register

1
Voraussetzungen osteuropäischer Geschichte

1 Wald, Steppen und Ströme

Der wichtigste Schauplatz der russischen Geschichte ist das weite osteuropäische Tafelland, das nur selten über dreihundert Meter ansteigt, aber mit vielen kleinen Hochflächen und lieblichen Wiesentälern reich gegliedert ist. Nach allen Richtungen verteilen sich von hier Bäche, Flüsse und Ströme, die schließlich in die Ebenen im Norden, Süden und Westen treten und in die äußersten Randmeere des Atlantik münden – die Ostsee, das Weiße Meer, das Schwarze Meer. Der größte europäische Strom, die Wolga, fließt zuerst vom Tafelland hinab nach Osten, wendet sich dann aber vor den Vorgebirgen des Ural nach Süden und speist das von den Weltmeeren abgetrennte Kaspische Meer. Das Tafelland bildet ein natürliches Zentrum Osteuropas, aber es besitzt keine natürlichen Grenzen – die Übergänge zum Westen sind kaum merklich, außer daran, dass die Frosttage abnehmen und die Regentage häufiger werden. Der Ural im Osten ist leicht zu überqueren und lässt zum Kaspischen Meer eine mehrere hundert Kilometer breite flache Steppe frei, welche im Osten bis Mittelsibirien und im Westen bis zu den Karpaten reicht – eine Straße der Hirtenvölker.

Die Klimaregionen Osteuropas reichen von der Kältesteppe der Tundra über den undurchdringlichen Waldgürtel der Taiga und den Mischwaldkeil bis zur Steppen- und Halbwüstenzone. Je weiter nach Osten, desto kälter und trockener wird das Land; jenseits des Ural gäbe es nur Steppe, wenn der Frost nicht die Zahl der Wachstumstage so einschränkte, dass einige Baumarten gedeihen können, die in den wenigen warmen Monaten mit dem Niederschlag auskommen, der sich im langen Winter angesammelt hat. Misst man die Wachstumsperiode im Norden nach der Zahl der Frosttage und im Süden nach der Dürre, dann formen die beiden Linien einen Keil, der sich von Westen nach Osten immer weiter verengt und schließlich am Ural endet. Dieser Keil bildet den Kernbereich bäuerlicher Siedlung in Osteuropa – Landwirtschaft nördlich, südlich und östlich davon war lange schwer möglich und ist auch heute riskant.

Dem Verkehr öffnen sich die osteuropäischen Landschaften in ganz unterschiedlichem Maße. Wer mit der Trockenheit umzugehen weiß, der kann den langen Steppengürtel von Sibirien bis zu den Karpaten als große Fernstraße nutzen. Auch die Tundra hindert kleine Gruppen, wenn sie nur mit der Kälte umgehen und sich ernähren können, nicht an weiten Wanderungen. Der Wald aber ist verkehrsfeindlich – nur Flüsse und Ströme bieten sich als Wege durch das Dickicht an. Im Frühling und im Herbst, wenn der Eisgang die Flüsse unpassierbar macht und die Landwege im Schlamm versinken, sind die Rodungsinseln im Wald oft unerreichbar. Im Sommer sind die Landwege zu den Rodungsinseln im Sand oft mühsam zu passieren und zwischen Mooren und Sümpfen leicht zu sperren. Im Winter jedoch kann man über die gefrorenen Ströme und Seen fast jeden Ort im Waldland gut erreichen – sei es, um mit dem Schlitten die Handelsprodukte abzufahren, sei es, um Herrschaft zu demonstrieren.

Norden und Mitte des osteuropäischen Tafellands sind von den Eiszeiten überformt. Im Norden haben die Gletscher die erdzeitlich alten Grundgebirge abgehobelt und

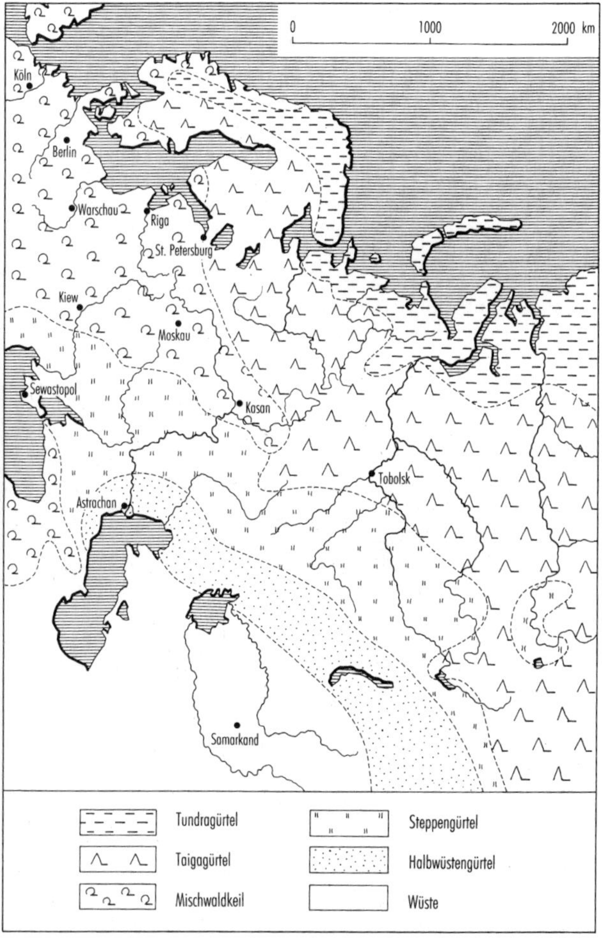

0
1000
2000 km
Köln
Berlin
Warschau
Riga
St. Petersburg
Kiew
Moskau
Sewastopol
Kasan
Astrachan
Tobolsk
Samarkand
Tundragürtel
Taigagürtel
Mischwaldkeil
Steppengürtel
Halbwüstengürtel
Wüste

mit Grund- und Endmoränen, mit Urstromtälern, Mooren und Sandflächen neu eingeteilt. Im Süden der Vereisung hat der Wind feinen Staub abgelagert, so dass große Lössbörden entstanden sind. Bis zu den alpinen Randgebirgen im Süden Osteuropas – den Karpaten, dem Krimgebirge und dem Kaukasus – ist das Eis jedoch nicht vorgedrungen, und die Küsten von Krim und Kaukasus haben seit dem Zurückweichen des Eises sogar mediterranes Klima gewonnen.

Geologische und klimatische Voraussetzungen sowie die Arbeit der Bauern haben unterschiedliche Böden entstehen lassen. In der Taiga ist die Humusschicht so dünn, dass der Bauer mit dem auskommen muss, was unter der Asche (*podsol*) der gerodeten und abgebrannten Bäume liegt. Im Mischwaldteil liegt so viel Humus, dass Rasen wächst, sobald der Wald gerodet ist (Rasenpodsol). Von den Karpaten zieht sich dann über Kiew und Kasan bis zum Ural ein hundert bis zweihundert Kilometer breiter Streifen, der natürlicherweise Laubwald trägt; hier findet der Bauer »grauen Waldboden« mit einer tiefen Humusschicht. Im Süden davon zieht sich ein zwischen hundert und tausend Kilometer breiter Streifen Lössbörde von den Karpaten bis zum Ob, so dass Schwarzerde (*tschernosjom*) entstanden ist, der fruchtbarste Boden Osteuropas, der jedoch nur dort ohne Risiko nutzbar ist, wo wenigstens 400 mm Niederschlag im Jahr fallen. Meist liegt der Tschernosjom im Steppengürtel; die bäuerliche Nutzung setzt also die Verdrängung der Nomadenvölker und die militärische Beherrschung der Steppe voraus. Damit ist eine der grundlegenden Konfliktlinien Osteuropas benannt; Ukrainer, Russen, Mordwinen und Wolgabulgaren auf der einen stehen Polowzern, Mongolen, Kalmücken auf der anderen Seite gegenüber. Die »kastanienfarbenen Böden« der Wüstensteppe haben meist eine nur geringe Humusschicht, und an sie schließen sich unfruchtbare Salzböden der Wüste an, aus denen jedoch reiche Flussoasen abstechen.

2 Ethnien und Religionen

Die Russen haben das osteuropäische Tafelland niemals allein besiedelt. Nördlich von Düna und Oka leben finnougrische Stämme, von denen heute einige zu souveränen Staatsnationen geworden sind, wie die Finnen und Esten, aber viele, wie die Mordwinen, die Udmurten oder die Karelier, Teilrepubliken der Russländischen Föderation bilden. Im Süden und Osten leben turksprachige Völker wie Tataren, Tschuwaschen oder Baschkiren, die zum Teil Kernvölker großer Imperien waren, wie dem der Goldenen Horde. Auch diese Völker haben heute als nationale Zentren eigene Republiken. Im Westen besiedelten die Balten im Mittelalter einen bis Weißrussland reichenden Raum; die Litauer und Letten haben heute souveräne Republiken. Auch Völker mit germanischen Sprachen wie Schweden, Deutsche und jiddisch sprechende Juden haben Spuren in Osteuropa hinterlassen. Und nicht zuletzt ist darauf zu verweisen, dass nicht alle Ostslawen unter dem Völkernamen »Russen« zu vereinen sind – Ukrainer und Belorussen haben eine eigene Identität entwickelt. Weiter reichen auch Einfluss wie Siedlungsgebiete des westslawischen Volks der Polen in das Gebiet der ehemaligen UdSSR hinüber.

Innerhalb der Ethnien wurde zwar eine allen verständliche Sprache gesprochen, die Loyalität der Menschen galt aber eher Stämmen, Großfamilien oder Klientelverbänden als der Sprachgemeinschaft. Die westliche frühneuzeitliche Entwicklung zur Ständenation – die Stände, die an der politischen Macht beteiligt werden, bilden die Nation, ohne Rücksicht auf ihre Muttersprache – ist in Osteuropa nur in eingeschränkten Formen vollzogen worden. In Polen, Livland und Ungarn war vor allem der Adel an der politischen Entscheidung beteiligt (»Adelsnation«). Im Moskauer Russland entwickelte sich zwar die Mitbestimmung der Oberen in den drei ›klassischen‹ Kurien Kirche, reiche Bürger und Adel, diese erreichten jedoch niemals die Festigkeit und Stärke westeuropäischer oder polnischer Stände und wurden mit dem petrinischen Absolutismus endgültig beseitigt. Innerhalb des russischen Imperiums entwickelte sich im 19. Jahrhundert vielfältiger Nationalismus, aber keine Nation, da der Kaiser keine politische Mitbestimmung zuließ. Das aus der Französischen Revolution stammende Konzept des integrativen Nationalstaats – alle Menschen eines Staates sind an der politischen Entscheidung beteiligt und sprechen daher dieselbe Sprache – erreichte Osteuropa vor allem in seiner deutschen Verkehrung: Alle Menschen einer Sprache sollen eine Nation bilden. In dieser Fassung hat der Nationalismus seine Sprengkraft bis heute bewahrt, da auch die Union der Sozialistischen Republiken nicht genügend Mitwirkungsmöglichkeiten gegeben hat, um alle Eliten einer Muttersprache zu integrieren.

Auch religiös ist Osteuropa niemals einheitlich gewesen. Als die Kiewer Rus (vgl. Kap. 2.2) sich zum orthodoxen Christentum bekannte, war das Khanat Bolgar am Wolgaknie schon muslimisch, im Chasaren-Kaganat am Unterlauf von Wolga und Don gab es viele Juden, und von Westen her erreichte die lateinische Mission die Völker an der Ostseeküste sowie auch das litauische Volk eher als die Orthodoxie. Unter den finnougrischen Stämmen im Norden aber besaßen bis in unsere Tage Naturreligionen die meisten Gläubigen, wie überhaupt unter der Decke aller monotheistischen Religionen – so auch bei Orthodoxie und Islam – mancher Zauberglaube fortlebte.

Die Vielfalt von Landschaft und Klima, von Sprache und Religion kennzeichnet Osteuropa als eine Region der Unterschiede und der wandernden Grenzen. Dies gilt auch für die Grenze im Osten, zwischen Europa und Asien – in der Antike lag sie am Don, in der Zeit der Mongolenherrschaft konnte man darüber streiten, ob Russland überhaupt zu Europa gehörte; und im 18. Jahrhundert bestimmten Geographen die künstliche Linie Uralgebirge/Uralfluss zur Grenze des Kontinents. Innerhalb Osteuropas bildet die

Grenze zwischen lateinischer und griechischer Kirche eine kulturelle Scheidelinie, aber auch sie rückte vor und zurück mit den Schicksalen der osteuropäischen Mächte.

3 Frühe Handelswege und Völkerwanderungen

Die Steppe nördlich des Schwarzen Meeres lag für die Griechen der Antike am Rande ihres Horizontes; man wusste noch, dass man vom Don Boote zur Wolga schleppen konnte, aber vom Waldgebiet nördlich der Steppe wusste man nichts. Der Steppengürtel war seit etwa 700 v. Chr. von Skythen beherrscht, die im 3. bis 2. Jahrhundert v. Chr. von den Sarmaten abgelöst wurden – beide Völker sprachen nordiranische, also indogermanische Sprachen. Nach dem kurzen gotischen Zwischenspiel errichteten im 4. Jahrhundert die Hunnen und im 5. Jahrhundert die »Protobulgaren« in der Steppe ihre Herrschaft – diese ein turksprachiges Volk, das am Anfang des 7. Jahrhunderts die nordpontische Steppe beherrschte und die Ruinen des antiken Phanagoreia am kimmerischen Bosporus wiederaufbaute. 660 unterlagen sie jedoch einem anderen turksprachig geführten Reich, dem Kaganat der Chasaren, und teilten sich – ein Teil zog nach Westen und errichtete das donaubulgarische Reich, in dem die turksprachige Oberschicht sich schnell an die Slawen assimilierte, der andere Teil zog nach Norden und errichtete am Wolgaknie das Khanat der Wolgabulgaren. Die Chasaren lebten von Viehzucht, Gartenbau und Fischfang an den Strömen Wolga und Don und kontrollierten den Zwischenhandel mit den wichtigen Waren des hohen Nordens (Felle und Elfenbein von Walrossen, Narwalen usw.), für den die Verbindung über die Kama bis in die Tundra hinein entscheidend war. Führungsschicht und Kagan waren mosaischen Glaubens, viele Untertanen waren jedoch Muslime oder Christen (z. B. gehörten die orthodoxen Krimgoten zum Reich), weiter zahlten die animistischen slawischen Stämme in den Wäldern am Nordrand der Steppe Tribute. Die Städte der Chasaren werden als umfangreich und wohlhabend geschildert, die Hauptstadt Itil an der Wolgamündung hatte in ihrer Glanzzeit wahrscheinlich 10000 Einwohner. Aber gerade der Reichtum lockte.

Trotz vernichtender Niederlagen gegen die über den Kaukasus vorstoßenden Araber am Anfang des 8. Jahrhunderts beherrschten die Chasaren, oft im Bündnis mit Byzanz, die nordpontischen Steppen bis zum Ende des 9. Jahrhunderts. Am Ende des 9. Jahrhunderts konnten die Chasaren den Durchzug der finnougrischen Ungarn durch die Steppe nicht mehr verhindern, und am Anfang des 10. Jahrhunderts eroberte das turksprachige Hirtenvolk der Petschenegen den Norden des Reichs – steinerne Burgen und die sie umgebenden Städte wurden zerstört, die Grabfelder geplündert. Zugleich tauchten neue Feinde auf, die Bootsfahrer der Rus, die genauso ihre Beute suchten wie die Steppennomaden. 965 zog Swjatoslaw wolgaabwärts, besiegte den Kagan und ließ Itil plündern. Da die Rus jedoch nicht die Kraft besaß, den Wolgaraum dauerhaft zu besetzen, konnten die letzten Chasaren auch als deren Untertanen keinen Neuanfang wagen; der Osten des Reiches suchte sein Heil im Islam – im Westteil, auf der Krim, überdauerten jüdische Gemeinden.

2
Die Kiewer Zeit

1 Waldbauern und soziale Differenzierung

Im 6. Jahrhundert n.Chr. machten die Slawen Weltgeschichte – ein bäuerliches Volk aus dem Raum zwischen Weichsel und mittlerem Dnjepr, das die von den Ostgermanen geräumten Gebiete bis zur Elbe besetzte und den gesamten Balkan überflutete. Da der Kern der slawischen Heere als Fußvolk kämpfte, konnten sie die Steppen nicht auf Dauer halten und verloren z. B. die pannonische Tiefebene nach 896 an die Ungarn. Die Slawen breiteten sich jedoch auch im Waldland östlich und nördlich des Dnjepr aus.

Die Slawen boten den Byzantinern, in deren Reich sie einfielen, das Bild von Stammesbünden, in denen die waffentragenden Männer gleichberechtigt waren. Man darf schließen, dass auch die Slawen, die sich im Waldland östlich und nördlich des Dnjepr unter den Finnougriern ausbreiteten, eine ähnliche patriarchalisch-demokratische Struktur besaßen. Je mehr die bäuerliche Siedlung sich verdichtete, desto eher wurden die Familienverbände in Stämme zusammengefasst; so kam es wohl im 8. Jahrhundert zum Stammesbündnis der Poljanen westlich Kiew. *Pole* bedeutet im Slawischen ›Feld‹, es waren also Menschen, die – vom üblichen Waldland her gesehen – im oder am offenen Gelände wohnten. Ausgrabungen in Wolhynien zeigen befestigte Ansiedlungen mit unterschiedlich großen Häusern und unterschiedlichem Reichtum an Waffen und Schmuck.

Die *Nestorchronik*, die wichtigste Schriftquelle für die Zeit, spricht von der »Stadt« Iskorosten im Gebiet eines anderen Stammes, der Drewljanen, welche die Waräger ein Jahr lang belagern mussten und nur durch eine List einnahmen, sowie von dem Fürsten der Drewljanen mit Namen Mal. Der Verdichtung von Siedlung in den Wäldern zwischen Karpaten und Dnjepr entsprach also zunehmend eine soziale Differenzierung.

2 Fernhandel und frühe Reichsbildung (Waräger)

Vermutlich hat man in Schweden seit den Tagen des pontischen Gotenreiches im 4. Jahrhundert nicht vergessen, dass es für den Nord-Süd-Fernhandel eine Variante zu dem von den Chasaren kontrollierten Newa-Wolga[-Don]-Weg gab: Düna oder Wolchow aufwärts und Dnjepr abwärts. Als etwa ab dem Beginn des 9. Jahrhunderts wikingische Bootsfahrer jeden Küstenabschnitt Europas darauf absuchten, wo die meiste Beute zu machen, der gewinnträchtigste Handel wäre und die reichste Herrschaft errichtet werden könnte, brachen sie auch in die entstehende Stämmegesellschaft der Ostslawen ein und errichteten ein Reich mit über tausend Kilometer Nord-Süd-Erstreckung: vom Innern des Finnischen Meerbusens bis zur Schwarzmeerküste. Um ein solches Reich aufzubauen, mussten die Skandinavier – in Russland heißen sie *Waräger* – gute Boote bauen, wehrhaft und räuberisch sein: aus der Perspektive von Bauern also skrupellos. Außerdem mussten sie den Steppennomaden an den Ufern des Dnjeprstromes erfolgreich widerstehen können; nur dann konnte man den Handel nach Byzanz organisieren. Ein weiteres Problem war, dass die eigentlich reichen Pelzgebiete im Norden nicht kontrolliert werden konnten, da sie von den Wolgabulgaren für den Wolgahandel erschlossen waren – die Exportgüter für Byzanz mussten also aus dem eroberten Lande genommen werden: Wachs, Honig, gewiss auch (schlechtere) Pelze, nicht zuletzt aber Menschen, die als Heiden auf den Sklavenmärkten im Süden verkauft wurden.

838 taucht die erste Gesandtschaft der »Rhos« in Konstantinopel auf und verhandelt über Handelsrechte; ihre meisten Mitglieder und auch die späterer Gesandtschaften tragen skandinavische, warägische Namen – aber auch slawische und chasarische kommen vor. Die Byzantiner waren keineswegs darüber erfreut, dass diese »Russen« in ihren Einbäumen bis zu ihrer Hauptstadt kamen: Fernhandel und Raub hatten immer fließende Grenzen. Aber sie konnten es nicht verhindern, da sie ihre (den Warägern technisch weit überlegene) Marine an anderen Fronten brauchten, und so schlossen sie Handelsverträge und verkauften Stoffe, Schmuck und Metallwaren.

Die Waräger stülpten der bäuerlichen ostslawischen Gesellschaft mit ihrem lokalen Adel eine Herrschaftsstruktur über, deren Kernelement die hochmobilen und im wahrsten Sinne des Wortes welterfahrenen Gefolgschaften der Heerkönige waren – im Russischen heißen sie *drushina*. Die Drushina trieb den Tribut ein und organisierte den Fernhandel damit. Der erste ihrer Heerkönige, Rjurik, nahm das gesamte Land mit dem Recht des Eroberers als sein Vatererbe. Dabei begriffen seine Nachfahren, die Rurikiden, die »Rus« als einen Familienbesitz, den sie nach gentilizischen Vorstellungen verwalteten – jeder Zweig der Familie erhielt einen Anteil am Lande, wobei dem jeweils Ältesten Kiew als Hauptstadt zufiel. Starb er, dann rückte sein Bruder nach Kiew vor, der Vetter kam nach Nowgorod usw. – ein Herrscherkarussell, das allen Nachfahren Rjuriks Herrschaftsmöglichkeiten gab und zugleich verhinderte, dass eine der Linien sich in einem Teilgebiet festsetzte; andererseits jedoch Anlass zu vielfältigem Streit gab. Immerhin – solange der eigentliche Gewinn aus der Rus im Verkauf des Tributs in Konstantinopel lag, der nur gemeinsam gegen die Steppenvölker der Petschenegen und später der Polowzer organisiert werden konnte, war der Zusammenhalt der Herrscher wichtig.

3 Olga und Wladimir

Fast am Anfang der russischen Geschichte steht eine der vielen klugen Frauen dieses Landes – die *Fürstin Olga* (gest. 969). Ihr Mann Igor hatte die Drewljanen zum Aufstand getrieben, indem er doppelten Tribut verlangte, und war von ihnen 945 bei der Stadt Iskorosten erschlagen worden. Die Drewljanen wollten der Rache der Wikinger zuvorkommen und schlugen vor, dass ihr Fürst Olga heiraten solle – aber die Witwe brachte die drei Gesandtschaften um, z. B. indem sie die Gesandten freundlich empfing, aber dann im Badehaus verbrennen ließ. Danach verheerte die Drushina das Land der Drewljanen, nur Iskorosten leistete ein Jahr lang Widerstand. Wieder griff Olga zu List und Verrat: sie versprach den Bürgern Vergebung und verlangte als Tribut nur drei Tauben und drei Spatzen von jedem Hof – denen banden die Waräger brennende ölgetränkte Lappen an und ließen sie zurückfliegen. Die Stadt wurde eingeäschert, die Bürger wurden erschlagen oder der Drushina als Sklaven übergeben.

Diese Rachegeschichte erinnert an die Nibelungensage und andere Völkerwanderungsmythen. Auf die Dauer, das begriff Olga, konnte man das Land mit solch terroristischen Methoden nicht regieren. Sie besuchte Konstantinopel, verhandelte vorsichtig mit dem Kaiser und ließ sich taufen; später wurde sie heiliggesprochen. Ihr Sohn Swjatoslaw blieb Heide, er führte seine Drushina nicht nur nach Bolgar und Itil, sondern auch an die Donau, wo er ein neues Warägerreich gründen wollte – 972 fiel er an den Stromschnellen des Dnjepr gegen die Petschenegen. Aus den Bruderkämpfen um den Thron ging ein natürlicher Sohn, dessen Mutter

Sklavin war, als Sieger hervor: Wladimir. Er siegte mit Hilfe neuer Waräger aus Schweden, die er nach Byzanz weitersandte, als sie ihre Bezahlung einforderten – nicht ohne dem Kaiser eine Notiz zukommen zu lassen, so dass der vor dem bevorstehenden Überfall gewarnt war.

Wladimir (gest. 1015) führte die Rus in den Kreis der feudalen christlichen Reiche Europas. Das Land war von monotheistischen Religionen umgeben – das Khanat Bolgar islamisch, viele Chasaren mosaisch, Polen lateinisch und Konstantinopel orthodox. Es war in Kiew deutlich, dass die Führungsschicht eine neue Moral brauchte – nicht nur wegen der Bruderkämpfe und der Vielweiberei (von Wladimir schreibt die *Nestorchronik*, er sei der Hurerei nicht satt geworden), sondern auch wegen der Orientierungslosigkeit der wilden Feldzüge eines Swjatoslaw. Es war weiter deutlich, dass die zunehmende Verdichtung von Wirtschaft und Gesellschaft neue Regeln brauchte, wenn sie nicht zerfallen sollte. Handel und Kulturbeziehungen wiesen nach Konstantinopel – aber eine Taufe von dort barg die Gefahr, dass die Kaiser daraus einen Oberherrschaftsanspruch ableiten würden. Wladimir löste das Problem, indem er die byzantinische Stadt Cherson auf der Krim eroberte und die Kaiser erpresste, ihm ihre Schwester zur Frau zu geben, wenn sie die Stadt wiederhaben wollten. Die Kaiser, wie immer an anderen Fronten stärker beschäftigt, gaben nach, und Wladimir ließ sich taufen. Die Taufe des Fürsten zog 988 die Taufe des Volkes nach sich – das Standbild des slawischen Donnergottes Perun wurde mit Ruten geschlagen und in den Dnjepr geworfen.

4 Das byzantinische Vorbild

Wie für die welthistorischen Vettern der Slawen, die Germanen, wirkte die mediterrane Welt auch für die Rus als Vorbild, das es fortzuführen oder – und darin kamen der eigene Anspruch und die vielfältigen Siege im Süden genauer zum Ausdruck – zu erneuern galt. Den Russen standen jedoch nicht die Ruinen Roms vor Augen, sondern das blühende »neue Rom« Konstantins des Großen; nicht der Papst, der bei aller zeitweisen äußeren Schwäche am Machtanspruch des Primats festhielt, sondern der Patriarch der Hauptstadt im Kreise der anderen drei orthodoxen Patriarchate, die mit dem Kaiser in »Symphonie«, in Übereinstimmung, zu leben versuchten; nicht die lateinische Tradition der Rechtsschriften und Verfassungen, sondern die griechische Tradition der Philosophie.

Wie die anderen monotheistischen Religionen tradiert das Christentum Kritik an der Sklaverei – wenn alle nach Gottes Bild geschaffen sind, kann der Mitchrist nicht bloße Sache sein. Andererseits brauchten Reich und Heer die Abgabe derer, welche die Arbeit machten. Um diese zu erzwingen, wurden in Ostrom ehemalige Sklaven ebenso wie frühere freie Bauern an die Scholle gebunden (*glebae adscripti*) – sie durften ihr Land nicht mehr verlassen. Auch die anderen Stände wurden festgeschrieben, und aus der Steuerleistung wurde ein umfassendes Behördensystem finanziert. In jeder Provinz gab es getrennte zivile und militärische Verwaltungen, dazu kamen die Kirchenhierarchie und – als ein wichtiger Gegenpol – die Universitäten und Akademien.

Dieses frühmittelalterliche Byzanz mit seiner reichen weltlichen Tradition wurde jedoch im 7. Jahrhundert durch die Angriffe von Arabern und Slawen fast vernichtet – 675 ging Nordafrika, 681 die Donaugrenze verloren. Byzanz reagierte auf die tödliche doppelte Bedrohung mit einer Militarisierung seiner Gesellschaft – die politischen Mitbestimmungsorgane der hauptstädtischen Bevölkerung, die *demoi* (sog. Parteien), verloren genauso an Bedeutung wie der Senat; durch die »Themenverfassung« wurde die Provinzverwaltung in der Hand des Militärbefehlshabers zusammengefasst; der Kaiser gewann als oberster Befehlshaber an

Einfluss; der Schutz der Bauern, welche den Kern der Heere bildeten, gegenüber den Adelsfamilien wurde verstärkt. Im 9. und 10. Jahrhundert gelang so die Konsolidierung: Anatolien wurde gehalten, die Donaugrenze zurückerobert.

Es war diese Gesellschaft, die ihre Missionare nach Norden sandte. Man bezeichnete sich – wie der Westen – als »Römisches Reich« (der Begriff »Byzantinisches Reich« ist ein Kunstbegriff des 19. Jahrhunderts). Allerdings nahm die Gräzisierung zu. Konstantinopel war immer noch die größte und gebildetste Stadt der Christenheit – ein Stallknecht konnte hier Kaiser werden, aber er musste lesen können (was viele Kaiser im Westen ja nicht für nötig hielten, dafür stammten sie dann aus altem Adel). Hinter ihren doppelten Mauern hatte die Hauptstadt vielen barbarischen Angriffen widerstanden, unermessliche Kunstschätze waren in ihr angesammelt worden, und eine erfahrene Handwerkerschaft versorgte die Welt mit Luxuswaren. Unter den vielen Behörden der Hauptstadt nahm das Patriarchat nun einen der ersten Plätze ein, aber es gab z. B. auch eine institutionalisierte Diplomatie, welche das offizielle Staatsprogramm – die Wiedererrichtung des Römischen Reiches – in vielfältigsten juristischen Winkelzügen, aber auch im Ausspielen der einen »Barbaren« gegen die anderen zu fördern suchte, obgleich es längst eine bloße Fiktion geworden war.

5 Christianisierung. Staat und Kirche

Die Massentaufe der Kiewer im Dnjepr muss man sich als einen Akt gesellschaftlicher Gefolgschaft gegenüber Fürst und adligen Herren, den Bojaren, vorstellen. Sie bedeutete jedoch in der Folge die Missionierung des gesamten Landes, den Aufbau von Kirchen und Schulen, die Entstehung einer Hierarchie. Die Russen kannten bis dahin die Verwaltung des Fürsten – er sandte einen Sohn oder Vertrauten, um die Einziehung des Tributs und die Verteidigung zu sichern, wenn er nicht selbst an der Spitze seiner Gefolgschaft, der Drushina, erschien. Das waren Leute ohne formale Ausbildung, wenn auch adliger Herkunft. Jetzt entstand eine das Reich umfassende Organisation mit Personen, die eine Schule besucht hatten, lesen konnten und einen bestimmten Aufgabenbereich wahrnahmen: die Sorge um die Moral, das Eherecht, den Gottesdienst. Diese Behörde hatte einen Instanzenweg: Priester, Archidiakon, Bischof, Metropolit in Kiew, Patriarch in Konstantinopel. Die Kirche trat nicht an die Stelle der fürstlichen Statthalter – sie trat neben sie, und sie bot damit sowohl die Möglichkeit eines Vorbildes wie auch eine konkrete Differenzierung der sozialen Realität.

Die Kirche wirkte auf die Sozialstruktur der Kiewer Rus, indem sie den Übergang von einer gentilizischen, nach Großfamilien organisierten Gesellschaft zu einer feudalen erleichterte: Sie bekämpfte die Blutrache, forderte die Anerkennung von Christenrechten auch für Haussklaven und bildete einen eigenen Stand – nicht nur für die Kleriker, sondern auch für alle jene, welche aus den Familienverbänden aus irgendeinem Grund herausfielen (die *isgoji*).

Die orthodoxe Kirche war und ist durch viele Gemeinsamkeiten mit dem römisch-katholischen Christentum bestimmt. Neben der Schrift als theologischer Grundlage gilt gleichberechtigt die Tradition – die Lehrmeinungen der Kirchenväter und vor allem die Entscheidungen der ersten gesamtchristlichen Konzilien. Die Hierarchie legitimiert sich vom Patriarchen bis zum einfachen Popen durch die apostolische Nachfolge der Geistlichen, symbolisiert durch das Handauflegen des Bischofs bei der Weihe, die auf die Apostel zurückgeführt wird. Klöster spielen eine wichtige Rolle; oft haben Mönche die etablierte Hierarchie kritisiert, andererseits muss ein Bischof in der orthodoxen Kirche die Mönchsgelübde abgelegt haben. Die Orthodoxie kennt jedoch keinen Primat eines Patriarchen, jener von Konstantinopel ist nur Primus inter pares. Als mitgliederstärkste, lange auch politisch mächtigste, gewann die russische Kirche unter den orthodoxen in der Neuzeit eine führende Position, die freilich während der Religionsverfolgung der Stalinzeit in ihr Gegenteil verkehrt wurde.

Dem oströmischen Vorbild folgend, sollten Patriarch und Kaiser in »Symphonie«, in Übereinstimmung, zusammen die Christenheit führen, womit nicht gemeint war, dass der Patriarch stets die leisere Stimme habe: seine Aufgabe war es, den Kaiser – bzw. in Russland Fürsten und Großfürsten – auf die Regeln der Kirche zu verweisen, sein Handeln moralisch zu leiten. Weder in Ostrom noch in Russland kam es zu jener Verselbständigung der Kirche als weltlicher Machtträger, wie sie den Westen kennzeichnet und in der politischen Rolle des Papstes ihren höchsten Ausdruck findet. Der Primat Roms wurde im Osten nicht anerkannt; das Schisma von 1054 bestimmte auch die Distanz der russischen Orthodoxie gegenüber dem Westen. Kirchenrechtliche Neuerungen des Westens, wie das Zölibat auch der Gemeindepriester und die neuen Ordensregeln, wurden genausowenig mehr übernommen wie Veränderungen der theologischen Lehre, etwa im Mittelalter die vom Fegefeuer oder im 19. Jahrhundert die von der Unfehlbarkeit des Papstes in Ex-cathedra-Entscheidungen.

6 Grundlinien russischer Gläubigkeit

Der höhere Klerus in Russland kam noch lange aus Griechenland. Ihm fehlte in Russland der Widerpart einer weltlichen Intelligenz, und ihm fehlte nicht nur aus sprachlichen, sondern auch aus kulturellen Gründen oft der Zugang zum russischen Volk. So wurden – wie in anderen von der Mission geprägten Ländern nördlich von Donau und Alpen – weithin die Klöster zu Trägern der religiösen Bildung, und russische Frömmigkeit war von Anfang an durch einen monastischen Zug gekennzeichnet.

Das orthodoxe Kirchenjahr beginnt am 1. September (Indiktion); am 8. September folgt eines der Feste der Gottesmutter – Mariä Geburt. Weihnachten liegt am 25./26. Dezember; ein besonders hoher Festtag ist »Erscheinung des Herrn« am 6. Januar. Mit ihm wird die »Große Wasserweihe« verbunden, bei der in Erinnerung an die Taufe Christi das Wegwaschen der Sünden, aber auch die Heiligung der Natur des Wassers gefeiert wird. Der Priester bittet darum, dass dem Wasser die Kraft verliehen werde, Seele und Körper zu reinigen und zu heilen. Das Kreuz wird in das Wasser eingetaucht, von dem die Gläubigen mit nach Hause nehmen, um ihre Wohnung zu besprengen. Der Höhepunkt des Kirchenjahrs ist Ostern; ihm geht eine vierzigtägige Fastenzeit voraus. Im Ostergottesdienst verkünden die Kerzen die alles entscheidende Botschaft: »Christ ist auferstanden« – womit der Sieg des Geistes über die Materie gefeiert wird. Das Osterbrot, worin die Worte »Jesus siegt« in Kreuzesform eingebacken sind, wird gemeinsam gebrochen. Die gesegneten Opfergaben – Osterkuchen, Osterquark und bemalte Eier – werden mit nach Hause genommen und mit Freunden als Symbol des anbrechenden neuen Lebens sowie als Vorgeschmack der ewigen Seligkeit genossen. Am Pfingstsamstag wird der Toten gedacht; süße Getreidespeisen werden in der Kirche gesegnet und im Kreis der Familie – nicht selten an den Gräbern – verzehrt. Das eigentliche Pfingstfest feiert die Dreieinigkeit.

Während die beweglichen Feste, die von Ostern abhängen (das auf dem Konzil von Nizäa 325 auf den Sonntag nach dem ersten Vollmond gelegt wurde, der auf die Frühlings-Tagundnachtgleiche folgt), in der Christenheit zum selben Termin gefeiert werden, schlägt bei den unbeweglichen Festen wie Weihnachten zu Buche, dass die orthodoxe Kirche die 1582 von Papst Gregor XIII. durchgeführte Reform des Kalenders nicht übernommen hat, so dass das orthodoxe Kirchenjahr heute stets 13 Tage später stattfindet als das römische. Auch die öffentlichen Daten Russlands folgten diesem »alten Stil«, bis die UdSSR 1923 den gregorianischen Kalender als »neuen Stil« einführte.

Das Kirchenjahr bietet vielfältige Möglichkeiten, in der konkreten Weihe von Lebensmühe den Ansatz zu spiritueller Durchdringung zu erfahren. Ähnlich sind die lebensgeschichtlichen Heiligungen zu verstehen. Das Neugeborene wird vierzig (heute oft acht) Tage nach der Geburt durch dreimaliges Untertauchen getauft; die Salbung mit Myron schließt sich als Zeichen der Geistverleihung unmittelbar an (ist also nicht, wie im Westen, zu einem eigenen Fest der Initiation in die Gemeinde entwickelt worden). Auch Kinder werden zum Abendmahl zugelassen. Zumindest in der großen Fastenzeit vor Ostern soll der Christ einmal persönlich beichten. Die Bußstrafen sind in einem eigenen Kanon normiert; nur wer die Priesterweihe besitzt, darf (dem Kirchenrecht nach) die Absolution erteilen. Bei der Feier des Sakraments der Ehe wird dem Bräutigam eine Krone mit dem Bild des Erlösers, der Braut eine mit dem Bild der Gottesmutter aufgesetzt. Die Kronen symbolisieren eheliche Reinheit und Zuordnung – jeder Ehepartner ist die Krone des andern. Zugleich sind sie ein Zeichen für die Würde des Menschen, der zur Schaffung neuen Lebens berufen ist. Die Verstorbenen werden in der Kirche aufgebahrt, ihnen wird der Text des Gebets mit der Bitte um Erlassung der Sünden in die zum Kreuz gefalteten Hände gelegt. In der Totenmesse wird aus dem Johannesevangelium gelesen, womit die Gläubigen auf das Jüngste Gericht und die Auferstehung jener, die Gutes getan haben, zum ewigen Leben hingewiesen werden.

Wie im Westen lebten auch in Russland unter der Decke des Christentums viele heidnische Bräuche weiter. Viele nichtrussische Ethnien des Reichs wie Tscheremissen oder Samojeden blieben auch offen heidnisch, etwa schamanistisch. Die russische Alltagskultur aber blieb christlich geprägt, bis die Säkularisierungswellen vom 18. Jahrhundert an und besonders der »kämpferische Atheismus« der Kommunistischen Partei im 20. Jahrhundert die prägende Kraft der Kirche zuerst für Teilbereiche des Lebens einschränkten und schließlich für große Teile des Volks aufhoben. Aber auch viele, die nicht gläubig sind, fühlen sich in Russland dem Milieu der Orthodoxie verbunden.

7 Der Übergang zur feudalen Gesellschaft

Jeder freie Bauer (*smerd*) in der Rus besaß seinen Hof, seinen Acker, sein Vieh sowie Waffen und war als Mitglied der Dorfgemeinde berechtigt, Wald und Weide zu nutzen. Er zahlte Tribut an die Fürsten – im Norden von jedem Rauchfang, im Süden von jedem Pflug. Vielleicht zahlten die Bauern den Tribut nicht als Einzelpersonen, sondern über die Dorfgemeinde, die *obschtschina* – aber die Dörfer waren, besonders im Norden, sehr klein. Die übliche Form des Landbaus war die Brandrodewirtschaft: der gerodete Wald wird verbrannt, und die so gewonnene Fläche ist fruchtbar genug für einige Ernten, danach lässt man sie wieder verwalden. Diese Wirtschaftsform braucht viel Platz.

Neben solche tributpflichtige Obschtschinen traten Eigengüter des Adels – Vatersgüter oder *wottschiny*. Am Anfang waren es Mitglieder der Fürstenfamilie, für die ein Teil des Bodens aus dem allgemeinen Tributsystem ausgegliedert wurde; später kamen adlige Herren, *Bojaren*, dazu. Zwar wussten insbesondere die kleineren Herren durchaus, wie man einen Pflug führt, aber die Masse der Feldarbeit wurde vom »Haushalt« – *tscheljad* – getan. Zum Haushalt gehörten also viele Personen – vom Verwalter über den Schmied bis zum Ackerknecht.

Je mehr die Fürstenfamilie in verschiedene Zweige zerfiel und je mehr Bojaren Wottschinen erhielten, desto mehr differenzierte sich der Adel; die Gefolgschaften teilten sich in die »ältere« Drushina – das waren die Bojaren mit eigenem Land – und die »jüngere«, die nach wie vor von dem lebte, was Haushalt und Tribut dem Fürsten einbrachten. Im Bild vom Alter kam zum Ausdruck, dass soziale Verhältnisse als Familienverhältnisse begriffen wurden (wie auch im Westen, etwa im Wort »Jung-Herr/Junker«).

Der Haushalt des Gutsbesitzers umfasste Personen mit unterschiedlichem Rechtsstatus. Zuunterst standen die *cholopy*, Knechte, die der Herr verkaufen konnte und für die er das Wergeld erhielt – die Strafgebühr, mit der die Familie eines Totschlägers die Blutrache abwenden konnte. Wie weit das Kirchenrecht die Stellung der Cholopen verbesserte, wird aus einer Rechtsordnung des 12. Jahrhunderts deutlich, in der es heißt: »Wenn ein Herr ein vollhöriges Mitglied der Tscheljad tötet, so gilt das nicht als Mord, wohl aber trifft ihn die Schuld vor Gott« – d. h., er musste an niemand Wergeld zahlen, wohl aber Kirchenbuße tun. Man konnte Cholop durch Kriegsgefangenschaft werden, wenn man kein Christ war, durch Verkauf und durch Heirat einer Cholopin. Neben Cholopen gab es Schuldknechte, *sakupy*, die bis zur Abarbeit der Schuld auf dem Gut arbeiten mussten.

Je wichtiger Landbesitz in der russischen Gesellschaft wurde, desto weniger reichte die Zahl der Cholopen und Sakupen für die Güter, und zunehmend begannen die Wotschinen, umliegende Obschtschinen von sich abhängig zu machen. Es entstanden Dörfer, in denen die Bauern an Klöster oder Adlige Abgaben zahlen oder auch Fronarbeit leisten mussten. Hier wurde ein feudaler Eigentumsanspruch zwischen den Besitz der Bauern und die Tributansprüche des Fürsten geschoben. Allerdings waren die Unterschiede zwischen den Regionen groß. Durch Einschränkung der Wirkung des Cholopentums, auch durch Ansiedlung von Cholopen und Sakupen auf vom Gut abgesonderten Hofstellen, andererseits durch Ausweisung von Eigentumsansprüchen auf ehemals freie Obschtschinen entstand so in der späten Kiewer Zeit die neue Definition des Bauernstandes – Christen (*krestjane*), die von ihren Hofstellen sowohl Tribut an den Fürsten und Zehnten an die Kirche wie Abgaben an den Herrn zu leisten hatten, die aber selbständige Rechtspersonen und Mitglieder der Obschtschina waren sowie das Recht behielten, ihren Herrn zu verlassen und sich ein neues Stück Land zu suchen.

8 Größe und Krise der Kiewer Rus

Das 10. und 11. Jahrhundert waren durch eine Verdichtung der Siedlungen gekennzeichnet, durch Rodungen, Anlage neuer Dörfer und neuer Wege und den Bau vieler Städte. Solange diese Vermehrung des Potentials dem Zentrum in Kiew zugute kam, trug es zur Blüte der Rus bei – Kiew wurde zu einer hochmittelalterlichen Großstadt mit vielleicht 100000 Einwohnern. In vielem folgte man dem Beispiel Konstantinopels, z. B. mit der Hauptkathedrale, die der Heiligen Weisheit gewidmet ist wie die Hagia Sophia, oder mit dem »Goldenen Tor«. Die Rurikiden wurden zu einer der europäischen Herrscherfamilien, wobei das Schisma zwischen Ost- und Westkirche noch wenig störte – die russische Fürstentochter Praxedis wurde die zweite Gemahlin Kaiser Heinrichs IV., und Großfürst Jaroslaw der Weise war mit einer schwedischen Königstochter verheiratet.

Je mehr allerdings russische Bauern die Städte mit Waren versorgten und russische Handwerker Adel und Kirche mit feinem Tuch, Waffen und Schmuck, desto weniger Bedeutung blieb dem Fernhandel, um dessentwillen das Kiewer

0 500 1000 km
Orthodoxe Staaten
Lateinische Staaten
Muslimische Staaten
Heidnische Stämme
Grenzsäume
Innere Grenzen
Osteuropäische Handelswege
T. Fürstentum Turow
W.W. Fürstentum Wladimir in Wolhynien
N.-S. Fürstentum Nowgorod-Sewersk
Karelier
Finnen
Kgr. SCHWEDEN
Tscheremissen
Khanat der Wolgabulgaren
Uppsala
Groß-Nowgorod
Esten
Bolgar
Wladimir
Kopenhagen
Letten
Polozk
Smolensk
Litauer
Tschernigow
Mordwinen
Ural
Lübeck
Pruzzen
RÖMISCH-DEUTSCHES REICH
Hzm. POLEN
W.W.
T.
N.-S.
Don
Wolga
Kgr. BÖHMEN
Kiew
Dnjepr
Itil
Prag
Regensburg
Galitsch
Alanen
Polowzer
Gran
Tmutorokan
Venedig
Kgr. UNGARN
Cherson
Tiflis
Kgr. GEORGIEN
Donau
Aufständische Slawen
(OST-)RÖMISCHES REICH
Trapezunt
Rom
Konstantinopel
Thessaloniki
Sultanat der Rum-Seldschuken
Sultanat der Seldschuken
Ikonion

Reich einmal gegründet worden war. Die Mitglieder der Rurikidenfamilie, die ihre eigenen Anteile am Familiengut Russland besaßen, wurden immer unwilliger, nach Kiew zu gehen und den Kampf um die Steppenwege zu führen. Zugleich gab die Vielzahl der Nachfolgefehden um die Anteilreiche der Stadtbevölkerung Möglichkeiten zur Einflussnahme und zum Ausbau ihrer Selbstverwaltungsorgane – vor allem des *wetsche*, der Versammlung der Stadtbürger. Die Verletzlichkeit der Rus gegenüber Angriffen aus der Steppe oder aus dem Westen nahm allerdings zu: 1018 und 1069 standen polnische Truppen im Bündnis mit russischen Thronprätendenten in Kiew.

Die Rurikidenfamilie suchte die Entwicklung zu steuern, indem sie 1097 beschloss, dass jeder Familienzweig sein Fürstentum als Erbe besitzen solle; das Wechseln der Fürstensitze nach der »Altersordnung« (Seniorat) hörte also auf. Nur Kiew galt weiter als gemeinsamer Besitz der Familie.

Aber die Siedlungsbewegungen drängten an die Peripherien der alten Kiewer Rus – nach Südwesten nach Galizien-Wolhynien; nach Norden in das Land der Esten und Letten; vor allem aber nach Nordosten in die von finnischen Stämmen besiedelten Länder zwischen Oka und Wolga – ja über diese hinaus. Schließlich verlegte Andrej Bogoljubskij den Großfürstensitz in seine neue Hauptstadt Wladimir, und als die Fürsten von Galizien wieder Kiew zu seinem alten Glanz verhelfen wollten, ließ Bogoljubskij es 1169 sogar plündern. Die Kiewer haben es den »Hinterwäldlern« aus dem Norden nicht vergessen, dass diese Russen die ersten waren, welche die »Mutter der russischen Städte« einer Soldateska preisgaben.

3
Die Mongolenherrschaft

1 Die Kreuzzüge und die Krise der orthodoxen Welt

Das Hochmittelalter bildet die erste Phase jener fast tausend Jahre dauernden Ausbreitungsbewegung, die wir europäische Expansion nennen. Woher kam die Kapazität, woher der Wille dazu?

Auf politischer Ebene bedeutete das Scheitern der universalistischen Mächte Kaiser und Papst die Freisetzung der (ständischen) Nationen und damit die Institutionalisierung eines Konkurrenzsystems, das jedoch unter Umständen als »Christenheit« gegen Feinde von außen auch gemeinsame Sache machen konnte. Auf sozialer Ebene erleichterte die Herausbildung der Konkurrenz die Organisation autonomer Gruppen, die Teilbefugnisse – z.B. eigene Gerichtsbarkeit – an sich brachten und auf welche die Könige zunehmend Rücksicht nehmen mussten. Wer sich in den einzelnen Reichen als »Stand« organisieren konnte und welche Sonderrechte er erlangte, das war sehr unterschiedlich – in Schweden und Tirol z. B. wurden auch Bauern politischer Stand, in Polen monopolisierte im Verlauf der frühen Neuzeit der Adel den Reichstag –, meist waren es aber Adel, Kirche und Städte, auf welche die Kronen zur Beratung und meist zur Steuerbewilligung angewiesen waren. Auf wirtschaftlicher Ebene erhöhten Landesausbau und Übergang zur Dreifelderwirtschaft die Produktivität in einem Ausmaß, das vielfältig Wohlhabenheit entstehen ließ und die Vorherrschaft des Adels in Frage stellte. Eine zunehmende

Verstädterung führte dazu, dass etwa ein Fünftel der Bevölkerung hinter Mauern in Sicherheit wohnte und den Vorrang des Adels gefährdete.

Religionsgeschichtlich entstanden neue Spannungen, als die feudalisierte Kirche anfangs von radikalen Reformern und später von Bettelorden auf ihre Aufgabe, die Nachfolge Christi, verwiesen wurde.

Das westliche, das lateinische Europa suchte die entstehenden Probleme u. a. durch Expansion zu lösen – den Kreuzzug, der die zunehmende Komplexität auf einfache Fronten zu reduzieren und zugleich vielfache Beute und neue Herrschaften versprach. Richtete sich der erste Kreuzzug noch auf Jerusalem, wurde zunehmend das östliche Europa zum Ziel – sei es im »Wendenkreuzzug« von 1147, sei es im vierten Kreuzzug, der unter geschickter Regie der Handelsstadt Venedig 1204 zur Aufteilung des byzantinischen Reiches und zur Plünderung des sagenhaft reichen Konstantinopel führte – man kann einen Teil der Beute noch heute am Markusdom bestaunen.

Der Ostexpansion deutscher und skandinavischer Mächte im Ostseeraum sowie französischen Adels und italienischer Städte im Mittelmeer entsprach, dass der Nord-Süd-Handel quer durch Russland weiter an Bedeutung verlor. Zugleich verschärfte die Eroberung Konstantinopels, die mit vielfältigen Unionen ehemals orthodoxer Kirchen auf dem Balkan mit Rom zusammenging, die Abwendung der griechischen Kirche vom lateinischen Westen, d. h. die Spaltung der Christenheit.

2 Das mongolische Weltreich und Russland

Am Ende des 12. Jahrhunderts gelang es einem mongolischen Adligen mittlerer Herkunft mit Namen Temüdschin, ein Heer aufzubauen, in dem Leistung und Gefolgschaftstreue mehr wog als Herkunftsaristokratie und das nach dem

Zehnersystem in Tausendschaften und Hundertschaften gegliedert wurde. Das Ziel der Heerzüge der neuen Steppenmacht war weniger Beute als Vernichtung des Feindes und Aneignung seiner Weidegründe. 1202 wurde das Volk der Tatar vernichtet, und die Gemeinschaft übernahm deren Namen wie deren Gebiet als Zeichen ihrer neuen Stellung. Nach weiteren Siegen wurde Temüdschin 1206 zum Khan, zum Führer aller Mongolen, gewählt. Wer sich ihm, der sich nun Tschingis Khan nannte, anschloss, der konnte oft mit seinem alten Clan, seinem alten Stamm in dem neuen Verband einen Platz finden – wen er unterwerfen musste, der wurde rücksichtslos auf andere Tausendschaften verteilt. Aber jeder militärisch tüchtige Mann konnte unabhängig von seiner Herkunft zum Hundertschafts-, zum Tausendschaftsführer und sogar in den Familienverband des Herrschers, die Tschingissiden, aufsteigen.

Mit seinem leistungsbezogenen mathematischen Organisationsprinzip zog das mongolische Heer in den folgenden Feldzügen Söldner aus allen unterworfenen Völkerschaften an und vergrößerte sich schnell. Die Reiterei bildete die Hauptstreitmacht. Mit sehr weit reichenden Bögen und listenreich angelegten, standardisierten Gefechtsformen wie dem »Kampf der Hunde« – eine Abteilung wendet sich zum Schein zur Flucht und zieht den Gegner in eine Falle – eroberten die Mongolen bis zum Tode Tschingis Khans 1227 Zentralasien. Eine Vorhut besiegte 1223 ein Heer aus Russen und Polowzern an der Kalka, nördlich der Krim.

Die Tschingissiden behandelten ihr Reich als Familienbesitz – der älteste Sohn Dschötschi erhielt als Khan den Westteil; der zweitjüngste Sohn Ögödei erhielt als Khan der Khane, *Khagan*, die Hauptstadt Karakorum und den Osten. 1234 war die Eroberung Chinas abgeschlossen, und im kommenden Jahr beschloss eine Reichsversammlung in Karakorum den Westfeldzug. In drei Feldzügen eroberten die mongolischen Heere zwischen 1237 und 1240 die russischen Fürstentümer und stießen 1241 in zwei Abteilungen bis

Schlesien und bis an die Adria vor, zogen sich jedoch (unbesiegt) wieder zurück, als Ögödei starb.

Unter den Enkeln setzte sich immer mehr das Prinzip der Herkunftsaristokratie durch, und die Teilreiche verselbständigten sich. Die *Pax Mongolica* ließ den Handel zwischen China und Europa über die Karawanenstraßen Zentralasiens ziehen bis zu den nach dem Fall Konstantinopels für die italienischen Städte offenen Schwarzmeerhäfen. Das westlichste Teilreich, die »goldene« Horde, gründete Sarai, die Hauptstadt am Kreuzpunkt des Wolgahandels mit dem erneuerten Ost-West-Handel; die russischen Fürstentümer gerieten so an den äußersten Rand des neuen Imperiums – vor allem durch Tributzahlungen, aber auch durch Sklavenhandel mit ihm verbunden.

Während der Eroberung war eine Vielzahl russischer Städte, darunter auch Kiew, geplündert und eingeäschert worden; gefangene russische Handwerker wurden bis Karakorum, vor allem aber nach Sarai verschleppt. Ganze Handwerke, z. B. die Emaillierkunst, verschwanden für ein Jahrhundert in Russland. Der Niedergang der Städte korrespondierte damit, dass die Bauern weithin zur Selbstversorgung übergingen – wer konnte, floh weit in die Wälder, wo es noch keine städtischen Siedlungen gab. Die Tribute mussten in Silber gezahlt werden, das in Russland nirgends gewonnen wurde und also im Handel mit Westeuropa verdient werden musste. Dem Niedergang des Landes entsprach so der Aufstieg der Handelsstadt Nowgorod, die außerdem in den Feldzügen nicht erobert und nicht geplündert worden war.

3 Alexander Newskij

Alexander Newskij (1220?–1263) war der zweite Sohn des Großfürsten Jaroslaw von Wladimir und wurde von den Nowgorodern zum Fürsten gewählt, was aber keine politische Macht, sondern nur militärische Funktionen einbrachte. Als 1240 die Schweden während der Kämpfe gegen die Mongolen in Russland einfielen, gelang es unter Alexanders Führung, ihr Heer an der Mündung der Newa in die Ostsee zu besiegen, und zwei Jahre später wurde auch der Deutsche Orden auf dem Eise des Peipussees geschlagen. Newskij konnte so Nordwestrussland vor der Eroberung durch lateinische Mächte bewahren, was aber angesichts der doppelten Bedrohung Russlands zugleich bedeutete, dass er mit der Goldenen Horde Frieden halten musste. Mehrfach zog er zum Khan nach Sarai, und 1252 wurde er mit Hilfe der Mongolen Großfürst von Wladimir (und damit auch zum Stammvater der Moskauer Linie der Rurikiden). Newskij besaß nicht nur persönlichen Mut, sondern auch militärisches Genie – in der Schlacht auf dem Peipussee ließ er den schwer gerüsteten Kern des Ordensheeres über das Eis hinweg in das russische Zentrum hinein vorstoßen, bis die Flanken es einschließen konnten. Vor allem aber besaß er die Nüchternheit, die Übermacht der Mongolen anzuerkennen, obgleich das einem Sieger gewiss nicht leichtgefallen ist. Die orthodoxe Kirche hat ihn später unter ihre Heiligen erhoben, aber auch das petrinische Russland und die UdSSR (nach dem deutschen Angriff) haben Orden nach diesem Nationalhelden benannt.

4 Die Erschließung der Wälder. Die Kirche als Hort des Volkes

Der Einfall der Mongolen – oder Tataren, wie sie genannt wurden – beschleunigte die Abwanderung von russischen Bauern in die Waldgebiete des Nordens. Hier wirtschafteten sie in der komplexen Weise der Waldbauern – legten Brandrodefelder an, nutzten den Wald für Jagd, Viehzucht und Bienenwirtschaft und trieben Fischfang. Als Rodebauern besaßen sie viele Freiheiten, nur in den Waldgebieten der Nowgoroder Bojaren-Oligarchie gehörten auch viele Waldbauern zu Adelsgütern. Je weiter nach Norden, desto mehr herrschten Kleinsiedlungen vor – die jedoch meist zu umfassenden Landgemeinden zusammengefasst waren. Diese hatten sowohl die Aufgabe, die gemeinschaftliche Nutzung von Heuschlägen und Waldungen zu regeln als auch die Steuern und Lasten der Herrschaft zu verteilen. Die gerodeten Äcker gehörten meist zu einzelnen Höfen, es kamen aber auch Formen von gemeinsamem Besitz, z. B. an alten Äckern, vor. Bauern waren es übrigens auch, die im Winter aus Rasenerz Eisen erschmolzen oder nahe der Küsten Salz siedeten.

Die klösterliche Kolonisation begleitete die Bauern und ging ihr nicht selten voraus. Die orthodoxe Kirche kennt nicht jene Vielzahl von Ordensregeln wie die lateinische, aber unterscheidet – innerhalb der einen Ordensregel des heiligen Basilios – Einsiedeleien und große Klöster mit Abt. Erstere bildeten oft Beispiele für die Nachfolge Christi in Armut und Askese, manche der letzteren entwickelten sich zu reichen und mächtigen Glaubensburgen. Die Mongolen privilegierten die Kirche – ihre Oberherrschaft blieb tolerant, auch als die Goldene Horde sich dem Islam zuwandte.

Der Verstädterungsgrad blieb in der Mongolenzeit gering. Die Städte waren Sitz fürstlicher Hofhaltungen und bischöflicher Verwaltungen, aber auch der Adel hatte seine Höfe in ihren Palisadenringen oder Mauern. Als Bediente und Handwerker des Adels wohnten, anders als in Deutschland, aber ähnlich den Städten Westeuropas, viele Hörige in den Städten, so dass sich ein Rechtssatz wie »Stadtluft macht frei« nicht entwickeln konnte.

Von den Mongolen hat Russland in dieser Periode vor allem Verwaltungseinrichtungen aus Steuer, Post und Zollwesen übernommen, auch die ersten Volkszählungen wurden durchgeführt. Ständige Truppen haben die Mongolen in Russland nicht unterhalten – wenn es nötig schien, wurde die Oberherrschaft lieber durch Strafexpeditionen neu erzwungen, wobei dann auch Beute und Sklaven anfielen. Die Verluste an Menschen und Wohlstand, der Terror solcher mongolischer Einfälle haben die russische Geschichte sehr tiefgehend beeinflusst. Auch bot die Bedrohung aus der Steppe vielfältige Legitimation, um die im Kolonialland von Wladimir traditionell starke Stellung der Fürsten zu festigen – nicht zuletzt rechtfertigte die Zahlung des Tributs eine zentrale Eintreibung der Steuern. 1299 war der Metropolit aus dem nahe der Steppe gelegenen und immer wieder verwüsteten Kiew endgültig nach Wladimir umgezogen, und schon 1325 verlegte der Metropolit Peter den Sitz in das aufstrebende Moskau.

5 Teilung der Rus und Aufstieg Litauens

Die Schwäche Russlands in der Mongolenzeit wurde von den westlicheren Mächten zu Eroberungen genutzt. Die Verluste an Dänemark und die Deutschen in Livland blieben begrenzt dank der Siege Alexander Newskijs – Dorpat z. B. war vor der Eroberung durch ein deutsches Kreuzfahrerheer 1224 eine russische Stadtfestung gewesen, wenn auch in estnischem Land. Anders die Gebiete, die heute als Weißrussland und Ukraine als eigene historische Identitäten ausgebildet sind – sie fielen zum kleineren Teil (Galizien) an Polen und zum größeren an die neu aufsteigende Großmacht Litauen.

Als letzte der heidnisch-altertümlichen Gesellschaften Europas hatte sich Litauen bis ins 14. Jahrhundert gehalten. Am Fernhandel war Litauen wenig beteiligt – der umging es dünaabwärts nach Riga oder entlang des alten Handelswegs Krakau – Kiew. Aus inneren Entwicklungen heraus, vor allem der Verdichtung der Siedlungen, entstand ein litauischer Adel mit Oberherrschaft über nahe liegende Dörfer. Versuche des Deutschen Ordens, Litauen mit dem Schwert zu missionieren, misslangen immer wieder. Aber erst am Anfang des 14. Jahrhunderts wurde das Land durch Gedimin geeint – womit nach den Rurikiden und Tschingissiden die westlichste der in Russland wichtigen Fürstenfamilien als die letzte auf der historischen Bühne erschien. Schon 1320 eroberte Gedimin Kiew – wenn auch nicht von realer, so doch noch immer von symbolischer Bedeutung –, Smolensk und Tschernigow wurden litauisch, und 1368 unternahm der litauische Großfürst Olgerd den ersten Zug gegen Moskau. In dem riesigen Reich, das von Palangen (Polangen) an der Ostsee bis zum Schwarzen Meer reichte, gab es Lateiner und Orthodoxe – die Fürsten und ihre Führungsschicht aber blieben heidnisch. Bis 1386 der Großfürst Jagiello die zwölfjährige gekrönte Königin Polens, Jadwiga, in Krakau heiratete, nachdem er sich hatte lateinisch taufen lassen.

Durch die Heirat wurde entschieden, dass Litauen katholisch wurde; durch sie wurde vorbereitet, dass Litauen und Polen zunehmend gemeinsame Außenpolitik trieben; in ihrer Folge wurden aber auch die vielen Orthodoxen im Land plötzlich zu Schismatikern. Der litauische Adel, soweit er eben katholisch war, wurde schon bald in die Wappenverbände des polnischen Adels aufgenommen – wer orthodox blieb, und darunter war manche Rurikidenfamilie, geriet in eine politische Minderheitensituation, obgleich die Mehrheit der Bevölkerung südlich Wilna und östlich des Bug bei der griechisch-katholischen Kirche blieb; aber das waren eben Bauern.

Galizien und Wolhynien, die fruchtbarsten Gebiete der Kiewer Rus, waren schon unter Kasimir III. bis 1366 von Polen erworben worden. Zusammen mit dem später von Litauen abgetretenen Podolien waren sie Teil des Königreiches selbst.

6 Fürsten und Adel

Alles alte Rurikidenland, soweit es nicht an Polen, Litauen oder Livland kam, zahlte an die Mongolen Tribut. Grundlage war der Zehnte für jeden Hof (auch in den Städten wohnte man in Höfen) – weshalb es 1257 und 1273 die ersten Volkszählungen Russlands gab –, Klöster und Kirchenleute blieben frei. Zum Tribut kamen Zölle. Am Anfang des 15. Jahrhunderts machte der Tribut 7000 Rubel aus. Anfangs zogen ihn tatarische Steuereintreiber ein, später jedoch bekamen russische Fürsten die Einziehung in ihre Hand – schließlich die Großfürsten. Um diese einträgliche Würde (beim Steuereintreiber blieb halt oft etwas hängen; einem der Moskauer Großfürsten gab man deshalb den Beinamen »die Tasche«) konkurrierten verschiedene Rurikidenlinien beim Khan der Goldenen Horde. Anfang des 14. Jahrhunderts gelang es den Moskauern, den Rang erblich zu machen; nun förderten die Nachbarn – besonders Polen/Litauen – die Versuche der russischen Fürsten von Twer, Rjasan und Susdal, ebenfalls Großfürsten zu werden.

Die Aufteilung der Rus war seit 1185 (s. Karte S. 39) weiter fortgeschritten, wobei die Fürstentümer nicht nur kleiner, sondern auch zunehmend erblich wurden. Doch blieb das Zusammengehörigkeitsgefühl groß, nicht nur der gemeinsamen Kirche wegen. Es gab auch stets viele kleine und kleinste Fürsten, denen an einer weiteren Zersplitterung nicht gelegen sein konnte, weil ihre Unfähigkeit zu eigenständiger Verteidigung offenbar war und eine Machtminderung der russischen Länder auf ihre Kosten gehen musste. Zunehmend gingen Bojaren und Fürsten aus anderen Städten in den Dienst nach Moskau.

Die hohen Adligen aus nichtfürstlichen Familien, die Bojaren, blieben auf den Fürstendienst bezogen; sie konnten ihren Grundbesitz, die Wottschinen, nicht aus der Gerichts- und Steuerorganisation der Fürsten lösen. (Der Feudalisierungsprozess wurde also nicht so weit getrieben, dass auch regionale Adlige Territorien aufbauen konnten, wie etwa Reichsfreiherrn oder Grafen in Deutschland.) Das Recht der Bojaren, den Fürsten zu wechseln – »frei abzuziehen« –, wurde am Ende des 14. Jahrhunderts zu einer Einbahnstraße: die Moskauer konnten durchsetzen, dass Bojaren zu ihnen »abzogen«, straften das Umgekehrte aber als Verrat. Der Adel blieb stadtsässig (ähnlich wie in Spanien, aber anders als etwa in Deutschland) und höfisch; man hoffte auf Karrieren und Schenkungen, besonders von Gütern. Diese erhielt man verteilt über das ganze Land, so dass die Familien nur selten regionale Besitzschwerpunkte akkumulieren konnten.

Entscheidendes Kriterium bei der Binnengliederung der Oberschicht blieben die großen Familien. Dieses gentilizische Prinzip kam auch in der Erbfolge zum Ausdruck. Selbst bei der Großfürstennachfolge blieb es bis ins 15. Jahrhundert hinein üblich, für die Jüngeren neue Teilfürstentümer zu schaffen; der abstrakte Begriff des »Landes« überwog also den des Familienerbes noch nicht vollständig. Der Adel teilte seinen Besitz beim Erbe. Die große Testierfreiheit überraschte im 16. Jahrhundert den Reisenden Giles Fletcher, der aus England strenge Primogenitur auch der Lords gewohnt war. (Im Heiligen Römischen Reich war zwar die Unteilbarkeit des Reichs und der Kurfürstentümer festgelegt, die anderen Fürstenfamilien teilten ihre Länder jedoch ebenfalls noch bis ins 16. Jahrhundert.) Die häufigen Erbteilungen in Russland hatten zur Folge, dass die Familien viele Nachkommen hatten und lange bestanden, ließen sie aber auch schnell verarmen, wenn über mehrere Generationen hinweg niemand Karriere machte.

7 Die russischen Stadtrepubliken

Im 12. Jahrhundert setzten die Einwohner einiger nordrussischer Städte – Nowgorod, Pskow und Ladoga – durch, dass sie ihren Bürgermeister, den *possadnik*, selbst wählen konnten, statt ihn vom Großfürsten bestimmen zu lassen. Schon im 13. Jahrhundert drehten Nowgorod und Pskow das Verhältnis zu ihren Fürsten um: sie wählten und setzten sie auch wieder ab, wodurch der Fürst eigentlich zu einer Art Söldnerführer der Städte wurde. Nowgorod, Pskow und auch Wjatka in Nordrussland wurden »Republiken«.

In allen drei Städten spielte der Handel eine große Rolle. Nowgorod war bis ins 16. Jahrhundert der Endpunkt des Ostseehandels: teils über Land von Riga aus, teils auf Kähnen von der Newamündung, wo man die Koggen leichterte, kamen Tuch, Salz, Heringe und Metallwaren aus dem Westen und wurden gegen Pelze, Wachs, Stör und sogar Pfeffer aus dem Wolgahandel umgeschlagen. Die Hanse besaß im Peterhof eine eigene Niederlassung. Das Territorium von Groß-Nowgorod war riesig, es reichte bis ans Weiße Meer und zeitweise bis an den Ural. Ein Rechtsunterschied zwischen Stadt- und Landbewohnern bestand nicht (es gab also kein eigenes »Bürgerrecht« wie etwa in Lübeck); der Adel lebte in der Stadt und war im ganzen Territorium begütert. Freie Leute, die auf dem Land lebten, konnten an der Volksversammlung der Stadt teilnehmen.

In der Stadt lebten im 13. Jahrhundert 20000 bis 30000 Menschen. Die Bürger wählten für eine von unten nach oben gestaffelte Selbstverwaltung je Straßenzug, Hundertschaft und die »Fünftel« der Stadt *starosty*, Älteste (bzw. Hundertschaftsleute). Die Fünftel standen dabei auch für jeweils einen Teil des Territoriums. Aus den Starosten der Fünftel wählte die Volksversammlung, das Wetsche, auf ein Jahr den Bürgermeister, später reihum, so dass jedes Fünftel einmal an die Reihe kam. Das Wetsche wählte auch den Militärführer der Stadt und den Erzbischof (drei mönchische

Geistliche wurden gewählt, zwischen diesen entschied dann das Los), es entschied über Krieg und Frieden, Gesetze und Steuern (nicht jedoch über die Abgaben an die Mongolen). Jeder freie Einwohner der Republik konnte teilnehmen und auch einberufen, indem er die Wetscheglocke läutete; die Vorlagen allerdings formulierte der »Herrenrat«, dem die Starosten der Fünftel, aber auch alle aktiven und nicht mehr aktiven (hohen) Beamten der Republik angehörten. Entschieden wurde, wie in vielen alten »Demokratien«, einstimmig – was nicht so selten bedeutete, dass die Minderheit in den Fluss geworfen wurde, der die Stadt durchquert (den Wolchow), damit sie abgekühlt endlich den Mund hielt.

Die Ämter, über die man in den Herrenrat kam, wurden von Mitgliedern der Bojarengeschlechter besetzt, in deren Hand der meiste Grundbesitz sowie Geld- und Fernhandel lagen. Die »Straßenstarosten« kamen aus der Mittelschicht der *shitye ljudi* – ihr Wohlstand beruhte auf kleinem Grundbesitz und Warenhandel. Nowgorod war also eine adlig bestimmte Republik mit großem Territorium und weiten Handelsverbindungen, die in vielem Venedig ähnelte.

Der von Moskau aus betriebenen monarchischen Zentralisierung Russlands stand Nowgorod nicht nur als selbständige Macht, sondern auch wegen seiner republikanischen Struktur im Wege. Ein Versuch, gegen die wachsende Moskauer Macht bei Polen/Litauen Unterstützung zu finden, beschleunigte eher die Entschlossenheit der Großfürsten: Iwan III. erklärte Nowgorod zum Teil seiner Wottschina. Polnische militärische Unterstützung blieb aus, und 1471 besiegten die Moskauer ein zahlenmäßig überlegenes, aber wenig trainiertes Heer der Stadt. Es rächte sich, dass man sich militärisch auf die gewählten Fürsten verlassen hatte – oder anders ausgedrückt: der Großfürst zeigte den Kaufleuten, dass (in dieser Periode der Geschichte) militärische Überlegenheit letztlich mehr zählte als Geld. 1478 wurde Nowgorod dem Großfürstentum eingegliedert, 1489 die

Selbstverwaltung in Wjatka beendet, und 1510 folgte Pskow. Die Moskauer »ließen die Wetscheglocke von der Kirche der heiligen lebenspendenden Dreifaltigkeit herab, und die Pskower begannen zu weinen um ihr altes Recht und ihre Freiheit . . .« – so beschreibt die Pskower Chronik das Ende einer republikanischen Variante russischer Geschichte am Anfang der frühen Neuzeit.

4
Nationalreich und Expansion

1 Erholung der Landwirtschaft

Die Verluste an Menschen und an sowohl nach Klima wie Bodenqualität günstigen steppennahen Siedlungsgebieten waren etwa in der Mitte des 15. Jahrhunderts durch intensivere Bodennutzung im Mischwaldgebiet und die Erschließung von Nadelwaldländereien weithin wieder wettgemacht. Da unausgenutzter Wald für das Anlegen neuer Brandrodefelder immer schwerer zu finden war, gingen viele Bauern im neuen Zentrum zwischen Oka und Wolga dazu über, um ihre Weiler und Höfe herum Kernfluren ständig zu bestellen. Dazu führten sie Formen der Dreifelderwirtschaft ein – in der zweiten Hälfte des 15. Jahrhunderts ist die Abfolge von Wintergetreide/Sommergetreide/Brache in den Quellen belegt, wobei vorrangig Roggen, Hafer und Gerste angebaut wurden. Das wichtigste Ackergerät war der mit Eisen beschlagene zwei- oder dreizinkige hölzerne Gabelpflug, der durch ein Streichbrett verbessert wurde; das Getreide wurde mit der Sichel geerntet und auf den Bauernhöfen oft noch mit Handmühlen gemahlen. Die Ernten im Norden waren stets durch Kaltlufteinbrüche gefährdet, und erst mit dem Vorrücken der Bauern in die Steppen zwischen Oka und Wolga konnte später mehr Sicherheit vor Hungersnot geschaffen werden.

Da es schwierig war, Vieh über die langen Winter zu bringen, überstieg der Bestand an Rindern selten zwei bis drei je Hof. Dies wiederum bedeutete, dass wenig Dünger vorhanden war – die Gutsherren legten die Düngehaufen, welche die Bauern auf ihre Felder zu bringen hatten, auf die Spanne genau fest. Die Ergiebigkeit des Getreides lag je ausgesätes Korn bei vier bis fünf geernteten für Roggen und Gerste sowie dreien bei Hafer. Zu den Erträgen von Ackerwirtschaft und Viehzucht muss man jedoch oft die von Waldnutzung und selbstverständlich die der Gärten hinzurechnen. Insgesamt dürfte die Landwirtschaft am Ende des 16. Jahrhunderts etwa 6,5 Millionen Menschen in Russland ernährt haben, sicher zu über 90 % Bauern.

2 Die Durchsetzung der Schollenpflichtigkeit und der Aufstieg des Dienstadels

Grundsätzlich gab es im Moskauer Russland zwei Sorten von Bauern (*krestjane*) – »schwarze« und »weiße«. Die »schwarzen« Bauern waren den Fürsten lasten- und steuerpflichtig, saßen aber auf Land, das keinem Grundherren gehörte. Sie zahlten dem Fürsten Steuer in Naturalien oder Geld, ernährten die fürstlichen Beamten und leisteten für Wege, Post und Brückenbau Fronarbeiten. Die Bauern lebten in Weilern, die wiederum in Landgemeinden zusammengefasst waren, welche eine weitgehende Selbstverwaltung besaßen, aber dem Fürsten gegenüber gemeinsam hafteten. Zu den Aufgaben dieses Haftungsverbandes, der als *mir* bezeichnet wurde – was auch ›Welt‹ oder ›Frieden‹ bedeutet –, gehörte es u. a., verlassene Höfe wieder zu besetzen und die gemeinschaftliche Nutzung von Wald und Weide zu regeln.

Die »weißen« Bauern saßen auf Land, das von der allgemeinen Steuer ausgenommen, d. h. »geweißt« worden war, also auf Land, für welches die kirchlichen oder adligen Besitzer Immunitäten gegenüber der fürstlichen Verwaltung erlangt hatten – die sich in den jeweiligen Privilegien durchaus unterschieden. Auch die Lage der einzelnen Bauern war verschieden, so wie ihr Stand – es konnten Knechte sein, die in eigenen Häusern lebten, Bauern, welche die Abhängigkeit von einem Grundherren akzeptiert hatten, aber auch »volle Knechte«, die auf den Gütern arbeiteten. Anfangs waren nur Knechte von der Steuer ausgenommen, später wurden die Befreiungen auf die abhängigen Bauern ausgeweitet. Und im Verlauf des 16. Jahrhunderts wurden die meisten schwarzen Bauern im russischen Zentrum in Abhängigkeit von den Gütern gebracht.

Im 15. Jahrhundert zahlten die meisten weißen Bauern an ihre Herren Zins (*obrok*) – anfangs als Naturalien und zunehmend in Geld. Nur wenige, meist klösterliche Eigengüter (Wottschinen), verlangten von Bauern Fronarbeiten auf den Herrenfeldern – die adligen Gutsherren ließen diese meist von Vollknechten (Cholopen) bearbeiten. Seit dem Ende des 15. Jahrhunderts wurden von den Großfürsten jedoch zunehmend auch kleine Landstücke als Lehensgüter (*pomestje*) vergeben – die neuen Besitzer konnten weder Land noch Bauern verkaufen und mussten für die Nutzung dem Großfürsten dienen. Dieser neue Dienstadel (die »*Bojarenkinder*«) war oft mehr darauf angewiesen, seine Bauern auszupressen als die großen Bojaren oder Klöster, und so nutzten die Bauern ihr Recht auf freien Abzug, um zu einem milderen Herrn zu wechseln.

Es lag im Interesse aller Grundbesitzer, dieses Abzugsrecht an Regeln zu binden, und schon 1497 wurde es auf 14 Tage um den St.-Georgs-Tag im Herbst, den 26. November, beschränkt. Insbesondere der neue Dienstadel musste jedoch darauf sehen, dass die Bauern ihm nicht fortliefen – was in den Kriegs- und Notzeiten am Ende des 16. Jahrhunderts zunahm. Und so wurde zu dieser Zeit das Abzugsrecht der weißen Bauern immer stärker eingeschränkt und schließlich in der Mitte des 17. Jahrhunderts aufgehoben: Die Bauern wurden »an die Scholle festgeschrieben«, schollenpflichtig. Sie konnten also immer größeren

Anforderungen an ihre Arbeitskraft und an ihre Ernten nicht mehr ausweichen.

Die russischen Bauern haben sich gegen die Minderung ihrer Rechte und Verschlechterung ihrer Lage in einer Reihe großer Aufstände gewehrt, die das ganze 17. und 18. Jahrhundert durchziehen. Sie sind auch immer wieder an die Peripherien »entlaufen«. Die Durchsetzung der Schollenpflichtigkeit im Zentrum konnten die Aufständischen aber nicht rückgängig machen.

3 Städte und Handel

Dem Wiederaufschwung der Landwirtschaft, aber auch der vermehrten Abschöpfung bäuerlicher Kaufkraft durch neuen Adel entsprach ein Anwachsen des Binnenmarktes, des Handels mit Getreide von Süden nach Norden und Salz von Norden nach Süden, aber auch mit Eisenprodukten und Luxuswaren von den städtischen Zentren aus. Insbesondere Moskau mit seinen Behörden für Zar und Kirche und den Gewerben wuchs schnell (vgl. Kap. 7.4).

Die russischen Städte zerfielen in das administrative Zentrum um die jeweiligen Herrscher- und Bischofssitze im *Kreml* und die Vorstädte, in denen die Gewerbetreibenden lebten – die *possad*-Leute. Auch die Possad-Leute waren in schwarze und weiße geteilt – solche, die dem Zaren Abgaben schuldeten, ihm für eine bestimmte Summe hafteten und einen Mir bildeten, und solche, die zu einem Bojarenhof oder Kloster gehörten und also aus dieser Ordnung herausfielen. Anders als in Nowgorod und Pskow konnte sich in den Städten des Moskauer Russlands keine Oligarchie bilden, die einen Kampf gegen die fürstlichen Stadtherren hätte führen können. Zwar entwickelten sich auch in Moskauer Städten herausgehobene Gruppen von Fernkaufleuten, wie die *gosti*, aber der herrscherliche Charakter ihrer Organisation blieb

Die Flusswege Osteuropas um 1400

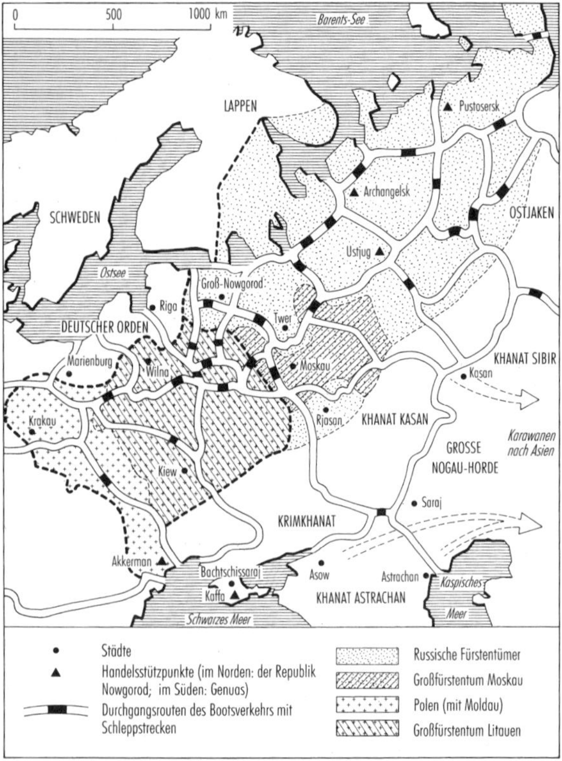

In der Folge von mongolischer West- und litauischer Ost-Expansion ist das Siedlungsgebiet der Ostslawen aufgeteilt. Ein intensiver Bootsverkehr verbindet die Gebiete. Das Schwarze Meer ist noch für den Welthandel offen (bis 1453), in der Ostsee erreicht der Hansehandel seinen Höhepunkt.

stets deutlich. Dies war anders als in vielen deutschen Städten, in denen Korporationen von Kaufleuten und Handwerkern eigenständige Rechte erlangten und z. B. der Rat Selbständigkeit gegen den Stadtherrn durchsetzte.

4 Der Weg zum Patriarchat Moskau

Im späten Mittelalter war das religiöse Leben auch in Russland von der Auseinandersetzung zwischen einer machtkritischen Richtung der Geistlichkeit, die das Armuts- und Leidensgebot in der Nachfolge Christi predigte, und der reichen, machtbewussten Kirchenhierarchie geprägt. Für die Besitzlosigkeit der Kirche traten vor allem Einsiedlermönche aus dem Norden ein, deren Führer Nil Sorskij dem Leben nach Regeln das immerwährende innere Gebet des (hesychastischen) Einsiedlers entgegensetzte. Großfürst Iwan III. stand dieser Forderung – angesichts des konstanten Bedarfs des Staates an Gutsland für Dienstadel – anfangs positiv gegenüber, in der Kirche setzte sich jedoch der Vertreter der an Regeln gebundenen (koinobitischen) Klöster, Jossif von Wolokolamsk, durch, und 1503 verbot eine kirchliche Synode jede Säkularisierung von Kirchengut. Andererseits lieferte die Kirche nun der entstehenden Moskauer Großmacht eine religiöse Überhöhung der Staatsgewalt, die in den Kirchen des Kreml auch einen baulichen Ausdruck fand. Zu dem Anstieg ihrer Macht passte, dass die russische Kirche sich immer mehr von Konstantinopel löste. Als sich dieses 1439 – in der Hoffnung auf lateinische Unterstützung gegen die türkische Umklammerung – auf dem Konzil von Florenz zur Anerkennung des Primats von Rom und zur Union durchrang, verweigerte die russische Kirche die Gefolgschaft und wählte einen eigenen Metropoliten. Nach der Eroberung Konstantinopels (1453), das als letzte Fortführung des Römischen Reiches verstanden wurde, glaubten viele in Interpretation der Vier-Reiche-Lehre nach dem Propheten Daniel daran, dass das Ende der Welt und die Wiederkunft Christi 1492 eintreten werde. Als dann das Weltende ausblieb, schlug 1510 ein Mönch aus Pskow vor, dass Moskau nun als das »dritte Rom« zu gelten habe. So gern die Zaren solche religiöse Überhöhung zur Kenntnis nahmen, so wenig ließen sie sich auf das damit verbundene Programm festlegen. Für die russische Kirche aber behielt die These vom dritten Rom ihre Bedeutung, und sie verstand die politische Macht Moskaus als Beweis seiner Rechtgläubigkeit. Ihren formellen Abschluss fand diese Entwicklung in der Erhebung Moskaus zum Patriarchat im Jahr 1589.

5 Das Sammeln der russischen Erde und der Zarentitel

Solange die Khane der Goldenen Horde letztlich entschieden, wer unter den Fürsten Russlands den Großfürstentitel trug, so lange haben die verschiedenen Linien der Rurikiden mit Bestechung und List, mit Verrat und Aufstand gegeneinander intrigiert und gekämpft. Aus dieser Schule der Machtpolitik gingen die Moskauer als Sieger hervor – vielleicht, weil die Kirche sich früh auf ihre Seite stellte; vielleicht, weil Moskau eigentlich etwas ab vom Wege, fern der großen Ströme lag; vielleicht, weil es ein Moskauer – Dmitrij Donskoj – war, der dem Khanat 1380 die erste Niederlage in offener Feldschlacht beibrachte und damit den Russen Hoffnung machte; vielleicht, weil man in Moskau die rationalistischste Machtpolitik trieb. Jedenfalls unterwarfen die Moskauer die anderen Zweige der Rurikiden und zwangen sie, zusammen mit den großen Bojarenfamilien in die neue Hauptstadt zu ziehen. Mit der »Republik« Nowgorod war 1478 der letzte große Widerpart unterworfen – Pskow folgte 1510.

Die neue Stellung Moskaus wurde bestätigt, als Iwan III. 1472 die letzte byzantinische Prinzessin Zoe heiratete –

er übernahm den byzantinischen Titel *Autokrator*, also »Selbstherrscher«, und bezog ihn auf »ganz Russland«. Nach dem Vorbild des Kaisers des »Heiligen Römischen Reiches« führte er den Doppeladler als Staatswappen ein und ließ dem Kreml mit der Hilfe italienischer Baumeister ein imperiales Aussehen geben. Gegenüber schwächeren außenpolitischen Partnern wie der livländischen Konföderation setzte er durch, als »russischer Großfürst und Zar« tituliert zu werden. Wie das deutsche *Kaiser* stammt *Zar* von *Cäsar*, meint aber in den ostslawischen Sprachen König. Obgleich der vorsichtige Iwan III. den Titel gegenüber dem Kaiser nicht erzwang, kündigte sich an, dass Russland den gleichen Rang beanspruchen werde. Allerdings erkannte man im Westen – und besonders in Polen/Litauen, zu dem ja große Teile der Kiewer Rus gehörten (vgl. Kap. 3.5) – die neuen Titel nicht an und nannte die neue Macht im Osten weiter »Moskowien«.

1480 hörte Russland auf, dem Khanat Tribut zu zahlen. Die Goldene Horde war damals schon in die Khanate Kasan, Astrachan und Krim zerfallen, und obgleich der Khan von Kasan mit Litauen ein Bündnis gegen die neue Großmacht schloss, konnte er die Moskauer nicht mehr in einer Feldschlacht besiegen.

6 Autokratie und Ständebewegung

Der Anspruch des Zaren, das Land »selbst« zu beherrschen, richtete sich gegen oligarchische Regierungen wie in Nowgorod, schloss aber nicht die Mitwirkung anderer Mächtiger aus. An erster Stelle erhob die Kirche solchen Anspruch – sie verfügte über großes Vermögen, eine im ganzen Land vertretene Hierarchie und eigene Gerichtsbarkeit. Aber auch die Bojaren hatten Mitwirkungsansprüche, und sogar ohne die großen Kaufleute ließ sich schlecht regieren. Im 16.

und 17. Jahrhundert wurden Vertreter dieser Gruppen eingeladen, gemeinsam Probleme des Reiches zu diskutieren und Gesetze zu erlassen; nach dem Vorbild der Kirche nannte man eine solche Versammlung *sobor*. Allerdings erreichten diese Sobory niemals das Steuerbewilligungsrecht, und weder der hohe Adel noch die Kaufleute erreichten eine korporative Selbstorganisation und eigene Gerichtsbarkeit. Der Adel organisierte sich gegenüber dem Zaren vielmehr in einer Platzordnung, die festlegte, wem der Zar zumuten durfte, unter einem anderen zu dienen: das *mestnitschestwo*.

Die im Vergleich zu Westeuropa verspätete Entwicklung der Stände und ihre beschränkte Ausprägung hat zu einer Debatte darüber geführt, ob es in Russland überhaupt Stände gegeben hat. Diese Debatte ist oft von einem idealtypischen Begriff ausgegangen, der auch auf die Realität Westeuropas nur selten passte – auch hier war der Grad ständischer Mitwirkung sehr unterschiedlich und oft gering, und auch hier waren die großen Familien meist mehr mit ihren Fronden gegeneinander und gegen die Krone befasst als mit dem Status der Korporation. Die gentilizische Welt gewöhnte sich überall nur langsam an die Gleichheiten von Ständen und Staat. In Russland allerdings dauerte es besonders lange, da der Kampf gegen die Tataren die Rolle der Krone überhöhte und die Adelsfamilien sich daran gewöhnt hatten, dass sie sich durch Heiratsbündnisse und Klientelverhältnisse besser schützen konnten als durch Vertrauen in Gerichte.

7 Iwan der Schreckliche und Metropolit Filip

Iwan IV. (1530–84), Enkel Iwans III. und der Byzantinerin Zoe, verlor mit drei Jahren seinen Vater und mit acht Jahren seine Mutter – man munkelte, sie sei vergiftet worden. Die Kindheit war vom Streit der Familien des Hochadels überschattet – einer seiner wenigen Vertrauten wurde in Gegenwart des Dreizehnjährigen fast zu Tode geprügelt. Der sechzehnjährige Zar heiratete, um damit die Volljährigkeit zu beweisen und die Macht zu ergreifen, aber noch einmal versuchten Bojarenfamilien, ihn von seiner Umgebung zu trennen; sein Onkel wurde von der aufgehetzten Volksmenge gelyncht. Iwan setzte sich trotzdem durch und wählte sich seine Berater von da an aus der Kirche. Eine Periode innerer Reformen begann – zusammenfassende Gesetzbücher für Staat und Kirche wurden unter Mitwirkung des Zaren von Sobor und Synode beschlossen, die Verwaltung wurde ausgebaut, der Dienstadel, der von Pomestje lebte, vermehrt, eine besoldete Fußtruppe mit Gewehren – *strelzy* (Schützen) oder *Strelitzen* – eingerichtet. Nach dem Sieg über die Wolgakhanate begann 1558 der Angriff auf Livland.

Aber 1560 starb die Zarin Anastasia Romanowna – der Zar redete sich ein, dieser wohl einzig von ihm geliebte Mensch sei vergiftet worden. Der Krieg in Livland zog sich hin, der Zar witterte Verrat und ließ die ersten Häupter von Bojarenfamilien hinrichten. 1564 verließ er dann plötzlich Moskau, ließ einen Teil des Landes absondern, d. h. der allgemeinen Verwaltung entziehen: die *Opritschnina*. Von dieser Basis aus schuf er eine besondere, den Regeln des Mestnitschestwo und dem Bojarenrat nicht unterworfene Truppe, mit der er gegen den Hochadel vorging, aber auch alles Volk drangsalierte. Die Opfer des Terrors gingen in die Tausende, Zehntausende von Familien wurden umgesiedelt.

Als der Angriff der Krimtataren 1571 jedoch vom alten Heer unter Fürst Worotynskij zurückgeschlagen wurde und die »Opritschniki« versagten, wurde 1572 die Teilung des Landes wieder aufgehoben, und die alten Familien erhielten ihre Güter zurück.

Iwans IV. letzte Lebensphase ist außenpolitisch durch Niederlagen gegen Polen und Schweden und innenpolitisch durch wachsende Unruhe und steigende Zügellosigkeit des

Zaren gekennzeichnet, der öffentlich mit Frauen zusammenlebte, mit denen er nicht getraut war. 1581 erschlug er seinen Sohn und Thronfolger Iwan im Zorn – ein allen sichtbares Zeichen für die politische und soziale, vor allem aber moralische Krise, in welche »der Gestrenge« oder »Schreckliche« das Land geführt hatte.

Der zweitletzte Rurikide auf dem russischen Thron war, wie seine Sendbriefe und Schriften zeigen, belesen und von einer radikalen Klugheit, aber ohne Maß. Sein Sohn und Nachfolger Fjodor war schwachsinnig – ein Narr in Gott.

Fjodor Stepanowitsch Kolytschew (1507–69) entstammte einer Adelsfamilie. Als Mönch des Solowezkij-Klosters im Weißen Meer erhielt er den geistlichen Namen Filip, 1548 wurde er zu dessen Abt gewählt und 1566 vom Kirchensobor zum Metropoliten von ganz Russland. Damit war es seine Aufgabe, dem Zaren ein moralischer Führer zu sein – ihm nicht im Kampf um die Macht, aber sehr wohl im Kampf um seine Seele entgegenzutreten. Nachdem er mehrfach vergeblich Iwan ins Gewissen geredet hatte, weigerte der Metropolit sich, das ungehorsame Gemeindeglied zu segnen. Der Zar geriet in Wut, ein neuer Kirchensobor setzte den Metropoliten ab, und 1569 wurde Filip ermordet. 1636 sprach die orthodoxe Kirche ihn heilig.

8 Die russische Ostexpansion

Spanier und Portugiesen haben im 16. Jahrhundert die Weltmeere und die beiden Amerika erobert und Imperien mit vielen Millionen Einwohnern sozusagen mit einem Streich niedergeworfen. Der Unterschied an Macht zwischen Russland und den Tatarenkhanaten war geringer als z. B. der zwischen Spanien und dem Aztekenreich. Zwar war die Goldene Horde am Anfang des 15. Jahrhunderts in die Khanate Kasan, Astrachan und Krim zerfallen und die militärische Überlegenheit der Tataren in einer Feldschlacht fraglich. Die weiten Einfälle und Sklavenjagden der Tataren in Russland verhinderten jedoch das Vorrücken bäuerlicher Siedlung nach Süden, und im Osten war Kasan nicht nur eine der größten Handelsstädte diesseits des Ural mit etwa 20 000 Einwohnern, sondern auch Zentrum eines aus sesshafter Bevölkerung gebildeten Reichs. Moskau versuchte lange, das Khanat mit von ihm abhängigen Khanen zu besetzen; 1552 eroberten russische Heere jedoch die Stadt. Die männliche muslimische Bevölkerung wurde niedergemacht oder vertrieben, die Moscheen wurden zerstört.

Die Eroberung Kasans öffnete der russischen Ostexpansion die Tore. 1556 fiel Astrachan. Damit beherrschte Russland den Wolgaweg, und es fand auch bald Bundesgenossen im Nordkaukasus, so dass die südlichste russische Festung – *ostrog* – am Terek entstand.

1582 zogen die Kosaken Jermaks im Auftrag der Unternehmerfamilie Stroganow über den Ural und eroberten das Khanat Sibir. Zum Eismeer hin trafen die Kosaken beim weiteren Vorrücken auf nomadisierende Stämme, die leicht zu unterwerfen, aber schwer zu kontrollieren waren, obgleich schon am Ende des 17. Jahrhunderts mehr Russen als Einheimische in den Kältewüsten lebten. Bis zur Mitte des 17. Jahrhunderts war die Eroberung Sibiriens abgeschlossen. Zum Süden hin musste man sich mit buddhistischen Mongolenkhanaten auseinandersetzen, sowie mit der Westexpansion der ebenfalls buddhistischen Mandschu, der Herren Chinas. Im Frieden von Nertschinsk 1689 musste Russland schließlich auf die Grenze am Amur verzichten. In der Mitte des 18. Jahrhunderts griff die Ostexpansion dann von Kamtschatka auf den amerikanischen Kontinent über und gliederte auch Alaska dem russischen Imperium an.

Für die russische Ostexpansion gab es ähnliche Motive und Verlaufsformen wie für die Expansionen der westeuropäischen Mächte in die außereuropäische Welt, aber auch wichtige Unterschiede. Die Eroberung ermöglichte russische Siedlung, nicht zuletzt dadurch, dass die befestigte Grenze gegen die immer drohenden Sklavenjagden der Krimtataren nun bis zur Wolga in gerader Linie gezogen werden konnte. Die Grenzverhaulinien wurden im 17. Jahrhundert bis an den Wolgabogen bei Samara vorverlegt und schützten immer mehr Land. Südlich des Grenzverhaus und in Sibirien allerdings spielte Ackerbau keine große Rolle. Von Astrachan aus gewannen russische Kaufleute Einfluss auf den zentralasiatischen Karawanenhandel – die Stadt wurde zu einem internationalen Handelszentrum mit indischen, armenischen, tatarischen und bucharischen Stadtvierteln. Sibirien bot mit seinen Pelzen, vor allem mit Zobel, ein auf dem Weltmarkt begehrtes Luxusgut.

Die ökonomischen Ergebnisse sollten jedoch nicht für sich allein betrachtet werden. Die Niederwerfung der Tatarenkhanate bedeutete für Russland einen außerordentlichen Erfolg, der die Zarenherrschaft legitimierte – die zur Feier des Siegs über Kasan errichtete Basiliuskathedrale auf dem Roten Platz erinnert bis heute daran. Für die orthodoxe Kirche, die seit Jahrhunderten nur Niederlagen und Verluste hatte erleben müssen, bedeutete die Ostexpansion eine wichtige Bestätigung – auch wenn der Kreuzzugsgedanke nur kurz einmal aufflackerte: bei der Eroberung von Kasan. Nicht zuletzt aber wurde all jenen ein Ausweg geöffnet, die aus dem Zentrum flohen – vor der Schollenpflichtigkeit und dem an Dichte wachsenden administrativen Zugriff der Zentrale. Als Grenzer, als *Kosaken*, konnten sie am Rande Russlands Gesellschaften aufbauen, die als Demokratien aller waffentragenden Männer Elemente einer archaischen Freiheit bewahrten – auch wenn sie den Zaren im fernen Moskau und den Adel hinter den Grenzlinien schützten.

9 Vielvölkerreich und Toleranz. Die Tataren

Seit dem Ausgreifen des spätmittelalterlichen Nowgorod und später auch Moskaus in den hohen Norden gehörten Völker zum Reich, die keine Russen waren. Durch die Ostexpansion kamen viele weitere dazu, an erster Stelle die Tataren, die von der Oka bis zum Jenissej und von der Wolgamündung bis zur Kama siedelten, zerstreut unter andere Nationen wie turksprachige Tschuwaschen oder finnougrische Tscheremissen (Mari). Die Tataren als Herrschaftsträger der Goldenen Horde hatten sich schnell an die turksprachige Mehrheit der Steppenvölker Osteuropas assimiliert, sprachen also keine mongolische, sondern eine dem Türkischen verwandte Sprache. Die Wolgatataren sehen sich auch weniger in der Tradition der Mongolen als in jener der schon lange vor Tschingis Khan im Wolgaraum ansässigen Turkvölker. Die russische Herrschaft ließ – nach den Verlusten der Eroberungssituation – die tatarische Sozialstruktur z.T. bestehen: muslimische Freibauern und Adlige waren nun dem Zaren dienstpflichtig, und nicht wenige hatten russische zugewanderte Bauern auf ihren Gütern. Wer nicht in den Dienst aufgenommen war, zahlte *jasak*, also Steuer – für die sibirischen und nordischen heidnischen Stämme war das meist Pelz.

Anders als die lateinische hat die orthodoxe Kirche die Schwertmission niemals für richtig gehalten; die Mission hat zwar nicht selten mit Verlockungen und Druck gearbeitet, aber nicht mit Gewalt (abgesehen von Situationen, in denen eine Stadt oder ein Lager zur Plünderung freigegeben war, und in denen ein besiegter Feind dem Tod durch die Taufe entgehen konnte). Den Zaren lag zu viel an Untertanen und Steuern, als dass sie Vertreibungen (wie etwa die der Morisken aus Spanien) zugelassen hätten. So gab es im Reiche muslimische und animistische, ja buddhistische und protestantische Religionsanhänger und Völker vieler Sprachen, die zwar manchmal drangsaliert, aber nie bekämpft wurden – solange sie nicht etwa die Herrschaft Russlands in Frage stellten.

Neben den kooptierten religiös fremden Eliten gab es nichtorthodoxe abhängige Bauern und Nomaden. Das Verbot für Tataren, auf ihren Gütern orthodoxe Bauern arbeiten zu lassen, wurde zwar erst im 18. Jahrhundert durchgesetzt, aber sie konnten – wie deutsche Kaufleute oder schottische Offiziere – nichtorthodoxe Kriegsgefangene und vor allem oft Kinder als Landarbeiter oder Dienstboten einstellen beziehungsweise auch kaufen.

5
Die Zeit der Wirren

1 Der Westen als feindliches Vorbild

Das 16. Jahrhundert war in Westeuropa eine Periode beschleunigten Wachstums. Immer in Konkurrenz miteinander, sammelten die europäischen Gesellschaften neue Kompetenzen. Der Bergbau reichte tiefer, mehr und reineres Eisen wurde geschmolzen, tragfähigere und wendigere Schiffe ermöglichten Seehandel um die Welt, das städtische Gewerbe wurde immer differenzierter, die Städte immer größer. In Osteuropa merkte man die Veränderungen an neuem Bedarf für Rohstoffe des Raumes – für die wachsenden Städte wurden Getreide und Ochsen nach Westen gebracht; für den Schiffbau Mastholz, Teer, Flachs für die Segel und Hanf für die Seile; und auch Luxuswaren wie Pelze fanden in den aufsteigenden bürgerlichen Schichten des Westens neue Abnehmer. Man merkte die Veränderungen aber auch daran, dass es teurer wurde, Krieg zu führen – und Kriegführung machte nun einmal nicht an Grenzen zwischen Regionen halt. Um Krieg zu führen, brauchte man immer mehr gelernte Schützen, brauchte man Artillerie. Immer weniger reichten die Adelsaufgebote aus, immer mehr Soldaten wurden wichtig, und die mussten zentral entlohnt werden – eben Sold bekommen. Wo wie in Polen oder Livland Stände einen großen Teil der Macht erlangt hatten (wenn auch in Polen als Stände des Reichs und in Livland als Territorialstände), war es schwer, die Erhöhung des Anteils der Zentrale, der

Krone an dem Gesamtaufkommen von Steuern und Abgaben durchzusetzen.

Für Russland, wo die Stände sich ja nicht so weit hatten durchsetzen können und keine Steuerhoheit erlangt hatten, schienen sich hier Vorteile der Zuspätgekommenen zu eröffnen. 1558 griff Russland Livland an, sowohl mit alten aus der Kiewer Zeit genommenen Ansprüchen als auch mit dem Ziel, den wichtiger gewordenen und gewinnbringenden Westhandel unter eigene Kontrolle zu bringen. Das altertümlich strukturierte Land, in dem deutsche Herren in fünf kleinen geistlichen Territorien über estnische und lettische Bauern herrschten, zerbrach vor der Gewalt des Zentralstaats, der sowohl moderne Hakenbüchsenschützen und Artillerie als auch tatarische Reiterei aus dem kurz vorher unterworfenen Kasan einsetzen konnte.

Die anderen Ostseemächte wollten jedoch die sich abzeichnende Erweiterung der russischen Macht nicht kampflos hinnehmen, und sowohl die deutschen Bürger der reichen Handelsstädte Riga und Reval wie der baltische Adel zogen westliche Herren den russischen vor. So zog sich der Krieg gegen kleinere, aber qualitativ überlegene Staaten hin.

2 Überanstrengung und Zusammenbruch

Der Selbstlauf des Terrors in der Zeit Iwans IV. hatte Russlands politische Kultur zerrüttet. Der Zar hatte 1566 einen Sobor zusammengerufen, auf dem der Adel von der Fortführung des Krieges eher abriet, Kirche und Kaufleute jedoch dafür votierten. Aber der Krieg war nicht zu gewinnen – besonders nachdem der russische Statthalter in Livland, Fürst Kurbskij, aus Angst vor dem Vorgehen des Zaren gegen den Hochadel zum Feind übergelaufen war. In einer propagandistischen Korrespondenz zwischen Zar und Bojar betonte Iwan den Alleinherrschaftsanspruch. Der

Terror gegen den Hochadel verwandelte diesen Anspruch jedoch nicht in Realität, sondern führte zu einer tiefgreifenden Entscheidungsschwäche der russischen Politik. Niemand fand die Kraft, den verlorenen Krieg rechtzeitig zu beenden – der Krieg um Livland bestimmte vielmehr über ein Vierteljahrhundert lang die Anstrengungen Russlands. An seinem Ende stand jedoch nicht nur die Aufgabe der Eroberungen Narwa und Dorpat, sondern sogar der Verlust des alten russischen Ostseezugangs an der Newamündung. Die Wirtschaft wurde zerrüttet, Epidemien wüteten im Land, und die Bevölkerung nahm ab. Viele Siedlungen verfielen.

Die Bevölkerungsverluste trafen am schärfsten die Dienstadligen, deren Pomestje oft klein war, die aber doch – da sie während des ganzen Jahres im Feld standen – darauf angewiesen waren, dass ihre wenigen Bauern ihre Familien und auch sie selbst ernährten; sie erhielten ja keinen Sold. Zunehmend wurde das Abzugsrecht der Bauern für bestimmte Jahre aufgehoben; Bauern, die trotzdem ihren Herrn verließen, sollten »mit Frau und Kind und aller Habe« zu ihren alten Herren zurückgeführt werden. Da bald umstritten war, ob das Jahr, in dem ein Bauer den Herrn gewechselt hatte, nun »verboten« war oder nicht, wurde die Unsicherheit der dörflichen Strukturen noch vermehrt.

Ihren dynastischen Ausdruck fand die Krise Russlands darin, dass der jüngste Sohn Iwans IV., Dmitrij, 1591 ermordet wurde. Der Schwager von Iwans letztem Sohn, dem schwachsinnigen Fjodor, erreichte es, dass er nach dessen Tod 1598 von einem Sobor zum neuen Zaren gewählt wurde. Boris Godunow versuchte ein Reformprogramm für Russland durchzusetzen, das mit einem Kampf gegen die Trunksucht begann. Er holte viele Ausländer ins Land und sandte Russen zum Studieren ins Ausland. Es gelang ihm, Ingermanland zurückzugewinnen. Er konnte aber nicht verhindern, dass es zu Hungersnöten kam. Vor allem konnte er sich nicht von dem Verdacht befreien, an der Ermordung des Zarensohns beteiligt gewesen zu sein; und als 1605 ein Prätendent auftauchte, der vorgab, er sei der durch ein Wunder den Mördern entkommene Dmitrij, wollten viele ihm Glauben schenken. Zar Boris wurde gestürzt, und von nun an folgte ein Prätendent dem andern. Russland versank in der »Zeit der Wirren«.

3 Polen in Moskau

Boris Godunow hatte ein Reformprogramm für Russland durchsetzen wollen, und auch seine Nachfolger versuchten, Russland auf neue Entwicklungswege zu bringen. Einige unter den Bojaren dachten im Bündnis mit Polen/Litauen eher daran, dem polnischen Modell zu folgen, in dem der Adel die Oberhand hatte und der König – neben der Landbotenkammer aus der *szlachta* und dem Senat aus hohen Landes- und Kirchenbehörden – nur ein Stand des Reichstags war. Bojaren und Dienstadel favorisierten einen polnischen Prinzen als Nachfolger, der allerdings zur Orthodoxie übertreten sollte. Die Fürsten aus altem Adel versuchten, an den Rurikiden anzuschließen und einen anderen Zweig auf den Zarenthron zu setzen. Die Bauern und die schwarzen Leute, angeführt von den Kosaken, versuchten, den ganzen Weg Russlands in die Konkurrenz zum Westen und in die Schollenpflichtigkeit aufzuhalten. Polnische Freibeuter schließlich suchten in Russland ihr eigenes Glück, unterstützt von der Hoffnung Roms, die russische orthodoxe Kirche der Union anzuschließen.

Unfähig, sich durchzusetzen, rief der Rurikidenzar 1609 Schweden zu Hilfe, was jedoch – bei der bitteren Feindschaft zwischen den Wasa-Königen in Stockholm und ihren Vettern in Warschau – Polen veranlasste, offen in die Moskauer Wirren einzugreifen. 1609 begann die Belagerung der starken Grenzfeste Smolensk, 1610 wurde ein russisches Heer trotz schwedischer Hilfstruppen vernichtend geschlagen. Nun aber wollte der polnische König Sigismund III. Wasa mehr als nur einen zur Orthodoxie konvertierten Sohn auf Moskaus Thron – er wollte selbst *Magnus Dux Moscoviae* werden (den Titel »Zar« gestand man in Polen damals den Moskauern nicht zu). Sigismund wollte die Kronen Polens, Litauens, Moskowiens und übrigens auch die drei Kronen Schwedens in Personalunion vereinen – de facto also ganz Osteuropa. Es gelang, eine Garnison nach Moskau zu legen, die – um sich leichter im Kreml verteidigen zu können – die Vorstädte in Asche legte.

Die Drohung, zu einem polnisch und katholisch beherrschten Teilstaat zu werden, einte die Orthodoxie, den grundbesitzenden Adel aller Richtungen, die Kaufmannschaft und sogar einen Teil der Bauern und Kosaken zu einem nationalen Befreiungsprogramm. Unter der Führung des Fürsten Posharskij und des Nishnij-Nowgoroder Kaufmanns Minin wurde ein Aufgebot aller aufgerufen. Der ungebrochene Widerstand des Dreifaltigkeitsklosters im Norden Moskaus wurde zum nationalen Symbol. Ohne dass das Kosakenheer es wagte, die polnische Partei zu ergreifen, schlug das Aufgebot ein polnisches Entsatzheer vor Moskau. Am 22. Oktober 1612 kapitulierte die Kremlbesatzung.

6
Restauration und Erneuerung

1 Die Romanows auf dem Thron

Anfang Januar 1613 versammelte sich in Moskau der Sobor, der einen neuen Zaren wählen und die nationale Erhebung zum organisatorischen Abschluss führen sollte. Nur wenige Mitglieder der alten Hocharistokratie, aber viele aus dem Dienstadel und der Kaufmannschaft aus über fünfzig russischen Städten, Beamte der Zentralämter, hohe Geistliche und Kosaken waren vertreten, sowie auch einige tatarische Adlige. Nicht vertreten waren die abhängigen Bauern und jene Kosaken, die den Kampf gegen die Restauration noch bis 1616 von der Steppe aus fortsetzten. Der Sobor wählte denn auch keinen Vertreter einer Fürstenfamilie, sondern den erst sechzehnjährigen Sohn eines Bojarengeschlechtes zum Zaren, Michail Romanow. Er schien den Mächtigen im Lande beeinflussbar, und neben ihm regierte der Sobor noch eine Weile – ohne allerdings diese Mitregierung konstitutionell zu sichern. Je mehr die Romanows in die Rolle der Autokraten hineinwuchsen, desto seltener wurde der Sobor einberufen. Das entsprach dem Verlauf im kontinentalen Westeuropa, wo der Absolutismus ebenfalls die Mitwirkung der Stände immer enger einschränkte oder durch Nichteinberufung ins Leere laufen ließ.

Regiert wurde in zunehmendem Maß von der zentralen Moskauer Bürokratie, und reale Mitbestimmung lag in den Händen der *Duma*, des Beratungsgremiums des Zaren, in das die Leiter der Zentralbehörden, aber auch Vertreter wichtiger Familien berufen wurden. Einen bedeutenden autonomen Bereich bildete die Kirche, deren 1619 aus polnischer Gefangenschaft heimgekehrter Patriarch Filaret, der Vater Michails, sich als Herrscher anreden ließ. Der Moskauer Zentralismus war einerseits durch Willkür und Korruption gekennzeichnet, denen die Zaren bald steuerten, bald nachgaben; andererseits aber gelang ihm die Reorganisation des Landes – nicht nur die Weiterentwicklung der zunehmend differenzierten Verwaltung, sondern auch die Wiederherstellung des inneren Friedens und der Sicherheit der Verkehrswege. Außenpolitisch musste man einen Verlustfrieden schließen und den Schweden den Ostseezugang, vor allem jedoch den Polen Smolensk und weite Strecken der linksufrigen Ukraine abtreten.

2 Die Festschreibung der Sozialstruktur

Zu den wichtigen Leistungen der neuen Regierung gehörte die Kodifizierung des gesamten Rechts in dem 1649 von einem Sobor verabschiedeten Grundgesetz *Uloshenije*. Hier wurden die Verhältnisse wie in einem Abbild des christlichen Gesellschaftsmodells von oben nach unten fixiert, von Gott und dem Zaren an der Spitze bis hinab zu den Randbereichen, den Kosaken und Schenken. Abgesehen von der Geistlichkeit war die Gesellschaft geteilt in »dienende« und »lastentragende« Leute; Leute also, die zur Heeresfolge oder zur Verwaltungsarbeit verpflichtet waren, und Leute, die Fronen zu leisten oder/und Steuern zu zahlen hatten. Zur ersten Gruppe gehörte der Adel, gleich, ob der einzelne aus einer Fürstenfamilie oder von einem »Bojarenkind«, einem Junker, abstammte. Wie wenig solche Gleichmacherei dem Selbstverständnis der Familien entsprach, zeigte sich schon daran, dass sie an der Platzordnung, dem Mestnitschestwo, festhielten. Außerdem blieben Unterschiede der

Eigentumsordnung wichtig – während einige adlige Familien oder einzelne ihre Güter als Allode, aus eigenem Recht, besaßen (Vatersgut oder Wottschinen) und auch verkaufen konnten, hatten andere nur Güter, die sie nicht verkaufen konnten und die sie ohne Dienst verloren (Lehngut oder Pomestje); Witwen z. B. erhielten nur einen kleinen Versorgungsanteil.

Die Bauern gehörten insgesamt zu den lastentragenden Leuten, aber auch hier gab es Unterschiede. Die Bauern auf den Gütern wurden nun auch formell »an die Scholle gebunden« – sie durften nicht fortziehen und konnten den Herrn nicht mehr wechseln. Sie waren nicht leibeigen und durften nicht verkauft werden – allerdings das Land mit ihnen. Das Niedergericht lag beim Gutsbesitzer, das Hochgericht – also Urteile über Leib und Leben – blieb jedoch der zarischen Gerichtsbarkeit vorbehalten. Ein knappes Fünftel der Bauern war »schwarz«, also keinem Gutsherren untertan, verwaltete sich selbst und wählte auch Richter aus den eigenen Reihen für die Urteile über alles – außer was mit dem Tode bestraft wurde: Mord und Raub. Die schwarzen Bauern mussten mehr Steuern zahlen als die weißen, die ja zusätzlich ihren Gutsherren Fron (*barschtschina*) oder Geld (Obrok) schuldig waren. Für die Steuer, die nach Höfen erhoben wurde, haftete die jeweilige Dorfgemeinde in Gesamthaft; floh ein Bauer oder konnte er nicht zahlen, mussten die Zurückgebliebenen oder Wohlhabenden für ihn einspringen.

Viele dienende Leute wohnten in den Städten – Strelitzen, Kanoniere, Beamte, Adlige ohne Gut und auch die begüterten Familien, wenn sie es sich leisten konnten, sowie die Männer, die beim Hof oder der Woewodenverwaltung tätig waren. Die Kaufleute und Handwerker gehörten zu den lastentragenden Leuten, die in ihrem Quartier (Possad) in Gesamthaft für die Steuer aufkamen und eine gewisse ökonomische Selbstverwaltung, aber keine strafrechtliche Autonomie besaßen. Der Stand der Possad-Leute wurde 1649 vereinheitlicht, indem der Kirche und dem Adel verboten wurde, solche auf ihren Höfen abhängige Handwerker oder Kaufleute zu halten.

Etwa 10% der Bevölkerung gehörten dem Stand der Cholopen an, von denen die meisten Arbeit auf Zeit leisten mussten, einige aber auch wie Sklaven geborene Mägde und Knechte waren. In Russland lag das Hochgericht über Adlige und Bauern überall in der Hand der zarischen Verwaltung, und es gab weder ständische noch regionale Sonderrechte – das gehörte zu den Eigenheiten, die insbesondere deutschen Reisenden als Unterschied auffielen.

3 Die Freiheiten der Peripherie. Schwarze Leute und Kosaken

Der Verdichtung von Herrschaft im Zentrum des russischen Landes, die sich in der erfolgreichen Festschreibung der Sozialstruktur zeigte, entsprachen in der russischen Geschichte oft große Freiheiten der Peripherie. Während die Bauern im Zentrum an die Scholle gebunden wurden, damit ihre Mobilität verloren und den Ansprüchen der Gutsbesitzer immer weniger ausweichen konnten, blieben viele Bauern an den Peripherien des Landes ohne adlige Herren, also »schwarz«. Sowohl in den Wäldern des Nordens und Ostens wie in der Steppe blieben altertümliche Zustände bestehen, die mehr Freiheiten boten. Viele Bauern aus dem Zentrum flohen in die Randgebiete. Mehrfach kam es zu großen Aufständen, die meist auf die Eroberung Moskaus und die Befreiung des Zaren vom schlechten Einfluss der Bojaren und der Fremden zielten, also auf die Wiederherstellung einer (wohl mehr erträumten als historisch realen) Zeit ohne Adel mit einem »guten Zaren« an der Spitze.

Angeführt wurden diese Aufstände von Kosaken. Als Kosak wurde in der Steppe zwischen Christen und Muslimen ein Grenzer bezeichnet, der leicht bewaffnet und beweglich ein Leben frei von adligen Herren führte – oft als Fischer an den im Lössboden tief eingeschnittenen und verwinkelten Flusstälern, welche die Tataren nicht kontrollieren konnten. Diese beherrschten vielmehr als Nomaden und Reiter die hochgelegenen Ebenen, über die sie auch ihre Einfallswege nach Polen und Russland führten, um Sklaven zu fangen. Die Kosaken konnten am Rande Russlands Gesellschaften aufbauen, die als direkte Demokratien aller waffentragenden Männer organisiert waren: man diskutierte »im Kreis« so lange, bis einstimmig entschieden wurde (was manchmal allerdings dadurch erreicht wurde, dass man die Opponenten verprügelte, bis sie den Mund hielten, oder sie in den Fluss warf). Auch der Anführer, der »Ataman« oder »Hetman«, wurde »im Kreis« gewählt.

Die Kosaken lebten vom Fischfang, aber auch von meist auf Booten durchgeführten Überfällen auf die Krim sowie anatolische oder persische Küsten. Sie schützten das Moskauer Kernland, aber sie bereiteten durch ihre Überfälle der zarischen Außenpolitik auch Schwierigkeiten – wenn man z. B. mit dem Osmanischen Reich Frieden hatte. Moskau nutzte die Abhängigkeit der Grenzer von Getreidezufuhren aus dem Zentrum, um unter den wohlhabenderen Kosaken eine Partei aufzubauen, auf die man sich verlassen konnte. Trotzdem fanden sich unter den Kosaken immer wieder Anführer für große Aufstände, z. B. für jenen unter der Führung Stenka Rasins 1670/71, der diesen zu einem Volkshelden machte. Die Aufständischen eroberten oft ganze Provinzen an Don und Wolga, konnten jedoch im Zentrum niemals große Gebiete von der adligen Herrschaft befreien und auch den regulären Armeen, die gegen sie ausgesandt wurden, nie wirklich Paroli bieten. Immerhin blieben viele Bauern in den Randprovinzen »schwarz«, und die Grundherrschaft drang hier nur langsam vor.

4 Der Kampf um die Ukraine

Im 16. Jahrhundert bauten ukrainische Kosaken an den Stromschnellen des Dnjepr (*Saporoshje*) eine Festung, *Sitsch*, von wo aus sie gegen das osmanische Imperium, aber auch gegen den Landesherrn Polen ihre Unabhängigkeit zu behaupten suchten. Als 1596 die hohe Geistlichkeit der Ukraine in Brest mit Rom eine kirchliche Union einging, wurden die Saporoger Kosaken zum Rückhalt der orthodoxen Erneuerung, die ihr Zentrum im Höhlenkloster in Kiew fand.

Den Magnaten der polnischen Adelsrepublik war die Entstehung eines unabhängigen Kosakenheeres, zu dem die Bauern in Massen entflohen, selbstverständlich verhasst. Sie wollten am Dnjepr eine stärker marktbezogene Wirtschaft aufbauen, die vor allem Ochsen, aber auch Getreide nach Westeuropa exportieren sollte, und sie wollten dazu die Hörigkeit der Bauern durchsetzen und die Verbreitung von Juden fördern. Juden trieben durch Handwerk, Geldverleih und Pachten Kapitalisierung und Arbeitsteilung voran, konnten aber keine bürgerliche Opposition bilden, denn dazu waren sie sozial, ethnisch und religiös zu isoliert. Die Adelsrepublik brauchte die Kosaken immer dann, wenn sie gegen das Osmanische Reich oder Moskau Krieg führte – und versuchte in Friedenszeiten stets, die Kosaken durch Teilung zu schwächen: ein (möglichst kleiner) Teil wurde in ein Register aufgenommen und legalisiert – der größere Teil vor die Alternative Unterwerfung unter die Herrschaft polnischer Gutsbesitzer oder Flucht zu den Stromschnellen gestellt.

Die Auseinandersetzungen zwischen Kosaken und Magnaten erhielten einen neuen Charakter, als es ihrem Hetman Bohdan Chmelnyckyj 1648 gelang, ein polnisches Kronheer zu schlagen und nach dem Sieg das ukrainische Volk zu einem allgemeinen Aufstand gegen Polen, Juden und Jesuiten zu führen. 1649 gestand die Adelsrepublik den Kosaken eine autonome Ostukraine zwischen der Moskauer Grenze im Osten und Bracław und Winniza im Westen zu, in der die Regierungs- und Beamtenstellen nur mit Adligen orthodoxen Glaubens besetzt werden durften und wo Juden und Jesuiten der Aufenthalt verboten wurde. Allerdings wurde die Zahl der Registerkosaken auf 40000 beschränkt, und wer nicht ins Register aufgenommen wurde, musste den zurückkehrenden polnischen Gutsbesitzern fronen. So blieb der Friede trügerisch.

Das Krimkhanat, auf das die Ukrainer sich gestützt hatten, spielte nun Kiew gegen Warschau aus, um seine eigene strategische Vorherrschaft in der Steppe und die damit verbundene Möglichkeit zum Sklavenfang zu sichern. Gegen das Bündnis zwischen Polen und der Krim suchte die Ukraine die Unterstützung des ebenfalls orthodoxen Moskau und verhandelte mit ihm 1654 in Perejaslawl einen Vertrag, der von der Ukraine eher als Bündnis, von Moskau jedoch als Vasallitätsvertrag verstanden wurde. Der gemeinsame Angriff von Russen und Ukrainern wurde von Schweden ausgenutzt, um ebenfalls in Polen einzufallen – das noch vierzig Jahre zuvor mächtigste Reich Osteuropas schien der Teilung nahe. Der polnischen Diplomatie, gestützt auf Österreich, gelang es jedoch, die Gegner zu trennen – das siegestrunkene Moskau eröffnete gegen Schweden den Kampf um die Wiedergewinnung eines Ostseehafens und ließ die ukrainischen Interessen links liegen, ja forderte die Auslieferung ukrainischer Städte an Moskauer Besatzungen und die Unterordnung des Kiewer Metropoliten unter den Moskauer Patriarchen. Nun suchten die Ukrainer wieder die Zusammenarbeit mit Polen, das auch zu neuen Zugeständnissen bereit war. Aber Moskau ließ sich, trotz seiner Niederlage gegen Schweden, nicht mehr vertreiben. 1667 wurde die Ukraine längs des Dnjepr geteilt, zusätzlich behielten die Moskauer die Festung Kiew auf dem rechten Ufer.

Ähnlichkeiten und Unterschiede zwischen Russland und Westeuropa im 17. Jahrhundert

	Westeuropa katholisch	Westeuropa evangelisch	Russland
Religion			
Schrift plus Tradition Quelle der Lehre	x	–	x
Apostolische Nachfolge des Klerus	x	–	x
Zölibat der Gemeinde-priester/Pfarrer	x	–	–
Primat des Papstes	x	–	–
Landeskirchen	–	x	x
Wissenschaft			
Gelehrte Klöster	x	–	x
Universitäten	x	x	–
Druckereien	x	x	x
Sozialverfassung			
Allode		x (außer England)	x (Wottschinen)
Feuda (Lehngüter)		x	x (Pomestjen)
Standesgericht des Adels		x	–
Eigenes Gericht über alle Städter		x (besonders Deutschland)	–
Gleiches Gericht für alle Bewohner des Landes		–	x
Wirtschaft			
Brandrodewirtschaft		selten	häufig
Dreifelderwirtschaft		Regelform	Regel nur im Zentrum

	Westeuropa		Russland
Eingehegte Ackerflächen	im Nordwesten		–
Differenziertes Gewerbe	x		x
Manufakturen	x		wenig; Ausländer
Hochseeschiffahrt	x		–
Politische Verfassung			
	Kontinent	**Seemächte**	
Absolutismus	x	–	x (»Autokratie«)
Reichs-/Generalstände	x (Frankreich bis 1614)	x	x (bis 1684)
Provinzial-/Landstände	x	x	–

Vergleiche beruhen immer auf generalisierenden Aussagen, die die Einzelheiten oft nicht treffen. Aber Vergleiche sind notwendig, um Unterschiede und Ähnlichkeiten zu begreifen. Macht man sich diese schematisch deutlich, fällt auf, dass gerade in der kirchlichen Lehre manche Ähnlichkeit zwischen Orthodoxie und Katholizismus bestand und besteht, die beide vom protestantischen Europa trennt, und dass im politischen Bereich im 17. Jahrhundert die Unterschiede zwischen den ständischen Staaten (wozu auch die Schweiz und das Reich gehörten) auf der einen und den absolutistischen Staaten auf der anderen Seite groß waren und Russland in die letztere Gruppe gut passte. Es gab auch wichtige Unterschiede zwischen ganz Westeuropa und Russland, besonders, dass sich in letzterem weder regionale Ständevertretungen gebildet hatten noch z. B. Universitäten bestanden. Man kann jedoch zusammenfassen, dass Russland durch Ähnlichkeiten und Unterschiede zu Europa gehörte, das selbst in seiner Struktur durch Vielfalt gekennzeichnet war. Für die westeuropäische Öffentlichkeit blieb im 17. Jahrhundert entscheidend, dass Russland ein christliches Land war, mit dem man leichter ein Bündnis eingehen konnte als mit dem Osmanischen Imperium.

5 Zar Alexej und Hetman Chmelnyckyj

Alexej Michajlowitsch (1629–76) regierte nach der Thronbesteigung 1645 anfangs unter der Leitung seines Schwagers, des Bojaren Morosow, entwickelte sich im Verlauf seiner Regierung jedoch zum ersten absolutistischen Fürsten des Landes. Sobory wurden in seinen letzten Regierungsjahren nicht mehr einberufen, die Rolle der Bojarenduma wurde eingeschränkt. Ein eigenes »Amt (*prikas*) für geheime Angelegenheiten« schuf eine nur vom Zaren kontrollierte Behörde, die auch Polizeifunktionen bekam. Alexej war ein für seine Zeit gebildeter Mensch, der für seine Kinder aus erster Ehe eine auch westliche Inhalte einschließende Ausbildung organisierte. Zunehmend durchbrach er die Grenzen des Protokolls, führte selbst die Verhandlungen mit ausländischen Gesandtschaften und nahm die Verwaltung in die eigene Hand. Er stellte systematisch Truppen westlicher Ausbildung auf und ließ das erste moderne Schiff von holländischen Fachleuten bauen, mit dem das Kaspische Meer beherrscht werden sollte – sozusagen ein Meer zum Üben, wo man keine unmittelbare Konfrontation mit überlegenen Marinen fürchten musste. Das Schiff wurde von den Aufständischen unter Rasin verbrannt. Der modernisierende, »westliche« Kurs seiner Regierung wurde unter Alexejs Sohn Fjodor und seiner Tochter Sofia beibehalten.

Bohdan Chmelnyckyj (um 1598–1657) entstammte einer ukrainischen Familie des niederen Adels, nahm nach der Ausbildung im Jesuitenkolleg an den Zügen der Kosaken sowohl im polnischen Dienst wie gegen die Polen teil und wurde Kanzler des Kosakenheeres. Er gehörte als Hauptmann eines Regiments Registerkosaken zu denen, welche Anhänger der Adelsrepublik blieben – bis ein polnischer Starost ihm sein Gut nahm. Erst jetzt, als Fünfzigjähriger, machte Chmelnyckyj sich zum Führer des Sitsch und wurde 1648 zum ukrainischen Hetman. Er erwies sich als ein geborener Fürst, der am Dnjepr eine vorzügliche Verwaltung aufbaute und vielfältige diplomatische Kontakte pflegte, um das neue Staatswesen in ein sicheres Bündnis zu führen. Sein Tod machte freilich deutlich, dass eine dauerhafte Sicherung ukrainischer Autonomie oder gar Selbständigkeit nicht gelungen war.

6 Kirchenreform, Spaltung und Altgläubigentum

Die zunehmende Differenzierung der Gesellschaft im Russland des 17. Jahrhunderts und die immer mehr Lebensbereiche erfassende Auseinandersetzung mit modernen, oft aus dem Westen kommenden Gebräuchen und Verfahren erforderten umfassendere, reflektiertere Normen für den eigenen Glauben und die eigene Moral. Die Theologie musste den Weg zur Wissenschaft gehen, und die erste Forderung auf diesem Weg musste die Sorge um den rechten Text sein – die in der russischen Kirche gebrauchten Bibeltexte und Lesungen waren nach der langen Isolierung jedoch vielfältig verdorben. Der Kampf um die Ukraine beschleunigte den Reformdruck, da dort in Auseinandersetzung mit dem Katholizismus der Gegenreformation und in größerer Nähe zu den theologischen Zentren der Orthodoxie in Konstantinopel die theologische Erneuerung schon fortgeschritten war.

Unter der Führung des energischen Patriarchen Nikon wurde die russische Kirche ab 1653 nach dem Vorbild der griechischen Texte reformiert, wobei auch tägliche liturgische Gebräuche geändert wurden – z. B. sollte das mit zwei Fingern geschlagene Kreuz durch das Dreifingerkreuz ersetzt werden. Wurden vorher Zeige- und Mittelfinger erhoben, um die zwei Naturen Christi zu symbolisieren, so sollte nun der Daumen hinzugenommen werden, um mit drei Fingern an die Dreifaltigkeit zu mahnen.

Gegen die Reform erhob sich ein großer Teil insbesondere der mittleren Geistlichkeit und der Mönche. Sie wandten vor allem ein, dass die griechischen Texte selber verderbt seien, weil die Griechen unter der Herrschaft der Ungläubigen lebten. Die Rechtgläubigkeit der Herrscher wurde so zu einem Argument für die Richtigkeit der Texte, und als der Zar sich unmissverständlich auf die Seite der Reform stellte, hieß das für viele Altgläubige, dass der letzte rechtgläubige Herrscher, der Zar des Dritten Rom, vom Glauben abgefallen – und damit das Ende der Welt gekommen war. Vor der Verfolgung durch Zar und Kirche flohen die Altgläubigen in die Randgebiete des Imperiums. In der Steppe schlossen sie sich oft den von Kosaken geführten Aufständen gegen Moskau an. In den Wäldern des Nordens gründeten sie Klöster und Lebensgemeinschaften, die sich in großer Zahl selbst dem Flammentod überantworteten, wenn zaristische Truppen die Klöster aufgestöbert hatten.

Da aber der Antichrist nicht erschien und das Ende der Welt nicht eintrat, richteten sich die Altgläubigen schließlich darauf ein, dass noch lange Zeit vergehen werde, bis Christus wieder zur Erde kommen würde. Da ein sehr großer Teil der russischen Menschen am alten Glauben festhielt, gelang es ihnen überall, Beschützer zu finden, die sie der Polizei nicht auslieferten. Um die Bestechungsgelder aufbringen und unter Peter I. die doppelte Steuer zahlen zu können – im Austausch dafür wurden sie im 18. Jahrhundert toleriert –, mussten sie wirtschaftlich erfolgreich sein, wobei ihre strenge Moral und ihre Arbeitswilligkeit ihnen halfen. So etablierte sich in Russland eine abgespaltene Kirche, der *raskol*, auch in sich wieder vielfältig aufgesplittert, aber insgesamt dadurch bestimmt, dass eine große, eher konservative religiöse Richtung in Opposition zu Gesellschaft und Staat stand – ja, lange versuchte, sich gegenüber dem Staat möglichst unsichtbar zu machen, um der Verfolgung keinen Anhaltspunkt zu geben.

7 Anastasia Markowna und Stenka Rasin

Anastasia Markowna (um 1620 bis nach 1678) wurde als Tochter eines Dorfschmiedes geboren und wuchs als Waise auf. Früh heiratete sie den Sohn des Dorfgeistlichen, Awwakum (russisch für: Habakuk) Petrowitsch, einen kirchlichen Eiferer, der sich mit den Mächtigen des Landes immer wieder anlegte – um Waisenmädchen vor Übergriffen zu schützen, um Zauberei zu bekämpfen und die Ausbreitung westlicher Sitten zu stoppen. Aus seinem Dorf vertrieben, machte Awwakum in Moskau Karriere und wurde zum Protopopen (der höchste Rang eines verheirateten Geistlichen in der Orthodoxie, etwa einem Dechanten oder Propst entsprechend). Er akzeptierte jedoch die Kirchenreform nicht, wurde zu einem der Führer der Altgläubigen und schon 1655 nach Sibirien verbannt. Anastasia folgte ihrem Mann auf die vierjährige Fahrt, auf der die Kähne im Sommer getreidelt und im Winter als Schlitten geschleift werden mussten. An ihrem Mann hatte sie wohl wenig Hilfe – ihm fiel bei einem der vielen Schiffbrüche noch auf, dass seiner Frau das vorgeschriebene Kopftuch heruntergefallen war, während sie die kleinen Kinder aus dem Wasser rettete und er die Hände zu Gott erhob. Aber sie hat ihren Mann immer wieder darin bestärkt, seinem Gewissen zu folgen und im Kampf gegen die Mächtigen des Landes für den alten Glauben keine Kompromisse einzugehen. Nachdem 1666 der Kirchenbann über ihn verhängt wurde, folgte sie ihm mit den Kindern an die Weißmeerküste. Die mit dem Kirchenbann belegten Altgläubigen hielt man an ihren Verbannungsorten in Erdhöhlen, die in den Permafrost gegraben waren. 1682 wurde Awwakum auf dem Scheiterhaufen verbrannt. Die von ihm um 1672 verfasste Autobiographie setzt der Geduld und Stärke seiner Frau ein großes Zeugnis.

Stepan Timofejewitsch Rasin (um 1630–1671) stammte aus der Familie eines begüterten Donkosaken und begann seine Karriere als Kosakenanführer in zaristischen Diensten; nachdem Fürst Jurij Dolgorukij jedoch Stepans Bruder Iwan wegen einer kleinen Unbotmäßigkeit hatte hinrichten lassen, machte Stepan sich zum Anführer der armen Kosaken, die vor dem Zugriff der Gutsbesitzer in die Steppe flüchteten, aber in die Reihen der Etablierten nicht aufgenommen wurden. Auf Booten überfielen sie Kaufleute und persische Siedlungen am Kaspischen Meer. Nach der Rückkehr gelang es, die Bevölkerung von Astrachan zu gewinnen. Das Ziel des Aufstandes war eine Gesellschaft von »schwarzen«, also von den Adligen freien Menschen mit einem guten Zaren als Landesvater; eine Gesellschaft archaischer Einfachheit, ohne Aktenführung und auch ohne die Westeuropäer im Lande. Aber der Moskauer Staat mit seiner fortgeschritteneren und z. B. im Adel auch institutionalisierten Arbeitsteilung erwies sich als stärker. Nach der Niederlage wurde Rasin von wohlhabenden Kosaken an Moskau ausgeliefert; er widerstand der Folter und wurde auf dem »Schönen Platz« vor dem Kreml durch das Abhakken von Gliedmaßen gevierteilt, ohne dass er gestöhnt hätte. Bis ins 20. Jahrhundert sang man in den Kosakendörfern Lieder über ihn.

8 Alltag und Geschlechterrollen. Die Fremden

»Gott ist hoch, und der Zar ist weit« – dies russische Sprichwort erinnert daran, wie gering der Einfluss der scheinbar so mächtigen Zentrale auf die alltäglichen Lebensumstände oft war. Die wichtigsten Institutionen waren hier die Familien, die auch in den großen Städten in Höfen zusammenlebten, welche ein Zaun nach außen abgrenzte. Die Menge der Mittel, die einem solchen »Haus« zur Verfügung standen, und vor allem der Umgang mit diesen Mitteln bestimmte darüber, ob man im Winter in schlechten Kleidern fror, im Frühjahr hungerte oder ob man genug Bier und Kwas brauen konnte, um auch den Gästen auszuteilen. Die Struktur der Familien war patriarchalisch; der Vater hatte nicht nur gegen Gesinde und Kinder, sondern auch gegen seine Ehefrau das Züchtigungsrecht und war für die Handlungen seiner Familie in der Öffentlichkeit verantwortlich. In wohlhabenden Familien wurden die Frauen abgeschlossen gehalten, mindestens aber musste jede verheiratete Frau ein Kopftuch tragen, um sich zu bedecken.

Das Essen war die wichtigste Sorge der einfachen Menschen. Roggen bildete die Grundlage, Weizen war ein Luxus, und Hafer sowie Gerste wurden vor allem für Tierfutter gebraucht. Das Getreide wurde als Brei, Brot, Kuchen oder Getränk (Kwas oder Bier) verspeist. Proteine bot vor allem der in Flüssen und Seen häufige Fisch – die Jagd auf Großwild wurde vom 16. Jahrhundert an vom Adel monopolisiert. Der Verzehr von Fleisch, auch von Hausviehfleisch, war den im Konzil von Jerusalem (Apostelgeschichte 15) festgelegten Reinheitsregeln unterworfen – Ersticktes und Blut galten als heidnisch, auch viele Tiere insgesamt, etwa Pferd und Hase. Die wichtigsten Gemüse waren Zwiebeln und Knoblauch – Letzterer wurde auch roh gegessen und bestimmte den Geruch der russischen Häuser. Daneben wurden Kohl, Gurken und Melonen in den Gärten angebaut. Gurken und Kohl, Kaviar und Fisch wurden für den Winter eingesalzen, auch wurden gesalzene Zitronen importiert – Salz war das wichtigste Gewürz und Konservierungsmittel. Es wurde am Weißen Meer gesotten und aus dem Westen importiert, bis der Import im 16. und 17. Jahrhundert durch Werke im Uralvorland und Salzgewinnung in den Steppen substituiert wurde.

Dass Russen gerne trinken, gehört seit der *Nestorchronik* zum Selbstbild. Verbreitet waren Met von Wildbienenhonig und Bier, von dem es schon im 15. Jahrhundert gehopfte Sorten gab. Man trank schon deshalb gern Gegorenes, weil das Wasser zumindest in den größeren Siedlungen selten sauber war. Hochprozentiger Alkohol wurde vom 15. Jahrhundert an aus Dorpat und Riga importiert. Die zaristische Regierung versuchte anfangs, die Verbreitung auf die Ausländer zu beschränken; vom 16. Jahrhundert an erlaubte sie die Produktion gegen Lizenz und monopolisierte den Verkauf in eigenen Schankstuben, die *kabak* hießen – übrigens ein tatarisches Wort; so hießen die Kneipen, die der Khan von Kasan trotz seines muslimischen Glaubens vor den Toren seiner Hauptstadt betrieben hatte. So wie er verdiente selbstverständlich auch der Zar kräftig am Vertrieb des hochprozentigen Wässerchens – *wodka*.

Gewalt war ein gewöhnlicher Teil des Lebens. Witwen und Waisen wurden nicht selten mit Zwang aus ihrer Wohnung oder ihrem Dorf vertrieben, wenn sich kein Mann für sie einsetzte: Ihre Ansprüche konnten missachtet werden, wenn sie nicht anwesend waren. Prügeleien, besonders im Wirtshaus oder in der »Butterwoche« vor Beginn der Fastenzeit, waren häufig, und gegen missliebige Priester oder Beamte entfernter Herren gebrauchte man den Knüttel. Vielleicht war das System der Strafen nicht ganz so ausgeklügelt wie in Westeuropa, aber wie dort war es öffentlich und zog die Schaulustigen an – und auch die Knutenstrafe führte oft zum Tode, denn sie legte den Rücken bis auf die Rippen bloß.

Unter Adel und Kaufmannschaft verbreiteten sich derweil westliche Sitten – das Bartscheren, das die Männer jünger aussehen ließ, der Rock, der im Unterschied zum langen russischen Mantel die Figur erkennen ließ, das Rauchen. Die Kirche bekämpfte diese Veränderungen. Da der Staat immer mehr Fachleute aus Westeuropa für Armee und Wirtschaft brauchte, versuchte man, sie wenigstens zu isolieren – den Russen wurden Bartscheren, Rauchen und kurzer Rock verboten, und den Westeuropäern wurde verboten, in Moskau zu wohnen: Sie erhielten 1652 eine eigene Siedlung, die »deutsche Vorstadt«. Freilich fühlten sie sich dort, wie der schleswigsche Gesandte Olearius meinte, wie ein »Krebs, den man zur Strafe im Wasser ersaufen« wollte: Die Vorstadt entwickelte sich mit ihren größeren Freiheiten, auch den freizügigeren Frauen, zum Gegenmodell des von der Kirche eingeschränkten alten Moskau.

7
Der Aufstieg zur europäischen Großmacht

1 Peter I. und das Ende des alten Moskau

Peter war ein (1672) nachgeborenes Kind, und seine Hoffnung auf den Thron gründete sich nur darauf, dass seine Halbgeschwister schwächlich wie Zar Fjodor (1676–82), debil wie Zar Iwan V. (1682–96), oder eine Frau waren wie Sofia. Sie führte nach dem Tode Fjodors für Bruder und Halbbruder die Regentschaft. Während seine älteren Halbgeschwister sorgsam und auch mit westlichen Bildungsinhalten erzogen worden waren, war Peters Mutter, die zweite Frau von Zar Alexej, auf eine eng kirchentreue Erziehung bedacht gewesen. Der Putsch der Familie der Mutter gegen Sofia 1689, der die Regentschaft beendete, führte deshalb zuerst einmal zu einer eher konservativen Ruhepause in der Politik Russlands. Peter kümmerte sich derweil um seine »Spielregimenter«, mit denen er exerzierte, ließ Schiffe nach holländischem Vorbild bauen und pflegte seine Freundschaften in der deutschen Vorstadt; auch die mit der Tochter eines deutschen Goldschmieds, obgleich Peter noch 1689 von der Mutter verheiratet worden war.

Erst mit dem Tod der Mutter 1694 fiel die Regierungsverantwortung voll auf die Schultern des Zweiundzwanzigjährigen. Seit 1686 auf Vermittlung Wiens zwischen Polen und Russland ein ewiger Friede geschlossen worden war, der die Dnjeprgrenze bestätigte, hatten die katholischen Mächte der »Heiligen Liga« Moskau in den Krieg gegen die Pforte gezogen; russische Vorstöße gegen die Krim unter Sofia waren jedoch erfolglos geblieben. Peter griff 1695 die türkische Festung Asow an, welche die Mündung des Don kontrollierte. Der Sieg gelang jedoch erst, als eine am Oberlauf des Don im Eiltempo gebaute moderne Flotte Asow von der Seeseite her abschnitt, Mineure aus dem Westen tiefe Breschen in die Festungsanlagen sprengten und die über Land herangeführte Armee mit Truppen sowohl alter, feudaler Ordnung als auch westlichen Drills im Sturmangriff die Stadt nahmen.

Asow sollte zum Ausgangspunkt russischer Expansion in den Süden werden. Eine große Flotte wurde auf Kiel gelegt, deren Kosten umgelegt wurden – je 10000 Gutsbauernhöfe mussten zusammen eine Galeere finanzieren. Um die Südexpansion diplomatisch vorzubereiten, sandte der Zar eine große Gesandtschaft in den Westen, wo im Zeichen der Vorbereitung des spanischen Erbfolgekriegs gerade das Interesse am Krieg gegen die Türken nachließ. Peter nahm inkognito selbst an der Gesandtschaft teil. Die Leidenschaft, den Westen selber zu sehen, selber alles zu lernen, mit eigenen Händen auf den Werften in Zaandam und Amsterdam zuzupacken und mit eigenen Augen in Leyden die Wunderwelt zu erblicken, die das Mikroskop erschloss, ließ die Gefahr zurücktreten, dass es in der langen Abwesenheit zum Putsch kommen könnte. Politisch blieb die Gesandtschaft erfolglos – Wien suchte Frieden mit den Türken, ohne auf den russischen Bundesgenossen Rücksicht zu nehmen. Inzwischen hatte der Zar in England jedoch Eisenwerke, Brücken und Hafenanlagen besichtigt, und er hatte auf seiner Reise viele der Großen seiner Zeit kennengelernt – Gelehrte wie Gottfried Wilhelm Leibniz, Herrscher wie Wilhelm von Oranien, Feldherren wie Eugen von Savoyen. Und auf der Rückreise aus dem höfischen Wien traf Peter einen anderen Tatmenschen, mit dem er drei Tage und Nächte lang soff: Kurfürst August den Starken, König von Polen. Ein neuer Plan tauchte am Horizont auf: Schwedens Ostseestellung zu erschüttern.

Inzwischen war der Aufstand in Moskau wirklich losgebrochen – Peter eilte zurück, über 1000 Strelitzen wurden öffentlich hingerichtet. Mit Gewalttätigkeit setzte er ein Modernisierungsprogramm in Gang: die Bärte wurden abgeschnitten, innerhalb eines Monats mussten alle, außer Bauern und Geistlichkeit, den kurzen westlichen Rock tragen. Die Frau, welche die Mutter ihm gegeben hatte, schickte der Zar ins Kloster. Der Weg war frei für das Neue.

2 Der Nordische Krieg

In der Mitte des 17. Jahrhunderts war in Westeuropa in der Militärtechnik ein neuer qualitativer Sprung durchgesetzt worden – nicht mehr die aus »Lanzknechten« und Hakenbüchsenschützen zusammengesetzten Gewalthaufen entschieden die Schlachten (letztlich im Handgemenge), sondern Linientruppen, in denen Artillerie und Musketiere ein ununterbrochenes Feuer auf den Gegner richten konnten. Die wiederverwendbare Waffe war damit an den Rand des Geschehens gerückt; Kriege wurden zunehmend durch nicht wiederverwendbare Waffen (Kugeln, Pulver) entschieden, die in Massen eingesetzt wurden – d.h. fabrikmäßig hergestellt und kontinuierlich nachgeführt werden mussten. Außerdem setzte der Erfolg solcher Waffen nicht den handwerklich ausgebildeten Einzelkämpfer, sondern den gedrillten Soldaten voraus, der genau denselben Handgriff tat wie sein Nachbar in der Linie.

Das neue Militär verursachte hohe Rüstungskosten und entzog der Wirtschaft des Landes zusätzlich einen großen Prozentsatz der jungen Männer. In Frankreich, dem volkreichsten Land und einem der wirtschaftlich führenden Länder Europas, standen zeitweise 300000 Mann in Sold. Die mittel- und osteuropäischen Länder, obgleich wirtschaftlich weniger entwickelt als der Westen, mussten doch denselben Standard an Rüstung und Drill aufbringen, wenn ihre Armeen und Flotten mit denen des Westens konkurrieren sollten. Im Verhältnis zu den geringen Mitteln war für Osteuropa die moderne Rüstung also noch teurer als für den Westen; das Militär spielte hier also eine größere Rolle. Die Militarisierung Osteuropas in der frühen Neuzeit kommt formal darin zum Ausdruck, dass hier von Karl XII. von Schweden bis zu Friedrich II. von Preußen selbst die Könige als Militärs auftraten (was einem König von Frankreich ja kaum eingefallen wäre); in der Sache bedeutete die Militarisierung häufig, dass Gesellschaft und Wirtschaft zur Funktion des Militärs wurden.

Der Vorreiter dieser Entwicklung war Schweden, das mit geringen Mitteln, aber einer guten Eisenindustrie in der Mitte des 17. Jahrhunderts zur Großmacht wurde und die hohen Kosten zum Teil dadurch aufbrachte, dass es die Ostseeanrainer von den Küsten abdrängte sowie die Exporte des zunehmenden baltischen Handels mit Zöllen belegte. Dänemark, Polen und Russland – sie hatten alle unter der schwedischen Expansion gelitten und waren rasch bereit, den Krieg zu beginnen. Aber Schweden unter Karl XII. schlug die Bundesgenossen schnell, auch 1700 an der Grenze bei Narwa die Russen – obgleich einige Regimenter »neuer Ordnung« im russischen Heer standen, war es insgesamt der schwedischen Armee nicht gewachsen. Nach dem Sieg eroberte Schweden Polen und dann Kursachsen, zwang den Kurfürsten August II. zum Verzicht auf die polnische Krone und ließ einen neuen König in Polen wählen. Karl erzwang übrigens aus Sachsen in einem Jahr mehr an Kontributionen, als in Schweden an Steuern einkamen, und wandte sich erst 1708 erneut nach Osten.

Russland hatte nach 1700 den Krieg zunächst durch Verheerungszüge in das von Truppen entblößte Estland fortgesetzt. Vor allem jedoch wurde Russland selbst verändert: Neue Armeen und Manufakturen wurden aus dem Boden gestampft, eine Ostseeflotte gebaut, nach der Eroberung der schwedischen Festungen an der Newamündung eine neue Hauptstadt errichtet. Die neue Armee wurde den schwedischen Elitetruppen jedoch nicht an der Grenze zur Schlacht gegenübergestellt – weit ließ man den Gegner nach Russland hineinstoßen, bis seine Nachschubwege überdehnt, die Truppen in vielen kleinen Scharmützeln erschöpft waren. Die Hoffnung Schwedens, der Übertritt des Hetmans der Kosaken werde viel Unterstützung bringen, trog – nur wenige Ukrainer machten mit dem Protestanten aus dem Norden gemeinsame Sache gegen den orthodoxen Zaren. Der hatte schließlich im Sommer 1709 eine genügend große quantitative Überlegenheit angesammelt, um mit etwa 42000 Mann die Hauptschlacht gegen die schlecht versorgte, aber qualitativ immer noch hervorragende schwedische Armee von etwa 22000 Mann anzunehmen und zu gewinnen.

Die Schlacht bei Poltawa beendete Schwedens Großmachtrolle, denn es war nie mehr in der Lage, eine derartige Elitearmee ins Feld zu stellen, wie Karl XII. sie in der Ukraine verloren hatte. Aber die Schlacht beendete nicht den Nordischen Krieg, denn nun ging es um die Aufteilung der Beute. Sachsen und Dänemark erneuerten den Angriff auf die schwedischen Ostseepositionen, und Hannover, Mecklenburg und Preußen schlossen sich an, um bei dieser günstigen Gelegenheit zu erwerben, was Schweden im Frieden von Osnabrück an deutschen Ländern zugesprochen erhalten hatte. Die Großmächte mischten sich ein, sobald sie das spanische Erbe verteilt hatten – Frankreich aus dem 1648 bestätigten Zusammengehen mit Schweden im Deutschen Reich heraus, England, weil es ein Übergewicht Rußlands im Ostseehandel fürchtete. Alle kleinen Mächte schlossen Frieden mit Schweden, sobald sie ihren Happen von der Beute sicher wähnten – übrig blieben zum Schluß nur Schweden und Rußland. Aber dieses ließ sich nach über zwanzig Jahren Krieg den Sieg nicht mehr schmälern. Mittlerweile hatte es Finnland besetzt, eine Kriegsflotte kreuzte auf der Ostsee, und russische Landetruppen verwüsteten das schwedische Mutterland, bis es – 1718 war Karl XII. getötet worden – 1721 den Frieden von Nystad schloss: Ingermanland, Estland und Livland mit Riga sowie Südkarelien fielen an Russland.

3 Die Reform

Faktisch wurde fast immer Krieg geführt; nach dem Frieden von Nystad wurde schnell ein Krieg gegen Persien begonnen und eine erste Expedition nach Zentralasien geschickt. Krieg und Reform waren untrennbar miteinander verbunden, wobei der Westen sowohl Vorbild wie Feindbild war. Nach dem Sieg bei Poltawa hatte Peter mit den unterlegenen schwedischen Generälen auf seine Lehrmeister angestoßen, aber neben Schweden bildete auch Holland ein Modell für die Reformen. Für das zweite Sinnbild der Modernisierung, die Kriegsflotte, wählte Peter die Farben der Republik der Niederlande – Blau, Weiß, Rot – zur Fahne. Ausländer in großer Zahl wurden eingeladen, um die russische Entwicklung in Wirtschaft und Militär zu fördern, und hier waren es insbesondere Deutsche, die in Russland Karriere machten. Peters Vorstellung war, dass Aufklärung und Wissenschaften im Kreis durch Europa wandern – von Griechenland über Rom in den Westen und über Deutschland zurück in den Osten. »Nunmehro wird die Reihe an uns kommen«, so des Zaren Trinkspruch beim Stapellauf eines in Russland gebauten Schiffs 1714, und mit Gebet und Arbeit werden wir »den Rußischen Ruhm auf den höchsten Gipfel setzen«.

Die Verwaltung wurde zentralisiert. An die Stelle von 40 Prikasen (von denen einige wie der Kasaner Prikas Gebietsverwaltungen waren) traten 12 ausschließlich nach Sachaufgaben definierte Kollegien, deren Präsidenten den Senat bildeten. Ganz Russland wurde in Gouvernements aufgeteilt, die der Zentrale gleichmäßig zugeordnet waren. Auch die wichtigste bis zu Peter autonome Institution des Landes, die Kirche, wurde in diese Landesverwaltung eingegliedert – das Patriarchat wurde abgeschafft, und an seine Stelle trat ein nach dem Vorbild lutherischer Konsistorien eingerichteter *Synod*.

Entscheidend für die Stellung von Adel und Beamten im Lande sollte der Dienst für den Staat sein. Dabei wurden zivile und militärische Funktionen parallel gerechnet. Die 1722 erlassene Rangtabelle legte z. B. fest, dass ein Kanzler denselben Rang hatte wie ein Feldmarschall, ein Kollegienrat denselben wie der Oberst und ein Kollegienregistrator rangmäßig einem Fähnrich gleichstand. Jeder, der einen Staatsrang besaß, war adlig – und wer einen der ersten acht Ränge erreichte, wurde in den erblichen Adel erhoben, gleich, ob er ein freigelassener Bauer oder ein Ausländer war. Auch wenn der alte Adel die Aufsteiger selbstverständlich nicht für voll nahm, bildete die Rangtabelle doch ein wirkungsvolles Instrument zur Integration der neuen Führungsschicht. Wer hierzu gehören wollte, musste etwas können und sich westlich geben. Und er musste seine Kinder auf die neuen Schulen schicken, in denen Geometrie – »Ziffer« – das wichtigste Fach war.

In der merkantilistischen Tradition der Zeit rechnete der Staat die Förderung der Wirtschaft unter seine wichtigsten Aufgaben. Da nicht genug freie Arbeit für die neuen Hüttenwerke im Ural und die Manufakturen zur Verfügung stand, wurden Bauern statt zu Gütern nun auch zu Fabriken »festgeschrieben«. Überall schoss der Staat Kapital vor oder gab den Unternehmern weitreichende Privilegien – stets jedoch mit dem langfristigen Ziel, die Manufakturen zu privatisieren und mehr Wettbewerb zu schaffen. Ausländische Unternehmer und Meister sollten russische Lehrlinge aufnehmen und diese ihre Künste lehren.

4 Die Hauptstädte Moskau und Sankt Petersburg

Moskau ist eine in Jahrhunderten gewachsene Stadt. Um den Kreml mit den Palästen von Zar, Patriarch sowie einigen Bojaren, mit den Hauptkirchen des Landes und dem für die Zeit riesigen Glockenturm lagen die übrigen Stadtteile – das durch eine Mauer geschützte »Kitaj-gorod«, wo Adel und Großkaufleute wohnten; darum herum die durch eine weitere Mauer gesicherte »weiße Stadt« (Belyj gorod) und in einem weiteren Ring die »irdene Stadt« (Zemljanyj gorod), die durch einen Erdwall verteidigt war. 1701 zählte man 16357 Höfe – die Stadt hatte damals etwa 100000 Einwohner, übrigens mehr Männer als Frauen.

Der Hof war die Wohneinheit auch der Städter. Die unterste Verwaltungseinheit war die »Sloboda«, von denen es etwa 150 gab. Diese Wohnquartiere waren jeweils als »Mir« organisiert. Man wählte sich einen Starosten, der auch für die Steuereintreibung verantwortlich war, sowie den Hundertschaftsführer, den Anführer der Hilfspolizisten. Unter Peter wurden Polizeibezirke eingeführt.

Petersburg ist eine Stadt vom Reißbrett, nach Amsterdamer Vorbild unter riesigen Kosten in den Sumpf hinein gebaut. Gerade Durchgangsstraßen, »Prospekte«, führen zum Zentrum – der Admiralität. Schiffe und Straßen sind die Symbole der Macht an der Newa – in Moskau dagegen Kirchen, Paläste und ein Platz.

Beide Hauptstädte waren – und sind – durch kulturelle Vielfalt geprägt; Ausländer, aber auch Juden oder Tataren leben mit Russen zusammen. Entsprechend standen – und stehen z. T. wieder – Kirchen nicht weit von Synagogen und Moscheen.

5 Belastung der Bauern und Umteilungsgemeinde

Alle Reformen kosteten Geld – der Bau von St. Petersburg, die Unterhaltung der teuren Flotte, die Förderung von Manufakturen mit westlicher Technik anstelle von einheimischen Gewerben. Das meiste Geld aber verschlang die Armee, und sie verbrauchte auch die meisten Menschen. Um die Reform zu finanzieren, wurden nicht nur vielfältige Sondersteuern eingeführt – z. B. musste eine Steuer zahlen, wer, abgesehen von Geistlichkeit und Bauern, einen Bart trug –, es wurde vielmehr das ganze Steuersystem von der bisherigen Steuer je Hof (auf dem sich ja eine große Familie versammeln ließ) auf eine Kopfsteuer umgestellt, die Bauern und Sklaven gleichsetzte und von »jeder männlichen Seele« erhoben wurde. Dies ergab auch die Zähleinheit für die Rekrutenaushebung – auf je 35 männliche Seelen musste ein Rekrut gestellt werden. Die russische Armee wuchs bis 1725 auf etwa 210000 Mann. Ein Bauer, den man zur Armee einzog, wurde von seinem Dorf wie ein Toter verabschiedet – selten kehrte er ins Dorf zurück, und in der Regel konnte er keine Familie gründen.

Um die erhöhte Belastung durchzusetzen, mussten Gutsbesitzer und Staat die Gesamthaftung der bäuerlichen Gemeinden ausbauen. Da Steuer und Rekrutenaushebung Reiche und Arme in gleicher Weise trafen, wirkten sich Flucht oder Armut einer Familie, die einmal im staatlichen Register aufgenommen war, für alle im Dorf verheerend aus. Gutsbesitzer und Bauern gingen deshalb immer mehr dazu über, den alten Dorfgemeinden eine neue Funktion zuzuweisen – das Land unter alle gleichmäßig zu verteilen. Daraus folgte, da die Familien unterschiedlich wuchsen, dass das Land nach gewissen Fristen wieder neu verteilt werden musste, wobei als Maß entweder jede (männliche) »Seele« oder das »Joch« eines Ehepaares galten. Wo diese Regelung durchgesetzt wurde, verloren die Bauern also das private Besitzrecht am Boden.

6 Von der Hörigkeit zur Leibeigenschaft

Ungefähr ein Zehntel der Bevölkerung des Imperiums bestand aus Hörigen – Menschen im persönlichen Besitz eines anderen. Man konnte auf verschiedenste Weise zum Cholopen werden – durch Geburt, durch Schuldverschreibung, durch freiwillige Ergebung in das *cholopstwo* (z. B. in Notzeiten) und durch Selbstverpfändung. Die Kirche hielt an dem Anspruch fest, dass die Vorschriften der Moral auch bei der Behandlung dieser Menschen zu gelten hätten, und die Regierung ließ die Hörigen in einem eigenen Amt registrieren.

Durch Kriegsgefangenschaft kam man in einen Status, welcher der Sklaverei der Antike nahe war (*jasyr*). Mit der Taufe konnte ein solcher Sklave in den Stand der Hörigkeit wechseln, falls ihn der Besitzer nicht sogar freiließ. Den Import von Sklaven aus Sibirien suchte die Regierung zu hindern und verbot ihn 1649, um die jasakzahlende Bevölkerung dort zu schützen, es gab jedoch einen kontinuierlichen Sklavenhandel der Kosaken mit gefangenen Tataren oder Kalmücken von der Südgrenze. Allerdings reichten diese Zahlen niemals an jene von den Russen heran, die von den Tataren für die Märkte in Kaffa oder Stambul gefangen wurden.

Gab es im 15. Jahrhundert noch eine beträchtliche Anzahl von »Elitehörigen«, welche hohe Ämter in den Haushalten ihrer Herren ausübten, so bildeten Hörige im 16. und 17. Jahrhundert immer mehr die allerunterste soziale Schicht. Die wichtigste Funktion der Hörigen war Hausarbeit, seltener Arbeit auf dem Feld. Hörige zu besitzen galt als Zeichen von Wohlstand und Rang; man nahm sie auch zur persönlichen Bedienung auf die langen und beschwerlichen Feldzüge mit.

Der Besitzer durfte den Hörigen züchtigen – für einen Schaden, den dieser etwa anrichtete, war er verantwortlich –, durfte ihn aber nicht töten oder verhungern lassen.

Abgesehen davon, dass man einen Hörigen verkaufen konnte, wurde seine Position am Ende des 17. Jahrhunderts immer mehr der eines schollenpflichtigen Bauern ähnlich. Da mancher Bauer der Belastung der Steuer entkommen wollte, indem er sich in die Hörigkeit ergab, und auch manche Adlige Höfe auf ihren Gütern von Hörigen bearbeiten ließen, bezog die Regierung solche Landbewohner ab 1679 in die Steuerrollen ein. Peter I. befahl dann 1722, dass auch für Haushörige Steuer *je Seele* zu zahlen sei, und hob das Amt für Hörige auf. Damit stieg der Anteil der »Bauern« im Volk um 10 %, darunter viele Städter, und beide Stände entwickelten sich immer mehr in Richtung *Leibeigenschaft.* Die Besitzer von ehemaligen Hörigen hielten jedoch manchmal daran fest, dass sie deren Nachfahren verkaufen durften, was ihnen bei schollenpflichtigen Bauern nicht zustand.

7 Die baltischen Provinzen

In Estland und Livland hatte die schwedische Krone durch eine absolutistische Verwaltung die Privilegien des deutschen Adels eingeschränkt und insbesondere jene alten Güter des Deutschen Ordens, welche adlige Familien nach der Reformation in ihren Besitz gebracht hatten, eingezogen sowie danach – auch an Bürgerliche – verpachtet. Als russische Truppen nach dem Sieg bei Poltawa die beiden Provinzen eroberten, bot der Zar den beiden großen Städten Riga und Reval und den beiden Ritterschaften Kapitulationsverträge an, in denen die Wiederherstellung des alten Besitzstandes und der alten Landesselbstverwaltung versprochen wurde. Mit diesen Kapitulationen von 1710 wurde also nicht nur das adlige Monopol am Gutsbesitz wiederhergestellt, sondern auch die evangelisch-lutherische Kirche als Landeskirche sowie ein deutsches Gerichtswesen, deutsche

Schulen und deutsche Verwaltung gesichert. Im Vertrag von Nystad wurden die Privilegien und Gerechtsame der Ritterschaften und Magistrate bestätigt.

Für den Zaren waren die baltischen Provinzen nicht nur der Häfen wegen wichtig, sondern weil er zwei autonome, westlich strukturierte Gebiete gewann, deren Erfahrungen und Führungsschicht für die Verwaltungsreform und die Wirtschaftsentwicklung fruchtbar gemacht werden konnten. Für den 1721 angenommenen Titel *Imperator*, durch den Peter die Gleichrangigkeit mit dem Kaiser des Heiligen Römischen Reichs beanspruchte, waren Livland und Estland auch wichtig, weil sie die Vielfalt der Untertanen deutlich machten. In den Provinzen selbst verstärkte sich in den folgenden fast zwei Jahrhunderten die deutsche und lutherische kulturelle Prägung, die allerdings mit einem ungewöhnlichen sozialen Konservativismus zusammenging – in den inneren Angelegenheiten regierten hier spätmittelalterliche Stände fremder Nationalität über estnische und lettische hörige Bauern.

8 Alexej Petrowitsch, Katharina Skawronskaja und Peter der Große

Alexej (1690–1718) war der älteste Sohn Peters aus seiner ersten, der arrangierten Ehe. Nachdem die Mutter ins Kloster geschickt worden war, entwickelte sich Alexej gegenüber dem erdrückenden Vater zu einem eher ausweichenden jungen Mann, der die aufgedrungene Begeisterung fürs Militär nicht teilte und sich der Kirche zuwandte. Die Ehe des Zarewitsch mit Charlotte von Braunschweig-Wolfenbüttel entsprang höfischer Politik. Vom Vater aufgefordert, seinen Charakter zu ändern, entfloh Alexej mit seiner Geliebten zum Kaiser nach Wien – ließ sich aber zur Rückkehr bereden. Peter sah sein Werk in Gefahr, denn man sagte Alexej nach, er werde nach des Vaters Tod die Hauptstadt nach Moskau zurückverlegen und den Reformdruck abschwächen. Obwohl der junge Mann auf alle Rechte am Thron verzichtete, wurde ihm der Hochverratsprozess gemacht. Bevor der Vater das Todesurteil bestätigen musste, starb der Sohn in der Peter-Pauls-Festung, wahrscheinlich an den Folgen der Folter.

Katharina (1684–1727), Tochter eines litauischen Bauern, fiel als Dienstmädchen eines deutschen Pfarrers beim livländischen Feldzug den russischen Truppen in die Hände. Peter I. lernte sie als Mätresse seines »Herzensbruders« und Günstlings Menschikow kennen und machte sie zu seiner Geliebten, die er 1712 heiratete und damit zur Kaiserin erhob. Von den vielen Kindern blieben nur zwei Töchter am Leben. Katharina war vielleicht nicht besonders schön, und sie ließ sich in den letzten Ehejahren gehen, aber sie war voller Leben und konnte ihren oft nervösen und von Zuckungen geplagten Mann beruhigen und trösten. Nach seinem Tod wurde sie zur Alleinherrscherin, deren politische Entscheidungen allerdings von Menschikow getroffen wurden.

Peter I. (1672–1725) war ein großer, hagerer Mann, der unter Kopfzucken litt, das sich bis zu epileptischen Zuständen steigern konnte. Er ging selten in höfischer Kleidung und liebte es, bei aller Arbeit selbst Hand anzulegen. Nicht nur schrieb er für die Ausbildung seiner Offiziere vor, dass jeder als Rekrut anzufangen hätte – er hatte auch selbst als Musketier gelernt und als Matrose gearbeitet. Seine liebste Unterhaltung war die Drechselbank – mit dem preußischen König Friedrich Wilhelm tauschte er selbstgedrechselte Geschenke. Der Zar konnte gegen seine Feinde grausam sein und wohl auch hier selbst Hand anlegen in einer Zeit, in der die Tortur allgemeine Praxis war, allerdings kein Adliger im Westen dem Henker ins Amt gegriffen hätte. Von Mathematik und Technik ließ er sich begeistern, aber er verfügte auch über eine ausgedehnte Bibelkenntnis und blieb immer Christ – eine Spannung, welche die Frühaufklärung überall bestimmt hat, unter russischen Bedingungen aber besondere Schärfe erlangen musste. Zum Verständnis des Zaren ist sein Freundeskreis nicht außer acht zu lassen, in dem – nach dem Tod des Genfers Lefort – nur noch Russen eine Rolle spielten. Mit ihnen wurde getrunken, in »Saufkonzilien« die Kirche verspottet, mit ihnen wurden die Niederlagen geteilt und die Siege gefeiert. Freunde und Mitkämpfer konnten sich auf ihn nicht nur als Herrscher, sondern auch als Mensch verlassen – als im November 1724 ein Boot in seiner Nähe strandete, watete er selbst ins Wasser, um bei der Rettung der Matrosen zu helfen. Blasenleiden und Leberatrophie, an welcher er seit Jahren litt, verschlimmerten sich, der Alkohol der Festtage kam hinzu – am 28. Januar / 8. Februar 1725 starb der Mann nach schwerem Todeskampf, dem der Senat 1721 den Titel »Peter der Große, Vater des Vaterlandes, Allrussischer Imperator« verliehen hatte.

0 500 1000 km
Kgr. DÄNEMARK
Kgr. SCHWEDEN
Solowezkij-Kloster
Archangelsk
Dwina
Petrosawodsk
Ural
St. Petersburg
Stockholm
E.
Kasan
Kama
Wolga
Riga
L.
K.
PL.
Moskau
Jaik
Smolensk
Tula
P.
Wilna
Dnjepr
HI.
RÖM.
REICH
LITAUEN
Warschau
Kgr. POLEN
Kiew
Poltawa
Astrachan
S.
KRIM-
KHANAT
M.
Kgr. UNGARN (Habsburg)
Bachtschissaraj
W.
Kgr. GEORGIEN
Donau
OSMANISCHES
Stambul
REICH
PERSIEN
E. Estland
K. Kurland
L. Livland
M. Moldau
P. „Herzoglich Preußen"
PL. Polnisch Livland
W. Walachei
S. Saporoger Kosaken
Russische Grenzen 1600
Grenzen 1725
Innere Grenzen 1725
Wichtige Eisenhütten
(„Herzoglich Preußen" ist 1725 das souveräne und namengebende Territorium des Königs in Preußen)

8
Das Petersburger Imperium

1 Imperium

In den letzten Jahrzehnten ist das Konzept »Imperium« vielfältig für Forschungen genutzt worden. Vor allem ging und geht es um die Frage, ob das Konzept tauglich ist, die Vorherrschaft der USA nach dem Zusammenbruch der UdSSR zu erklären, und eher nebenbei auch darum, ob die UdSSR als Imperium erklärt werden kann. »Imperium« ist für diesen Ansatz eine Staatsform, die über die Perioden hinweg besteht; vom Akkadischen Reich bis zur Gegenwart. Herfried Münkler, der die Debatte in Deutschland – nach amerikanischen Vorläufern – eröffnete, hat vom Attischen Seebund bis zu UdSSR und USA Staaten als Imperien erklärt. Münkler definiert »Imperium« durch eine Außengrenze, die einen Statusunterschied zu den Anrainern anzeigt, durch Hierarchie der Binnenstrukturen mit einem imperialen Zentrum und – im Unterschied zum Imperialismus des 19. Jahrhunderts – dadurch, dass es nicht durch eine »grand strategy«, sondern eher zufällig entstanden ist.

Dass Russland ein Imperium war, ist nicht strittig, da Peter I. 1721 den Titel seinem Land explizit gegeben hat, »Imperium« ist also hier ein Quellenbegriff, auch wenn strittig bleibt, ob man das Russische Imperium mit der Thronbesteigung Ivans IV. oder Peters I. beginnen lassen will. Imperien waren bis zum Beginn des 20. Jahrhunderts eine normale politische Struktur; Russland war auch darin »ein Mitglied der Familie«, wie Susan McCaffray und Michael

Melancon sagen, ein »Reich unter seinesgleichen« , wie Martin Aust, Ricarda Vulpius und Aleksej Miller formulieren. In diesem engen Sinn endete das Russische Imperium mit der Revolution von 1917. Aber wie sehr stand dies Imperium in einer eigenen, moskowitischen Tradition? Carsten Goehrke geht vom dem im 16. und 17. Jahrhundert geläufigen Terminus »Selbstherrschaft« aus und spricht auch für das 18. und 19. Jahrhundert von der »Autokratie in ›westlicher‹ Hülle«. Er beschreibt im selben Kapitel die Machtinstitutionen der UdSSR, betont also die Kontinuität.

Unseres Erachtens ist ein enger Begriff für den Historiker am sinnvollsten. Dabei ist festzuhalten, dass Russland kein Imperium von der Art war wie das Römische Reich oder China – es umfasste nie die gesamte ökonomische und politische ›Welt‹ seiner Zeit. Dass auch die orthodoxe Welt – wenn man sie denn von der Christenheit absondern will – nicht im frühneuzeitlichen Moskauer Imperium zusammengefasst wurde, war den Eliten ja schmerzlich bewusst, und dass ein im 19. Jahrhundert romantisch erdachter slawischer Kulturkreis nicht insgesamt zum Imperium gehörte, war der Ausgangspunkt der Theoretiker des Panslawismus, die für ein starkes Russland plädierten. Russland bezog sich außenpolitisch im 15. und 16. Jahrhundert auf die tatarischen »Zaren«, wie man die Khane in Russland nannte, und vom 17. bis zum 19. Jahrhundert auf Westeuropa. Die russischen Eliten wollten von dem so erfolgreichen Westen lernen, und sie wollten im Konzert der Mächte ihre Rolle spielen, aber sie wollten gleichrangig zur »Familie« dazugehören. Um das zu erreichen, setzten sie den Titel »Imperator« durch, definierten sie ihr Reich in der Nachfolge Roms und mit lateinischem Titel auf einer Ebene mit dem Heiligen Römischen Reich. Während dieses durch Zersplitterung in Länder schwach war, war Russland, allerdings auf andere Weise, ebenfalls ein »schwacher Staat« – es konnte weder so tiefgreifende soziale Disziplinierungen durchsetzen wie die Nationen Westeuropas (oder die einzelnen Länder des

Reichs) noch z. B. so hohe Steuerleistungen, aber es wurde durch die Kooperation der Eliten zusammengehalten und war durch Bevölkerungszahl und Territorium Großmacht.

Auf dem Weg der Beanspruchung des höchsten Titels und damit der Gleichrangigkeit mit dem Heiligen Römischen Reich sind Russland nur wenig später Frankreich, Österreich, Deutschland, Großbritannien (für Indien) und sogar das ferne Brasilien gefolgt. Wie diese war Russland ein Imperium zweiter Ordnung im Rahmen des europäischen Welt-Systems; es beanspruchte z. B. keine Statusdifferenz an seiner Grenze, weder gegenüber dem Osmanenreich, China oder Österreich, noch gegenüber den Königreichen Schweden oder Preußen. Der imperiale Anspruch dieser Gliedstaaten des Systems im Kontext der nicht nur militärischen und politischen, sondern auch ökonomischen und sozialen Expansion mehrerer europäischer Staaten über den Globus hat dann zum Begriff »Imperialismus« geführt, zu dem nicht zuletzt die globalen Aneignungen der aus Europa stammenden Weltkonzepte durch Intellektuelle in aller Welt gehörten. Die Ausweitung der »europäischen« Ideen brachte jedoch auch die Betonung nationaler Selbstbestimmung und Infragestellung der Kollaboration kolonialer Eliten mit den – sei es im 19. Jahrhundert entstandenen, sei es älteren – Imperien mit sich. Wie die anderen Imperien wurde auch das Russländische im 19. Jahrhundert von Nationalbewegungen herausgefordert und 1917 im Westen in Nationalstaaten zerlegt.

Östlich der Narwe siegten nicht die kapitalistischen Nationalbewegungen, sondern die Kommunisten. Sie gründeten eine sozialistische Union als eine Ethnien und Nationen überwölbende politische Form mit dem Ziel, den Sozialismus zu erreichen. Im Unionscharakter hatte die UdSSR einige verfassungsmäßige Ähnlichkeiten mit den USA, von denen sie aber das sozialistische Wirtschaftskonzept scharf trennte. »Imperium« wurde nach 1917 aber zum Begriff für eine überholte politische Form, was die faschistischen »Imperien« sozusagen e negativo bestätigten, und nach deren Sturz zum Kampfbegriff gegen die USA und die UdSSR (vgl. 15.3).

2 Landwirtschaft und Gewerbe

Im 18. Jahrhundert wurde in Westeuropa mit der »agrarischen Revolution« ein entscheidender Schritt zur Industrialisierung getan, so paradox das klingt. Man ging dazu über, an Stelle der Dreifelderwirtschaft vier oder fünf Feldfrüchte im Wechsel anzubauen, danach Gras oder Klee einzusäen und Vieh darauf zu weiden, um im sechsten oder siebten Jahr den nun gut gedüngten Boden erneut tief zu pflügen und mit Wintergetreide eine neue Fruchtfolge zu beginnen. Die Produktivität wurde durch die neuen Wirtschaftsformen so erhöht, dass England sich trotz seiner schnell wachsenden Bevölkerung zum Getreideexporteur entwickelte. Immer weniger Menschen ernährten immer mehr und stellten diese so fürs Gewerbe frei. Voraussetzung dieser Wirtschaftsform war allerdings, dass die Felder keinem Flurzwang unterworfen waren, Privatbesitz ohne jede Einschränkung wurden – und außerdem wurde es für die agrarkapitalistischen Farmer zum naheliegenden Ziel, die Rechte der von Bauern dominierten Dorfgemeinden an Weide und Wald abzulösen.

In Russland war die Tendenz umgekehrt. Der Landbesitz der Bauern wurde in vielen Regionen eingeebnet, die Rechte der Dorfgemeinde wurden gestärkt. Zwar vermehrte sich auch die russische Bevölkerung schnell, aber in Russland war noch Expansion alten Stils möglich: in Brandrodewirtschaft wurde neues Siedlungsland gewonnen, oder man ging, wo Rodeland fehlte, zur Zwei- und zur Dreifelderwirtschaft über. Die Expansion in die Steppe brachte auch mit alten Techniken beträchtliche Überschüsse. Die Ergebnisse der agrarischen Revolution wurden – meist nach Holsteiner Muster (Koppelwirtschaft) – nur auf wenigen großen Gütern eingeführt, und auch dort oft mehr aus Bildungsstreben, als um Marktbedürfnisse zu befriedigen.

Bergbau und Hüttenwesen florierten, obgleich sie – im Unterschied zum Westen – meist mit unfreier Arbeit betrieben wurden. Im Ural gab es genügend Holz für die auf Holzkohle beruhende Verhüttung – und reiche Erze.

Eisenproduktion Russlands im 18. Jahrhundert

in 1000 Pud (1 Pud = 16,4 kg)

Jahr	Produktion	davon im Ural	Anteil an der Gesamtproduktion
1725	815	595	73,0 %
1750	2009	1424	70,9 %
1780	6718	5559	82,7 %
1800	9788	7939	81,1 %

England, das im 18. Jahrhundert aus Holzmangel wenig gutes Eisen erschmelzen konnte, importierte den größten Teil seines Bedarfs: Russland war das wichtigste Importland, danach kamen Schweden und Norwegen. Zum ersten Mal in der russischen Geschichte wurde auch genug Silber gefördert (in Sibirien), um wenigstens Altrussland vom Edelmetallimport unabhängig zu machen.

Auch die Textilindustrie wuchs schnell. Seide wurde vor allem in Manufakturen hergestellt, in denen der Anteil freier Arbeiter von 1766 bis 1803 von 40 % auf 69 %, die Zahl der Arbeiter von vier- auf neuntausend, die Produktion von 0,75 Millionen Arschin (71 cm) auf 1,7 stieg. Die Produktion von Luxusgütern im Lande stieg also an – mehr aber noch die von Baumwoll- und Leinentextilien für den kleinen Bedarf. In dicht besiedelten ländlichen Räumen wie nördlich Moskaus in Iwanowo standen Webstühle und kleine Stoffdruckereien. Hier konnte ein Bauer zugleich einem Gutsherrn Geldzins (Obrok) schulden wie auch selbst, vor allem im Winter, die Nachbarn und ihre Frauen sowie Zugereiste in einer Fabrik beschäftigen. Im Sommer wurde etwas Landwirtschaft betrieben, so dass der Lohn niedrig bleiben konnte.

Der Außenhandel Russlands war durch einen Exportüberschuss gekennzeichnet; Russland verdiente sich dadurch Edelmetall, das es für den Geldumlauf, aber auch Schmuck usw. brauchte. Das Imperium exportierte Rohstoffe wie Hanf, Flachs und Talg sowie Halbfertigwaren wie Roheisen, Segeltuch und Juchten (ein besonderes Leder). Der Import diente vor allem dem Bedarf der oberen Klassen: Kolonialwaren wie Zucker und Kaffee, Wein aus Spanien und Portugal, englische Wollstoffe und französische Galanteriewaren.

3 Das politische System

Der unter Alexej begonnene, unter Peter vollendete Absolutismus bedeutete, dass alte Beratungsgremien wie Sobor oder Duma abgeschafft, ökonomisch und moralisch autonome Institutionen wie Klöster und Kirchenhierarchie stärker in Abhängigkeit gebracht und die politisch Aktiven von – zeitweise sogar mehreren – geheimen Polizeiämtern kontrolliert wurden. Wie der westeuropäische berief sich auch der russische Absolutismus auf das sakrale Herrschertum des Mittelalters – in Russland jedoch in der byzantinischen Tradition der Autokratie (Selbstherrschaft). Die wichtigsten Instrumente dieses im Kern trotzdem neuen Systems waren die zentralistisch organisierten Institutionen Armee, Verwaltung und Hof.

So unbegrenzt jedoch der Absolutismus in der Theorie

auch sein mochte – zur Realisierung seiner Politik war er von vielfältiger Mitwirkung abhängig. Und nur die adligen Familien erzogen auf Dauer genug Menschen, welche unabhängig und fachkundig genug waren, um erfolgreich Entscheidungen durchsetzen zu können sowie Aufsteiger und Ausländer immer wieder zu integrieren. Die großen Familien versuchten selbstverständlich, sich gegen die Risiken kaiserlicher Gunst wie Ungunst zu schützen. Einmal bildeten sie mit ihren Klientelverbänden »Parteien«, die am Hofe um Macht und politische Richtung kämpften. Zum andern blieb notfalls, wenn der scheinbar so absolute Fürst sich als uneinsichtig oder unfähig erwies, der Putsch. Peter hatte an seinem Sohn vorgeführt, wie man mit Fürsten umspringen konnte, die nicht westlerisch und nicht militärisch genug waren, und nach ihm fanden Peter III., Iwan VI. und Paul I. ein gewaltsames Ende. Als am stabilsten erwies sich unter solchen Umständen die Herrschaft von Frauen, die sich über Günstlinge Zugang zu den verschiedenen Parteien verschaffen konnten oder Mittel und Posten für den Aufbau einer neuen Partei zur Verfügung stellten, wie Kaiserin Anna für ihren Liebhaber Biron. (Dessen überwiegend deutschsprachige Klientel zog dann bei ihrer Bereicherung in besonderem Maß den Zorn der russischen Familien auf sich.)

Das Günstlingswesen in Petersburg erscheint als reziprok zum Mätressenwesen in Paris oder anderen westlichen Residenzen; gemeinsam ist beiden jedoch, dass außereheliche Sexualität für Funktionen bei Hofe öffentlich verfügbar wurde. Nicht nur vom Volk, auch von den Moralvorstellungen der alten Familien entfernten sich die Höfe mit solcher Libertinage.

Für die relativ starke Stellung der Frauen am russischen Hof gab es eine Reihe von Gründen. In der Dynastie Romanow gab es keine Primogenitur, nicht einmal eine feste Nachfolgeordnung. Dies entsprach dem russischen Privatrecht, da auch dies keinen Testierzwang kannte und Peters

Versuch, wenigstens dem Adel die Teilung der Güter unter alle Kinder zu verbieten, scheiterte. Im Grunde bestätigt so das Erbrecht die Stärke des Zusammenhangs der Großfamilien, und da es weder »generalständische« noch regionale Autonomien gab, sieht man vom Baltikum und dem Kosakenstaat der Ukraine ab, blieben die Familien auch hauptsächlicher Ort politischer Diskussionen.

Dass die russisch-orthodoxe Kirche, die anders als im Westen kaum feudalisiert worden war, so dass Amtsprinzipien bestimmend blieben und sogar ein Bauernsohn Patriarch werden konnte, durch die Säkularisierung ihres Vermögens 1762 weiter geschwächt wurde, passt also zu dem aufklärerischen Anspruch des russischen Absolutismus – dass ein beträchtlicher Teil der so in Staatshand gelangten Güter an Günstlinge Katharinas dann wieder verschenkt wurden, spiegelt jedoch auch die weithin immer noch gentilizische Realität hinter dieser Fassade. Auch die Befreiung des Adels von der Dienstpflicht zeigte dieses doppelte Gesicht: die Freisetzung einer mittleren Schicht von Pflichten gegenüber dem Staat entsprach dem Aufklärungskonzept Montesquieus – oder doch mehr der überkommenen Privilegierung der großen Familien?

4 Konfessionalisierung und Mission

Die Kirche im petrinischen Russland wurde durch einen Verwaltungsbeamten im Synod, den Oberprokuror, kontrolliert und sollte die vom aufklärerischen Staat gestellten Aufgaben erfüllen, wozu Krankenpflege und Invalidenversorgung gehörten. Der Meditation war das Imperium eher abgeneigt; das Eintrittsalter für die Klöster wurde hinaufgesetzt und die Zahl der Priesterstellen im Reich begrenzt, damit sich nicht allzu viele der Produktion entzogen. Zugleich wurde die Kirche zu einer Bildungs- und Kontrollinstitution für das Volk. Schon im Kontext der Auseinandersetzung mit den Altgläubigen wurde an die Pflicht zur jährlichen Beichte erinnert. Die Kirchenspaltung wurde nun vor allem aus Mangel an Bildung erklärt, dem allerdings nicht nur mit Aufklärung, sondern auch mit Geldstrafen begegnet werden sollte. Wurde jemand als Abtrünniger verdächtigt, dann wurde die Aussage seines Beichtvaters zum Beweismittel.

Dies System wurde vervollständigt, indem vom gesamten Reich in allen Bistümern Listen geführt werden mussten, die jene aufführten, welche der Beichtpflicht nicht genügt hatten. Da die Ausbildung der Popen ebenfalls normiert wurde, wurde die konfessionelle Ausrichtung des religiösen Lebens in Russland von oben nach unten verstärkt. Damit entsprach Russland im 18. Jahrhundert der Konfessionalisierung, wie sie in Westeuropa meist schon im 17. Jahrhundert durchgesetzt worden war. Sich diesem System, zu dem selbstverständlich auch die Pflicht zum sonntäglichen Kirchgang gehörte, zu entziehen wurde schwer gemacht – auch wenn in der Weite Russlands denn doch wieder vieles von diesen Vorschriften Papier blieb.

Dass sich beträchtliche Teile der Reichsbevölkerung einfach schon deswegen der obrigkeitlichen Konfessionalisierung entzogen, weil sie nicht zur orthodoxen Kirche gehörten, sondern zum Islam oder zum Heidentum, traf im 18. Jahrhundert auf größere Ungeduld als früher. Die Mission wurde verstärkt, Missionsbischöfe wanderten – von Soldaten begleitet – durch das Land und versprachen für die Taufe Geld und mehrjährige Steuerfreiheit. Sozialer Druck kam dazu – die tatarischen Adligen durften nicht mehr in der Armee dienen wie bisher, sondern mussten für die Admiralität Holz zum Bau der Ostseeflotte schlagen. Insbesondere in den vierziger Jahren begann man im Gebiet von Kasan mit der Aussicht auf Steuererleichterung vor allem Animisten, aber auch Muslime zu bekehren. Allerdings war die lokale Verwaltung selten bereit, die Freijahre wirklich zuzugestehen, da sie für die Steuererhebung und die Rekrutenzahlen verantwortlich gemacht wurde. Und als die Mission einige Erfolge hatte, entstand das neue Problem, dass Christen und Muslime nicht im selben Dorf wohnen durften – schon der unterschiedlichen Feiertage und verschiedenen Esstabus wegen. Es musste also ein großes Umsiedlungsprogramm durchgeführt werden, das ebenfalls die lokale Verwaltung belastete, zu dem aber auch ein Kommissar aus Petersburg an die Wolga geschickt wurde.

Erst unter Katharina II. wurde man wieder toleranter. Wer aber bis dahin sich hatte taufen lassen, der durfte die orthodoxe Kirche nicht wieder verlassen. Auch für Protestanten und Katholiken in Russland galt, dass man wohl zur Orthodoxie übertreten konnte, nicht aber zurückgehen durfte.

5 Die Eroberung der Steppe

Aufgrund der Quantität seines Potentials wurde Russland nach den petrinischen Reformen schnell zur Vormacht in Osteuropa. Der deutsche Dualismus zwischen Österreich und Preußen erlaubte der russischen Diplomatie und nicht selten auch dem Militär immer wieder Wirkungsmöglichkeiten nach Mitteleuropa hinein. Dass Peter III. nach den Siegen russischer Truppen im Siebenjährigen Krieg auf die Annexion Ostpreußens verzichtete, Frieden mit dem von ihm hoch verehrten Friedrich II. schloss und damit den Sieg Österreichs verhinderte, entsprach durchaus dem langfristigen Interesse des Zarenreichs an der Aufrechterhaltung des deutschen Dualismus. Polen sank derweil fast in die Rolle eines russischen Aufmarschgebietes ab.

Dem alten Bundesgenossen Polens, Frankreich, gelang es 1767, die Türkei zu einem Versuch zu bereden, diesen Machtanstieg Russlands zu stoppen. Der türkische Angriff auf die russischen Positionen in der Ukraine endete jedoch nach jahrelangen Feldzügen mit einer katastrophalen Niederlage der Pforte, die 1774 die Mündungen von Dnjepr und Don an Russland abtreten musste. Das Khanat der Krimtataren wurde für unabhängig erklärt, aber schon 1783 von Russland annektiert, das damit die Küste des Schwarzen Meeres vom Dnjestr bis zum Kuban beherrschte.

Das Krimkhanat war der letzte Staat, der in der Herrschaftstradition der Goldenen Horde stand; durch seinen Handel mit in ganz Osteuropa gefangenen Sklaven hatte es viel Furcht und Hass auf sich gezogen. Im Innern war es ein multiethnisches Gemeinwesen, in dem nicht nur christliche Griechen und Armenier, sondern auch mosaische Karaiten geduldet worden waren. Während die meist bäuerlichen Tataren sich nun der russischen Herrschaft fügten, wichen die ebenfalls muslimischen, nomadisierenden Nogaier nach Süden unter die Herrschaft des Sultans aus.

Durch die russischen Siege war deutlich geworden, dass es keinen ebenbürtigen Gegner in der Steppe mehr gab. Russland nahm Anteil an der neuen Etappe der europäischen Expansion, der vom Mogulreich bis zum Maghreb muslimische Staaten zum Opfer fielen. Die russische Siedlung war zwar seit den ersten Verhaulinien im 16. Jahrhundert, gedeckt von den Kosaken, in die Steppe vorgeschoben worden. Aber erst am Ende des 18. Jahrhunderts konnten die fruchtbaren Schwarzerdeböden des Südens wirklich in breiter Front für die Ackerwirtschaft gewonnen werden.

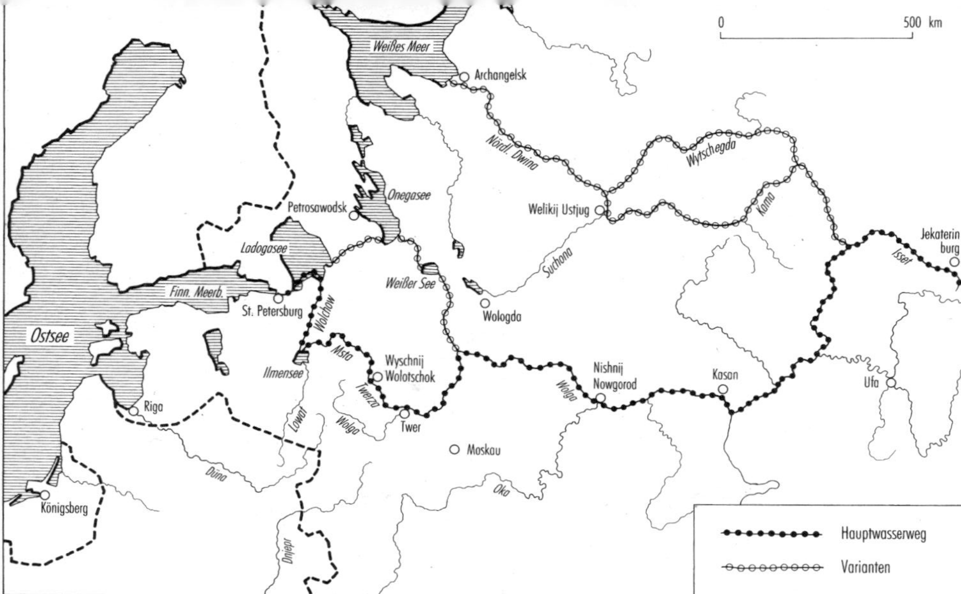
0
500 km
Weißes Meer
Archangelsk
Nördl. Dwina
Wytschegda
Onegasee
Petrosawodsk
Welikij Ustjug
Kama
Ladogasee
Jekaterin-
burg
Isset
Suchona
Weißer See
Finn. Meerb.
St. Petersburg
Wologda
Wolchow
Ostsee
Msta
Wyschnij
Wolotschok
Ilmensee
Nishnij
Nowgorod
Kasan
Ufa
Twerza
Wolga
Riga
Lowat
Twer
Moskau
Düna
Oka
Königsberg
Dnjepr
Hauptwasserweg
Varianten

Versorgung St. Petersburgs und Export der Uralwaren

Die Versorgung der neuen Hauptstadt und der Export der im Ural produzierten Güter erfolgte über Flüsse und Kanäle. Die Boote fuhren jeweils ab, wenn das Wasser eisfrei war; die Ankunft der Waren vollzog sich daher in zeitlichen Schüben – zuerst langten die Transporte aus den nahen Gebieten an, zuletzt die vom Ural. Man zog die Boote die Wolga und von Twer die Twerza hoch und fuhr hinter der höchsten, dann zum Kanal umgebauten Schleifstrecke von Wyschnij Wolotschok über die Flüsse Msta, Wolchow und Newa hinab. Man fuhr nur in einer Richtung, die Boote wurden in der Hauptstadt verkauft. Zusätzlich wurde Holz dorthin geflößt. 1769 wurden 56000 Tonnen Getreide und Getreideprodukte, 2700 Tonnen sonstige Lebensmittel, 3700 Tonnen Salz, über eine Million Liter Schnaps und über 29000 Tonnen Eisen und Eisenwaren über das Kanalsystem transportiert. Die Ochsenherden zur Fleischversorgung St. Petersburgs wurden teils aus den Gebieten östlich von Kasan wolgaaufwärts, teils aus der Nordukraine über Twer nach Norden getrieben. Bevor es in die Hauptstadt weiterging, wurden die Tiere im russischen ›Zentrum‹ zwischen Oka und Wolga geweidet, wobei Düngung für die Getreidefelder anfiel. Im Dezember wurden die Ochsen in St. Petersburg verkauft und geschlachtet – tiefgefroren im russischen Winter blieb das Fleisch bis zum Frühjahr genießbar. Ein Boot vom Ural konnte ein halbes Jahr, ein Ochse aus Ufa anderthalb Jahre unterwegs sein.

6 Deutsche in Russland

Seit dem 15. Jahrhundert kamen zahlreiche Deutsche nach Russland, Kaufleute (viele sind namentlich bekannt) und Handwerker, Ärzte und vor allem Offiziere. Sie bekamen meist Privilegien und waren gerade beim einfachen Mann oft schlecht angesehen, aber sie brachten Kenntnisse und Fähigkeiten, welche die Regierung benötigte. Nach dem Sieg im Nordischen Krieg kamen die Baltendeutschen hinzu (vgl. Kap. 7.1). Katharina II. lud ab 1762 Ausländer ein, in durch Abzug, Umsiedlung oder Vertreibung nomadischer Stämme menschenarmen Gebieten an den Grenzen zu siedeln. Es kamen nicht nur Griechen, Serben oder Bulgaren aus dem Osmanischen Reich, sondern vor allem Deutsche, die in der Steppe Landwirtschaft mit festem Wohnort einführten und durch ihre Arbeit die Voraussetzungen für einen deutschen Bauernstand an Schwarzem Meer und Wolga schufen.

Die Kolonisten erhielten 30 Desjatinen je Hof (knapp 33 ha) und Beihilfen zu Hausbau und Saatgetreide, Viehkauf und Gerätschaften. 30 Jahre lang mussten sie keine Steuer zahlen, und vor allem wurden sie vom Militär- und Zivildienst befreit. In ihrer inneren Verwaltung waren sie autonom, sie wählten sich einen Schulzen, der mit der zarischen Behörde zu arbeiten hatte. Eine eigene Kanzlei, die »Vormundschafts-« oder »Tutelkanzlei«, fasste die Aufgaben in St. Petersburg zusammen. Die Siedler kamen vor allem aus Hessen, Kurpfalz und Baden; also Gebieten, die im Siebenjährigen Krieg besonders gelitten hatten. Viele, die in Deutschland ruiniert oder konfessionell Außenseiter waren, erhielten hier eine neue Chance; die Dörfer wurden dann mit wenigen Ausnahmen konfessionell geschlossen angelegt: die Siedlungen waren lutherisch, reformiert, katholisch oder mennonitisch. Im 19. Jahrhundert fanden viele »separierte«, d.h. von den jeweiligen Landeskirchen getrennte evangelische Gemeinden bis in den Kaukasus hinein in Russland Siedlungsland. Erst 1819 wurde die Ausländeranwerbung auf solche Fälle eingeschränkt, für die ein spezifischer Regierungsbedarf vorlag.

Die Kolonisten bildeten einen eigenen Stand in der russischen Sozialordnung. Sie hatten ihre eigenen Kirchen und Kirchenschulen und keine Gutsbesitzer über sich. Aus der Heimat brachten sie eine lange Tradition der Disziplinierung mit und fanden leicht Zugang zu agrarischen Neuerungen, gaben sie aber relativ selten an ihre russischen Nachbarn weiter, deren Standesbedingungen einfach um zu vieles schlechter waren. Die zweite und dritte Generation der Kolonisten wurde oft wohlhabend. Von den etwa 30 000 ursprünglichen Ansiedlern an der Wolga starben viele vorzeitig – das Roderecht war gut, aber der Alltag der Rodebauern hart –, wurden von Kirgisen gefangengenommen und als Sklaven verkauft oder zogen wieder fort, so dass 1775 nur noch 23 000 dort lebten. Ihre Zahl wuchs allerdings bis 1816 auf 60 000; 1857 hatte sie sich sogar verachtfacht auf 198 000 und war damit in stärkerem Grade angestiegen als die Bevölkerung Deutschlands in jenem Zeitraum. Immer neue Tochterkolonien wurden gegründet, bis nach Sibirien zogen Nachfahren der ersten Siedler.

Auch die deutsche städtische Bevölkerung in Russland wuchs. Insbesondere Petersburg wurde zu einer Stadt mit einer großen Zahl deutscher Offiziere und Kaufleute, Handwerker, Beamten und Professoren. Viele Beziehungen zwischen den nach Herkunft und Konfession, Berufen und Wohnorten sehr unterschiedlichen Deutschen im Russischen Reich gab es jedoch nicht – was hatte ein deutscher Mathematikprofessor an der Newa schon mit einem Bauern an der Wolga gemein, dessen Pfälzer Dialekt er vermutlich kaum verstanden hätte?

7 Der Pugatschow-Aufstand und die Baschkiren

Die Dienstbefreiung des Adels berührte das bäuerliche Gefühl der *prawda*, der gerechten Weltordnung – sie erwarteten, dass die Bauern von Fronen und Abgaben befreit würden wie die Herren von der Dienstpflicht. Dies desto mehr, als Peter III. die Güter der Kirche zu Staatsgütern gemacht und die Klosterbauern damit befreit hatte. Als der Zar, von seiner Gattin gestürzt, einem Mordanschlag des Adels zum Opfer fiel, waren die Bauern daher gern bereit zu glauben, der Herrscher sei diesem Anschlag entkommen.

Der Donkosak Jemeljan Pugatschow machte sich diesen Glauben an einen »guten Zaren« zunutze, ernannte sich selbst zu Peter III. und fand die Unterstützung der Kosaken vom Fluss Jaik, deren regionale Autonomie durch die Verdichtung der Verwaltung bedroht und deren Privilegien angegriffen waren – z. B. durch die Einführung von Abgaben auf in der Steppe selbst gewonnenes Salz, das man zum Konservieren von Kaviar und Fisch brauchte. Zwei Jahre lang führte Pugatschow aufständische Kosaken, Hüttenarbeiter und Bauern in den östlichen Randgebieten des Reiches gegen die Zentralmacht. Mehrfach wurde er von regulären Truppen geschlagen, entkam jedoch und sammelte ein neues Heer. Sein Programm war zündend: Befreiung von den Fronen, von Salz- und Kopfsteuer sowie vor allem von der Rekrutenaushebung. Und: Endlich sollte Ruhe sein vor Adligen und Ausländern. Die Feindschaft gegen die Unruhe oder Modernisierungspolitik und konkret gegen die Ausländer aus dem Westen richtete sich jedoch nicht gegen die nichtrussischen Wolgavölker – im Gegenteil, sie gehörten oft zu den Stützen des Aufstands. Die Baschkiren z. B., ein turksprachiges, muslimisches Volk im Ural, waren durch die staatlich forcierten Hütten im Ural mit der dazugehörenden Siedlung sowie – wie die Kosaken – durch die Verdichtung der Verwaltung eingeengt. Sie hatten nach der Eroberung von Kasan immer wieder Aufstände gegen die russische Kolonialmacht durchgeführt, oft mit dem Ziel, ein muslimisches Reich an der Wolga zu errichten. Nun schlossen sie sich Pugatschow an – dessen endgültige Niederlage auch dadurch allerdings nicht aufzuhalten war.

Die Kaiserin reagierte nicht nur mit terroristischen Strafen, sondern auch mit jenem Verfügungsanspruch über Namen und Geschichte, den erst die Aufklärung freigesetzt hatte: das Jaik-Kosakenheer wurde aufgelöst, und der Name des Flusses verschwand von den Landkarten – auf denen er noch heute als Ural erscheint.

8 Die Teilungen Polens

Im späten Mittelalter, als feudale Reiterheere die Schlachten entschieden, war Polen zur Vormacht Osteuropas geworden. Der Adel, die Szlachta, hatte die korporative Gleichheit aller Adligen und eine parlamentarische Verfassung durchgesetzt, in welcher dem Wahlkönig nur wenig Macht blieb – und auch der litauische und ukrainische Adel hatte sich in dieses System integrieren lassen.

Je mehr in der frühen Neuzeit der aus den Mitteln der Krone zentral entlohnte Soldat und die Artillerie kriegsentscheidend wurden, desto mehr erwies sich die polnische Republik als unfähig, Verteilung der Mittel und Verfassung so zu ändern, dass moderne Machtinstrumente wie Armee und Zentralverwaltung im angemessenen Umfang eingerichtet wurden. Aufstände der von der Schollenpflichtigkeit bedrohten, orthodox gebliebenen ukrainischen Bauern und Kosaken erschütterten das Land, das sich jedoch nach der Krise in der Mitte des 17. Jahrhunderts noch einmal stabilisieren konnte.

Im 18. Jahrhundert behinderten dann die absolutistischen Nachbarn »im Namen der polnischen Freiheit« – d. h. der Freiheiten des Adels – jede Reform, durch welche die Republik wieder zu einer Macht geworden wäre. Russland und Preußen nutzten ihre jeweiligen Religionsverwandten, um zu intervenieren, aber insbesondere Russland gelang es, über Adelsparteien auf die polnische Politik einzuwirken und 1764 mit Stanisław Poniatowski sogar einen König bei der Wahl durchzusetzen, der als ehemaliger Geliebter Katharinas II. für verlässlich gehalten werden durfte.

So war es eher das schwächere Preußen, das 1772 auf die erste Teilung Polens drängte, als die russischen Siege gegen die Türkei die Machtverhältnisse im Osten Europas verschoben. Als Polen 1791 zu einer Verfassung fand – gewiss unter dem Einfluss der französischen Revolution, aber inhaltlich mit konstitutioneller Monarchie und Reichstagsvertretung für die Bürger viel näher am englischen Beispiel –, da war es Katharina, die aus Angst vor der Ausbreitung demokratischer Ideen intervenierte und die zweite Teilung provozierte. Die nationale Erhebung der Polen gegen das Diktat der drei Nachbarn führte dann schnell zur dritten, restlosen Teilung. Insgesamt hat Russland 63 % des Territoriums und 45 % der Bevölkerung der Republik in den Teilungen erworben – überwiegend Länder, in denen ein katholischer polnischer Adel über orthodoxe oder unierte weißrussische und ukrainische Bauern herrschte, in Litauen aber auch ein Gebiet mit geschlossen katholischer Bevölkerung.

Das russische Reich war unter der Herrschaft der aus Anhalt-Zerbst stammenden Zarin Katharina mit dem Frieden von Teschen 1779 zum Garanten des deutschen Dualismus und mit der dritten polnischen Teilung zum unmittelbaren Grenznachbarn von Preußen und Österreich geworden. Russische Armeen fochten in den Koalitionskriegen an Rhein und Po, und im Winter 1799 überschritten russische Truppen zum Erstaunen Europas die Alpen: Russland war die – im Rahmen des Konzerts der Mächte – vorherrschende Macht auf dem Kontinent geworden.

9 Natalja Dolgorukaja, Katharina die Große und Pjotr Gawrilow

Natalja Borissowna Scheremetjewa (1714–71) war die Tochter eines berühmten petrinischen Feldherrn aus einer späten Ehe. Sie wuchs ohne ihre Eltern auf und wurde als Fünfzehnjährige mit Iwan Dolgorukij verlobt, dem Freund Zar Peters II. – der im Januar 1730 plötzlich starb. Unter der neuen Zarin Anna fiel die Familie Dolgorukij in Ungnade. Natalja vermählte sich trotzdem mit Iwan und folgte ihm in die Verbannung nach Sibirien. Sie war hübsch und klug, ihre Memoiren erweisen sie als genaue Beobachterin, die mit der Situation der im äußersten Norden am Ob gestrandeten Großfamilie besser fertig zu werden wusste als ihr Mann. In Treue zu ihrer Entscheidung und zu ihrem Mann gelang es ihr, in Sibirien Kinder großzuziehen, die – als die Familie begnadigt wurde – ihren Platz im russischen Hochadel einzunehmen wussten.

Sophie Friederike von Anhalt-Zerbst (1729–96) stammte aus einer kleinen deutschen Fürstenfamilie, die (wie alle anderen) versuchte, durch Dienst bei einer der Großmächte – der Vater war preußischer Generalmajor – oder durch Heirat der Bedeutungslosigkeit zu entgehen. Sophie heiratete Karl Peter Ulrich von Holstein-Gottorp, einen Enkel Peters des Großen. Die Mutter war nach der Geburt gestorben, und der junge Herzog war von Männern erzogen worden. 1741 war nun im fernen Moskau die Tochter Peters, Elisabeth, zur Zarin gewählt worden – sie bestimmte ihren Neffen zum Thronfolger, und sie bestimmte auch Sophie zu seiner Frau; nicht zuletzt wohl deswegen, weil Prinzessinnen aus bedeutenderen Familien auch außenpolitischem Einfluss das Tor geöffnet hätten – was man bei Anhalt-Zerbst nicht gerade befürchten musste.

Karl Ulrich hatte sich zu einem militaristisch engen Menschen entwickelt, der sich auch am Petersburger Hof mit Holsteinern umgab, heimlich am Luthertum festhielt und seine Soldaten im Palast exerzieren ließ. Als Zar Peter III. hat er außen- und innenpolitisch weitreichende und überlegte Entscheidungen getroffen, aber seine Frau, mit orthodoxem Namen *Katharina*, zu seiner entschiedenen Gegnerin werden lassen. Den Kampf der beiden Deutschen um den Thron Russlands entschied schließlich die Garde – Katharina, die russisch sprach und die Regeln der orthodoxen Kirche demonstrativ einhielt, war insgeheim die Geliebte des Gardeoffiziers Grigorij Orlow. Peter III. leistete dem Gardeputsch keinen Widerstand und hoffte wohl, nach Kiel zurückkehren zu können – er wurde stattdessen ermordet.

Katharina hat ihre erste Identität als protestantische deutsche Prinzessin der Rolle der russischen Kaiserin, ihre Moral als Ehefrau der Komplizenschaft mit den Mördern ihres Mannes, ihren aufklärerischen Intellekt, mit dem sie zu Beginn ihrer Regierung von großen Reformen träumte, den Interessen des Adels geopfert. Alles wurde dem Kalkül der Macht untergeordnet, und sie hat in der Tat die russische Macht auf einen kaum wieder erreichten Höhepunkt geführt – eine »Mutter des Vaterlands« (wie der Senat sie nannte), für die Sexualität zur Droge wurde (auch die Fünfzigjährige nahm nur Liebhaber unter dreiundzwanzig); ein »Licht des Nordens«, die mit Voltaire korrespondierte, aber den ersten Kritiker der russischen Verhältnisse, Radischtschew, nach Sibirien verbannte. Sie war gewiss eine vom Ehrgeiz getriebene Täterin – aber doch auch ein Opfer der Funktionalisierungen, zu denen sie gezwungen wurde und andere zwang.

Weder Geburts- noch Todesjahr *Pjotr Gawrilows* sind bekannt. Er stammte von schwarzen Bauern, verlor früh die Eltern und wurde vom älteren Bruder als Kleinknecht zu einem Gutsbauern gegeben. Von dem entlief er zu den Donkosaken, wo er das Schuhmacherhandwerk erlernte und drei Jahre anstelle eines zum Dienst gemeldeten Kosaken Dienst tun durfte; als der Schwindel jedoch in der Revision von 1743/47 aufzufliegen drohte, wurde er aus dem Dorf vertrieben. Er lebte danach in den Wäldern, wo er sich den Altgläubigen anschloss. Als Vierzigjähriger versuchte er, bei Kosaken in einem Dorf bei Dubowki in der Ukraine Fuß zu fassen. Ataman und Protopope wollten ihn zwingen, am Abendmahl teilzunehmen (wozu er vorher hätte beichten müssen) und sich vor einer offiziellen Ikone zu verbeugen. Im Gedränge fiel die Ikone zu Boden. Nun forderte die Dorfobrigkeit, Pjotr als Gotteslästerer auf den

Scheiterhaufen zu bringen – mindestens jedoch ihm die Nasenflügel aufzureißen und ihn zu brandmarken. Aber in Petersburg wehte jetzt ein aufklärerischer Wind – der Synod, vor den die Anklage 1764 gebracht wurde, entschied sich für eine Bestrafung von Ataman und Protopopen, weil sie den Raskolnik provoziert hätten. Auch wenn diese geistliche Strafe gering blieb – der Protopope verlor für zwei Wochen seinen Rang –, wird Pjotr die Entscheidung mit Genugtuung gehört haben – vielleicht der einzigen Genugtuung seines Lebens. Seine Spur verliert sich. Im Dorf wird er sich kaum haben halten können – wahrscheinlich ging er zurück in die Wälder.

10 Franzosen in Moskau, Russen in Paris

Der Westen Europas, das Zentrum des europäischen Weltsystems, war im 18. Jahrhundert durch einen beispiellosen Anstieg der Macht des parlamentarischen Großbritannien gekennzeichnet. Dessen Bevölkerung explodierte zwischen 1700 und 1800 von 9 auf 16 Millionen, sein Handel umspannte die Welt, sein Gewerbe ging zur industriellen Revolution über, im Siebenjährigen Krieg hatte es als der eigentliche Sieger sowohl Kanada wie Indien erworben.

Die traditionelle Führungsmacht des Westens, das absolutistische Frankreich, wuchs dagegen im 18. Jahrhundert nur von 19 auf 28 Millionen Einwohner, verlor seine wichtigsten Kolonien und fand nicht zu einem gleichmäßigen Wirtschaftswachstum. Zwar festigte Frankreichs Eingreifen im amerikanischen Unabhängigkeitskrieg eine Einschränkung der britischen Macht, aber zugleich erhöhte sich die Verschuldung der Monarchie, deren Banksystem mit dem Londons nicht mithalten konnte. Die aufstrebende französische Bourgeoisie, die von Steuern und Abgaben überbelasteten Bauern und die wachsende Zahl der armen Leute in Paris fanden zu einem Programm zusammen, das die Grundforderungen der Menschenrechte in der Formel Gleichheit, Freiheit und Brüderlichkeit zum Ziel erhob und Revolution bedeutete.

Die idealistische Phase der Französischen Revolution war allerdings nur kurz. Herausgefordert durch Interventionsversuche der konservativen Mächte, nahm Frankreich auch als parlamentarisch regiertes Land seine Expansionspolitik wieder auf. Russland beteiligte sich als konservative Führungsmacht an den Koalitionen gegen das revolutionäre Frankreich, auch als Napoleon Bonaparte die neue Staatsform eines akklamatorischen Imperialismus an die Stelle der Republik gesetzt hatte. Der entschiedenste Gegner aber blieb Großbritannien.

Frankreich steigerte seinen Militarisierungsgrad schließlich auf über eine halbe Million Mann unter Waffen und beherrschte den Kontinent. Da es jedoch nicht in der Lage war, die Vorherrschaft Großbritanniens zur See zu brechen, versuchte es seit 1806, das Inselreich durch eine Wirtschaftsblockade, die »Kontinentalsperre«, in die Knie zu zwingen. Das russische Kaiserreich allerdings, das weder dem Hegemonieanspruch Napoleons folgen wollte, noch den Abbruch des Handels mit seinem wichtigsten Partner England in seinem Interesse fand, entzog sich der französischen Politik.

Napoleon versuchte 1812, Kaiser Alexander I. durch einen militärischen Vorstoß zum Nachgeben zu zwingen. Russland hatte mit 37 Millionen Menschen (im Jahre 1800) ein größeres, allerdings qualitativ dem französischen weit unterlegenes Potential. Die russische Führung unter Marschall Kutusow setzte auf die logistischen Probleme der großen Entfernungen: Die Armee schlug zwar Schlachten, ließ sich jedoch nicht stellen und überließ schließlich sogar die alte Hauptstadt Moskau dem Feinde. Die große, vom Volk verlassene Stadt geriet in Brand – der französische

Kaiser hat ihn vom Kreml aus beobachtet und wohl auch daran begriffen, dass sein Kalkül getrogen hatte: Er hatte nicht einmal genügend Mittel, um Moskau löschen zu lassen – geschweige denn, um Alexander im immer noch fernen Petersburg zu irgend etwas zu zwingen. Der Rückzug der »Großen Armee« geriet zur Katastrophe: Die Bauern, die sich durch Aufrufe zur Befreiung aus der Leibeigenschaft nicht hatten auf die französische Seite ziehen lassen, bekämpften den Landesfeind erbittert und behinderten das Fouragieren. Auf den einsetzenden Herbst mit den verschlammten Wegen und erst recht auf den russischen Winter war die Armee nicht vorbereitet – der Nachschub blieb aus. Als erster Verbündeter Napoleons nutzte Preußen die Niederlage, um die Front zu wechseln – der Neutralitätskonvention von Tauroggen zwischen dem preußischen General Yorck und dem russischen General Diebitsch folgte im Februar 1813 das preußisch-russische Bündnis.

Der Sieg Russlands über die »Große Armee« wurde zur Voraussetzung der Befreiung Europas von der drohenden französischen Vorherrschaft; Alexander I. ließ sich im Westen als »Befreier« feiern. Allerdings wurde der Sieg der Verbündeten über Napoleon auch zum Ausgangspunkt einer gesamteuropäischen politischen Reaktion, der die Ansätze zu parlamentarischen Verfassungen und die Versprechungen, welche in den Befreiungskriegen gemacht worden waren, zum Opfer fielen. Der Wiener Kongress 1815 stellte den deutschen Dualismus wieder her, machte jedoch Preußen zum vorrangigen potentiellen Gegner Frankreichs, indem es die Rheinlande zu dem Königreich schlug, während das Kaiserreich Österreich auf seine westlichen Besitzungen verzichtete. Russland erhielt den größten Teil Polens als Königreich in Personalunion. Polen blieb jedoch geteilt: Großpolen kam als Großherzogtum Posen an Preußen, Galizien blieb bei Österreich.

9
Russland als Gendarm Europas

1 Das politische System

Nach der Niederwerfung Napoleons schlossen die Kaiser von Österreich und Russland sowie der König von Preußen die *Heilige Allianz*, in deren Präambel sie feierlich erklärten, sich im Privatleben wie in der Politik »von nichts anderem leiten zu lassen als den Regeln der heiligen Religion, Regeln der Gerechtigkeit, der Liebe und des Friedens«. Gegen die Aufklärung, der die Weltkriege der Jahrhundertwende angelastet wurden, nahmen sie Christentum und Legitimität als politische Leitlinien in Anspruch. Da Friede auch den Interessen der zunächst eindeutig führenden Wirtschaftsmacht Großbritannien und nicht zuletzt denen der Großbanken entsprach, auf welche die vom Kriegführen hoch verschuldeten Mächte angewiesen waren, gelang es für ein Jahrhundert, einen weiteren Weltkrieg zu vermeiden. Die Nutznießer dieser Friedensordnung waren zuerst einmal die konservativen Mächte; wirtschaftlicher Aufschwung und Bevölkerungsvermehrung, Ausbreitung des Allgemeinwissens und Verkehrsrevolution veränderten jedoch die soziale Realität hinter dem Rücken der Herrschenden desto gründlicher, je weniger sie davon Kenntnis nehmen wollten. Allein die Bevölkerung des europäischen Russland vervielfachte sich zwischen 1795 und 1914 von 37 auf 134 Millionen, und einschließlich der Erwerbungen – Finnland und Polen, Kaukasus und Zentralasien z. B. – betrug die Bevölkerung des Imperiums zu Beginn des Ersten Weltkrieges 178 Millionen.

Ließ sich der alte Absolutismus aber ins 19. Jahrhundert retten, weil er »legitim« war und den Frieden sicherte? Dies war die politische Grundfrage des letzten Jahrhunderts der Romanows, wie sich die Nachfahren des Herzogs von Holstein und der Prinzessin von Anhalt auf dem Thron Russlands nannten. Zwar verschwand die Libertinage des alten Hofes, und die Kaiser übernahmen die bürgerliche Familienstruktur, so dass nach der Einführung der männlichen Primogenitur 1797 die Kaiserinnen auf die Rolle der Landesmutter beschränkt wurden und die Zarenfamilie nun in ihrem Patriarchalismus den Erwartungen der Mehrheit entsprach. An der Alleinregierung mit dem Instrument einer verzweigten Bürokratie hielten sie aber fest.

Unter den jungen Offizieren allerdings, die in den napoleonischen Kriegen den Westen gesehen hatten, gärte es. Im Dezember 1825 versuchten sie, in einem Putsch eine Konstitution zu erzwingen, die Pressefreiheit, Glaubensfreiheit, Gleichheit der Stände vor dem Gesetz, Freiheit des Bodenmarktes und selbstverständlich die Abschaffung der Leibeigenschaft sichern sollte. Die »Dekabristen« (so später genannt nach dem russischen Wort für ›Dezember‹) – die sich weder an das Volk noch auch nur an die Soldaten gewandt hatten, welche sie gegen den Kaiser Nikolaus I. führten – scheiterten; über hundert Angehörige des Adels wurden verurteilt und meist nach Sibirien verbannt. Der Zarismus antwortete auf die Einsicht, dass er sich auch auf den Adel nicht mehr verlassen konnte, mit der Einrichtung der »Dritten Abteilung«, einer geheimen Staatspolizei, die den gesamten Staat zu kontrollieren hatte.

Den Kampf gegen die »sittliche Krankheit, die die jungen Geister in Europa angesteckt hat«, hielt der Zarismus für seine ihm von Gott zugewiesene Aufgabe. Allerdings war das Gefühl verbreitet, dass es letztlich ein verlorener Kampf sei, wie der erste Leiter der Dritten Abteilung, v. Benckendorff, anlässlich des polnischen Aufstandes von 1830 dem Kaiser vortrug: »Der Herr hat vielleicht diesen Wahnsinn eben deshalb an die Grenzen Russlands geführt, damit er wenigstens einmal die verdiente Züchtigung erführe. Dieses Beispiel kann vielleicht den Fall der Gesellschaftsordnung (eine Weile) aufhalten ... «. Im selben Geiste intervenierten russische Truppen in Ungarn, als es den kaisertreuen Truppen Wiens in der Revolution von 1848 nicht gelang, der demokratischen Bewegung Herr zu werden.

2 Die Leibeigenschaft

Während der Geheimdienstchef des Kaisers Nikolaus dachte, man könne den »Fall der Gesellschaftsordnung« aufhalten, wenn man nur hart genug durchgreife, veränderte diese Gesellschaft sich schnell. Die Bevölkerungsvermehrung vollzog sich vor allem auf dem Land und folgte vorindustriellen Mustern. Mehr Kinder wurden geboren, als Hofstellen vorhanden waren, und um die neuen Dorfbewohner zu ernähren, wurden Wiesen und Weiden aufgepflügt. Die Dorfgemeinde (vgl. Kap. 7.5), Obschtschina oder Mir genannt, berücksichtigte die neuen Dorfgenossen bei der nächsten Umverteilung des Ackerlandes – entweder wurden den Eltern schon für die Kinder neue Anteile zugebilligt, oder ein neuverheiratetes Paar erhielt seinen Anteil als »Joch« von zwei Eheleuten. Die Gutsherrschaft griff selten in diese Prozesse ein, auch wenn sie das Recht hatte, eine Heiratsgenehmigung zu versagen – hier schufen Liebende eher unübersehbare Fakten, als sich an die Regeln zu halten, und die Kirche redete dann gut zu. Da alle Dorfbewohner an der Umteilung beteiligt wurden, entstand keine unterbäuerliche Schicht (wie Brinksitzer, Gärtner oder Inlieger im Westen) – aber die Ackerstücke wurden immer kleiner. Und wenn Wiese aufgepflügt wurde, um neues Akkerland zu gewinnen, musste die Zahl des Großviehs verringert werden, wodurch nicht nur die Versorgung der

Menschen mit Eiweiß, sondern auch die Düngung des Bodens abnahm. Die Hektarerträge in den schon länger besiedelten Gebieten, in denen es keine Siedlungsreserven mehr gab, sanken – nur in den neu erschlossenen Steppen, wo man genug Land brachliegen lassen konnte, stieg die Produktivität. Hier konnte man auch bessere Geräte wie »preußische« Pflüge, eiserne Eggen, Häcksel- und Erntemaschinen anschaffen.

Getreideerträge Russlands im 19. Jahrhundert

in Zehnjahresdurchschnitten

(1 = ein ausgesätes Korn)

	1802–11	1841–50	1851–60
Nordwestliche Region	2,7	2,7	2,7
Zentrale Schwarzerderegion	3,9	3,5	3,2
Mittlere Wolgaregion	3,1	3,3	3,6
Baltische Region	5,1	4,3	4,5
Südliche Steppenregion	4,6	3,1	3,9
Europäisches Russland insgesamt	3,4	3,4	3,2

Auffällig ist nicht nur der allgemein sinkende Trend, der auch Gebiete mit guten Böden, aber dichter bäuerlicher Bevölkerung erfasst, sondern darüber hinaus die hohe Ertragfähigkeit der baltischen, vorwiegend in Eigenwirtschaft der Güter betriebenen Landwirtschaft, trotz der durchweg schlechten Böden dort. Auch die Erträge in relativ neu besiedelten Gebieten wie der mittleren Wolga (hier lebten auch die wolgadeutschen freien Bauern) steigen.

In der ersten Hälfte des 19. Jahrhunderts bildete sich das voll aus, was nicht nur im Westen, sondern auch in der russischen Öffentlichkeit zunehmend und scharf kritisiert wurde: die Leibeigenschaft. Die russischen Bauern waren im 17. Jahrhundert an die Scholle gebunden worden und hatten im 18. weitere Rechte verloren. Leibeigen in dem Sinn, dass man sie wie Sklaven auf den Märkten verkaufte, waren sie aber nicht – auch wenn sie bei Versteigerungen adligen Vermögens mit unter den Hammer kommen konnten, und auch wenn viele Adlige die Nachfahren aus der Gruppe der Hörigen (vgl. Kap. 7.6) für ihr persönliches Eigentum hielten. Je mehr die wirtschaftlich ansetzende Kritik an der geringen Produktivität leibeigener Bauern jedoch durch den Augenschein belegt wurde, und je schärfer die moralische Kritik Verletzungen der Menschenwürde von Bauern an den Pranger stellte, desto mehr wurde der Kampfbegriff zur Beschreibung dessen, was man als Realität vorfand, und aus der Schollenpflichtigkeit wurde die Leibeigenschaft. In dieser Begrifflichkeit kam auch zum Ausdruck, dass die Bedingungen auf dem Land nicht nur für einen frei fühlenden Menschen immer unerträglicher, sondern auch wegen der zunehmenden Bevölkerungsdichte bei ausbleibender Produktivitätssteigerung auf dem Lande wirtschaftlich immer bedenklicher wurden.

3 Neuansätze und Krisen in der Wirtschaft

Insbesondere im zentralrussischen Gebiet um Moskau herum entwickelte sich das schon im 18. Jahrhundert wichtige Heimgewerbe. Viele, die nach ihrer Rechtslage Bauern waren, lebten in diesen Gebieten weniger von der Landwirtschaft als vom Korbflechten, Löffelschnitzen oder von der Weberei. Neben dieses allgegenwärtige Kleingewerbe (*kustar*) trat jedoch auch immer stärker die Fabrik. Zwischen 1816 und 1861 stieg die Zahl der Fabriken von 4000 auf 14000 und die Zahl der Arbeiter von 187000 auf 523000, wobei der Anteil der freien Lohnarbeit weit größer war als jener der »gebundenen«, sozusagen schollenpflichtigen Fabrikarbeiter. Führend war die Textilindustrie des Moskauer Raums, an zweiter Stelle kam die Hüttenindustrie des Ural. Man importierte Dampfmaschinen oder baute sie nach. Aber die Montanindustrie stagnierte – ihre Produktion beruhte noch auf der alten Holzkohletechnik, während in England und Belgien die Eisenproduktion auf der Grundlage der Kokskohletechnik vervielfältigt wurde.

Im Export verlor Russland so ein wichtiges Halbfertigprodukt: Roheisen und Bleche konnten auf dem entscheidenden englischen Markt nicht mehr konkurrieren. Ähnlich war es mit Segelleinwand, die im Lauf des 19. Jahrhunderts ihren Markt im Westen verlor. Russland sank immer mehr auf den Status eines nur Rohstoffe exportierenden Landes, und zu den alten Exportgütern Flachs, Hanf, Häute und Talg kam immer mehr Getreide aus den Steppengebieten des Südens, das über aufblühende Häfen am Schwarzen Meer wie Odessa exportiert wurde. Im Import spielten Luxuswaren die entscheidende Rolle – alkoholische Getränke, Rohrzucker und Tuche. Daneben nahm der Import von Rohbaumwolle und Farbstoffen für die Textilindustrie zu, während die Einfuhr von Maschinen wertmäßig immer geringfügig blieb.

4 »Einsamkeit« Russlands und »russische Idee«

Wie »ein Schuss in dunkler Nacht« peitschte der erste der philosophischen Briefe von Pjotr Jakowlewitsch Tschaadajew 1829 durch die muffigen und selbstgefälligen Salons von Petersburg. In Russland, so hieß es da, habe sich keine große Wahrheit erhoben, »einsam stehen wir da in der Welt, haben ihr nichts gegeben« und: »damit man uns überhaupt bemerkt, musste sich unser Land von der Beringstraße bis zur Oder erstrecken«. Zar Nikolaus erklärte den Schreiber für verrückt, aber das löste das intellektuelle Problem nicht.

Wenn Russland nur der Gendarm Europas war, die Ideen von Romantik und Gegenaufklärung – die ja vor allem aus Deutschland stammten – in eine Politik der Bajonette umsetzte: was war dann Russlands Rolle in der Welt? War es nicht ein Grundkonzept des überall gelesenen Hegel, dass jede große historische Nation ihre eigene Wahrheit in den Prozess des Weltgeistes einzubringen habe? Und was war Russlands eigene Wahrheit, wenn die Zeit vor der petrinischen Aufklärung nur »dunkles« Zeitalter blieb?

Die Antwort wurde durch die europaweite Revolution von 1848 und das russische Eingreifen gegen die Demokraten in Ungarn verschärft herausgefordert. Die Slawophilen – und einige von ihnen sollte man vielleicht genauer Russophile nennen – gaben sie wie Iwan Kirejewskij, indem sie mit einer Kritik der Aufklärung einsetzten, die sie als typisch für die westeuropäische Kultur begriffen. Westeuropa habe zwar eine Vielzahl partieller Erkenntnisse und auch Erleichterungen des Lebens erfunden, aber der analytische Geist habe schließlich alle Zusammenhänge zerstört und die Menschen zu Unzufriedenheit und freudloser Leere geführt. Russland setzte der Zersplitterung des Westens »das Streben nach Ganzheit der inneren und äußeren, der gesellschaftlichen und individuellen, kontemplativen und aktiven und schließlich der künstlerischen und sittlichen Lebensformen« entgegen.

Mit einer Neuaufwertung der konziliaren Tradition der orthodoxen Kirche und einem Verweis auf die Geschichte der Beratungsgremien des alten Russland, Sobor und Duma, forderten die Slawophilen auch mehr gesellschaftliche Teilhabe vom spätabsolutistischen Staat. Ihr wichtigstes Argument war vielleicht, dass die russischen Bauern durch die Umteilungsgemeinde und die innerdörfliche Demokratie aus uralter russischer Tradition (wie man fälschlicherweise meinte) eine »kompakte soziale Kraft und Ordnung« bildeten, welche die Herausbildung eines ländlichen Proletariats verhindere – wie der westfälische Gutsbesitzer von Haxthausen der russischen städtischen Öffentlichkeit nach mehrjährigen Reisen durch das Land entdeckte. Freilich wurde die kooperative Tradition der Umteilungsgemeinde nicht nur zu einem Argument für die Konservativen. Alexander Herzen, demokratischer Emigrant in London, knüpfte an die »soziale Einrichtung der ländlichen Kommunen in Russland« die Hoffnung, dass sie nach der endgültigen Niederlage des Zarismus zum Ausgangspunkt »einer slawisch-demokratischen und sozialen Föderalisation« werden könne – und vielleicht, »wenn Europa mit der sozialen Umgestaltung nicht zustande kommt«, würden eben Russland (und Nordamerika) damit anfangen.

5 Alltag und Geschlechterrollen. Das Land

Die Ess- und Trinksitten des Adels hatten sich im 18. Jahrhundert denen Westeuropas angeglichen, von wo man Köche und Speisen des feinen Geschmacks wie Hartkäse, Weine und Liköre importierte. Seit 1723 arbeitete die Zukkersiederei Westhoff in Petersburg – Zuckerrohr gehörte zu den Kolonialwaren –, und man begann, aus China eingeführten Tee zu trinken.

Die einfachen Leute ernährten sich noch in der Mitte des 19. Jahrhunderts nach jahrhundertealten Gewohnheiten von Getreideprodukten, Gemüse, Quark und Sauermilch. Zum Roggenbrot kamen Suppen mit Kohl (*schtschi*) oder roter Beete (*borschtsch*) als Grundlage, die man je nach Vorräten bereicherte. Der Siegeszug der Kartoffel begann erst am Ende des 19. Jahrhunderts. Im Sommer sammelte man Pilze und Beeren, die auch eingemacht oder in Eiskellern für den Winter gelagert wurden. Es gab wenig Fleisch, und auch Fisch wurde seltener – die Bevölkerung hatte sich vermehrt, und die Flüsse waren dieselben geblieben. Durch das Aufkommen des Rübenzuckers seit der Mitte des 19. Jahrhunderts wurde der Honig langsam verdrängt. Die Ernährung der einfachen Leute blieb insgesamt recht monoton und wurde wohl eher eiweißärmer – nach Berechnungen am Anfang des 20. Jahrhunderts bestanden 60–80% der eingenommenen Kalorien aus Kohlehydraten.

Auf dem Lande war Essen noch zu Beginn des 20. Jahrhunderts sehr ungleichmäßig verfügbar – nach der Ernte und im Winter hatte man genug, im Frühjahr wurde es meist knapp, und viele ärmere Familien kannten den wiederkehrenden Hunger vor der Ernte. Trotz der Eisenbahnen – die ja mehr für den Export als den interregionalen Austausch gebaut wurden – gab es oft regionale, »vormoderne« Hungersnöte; allerdings waren diese insofern auch »modern«, als trotz Hungersnot russisches Getreide auf dem Weltmarkt verkauft wurde.

Im 19. Jahrhundert wurde gesüßter Tee zum Volksgetränk auch in der Arbeiterschaft; die russischen Abstinenzler betonten, dass Tee – anders als Wodka – die Arbeitsfähigkeit nicht einschränke. Der Samowar, die Teekochmaschine, wurde zum Symbol russischen Lebens. Freilich blieb Kwas, ein leicht angegorenes Getränk aus Mehl oder Brot, das Hauptgetränk, während man deutlich weniger Bier trank als in Westeuropa. Dafür trank man vierzigprozentigen Wodka, um 1850 etwa 12 Liter pro Kopf und Jahr. Die Alkoholsteuer war die wichtigste einzelne Finanzquelle des Staates und machte zwischen 21 und 45% der Einnahmen aus. Anfangs verpachtete der Staat die Lizenzen – eine kräftig sprudelnde Quelle der Korruption. Als Witte Finanzminister war, führte er ein direktes Staatsmonopol ein, wodurch die Einnahmen stiegen.

Der Konflikt zwischen dem finanziellen Interesse des Staates an der Alkoholsteuer und der offenbaren Schädlichkeit der Trunksucht wurde oft herausgestellt; vielleicht war aber insgesamt der Weg der Eingrenzung der Trunksucht durch die Steuer doch nicht ganz erfolglos, jedenfalls sank der Pro-Kopf-Verbrauch bis zur Revolution auf 6 Liter im Jahr – allerdings nur insoweit, als die Steuerstatistik aussagekräftig ist. Auch muss mitbedacht werden, dass Alkohol fast die einzige Möglichkeit bot, außer sich zu geraten, dass aber der Schaden bei dieser legalen Droge durch Ritualisierungen zumindest auf dem Dorf in Grenzen gehalten wurde. Man trank in der Osterwoche, während der zwanzigstündigen Arbeitstage des russischen Sommers und bei allen Festen.

Die Vorstellung, dass die typische Familie der vorindustriellen Zeit die mehrere Generationen umfassende Großfamilie gewesen sei, ist für Westeuropa bekanntlich weithin in Frage gestellt und auch für Russland nicht haltbar. Meist – aber nicht ausschließlich – wohnten Eltern mit ihren Kindern auf einem Hof, und als die Hofsteuer in eine Kopfsteuer umgewandelt wurde, entfielen die fiskalischen Argumente für das Zusammenleben vieler Menschen auf engem Raum – das ja hygienische Schwierigkeiten mit sich brachte. Andererseits war Nachbarschaftshilfe im Dorf oft Verwandtenhilfe – für die Tochter im Wochenbett, für den Vater bei der harten Erntearbeit. Die Geschlechterrollen waren auch im russischen Dorf deutlich ausgeprägt, z. B. führten die Männer die Sense, und die Frauen banden die Garben.

Wenn die Familien grundsätzlich auch patriarchalisch strukturiert waren – nur die Männer nahmen an der Dorfversammlung (*s-chod*) teil –, so war die reale Stellung der Frauen auf dem Hof doch oft stark. In vielen Umteilungsgemeinden wurden die Frauen bei der Landzuteilung berücksichtigt, und immer war der Hof insgesamt Besitzer des Anteillandes, nicht eine Person. Erst mit der Stolypinschen Agrarreform 1907 konnte der Bauer Besitzer werden, während die Bauersfrau diese Möglichkeit nicht besaß.

6 Die Eroberung des Kaukasus

Das Kaukasusgebiet bildet eine Landbrücke zwischen Vorderasien und Osteuropa, aber auch einen Durchgangsraum für Steppenvölker auf dem Weg von Innerasien an das Mittelmeer – im letzten Jahrtausend also vor allem für Turkvölker. Ethnien mit kaukasischen, nichtindogermanischen Sprachen wie Georgier oder Tschetschenen und Ethnien mit indogermanischen Sprachen wie Armenier oder Osseten wurden von turksprachigen Ethnien wie Aserbaidschanern oder Kumücken überlagert. In einigen schwer zugänglichen Hochtälern hielten sich altertümliche Stammesverbände wie kaukasisch sprechende Chewsuren oder die Taten, eine Ethnie mosaischen Glaubens mit einer indogermanischen Sprache; in dem großen Längstal vor dem Antikaukasus bewahrte das georgische Königreich seine uralte, orthodox geprägte Kultur. Im zweiten Längstal vor dem Ararat liegt mit Etschmiadsin der kirchliche Mittelpunkt des monophysitischen armenischen Volkes, dessen Siedlungsgebiet sich bis Kilikien am Mittelmeer erstreckte. Gebiete mit jahrtausendelanger ethnischer Kontinuität grenzen an solche, die erst in der frühen Neuzeit oder erst im 19. und 20. Jahrhundert nach Vertreibung oder/und Ausrottung der älteren Bevölkerung ganz neu besiedelt wurden.

Russische Kosaken tauchten schon am Ende des 15. Jahrhunderts an den Nordabhängen des Kaukasus auf, und nach der Eroberung des Wolgalaufs entstand an der Mündung des Terek 1566 der für lange Zeit südlichste russische Ostrog sowie das Tereker Kosakenheer. Aber erst im 18. Jahrhundert wurde dann im Westen aus dem Erbe des Krimkhanats das Vorkaukasusland bis zum Kuban annektiert. Gegen die persische und osmanische Bedrohung hatte Georgien auf der anderen Seite des Gebirgskamms schon im 17. Jahrhundert manchmal russische Hilfe erbeten; am Ende des 18. Jahrhunderts akzeptierte es russische Oberhoheit, was 1801 zur Annexion führte. 1784 war zur Sicherung des Gebirgsüberganges an der »Grusinischen Heerstraße« das Fort »Wladikawkas« (›Beherrsche den Kaukasus‹) angelegt worden, das in sowjetischer Zeit in Ordshonikidse umbenannt wurde.

Die muslimischen Stämme auf der Nordseite des Gebirges (also zwischen Terek und Georgien) leisteten dem russischen Vordringen jedoch noch lange Widerstand. Die Tscherkessen südlich des Kuban emigrierten nach der endgültigen Niederlage 1864 großenteils in das Osmanische Imperium; Tschetschenen und Dagestaner fochten ein Vierteljahrhundert bis 1859 unter der Leitung eines muslimischen Ordens »für Gehorsam gegenüber der Scharia und Ablehnung der Gebräuche des Gewohnheitsrechts«, also gegen nichtfundamentalistische Glaubensbrüder sowie gegen die Russen. Ihr wichtigster Führer war der aus dem awarischen Dorf Gimry stammende religiöse Leiter (Murschid) Schamil. Auch nach der Niederlage blieben die nordostkaukasischen Muslime im Lande.

Wie beim Vordringen auf dem Balkan ergab sich in Georgien das Problem, dass die christliche Bevölkerung in den Russen ihre Befreier vom muslimischen Joch sah und bei russischen Vormärschen oft zum Aufstand aufgerufen, nach aus militärischen Gründen nötigen russischen Rückzügen aber von den Osmanen des Verrats bezichtigt wurde. Manche flohen mit der russischen Armee nach Norden; andere fielen der Rache zum Opfer, wieder andere blieben. Russische Rückzüge wurden als Verrat verstanden.

Das Problem verschärfte sich gegenüber der armenischen Bevölkerung zum einen, weil ihr Siedlungsgebiet niemals insgesamt in die Reichweite russischer Macht kam, und zum andern, weil die fortschreitende Verwestlichung des Osmanischen Imperiums im 19. Jahrhundert die Nationalbewegungen anheizte, sowohl die türkische wie auch die armenische. Imperiale Machtpolitik und Nationalbewegungen schaukelten sich im Ersten Weltkrieg dann so weit hoch, dass, verantwortet von der türkischen Militärführung, der Genozid an jenem Teil des armenischen Volkes verübt wurde, welcher sich auf der Seite der Front fand, die von den Mittelmächten gehalten wurde.

10
Russland im Imperialismus

1 Krimkrieg und Reformen. Die Bauernbefreiung

Während der Alltag sich im Verlauf des 19. Jahrhunderts kaum merklich änderte, wandelten sich die äußeren Bedingungen Russlands nach 1848 schnell und auffallend. Die Übernahme der Ergebnisse der ersten industriellen Revolution in den westlichen Ländern des Kontinents verschärfte den überkommenen Rückstand. Der Machtanstieg Westeuropas wurde dem Zarismus deutlich gemacht, als Nikolaus I. sich für den Fall des erwarteten und erhofften Zusammenbruchs der Türkei vorweg »seinen« Anteil sichern wollte. England und Frankreich intervenierten und besiegten Russland im eigenen Land, indem sie auf der Krim landeten und Sewastopol eroberten. Im Frieden von Paris 1856 musste der Zar die Kontrolle über die Donaumündungen abgeben, seine Flotte im Schwarzen Meer auflösen und die Schutzherrschaft über die Christen im Osmanischen Imperium aufgeben.

Die Niederlage machte deutlich, dass der Status Rußlands als europäische Großmacht gefährdet war, und es gab keinen Zweifel, dass Reformen nach westeuropäischem Vorbild nötig waren. Kaiser Alexander II. (1855–81) machte sich zum Anführer der liberalen Bewegung: 1864 wurden Selbstverwaltungsorgane auf Kreis- und Gouvernementsebene (*semstwo*) geschaffen, die dem Provinzadel und dem Bürgertum gemeinnützige Tätigkeiten in der Volksbildung, dem Gesundheitswesen, dem Verkehrsausbau und der Armenfürsorge ermöglichten. Zugleich mit dieser Dezentralisierung von Verwaltung gab eine Justizreform durch die Einführung von Friedensrichtern und Geschworenengerichten mehr Rechtssicherheit. Die sechs Universitäten des Landes erhielten die akademische Selbstverwaltung zurück, die ihnen unter Nikolaus genommen worden war; 1863 wurde die Universität Warschau, allerdings mit russischer Unterrichtssprache, wiedereröffnet, zwei Jahre später die Universität Odessa gegründet.

Die wichtigste Reform war jedoch die Befreiung der Bauern von Fronen und Abgaben an die Gutsherren 1861. Der baltische Adel war auf seinen Gütern mit der Bauernbefreiung vorangegangen, hatte die Bauern jedoch ohne Land freigesetzt und damit ein ländliches Proletariat geschaffen. In Kernrussland wollte man diesen Fehler vermeiden, andererseits aber auch den Adel nicht ruinieren. Eigenwirtschaft der Güter machte in Russland meist nur einen geringen Teil des adligen Landbesitzes aus – der größere Teil wurde von den Gutsbauern zwar als Fron (Barschtschina), aber mit den Mitteln ihrer eigenen Höfe bewirtschaftet. Hätten die Bauern das Land erhalten, das sie bewirtschafteten, dann wären die Güter weithin als Wirtschaftseinheiten verschwunden und damit jene Institutionen, wo das Exportgetreide vor allem angesammelt wurde. Wären jene Bauern einfach freigesetzt worden, welche ihren Herren keine Fron leisteten, sondern Geld zahlten (Obrok), dann wäre auch dieser Adel ruiniert gewesen. Die Befreiung der Bauern wurde also in sehr unterschiedlichen Verfahren so durchgeführt, dass die Güter nicht nur große Ländereien behielten – die Landanteile der Bauern also kleiner waren, als was sie bewirtschafteten –, sondern die Gutsbesitzer auch Abzahlungen für ihre ehemaligen Leibeigenen bekamen. Das Geld streckte der Staat den Bauern vor; aber desto mehr hielt er daran fest, dass die Dorfgemeinden insgesamt für diese Schulden (wie auch für die Steuer) hafteten. Auf die Gesamthaftung hatten die Bauern seit Peter mit der Umteilung

Ein zentralrussisches Dorf nach der Reform von 1861

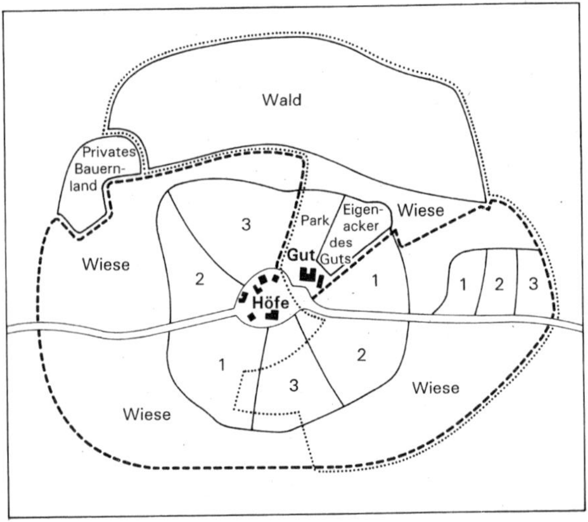

Das Land der Umteilungsgemeinde (– –) besteht aus Land von Bauernhöfen und Gutsland; es ist in jeweils drei Felder (1–3) eingeteilt und wird mit Flurzwang bewirtschaftet. Die Eigenwirtschaft des Gutes ist klein und wird von Bauern mit deren Inventar als »Abarbeit« von Pacht durchgeführt. Um die wachsende Bevölkerung zu ernähren, ist im alten Wiesenstreifen eine neue Dreifelderflur angelegt worden – deswegen musste die Zahl des Großviehs im Dorf verringert werden. Einzelhöfe haben etwas Privatland erworben. Der Gutsbesitz (· · · · ·) umfasst über 40 % des landwirtschaftlich genutzten Bodens und den Wald; fürs Pilzesammeln und für Brenn- und Bauholz müssen die Bauern dem Gut zahlen; die Jagd ist herrschaftlich.

reagiert – in der Folge der Bauernbefreiung wurde die Umteilung auf Gebiete ausgeweitet, in denen es sie vorher nicht gegeben hatte. Die Gesamthaftung hielt die Bauern auf dem Lande fest, statt sie einem frühkapitalistischen Differenzierungsprozess auszusetzen, der die ärmeren dann in die Städte getrieben hätte.

2 Deutsche Einigung und russische Expansion

Österreich hatte während des Krimkrieges die beiden Westmächte unterstützt, obgleich es noch wenige Jahre zuvor in der ungarischen Krise auf die Hilfe des Zaren angewiesen war. Nur Preußen hatte wirklich Neutralität geübt, und Preußen beeilte sich auch beim polnischen Aufstand von 1863, die Verbindung zu Petersburg zu stärken. Russland begleitete die Entstehung der deutschen Einigung unter preußischer Führung denn auch wohlwollend und nutzte die Niederlage Frankreichs, um die Schwarzmeerklausel des Pariser Friedens außer Kraft zu setzen. 1873 schloss Russland mit dem neuen Deutschen Reich und Österreich »une entente directe et personnelle«, durch die es seine Westgrenze gegen eine neuerliche Infragestellung durch die demokratische Bewegung gesichert glaubte; alle drei Kaiser hatten ein Interesse daran, Polen geteilt zu halten.

Während im Krimkrieg Russlands Stellung am Schwarzen Meer geschwächt worden war, gelang es dem Gouverneur von Irkutsk, Graf Murawjow, Russlands Stellung in Ostasien auszuweiten. 1860 trat China das linke Ufer des Amur und seinen Zugang zum Japanischen Meer an Russland ab, das hier einen neuen Hafen »Wladiwostok« (›Beherrsche den Osten‹) anlegte.

Mögliche Konfliktlinien gegenüber den USA entschärfte Petersburg 1867 durch den Verkauf von Alaska. Der »Bauernbefreier« Alexander II. sah Rußland nach der Sklavenemanzipation in einer historischen Parallele mit der Republik in Nordamerika.

1875 machten dann Aufstände gegen die türkische Herrschaft die Balkanfrage erneut akut. Russische Truppen drangen schließlich bis Konstantinopel vor, und im Frieden von San Stefano 1878 musste die Türkei einen Kranz selbständiger, Russland verbundener orthodoxer Staaten sowie ein Großbulgarien von der Ägäis bis zum Schwarzen Meer akzeptieren. Aber wieder intervenierten England und Österreich. Dem drohenden Krieg versuchte das Deutsche Reich zuvorzukommen, indem es die Mächte zu einem Kongress nach Berlin einlud, wo Russland seine Klientel, besonders Bulgarien, teilweise preisgeben musste.

3 Vorstoß zum Hindukusch

Zwischen 1864 und 1885 unterwarfen russische Truppen Zentralasien – ein mehrheitlich von turksprachigen Ethnien bewohntes Gebiet zwischen der sibirischen Südgrenze und dem Hindukusch, das zwischen drei muslimischen Khanaten und persischer Oberhoheit aufgeteilt war. Zwei dieser Khanate, Buchara und Chiwa, blieben als eigene Fürstentümer unter russischer Oberhoheit bestehen.

Die russische Expansion war weniger von wirtschaftlichen Erwägungen als von Konkurrenz zur britischen Stellung in Indien und auch von der Eigeninitiative mancher Grenzgeneräle bestimmt. Allerdings versprach man dem russischen Publikum, dass die russische Baumwollindustrie vom englisch beherrschten Rohstoffmarkt unabhängig werden würde. Das Gebiet wurde mit Eisenbahnen erschlossen, und Petersburg etablierte eine koloniale Beamtenschaft sowie einen militärischen Apparat; in den seit Tausenden von Jahren dicht besiedelten und intensiv genutzten Flussoasen der Region war jedoch kaum russische Bauernsiedlung möglich. Im Gouvernement Turkestan entstand so eine christlich-koloniale Herrenschicht, die einer fast geschlossen muslimischen Bevölkerung gegenüberstand, in der es Clans mit alten Herrschertraditionen gab. Wiederholte die koloniale Gesellschaft vom Gouverneur bis zum Eisenbahner die in horizontalen Schichten gegliederte Sozialstruktur Russlands, so waren die turanischen Gesellschaften eher in vertikalen Segmenten nach Clans und Stämmen, Bauern und Nomaden, Städtern und Landbevölkerung gegliedert. Auch religiöse Minderheiten wie die persisch sprechenden Juden Bucharas waren in entsprechenden Klientelverbänden dem Emir bzw. Khan zugeordnet.

Die Kolonialherren nahmen eine imperiale Zivilisierungsmission in Anspruch, aber die Unterworfenen waren hoch gebildet. Das intellektuelle Zentrum, das »Heilige Buchara«, besaß allein über 200 Medressen – muslimische höhere Schulen – mit etwa 13 000 Schülern, und in den Städten besuchten über die Hälfte der Jungen die Koranschulen (Maktabs). Hier wurde der Koran in arabischer Sprache gelehrt, die Bildungssprache der Oberschichten im Turan war jedoch (zusätzlich zu der jeweiligen Turksprache und dem Koranarabisch) Persisch. Unterhalten wurde das Bildungswesen durch Stiftungen (meist von Ackerland) (*waqf*).

Die russische Herrschaft bedrückte die muslimischen Gesellschaften und setzte ihre Interessen durch, wo es z. B. um Wasser und Land für die Eisenbahn und die neuen russischen Stadtteile ging, aber sie griff nur wenig in die Strukturen ein. Turkestan war, wie die anderen peripheren Gebiete des Reiches, rechtlich nicht anders gestellt als das Zentrum des Landes und keine »Kolonie« mit vom Kernland getrenntem Status. Politisch gab es für den Bürger Rjasans im Absolutismus ja nicht mehr Mitbestimmung als für den Bürger Taschkents, und als 1905 eine parlamentarische Verfassung eingeführt wurde, erhielten auch die muslimischen Untertanen des Reiches Stimmrecht für die Duma (nicht jedoch die Untertanen Bucharas und Chiwas).

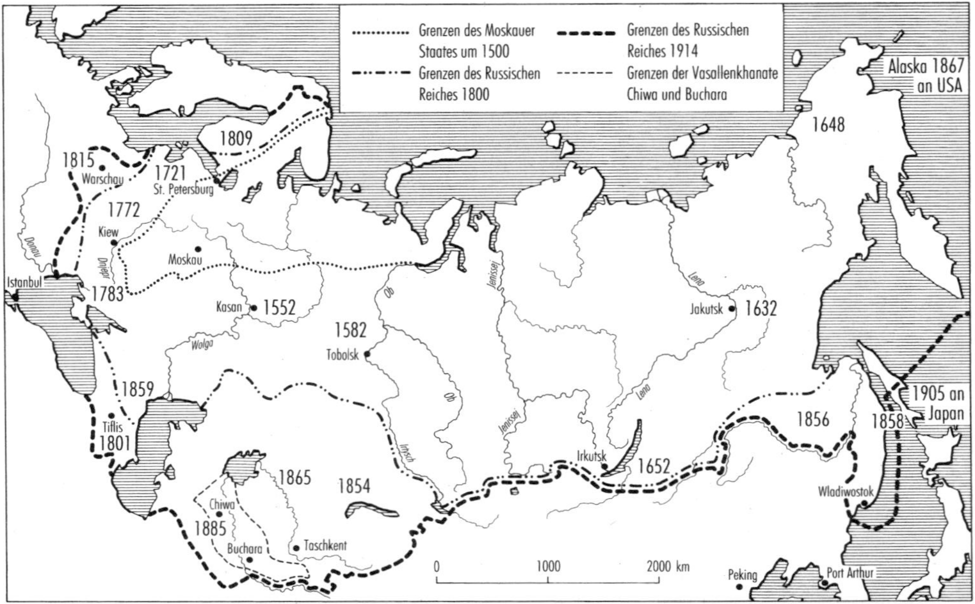
Grenzen des Moskauer Staates um 1500
Grenzen des Russischen Reiches 1800
Grenzen des Russischen Reiches 1914
Grenzen der Vasallenkhanate Chiwa und Buchara
Alaska 1867 an USA
1905 an Japan
1648
1809
1815
Warschau
1721
St. Petersburg
1772
Kiew
Donau
Dnjepr
Moskau
Istanbul
1783
Kasan
1552
1582
Tobolsk
Wolga
Ob
Jenissej
Lena
Jakutsk
1632
1859
Tiflis
1801
Irtysch
Irkutsk
1652
1856
1858
Wladiwostok
1865
1854
Chiwa
1885
Buchara
Taschkent
0
1000
2000 km
Peking
Port Arthur

4 Nationalismus und der Wechsel der Allianzen

Die eigentliche Machtfrage in der Periode des europäischen Imperialismus war für Russland, ob ein übernationales Imperium von seiner Struktur (oder der Österreich-Ungarns) Bestand haben könne. Die imperialistischen Bestrebungen der westeuropäischen Mächte und – nach der Reichsgründung – auch Deutschlands gingen von national bestimmten Zentren in den Kernbereichen des Weltsystems aus. In diesen Zentren wurde die Partizipation des Volkes an den politischen Entscheidungen der Nation nicht ohne Kämpfe, aber insgesamt doch kontinuierlich ausgeweitet – der deutsche Reichstag wurde sogar nach gleichem und geheimem Wahlrecht gewählt. Dieselbe Sprache schien für diese Politik notwendig, und Minderheiten wurden von der Bretagne bis Posen einem kulturellen Assimilationsdruck ausgesetzt, der vor allem die Schule als Instrument benutzte.

War eine solche assimilierende Politik in Russland durchführbar, wo es nicht um »periphere« Minderheiten, sondern um geschlossene alte Nationen mit hohem eigenen Bildungsgrad wie Polen oder Georgier ging und wo andererseits im nationalrussischen Zentrum mit Nationalismus weder die Dynamik einer direkten Demokratisierung noch auch nur ein Wirtschaftsaufschwung verbunden war? Die Verwandlung des russischen Imperiums in einen klassisch imperialistischen Staat hätte nicht nur den Bruch mancher alter Privilegien wie die Finnlands oder der baltischen Provinzen erfordert, sondern z. B. auch eine Dynamik der Schulpolitik, wie sie in Kernrussland nicht realisiert war – wo es noch 1914 keine allgemeine Schulpflicht gab.

Aber obgleich russischer Nationalismus unter diesen Umständen eine Sache von Intellektuellen und Bürokraten blieb, gewann er in der Öffentlichkeit große Bedeutung. Mit ihm wurde mancher Opposition gegen das »deutsche« Kaiserhaus Ausdruck gegeben. Er bildete jedoch auch einen der wenigen Bundesgenossen, welche Kaiserhaus, Armee und Beamtenschaft möglicherweise gewinnen konnten. Und außenpolitisch suchte der russische Nationalismus zunehmend das Bündnis mit Frankreich, in dem allein panslawistische Hoffnungen gegen Österreich eine Chance haben mochten.

Die Außenpolitik des Kaiserhauses suchte auch nach dem Berliner Kongress 1878 und dem darauffolgenden Scheitern des Dreikaiserbundes aus Gründen konservativer Loyalität wenigstens am Bündnis mit Deutschland festzuhalten, und Bismarcks Außenpolitik ermöglichte das durch den – geheimen – Rückversicherungsvertrag. Als nach Bismarcks Entlassung dieser Vertrag nicht erneuert wurde, entstand in Russland der Eindruck eines Kurswechsels, auf den man mit der russisch-französischen Militärkonvention von 1892 antwortete. Sie sah vor, dass der andere Vertragspartner eingriff, wenn der eine von einer der Dreibundmächte angegriffen wurde und Deutschland am Krieg beteiligt war.

Die Nichterneuerung des Rückversicherungsvertrags änderte das russisch-deutsche Verhältnis grundlegend. Aus Bundesgenossen wurden innerhalb von nur zwei Jahren potentielle Gegner. Auslösend für die Veränderung war vor allem die deutsche Führung, welche aufgrund ihrer durch Industrialisierung und Bevölkerungsexplosion überproportional angestiegenen Machtmittel glaubte, auf das auch im deutschen Nationalismus unpopuläre Freundschaftsverhältnis mit dem Haus Romanow nicht mehr angewiesen zu sein. Die russische Führung führte dann den Wechsel der Allianz real durch und gewann für eine Weile die Unterstützung der eigenen Öffentlichkeit sowie einen sicheren Absatzmarkt für russische Anleihen. Ein deutsch-russischer Konflikt um Südosteuropa war damit nicht mehr ausgeschlossen: Hier stieß die deutsche industriekapitalistische

Durchdringung, die mit Außenhandel, Kapitalexport und Militärmissionen ein *informal empire* aufbaute, auf die russische Einflussnahme, welche ökonomisch irrelevant war, aber im Rekurs auf slawische und orthodoxe Gemeinsamkeiten mit durchaus modernen ideologischen Instrumenten und Schlagworten arbeitete, die es auch russischen Nationalisten warm ums Herz werden ließen.

5 Unterdrückung der Nationen und Antisemitismus

Die geringe Modernisierungsdynamik des russischen Nationalismus hatte zwar einerseits seine nur beschränkte Wirksamkeit zur Folge, bedingte jedoch andererseits seinen bürokratischen und formalistischen Charakter. Das wichtigste Beispiel war Polen, das nach dem Aufstand von 1863 die letzten Autonomierechte verlor und wie eine Weichselprovinz Russlands behandelt wurde. Schon 1865 wurde Russisch zur Verwaltungssprache, und die Russifizierung des Schulwesens war 1869 so weit, dass nur noch Religion in der Muttersprache unterrichtet wurde. Die katholische Kirche wurde bekämpft, 80 Klöster aufgehoben und der Verkehr der Bischöfe mit der Kurie unterbunden – was zur Folge hatte, dass 1870 von den 15 Diözesen Polens nur noch drei besetzt waren. Die unierte Kirche wurde zwangsweise mit der orthodoxen wiedervereinigt. Einen Gewinn brachte die russische Politik nur in der Frage der Bauernbefreiung – da der polnische Adel in den Aufständen von 1830 und 1863 sich gegen Petersburg gestellt hatte, wurden die Bauern in Polen mit dem größten Teil des von ihnen bearbeiteten Landes freigesetzt, so dass ein starkes Mittelbauerntum mit Privatland entstand.

Einen Sonderfall bildeten die baltischen Provinzen, wo eine durchweg kaisertreue deutsche Oberschicht die Fortdauer der alten, aus der Eroberungszeit stammenden Privi-

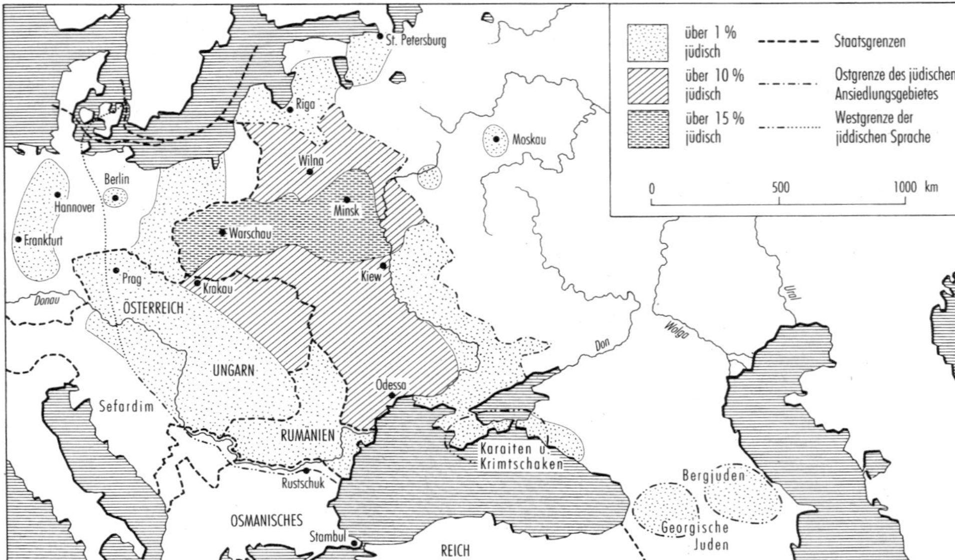
über 1 % jüdisch
über 10 % jüdisch
über 15 % jüdisch
Staatsgrenzen
Ostgrenze des jüdischen Ansiedlungsgebietes
Westgrenze der jiddischen Sprache
0
500
1000 km
St. Petersburg
Riga
Moskau
Wilna
Berlin
Hannover
Frankfurt
Minsk
Warschau
Kiew
Prag
Krakau
Donau
ÖSTERREICH
Ural
Wolga
Don
UNGARN
Odessa
Sefardim
RUMÄNIEN
Karaiten u. Krimtschaken
Bergjuden
Rustschuk
Georgische Juden
OSMANISCHES
Stambul
REICH

legien für sich in Anspruch nahm; Deutsch war Amts- und Schulsprache des Landes, und die Gerichtsbarkeit lag in den Händen der deutschen Ritterschaften. Der russische Nationalismus bediente sich hier der Selbständigkeitsbestrebungen der lettischen und estnischen Bevölkerungsmehrheit; setzte aber ab 1885 nicht deren Nationalsprachen, sondern die Reichssprache durch. Für die Letten und Esten, die um die Jahrhundertwende nicht zuletzt dank der Tätigkeit des lutherischen deutschen Klerus zu über 90% lesen konnten, war das Ziel damit nicht erreicht. In Fortdauer der Gegnerschaft gegen die deutschbaltischen »Barone«, die Grundherren, und im Zusammenhang einer besonders raschen Industrialisierung wurde vor allem in Lettland die Sozialdemokratie schon 1905 zur beherrschenden politischen Kraft.

Auch die Juden Russlands waren gebildeter als ihre russische oder polnische Umwelt – jeder Jude kann die Thora lesen. Viele waren schon früh »Dienstleistungsnomaden« und bereit, der Arbeit hinterherzuziehen, also mobiler als ihre Umwelt. Aber die Juden waren in ihrer rechtlichen und sozialen Stellung unterprivilegiert. Die mit Abstand größte Gruppe, die jiddisch sprechenden Aschkenasim, waren als Folge der Eroberung Polens russische Untertanen geworden und bildeten als Kleinhändler, Geldverleiher und Handwerker eine Zwischenschicht zwischen Adel und Bauern. Russland verbot die Ansiedlung von Juden außerhalb der alten polnischen Grenzen und des ehemals türkischen Südens. Innerhalb dieses Ansiedlungsgebiets bildeten sie die überwiegende Bevölkerung der Städte, die aufgrund ihrer sozialen Lage und ihres Bildungshintergrunds weit überdurchschnittlich in die industriellen und akademischen Berufe strebte.

Durch ihre religiöse und kulturelle Besonderheit waren

die Juden seit alten Zeiten Objekte des christlichen Antisemitismus, der aus vielfältiger Verschuldung und Abhängigkeit ukrainischer und polnischer Bauern heraus leicht zu aktualisieren war. Als akademisch und industriell führende Schicht aber eigneten sich die Juden auch als Sündenböcke eines konservativen Antikapitalismus. Es entstand eine antisemitische rechtsradikale Bewegung, besonders in der Ukraine, wo – oft mit Billigung der Behörden – Pogrome veranstaltet wurden und in Krisensituationen immer wieder versucht wurde, Schuld auf die Juden zu wälzen. Die Juden antworteten zum Teil durch die Auswanderung nach Amerika, zum Teil, indem sie sich in revolutionären Parteien engagierten – wo sie deutlich überrepräsentiert waren –, zum Teil, indem sie sich der Idee zuwandten, dass auch das Volk Israel eine moderne Nation mit einem eigenen Territorium werden müsse, der Idee des Zionismus. Der größte Teil allerdings ertrug Bedrohung und Benachteiligung in Geduld oder auch in der Hoffnung der Chassidim auf den »verborgenen Gerechten«.

6 Staatsintervention und spontanes Wachstum in der Wirtschaft

Der Krimkrieg hatte der russischen Elite gezeigt, dass es zur Erhaltung des Großmachtstatus nötig war, ein modernes Verkehrssystem und eine neue Montanindustrie aufzubauen. Um dies zu erreichen, wollte man durch einen ständigen Ausfuhrüberschuss Devisen verdienen, schließlich nach sparsamer Haushaltsführung zur Goldwährung übergehen und ausländisches Kapital ins Land holen – wozu man auf den globalen Kapitalmarkt angewiesen war. Auf dem Weltmarkt konnte Russland vor allem agrarische Rohstoffe absetzen, und um den Export zu fördern, privilegierte der Staat den Bau von Eisenbahnen, der zugleich Anreize für die Schwerindustrie gab. Das Programm setzte voraus, dass die Bauern auch dann Getreide auf den Markt bringen würden, wenn sie schlechte Ernten hatten, weil sie Geld benötigten, um Steuern, Loskaufzahlungen und Pachten zu bezahlen.

Der Staat schuf also durch die Garantie von Eisenbahnanleihen, durch Rüstung und Zuschüsse jene Nachfrage von Produkten der Schwerindustrie, die im privaten Sektor nicht »spontan« entstand. Dabei trug die hohe Abschöpfung von dem, was die Bauern über ihre eigene Ernährung und die Aufrechterhaltung der Höfe hinaus ernteten, wieder dazu bei, dass auf dem Lande nur eine geringe Nachfrage nach neuen Pflügen oder Eggen entstand. Dies Dilemma war kennzeichnend für alle Staaten in der Halbperipherie des europäischen Systems, die mit hohem Aufwand ihren Status als Militärmacht sichern wollten.

Auf dem vom russischen Staat so privilegierten Markt etablierte sich – zuerst im Eisenbahnsektor, dann in der Montanindustrie und schließlich auch in neuen Sektoren wie Elektroindustrie und Chemie – ausländisches Kapital, das in Russland »auf der grünen Wiese« vielfach Fabriken schuf, die größer und moderner waren als die Fabriken in den Heimatländern. Diese Fabriken wurden oft von ausländischen Ingenieuren geleitet, die in Fremdenghettos lebten, während die Arbeiterschaft günstigenfalls in riesigen Schlafsälen ein Unterkommen fand. Mittlere russische Unternehmer blieben in der Montanindustrie schon deshalb selten, weil Staatsaufträge eine große Rolle spielten, für die man den Beamten oft große Bestechungen zu geben hatte.

Anders war das in der Textilindustrie, die für einen breiten, ansteigenden Bedarf arbeitete und auf viele Betriebe verteilt war, in denen Handarbeit und Billiglöhne noch lange wichtig blieben. Im wichtigsten Leitsektor der Industrialisierung, den Baumwolltextilien, überholte der Verbrauch aus eigener Produktion kurz vor dem Ersten Weltkrieg den aus Importen, und die Zahl der Spindeln war zwischen 1879 und 1913 von 3 auf fast 9 Millionen verdreifacht worden. Die Kohleförderung hatte sich zwischen 1860 und 1913 von 300000 auf 36 Millionen, die Stahlproduktion von 200000 auf fast 5 Millionen Tonnen vervielfacht, und die Eisenbahnkilometer waren von 1626 auf 70156 explodiert.

Trotz dieses Aufschwungs war nur zu deutlich, dass die nachholende Industrialisierung Russlands auf kapitalistischem Weg nicht schnell genug ging, um die ländliche Bevölkerung zu integrieren; trotz des Anwachsens der russischen Städte stieg der Urbanisationsgrad des Landes nicht an, sondern blieb etwa bei 20%. Dies lag einfach daran, dass die Landbevölkerung noch schneller anstieg – nach der Bauernbefreiung und dem Fortfall der Heiratsbeschränkungen verdoppelte sich die Wachstumsrate beinahe und stieg in einigen Jahren auf 2,1%. Die Zahl der Menschen auf dem Lande wuchs, die bei immer kleiner werdenden Landstükken in ihrer Arbeit nicht ausgelastet waren, kein Geld für Investitionen besaßen, aber immer mehr für die Pacht zu bezahlen sich genötigt sahen; der Anteil der verdeckten ländlichen Arbeitslosigkeit, die in keiner Statistik erfasst war, nahm also zu.

7 »Was tun?« Die Debatte der Intelligenz

Da das Bürgertum in Rußland schwach entwickelt war und manche Funktion, die im Westen einem selbständigen Unternehmer oder Kaufmann zugefallen wäre, in Rußland von einem angestellten Ingenieur oder Juristen erfüllt wurde, wurde nicht Besitz, sondern Bildung zum Kriterium der Zugehörigkeit zu der zwischen Adel, Handwerkern und Bauern neu entstehenden Schicht. In dieser Intelligenz war eine antigouvernementale Grundhaltung prägend – um ihre Aufmerksamkeit zu gewinnen, mußte man »dagegen« sein. Diese Haltung galt schon für die Studenten, die – anders als etwa in deutscher Burschenherrlichkeit – bei Unruhen und Aufständen stets in vorderster Reihe zu finden waren.

Aber *Was tun*, um Utopien von Gleichheit und Brüderlichkeit zu erkämpfen, wie sie Nikolaj Tschernyschewskij in seinem von den jungen Revolutionären verschlungenen Roman beschrieb? Vom Glauben an die ursprüngliche Demokratie der Bauern beseelt, entschloss sich die Jugend der späten sechziger und frühen siebziger Jahre, »ins Volk (*narod*) zu gehen« – in entsagungsvoller Arbeit als Lehrer oder Arzt auf dem Lande die Kluft zwischen Intellektuellen und Bauern zu überbrücken und diese für die umfassende politische Demokratie zu gewinnen. Freilich ohne Erfolg – die Intelligenzler blieben »Fremde im Dorf«.

Der Misserfolg der Agitation und die Prozesse der Bürokratie führten einige *narodniki* daraufhin in das terroristische Lager. Eine Gruppe, die schon in ihrem Namen für sich selbst in Anspruch nahm, den Volkswillen (*Narodnaja Wolja*) zu repräsentieren, begann Attentate gegen die führende Schicht des Zarismus, und 1881 wurde Zar Alexander II. ermordet. Die Reaktion, die unter Alexander III. einsetzte, zeigte allerdings deutlich, dass der Terrorismus keine wirkliche politische Alternative bot.

Die Narodniki standen der »Russischen Idee« ihrer Väter insofern nahe, als sie an einen eigenen russischen Weg zur Emanzipation glaubten. Die Marxisten – die erste Gruppe wurde 1883 unter der Führung von Georgij Plechanow im Genfer Exil gegründet – erklärten die Sonderbedingungen Russlands dagegen wieder nach einem auf Westeuropa bezogenen Modell und erhofften sich die Durchsetzung des Sozialismus über eine proletarische Revolution. Der musste selbstverständlich die volle Durchsetzung des Kapitalismus und eine siegreiche bürgerliche Revolution vorausgehen – Russland war gegenüber Westeuropa zurück, aber nicht strukturell verschieden.

Der Glaube an die Geschichtswissenschaft, das Vertrauen in den mit fast naturwissenschaftlicher Sicherheit zu erwartenden Fortschritt erlaubte es der sozialdemokratischen Bewegung im Westen, bei aller revolutionärer Rhetorik doch die Mitwirkungsmöglichkeiten der parlamentarischen Systeme auszunutzen, schließlich zur Revision des Marxschen Revolutionskonzeptes zu kommen und auf demokratische Evolution zu setzen. Revisionistische Argumente konnten unter den Bedingungen des russischen Spätabsolutismus jedoch nicht dieselbe Überzeugungskraft gewinnen wie in Deutschland oder Frankreich.

Wladimir Iljitsch Lenin fand deshalb mit der 1902 in seiner Schrift *Was tun?* vorgetragenen These, die Partei müsse sich zu einer rigide organisierten Kaderpartei entwickeln und der zaristischen Geheimpolizei geschulte Berufsrevolutionäre entgegensetzen, eine wenn auch nur knappe Mehrheit auf dem zweiten Parteitag der Sozialdemokratischen Arbeiterpartei Russlands im Juli/August 1903 in Brüssel und London. Der Lenin nachfolgende Teil der Partei nannte sich, nach dem russischen Wort für ›Mehrheit‹, *bolschewiki*; die unterlegene revisionistische Strömung wurde als ›Minderheitler‹ (*menschewiki*) bezeichnet.

Eine wachsende Gruppe von Intellektuellen wandte sich jedoch vom Marxismus überhaupt ab und begann, nicht materialistische, »idealistische« Positionen aufzubauen.

8 Alltag und Geschlechterrollen. Die Stadt

Besonders nach 1861 wuchs das städtische Proletariat, das in oft armseligen Verhältnissen im dritten und vierten Hinterhaus lebte. Oft waren die Männer ohne die Frauen gekommen, die in den Dörfern geblieben waren; diese Arbeiter hatten als »Schlafburschen« ein Bett in einer Familie (die vielleicht ein Zimmer bewohnte) oder auch ein Brett in einem der Fabrikschlafsäle.

Auch die städtische Mittelschicht wuchs. Nach der Bauernbefreiung wurden Hausknechte seltener, und »Dienstbote« wurde ein weiblicher Beruf. Für viele Frauen bildete er einen Übergang zur Fabrik, obgleich er gar nicht so schlecht bezahlt wurde – die ungemessenen Arbeitszeiten, aber auch entstehende Gefühle von Intimität innerhalb von Familien schufen Probleme. Auch wurden Frauen des Mittelstandes immer mehr dahin beeinflusst, ihre Kinder selbst großzuziehen, statt sie Ammen zu geben.

Da der familiäre Patriarchalismus die offizielle Ideologie der Zaren im 19. Jahrhundert war, stieß er früh auf erklärte Gegnerschaft der Intellektuellen, für welche die Forderung nach voller Gleichberechtigung selbstverständlich war (man lese etwa Nikolaj Tschernyschewskijs Roman *Was tun?*). Trotzdem oder vielleicht auch deswegen agierte die Frauenbewegung noch lange eher philanthropisch als politisch. Das änderte sich erst nach der Revolution von 1905, und im Mai 1917 errangen Frauen das Wahlrecht – zu jener Konstituierenden Versammlung, deren Wahl so lange verschoben und die dann von den Bolschewiki aufgelöst wurde.

9 Die Revolution von 1905 und letzte Reformen

Dass sich am linken Rand des Parteienspektrums eine kleine Partei eine Struktur gab, welche Machtbezogenheit und Geheimhaltungsvorstellungen des Zarismus sozusagen reziprok wiederholte – wenn auch mit dem Ziel, diesen zu stürzen –, das hatte mit der realen Politik dieser Jahre wenig zu tun. Die Macht, außenpolitische und innere Entscheidungen in die Wege zu leiten, die politische Initiative lag am Anfang des 20. Jahrhunderts noch beim Zarismus, auch wenn dieser sich nur auf Armee, Bürokratie und die Hierarchie der orthodoxen Kirche stützen konnte.

Der Zarismus versuchte, sich den russischen Nationalismus zunutze zu machen und – dem preußischen Modell folgend – seine Machtstruktur durch Siege gegen äußere Gegner und Russifizierung im Innern zu sichern. Zum wichtigsten Instrument der russischen Expansion wurde die Transsibirische Bahn, deren Bau 1891 unter Finanzminister Sergej Witte begonnen worden war. Witte gelang es auch, durch Schutzzollpolitik und Goldwährung ausländisches Kapital ins Land zu holen. Die Expansion in Asien, mit der Russland sich an der Aufteilung Chinas unter die europäischen Mächte beteiligen wollte, stieß jedoch auf die Opposition des neu in das Mächtekonzert aufsteigenden Japan – und auch auf die der USA, welche für eine Politik der »offenen Tür« eintraten.

In der Auseinandersetzung um die Mandschurei und Korea 1904/05 besiegte Japan Russland – die japanische Flotte legte durch einen Angriff ohne Kriegserklärung das russische Pazifikgeschwader in Port Arthur lahm und versenkte bei der Insel Tsushima das Ostseegeschwader, nachdem es um Europa und Afrika herum bis Ostasien gedampft war. Die japanische Armee schlug die russische bei Mukden, und Russland musste in einem von den USA vermittelten Frieden nicht nur auf Korea und die Südmandschurei, sondern auch das südliche Sachalin verzichten.

Die Belastungen der Kriegführung führten im Winter 1905 zu Streiks in Petersburg, die in Revolution umschlugen, als am 22. Januar eine von dem Priester Gapon angeführte Demonstration vor dem Winterpalais, dem Wohnsitz des Kaisers, von der Garde zusammengeschossen wurde. Die Arbeiterschaft – selbst oft erst in der zweiten Generation städtisch – gründete, der dörflichen Erfahrung entsprechend, Räte zur Selbstverwaltung, die übrigens die Bekämpfung der Trunksucht für ihre erste Aufgabe hielten. Die Revolution wurde schnell auf das Land getragen; vielerorts, besonders in den baltischen Provinzen, wurde das Gutsland »schwarz« umgeteilt – d.h. durch Niederbrennen der Gutshäuser.

Wesentlich für die Schwäche des Zarismus war, dass die Intelligenz von links bis rechts die Revolution der Arbeiter und Bauern mit Sympathie verfolgte. Der Kaiser konnte die Initiative nur wiedergewinnen, indem er am 30. Oktober 1905 eine konstitutionelle parlamentarische Verfassung ankündigte, die Rede-, Versammlungs- und Vereinsfreiheit sowie gleiche Rechte für alle Religionen versprach (Oktobermanifest). Als jedoch das erste russische Parlament, die *Reichsduma*, ein Gesetz über die zwangsweise durchzuführende Enteignung des Gutslandes verabschiedete, löste die Regierung das Parlament einfach auf und veränderte das Wahlrecht, bis es in der dritten Duma schließlich eine konservative Mehrheit gab.

Der Parlamentarismus wurde in Russland also sofort nach dem ersten Zugeständnis der Monarchie wieder unglaubwürdig gemacht. Gestützt auf das Erschrecken der besitzenden Kreise vor der Radikalität der Bevölkerungsmehrheit, fand der Zarismus auch noch einmal zu einer wesentlichen Reform. In dem überzeugenden Kalkül, dass die Regierung es mit Intelligenz und dem noch kleinen Proletariat wohl aufnehmen könne, wenn nur die Bauern aus der gegnerischen Front herausgebrochen werden könnten, trennte sich der Ministerpräsident Pjotr Stolypin endlich von der den Konservativen so lieb gewordenen Idee, dass die Umteilungsgemeinde den russischen Bauern Staatstreue vermittle und einen eigenen russischen Weg ermögliche, auf dem man die Demokratisierung nach westlichem Vorbild vermeiden könne. Stattdessen wurde in der »Stolypinschen Agrarreform« versucht, eine kapitalistische Bauernschaft zu schaffen, indem den Bauern gestattet wurde, aus der Umteilungsgemeinde auszutreten, sobald sie ihre eigene Schuld bezahlt hatten. Fast 22 % der Bauern machten von dieser Möglichkeit bis 1916 Gebrauch – allerdings gehörten ihnen nur etwa 14 % der Bodenfläche der Gemeinden. Es waren also weithin nicht die reichen Bauern, die *Kulaken*, welche ausgetreten waren, sondern die ärmeren. Da es insbesondere in den westlichen Provinzen ja schon lange bäuerliches Privateigentum an Land gab, stieg der Anteil privatbesitzender Bauern bis 1916 immerhin auf 42,8 % des bäuerlichen Bodens; trotzdem war klar, dass die Stolypinsche Reform ihr eigentliches Ziel – in dieser kurzen Frist – nicht erreicht hatte, obgleich staatlich geförderte Ansiedlung in Sibirien den Prozess der Entzerrung der Agrarstruktur unterstützt hatte. Etwa 2,5 Millionen russischer Bauern hatten jenseits des Ural neue Höfe gegründet.

Daten zum Vergleich von Industrie und Sozialstruktur 1913

(abgerundet, z. T. errechnet)

	Indien	Russland	England	Deutschland	USA
Einwohner (in Mio.)	315	178	42	65	115
Verstädterungsgrad	9,5 %	18 %	79 %	61 %	50 %
Roheisen (in Mio. t)	0,3	4,6	10,4	19,3	31,5
Erdöl (in Mio. t)	–	9,2	–	–	33,1
Kohle (in Mio. t)	16	29,1	292	173	516
Wert der bergbaulichen Produktion 1912 (in Mio. Goldmark)	193	1700	2500	2100	8000
Baumwollspindeln (in Mio.)	6,6	9,0	55,6	11,2	32,1
Spiritusproduktion (in hl 100%-Alkohol)	?	5,2	?	3,8	3,7
Anteil am Wert der Welt-Maschinen-produktion	?	3,5 %	11,8 %	20,7 %	50 %
Anteil am Wert der Welt-Elektro-industrie	?	2,2 %	16,0 %	34,9 %	28,9 %

10 Die Parteien vor der Revolution und der Weg in den Weltkrieg

Zu Beginn des 20. Jahrhunderts war Russland ein typisches Land der Halbperipherie – politisch souverän, in den geistigen und sozialen Strukturen geprägt von der gesamteuropäischen Tradition, ökonomisch auf das westeuropäische Zentrum bezogen. Das ausländische Kapital im Lande war mit 9 Milliarden Rubel etwa dreimal so groß wie der Staatshaushalt, und um die Schulden zu bedienen, musste Russland eine aktive Handelsbilanz erarbeiten – trotzdem war seine Devisenbilanz meist negativ. Das zu acht Zehnteln bäuerliche Land war durchsetzt von industriellen Inseln wie Petersburg und Moskau, Donbass (Montanindustrie) und Baku (Erdöl). Zu der außerordentlichen sozialen Heterogenität kam die religiöse und nationale noch hinzu – im Westen Völker, die sich zu modernen Nationen entwickelt hatten, wie Polen und Finnen, oder auf dem Weg dahin waren, wie Esten, Letten, Ukrainer, Belorussen und Litauer – im Osten Gebiete alter muslimischer Tradition wie Chiwa und Buchara, in denen der Gesellschaftsaufbau im wesentlichen Segmentierungen folgte, wie sie sich aus Clanzugehörigkeit oder dem Unterschied zwischen Nomaden und Ackerbauern ergaben.

Die Arbeiterschaft bildete nur eine der kleineren sozialen Gruppen. Zur Industriearbeiterschaft wurden 1913 drei Millionen gezählt, zur Lohnarbeitschaft insgesamt, einschließlich Saison- und Landarbeitern und Beschäftigten des Kleingewerbes, 17,5 Millionen. Andererseits waren die Industriearbeiter eine der schlagkräftigsten Gruppen, nicht nur, weil die Größe der Betriebe die Organisation erleichterte, sondern auch, weil über die Hälfte unverheiratet war und selbst von den Verheirateten viele getrennt von ihren Familien lebten, die auf dem Land geblieben waren.

Die *Sozialdemokratische Arbeiterpartei Russlands* (SDAPR), welche die Diktatur des Proletariats forderte, konnte sich also auf eine zahlenmäßig beschränkte, aber politisch sehr wirksame soziale Gruppe beziehen. Die Fraktion *Menschewiki*, die an der Marxschen Bestimmung festhielt, dass die Diktatur des Proletariats nur in der Folge einer Revolution der ungeheuren Mehrzahl der Bevölkerung gegen eine immer kleiner werdende Bourgeoisie sozialistischen Charakter haben könnte, sah als nächstes Ziel eine bürgerliche Revolution auf der Tagesordnung. Unter den *Bolschewiki* fand das Konzept Leo Trotzkis dagegen Verbreitung, dass die Revolution »in Permanenz« vor sich gehen müsse und so durchaus ein Übergang von der bürgerlichen zur sozialistischen Revolution erreichbar sei.

Die *Sozialrevolutionäre* (SR) kämpften für eine »freie Volksherrschaft«, worunter sie Anerkennung der Menschenrechte, Förderung von genossenschaftlich organisierten Betrieben und progressive Steuern verstanden. Ihr Agrarprogramm richtete sich »gegen die bourgeoisen Privateigentumsprinzipien« und stützte sich auf die »Traditionen und Lebensformen der russischen Bauernschaft«, die Umteilungsgemeinde. Mit solchen Forderungen gewannen die Sozialrevolutionäre die überwiegende Mehrheit der Bauern und damit überhaupt die Mehrheit des Volkes als Klientel; ihr Problem war, dass die Bauern ihren Dörfern verbunden blieben und sich für gesamtgesellschaftliche Forderungen nur schlecht mobilisieren ließen, selbst wenn sie zur Saisonarbeit in andere Regionen oder Industrieorte wanderten.

Die *Konstitutionellen Demokraten* (KD, daher auch *Kadetten* genannt) wollten Russland in eine parlamentarische Monarchie verwandeln, mit festen Bürgerrechten und vielfältiger örtlicher Selbstverwaltung sowie regionalen Autonomien. Um die Agrarfrage zu lösen, hielten sie eine Enteignung der Staats- und Gutsländereien für nötig; die bisherigen Besitzer sollten entschädigt werden. Die Kadetten wollten auch Koalitions- und Streikrecht verfassungsmäßig sichern; ihr Programm entsprach am meisten den liberalen Modellen Westeuropas.

Als *Oktobristen* wird jene parlamentarische Gruppe bezeichnet, welche die Forderungen des Volkes mit dem Oktobermanifest des Zaren erfüllt sah und als ersten Punkt ihres Programms die Bewahrung der Einheit und Unteilbarkeit des russischen Staates setzte. Auch sie geriet durch das diktatorische Vorgehen gegen die erste und zweite Duma zeitweise in eine Oppositionsrolle.

Ohne jede Bedingung stand dagegen die *Russische Einung* auf der Seite des Zarismus; sie vertrat die Meinung, dass die Selbstherrschaft des Zaren auch durch das Oktobermanifest nicht abgeschafft worden sei, und forderte, die beherrschende Stelle der russisch-orthodoxen Kirche zu wahren, Russisch als Staatssprache zu fördern und das Militär zu stärken. Die jüdische Frage solle, angesichts der ständigen Feindseligkeit der Juden gegen die Christen »sowie des Strebens der Juden zur Weltherrschaft«, nicht durch Integration gelöst werden, sondern – wie das Programm zu ergänzen ist – durch Pogrome und Vertreibung in die USA.

In den wenigen Jahren zwischen den Revolutionen von 1905 und 1917 hat der Zarismus noch einmal seine politischen Möglichkeiten durchgespielt. Das Bündnis mit der bürgerlichen Öffentlichkeit hätte den Adel seine Güter gekostet – ein Preis, den man nicht zahlen wollte. Die Stolypinsche Diktatur und Reform von oben löste die Probleme nicht oder zumindest nicht schnell genug, und so trieb der Zarismus erneut auf die dritte Lösung zu – eine aggressive Außenpolitik und ein siegreicher Krieg sollten das System stabilisieren. Währenddessen bereiteten sich die Fronten des Bürgerkrieges vor.

11 Vera Figner, Lew Tolstoj und Pjotr Stolypin

Vera Figner (1852–1942) stammte aus einer dienstadligen Familie bei Kasan, der Vater war Förster. Da sie Ärztin werden wollte und ihr Studienanfang in Kasan an der Verhaftung ihres Professors scheiterte, ging sie mit Mann und Schwester nach Zürich, wo sie in dem großen Kreis russischer Studentinnen und Studenten zu einem sozialistischen Zirkel fand. Der Arztberuf erschien ihr nun als Palliativ, und sie entschloss sich, die Veränderung der Verhältnisse zu betreiben, aus denen heraus Menschen krank werden. 1875 nach Russland zurückgekehrt, machte sie das Hebammenexamen. 1877–79 nahm sie am ›Gang ins Volk‹ teil und arbeitete auf dem Dorf – aber sie »fühlte sich einsam, schwach und energielos in diesem Bauernmeer«; die Bauern dankten ihr für ihr Engagement als einer Heiligen, nicht einer Agitatorin. Sie wurde Mitglied des »Ausführenden Komitees« der Narodnaja Wolja, nahm an der Vorbereitung der Anschläge auf Alexander II. teil und konnte die Arbeit des Komitees als einzige bis 1883 fortsetzen. 1884 wurde sie zum Tode verurteilt und danach zu zwanzig Jahren Einzelhaft in der Festung Schlüsselburg begnadigt. Als sie 1904 aus der Haft kam, fühlte sie sich »aus dem wirklichen Leben ... längst ausgestoßen«. Ihre große Intelligenz, die vom Vater anerzogene Arbeitsdisziplin und ihr starker Charakter ließen sie jedoch überstehen: Sie fand als Autorin und Reisende, in der Museumsarbeit und der Fürsorge für andere ehemalige Häftlinge eine neue Aufgabe.

Lew Tolstoj (1828–1910) stammte aus einer alten russischen Bojarenfamilie, die unter Peter I. den Grafentitel erhalten hatte. So geradlinig das Leben der Vera Figner verlief, so widersprüchlich und auch unentschlossen verlief das Leben des Gutsbesitzers aus Jasnaja Poljana bei Tula. Die großen, einfühlsamen Romane *Krieg und Frieden* und *Anna Karenina* entstanden in den ersten Jahren nach seiner Heirat mit Sofja Behrs, der Tochter eines Hofarztes, 1862. Das Ehepaar hatte 13 Kinder. Sofja redigierte seine Romane und verhandelte mit den Verlegern, außerdem entwickelten beide eine hohe Kunst darin, einander in ihren Tagebüchern mitzuteilen, was sie nicht gesagt hatten. Von den achtziger

Jahren an wandte sich Tolstoj immer stärker urchristlichen Ideen zu, die ihn in Konflikt mit der Kirche führten – und seine Frau mit der Schwierigkeit allein ließen, die Kinder standesgemäß zu erziehen, während der Vater eigentlich auf sein Vermögen verzichten wollte. Im ersten Jahrzehnt des 20. Jahrhunderts wurde Tolstoj zu einem scharfen Kritiker der Regierung, der aber genauso scharf jede Gewaltanwendung ablehnte und die russischen Bauern davor warnte, einen neuen Herren anstelle des alten in den Karren zu setzen, vor den sie gespannt waren. Tolstoj forderte, gewaltlosen Widerstand zu leisten und selbst nichts zu tun, was gegen Gottes Gebote ging. Er wurde damit einer der intellektuellen Wegbereiter einer ganz neuen Verhaltensform, worin er sich mit den Ideen des Inders Mahatma Gandhi traf. 1910 verließ der Greis heimlich seine Familie, um als armer Wanderer seinen Ideen besser zu entsprechen; er starb auf einer Eisenbahnstation im Süden des Landes.

Auch *Pjotr Stolypin* (1872–1911) entstammte einer alten Bojarenfamilie und war Großgrundbesitzer. Nach dem Studium in Petersburg trat er in den Staatsdienst ein und zeichnete sich als Gouverneur von Saratow 1906 bei der Niederwerfung eines Bauernaufstandes aus. Daraufhin zum Innenminister ernannt, löste er 1907 die Duma auf und sicherte durch ein neues Wahlgesetz eine rechte Mehrheit. Nach dem Konzept »erst Ruhe – dann Reform« leitete er mit der nach ihm benannten Agrarreform den Versuch ein, auf dem Land eine privatkapitalistische Bauernschaft zu schaffen, die zum Bundesgenossen der Besitzenden hätte werden können. Stolypin war ein fraglos harter, aber auch kluger und entschiedener Politiker, und man wird seine Reform als letzte Chance für Russland bezeichnen können, ohne Revolution zu einer neuen Struktur zu gelangen. Er wurde 1911 ermordet – von einem Agenten der Polizei und vielleicht tatsächlich im Auftrag jener mystisch träumenden Reaktion, die in Petersburg nun die Oberhand gewann.

11
Der Rote Oktober

1 Erster Weltkrieg und Zusammenbruch

Auch wenn man der These zustimmt, dass die deutsche Regierung die durch die Ermordung des österreichischen Thronfolgers in Sarajevo geschaffene Lage nutzen wollte, um nach der Weltmacht zu greifen, bleibt bestehen, dass die russische Regierung – sei es aus mangelnder politischer Bewegungsfähigkeit, sei es aus Selbstüberschätzung – mit ihrer Entscheidung, Serbien zu unterstützen, auch wenn man dazu die Mobilmachung erklären und Kriegshandlungen beginnen musste, einen großen Teil zur Verschärfung der Lage beigetragen hat. Russland konnte durch eine schnelle Mobilmachung wesentlich mehr Truppen ins Feld stellen als Österreich-Ungarn und Deutschland, und es hoffte, verbündet mit Frankreich, auf einen erfolgreichen Feldzug. Dass das Deutsche Reich, indem es sowohl Russland wie Frankreich den Krieg erklärte, im letztlich entscheidenden Sinn den Frieden brach und vor allem durch den völkerrechtswidrigen Einmarsch in Belgien der Welt vor Augen führte, wie sehr Deutschland Clausewitz verdrängt und Politik zum Mittel der Kriegführung gemacht hatte, ließ in Petrograd (nach Kriegsbeginn wurde der allzu deutsch klingende Name Sankt Petersburg geändert) die Hoffnungen höher steigen – zumindest nachdem Großbritannien zum Bundesgenossen geworden und der deutsche Angriff im Westen gescheitert war.

Aber noch bevor die Schlacht an der Marne im Westen von Frankreich gewonnen war, hatte Russland in der

Schlacht bei Tannenberg eine ganze Armee gegen zahlenmäßig weit unterlegene deutsche Kräfte verloren, und eine zweite Armee musste sich unter Verlusten zurückziehen. Sieht man einmal von Genie oder Unglück einzelner Heerführer ab (die gewiss ihre Bedeutung besaßen), so wurde an Siegen und Niederlagen der ersten Kriegsmonate vor allem eines deutlich – in größerem Ausmaß noch als in den Kriegen des 19. Jahrhunderts war Erfolg im Ersten Weltkrieg vom Grad der industriellen Vernetzung und Durchdringung der beteiligten Mächte abhängig. Die russischen Siege an den Fronten gegen Österreich-Ungarn und die österreichischen Siege an der Front gegen Italien bestätigen dieses Phänomen. Gewiss – Russland konnte Millionen Bauern in Uniform stecken und an die Front schicken, und diese Bauern haben sich auch tapfer geschlagen. Aber auch wo ihre Ausrüstung der deutschen gleichwertig war, brachten sie doch nicht jene moderne Mentalität, jene Disziplin und jenes Maschinenverständnis mit, das ihre deutschen Feinde prägte – so wie die französischen, englischen oder belgischen Soldaten. Und dies war einer der Gründe, warum der Krieg im Westen trotz vieler Offensiven zum Stellungskrieg gerann, während Deutsche und Österreicher im Osten zum Bewegungskrieg übergehen und 1915 Polen sowie Kurland erobern konnten, ja 1916 in wenigen Monaten Rumänien besetzten.

Auch im Innern zeigte sich, dass das Zarenreich den wirtschaftlichen Anforderungen eines modernen Kriegs nicht gewachsen war. Zum Beispiel zeigte die deutsche Blockade der Ostsee Wirkung – Petrograd hatte vor dem Krieg englische Kohle geheizt, während die Donkohle z. T. als Bunkerkohle ins Mittelmeer verkauft wurde. Die industriellen Inseln Petrograd und Donbass waren nicht zureichend miteinander verbunden, und die Millionenstadt am 60. Breitengrad mit ihren langen, kalten und nassen Wintern bekam nicht genügend Heizmaterial. Es gab auch nicht genug zu essen – die Verkehrswege aus den Getreidegebieten der Ukraine führten ebenfalls vor allem zu den Exporthäfen, außerdem sank die landwirtschaftliche Produktion, da die Bauern ja großenteils an der Front waren. Und schließlich nahm der Verschleiß an Eisenbahnen und Fabriken zu, solange der Krieg dauerte und Ersatzteile schwer zu bekommen waren.

Unter diesen Bedingungen wurde der Zarismus im Februar 1917 gestürzt. Eine Hungerdemonstration Petrograder Frauen löste die Revolution aus, Streiks schlossen sich an – und fast sofort zeigte sich, dass niemand mehr auf der Seite des Zaren stand außer einigen Kirchenhierarchen, Gutsbesitzern und Offizieren. Die Nationen und Nationalitäten (auch mancher, der von einer russischen nationalen Demokratie eher Überwältigung fürchtete) waren durch die russifizierende Politik dem Zaren entfremdet. Die nationalistischen Bürger waren durch die Niederlage enttäuscht, und viele glaubten, es ohne Zaren besser machen zu können. Die Bauern hofften darauf, dass die Güter endlich aufgeteilt werden würden. Und die Arbeiter hofften auf einen schnellen Frieden, der dem Hungern und Frieren ein Ende bereiten würde.

Sicher – im staatsrechtlichen Sinn war es eine Revolution, als der Zar am 3. (16.) März 1917 abdankte. Im sozialen und politischen Sinn aber war es ein Zusammenbruch, der Politikfelder und ländliche Räume freigab, ohne dass jemand da war, der sie neu ordnete. Keine Partei (schon gar nicht die damals kleine Partei der Bolschewiki) hat diesen Zusammenbruch geplant oder bewirkt – der Zarismus selbst hat ihn herbeigeführt, indem er sein Potential überforderte und damit deutlich machte, wie begrenzt es eigentlich war.

2 Der Glanz der Freiheit

Gerade weil durch ihn eigentlich nichts mehr entschieden wurde, hinterließ der Zusammenbruch des Zarismus eine Gesellschaft, in der plötzlich alles möglich schien und in der die Intellektuellen über alle wichtigen Ideen der Zeit so diskutierten, als hinge vom Ergebnis der Diskussion das Schicksal Russlands ab. Russland war unentschieden, offen für viele Möglichkeiten von Zukunft.

Auf der einen Seite fand sich die vierte Duma, 1912 nach einem extrem ungleichen Wahlrecht gewählt, überraschend mit einem leidlich legitimen Anspruch auf Macht in der politischen Arena. Auf der anderen Seite aber hatte sich, in Anknüpfung an die Revolution von 1905, eine neue politische Organisation gebildet: der *Sowjet* (Rat) von Petrograd. Zu ihm sollte jede Kompanie und jede Fabrik einen Deputierten senden, wobei in den größeren Fabriken auf 1000 Arbeiter ein Deputierter kam. Trotzdem standen den etwa 2000 Soldatendeputierten nur etwa 800 Arbeiterdeputierte gegenüber. Auf die Soldaten kam es auch in erster Linie an – mit dem Befehl Nr. 1 sicherte der Rat, dass keine militärische Einheit einen Befehl ausführte, der im Widerspruch zu seinen Beschlüssen stand.

Obgleich der Arbeiter- und Soldatenrat insbesondere in Petrograd faktisch die Macht in Händen hielt, einigte er sich mit der Mehrheit der Duma auf die Duldung einer liberalen Regierung unter der Führung des Fürsten Lwow. Diese Lösung wurde auch von der Entente (den Bündnismächten England und Frankreich) gefördert, die Russland im Kriege halten wollte. So blieben der Behördenapparat intakt und die alte Generalität in ihren Stellungen – auch wenn die Räte, die sich nun über das ganze Land ausbreiteten, diesen Staat sozusagen von außen umklammert hielten. Räte und Regierung einigten sich auf das Ziel Frieden ohne Annexionen – wohl wissend, dass die Deutschen ja vor Riga standen und solch ein Friede also nicht leicht zu haben sein würde.

Es gab einen guten Grund, aus dem die größte, die sozialrevolutionäre Gruppe der Räte zögerte, nach der Macht zu greifen – auch abgesehen davon, dass viele den intellektuellen Schritt von Forderungen nach »Land und Freiheit« zu Regierungsverantwortung noch nicht getan hatten: Wenn man den Krieg weiterführen wollte, dann konnte die wichtigste sozialrevolutionäre Forderung, die nach Umverteilung des Gutslandes an die Bauern, vorerst nicht erfüllt werden, denn die Bauern wären nach Haus gegangen, um bei der Aufteilung der Güter zugegen zu sein. Ohnehin desertierten viele Soldaten und kam es auch ohne Beendigung des Kriegs oft genug zur »schwarzen« Aufteilung der Güter, indem man die Gutshäuser niederbrannte und das Land in Besitz nahm.

Die zweitgrößte Gruppe, die der Menschewiki, war mit der unentschiedenen Situation ganz zufrieden – Russland erlebte seine bürgerliche Revolution, und man konnte zuwarten, bis es zur sozialistischen kommen werde. Die Bolschewiki waren kaum vertreten, aber sie richteten sich eher darauf ein, eine radikale Opposition in den Räten zu bilden, als die Mehrheit herauszufordern. Zusammengehalten wurden Rätemehrheit und Regierung außerdem durch den Krieg – nach der Februarrevolution waren die ideologischen Fronten ja klarer als vorher: auf der einen Seite die Demokratien, auf der anderen Seite die letzten Monarchien.

So richtete auch die Mehrheit der Räte ihre Hoffnung auf die Konstituierende Versammlung, die nach gleichem Wahlrecht für alle, einschließlich der Frauen, gewählt werden sollte. Aber der Sommer verging, ein zaristischer General putschte und wurde zurückgeworfen, die Regierung versuchte noch eine Offensive, der Außenminister dachte in den Verhandlungen mit der Entente doch an Annexionen, und die Versorgungslage wurde immer schlechter. Zuerst begannen die Arbeiter, dann die Soldaten, bolschewistische Deputierte in die Räte zu senden.

3 Der Wille zur Macht

In der Debatte darüber, was zu tun sei, hatten die Bolschewiki sich unter Lenins Führung für den Aufbau einer Kaderpartei entschieden – nur so könne man dem Zarismus wirksam entgegentreten. Bei aller Gegnerschaft hatten die Bolschewiki etwas von dem aufgenommen, was den Zarismus auszeichnete – den Willen zur Macht. Aber die Partei suchte die Macht nicht um ihrer selbst willen, sondern für den Sozialismus und die Arbeiterklasse.

Wie aber sollte in dem rückständigen Lande der Sozialismus durchgesetzt werden? Die Frage besaß doppelte Brisanz, weil die Demokratisierung der Gesellschaften Westeuropas die dortige Sozialdemokratie vom Konzept der Revolution abrücken ließ – während ausgerechnet in Russland die Revolution nach 1905 immer eher möglich schien. Beide Flügel der Sozialdemokratie gingen an eine Revision des Marxschen Konzeptes, dass die Diktatur des Proletariats als Diktatur der ungeheuren Mehrheit gegenüber einer kleinen Minderheit von Besitzenden den Übergang zum Sozialismus bilden werde. Im Westen setzte man stattdessen immer stärker auf demokratische Übergänge. Im Osten blieb man bei dem Konzept der Diktatur des Proletariats, musste aber in Rechnung stellen, dass dieses auch nicht annähernd eine Mehrheit bildete.

Leo Trotzki machte einen Lösungsvorschlag, indem er davon abging, sich Revolution als einen einmaligen Akt vorzustellen. In kolonialen und halbkolonialen Ländern könne das Proletariat eine Revolution beginnen, wenn es der Führer »der unterdrückten Nationen und vor allem ihrer Bauernmassen« sei. »Die Machteroberung durch das Proletariat schließt die Revolution nicht ab, sondern eröffnet sie nur« – abgeschlossen werden kann die Revolution nur mit dem endgültigen Sieg des Sozialismus auf der ganzen Erde. Auch Lenin ging dann in seiner Schrift *Der Imperialismus als höchstes Stadium des Kapitalismus* dazu über, sich die Revolution als längeren Prozess vorzustellen, der durchaus in einem rückständigen Lande begonnen werden könne. Da der Kapitalismus aufgrund der Internationalisierung der Produktion schon funktioniere wie eine Kette, werde die ganze Kette durch den Bruch dieses einen Kettengliedes unbrauchbar, so dass die Revolution in einem rückständigen Land zum Ausgangspunkt der Revolution in fortgeschritteneren Ländern werde.

Beide Konzepte erlaubten, in Russland auf die Revolution hinzuarbeiten, obgleich das Proletariat eine kleine Minderheit bildete. Und mit dieser revolutionären Politik fand die Führung in der Arbeiterschaft Anhänger – von den 24000 Parteimitgliedern im Jahr 1917 bezeichneten sich 60% als Arbeiter. Als die Sozialrevolutionäre die Forderungen der Februarrevolution nach Frieden und Land nicht in Politik umsetzten, gelang es den Bolschewiki, von ihrer proletarischen Basis aus bei den Wahlen zur Moskauer Stadtduma am 24. September 1917 zur größten Fraktion zu werden.

Aber die Sozialrevolutionäre behielten die Mehrheit unter den Bauern, da sie für die Aufteilung des Bodens an die Bauern eintraten, während die Bolschewiki fürs Land an moderne Großbetriebe dachten. Nur – was war die Bodenaufteilung wert, wenn kein Friede wurde und man nicht nach Hause gehen konnte? Es war der Wille zum Frieden, der schließlich einen Teil der Sozialrevolutionäre im Petrograder Sowjet dazu brachte, mit den Bolschewiki ein Bündnis einzugehen, als diese unter den Deputierten der Arbeiter die stärkste und unter denen der Soldaten, d.h. der in Uniformen gesteckten Bauern, doch immerhin zweitstärkste Fraktion geworden waren.

Die Diskussion, ob die neue Mehrheit der Räte die Macht ergreifen sollte, wurde in aller Öffentlichkeit geführt. Die Vertreter der Petrograder Regimenter hatten schon am 21. Oktober beschlossen, dass sie nur dem Militärrevolutionären Komitee des Exekutivkomitees des Sowjets gehorchen würden, dessen Vorsitzender Leo Trotzki war. Es gab also keinen Zweifel darüber, wer die militärische Gewalt in der Stadt besaß. Um letzte Gegenwehrversuche der Regierung zu beenden, besetzten die Truppen des Sowjets am 25. Oktober / 7. November alle wichtigen Punkte der

Hauptstadt und schließlich, nach mehr symbolischem Widerstand, auch das Winterpalais. Gleichzeitig tagte der zweite Allrussische Sowjetkongress, den rechte Sozialrevolutionäre und Menschewiki verließen, um gegen den Aufstand zu protestieren. Damit war die Mehrheit des Kongresses aus Bolschewiki und linken Sozialrevolutionären unter sich. Am folgenden Tag konstituierte der Kongress einen *Rat der Volkskommissare* – die erste Sowjetregierung. Ihr Vorsitzender wurde Lenin, der Kommissar des Auswärtigen Trotzki und der Kommissar für Nationalitätenfragen Jossif Stalin.

4 Räte und parlamentarisches System

Lenin hat in einer außerordentlichen intellektuellen Anstrengung die außerhalb der sozialdemokratischen Parteien entstandene Rätebewegung in Russland in den Kontext der Kommunetraditionen eingeordnet und es damit den Bolschewiki ermöglicht, sich in die Rätebewegung zu integrieren, obgleich sie dem Konzept einer Partei aus Berufsrevolutionären eher fern lag. Sein vielleicht bedeutendstes Buch, *Staat und Revolution*, ist keine an die Rätebewegung gerichtete Propagandaschrift – es ist erst 1918 publiziert worden –, sondern eine Aneignung. Lenin geht aus von der Hoffnung des frühen Marx auf Aufhebung der Arbeitsteilung, nachdem die Entwicklung der Produktivkräfte die Existenz von Klassen überflüssig, ja hinderlich gemacht hat. So, wie die Klassen fallen, wird der Staat fallen, weil man ihn zur Unterdrückung der Mehrheit der Gesellschaft nicht mehr braucht. Das stehende Heer wird beseitigt, Amtspersonen werden wählbar und absetzbar und erhalten Arbeiterlohn. An die Stelle der Gewaltenteilung tritt eine Körperschaft, welche die verschiedenen Funktionen vereint. Zwar wird man am Anfang noch Staatsbeamte brauchen, aber die

Aufsicht und Kontrolle über sie wird auf viele verteilt werden, und langfristig, infolge des Anstiegs der allgemeinen Bildung, werden »die sich immer mehr vereinfachenden Funktionen der Aufsicht und Rechenschaftslegung der Reihe nach von allen ausgeübt, später zur Gewohnheit werden und schließlich als Sonderfunktionen einer besonderen Schicht von Menschen in Fortfall kommen«.

Die Räte waren dadurch definiert, dass sie
(1) jederzeit abwählbar waren,
(2) gesetzgebende und ausübende Gewalt vereinigten,
(3) nach Arbeitslohn bezahlt wurden und
(4) am Arbeitsplatz (Fabrik, Regiment oder Bauernhof), nicht in einem territorial definierten Wahlkreis gewählt wurden.

Alle Punkte entsprangen der Kritik am Parlamentarismus. Aus dem 4. Punkt nahmen die Räte Legitimation dafür, die Konstituierende Versammlung, die am 25. November 1917 nun doch noch gewählt worden war, bei deren erstem Zusammentreten auseinanderzujagen: In der Tat, zu den Räten hatte keiner eine Stimme, der nicht im Arbeitsprozess eingebunden war; keiner, der von seinem Besitz lebte – oder etwas tat, was nicht als Arbeit galt, z. B. als Priester. Immerhin gaben die Wahlergebnisse einen Hinweis auf die Mehrheiten in Russland: Vier Fünftel aller Stimmen fielen auf sozialistische Parteien, aber nur ein Viertel auf die Bolschewiki. Die Sozialrevolutionäre dagegen hatten über die Hälfte der Stimmen – waren allerdings untereinander in Bündnispartner und Gegner der neuen Regierung zerstritten. Während die Sozialrevolutionäre Mehrheiten auf dem Lande erhielten, erreichten die Bolschewiki Mehrheiten in den Städten. Dort fielen auch die meisten Stimmen für Liberale und Konservative an, die aber durchweg Minderheiten blieben.

Der Parlamentarismus in Russland war gescheitert, bevor er recht begonnen hatte. Aber war das Rätesystem eine Alternative? Politik war längst zum Beruf geworden. Auch um eine Verwaltung zu kontrollieren, brauchte man Kompetenz, Sonderfunktionen und »Herrschaft auf Zeit« – also Sicherheit vor dauernd drohenden Abberufungen. Der Rätegedanke, so eindringlich in seinem Kontext Kritik am Parlamentarismus formuliert werden konnte, taugte nicht als Gegenmodell – die Räte haben die Berufspolitiker im Rat der Volkskommissare nie wirklich kontrollieren können. Die Gesellschaft wurde nicht immer einfacher, sondern immer differenzierter. Die Räteverfassung, die ihre Herkunft aus überschaubaren Verhältnissen der russischen Obschtschina nicht verleugnete, war eher Ausdruck einer archaisierenden Hoffnung auf die Fortschrittlichkeit des Vergangenen als Instrument zur Gestaltung einer vielfältigen und schwierigen Gegenwart.

Die Räteverfassung besaß, indem sie nur dem Teil der Bevölkerung die Möglichkeit zur Partizipation an der Politik bot, der als werktätig gelten konnte, einen ausschließenden Charakter. Schon vor der Auflösung der Konstituierenden Versammlung hatten das Verbot der Konstitutionellen Demokraten am 11. Dezember 1917 und die Verhaftung von Führern der Menschewiki sowie der rechten Sozialrevolutionäre durch die »Außerordentliche Kommission (*Tschreswytschajnaja Komissija*, abgekürzt *Tscheka*) zur Bekämpfung der Konterrevolution« am 31. Dezember 1917 diese Tendenz zur Diktatur bestätigt. Schnell wandte sich diese Tendenz auch gegen die Räte, als im Juni 1918 Menschewiki und rechte SR aus dem Zentralen Exekutivkomitee der Sowjets ausgeschlossen wurden. Im Juli 1918, nach der Ermordung des deutschen Botschafters von Mirbach durch linke SR, wurde auch diese Gruppe ausgeschaltet. Sie wehrte sich in alter Narodniki-Tradition durch individuellen Terror – auch auf Lenin wurde ein Attentat verübt –, und der Kampf der Tscheka wurde allgemein.

Während des Bürgerkriegs wurden Menschewiki und SR noch einmal ins Zentrale Exekutivkomitee der Räte zugelassen, aber 1921, im Augenblick der größten Zugeständnisse an die Bauernschaft, wurden alle Minderheitsparteien in der Räteversammlung endgültig zur Auflösung gezwungen. In diesem Augenblick verbot der X. Parteitag auch die Fraktionsbildung innerhalb der Kommunistischen Partei Russlands (wie sich die SDAPR seit 1918 nannte). Diese weitere Ausschließung wandte sich gegen die Parteilinke und mochte von manchem begrüßt werden, der für die »Ökonomik des Volkes« eintrat (vgl. Kap. 11.7). Langfristig gesehen aber wurde damit die Diktatur vollendet: Es gab keine Gremien mehr, in denen politische Alternativen diskutiert werden konnten. Nur der persönliche Stil Lenins oder Trotzkis stand noch einer Diktatur der Sekretäre im Wege.

5 Bürgerkrieg und Intervention

Der zweite Rätekongress hatte noch am 8. November 1917 (neuen Stils) im Dekret über Grund und Boden Gutsbesitzer, Kirchen und Staatsdomänen entschädigungslos enteignet und das Land allen Bürgern zur Nutzung übergeben, was de facto die Einbeziehung dieser Länder in die Umteilungsgemeinden bedeutete. Der Rat der Volkskommissare beschloss am 27. November 1917 die Einrichtung der Arbeiterkontrolle: Privater Besitz an Fabriken und Unternehmen sollte bestehen bleiben, aber deren Funktion durch Arbeiterräte kontrolliert werden; außerdem wurden die Banken nationalisiert. Am 16. Dezember 1917 wurde für die Armee die Wählbarkeit aller Dienstgrade dekretiert, was die Selbstdemobilisierung der Armee beschleunigte. Die Völker der Welt wurden aufgerufen, sich gegen den Imperialismus zu verbrüdern.

Weithin sanktionierte der Rat der Volkskommissare mit solchen Entscheidungen Entwicklungen, die er kaum beeinflusste. Die deutsche Reichsregierung ließ sich von Hoffnungen auf zukünftigen Völkerfrieden aber nicht beeindrucken und setzte in Brest-Litowsk einen harten Annexionsfrieden durch, in dem die Räterepublik auf den gesamten Westen und Süden, darunter wichtigste Wirtschaftsgebiete wie die Ukraine, verzichten musste.

Auch die Opposition im Lande merkte schnell, wie wenig effektiv die neue Macht in Moskau – dorthin war der Rat der Volkskommissare umgezogen, um der zeitweiligen deutschen Bedrohung Petrograds zu entgehen – noch war. Und die Ententemächte wollten verhindern, dass das fast geschlagene Deutschland sich aus der Ukraine versorgen sowie seine Truppen vom Osten in den Westen umdirigieren konnte. Sie unterstützten Widerstand, wo sie ihn fanden – zuerst in der Tschechoslowakischen Legion, einer aus tschechischen und slowakischen Kriegsgefangenen aufgebauten Truppe, die eigentlich gegen Österreich-Ungarn eingesetzt werden sollte. Ihr Aufstand am 25. Mai 1918 gab das Signal zum Bürgerkrieg, in dem zaristische Generale, Kosakeneinheiten und, nach der endgültigen Niederlage Deutschlands, in immer größeren Zahlen auch Truppen der Ententemächte intervenierten, um die Revolution – die ja auch alle Auslandsschulden des Zarenreiches annulliert hatte – zu vernichten. Von allen Peripherien her drangen »weiße« Verbände auf Moskau vor, und zeitweise war nur der Kernraum Altrusslands vom inneren Zipfel des Finnischen Meerbusens bis zur Wolgamündung unter Kontrolle der Bolschewiki.

Sofort begann die Regierung mit dem Wiederaufbau der Armee, der Wiedereinführung von Rängen und Abzeichen, der Abschaffung der Wählbarkeit der Offiziere und der Wiederherstellung strenger Disziplin. Den vielen aus der zaristischen Armee übernommenen Fachleuten, also Offizieren, wurden Parteikommissare zur Kontrolle an die Seite gestellt. Aber es war nicht die wiedereingeführte Disziplin, die letztlich darüber entschied, dass die Regierung an der Macht blieb. Wo immer zaristische Armeen vorstießen, wie-

0
1000 km
Briten, Amerikaner
Murmansk
Archangelsk
Weiße
Finnland
1918
unabhängig
Briten
Petrograd
Esten
Baltendeutsche
Rote/Weiße
Riga
Letten
Litauer
Polen
Kiew
Charkow
Moskau
Kasan
Ufa
Orenburg
Ermordung der Zarenfamilie
Jekaterinburg
Tschechen
Weiße unter Koltschak
Weiße unter Denikin
Astrachan
Chiwa
Nationalukrainer
Machno
Kosaken
Odessa
Rumänen
Franzosen
Briten
Georgier
Tiflis
Armenier
Baku
Aserbaidschaner
Turanische
Gruppen
Staatsgrenze 1918
Von den Bolschewiki gehaltenes Gebiet, Frühling 1919
Von den Bolschewiki gehaltenes Gebiet, Herbst 1919
Grenzen des Khanats Chiwa
Staatsgrenzen 1921

derholten sie auch die alte Entscheidungsunfähigkeit des Zarismus – die Bauern fürchteten die Wiederherstellung der Güter, die Nationalitäten fürchteten eine neue Russifizierungswelle, und die Generale fanden nicht zu einem Programm, das den Mehrheiten des Parlaments entsprochen hätte. Also blieben die Bauern auf der Seite der Roten Armee.

Erst 1921, als die letzte weiße Armee unter der Leitung des baltischen Barons General Wrangel von der Krim vertrieben war, stellte das Land der Stadt die Bündnisfrage: Was wollt ihr uns eigentlich geben, dass wir euch ernähren?

6 Kriegskommunismus

Der Bürgerkrieg beförderte alles, was gegen in der syndikalistischen Rätetradition stehende dezentrale Strukturen und für Zentralisierung wirkte. Schließlich hatte der Krieg ja sogar im kapitalistischen Deutschland zu einer Zentralisierung der Wirtschaft geführt, die Lenin als »eine Hälfte« des Sozialismus bewunderte. Sein Modell, im »Staatskapitalismus« mit den Unternehmern bei Kontrolle durch die Arbeiter zusammenzuarbeiten, scheiterte meist schon an den spontanen Enteignungen, welche Arbeiter durchsetzten. Der Kompromiss zwischen den Linken in der Partei, der »Arbeiteropposition«, und der Regierung in Mai und Juni 1918 sah dann einerseits vor, dass alle Industrie verstaatlicht wurde, setzte aber andererseits fest, dass die Mehrheit der Betriebsleitungen durch den Verwaltungsapparat des von der Regierung besetzten (und nicht nach Räteprinzip von unten nach oben gewählten) Volkswirtschaftsrats gestellt wurde. Nur der dritte Mann der »Trojka« im Betrieb wurde von den gewerkschaftlich organisierten Arbeitern gewählt.

Dies bedeutete, da die Unternehmer jede Macht verloren, eine Zentralisierung, die weder Lenins Konzept noch dem seiner Gegner entsprach. Aber der Krieg rechtfertigte die Zusammenfassung aller Ressourcen und am 11. Januar 1919 auch die Beschlagnahmung aller Lebensmittel auf dem Dorfe, die zur Ernährung der Städte und der Truppen nötig waren. Während der Austausch zwischen Stadt und Land damit im Kern auf ein Gewaltverhältnis gegründet wurde, also einen feudalkollektivistischen Charakter erhielt, ging man in den Städten zu einer weitgehenden Abschaffung des Geldes über; man aß in gemeinsamen Kantinen, zahlte kaum Miete und lebte darüber hinaus vom Tausch. Auch die Beziehungen der Betriebe untereinander wurden ohne Geld durch Bezugsscheine organisiert. Das System bewirkte jedoch, dass die Verwaltungen explodierten, während zugleich die Wirtschaftsleistung schrumpfte. Im Vergleich zu 1913 war beispielsweise bei den Eisenbahnen die Zahl der Beschäftigten im Streckenpersonal bis 1920 von 242000 auf 422000 gestiegen, im Fahrpersonal bei 222000 geblieben und die Verkehrsleistung – sicher nicht allein aufgrund der Wirtschaftsstruktur – auf zeitweise ein Fünftel gesunken. Zwischen 1917 und 1920 hatte sich der Anteil der Angestellten an der Arbeiterschaft von 6,8 % auf 13,5 % verdoppelt, während die Zahl der in der Industrie Beschäftigten insgesamt zwischen 1913 und 1920 von 2,6 auf 1,6 Millionen geschrumpft war.

Trotz dieses erschreckenden Ausmaßes von Bürokratisierung war die Mehrheit der Partei nicht der Meinung, dass die »proletarische Naturalwirtschaft« versagt habe, als sich im Herbst 1920 der Bürgerkrieg dem Ende zuneigte. Inzwischen war die Parteimitgliedschaft auf über 600000 angestiegen, von denen zwar immerhin über 43 % angaben, dass sie aus Arbeiterfamilien stammten – von denen aber über 60 % in Verwaltungen und noch einmal 25 % in der Roten

Armee arbeiteten. Indem die Partei ehemalige Arbeiter in verantwortliche Stellungen brachte, bestärkte sie die Tendenz zur Angestelltenpartei. Und so beschloss der 8. Rätekongress im Herbst 1920 die Ausweitung des administrativen Wirtschaftssystems aufs Land: Die Bestellung der Bodenflächen sollte durch einen staatlichen Aussaatplan geregelt werden, der für alle Bauern zur Pflicht erklärt wurde. Neue Kontrollkommissionen wurden zusammengesetzt.

Aber so effektiv konnte im Winter 1920/21 gar kein Kontrollapparat sein, dass die etwa 18 Millionen bäuerlichen Wirtschaften im Lande wirklich gezwungen werden konnten, zu tun, was Partei und Räte beschlossen. Die Bauern weigerten sich nach dem Ende des Krieges, weiter ohne Gegenwert Nahrungsmittel in die Städte zu liefern und die Planvorgaben zu akzeptieren. Der Getreidemarkt brach zusammen, wieder kam es zu Hungersnöten, insbesondere in Petrograd, zu Streiks und schließlich zum Aufstand von Kronstadt. Auch wenn dieser blutig niedergeworfen wurde, machte er doch der Parteimehrheit klar, dass die Politik geändert werden musste.

Der 10. Parteitag im März 1921 zog die Konsequenz: Das staatliche Getreidemonopol wurde aufgehoben und die Ablieferungspflicht durch eine Steuer ersetzt, für die nicht mehr die Dorfgemeinde, sondern der einzelne Bauer verantwortlich war. Der Bauer konnte, was er über die Steuer (die anfangs in Naturalien eingezogen wurde) hinaus produzierte, legitim auf den Markt bringen, und er durfte Gewinne machen.

Lenin war es, der auf dem 11. Parteitag 1922 den linken Genossen ins Stammbuch schrieb, dass die theoretische Kritik an der Wiederzulassung der kleinen Warenwirtschaft und die damit verbundene Legitimierung des Kapitalismus an der Sache vorbeiging. Jetzt gehe es nicht um Theorie, sondern um die »Ökonomik des Volkes«. Das Volk hat die Kommunisten – »ein Tropfen im Volksmeer« – im Bürgerkrieg unterstützt, und es hat ihnen in der Wirtschaft Kredit gegeben. Der aber ist langsam erschöpft. »Was gebraucht wird, ist eine echte Prüfung. Nebenan ist der Kapitalist tätig, er handelt wie ein Räuber, er schindet Profite, aber er versteht seine Sache. Ihr aber [so lässt Lenin das Volk sich an die Kommunisten wenden], ihr probiert es auf neue Art: Profite gibt es bei euch nicht, die Grundsätze sind kommunistisch, die Ideale gut – mit einem Wort, ihr seid wahre Heilige, ihr solltet zu Lebzeiten in den Himmel kommen –, aber versteht ihr praktisch zu arbeiten?«

7 Die Ökonomik des Volkes

Die *Neue Ökonomische Politik* (NÖP) stellte für ländliche Produkte – einschließlich derer des ländlichen Gewerbes – den Markt wieder her. Die Nachfrage nach den Produkten der nationalisierten Industrie stieg an, und im Jahr 1926 wurde das Vorkriegsniveau im großen und ganzen wieder erreicht, 1928 lag es bei 119 % des Jahres 1913, wobei die wertmäßige Produktion der Industrie auf 132 % gestiegen war. In den Grenzen von 1917 wurden 1928 5 Mrd. kWh, 11,6 Mio. t Erdöl und 35,5 Mio. t Steinkohle sowie 4,3 Mio. t Stahl produziert. Die Traktorenproduktion hatte begonnen – immerhin 1300 Stück verließen 1928 die Fabrik. Und wenn auch (im Jahresdurchschnitt 1924/28) die Ernte von Getreide mit 79,3 % gegen 76,5 und die von Zuckerrüben mit 7,9 gegen 10,9 im Verhältnis zum letzten Vorkriegsjahr noch zurücklag, so war die Kartoffelernte mit 41,1 gegen 23,3 Mio. t fast verdoppelt worden. Nach einer weitgehenden Entstädterung in der Bürgerkriegszeit war der Anteil der städtischen Bevölkerung 1927 auf 20,5 % gestiegen und hatte das Vorkriegsniveau überholt. Der Reallohn der Arbeiter war auf etwa das Dreifache des Vorkriegsniveaus angestiegen.

Trotzdem gab es in der Partei eine erbitterte Auseinandersetzung darum, ob der Weg der NÖP auf Dauer der richtige sei. Lenin hatte sich mit seinem Begriff »Ökonomik des Volkes« spöttisch darauf bezogen – auf Nikolaj Bucharins Buch *Ökonomik der Transformationsperiode* von 1920, der Jewgenij Preobrashenskij ab 1924 seine Kritiken als *Neue Ökonomik* entgegensetzte. In der Tat gab es genug Krisenerscheinungen in der NÖP. Die statistisch erfasste Arbeitslosigkeit stieg bis 1928 auf anderthalb Millionen – wobei die verdeckte ländliche Arbeitslosigkeit von Bauern auf zu kleinen Feldern nicht mitgezählt war. Und die Preise für Industriewaren drifteten immer wieder weit auseinander, bis die Bauern durch Produktionsboykotte die Senkung der Industriepreise erzwangen.

Nach Lenins Tod hat insbesondere Bucharin den Weg der Ökonomik des Volkes verteidigt. Der Markt und die Möglichkeiten der wohlhabenderen Bauern zu Gewinnen werde zu einem Anstieg der Nachfrage führen, durch den die staatliche Industrie ihre Preise erhöhen könne, um die industrielle Expansion zu finanzieren. Die Parteilinke, denen Preobrashenskij die Argumente lieferte, hielt dagegen, dass das Industriewachstum viel zu gering sei, um zu einer Industrialisierung des ganzen Landes zu führen – ja, dass die normalen Abschreibungen nicht hoch genug, der Verschleiß der z.T. ja sehr alten Anlagen nicht angemessen berechnet sei. In der Sowjetunion gehe es nicht um den Ausbau von Industrie, sondern um die anfängliche Industrialisierung – jener Phase in der Geschichte des Kapitalismus vergleichbar, in der vorkapitalistische Eigentumsverhältnisse nach Marx zugunsten des Kapitalismus in ursprünglicher Akkumulation ausgebeutet worden seien. Da in der Sowjetunion keine Mittel aus den Kolonien zur Verfügung standen, konnte das nur heißen, dass die Bauernschaft die Industrialisierung bezahlen müsse.

Die Mehrheit der Partei, die ihren Organisator zunehmend in Stalin fand, beurteilte die Ansichten der Parteilinken als defätistisch – allein die Vorteile der zentralen Planung würden ausreichen, um die beschleunigte Industrialisierung zu finanzieren. So wurde die Industrialisierungsdebatte zum Teil des Machtkampfes um die Nachfolge Lenins, zum Argument gegen Trotzki, der sich 1925 von seinem Posten als Kriegskommissar widerstandslos absetzen ließ und 1927 nicht nur aus dem ZK, sondern auch aus der Partei ausgeschlossen wurde. Freilich wurden die Argumente der Parteilinken gerade dadurch wieder für den politischen Kampf verfügbar, dass sie selbst besiegt waren.

8 Wladimir Iljitsch Lenin, Leo Trotzki und Alexandra Kollontaj

Wladimir Iljitsch Uljanow (1870–1924) wurde in Simbirsk an der Wolga geboren, einer kleinen Gouvernementshauptstadt. Der streng religiöse Vater hatte sich aus einfachen Verhältnissen zum Direktor des dortigen Volksschulwesens emporgearbeitet, womit er den erblichen Dienstadel erlangt hatte; die Mutter Maria, geb. Blank, brachte Wärme und auch etwas Wohlhabenheit in die Familie. Die acht Geschwister hielten eng zusammen, und als der ältere Bruder Alexander 1887 (kurz nach dem Tod des Vaters) in der Folge eines mit anderen Studenten zusammen geplanten Narodniki-Attentats auf Zar Alexander III. zum Tode verurteilt wurde, war die zarenfeindliche Grundrichtung festgelegt. Der spätere Lenin hat vom ersten Semester (Jura in Kasan) an unter Gendarmerieaufsicht gestanden oder im Ausland gelebt; die alten liberalen Freunde aus dem Kreis des Vaters blieben fort, und neue Freunde fanden sich unter Gleichgesinnten, etwa Julius Zederbaum (Deckname Martow), mit dem er 1894 den *Petersburger Kampfbund der Arbeiterklasse* gründete.

Lenin war untersetzt und mittelgroß, in dem leicht mongolisch geschnittenen Gesicht faszinierten schwarze Augen. Mit einer kalmückischen Großmutter und einer deutschen

Mutter war Lenin ein typischer Russe des Wolgaraums, wo Rassenvorurteile fremd waren. Uljanow fand es nie nötig, seinen bildungsbürgerlichen Habitus zu verleugnen. Er heiratete Nadeshda Krupskaja, die mit ihm zusammen arbeitete und ihm in die Verbannung folgte. Er machte vorzügliche Examina und besaß die bei ungewöhnlich klugen Leuten selten vorkommende Fähigkeit, schwierige Zusammenhänge verständlich darzustellen. Dabei war er oft mit verletzender Schärfe parteilich; das Lächeln des Überlegenen, das ihn besonders gegenüber (anderen) Intellektuellen selten verließ, war häufig spöttisch. Viele einfache Leute wären bereit gewesen, für ihn durchs Feuer zu gehen.

Dass man einen solchen Mann nicht integrieren, ihm kein Tätigkeitsfeld anbieten konnte, zeigt die Schwäche des Zarismus. Trotzdem hätte auch Lenins Tatkraft und praktischer Verstand leicht im Exil verkommen können, und seine Ungeduld, nach dem Ausbruch der Revolution die Schweiz zu verlassen, war so groß, dass er sich zur Zusammenarbeit mit dem deutschen Generalstab bereit fand, um – im plombierten Waggon – nach Russland zu gelangen. Die Deutschen sahen in ihm (mit Recht) einen sicheren Kriegsgegner. Es blieben ihm nur wenige Jahre politischer Wirksamkeit bis zu seinem ersten Schlaganfall 1922, und danach musste er nicht nur zusehen, wie der von ihm gehasste Bürokratismus wieder entstand (oder weiterbestand), sondern auch, wie der falsche Mann an dessen Spitze trat. »Stalin ist zu grob«, schrieb er in seinem ›Testament‹, bevor der dritte Schlaganfall ihn endgültig lähmte.

Lew Davidowitsch Bronstein (1879–1940) entstammte einem sehr kleinen, besonderen Sektor der russischen Gesellschaft – sein Vater war ein jüdischer Bauer, was wegen des Ansiedlungsverbots nur in den ukrainischen Steppen möglich war. Er arbeitete sich zum Gutsbesitzer empor. Da der Sohn nicht jiddisch sprach, blieb er in der Chederschule seines Dorfes fremd. Auf der von der lutherischen Gemeinde unterhaltenen, allerdings durch die Gesetze russifizierten Realschule Odessas war Lew Klassenprimus – die warme, kosmopolitische Hafenstadt am Schwarzen Meer prägte ihn mehr als die Steppe. 1897 gründete er, statt Mathematik zu studieren, mit Kommilitoninnen und Kommilitonen den *Südrussischen Arbeiterbund*, und von da an floh er vor der Polizei oder lebte im Exil bzw. in der Verbannung. Zum Marxisten wurde er im Gefängnis von Odessa. Als glänzender Redner und Schreiber beeindruckte er erst Lenin, später die Menschewiki; Lenins Parteikonzept verurteilte er als Entwurf zur Diktatur. Aber das Hinauszögern der sozialistischen Revolution, das aus dem menschewistischen Konzept folgte, war auch nicht seine Sache. Inzwischen unter dem Decknamen Trotzki wurde er 1905 für einige Tage Mitglied im Exekutivkomitee des Petrograder Sowjets – im Gefängnis entwickelte er dann sein Konzept der »permanenten« Revolution. Da Lenin viel davon rezipierte, fand Trotzki im August 1917 wieder zu den Bolschewiki. Mit der ganzen Schärfe eines intellektuellen Einzelgängers organisierte er das rote Militär in Aufstand und Bürgerkrieg und hatte am Sieg entscheidenden Anteil.

Zum Kampf gegen den aufziehenden Stalinismus freilich fehlten ihm alle Voraussetzungen. Ihm lag an der Richtigkeit, nicht der Benutzbarkeit der Konzepte; seine Intelligenz war kreativ und nicht nachvollziehend, wie das für politische Erfolge in der Regel notwendig ist. Nicht zuletzt war Trotzki jüdischer Herkunft – gewiss kein Hinderungsgrund im engen Kreise der Revolutionäre, aber doch Grund für Fremdheit gegenüber den Massen neuer Parteimitglieder, die nach der Revolution kamen, und ein beliebtes Propagandaargument für die vielen Antisemiten der Konterrevolution. Nach dem Ausschluss aus der Partei 1927 verbannt, dann ausgewiesen, floh er vor Stalins Schergen, bis einer von ihnen ihn 1940 in Mexiko-Stadt doch erreichte und mit einem Eispickel erschlug.

Alexandra Michajlowna Domontowitsch (1872–1952) war Tochter eines Petersburger Generals. Ihre Ehe mit ihrem Cousin Kollontaj dauerte nicht lange. Nach deren Ende wandte sie sich 1896 der Sozialkritik zu und trat 1906 den Menschewiki bei. Ihr Emanzipationsbegriff entfernte sie jedoch von den Parteistrukturen – sie forderte, die Frau müsse materiell vom Mann unabhängig und von den besonderen Belastungen der Kinderpflege befreit werden. Dass sie dies Ziel nur im Sozialismus für erreichbar hielt, trennte sie von der bürgerlichen Frauenbewegung. 1915 trat sie den Bolschewiki bei, und 1917 wurde sie erste Volkskommissarin für soziale Fürsorge.

Die schöne und leidenschaftliche Frau irritierte ihre Parteigenossen auch durch den Versuch, eine neue Sexualmoral zu begründen, und wurde als Mitglied der Arbeiteropposition zum offenen Gegner Lenins. Schließlich aber fügte sie sich – während ihre Freunde, auch ihr zweiter Mann, ermordet wurden, diente sie dem Sowjetstaat als erfolgreiche und glänzende Diplomatin.

12
Neue Wirklichkeiten und alte Zwänge

1 Die Bauern

Auf dem Land hatten die Bolschewiki gesiegt, weil sie das Programm der Sozialrevolutionäre übernommen hatten. Im Kern hatten also die Bauern gesiegt – nicht jene, die besonders im Westen und im Süden auf dem Weg waren, kapitalistische Farmer zu werden, sondern jene drei Fünftel der russischen Bauernschaft, die an der Umteilungsgemeinde festhielten. Die Güter der Adligen und des Zarenhauses wurden aufgeteilt. Auch viele der Bauern, die nach den Stolypinschen Reformen die Gemeinde verlassen hatten, wurden zurückgeholt. Nur im Westen und Norden blieb Einzelbesitz in größerem Umfang erhalten. Das Agrargebiet der Russländischen Sozialistischen Föderativen Sowjetrepublik (RSFSR) wurde in Landkommunen aufgeteilt, was in dieser Radikalität nie vorher geschehen war – etwa 20 Millionen bäuerliche Haushalte organisierten sich in (bis 1928) über 400000 Obschtschiny. In der Union kamen 1929 auf fast 600000 Siedlungen über 72000 Landsowjets, in denen über 123 Millionen ländlicher Bevölkerung organisiert waren.

Kennzeichnend war, wie sich schon aus diesen Zahlen ergibt, eine doppelte Organisationsstruktur: Die Obschtschiny umfassten, besonders in Kernrussland, nur kleine Siedlungen mit zehn, zwölf Höfen. Auf dieser Ebene fällte die Dorfversammlung, der S-chod, die zum Leben wichtigen Entscheidungen über Umverteilung und Flurzwang. Hier war jeder Nachbar, ja oft Verwandter. Aus der Umverteilung des Landes folgte, dass Armut und Reichtum weithin zyklischen Charakter hatten; wer viele Kinder hatte, bekam viel Land und sammelte »Produktionsmittel« an – ein Pferd, einen modernen Pflug. Dies galt nur, wenn Mann und Frau gesund blieben – lange Krankheit brachte einer Familie den Ruin. Wer übrigens, frisch verheiratet, gerade erst seinen Hof aufbaute, besaß oft noch nicht genug Saatgut oder Zugvieh, lieh es sich – z. B. beim Vater – und arbeitete dafür auf dessen Feld.

Acht oder neun, ja bis über fünfzehn solcher Dorfgemeinden waren in einem ländlichen Sowjet zusammengefasst. Erst auf dieser Ebene trat »der Staat« auf – erst hier gab es auch Kommunisten, die meisten unter den Verwaltungsbeamten oder Lehrern. Zwar stieg der Anteil der Bauern an der Kommunistischen Partei zwischen 1917 und 1924 von 7,6 % auf 24,6 % – aber das waren meist Leute, die als Mitglieder der Partei auch in die Verwaltungsfunktionen strebten, so dass der Anteil der Bauern, die tatsächlich hinter dem Pflug gingen, nur bei 7 % lag. Umgerechnet auf die Millionen ländlicher Bevölkerung bedeuteten obige Zahlen, dass etwa ein Viertel Prozent der erwachsenen Landbevölkerung der Partei angehörte – mit anderen Worten, dass die Partei auf der Ebene der Dörfer gar nicht auftauchte.

Nach der Vertreibung der Gutsbesitzer bedeutete diese Ferne von Staat und Partei eine Periode der Freiheit für die russischen Bauern, wie es sie nie vorher gegeben hatte und wie sie nicht wiederkommen sollte. Aber die strukturellen Zwänge wurden durch diese Freiheit nicht gelöst. Immer hatte das Dorf die Stadt ernährt, durch Abgaben und Steuern mehr für die Stadt produziert, als es von dort erhalten hatte. Auch davon waren die Bauern jetzt frei, aber wie sollte die Stadt leben, wie sollten Dienstleistungen bezahlt werden? Die Vorstellung der Partei im Kriegskommunismus, dass die Bauern abgeben sollten, was sie nicht zum Leben brauchten, war naiv – weder war das Dorf reich, noch war einzusehen, warum man die neue Bürokratie ernähren sollte. Aus der Naivität folgte die Gewalt, folgten die Arbeiterkommandos, welche die Dörfer nach Essbarem absuchten. Mit der Neuen Ökonomischen Politik akzeptierte die Partei die neue Macht der Bauern: Zwar mussten sie eine Steuer zahlen (anfangs in Naturalien, später in Geld), aber was darüber hinausging, konnten sie verkaufen.

2 Die Arbeiterschaft

Nach der Oktoberrevolution setzte eine breite und spontane Bewegung unter den Arbeitern ein, die Fabriken in Besitz zu nehmen und die Produktion selbst zu organisieren. Ausgehend von dem Konzept »Jedem Arbeiter muss die Möglichkeit gegeben werden, seine Individualität voll zur Geltung zu bringen; möge jeder Arbeiter an der Werkbank so arbeiten, wie er es für richtig hält«, wurden in den Betrieben Komitees gewählt, welche die Produktion koordinieren sollten. Mehrere Fabrikräte schlossen sich dann zu lokalen, regionalen und schließlich staatlichen Volkswirtschaftsräten zusammen, die von unten nach oben Entscheidungen fällen bzw. die unten getroffenen Entscheidungen koordinieren sollten.

Dieser »Kampf um die sozialistische Fabrik« war gegen den Willen des Rats der Volkskommissare eröffnet worden. Lenins Konzept für den Übergang setzte im sogenannten »Staatskapitalismus« die Kooperation der Unternehmen voraus. Auch die Gewerkschaften nahmen im Endeffekt gegen die Fabrikräte Partei, und es kam zu jener Entscheidung vom 1. Mai 1918, welche eine Voraussetzung für den Kriegskommunismus schuf. Der Bürgerkrieg bildete den Hintergrund für diesen Sieg der zentralistischen Richtungen; konnte man über die Individualität des Arbeiters im

Produktionsprozess nachdenken, wenn man Granaten für die Front brauchte? Der Bürgerkrieg veränderte die politische und soziale Struktur der Arbeiterklasse jedoch auch darin, dass nun die Proletarier den Kern der Roten Armee bildeten und aus den Fabriken verschwanden. Nicht nur die Wirtschaftsproduktion, auch die Zahl der Fabrikarbeiter sank, und erst 1926 hatte sie wieder etwa den Stand von 1914 – 2,3 Millionen – erreicht.

Es war aber, nach den Verlusten des Bürgerkriegs, nur noch etwa zur Hälfte die alte Arbeiterschaft, die an die Maschinen zurückgekehrt war. Unter den neuen Arbeitern, insbesondere denen der Montanindustrie, war der Anteil mit bäuerlicher Herkunft angestiegen, im Donbass z. B. bis auf 68 %. Etwa ein Fünftel aller russischen Arbeiter besaß noch Land in den Umteilungsgemeinden.

Der Anteil der Menschen vom Dorf, die in die russische Industrie strömten, erhöhte sich dann in der Industrialisierungsphase sprungartig. Ideen von der Verwirklichung des Individuums am Arbeitsplatz spielten hier keine Rolle mehr.

3 Frauenemanzipation

Es gehört zu den wichtigsten Besonderheiten der russischen Geschichte, dass im Jahre 1917 eine Gruppe, die fast vollständig aus Männern bestand (die Partei), die völlige Gleichstellung der Frauen als selbstverständliches Ziel aufstellte. Ihr Verständnis war, dass die patriarchalische Benachteiligung der Frau eine Eigenheit der vorsozialistischen Klassengesellschaft gewesen sei und im Sozialismus schnell beendet werden könnte. Aus diesem Verständnis heraus wurden die aus dem Bürgertum stammenden Frauenbewegungen verboten und auch die besonderen Frauenabteilungen in der Partei nach einer kurzen Anfangsphase politischen Eigenlebens strikt untergeordnet.

Neben der formalrechtlichen Gleichstellung der Frau war das wichtigste Instrument der Partei zur Durchsetzung der Frauenemanzipation die Bildungspolitik. Koedukation wurde vorgeschrieben, und je mehr die Siebenjahres- und schließlich die Neunjahresschule Regelschule wurde, desto länger blieben die Mädchen im Ausbildungsprozess. Als 1936 der Abschluss der Mittelschule zum Regelzugang für die Hochschulen wurde, stieg auch der Anteil der Frauen im Studium rapide an; bis zu 60% im Lehrerstudium, aber auch in den technischen Studiengängen beträchtlich.

Kurzfristig hatte man versucht, durch Quotenregelungen für die Arbeiterfakultäten den Anteil der Frauen am Studium zu erhöhen und durch besondere Alphabetisierungskurse insbesondere Frauen auf dem Land Chancen zu geben, ihre Bildungsnachteile auszugleichen. In den muslimisch geprägten Territorien Mittelasiens, wo solche Maßnahmen auf besonders fest etablierten Patriarchalismus stießen, sind Hunderte von Frauen, welche diesen Weg zu gehen suchten, von ihren eigenen Familien ermordet worden – der Massendurchbruch der Frauenbildung wurde hier erst mit der Ausweitung des koedukativen Schulsystems erreicht.

Allerdings zeigte sich, dass die revolutionäre Durchsetzung der Frauenemanzipation im Bildungsbereich die Rollenverteilungen und Verhaltenserwartungen im täglichen Leben nicht änderte. Die Hausarbeit blieb weithin Sache der Frauen, und damit entstand die sowjetische Variante der Doppelbelastung, die zugleich sicherstellte, dass weiterführende Karrieren den Frauen verschlossen blieben – in der entscheidenden Karrierephase nach Studienende konnten sie nicht mithalten. Die Führungspositionen und die höheren Gehälter blieben in männlichen Händen.

4 Bildungspolitik

An die Stelle des vertikal, nach Gymnasien usw. gegliederten und nach Geschlechtern getrennten Schulsystems des Zarismus setzte die kommunistische Regierung die koedukative, horizontal gegliederte Stufenschule, bei der auf eine vierjährige Primarschule eine anfangs dreijährig geplante Mittelschule folgte. 1929 setzte die RSFSR sich zum Ziel, sechs Jahre Mittelstufe, also eine insgesamt zehnjährige Schule, einzuführen. Das war noch weit von den realen Möglichkeiten entfernt – immerhin erklärte die Regierung 1930 den Besuch der vierjährigen Grundschule zur Pflicht, und dieses Ziel konnte sie realisieren: Die Generation von 1928 besuchte zu 98 % die Vierjahresschule.

Nicht nur die Stufenschule, auch die inhaltlichen Konzepte der sowjetischen Bildungspolitik entstammten weitgehend der pädagogischen Reformdiskussion – besonders der USA: Der formale Schulunterricht sollte aufhören; in »Laboratorien« sollte den Schülern die Möglichkeit zu entdeckendem Lernen gegeben werden, Noten und Titel für die Lehrer waren abgeschafft. Allerdings wurden diese Reformansätze besonders in den dreißiger Jahren wieder zurückgenommen, und die sowjetische Schule entwickelte sich zu einer Lernschule, in der Frontalunterricht vorherrschte. Eigene Arbeit der Schüler – anfangs als strukturierendes Prinzip der ganzen Schule gedacht – verkümmerte zum Werkunterricht. Pläne, die Schulbildung unmittelbar Berufen zuzuordnen, wurden sehr schnell wieder aufgegeben.

Zu den ererbten Lücken des Bildungssystems gehörte der Analphabetismus – je nach der Definition differieren die Angaben, aber auf dem Land konnten 1920 nur etwas über 30 % der Männer und etwas unter 20 % der Frauen lesen. In großen Kampagnen konnte der Anteil der Lesefähigen in der Union bei den Menschen zwischen 9 und 49 Jahren zwischen 1920 und 1939 von 44 % auf 87 % gesteigert werden.

Eine ähnliche Lücke bestand beim Zugang zur Hochschule. Um den Bildungsvorteil der Kinder aus »bürgerlichen« Familien auszugleichen, gründete die Regierung »Arbeiterfakultäten« an den Universitäten, in denen Kinder von Arbeitern und Bauern die Hochschulreife erlangen konnten. Nachdem der Jahrgang von 1928 auch der erste wurde, in dem ein großer Anteil die vollständige Mittelschule besuchte und damit die Hochschulreife erlangte, wurde verboten, soziale Kriterien beim Hochschulzugang weiterhin zu berücksichtigen, und die Arbeiterfakultäten wurden aufgelöst.

Noch bedeutender als die der Mittelstufe war die Explosion der tertiären Stufe, wobei weniger die Universitäten als die Fachhochschulen zunahmen. Zwischen 1914 und 1930 stieg der Anteil der Studenten an ihren Altersgruppen von 0,6 % auf 4,1 % – Hochschulbildung wurde für alle zugänglich. Zugleich wurde Wissenschaft aus dem Beruf einer kleinen Gruppe zu dem einer großen Zahl – die Summe der »wissenschaftlichen Arbeiter« stieg zwischen 1913 und 1940 von 11600 auf 98000 Personen.

5 Sozialdisziplinierung

Seit dem späten Mittelalter ist die Entstehung der Moderne in Westeuropa von einem Prozess begleitet, den – jeweils von unterschiedlichen Ansätzen aus – Gerhard Oesterreich als Sozialdisziplinierung und Norbert Elias als Zivilisierung gefasst hat. Neue Normen wurden zuerst bei Hofe entwikkelt und dann als »Höflichkeit« von immer weiteren Kreisen internalisiert. Strafen z. B. verloren ihre Funktion als terroristische Volksbelustigung; man hörte auf, in der Öffentlichkeit zu furzen und zu spucken und sich in den Familien vor den Kindern zu lieben. Man roch auch nicht mehr.

Vielleicht kann man sich die Veränderungen am einfachsten am Beispiel der Einführung künstlicher Zeit verdeutlichen. Seit dem späten Mittelalter ermöglichten die Turmuhren in den Städten des Westens, Tage und Arbeitsabläufe nach künstlicher Zeit zu planen. Für die Industrialisierung war damit eine wesentliche Voraussetzung vorhanden – die Maschine erfordert gleichartige Arbeitsabläufe, und ihre vollständige Ausnutzung ist nur gewährleistet, wenn die Arbeiter auf die Stunde zur Stelle sind – und nicht je nachdem, wann die Sonne aufgegangen ist.

Diese Veränderung hatte in den russischen Städten erst im 18. und 19. Jahrhundert begonnen und auf dem Lande, wo acht Zehntel der Menschen wohnten, noch gar nicht. Hier lebte man nach der natürlichen Zeit – arbeitete im Sommer fast um die Uhr und im Winter wenig, von Sonnenaufgang zu Untergang – je nachdem, wie die Arbeit anfiel und wie man Licht hatte, sie zu erledigen. Die Industrialisierung erforderte aber nicht nur Leben nach künstlicher Zeit, sondern sie zwang die Menschen auch, in den Städten auf engem Raum auf Nachbarn viel mehr Rücksicht zu nehmen als auf dem Lande und sich z. B. an Sanitäranlagen zu gewöhnen, die nicht für die eine Familie geplant waren, welche auf dem Hof lebte – sondern für fünf oder zehn Familien, die auf einem Flur wohnten.

Den Staat interessierte an diesen Zusammenhängen vor allem die Einübung von Arbeitsdisziplin. Zuspätkommen zur Arbeit, das anfangs häufige Fortbleiben am Montag, schließlich sogar der Wechsel der Arbeitsstelle ohne Genehmigung wurden unter Strafe gestellt. Weiter versuchte der Staat, die Anerkennung des sozialistischen Eigentums durch Strafen zu erzwingen – entgegen einer Tendenz der Arbeiter, sich aus Geräten und Rohstoffen zu nehmen, was sie brauchten. Und nicht nur neue Straftatbestände wurden definiert – auch das System der Strafen wurde immer härter. Hatte man anfangs geglaubt, im Sozialismus weithin ohne Strafen auszukommen (solange man mit Arbeitern zu tun hatte), so wurden nun Betriebsstrafen, wie Lohnabzüge, eingeführt, zu denen öffentliche Strafen hinzukommen konnten. Und in diesem Bereich wurde 1928 die allgemeine Arbeitspflicht der Inhaftierten vorgeschrieben und 1930 angeordnet, dass, wer mehr als drei Jahre Freiheitsstrafe erhalten hatte, dem Staatssicherheitsdienst übergeben werde, damit er in ein Erziehungslager – d.h. ein Arbeitslager – überstellt würde.

6 Religionen

Das Ende des Zarismus bedeutete auch für viele Religionsgemeinschaften eine Befreiung. Die nichtorthodoxen Konfessionen, Islam und Buddhismus begrüßten selbstverständlich, dass die privilegierte Stellung der russisch-orthodoxen Kirche beendet wurde. Aber auch die Orthodoxie nutzte die neue Lage, um endlich wieder einen Patriarchen wählen zu können – das erste Landeskonzil seit der petrinischen Zeit entschied sich für drei Kandidaten, von denen das Los Tichon zum Oberhaupt der Kirche bestimmte.

Die Bolschewiki hatten mit einer Reihe von Anordnungen im Dezember 1917 das Kirchenland säkularisiert, die Trennung von Staat und Kirche angeordnet, die Zivilehe eingeführt und die Subsidienzahlungen an die Kirche eingestellt. Wo dieses Programm – z. B. in der Säkularisierung von Kirchenland – über liberale Konzepte hinausging, stand es in zaristischer Tradition. Patriarch Tichon antwortete mit dem Aufruf zum Kampf gegen die Bolschewiki, woraufhin die Regierung alles Kircheneigentum einzog und der Kirche die Eigenschaft einer juristischen Person nahm. Das Konzil, das in Moskau immer noch unbehelligt tagte, verhängte daraufhin am 28. Januar 1918 über die Regierung den Kirchenbann. Da die Kirche die einzige umfassende nichtsowjetische Organisation war, wurde sie zu einem

Sammelpunkt der Opposition. Viele Bischöfe und Erzbischöfe nahmen im Bürgerkrieg auf der Seite der Weißen teil und gingen nach der Niederlage ins Exil.

Der Patriarch rief die Kirche im November 1919 auf, den politischen Kampf zu beenden. Die KP hatte in ihrem Programm von 1919 ausgeführt, dass sie es für ihre Aufgabe hielt, das als naturhaften Prozess erwartete Absterben der Religionen zu beschleunigen. Die Regierung hatte jedoch die Gewissensfreiheit garantiert und als neue Organisationsstruktur der Religionsgemeinschaften die Zwanzigergruppe geschaffen – wo zwanzig Gläubige die Einrichtung von Gottesdiensten forderten, sollte der örtliche Sowjet, der in der Regel durch die Enteignungen Besitzer der Kirchengebäude geworden war, diese zur religiösen Nutzung zur Verfügung stellen.

Die kleinen Konfessionen haben diese Bedingungen genutzt, um ihr Kirchenleben auszubauen; z. B. gelang es 1925, in Leningrad (wie Petrograd seit 1924 hieß) ein lutherisches geistliches Seminar zu gründen. Die Partei kämpfte vor allem gegen die Orthodoxie und benutzte die Reformbewegung der »Erneuerer«, um die Kirche zu spalten. Allerdings zeigte sich recht schnell, dass die Bolschewiki nur an der Spaltung und keineswegs an einer Erneuerung der Kirche interessiert waren; sie ließen die »Erneuerer« wieder fallen, als die Schwächung der Patriarchatskirche erreicht war. Die Zahl der Pfarrkirchen hatte sich in dieser Periode nur wenig verändert, sie war von 40437 im Gebiet der UdSSR 1914 bis 1928 auf etwa 39000 gesunken.

Die Religionsverfolgung setzte mit der Kollektivierungskampagne ein. Auf der formalen Ebene benutzte man fiskalische Mittel: Die Mieten für die Kirchengebäude wurden erhöht, die Steuersätze für Geistliche – die zur »nichtarbeitenden Bevölkerung« gezählt wurden – ins Unbezahlbare gesteigert. Hinzu kamen lokale Gewalttätigkeiten von Komsomolzen oder vom *Bund der Gottlosen* oder auch schlicht der Antrag im Dorfsowjet, die Kirche doch besser als Scheune zu nutzen. Die lutherische Pfarrerschaft verließ das Land und ab 1938 gab es keine lutherische Gemeinde mehr. Die Zahl der registrierten orthodoxen Gemeinden sank bis auf wenige hundert, viele überlebten aber illegal in der »Katakombenkirche«. Tausende von Priestern kamen in Lager oder wurden erschossen.

7 Alltag und Geschlechterrollen

Aus dem Alltag sowjetischer Menschen aus der Zeit nach dem Oktober wissen wir einiges durch den Ökonomen und Soziologen Stanislaw Strumilin, der untersucht hat, für welche Tätigkeiten wieviel Zeit aufgewandt wurde. Ein Bauer z. B. arbeitete im Sommer fast 14 Stunden am Tag und brachte noch einmal über eine Stunde auf, um sich an den Aktivitäten der Dorfgemeinde zu beteiligen. (Das ist selbstverständlich umgerechnet – der S-chod tagte selten, dann aber wurde lange geredet, und auch die Arbeit, z. B. zur Erhaltung der Dorfwege, wurde an einem Stück gemacht.) Die Bäuerin nahm an der Dorfgemeindearbeit nicht teil, aber auch sie kam auf über 15 Stunden Arbeit täglich, die zwischen Haus- und Feldarbeit geteilt waren. Fürs Essen hatten beide knapp anderthalb Stunden, für religiöse Tätigkeiten kamen bei ihm 17, bei ihr 25 Minuten je Tag zusammen und für den Schlaf bei ihm sechs, bei ihr fast sechseinhalb Stunden. Im Winter dagegen schlief der Bauer über neun und die Bäuerin fast acht Stunden täglich, für Arbeiten verbrauchte der Bauer 5 und die Bäuerin 13 Stunden – jetzt wurden z. B. vom Bauern die Reparaturen am Haus gemacht, da auf dem Feld wenig getan werden konnte. Über fast fünf Stunden des Tages weiß der Bauer auf die Frage nach der Arbeit im Winter keine rechte Antwort zu geben, und ähnlich geht es den mithelfenden männlichen Familienmitgliedern, während die Bäuerin und die Töchter so etwas kaum kennen.

Für die Arbeiter (1923/24) entfallen die Unterschiede nach Sommer und Winter, und die Arbeitszeit in der Produktion wird mit knapp acht Stunden für Männer und Frauen fast gleich angegeben. Aber die Männer verwenden für Arbeiten im Haus knapp zwei, die Frauen knapp fünf Stunden täglich, und es sind vor allem Essenszubereitung und Kleiderfürsorge, für welche Frauen mehr Zeit aufbringen – während die Männer sich mehr Zeit nehmen, um sich schick zu machen, als ihre Partnerinnen. Die Folgen der industriellen Form der Mehrbelastung, der Doppelbelastung im engeren Sinn, die in solchen Zahlen statistisch greifbar werden, waren zum einen, dass die Frauen weniger als sieben Stunden Schlaf und damit eine Stunde weniger als die Männer erhielten, und zum anderen, dass sie etwa eine halbe, die Männer mehr als anderthalb Stunden für ihre Weiterbildung aufwenden konnten.

Zum Lebensstandard hat Strumilin festgestellt, dass 1918 in Arbeiterfamilien der Prozentsatz des Einkommens, der für das Essen ausgegeben wurde, je nach der Einkommensgruppe und der Zahl der Esser in der Familie zwischen 54 % und 80 % schwankte. Da blieb nach der Miete kaum noch etwas für Kleidung; Essen war das vorrangige Problem. Dass auch das so oft nur mit Mühe zu erhalten war, machte in den Arbeiterfamilien die größte Sorge des Alltags aus.

8 Revolution und lange Dauer: Zum Rhythmus der Veränderung

Die Revolution bewirkte für viele Gebiete des sozialen Lebens einen Veränderungsstoß, aber die Trägheit des gesamten Systems führte auch oft zu weitreichenden Rückschlägen. Man kann das an der Bildungspolitik deutlich machen. Das Programm der Einheitsarbeitsschule nahm wesentliche Punkte der pädagogischen Reformbewegung auf, und der politische Kontext der Revolution ermöglichte eine fast schlagartige Durchsetzung. Während die Reformpädagogen im Westen, besonders in den USA, ihre Konzepte gegen immer neue Einwände verteidigten, gegenläufige Erfahrungen einordneten und ihre Projekte für Eltern und Lehrer konsensfähig machen mussten, konnten die Pädagogen in der Sowjetunion über Opposition hinweggehen, ja diese als »bürgerlich« und historisch überholt abtun. Die realen Schwierigkeiten und Unzulänglichkeiten des Reformprojekts wurden deshalb nicht mehr ausreichend reflektiert, womit die Pädagogen dem Eingriff von außen selbst die Tür öffneten. Denn das Definitionsmonopol, was denn sozialistische Erziehung sei, lag bei der Partei, und sobald deren Mehrheit oder doch Führung zu der Auffassung gelangte, dass die Reformpädagogik ihren Zielen nicht entspreche, wurde sie aus den Schulen vertrieben und die starre Lernschule wieder eingeführt.

Die außerordentliche Ausweitung von Bildung, die dann die Realitäten langfristig veränderte, ähnelte in vielem den Vorgängen in anderen industrialisierten Ländern. Innerhalb dieses Rahmens war die sowjetische Bildungsexplosion durch die Stufenschule und die Bedeutung der nichtuniversitären, kleinen Hochschulen für die dritte Stufe insbesondere dem amerikanischen Beispiel nahe, auch wenn die relative (und gerade im Bildungssystem oft konkret erfahrene) Armut der Sowjetunion und die geringen oder fehlenden Gebühren wieder wichtige Unterschiede nach sich zogen. Ein eigener sowjetischer Typ von allgemeinbildender Schule war entstanden, der aber in den anderen Schulsystemen industrialisierter Länder durchaus Verwandte hatte – sieht man einmal von den ideologischen Spezifika der »Gesinnungsfächer« ab.

Der Rhythmus der Revolution war also einer von Schlag und Gegenschlag. Für die Veränderungen in der Sache war das ungünstig – viel Energie wurde vergeudet, und viel persönliches Engagement lief ins Leere. So verlor der sensible

Intellektuelle Lunatscharskij seinen Posten als Volkskommissar für Aufklärung 1929; aber auch sein Gegner, der Anhänger einer radikalen »Entschulung«, Schulgin, trat wenige Jahre später von der bildungspolitischen Bühne ab. Insgesamt aber blieb auch die bolschewistische Bildungspolitik in die weltweite Tendenz zunehmender Verschulung eingebettet.

13
Weltrevolution und Rückkehr ins internationale System

1 Weltrevolutionärer Anspruch

Als Trotzki der erste Volkskommissar für das Äußere wurde, dachte er, »einige revolutionäre Proklamationen an die Völker zu erlassen und dann die Bude zu schließen«. Die Bolschewiki hofften, die sozialistische Weltrevolution werde Außenpolitik in Zukunft überflüssig machen. Wie alle Marxisten ihrer Zeit führten sie Beziehungen zwischen Staaten und erst recht Konflikte zwischen ihnen auf Klassenkämpfe im weltweiten Rahmen zurück und erwarteten mit dem Sieg des Sozialismus das Ende staatlich definierter Gegensätze.

Dass außerhalb Russlands keine sozialistische Revolution siegreich war, dieser Staat an struktureller Bedeutung also sogar noch gewann, hat die Unzulänglichkeit dieser Analyse belegt. In der außenpolitischen Praxis hat der Rat der Volkskommissare deswegen alsbald nach den im internationalen System tradierten Regeln der Staatsraison gehandelt. Zu einer Revision in der Ideologie wurden die Akteure jedoch nicht gezwungen, und so blieb eine Zweispurigkeit sowjetischer Außenpolitik: Insbesondere die Partei blieb Träger einer internationalistischen Solidaritätsforderung, während das Außenamt zunehmend zu den klassischen Mitteln der Diplomatie zurückfand. Mit dieser Doppelspurigkeit entsprach die UdSSR durchaus der europäischen Tradition insgesamt, in der stets internationalistische (anfangs christliche, später auf Menschenrechte zielende) Konzepte neben denen der Staatsraison Geltung beanspruchten; eine besondere Rolle spielte die Sowjetunion durch die marxistische Fassung des propagierten Internationalismus.

2 Primat der Staatsraison: Brest-Litowsk

Dass ihr außenpolitisches Konzept, das ja aus der Revolutionstheorie folgte, keinen angemessenen Begriff von der Realität gab, musste die Partei schon bald lernen. Der zweite gesamtrussische Sowjetkongress hatte mit dem Dekret über den Frieden den Völkern einen unverzüglichen und gerechten Frieden ohne Annexionen und Kontributionen vorgeschlagen. Aber nur die Mittelmächte gingen auf diesen Vorschlag ein, und was sie unter »gerecht« verstanden, deckte sich nicht im geringsten mit der bolschewistischen Vorstellung davon: Die Reichsregierung forderte, die von deutschen Truppen gehaltenen Gebiete bis vor die Tore Rigas, insgesamt etwa 160 000 km^2, dem deutschen Einfluss zu überlassen. Im Zentralkomitee trat Lenin für den sofortigen Abschluss dieses Friedensschlusses, Bucharin für den aktiven Übergang zum revolutionären Krieg ein – Trotzki gewann für seine vermittelnde Position »weder Krieg noch Frieden« eine Mehrheit. Aber diese Position – die darauf setzte, dass es inzwischen doch in Deutschland zur Revolution kommen werde – wurde von der Reichsregierung als ein Bluff durchschaut, der deutsche Vormarsch am 3. März 1918 wieder aufgenommen. Nun musste der Rat der Volkskommissare einen viel größeren Verlust anerkennen, um Frieden zu erhalten – die Ukraine und Finnland wurden selbständig, wenn auch faktisch unter dem Einfluss der Mittelmächte; die baltischen Länder und Polen sollten ihre staatliche Form ebenfalls unter deutscher Besetzung finden.

Indem Trotzki nach der ersten Sitzungsperiode die Unterzeichnung des Friedens verweigerte, aber doch den Kriegszustand für beendet erklärte und die Demobilisierung der russischen Armee ankündigte, hatte er nach deren Verständnis die deutschen Militärs fast eingeladen, den Vormarsch wieder aufzunehmen. Die Bolschewiki hatten dem kaum mehr entgegenzusetzen als eine Proklamation: »Das sozialistische Vaterland ist in Gefahr«, und die ersten Verbände der nun gegründeten Roten Armee. Die Bolschewiki hatten im Oktober die städtischen Massen für sich gewonnen, indem sie Land und Frieden versprochen hatten. Nun zeigte sich, dass auch sie den Frieden nur nach Maßgabe der eigenen militärischen Macht sichern konnten, bzw. nach Maßgabe der Grenzen der militärischen Macht des Gegners (der angesichts der im Westen drohenden Katastrophe ohnehin schon zu viele Ressourcen im Osten eingesetzt hatte). Die Bolschewiki hatten in Brest-Litowsk also zwar für ihre eigene, aber auch für die Politik der letzten Monarchien auf dem Kontinent eine Atempause erwirkt. Der moralische Verlust der Regierung in Moskau war außerordentlich – und es war klar, dass auch sie im Zweifelsfall nach den Regeln der Staatsraison handeln musste.

3 Die Abspaltung der westlichen Nationen

1917 waren drei Revolutionen zusammengefallen, die dem Zarismus unterschiedliche Räume – im sozialen, aber auch im territorialen Sinn – entzogen und ihn scheitern ließen: die der Bauern, die des städtischen Proletariats und die der Nationen. Die Fronten dieser drei durchaus unterschiedlichen Bewegungen waren nicht einheitlich und überschnitten sich in vielfältiger Weise, z. B. fochten lettische oder finnische Kommunisten für souveräne Sowjetrepubliken in ihren Ländern und wurden (u. a.) durch Interventionen Deutschlands oder Englands besiegt.

Der finnische Reichstag hatte im Juli 1917 die Unabhängigkeit des Landes erklärt. Im Winter 1917/18 beherrschten die Kommunisten den Süden Finnlands, unterstützt von Russen, aber im April 1918 setzten sich weißfinnische Verbände unter der Leitung General von Mannerheims mit deutscher Hilfe durch. Erst 1920 erkannte die RSFSR das bürgerliche Finnland als unabhängig an. Es erhielt das großenteils russisch besiedelte, in der frühen Neuzeit umkämpfte, aber erst 1809 mit dem damals von Russland eroberten Großfürstentum Finnland vereinigte Westkarelien, nicht aber Ostkarelien.

Estland konnte seine Unabhängigkeit erst proklamieren, nachdem es im Februar 1918 von deutschen Truppen erobert worden war, wobei die Deutschen allerdings eine Politik verfolgten, welche die Stellung des deutschbaltischen Adels sichern sollte. Nach dem Abzug der Deutschen konnten sich die bürgerlich-estnischen Gruppen relativ schnell durchsetzen, obgleich die Bolschewiki bei den Kommunalwahlen im Herbst 1917 in Reval 31 % der Stimmen erhalten hatten.

In Lettland nördlich der Düna konnten die Bolschewiki bei den Kommunalwahlen in Riga 41 %, in Wolmar 64 % der Stimmen erlangen, und sie stellten 60 % der Abgeordneten des Landesrates. Die lettischen Schützenregimenter bildeten ein Rückgrat der Bolschewiki. Südlich der Düna allerdings, in Kurland, setzten sich mit deutscher Unterstützung früh deutschbaltische und konservative Gruppen durch. Der lettische Bürgerkrieg konnte nur durch deutsche Verbände und schließlich die Interventionsdrohung der englischen Flotte entschieden werden. Die RSFSR hat das bürgerliche Lettland im August 1920 anerkannt.

In Litauen, das schon 1915 von deutschen Truppen besetzt worden war, bildete sich 1917 ein Staat unter deutscher Ägide. Im sowjetisch-polnischen Krieg wurde der Osten kurz von roten Truppen besetzt, die entscheidende außenpolitische Front Litauens war jedoch eine nationale – das

Gebiet der alten Hauptstadt Wilna war kulturell längst polnisch geworden, sieht man einmal von den großen jiddischen Bevölkerungsanteilen ab. Polen besetzte Wilna, worauf Litauen mit dem völligen Abbruch aller Verbindungen antwortete. Die RSFSR erkannte Litauen einschließlich Wilna als unabhängig an.

Bei aller Unterschiedlichkeit im Industrialisierungsgrad und damit auch der Basis für die Bolschewiki hatten die drei baltischen Staaten eine sozialethnische Gemeinsamkeit: Der gutsbesitzende Adel gehörte fremden Nationalitäten an – in Estland und Lettland der deutschen, in Litauen der polnischen. Die Bodenreform konnte deshalb radikal ausfallen, der Hunger der Bauern nach Land weithin befriedigt werden. Die Anhängerschaft der Bolschewiki auf dem Land wurde dadurch dezimiert, und der Weg in einen bürgerlichen Nationalstaat erleichtert.

Die Wiederherstellung des polnischen Staates nach den Niederlagen bzw. Katastrophen der drei Teilungsmächte war nicht nur mit territorialen Konflikten belastet – zu dem um Wilna und den Auseinandersetzungen um die Grenze zu Deutschland kam der Konflikt mit den Ukrainern um Lemberg und den Tschechen um das Olsagebiet –, sondern auch durch Auseinandersetzungen innerhalb der polnischen Führung. Während die Nationaldemokraten für ein »piastisches« Polen mit Gebietsgewinnen im Westen agierten, trat die polnische sozialistische Partei unter Piłsudski für eine Wiederherstellung des »jagiellonischen« Polen in der Form eines Völkerbundes aus Ukrainern, Weißrussen, Litauern u. a. unter der Führung der Polen ein. Polnische Truppen stießen deshalb weit über die Grenze hinaus, die der englische Außenminister Lord Curzon als Ostgrenze eines nationalen Polens definiert hatte, und eroberten im Mai 1919 Kiew. Als der sowjetische Gegenstoß im Herbst dieses Jahres bis vor die Tore Warschaus führte, glaubte die Sozialdemokratische Partei Polens an ihre Stunde und gründete in Białystok unter der Führung Feliks Dzierżińskis ein Revolutionskomitee. Die polnische Regierung reagierte, indem sie die Aufteilung der Güter versprach. Damit entzog sie dem Revolutionskomitee die Unterstützung auf dem Land, und nach der Niederlage der Roten Armee stießen wieder polnische Truppen nach Osten vor. Die Grenze, auf die man sich schließlich im Frieden von Riga 1921 einigte, verlief etwa 200 bis 300 km östlich der Linie geschlossener polnischer Besiedlung, so dass etwa 4 Millionen Ukrainer zu Polen kamen.

Die ukrainische Nationalbewegung ist angesichts der polnischen national und der sowjetischen international motivierten Macht, vor allem aber angesichts der eigenen Zerrissenheit gescheitert. Die bürgerliche Nationalbewegung mit dem Schwerpunkt in der Westukraine war immer auch von Polen in Frage gestellt. Für die bolschewistischen Ukrainer mit dem Schwerpunkt im Donbass war die syndikalistische Armee unter Nestor Machno mit dem Zentrum in den Getreidegebieten nördlich des Schwarzen Meeres lange der gefährlichste Gegner. Beide waren durch weißrussische Generale bedroht, die sich auf die Kosaken stützten und von französischem wie englischem Nachschub abhängig waren. Die Ukraine wurde schließlich eine unabhängige Sowjetrepublik, die allerdings durch die Partei und seit Juni 1919 durch ein Bündnis mit den anderen Sowjetrepubliken vereint war.

In Transkaukasien scheiterte der Versuch, die drei wichtigsten Nationen der Region in einer Union zu vereinen, nicht zuletzt am Streit zwischen Armeniern und Aserbaidschanern um Berg-Karabach. 1920 griff die RSFSR ein, und 1921 beförderte die Rote Armee auch die gewaltsame Umwandlung Georgiens in eine Sowjetrepublik.

4 Refugium der Ideologie: Die internationale Arbeiterbewegung

Während die RSFSR sich in ihrer Außenpolitik zunehmend nach den Kriterien der Staatsraison richtete, hielt die Partei an einem internationalistischen Konzept von Politik fest. Ihre Ziele waren:

(1) innerhalb der Arbeiterparteien der Welt der kommunistischen Richtung zum Sieg zu verhelfen, was meist Spaltung der Parteien bedeutete, und
(2) in möglichst vielen Ländern das jeweilige Proletariat zu nationalen Revolutionen anzufeuern und durch Geldsammlungen, Grußadressen, Druckerzeugnisse, Parteiagenten usw. zu unterstützen.

Um die beiden Ziele zu verwirklichen, wurde im März 1919 von über 30 Parteien die *Kommunistische* (die »Dritte«) *Internationale* (Komintern) gegründet, die für die Perioden zwischen den Kongressen ein Exekutivkomitee (EKKI) wählte. Da es 1919 in Ungarn, Bayern und der Slowakei zu Räterepubliken kam, glaubten viele, dass das EKKI bald so wichtig sein würde wie die Regierung der RSFSR. Nach dem Scheitern der Revolutionen im Westen richtete der zweite Kongress der Komintern 1920 die Aufmerksamkeit auf die antikoloniale Bewegung, und auf dem Kongress der Völker des Ostens in Baku im September 1920 wurden die Kolonien zum Aufstand aufgerufen. Aber auch in den Kolonien wurde das imperialistische Weltsystem nicht in Frage gestellt.

Die Komintern baute in den folgenden Jahren ihre Organisationen aus und versuchte, die Politik der kommunistischen Parteien zu koordinieren. Je mehr allerdings alle Revolutionsversuche außerhalb Russlands scheiterten, desto mehr wuchs das organisatorische Übergewicht der russischen Organisation, bis schließlich in der Stalinzeit die Politik aller kommunistischen Parteien den Interessen der

UdSSR untergeordnet wurde. Die Sowjetunion, so hieß es, sei das Vaterland aller Werktätigen; der Schutz der Sowjetunion entspreche den Interessen auch der Proletarier in anderen Ländern. In der Kommunistischen Partei Deutschlands (KPD) wurde der sowjetische Einfluss 1925 auf dem 10. Parteitag bestimmend, und da das EKKI auf dem 12. Plenum im September 1932 noch einmal die Einschätzung der Sozialdemokratie als Hauptstütze der Bourgeoisie bestätigte, hat die Komintern dazu beigetragen, dass es nicht zu einer Zusammenarbeit der beiden Parteien der Arbeiterbewegung gegen den Nationalsozialismus kam.

5 Die Rückkehr ins Konzert der Mächte

Da die meisten Gründungsmitglieder des Völkerbundes 1919 an der Intervention im Bürgerkrieg beteiligt waren, war es nur zu naheliegend, den Völkerbund als Instrument der imperialistischen Führungsmächte im Kampf gegen die Revolution zu begreifen, sozusagen als Gegeninstrument zur Komintern. Die RSFSR trat dem Völkerbund also nicht bei, sondern suchte nach zweiseitigen diplomatischen Beziehungen. Dieses Bemühen dauerte einige Zeit, England z. B. etablierte die Beziehungen 1924, brach sie aber wieder ab, als 1927 in einer russischen Handelsgesellschaft kommunistisches Propagandamaterial gefunden wurde, und nahm sie erst 1929 nach dem Wahlsieg der Labour-Partei wieder auf. Die USA erkannten die UdSSR erst 1934 de jure an.

Eine Sonderrolle spielte die Beziehung zu Deutschland, das im außenpolitischen System von Versailles anfangs ebenfalls isoliert war – wenn auch aus ganz anderen Gründen. 1922 wurde die RSFSR zur Wirtschaftskonferenz nach Genua eingeladen, weil man sie auffordern wollte, die Vorkriegsschulden anzuerkennen. Die sowjetische Delegation weigerte sich, nutzte aber die Gelegenheit, mit Deutschland im Vertrag von Rapallo gegenseitig auf alle Schulden zu verzichten. Für beide Seiten bedeutete der Vertrag eine Karte im Spiel mit den überlegenen Gegnern in Paris und London, für Russland aber auch Sicherheit gegenüber der gefürchteten Einkreisung durch kapitalistische Mächte. Als Deutschland sich 1925 den Westmächten näherte – 1926 erhielt es einen ständigen Sitz im Rat des Völkerbundes –, lag der UdSSR deshalb an einem neuen Vertrag über Freundschaft und Neutralität, der in Berlin abgeschlossen wurde. Erst die unmittelbar scheinende Bedrohung durch den Aufstieg des Nationalsozialismus veranlasste die Sowjetunion, die Beziehungen zu den Westmächten zu pflegen und 1934 auch dem Völkerbund beizutreten, wo sie den von Deutschland kurz zuvor aufgegebenen Sitz im Ständigen Rat einnahm.

Eine Sonderrolle sowohl im Außenhandel wie in der Politik spielte die Mongolei. Deren Führung erklärte 1924, gestützt auf sowjetische Hilfe, das Land zur Volksrepublik, und 1939 schlugen die verbündeten mongolischen und sowjetischen Truppen eine japanische Invasionsarmee.

6 Außenhandel

Während der sowjetische Außenhandel in der Phase des Bürgerkriegs fast auf Null abgesunken war, stieg er in der Industrialisierungsphase schnell an und bildete unmittelbar nach Beginn der Weltwirtschaftskrise durch seine internationale Nachfrage ein antizyklisches Element. Stellten vor dem Krieg Konsumwaren den größten Anteil, so stieg am Ende der zwanziger Jahre der Anteil von Maschinen und Metallprodukten am Import auf über 60% – was immer man über die sowjetische Elite dieser Periode sagen mag, sie kaufte jedenfalls nicht Konsumgüter im Ausland, sondern industrielle Anlagen. Die wichtigsten Lieferanten der Maschinen waren die USA und Deutschland. Im Ausland verkaufte die UdSSR nur land- und forstwirtschaftliche Produkte sowie Brennstoffe und Stahlveredler. Der wichtigste Exportmarkt war Großbritannien, während Deutschland stets einen großen Handelsüberschuss mit der UdSSR erwirtschaftete; 1931 z.B. importierte die UdSSR aus Deutschland für 322 Mio. Rubel und exportierte dorthin für 101 Mio. Rubel.

Da schon vor der Weltwirtschaftskrise die Weltmarktpreise für Getreide und Holz fielen, konnte die UdSSR trotz vermehrter Mengen nur weniger Devisen erlösen. Die Diplomatie bemühte sich dementsprechend um Kreditierung ihrer Importe, was 1929 auch kurzfristig gelang. Im Zeichen der Weltwirtschaftskrise nahm die Bedeutung des sowjetischen Marktes zu – 1932 ging ein Drittel des deutschen Maschinenexports dorthin. Zur Jahreswende 1932/33 war der Passivsaldo der UdSSR jedoch bei 300 Mio. Reichsmark angelangt, und die Banken konnten sich zu längerfristigen Kreditierungen nicht entschließen. Die daraus folgende Reduzierung des Russlandhandels ließ das Interesse der deutschen Montanindustrie sinken; offensichtlich konnte man Rüstung eher vorfinanzieren.

Die Außenhandelsdaten verdeutlichen, dass die UdSSR im Rahmen des internationalen Systems auch nach der Revolution den Status eines halbperipheren Landes einnahm. Besonderheiten waren jedoch nicht nur das Fehlen des Imports von Luxusgütern, sondern auch das sowjetische Außenhandelsmonopol, durch das die Partei die Kontrolle in der Hand hielt.

14
Ethnien, Nationen und Gründung der Union

1 Die RSFSR und ihre autonomen Gebiete

Die Bolschewiki traten für nationale Selbstbestimmung auf territorialer Grundlage ein, aber die Entscheidung darüber sollte in Arbeiter- und Bauernräten fallen, nicht in »bürgerlichen« Parlamenten – Klassensolidarität sollte über nationale gehen. Die vielen ethnisch bestimmten Regionen, die 1918 ihre Autonomie erklärten, gingen meist im Bürgerkrieg wieder unter. Die Frage, wie die Binnengliederung der 1918 gegründeten Russländischen (nicht: russischen) Sozialistischen Föderativen Sowjetrepublik eigentlich aussehen sollte, wurde in den folgenden Jahren nicht zuletzt am Beispiel der »Autonomen Arbeitskommune der Wolgadeutschen« entschieden, die zu einer Gebietseinheit mit örtlicher Selbstverwaltung, insbesondere Schul- und Kulturpolitik in der Muttersprache, entwickelt wurde. Nach dem Prinzip der sprachlichen Zugehörigkeit wurde auch akzeptiert, dass entgegen den (anfangs auch vom Nationalitätenkommissar Stalin unterstützten) Plänen, einen muslimisch geprägten Staat mehrerer Ethnien von der Wolga bis zum Ural zu schaffen, 1919 die Baschkiren eine eigene Republik schufen, die wie die Wolgarepublik in Schul- und Kulturfragen autonom, in der Wirtschafts, Verkehrs- und Finanzpolitik jedoch der RSFSR zugeordnet war und weder eigene Truppen haben noch eigene Außenpolitik treiben konnte. Dies wurde zum Modell für andere »Autonome Sowjetrepubliken«.

Die Zentrale hatte sich für die Grenzziehung die letzte Entscheidung vorbehalten; hier stießen die Interessen gegeneinander, und es gab fast keine unstrittige Grenze. Insgesamt wird man sagen können, dass die Zentrale ihre Aufgabe recht gut erledigt hat – dass die politische Führung jeder Ethnie gern noch den einen oder anderen Grenzstreifen gehabt hätte, ließ sich bei den vielfältig gemischten Gebieten fast immer begründen.

Die Russländische Föderation war also kein integrativer Nationalstaat etwa im französischen Sinn. Sie war aber auch keine Föderation etwa im Sinn der Schweiz, da der russische Teil ein ganz disproportionales Übergewicht besaß, nicht nur durch die zahlenmäßige und wirtschaftliche Stärke der Russen, sondern auch durch deren Positionen in Kultur und Wissenschaft. Vor allem war Moskau das Zentrum der Partei, und über politische Karrieren wurde in russischer Sprache entschieden.

2 Die Gründung der UdSSR

Der Bürgerkrieg hatte einen internationalen Charakter, von England über Frankreich nahmen bis zu Japan fast alle Mächte der Zeit daran teil. Es konnte nicht in Frage stehen, dass die theoretisch souveränen Sowjetrepubliken Russland, Ukraine, Lettland, Litauen und Belorussland zusammenarbeiten mussten, und 1919 gründeten sie gemeinsame Institutionen für Wehrwesen, Wirtschaft, Finanzen und Verkehr. Außerdem schlossen sie zweiseitige Verträge mit der RSFSR, führten aber ihre Außenpolitik selbst – so dass der deutsch-russische Vertrag von Rapallo z. B. nur für die RSFSR galt. 1922 begann die Partei jedoch eine Diskussion über eine institutionelle Vereinigung der bestehenden Sowjetrepubliken. Stalin votierte dafür, sie in die RSFSR aufzunehmen und ihnen einen Autonomiestatus zu verleihen, der jenem der Autonomen Republiken entsprach; Lenin setzte dagegen die Gründung eines ganz neuen Staates durch – der Union der Sozialistischen Sowjetrepubliken (30. Dezember 1922).

Die Gründung der Union führte zu drei Sorten von Volkskommissariaten:

(1) allunionistische (Außenpolitik, Verteidigung);
(2) gemischte (Planung, Justiz) sowie
(3) republikanische, die allein der Zuständigkeit der Republiken unterstanden (Inneres und Volksbildung).

Damit wurde die Schul- und Kulturpolitik zum wichtigsten Feld der nationalen Autonomien. In der UdSSR wurden etwa 200 Sprachen gesprochen, und bei der Volkszählung von 1926 konnte – und musste – jeder Bürger sich bei einem von 194 Ethnonymen eintragen. Die Sprachen gehörten nicht nur zu den unterschiedlichsten Sprachfamilien, sondern auch zu verschiedenen sozialen und kulturellen Kontexten. Hochsprachen wie Arabisch, Hebräisch oder in Turkestan Persisch wurden nur in gebildeten Oberschichten gesprochen; aber z. B. Tadschikisch in Taschkent oder Finnisch in Leningrad waren Sprachen von Unterschichten. Es gab Sprachen wie die der Nenzen, für die es noch keine Schrift gab, und wie das Armenische, das schon viele Jahrhunderte länger geschrieben wurde als das Russische. Es gab sehr zahlreiche und sehr kleine Sprachgruppen.

Für die Bolschewiki waren die ethnischen und nationalen Prägungen gegenüber der Klassenzugehörigkeit zweitrangig, und sie wollten die Unterschiede, die aus solchen Prägungen stammten, schnell ausgleichen. Außerdem hofften sie, durch eine liberale Schulpolitik den Kommunismus im Volk besser zu »verwurzeln«. 1918 hatte die RSFR sich zu dem Recht aller Nationalitäten bekannt, Unterricht in der Muttersprache zu erhalten, sofern mindestens 25 Schüler einer Unterrichtssprache zusammenkamen. Die anderen

Republiken folgten. Es entstand ein ethnisch vielfältiges Schulsystem, in dem in einzelnen Dörfern, aber auch in ethnisch gemischten Städten in Sprachen Unterricht erteilt wurde, welche die Nachbarn nicht kannten. Dass die Minderheitenschulen mehr Geld kosteten als die für die jeweilige Republikmehrheit, lag auf der Hand, und auch die Schulbücher waren wegen der vielen kleinen Auflagen nicht billiger – 1934 erschienen in der UdSSR Schulbücher in 104 Sprachen.

Die zunehmenden Integrationsprozesse der Industrialisierungsperiode stellten diese liberale Schulpolitik vor sachliche Probleme. Schon vorher war fraglich, ob die Nachteile, die z. B. ein deutschsprachiges Bauernkind in seiner Karriere haben mochte, wenn sein Russisch nicht fehlerfrei war, die Vorteile der ungebrochenen Entwicklung der Identität in der Muttersprache aufwogen; jedenfalls schickten nicht selten Eltern aus Minderheiten ihre Kinder auf Schulen in der Sprache ihrer Republik. Nun kam hinzu, dass in den neuen Industriezentren Menschen der verschiedensten ethnischen Herkunft miteinander arbeiten und leben mussten. Die Tendenz ging deshalb in den dreißiger Jahren in allen Republiken dahin, die Minderheitenschulen einzuschränken; die Schwarzmeerdeutschen lernten also ukrainisch – während in der Wolgarepublik Deutsch verallgemeinert wurde.

Zugleich verloren die Republiken die Kompetenz, die Inhalte der Lehre, der Schulbücher z. B., selbst festzulegen. Es wurde also getan, als sei Sprache eine bloße Form. 1938 wurde Russisch als Fremdsprache vorgeschrieben. Der Ausbau der größeren Sprachen und besonders der Republiksprachen ging jedoch weiter. Es entstanden Kader, die in den Republiksprachen ausgebildet waren und aus denen der Kern zukünftiger Nationalbewegungen stammte. Auch die politischen »Säuberungen«, denen ab 1934 viele aus den nationalen Eliten der Ukrainer, Tataren usw. zum Opfer fielen, konnten diesen Prozess nicht revidieren.

1936 gab es elf Republiken: die Russländische Föderative sowie die Ukrainische, Belorussische, Aserbaidschanische, Georgische, Armenische, Turkmenische, Usbekische, Tadschikische, Kasachische und Kirgisische Sozialistische Sowjetrepublik. Nach den Annexionen des Jahres 1940 kamen die Estnische, Lettische, Litauische und Moldawische hinzu.

3 Belorussland und Ukraine

Nach der Teilung Belorusslands im Frieden von Riga 1921 wurde im Osten eine eigene Republik mit der Hauptstadt Minsk gegründet. Die belorussische Bevölkerung lernte jetzt mit der Politik der »Verwurzelung« die eigene Sprache als Schulsprache kennen; Belorussisch wurde zur Hochsprache entwickelt – wozu man auch auf frühneuzeitliche, also aus der Zeit der Zugehörigkeit zu Polen stammende Texte zurückgriff. Die überkommene soziale Struktur wirkte jedoch weiter: die Belorussen waren vor allem ein ländliches Volk; die Städte des Landes indes waren überwiegend jüdisch, russisch oder polnisch geprägt. Juden etwa, in der Gesamtbevölkerung nur zu 8 % vertreten, stellten 1926 fast die Hälfte der Beamten in Wirtschaft und Justiz; auch der Anteil der Russen an der Beamtenschaft war sehr hoch. Die nationale KP versuchte z. T. in radikaler Weise, das belorussische Element zur Geltung zu bringen – zeitweise sollte Russisch als Amtssprache regelrecht verboten werden. Viele dieser nationalen Kommunisten fielen später dem Terror zum Opfer.

Nach der Annexion Ostpolens 1939 wurden Territorium und Einwohnerzahl der Republik verdoppelt; allerdings gab es in den neuen Westgebieten nicht nur viele Polen, sondern auch katholische Weißrussen, die sich eher mit Polen identifizierten. Große Gruppen sowohl der alten polnischen Oberschicht wie der nationalistischen Intelligenz kamen in Straflager.

Ähnlich wurde, um vorzugreifen, auch in der Westukraine verfahren. Noch stärker als Belorussland ist die Ukraine von einer West-Ost-Differenz geprägt; der Osten wurde von Moskau aus gegen die Tataren erobert, während die Kerngebiete an Litauen/Polen fielen und erst in den polnischen Teilungen an Russland kamen. Der Westen um Lemberg kam bei den Teilungen an Österreich; hier wurde die mit Rom unierte Kirche zur Volkskirche, während sonst die Moskauer Obödienz der Orthodoxie durchgesetzt wurde. Der Versuch der ukrainischen Nationalbewegung, nach der Oktoberrevolution einen souveränen Staat zu gründen, scheiterte (s. Kap. 13.3); die Ukraine wurde erneut zwischen Russland und Polen geteilt.

Die Ukrainische SSR war Gründungsmitglied der UdSSR; sie trieb eine sehr selbständige – stärker an Industrieinteressen orientierte – Schulpolitik und erlebte am Ende der zwanziger Jahre eine kulturelle Blüte. Die Hungersnot im Kontext der Kollektivierung (s. Kap. 15.3) raffte jedoch besonders in der Ukraine eine so große Zahl von Menschen dahin – bis zu einem Viertel der Bevölkerung in manchen agrarisch geprägten Gebieten –, dass viele Ukrainer glauben, die Moskauer Zentrale habe bewusst eine auf Genozid zielende Politik betrieben. Zumindest hat Moskau, statt zu helfen, die Hungernden mit Gewalt gehindert, in Gebiete zu wandern, die nicht ganz so ausgehungert waren; und es hat die Katastrophe vor der Weltöffentlichkeit verheimlicht, so dass keine internationalen Hilfsprogramme eingeleitet werden konnten. Zwischen 1926 und 1939 sank die Gesamtzahl der Ukrainer von 31 auf 28 Millionen, während die Bevölkerung der Union von 147 auf 168 Millionen anstieg. Hinzu kam, dass ab 1934 auch die ukrainische nationale Intelligenz durch Gewaltmaßnahmen dezimiert wurde.

4 Transkaukasien

1921 war die selbständige Republik Georgien von der Roten Armee erobert worden. Die georgische Opposition gegen die Einbeziehung des Landes in die RSFSR, die der Georgier Stalin 1922 vorschlug, hat Lenin darin bestärkt, für die Gründung der UdSSR einzutreten. Zwischen 1922 und 1936 bildeten Georgien, Armenien und Aserbaidschan die Transkaukasische SSR. Die beiden christlichen Nationen konnten ihren alten Bildungsvorsprung in dieser Periode ausbauen; es entstanden Universitäten mit georgischer und armenischer Sprache und 1932 in Tiflis die transkaukasische Filiale der Akademie der Wissenschaften. Die muslimischen Aserbaidschaner – die lange in Persien eine Herrenrolle gespielt hatten – konnten jedoch auch durch die außenpolitische Rücksichtnahme der UdSSR auf die Türkei ihre politischen Interessen durchsetzen, was insbesondere darin zum Ausdruck kam, dass sowohl die armenisch besiedelte Enklave Berg-Karabach in Aserbaidschan wie die aserbaidschanisch besiedelte Enklave Nachitschewan in Armenien staatlich zu Aserbaidschan kamen. Bei der Auflösung der Transkaukasischen Republik war der Konflikt also durch die Nachgiebigkeit Moskaus in besonderer Form vorprogrammiert, auch wenn er historisch in der langen Tradition des Kampfes der alten bäuerlichen Völker (welche vor allem durch Berge gesicherte Regionen halten können) gegen einwandernde turksprachige Nomaden (welche vor allem die trockenen Steppen in den Niederungen okkupieren) steht.

Die armenische Nationalbewegung wirft Moskau nicht selten vor, dass es in den Kämpfen zum Ende des Ersten Weltkriegs und danach nicht in der Lage war, wenigstens die von den Zaren eroberte teilweise armenisch besiedelte Region von Kars zu halten, sondern diese an die Türkei abtrat, was zur Vertreibung der Armenier auch aus diesem Gebiet führte. Allerdings reichten die militärischen Mittel der Roten Armee dazu wohl nie aus.

5 Zentralasien

In den Kontext des zeitweisen Zusammengehens der jungen Sowjetrepublik mit der revolutionären Republik Türkei gehörte ein kurzer Versuch der im Gouvernement Turkestan siegreichen (wenn auch zeitweise vom russischen Kernland abgeschnittenen) Bolschewiki, in Zentralasien ein säkulares türkisches Schulwesen durchzusetzen. Der von türkischen Militärs geführte Aufstand muslimischer »Basmatschen«, der sich vor allem auf nomadisierende Stämme stützte, führte schnell zum Ende dieser Politik. Die Khanate Buchara und Chiwa wurden annektiert, und 1924 bis 1929 wurde das Gebiet völlig neu aufgeteilt, nämlich nach ethnischen Kriterien. Fünf Republiken entstanden – die Usbekische, Turkmenische, Kasachische und Kirgisische SSR sowie als einzige Republik mit indogermanischer Republiksprache die Tadschikische.

Da es ein Proletariat (abgesehen von den russischen Eisenbahnern vielleicht) nicht gab, stützten die Bolschewiki sich bei ihrem Versuch, die alten Loyalitäten der Clans und Stämme zu brechen, vor allem auf die Frauenbewegung – Brautkauf und Schleier wurden verboten, Bildungseinrichtungen für Frauen gegründet. Die neuen Schulen unterrichteten in den Sprachen der Bewohner, die alten Bildungssprachen Arabisch und Persisch und auch deren Schriftzeichen verloren an Bedeutung. Neue Verkehrssprache wurde zunehmend Russisch, auch deswegen, weil für die 1920 gegründete Staatliche Universität Taschkent (Usbekistan) fast nur russischsprachiges Personal aus dem Zentrum zur Verfügung stand und die industriellen Projekte russische Ingenieure ins Land brachten. Hatte man die neu entwickelten Schulsprachen anfangs in lateinischen Lettern geschrieben, so wurde 1940 eine kyrillische Schrift eingeführt. Für die alte muslimische Intelligenz bedeutete das einen zweimaligen Wechsel der Schrift (vom Arabischen über das Lateinische zum Kyrillischen). Immer entscheidender wurde aber die neue Intelligenz, die in den Alphabetisierungskampagnen z. B. Usbekisch gelernt hatte und auf der Arbeiterfakultät studierte, oder die in den dreißiger Jahren im neuen Schulsystem bis zur Universität kam.

In den zentralasiatischen Republiken entstand – neben der russisch geprägten Funktionärs- und Ingenieurschicht – eine einheimische Intelligenz, die sich mit den neuen Republiken identifizierte. Sie bekannte sich einerseits zum muslimischen Milieu, war aber andererseits immer weniger in Glaubensfragen gebildet, sondern hatte Medizin, Ingenieurwesen usw. studiert und/oder die Parteischulen besucht. Die terroristischen »Säuberungen«, die auch hier Ende der dreißiger Jahre wüteten, haben die Bildung dieser neuen nationalen Eliten nicht verhindert.

6 Juden, Deutsche und Tataren

Die Tendenz zur Entwicklung der Republiken zu Nationen stellte jene Ethnien vor besondere Schwierigkeiten, die keine Territorien besaßen bzw. bei denen nur ein Bruchteil der Ethnie in einem »nationalen« Territorium lebte. Dies traf an erster Stelle die Juden. In den zwanziger Jahren wurden besonders in den beiden westlichen Republiken und der RSFSR eine Vielzahl weltlicher Schulen gegründet, in denen in jiddischer Sprache unterrichtet wurde und die an die Stelle der religiösen Schulen (Cheder und Jeschiwa) treten sollten. In der Tat wurden die religiösen Schulen spätestens in der Periode der Religionsverfolgung aufgelöst; aber auch die Schulen mit jiddischer Unterrichtssprache nahmen in den dreißiger Jahren immer mehr ab. Viele Juden sandten angesichts zunehmender nationaler Identifizierungen ihre Kinder lieber auf russische Schulen.

Der politische Wille, in den ukrainischen oder belorussischen Gebieten, in denen Juden z. T. über 15 % der Bevölkerung und in manchen Städtchen auch die Mehrheit stellten, eine eigene ASSR zu gründen, hat angesichts des gerade im Westen der Union verbreiteten Antisemitismus stets gefehlt; es gab ja auch kein Territorium, in dem Juden in der Majorität gewesen wären. Die Gründung einer »Jüdischen ASSR« im Fernen Osten am Amur im Jahr 1934 machte das Dilemma eigentlich erst richtig deutlich – wer mochte schon in dies ferne Gebiet ziehen? Dabei gehörten viele Juden zur kommunistischen Elite; sie waren in der Partei überdurchschnittlich stark vertreten (auf 10000 Juden kamen 155 Parteimitglieder, auf 10000 aus der übrigen Bevölkerung nur 72), in vielen Verwaltungen sowie wissenschaftlichen Institutionen waren sie bedeutsam repräsentiert, und ihr Anteil

Juden in zentralen Einrichtungen der Belorussischen SSR

(in Prozent)

	1924	1929	1946	1954	1956
Nomenklatur von ZK und Gebietsebene	(40,5)	23,8	(6,9)	2,0	2,5
Mitglieder der Akademie der Wissenschaften		8,7		0,0	
Lehrstuhlinhaber					
an der Universität		18,2		0,0	
an den Hochschulen		19,1		5,9	

Nach A. T. Lejzerov: Nacional'nyj sostav gosudarstvennogo apparata. In: Aktual'nye voprosy gosudarstva i prava (1994) Nr. 4. Lejzerov geht von 10,1% jüdischer Bevölkerung im Jahr 1925 aus; nach 1946 lag der Anteil knapp über 1%. Vgl. auch die Tabelle in: H.-H. Nolte / B. Eschment / J. Vogt: Nationenbildung östlich des Bug. Hannover 1994. S. 118.

an der Studentenschaft lag mit 16% 1927 weit über ihrem Anteil an der Bevölkerung – in Belorussland und der Ukraine stellten Juden fast die Hälfte der Medizinstudenten. Zeitweise wurde versucht, den Anteil der Belorussen und Ukrainer durch Quotenregelungen zu erhöhen; es war dann aber vor allem die Bildungsexplosion der dreißiger Jahre, welche den Anteil jüdischer Studenten auf 13% sinken ließ, während auch ihre absoluten Zahlen stiegen.

Die soziale Struktur der Russlanddeutschen änderte sich in den Revolutionsjahren sowohl durch die Selbständigkeit der baltischen Länder – durch welche die Deutschbalten aus dem Kontext herausfielen – wie durch die Emigration vieler städtischer Deutscher, insbesondere aus St. Petersburg. Vor allem die deutschen Bauern blieben im Lande, das waren 1926 1,2 Millionen Menschen. Sie hatten in der Wolgarepublik, in der etwa ein Drittel lebte, auch dann noch ein kulturelles Zentrum mit einem voll ausgebildeten Schulsystem bis zu Hochschulen, wo in deutscher Sprache gelehrt wurde, als die Autonomie der deutschen Dörfer und Kreise von Wolhynien bis Sibirien wieder aufgehoben worden war. Beim deutschen Überfall auf die UdSSR wurde die Wolgarepublik jedoch aufgelöst, und alle Russlanddeutschen (welche die Rote Armee unter ihrer Kontrolle behielt) wurden nach Osten umgesiedelt. Bei dieser Bestrafung eines ganzen Volkes für die Politik der Führung des Deutschen Reiches ist über ein Viertel der Vertriebenen an den z.T. entsetzlichen Bedingungen gestorben.

Die Tataren bildeten 1939 mit 4,3 Millionen Menschen nach den Usbeken die zweitstärkste Nationalität muslimischen Milieus in der UdSSR, jedoch lebten nur etwa die Hälfte von ihnen in der 1920 gegründeten Tatarischen ASSR, wo sie wiederum nur etwa die Hälfte der Bevölkerung ausmachten. Insbesondere die Grenze zur Baschkirischen ASSR ist umstritten; in Kasan wird ein breiter Grenzstreifen als mehrheitlich tatarisch besiedelt angesehen. Tataren leben jedoch auch in Russland verstreut in kleinen Siedlungen zwischen der polnischen Grenze und Sibirien.

Unter den Tataren hatte eine modernistische muslimische Reformbewegung eine große Rolle gespielt, und einige Persönlichkeiten wie Sultan Galijew besaßen zeitweise für die kommunistische Politik gegenüber dem Orient große Bedeutung. Sobald die KP jedoch auf die Entwicklung von kommunistischen Nationen im muslimischen Raum umschwenkte und nicht mehr an Einheitslösungen für muslimisch besiedelte Regionen interessiert war, geriet diese tatarische Elite ins politische Abseits – in den späten dreißiger Jahren wurde sie vernichtet. Zugleich wurde jedoch eine neue tatarische Elite an den Schulen Tatarstans und der Universität Kasan herangezogen.

Alle Streuminderheiten waren durch die 1928 verschärfte Religionsverfolgung in besonderem Maß betroffen, da bei ihnen die Institutionen der Religion auch zur Wahrung kultureller Identität beigetragen hatten. Das gilt für Moscheen und Medresen bei den Tataren in ähnlicher Weise wie etwa für die lutherische Kirche und kirchliche Schulen der Deutschen, wahrscheinlich aber doch in einem besonderen Maße für Synagogen und Jeschiwot beim jiddischen Volk, da die Bindung jüdischer Identität an den Mosaismus – trotz der großen Zahl von aus dem Judentum stammenden Atheisten – durch spezifische Dichte gekennzeichnet ist.

15
Industrialisierung

1 Die Herausbildung der Bürokratie

Während Industrialisierung in Westeuropa ein weithin spontaner Prozess war, gewiss gefördert von den jeweiligen Staatsregierungen, aber doch im Kern vorangetrieben von einer Vielzahl miteinander konkurrierender Kapitalbesitzer, Handwerksmeister und Erfinder, konnte Industrialisierung in Osteuropa geplant werden. Die Modelle dieser Umwälzung aller Wirtschaftsverhältnisse waren im Westen vorhanden und interpretierbar. In den Ländern, die nicht an der Spitze der Veränderung standen, konnte eine *nachholende Industrialisierung* durchgeführt werden. Man brauchte nicht erst durch viele Fehlschläge herauszufinden, wie das richtige Verhältnis von Koks, Erz und Möller in einem Hüttenwerk sein muss – man konnte das neue Hüttenwerk nach einem Beispiel, ja nach der technischen Literatur bauen. Das bedeutete, dass auch eine Bürokratie zum historischen Subjekt der Industrialisierung werden konnte. Die zaristische war der sowjetischen Bürokratie vielfach vorangegangen; mit dem Ziel, das Land in einem von oben nach unten geplanten Prozess ohne unternehmerische Akteure zu industrialisieren, betrat letztere Neuland.

Mit dem Abbau der großen zentralistischen Verwaltungsapparate nach dem Ende des Kriegskommunismus waren viele Angestellte arbeitslos geworden; 1924 machten sie etwa ein Drittel aller Arbeitslosen aus. Zugleich stieg der Anteil der Angestellten in der Partei, obgleich deren Führung in mehreren Kampagnen den Anteil der Arbeiter zu erhöhen suchte. Damit hing zusammen, dass die Partei als Aufstiegskanal wirkte, indem sie kommunistische Arbeiter in Angestelltenberufe brachte, z. B. in Direktorenposten. Diese Bewegung des *wydwishenije*, der Förderung, des »Herausziehens« von Arbeitern, führte dazu, dass der Anteil von Angestellten höher lag als der Anteil derer, die aus Angestelltenfamilien kamen. 1928 hatte die KPdSU etwa eine Million Mitglieder; 20,3 % stammten aus Familien von Angestellten und 46,9 % übten Angestelltentätigkeiten aus; 56,8 % waren proletarischer Herkunft und 40,8 % waren als Arbeiter tätig; 22,9 % waren bäuerlicher Herkunft, und 12,3 % arbeiteten als Bauern.

Die »Wydwishenije«-Bewegung entsprach zugleich den Interessen der Partei an Kontrolle – die neuen Direktoren waren ja Mitglieder – wie denen der Aufsteiger an besseren Lebensbedingungen im umfassenden, auf Arbeit und Leistungswillen gerichteten Sinn. Hinzu kam, dass die Entscheidung für einen besonders schnellen Aufbau die Nivellierung der Einkommen, welche die Gewerkschaft noch 1926 durchgesetzt hatte, in Frage stellte. 1935 betrugen die Lohnunterschiede auch nach offiziellen Angaben 1:10.

Obgleich die Industrialisierungsdebatte durchaus auch Argumente für einen langsameren Weg gebracht hatte, entschied sich die Partei auf der 15. Parteikonferenz 1926 mit großer Mehrheit dafür, »in minimaler historischer Frist das Niveau der industriellen Entwicklung der führenden kapitalistischen Länder zu erreichen, und danach zu überholen«. Ironischerweise wurde diese Entscheidung mit der Verurteilung der Parteilinken verbunden; deren Hinweis, dass eine solche kurze Frist nur gegen die Bauern durchgesetzt werden könne, wurde als »fehlender Glaube an die schöpferische Kraft des Proletariats« angeprangert. Der erste Fünfjahresplan sollte 1928 beginnen.

Zwischen 1928 und 1939 stieg der Anteil der Angestellten an der Gesamtzahl der Arbeitskräfte von 4,8 % auf 15,5 %.

Die Bürokratie wurde zu der Gruppe, in der die politischen Tagesentscheidungen fielen – auch wenn sie in Angst vor einer der plötzlich eingesetzten »Säuberungen« leben musste.

2 Die ersten Fünfjahrespläne

Anspruch und Selbstverständnis der zentralen Planung kann man sich an dem 1930 übersetzten Buch eines der Mitglieder des Staatlichen Planbüros (*Gosplan*) verdeutlichen. Er gibt an, dass im ersten Fünfjahresplan »die stetige Erweiterung der Arbeiterkader, die Kürzung des Arbeitstages und die systematische Erhöhung des Arbeitslohnes sowie die Hebung des materiellen wie kulturellen Niveaus der Arbeiter«, aber auch die »entschiedene Hebung des materiellen und kulturellen Niveaus der Klein- und Mittelbauernschaft« geplant sei. Der Entwurf des Plans sah eine Steigerung der gesamten Produktion um 168 % in fünf Jahren vor, wobei auch Minimal- und Maximalvarianten ausgewiesen wurden (135 % bzw. 180 %). Die 16. Parteikonferenz 1929 entschied sich dann für die Optimalvariante, eine »Flucht nach vorn«.

Der Plan sah eine außergewöhnliche Steigerung der Investitionen vor, etwa 40 % des Nationaleinkommens sollten investiert werden – an erster Stelle in Maschinenbau und Energiewirtschaft. Die Mittel dazu wurden vor allem über das Staatsbudget aufgebracht, in den Anfangsjahren zu über einem Viertel, aber im Jahr 1931 schon fast zu drei Vierteln. Zwischen 1929 und 1931 wurde der zusammengefasste Haushalt von Union und Republiken von 13,2 auf 23,1 Mrd. Rubel gesteigert, und zwar vor allem durch die Vermehrung von Umsatzsteuern, Akzisen usw. Die Masse der Investitionsmittel für den ersten Fünfjahresplan kam nicht aus den technischen Vorzügen einer zentral geplanten Industrie, sondern aus den Einkommen der kleinen Leute. So wurden auch die Steuern von »nicht produzierenden Klassen« ins Gigantische gesteigert, aber sie machten keinen großen Anteil am gesamten Steueraufkommen aus. Zwar wurde durch Besteuerung vernichtet, was an letzten Resten »bürgerlicher« Klasse noch vorhanden sein mochte, aber der Kern der Finanzierung der Akkumulation lag darin, dass der Lebensstandard aller extrem gesenkt wurde.

3 Kollektivierung und Kulakenverfolgung

Die Partei hoffte, im Verlauf des ersten Fünfjahresplans durch neue Kollektiv- und Staatswirtschaften (*Kolchosen* und *Sowchosen*) den Anteil des sozialistischen Sektors an der landwirtschaftlichen Produktion von 2% auf 15% zu steigern. Eine Massenkollektivierung war also nicht geplant. Als jedoch trotz einer guten Ernte 1927 im Januar 1928 die Getreideankäufe unter Soll lagen, nahm die Partei an, dass die Bauern nicht verkaufen würden, wenn ihnen keine Konsumwaren angeboten wurden. Die Partei sandte Requisitionskommandos auf die Dörfer und glaubte im übrigen, durch eine Erhöhung der Getreidepreise das Problem für 1928 lösen zu können. Da zugleich die Preise für Industriewaren noch stärker stiegen, kam es im Winter 1928/29 aber erneut zur Weigerung der Bauern, das Getreide zu den festgelegten Preisen abzugeben. Im Sommer 1929 dekretierte die Partei daraufhin wie im Kriegskommunismus wieder die allgemeine Ablieferungspflicht, womit den Bauern die Möglichkeit genommen wurde, über ihre Überschüsse selbst zu verfügen. Nun reduzierten die Bauern die Anbauflächen – warum sollten sie ohne Aussicht auf einen Gegenwert arbeiten? Im Winter 1929/30 drohte also eine Wiederholung der Beschaffungsschwierigkeiten.

Im Januar 1930 bot die Partei jedoch den mittleren und armen Bauern an, bei der Verwandlung ihrer Ländereien in

Kolchosen die reichen Bauern – und das waren ja vor allem die mit großen Familien – zu vertreiben und ihr Land und Inventar zu behalten. Bei der allgemeinen und mit den steigenden Preisen zunehmenden Not machte dies Angebot viele Dörfer bereit, Kolchosen zu bilden. Hinzu kam, dass reiche Bauern – *Kulaken* – prohibitiv besteuert wurden, Kolchosen hingegen kaum; und hinzu kam eine Flut von Parteiarbeitern aus den Städten, welche die Bauern auf diesen Weg drängten. Im Verlauf von drei Jahren fassten die meisten Dorfsowjets den Beschluss, eine Kolchose zu werden.

Die Kulakenfamilien wurden am Rande der alten Dörfer oder in Neusiedlungen im Norden und Osten des Landes angesiedelt, viele kamen auch in Lager. Zahlreiche Kulaken leisteten Widerstand, oft, indem sie ihr Vieh abschlachteten – häufig wurde das Vieh nach der Kollektivierung nicht ordentlich versorgt, so dass insgesamt große Verluste an Vieh eintraten. Dies hatte schon in kurzer Zeit Folgen für die Ackerwirtschaft, da Zugvieh und Düngung fehlten. Es kam zu einer Hungersnot, die insbesondere im Jahr 1933 in den Getreideüberschussgebieten der UdSSR zu Millionen Toten führte. Wahrscheinlich sind als direkte Folge der Aussiedlung der Kulaken (unter entsetzlichen Bedingungen in Gebiete mit wenig Lebensmöglichkeiten) hunderttausende, als Folge der Hungersnot sieben Millionen Menschen umgekommen. Am schwersten war die Ukraine betroffen.

Das langfristige Ergebnis der Kollektivierung war die Kontrolle der landwirtschaftlichen Produktion. Die Kolchosbauern waren formal kollektive Eigentümer ihrer Betriebe und selbständig, de facto aber an enge Anweisungen gebunden. Ein zusätzliches Kontrollelement boten die Maschinen-Traktoren-Stationen (MTS), auf denen nun die Trecker eintrafen, die aus den Fabriken rollten, und von denen die Kolchosen ihr modernes Gerät mieten mussten. Außerdem schuf die Partei in den Traktoristen der MTS eine sozial verlässliche Schicht auf den Dörfern, die sich als Vertreter des Fortschritts fühlte.

4 Terror und Geheimdienste

Vielleicht hat Lenin die Gewaltsamkeit des zaristischen Regimes nicht vermehrt, aber er hat auch nicht versucht, ihren Anteil am sozialen Leben zu reduzieren. Oktoberrevolution und Industrialisierung setzten dann eine Dynamik frei, die immer wieder zu neuen Steigerungen dieses Anteils von Gewalt führten, bis sie schließlich im Terror der dreißiger Jahre einen fürchterlichen Höhepunkt fand.

Ende 1920 hatten die Lager, welche die Tscheka seit 1918 für Gegner der Revolution in alten Klöstern, früheren Gefängnissen usw. eingerichtet hatte, über 20000 Insassen. Sie sollten durch Arbeit zu einer neuen Identität finden, sich aus Gegnern in Anhänger verwandeln. Das wichtigste Einzellager war damals das Solowezkij-Kloster am Weißen Meer, das seit dem 17. Jahrhundert darauf eingerichtet war, Hunderte Ketzer oder Sektenanhänger als Gefangene zu verwahren. Der erste Großeinsatz der Lagerinsassen in den dreißiger Jahren war der Bau des Weißmeerkanals, der Wassertransporte vom Nordmeer zur Ostsee ermöglichen sollte – auf dem Schreibtisch ein beeindruckendes Ziel, in der Realität hat der Kanal wegen der sehr langen Vereisung allerdings nie große Wirtschaftsbedeutung erlangt.

Vom Solowezkij-Kloster aus breitete man die Lager mit einem System von Haupt- und Unterlagern über den gesamten Norden und Osten der Union aus. Die erste Massenbelegschaft waren Kulakenfamilien, und die Staatliche Lagerverwaltung (*GULag*) setzte ihre Arbeitskraft zunehmend ein, um den Industrialisierungsprozess dort zu fördern, wo das Klima freiwillige Ansiedlung erschwerte. Nach den Kulaken und den Christen in der Zeit der Religionsverfolgung kamen ab 1934 die überzeugten Kommunisten, welche den »Säuberungen« der Partei zum Opfer fielen, dann die Generäle und – nicht zu vergessen – die ersten Kommandanten und Wachleute selbst. Insgesamt sind über 12 Millionen durch die Lager gegangen, die

1949 mit 3,5 Millionen Häftlingen ihren höchsten Stand hatten.

Der Terror hatte sich verselbständigt. 1938 wurde Nikolaj Bucharin in einem Schauprozess angeklagt, zusammen mit einem früheren Chef der Geheimpolizei, Genrich Jagoda. Der Prozeß wurde vor der Weltöffentlichkeit geführt, und Bucharin, Kampfgefährte Lenins, ergriff die Gelegenheit zu einer umfassenden Rechtfertigung. Als Kommunist konnte Bucharin sich nicht darauf zurückziehen, dass Stalin ein Verbrecher sei – wenn in der Folge der Revolution ein Verbrecher an die Spitze des Staates kam, hatte die Revolution versagt. Bucharin hatte bürgerliche Justiz als privatisierte Form von Gewalt analysiert und proletarischen Terror als notwendiges Gegenmittel gerechtfertigt. So beschwor er im Angesicht des Todes das Positive, das die Revolution gebracht hatte, kam aber dann zu einer doppeldeutigen Schlussfolgerung: »Die Weltgeschichte ist das Weltgericht.« Wollte er sich mit diesem Hegelzitat noch einmal an Stalin wenden, indem er ihn warnte, dass ja auch über den Sinn seines Lebens nicht ein Gericht, sondern die Geschichte entscheiden werde?

Aber hatten nicht er, Lenin und andere Gewaltanwendung gerechtfertigt? Am Ende des Jahres 1938 waren über zwei Millionen ausgebeuteter Menschen in Lagern und Kolonien versammelt, zu denen die Insassen der Gefängnisse noch hinzu kamen, so dass etwa drei Prozent der Gesamtbevölkerung gefangengesetzt waren. 1937/38 wurden außerdem über 680 000 Menschen erschossen. Im bolschewistischen Geschichtsbild war eine falsche Priorität gesetzt worden. Hemmungen gegenüber Gewaltanwendung, wie sie im Prozess der Zivilisierung mühsam erarbeitet worden sind, lassen sich schnell wieder abbauen, wenn einer damit beginnt.

Der Name des Geheimdienstes, der all das organisierte, wurde mehrfach geändert, da man sich durch die Namensänderung von dem Odium der jeweils vorangegangenen

Organisation zu befreien hoffte. So wurde aus der Tscheka 1922 die *Staatliche Politische Verwaltung* (GPU). 1934 wurde diese Organisation dem *Volkskommissariat für das Innere* (NKWD) unterstellt, mit dessen Namen sie bald identifiziert wurde, wobei sie aber ihren eigenen Namen *Hauptverwaltung für Staatssicherheit* (GUGB) behielt. 1941 wurde die Organisation als *Volkskommissariat für Staatssicherheit* (NKGB) verselbständigt, Lawrentij Berija – seit 1938 Chef des NKWD – blieb jedoch de facto bestimmend, da er einen seiner Leute auf diesen Posten setzen konnte. 1946 bekamen beide Institutionen den Status von Ministerien und hießen entsprechend MKG bzw. MWD. Daneben bestand bis 1951, besonders für den Bereich der Auslandsarbeit, noch ein *Informationskomitee* (KI). Nach dem Sturz Berijas 1953 wurde die Institution 1954 in *Komitee für Staatssicherheit* (KGB) umbenannt; genauer von der Partei kontrolliert als in der Stalinzeit, aber für den Bürger genauso unkontrollierbar. Neben der politischen Geheimpolizei gibt es seit 1920 die *Nachrichtendienstliche Hauptverwaltung* des sowjetischen Generalstabs (GRU), die allerdings 1958 dem KGB unterstellt wurde, als GRU-Oberstleutnant Jurij Popow als Agent des amerikanischen Geheimdienstes CIA enttarnt wurde.

Mit der Wahl des Vorsitzenden des KGB Jurij Andropow zum Mitglied des Politbüros 1973 und schließlich zum Generalsekretär der KPdSU 1982 erfuhr der sowjetische Geheimdienst eine offene Anerkennung seiner Macht, die in zivileren Gesellschaften wohl undenkbar wäre, die bürokratische Struktur der Sowjetunion aber durchaus kennzeichnet: auch im Rahmen dieser großen Verwaltung, die in dem Lubjanka genannten Gebäude hinter dem Denkmal ihres Gründers Dsershinskij residierte, konnte man Karriere machen.

5 Über zehn Millionen Todesopfer

Die Zahlen der Todesopfer des »Großen Terrors« sind deswegen schwer zu bestimmen, weil die sowjetische Statistik teils ihre Ergebnisse nicht publizieren konnte, teils dann nicht mehr zu publizieren wagte, nachdem die Organisatoren des Zensus von 1937 selbst dem Terror zum Opfer gefallen waren. 1937 wurde eine Bevölkerung von 162 Millionen in der UdSSR gezählt. 1934 hatte Stalin dem 17. Parteitag berichtet, dass das Land mehr als 168 Millionen Menschen beherberge. Bei einer Fortschreibung der 147 Millionen des Jahres 1926 hätte die Bevölkerung in der Tat so weit angewachsen sein können. In Wirklichkeit lag die Bevölkerung 1934 wohl nur bei 158 Millionen, und erst 1939 wurde die Zahl 168 Millionen erreicht.

Opfer des stalinistischen Terrors

Tote	
über 7 000 000	als Opfer der Hungersnot von 1932/33 davon wohl über 4 500 000 in der Ukraine, einschließlich einer großen Zahl totgeborener oder doch nie als geboren gemeldeter Kinder (1932 wurden in der Ukraine 782 000 Geburten registriert, 1933 nur 358 000) sowie 1 500 000 Tote in Kasachstan
1 500 000	hingerichtet
1 300 000	in Lagern an Hunger, Krankheit usw. gestorben
Gefangene	
3 900 000	Zivilisten befanden sich 1939 in Sondersiedlungen, Kolonien usw., davon 1 400 000 in Lagern des GULag

Die Zahl der Opfer genau festzulegen ist heute noch nicht möglich, aber nachdem russische und westliche Historiker in den Archiven haben arbeiten können, ist als vorläufige ungefähre Zahl etwa zehn, vielleicht elf Millionen benannt worden.

Es gibt höhere Schätzungen – bis zu 20 Millionen –, die aber auch demographisch über das Mögliche hinausgehen; und es gibt niedrigere Schätzungen von etwa 8 Millionen. 1926–39 gab es nach Michael Ellmann »about 10 million excess deaths« , er gliedert sie aber anders auf als die obige Tabelle. Weiter meint er, dass von 1930 bis 1956 insgesamt 17–18 Millionen ihre Haftstrafen im Gulag abgearbeitet haben, selbstverständlich nicht alle zur selben Zeit, und dass zu diesen Formen von Zwangsarbeit einige andere hinzukamen, so dass man, über die Zeit verteilt, von 20 Millionen Zwangsarbeitern sprechen muss. Die meisten Todesopfer waren Bauern, die – regional sehr unterschiedlich – in der Hungersnot umkamen. In den Gebieten Kiew und Untere Wolga verdreifachte sich die Todesrate gegenüber 1932, im Nordkaukasus verdoppelte sie sich, und in Weißrussland stieg sie »nur« um 23,6 %. Auch die Intelligenz der Hauptstädte hat große Verluste erlitten, aber das Bild der gleichzeitigen Presse, dass es vor allem um Abweichler gehe, ist irreführend. Eine große Gruppe bildeten Priester, aber auch Asoziale oder andere, welche der neuen Fabrikdisziplin nicht folgten. Die neue Forschung hat herausgearbeitet, dass Oblasti und Republiken viel Bewegungspielraum bei der Festlegung der Opfer hatten; der »Sekretär des ZK« (Stalin) hatte das Vorgehen gegen »antisowjetische Elemente« am 2. Juli 1937 angekündigt, und der Volkskommissar für Inneres Jeshow hatte am 30. Juli den Prikas Nr. 00447 erlassen, der für jede Verwaltungseinheit Kontingente vorsah, die zu erfüllen waren – für die Oblast Moskau waren z. B. 5000 Todesurteile und 30 000 Verurteilungen zu Lagerhaft vorgesehen, für die deutsche Wolgarepublik 200 der ersten und 700 der zweiten Kategorie.

Von 1919 an haben die Sowjets Menschen zwangsweise umgesiedelt, bis 1953 über sechs Millionen. Nach dem ersten Höhepunkt in der Kulakenverfolgung kam es im Kontext des Zweiten Weltkriegs zu einem weiteren: von den Russlanddeutschen über die Tschetschenen bis zu den auf deutscher Seite kämpfenden Soldaten der Wlassow-Armee oder Kosaken und Kalmücken. Von ihnen lebten im Oktober 1946 2,5 Millionen in Sondersiedlungen. Von allen »bestraften Völkern« (zwischen der Annexion Ostpolens 1939, der Dezimierung der Bevölkerung der baltischen Republiken und der Hungersnot unter der deutschen Bevölkerung des Königsberger Gebiets nach dem Ende des Kriegs) sind viele umgekommen bzw. umgebracht worden (vgl. Kap. 16.7). Von den 1941 rund 1,4 Millionen Russlanddeutschen wurden bis 1946 etwa eine Million deportiert. Zu den Verlusten für das kulturelle und politische Leben der Ethnien kamen die zum Teil (etwa bei den Balten) umfangreichen Fluchtbewegungen in den Westen bei Kriegsende (auch eines Teils der Russlanddeutschen).

Es sind im Krieg aber auch Millionen Menschen verhungert, die nicht vertrieben worden waren.

6 Sowjetpatriotismus

Die Geistesgeschichte des sowjetischen Russland ist durch Widersprüche zwischen Theorie und Praxis geprägt. Der Internationalismus des Marxismus-Leninismus entsprach nicht der Realität des »Sozialismus in einem Lande«, wie die Formel für den Aufbau einer Industriegesellschaft in der UdSSR lautete. Der auf Kritik bestehender Zustände gerichtete Erklärungsansatz von Karl Marx stieß sich an dem Bedürfnis nach Legitimation des Erreichten. Die außerordentliche Vielfalt kultureller Milieus von atheistischen Internationalisten bis zu islamischen Fundamentalisten wurde durch den vereinheitlichten Anspruch der Ideologie eher zugekleistert als zum Ausdruck gebracht.

Der Stalinismus antwortete auf die intellektuellen Aporien anfangs durch eine ökonomistische Formalisierung. Die Unsicherheiten darüber, ob der Weg richtig war, den man ging, wurden durch Zurichtung des Geschichtsverständnisses überspielt. Aus Marx' Überlegungen zur Entstehungsgeschichte des Kapitalismus wurde das Modell des Geschichtsablaufs in fünf Stadien: Urgesellschaft, Sklavenhaltergesellschaft, Feudalismus, Kapitalismus, Sozialismus. Marx' regional definierte »Asiatische Produktionsweise« ließ man aus, da sie nicht zu der Vorstellung eines weltweit wesentlich gleichen Geschichtsablaufs passte.

Da man von der gesetzmäßigen Abfolge der *fünf Stadien* ausging, war als sicher angenommen, dass auch die westlichen Industrienationen einmal dort ankommen würden, wo die UdSSR sich schon befand; denn was Sozialismus war – genauer: dass das Staatseigentum an Produktionsmitteln das entscheidende Kriterium für Sozialismus war –, das lag durch Definition von Partei und Stalin fest. Obgleich also das Werk von Marx mit all seiner Differenziertheit zugänglich blieb, ja zum Teil in neuen Editionen erst jetzt zugänglich wurde, grenzte die zunehmende Zensur und nicht zuletzt die Angst vor der Geheimpolizei die öffentliche Diskussion auch über Marx immer mehr ein.

Und es ging auch nicht mehr nur um die Probleme der Intelligenz. Die Bildungsexplosion machte deutlich, dass Ideologie anfing, ein allgemeines Problem zu werden – auch eines der kleinen Leute. Je weniger man auf dem Dorf lebte, desto weniger konnte man mit den tradierten Normen und Wertsystemen auskommen; und nach der Kollektivierung reichte die Tradition auch nicht mehr hin, um die Realitäten auf dem Land zu begreifen.

Das Konzept, mit dem nicht zuletzt Stalin selbst als Ideologe diesen Lücken entgegentrat, war der *sowjetische Patriotismus*. Gegen den immer drohenden Nationalismus der Republiken und Nationalitäten wurde die Union der Sowjetrepubliken als Fixpunkt der Loyalität gesetzt. Damit wurden Leistungswillen, Disziplin und Opferbereitschaft für diesen Staat gefordert, dessen welthistorische Mission schließlich auch das individuelle Wertgefühl erhöhen konnte. Nach dem deutschen Angriff 1941 wurde großrussischer Nationalismus hinzugefügt und Russland als »älterer Bruder« herausgestellt.

Zur Geistesgeschichte des stalinistischen Russland gehört auch, dass abweichende Meinungen zum Schweigen verurteilt waren oder höchstens im Flüsterton verbreitet werden konnten. Jedes »falsche« Wort konnte verderblich, jeder Nachbar, jeder Kollege ein Denunziant sein. Das Schweigen eines großen Teils der Gesellschaft bot den Hintergrund dafür, dass die große Utopie unwidersprochen blieb; viele sahen sich auf dem Weg zu einer Gesellschaft der Gleichen, und gerade viele junge Leute begeisterten sich dafür – ohne nachzufragen, wo die Priester, die »Kulaken«, die linken Kommunisten oder einfach die armen Leute denn eigentlich abgeblieben waren.

7 Ergebnisse der Industrialisierung

Auf dem Sektor der Industrieproduktion waren die Fünfjahrespläne in einem Ausmaß erfolgreich, das in der kapitalistischen Welt erst nach der Produktionsleistung der Rüstung im Zweiten Weltkrieg wirklich akzeptiert worden ist. 1940 war die gesamte Industrieproduktion gegenüber 1928 auf 650 % gestiegen, die Stromerzeugung auf 1400 %, die der Leichtindustrie auf 340 %. Die Stahlproduktion betrug 18,3 Mio. t, die Erdölförderung 31,1 Mio. t, die Kohleerzeugung 166 Mio. t.

Wirtschaftsentwicklung 1913–1940
(in den jeweiligen Grenzen)
(Offizielle Daten)

	1913	1917	1928	1937	1940
Produktion im Vergleich zu 1913 (= 1)	1,0	0,7	1,3	6,0	7,7
Anteil der Investitionsgüterindustrie an der Gesamtproduktion	35,1 %	38,1 %	39,5 %	57,0 %	61,2 %
Elektroenergie (in Mrd. kW/h)	2,0	2,6	5,0	36,2	48,3
Erdöl (in Mio. t)	10,3	8,8	11,6	28,5	31,1
Kohle (in Mio. t)	29,2	31,3	35,5	128,0	166,0
Stahl (in Mio. t)	4,3	3,1	4,3	17,7	18,3
Traktoren (in Tausend)	–	–	1,3	66,5	31,5

Jahresdurchschnitte	1913	1924–28	1936–40	1940
Getreide (in Mio. t)	76,5	69,3	77,4	95,6
Zuckerrüben (in Mio. t)	10,9	7,9	17,1	18,0
Kartoffeln (in Mio. t)	23,3	41,1	49,4	76,1
Fleisch (in Mio. t)	4,1	4,2	4,0	4,7

Daten zur agrarischen Produktion der Kollektivierungsjahre sind nicht zugänglich. In der Abnahme der Traktorenproduktion 1940 zeigt sich die Umstellung auf Rüstungsgüter.

Dem entsprachen tiefgreifende Veränderungen der Gesellschaft. Zu Beginn des Jahres 1939 hatte die UdSSR 168 Millionen Einwohner, seit 1920 hatte sie um 36 Millionen zugenommen, und trotz der Hungersnöte lag die jährliche Zuwachsrate bei über anderthalb Prozent. Der Anteil der städtischen an der gesamten Bevölkerung hatte vor dem

Ersten Weltkrieg 18 % betragen und war in der Folge der Stadtflucht während des Bürgerkriegs auf 15 % gesunken. Bis 1939 stieg er auf 33 % – Russland näherte sich auf diesem Gebiet westeuropäischen Verhältnissen.

Die Sozialstruktur wurde tiefgreifend verändert. Zwar gab es auch 1939 – besonders im Norden des Landes und in Sibirien – noch Einzelbauern, und mit 2,6 % an der Gesamtbevölkerung waren das nicht ganz wenige (vor allem umgesiedelte Kulaken). Mit 47,2 % bildeten die Kolchosbauern jedoch den größten Anteil an der Bevölkerung. Da die sowjetische Statistik das Kriterium des Eigentums zugrunde legte, zählten diejenigen, die auf Sowchosen arbeiteten, als Arbeiter – so wie auch die Angehörigen der Maschinen-Traktoren-Stationen. Der Anteil der Arbeiter an der Bevölkerung war zwischen 1913 und 1926 von 14 % auf 10 % gesunken und bis 1939 auf 32,5 % gestiegen. Der Anteil der Angestellten hatte sich zwischen 1913 und 1939 von 3 % auf 15,5 % fast verfünffacht.

Die Produktionsergebnisse der Landwirtschaft zeigten die geringsten Veränderungen im langfristigen Niveau und waren starken kurzfristigen Schwankungen unterworfen. Die Getreideernten stagnierten um 70 Mio. t jährlich; der Zuwachs an Bevölkerung wurde vor allem durch den Übergang zu mehr Kartoffelanbau ernährt: zwischen 1913 und 1939 konnte man die Ernten auf etwa 50 Mio. t jährlich verdoppeln. Hinzu kam, dass in den dreißiger Jahren auf dem Weltmarkt Getreide kaum noch absetzbar war und also im Lande blieb. Schwere Einbußen mussten dagegen die Fleisch- und Milchproduktion hinnehmen.

Die Zunahme der industriellen Produktion war auch Ergebnis einer besseren Vernetzung der Werke und der Anlage neuer Kombinate, z. B. am Ural und in Sibirien (Kusnezker Steinkohlebecken). Neue Eisenbahnen waren gebaut worden, durch welche neue Güterströme möglich wurden, z. B. durch die Turksib die Versorgung Sibiriens mit Agrarprodukten aus Zentralasien.

Vergleicht man die sowjetische *Industrialisierung* mit der anderer Gesellschaften, dann fallen vor allem die extrem kurzen Fristen auf. Außerordentliche Bevölkerungsbewegungen, schlechte Wohnverhältnisse in den neuen Industriestandorten, zwangsweise Arbeit (in England in Arbeitshäusern), zwangsweise Veränderung der Agrarstruktur und Vertreibung alter Bevölkerung (in der englischen Irlandpolitik) hat es auch anderswo gegeben, aber selten so gehäuft. Abweichend war, dass in England der Prozess der Industrialisierung mit zunehmender Partizipation großer Bevölkerungsteile zusammenging, während in der UdSSR sogar die Mitbestimmungsmöglichkeiten der Partei reduziert wurden. Abweichend war auch, dass in der Sowjetunion niemand Produktivvermögen ansammeln konnte, da Bürokraten und nicht Kapitalisten die Industrialisierung vorantrieben.

Dass die Industrialisierung notwendig war, wird man kaum bezweifeln können. Nicht nur aus den »äußeren« Gründen der Konkurrenz im System der Mächte – die Gefahr, dass ein weiterentwickeltes Land sich Kolonien aus Russland herausschneiden wollte, war real. Die Industrialisierung war jedoch auch deswegen nötig, weil die unkontrolliert, aber gleichmäßig wachsende Bevölkerung mit der alten Landwirtschaft nicht mehr ernährt werden konnte und auch nicht mit Lebensbedingungen einverstanden war, die sich ständig verschlechterten. Dass die Industrialisierung in kapitalistischer Form schneller vor sich gegangen wäre, ist wenig wahrscheinlich.

Viele Länder, die sich am Ende des Ersten Weltkriegs ungefähr in der Lage Russlands befunden haben, haben sich bis zum Zweiten Weltkrieg nur wenig weiter industrialisiert und blieben halbperipher – Zulieferer von Rohstoffen für das Zentrum. In der Tat müssen Kapitalisten in solchen Ländern nicht unbedingt das Ziel haben, in ihren eigenen Gesellschaften die Industrialisierung voranzutreiben – es kann ihnen völlig ausreichen, bei Verkauf und Ankauf Gewinne zu machen und die in London oder Zürich zu investieren. Insofern war die sowjetische Bürokratie in besonderem Maß auf den Erfolg ihrer Fünfjahrespläne angewiesen – sie war eine auf ihren Staat begrenzte Führungsschicht, die mit den Führungsschichten anderer Staaten verhältnismäßig wenig gemein hatte – weder war sie persönlich reich noch weltläufig. Mehr als das: die Generation der Revolutionäre von 1917, die überwiegend aus wohlhabenden Familien stammte und mindestens durch die Exilsituation weltläufig geworden war, wurde in den dreißiger Jahren verdrängt oder sogar liquidiert.

Die sowjetische Industrialisierung trug aber durch ihre Struktur eine tiefgreifende Einschränkung mit sich. Die Bürokratie konnte nur Vorgänge planen, die innerhalb der Grenzen abliefen (und soweit sie den Außenhandel kontrollierte). Das trennte die sowjetische Industrie von der weltweiten Konkurrenz, was in Zeiten der Weltwirtschaftskrise gewiss auch stabilisierende Folgen hatte, im Endeffekt aber bedeutete, dass man nur gut vorankam, solange man auf ausgetretenen Spuren gehen konnte. Bei der geographischen Größe des Landes, der Zahl der Menschen und der Ausstattung mit natürlichen Ressourcen gab es kaum einen Industriezweig, der nicht vorstellbar war. Aber welche Vorstellungen in der Planbürokratie durchsetzbar waren, das hing davon ab, welche Modelle die Zentrumsländer vorgaben. In dem Schlagwort »einholen und überholen« ist dieser Grundtatbestand benannt, denn selbstverständlich musste es zuerst einmal um das Hinterherlaufen gehen, wenn man einholen wollte.

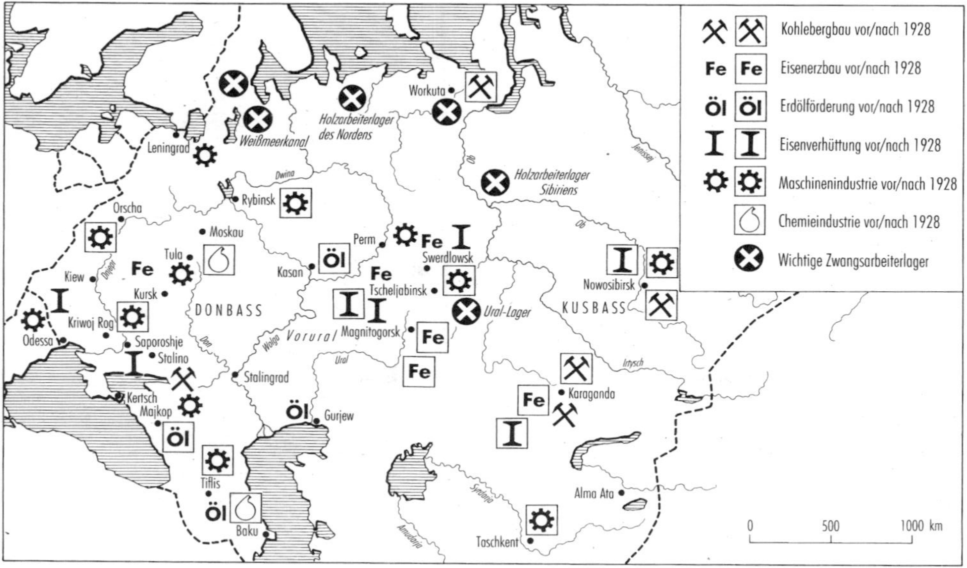
Kohlebergbau vor/nach 1928
Eisenerzbau vor/nach 1928
Erdölförderung vor/nach 1928
Eisenverhüttung vor/nach 1928
Maschinenindustrie vor/nach 1928
Chemieindustrie vor/nach 1928
Wichtige Zwangsarbeiterlager
Leningrad
Weißmeerkanal
Holzarbeiterlager des Nordens
Workuta
Holzarbeiterlager Sibiriens
Jenissej
Ob
Dwina
Rybinsk
Orscha
Moskau
Perm
Swerdlowsk
Tula
Kasan
Kiew
Dnjepr
Kursk
DONBASS
Tscheljabinsk
Nowosibirsk
KUSBASS
Kriwoj Rog
Ural-Lager
Odessa
Saporoshje
Stalino
Vorural
Magnitogorsk
Wolga
Don
Ural
Stalingrad
Irtysch
Kertsch
Majkop
Karaganda
Gurjew
Tiflis
Baku
Syrdarja
Amudarja
Alma Ata
Taschkent
Öl
Fe
0
500
1000 km

8 Stalin und der Stalinismus

Josef Wissarionowitsch Dshugaschwili (1879–1953) war das einzige Kind eines in quälender Armut lebenden Schusters in Georgien. Der verhasste Vater, zu dessen wenigen Vergnügungen es gehörte, den Jungen zu prügeln, starb, als Josef zehn Jahre alt war; die vergötterte Mutter versuchte, die kleine Familie mit Näharbeiten durchzubringen. Der Junge war mehrfach schwer krank – sein Gesicht blieb blatternarbig, sein linker Arm nach einem nicht ordentlich ausgeheilten Bruch verkürzt; er wuchs nur zu einer Größe von 1,60 m. Die Kirche gab dem Mittellosen ein Stipendium für das theologische Seminar in Tiflis, wo Dshugaschwili sofort in den Kreis georgischer Nationalisten kam, welche gegen die Russifizierung des Landes sowie der orthodoxen Kirche Georgiens kämpften. Josef war ein guter Student; er zwang die Leitung des Seminars jedoch, ihn zu relegieren, indem er zu den Abschlussprüfungen nicht erschien. Er war also ein zwanzigjähriger Seminarist ohne Diplom, als er um die Jahrhundertwende den Weg unter die Berufsrevolutionäre der Sozialdemokratie einschlug. Und er war einer der ersten, der wirklich aus kleinen, wenn auch nicht gerade proletarischen Verhältnissen kam – ganz anders als Lenin, Trotzki oder Kollontaj. Seine Mutter verheiratete ihn 1903 mit einem Mädchen aus seinem Heimatdorf, und aus dieser Ehe stammte ein Sohn, Jakow, der 1941 in deutsche Kriegsgefangenschaft geriet und vermutlich im KZ Oranienburg umkam. Als seine junge Frau 1907 starb, zerbrach wohl eine der letzten Bindungen Josefs zu seiner Heimat. Zugleich begann, unter dem Decknamen Stalin, sein politischer Aufstieg – 1912 wurde er als Protégé Lenins, dem er durch einige Aufsätze zur Nationalitätenfrage bekannt geworden war, Mitglied im ZK der Bolschewiki.

Dass im Moment der Oktoberrevolution der Parteineuling Trotzki ihn weit in den Schatten stellte, hat Stalin diesem nie verziehen – später wurde der geniale Jude aus den

Fotos mit Lenin wegretuschiert und der kleine Georgier an seine Stelle gesetzt. Im Kampf um die Nachfolge aber setzte Stalin sich durch – nicht nur, weil sein Verhältnis zur Gewalt und sein Umgang mit der Macht noch skrupelloser waren als das seiner Gegner. Stalin, seit 1922 in dem von den Intellektuellen nicht geliebten Amt des Generalsekretärs, war der erste, der den neuen Charakter der Macht in der UdSSR erkannte – es war Verwaltungsmacht. Und gerade weil man das im Lande nicht offen diskutieren konnte, weil die Bürokratie sich gegenüber der Kritik der Intellektuellen (Lenins an erster Stelle) öffentlich nicht rechtfertigen konnte, dankte sie dem Generalsekretär seine administrable Politik mit treuer Gefolgschaft – um die Mehrheiten auf den Parteitagen brauchte er sich nie Sorgen zu machen. Bis Stalin sich nach dem »Parteitag der Sieger« 1934, auf dem es keine politische Opposition mehr gab, durch Terror gegen die Kader, die ihn nach oben getragen hatten, auch von dieser Bindung löste und nun als »Führer« (*woshd*) eine nur noch auf seine Person bezogene Diktatur einrichtete.

Stalin war ein Mensch, der durch frühe Verletzungen bindungsunfähig geworden war und sich an allen rächte, auf die er jemals angewiesen war. Dass ein solcher Mensch an die Spitze der Sowjetunion gelangen und ein System schaffen konnte, das dann nach ihm Stalinismus genannt wurde, zeigt die Schwäche der politischen Verfassung der UdSSR, in der es kein System von Kontrollen gegen den Machthunger einzelner gab – weil die Gründer den Machthunger einzelner für eine Erscheinung »bürgerlicher« Kultur und Erziehung hielten, also überwunden glaubten.

Die stalinistische »Kultur« war etwas Neues, mit anderen Identitäten und »wir gegen sie« Grenzen, neuen Moden und Regeln sowie einem formalisierten Begriff von »Kultiviertheit«.

9 Fritz Platten, Nikolaj Drushinin und Anna Achmatowa

Fritz Platten (1883–1942) stammte aus einer Schweizer Arbeiterfamilie und lernte in Zürich Schlosser. Er wurde früh Mitglied der Schweizer Sozialdemokratie und gehörte dort dem linken Flügel an, ein guter Organisator und einnehmender, mutiger Mann. Während Lenins Schweizer Aufenthalt wurde er mit ihm bekannt, er half bei der Rückreise Lenins nach der Februarrevolution und rettete sein Leben bei einem Attentat im Januar 1918. In die Schweiz zurückgekehrt, fand er sich in der neugegründeten Kommunistischen Partei nicht recht zu Hause und führte 1923 eine Gruppe von Schweizer Emigranten in die UdSSR, wo sie eine Kommune gründete. Seit 1931 unterrichtete er auch Deutsch am Moskauer Fremdspracheninstitut. In die Mühlen der stalinistischen Verfolgung geriet er vielleicht nur deswegen, weil er sich von seinem Freund Sinowjew öffentlich verabschiedete, als dieser in die Verbannung geschickt wurde. 1939 wurde Platten zu vier Jahren Lagerhaft verurteilt, die er nicht überlebte. Seine Biographie steht hier für die vielen Kommunisten aus aller Welt, die guten Glaubens in der UdSSR ihre neue Heimat sahen, die aber zu kritisch oder auch nur zu mutig waren, um sich dem Stalinismus anzupassen. Viele von ihnen sind im »Archipel GULag«, wie der Schriftsteller Alexander Solschenizyn das System der Straflager später nennen sollte, umgekommen.

Nikolaj Michajlowitsch Drushinin (1886–1986) stammte aus Kursk, der Vater war Hausbesitzer und Versicherungsagent, später Buchhalter. Nikolaj engagierte sich in der Revolution von 1905 als Sozialdemokrat, vor der Alternative Berufsrevolutionär oder Wissenschaftler entschied er sich aber für das zweite. Als Werkstudent studierte er in Moskau zuerst Jura, dann Geschichte und war nach der Zeit als Soldat teils gering, teils gar nicht entlohnter Assistent, der von Museumsarbeit und Nachhilfe lebte. Er geriet mit der ökonomistischen Schule der »Historiker-Marxisten« in Konflikt, konnte seine Dissertation über einen Dekabristen jedoch abschließen und schließlich sogar Professor an der Moskauer Universität werden (1934). Seine Forschungen galten vor allem der Geschichte der Bauern im 19. Jahrhundert, außerdem hat er an allen großen Geschichtsdebatten der sowjetischen Historiographie teilgenommen, seit 1953 als hochangesehenes Mitglied der Akademie der Wissenschaften. Drushinin, der dreimal vor und dreimal nach der Revolution im Gefängnis saß (zuletzt 1930), steht für jene vielen Russen, welche – trotz ihrer Zivilcourage – die Umbrüche überlebten und in ihrer Arbeit ihren Beitrag zur Entwicklung der sowjetischen Gesellschaft leisteten.

Anna Andrejewna Gorenko (1889–1966) ist unter ihrem Künstlernamen *Achmatowa* die wohl bekannteste russische Dichterin. In formstrenger Lyrik von trügerischer Einfachheit schrieb sie vor allem über ihr eigenes Schicksal, gab aber darin allgemeinen Erfahrungen Ausdruck. Ihr zweiter, 1913 erschienener Gedichtband *Rosenkranz* wurde geradezu zum Motto eines Gesellschaftsspiels, aber auch dem Untergang dieser Welt im Juli 1914 gab sie Worte: »Alles ist geplündert, verraten und verkauft.« Sie erlebte den Tod ihrer Dichterfreunde, so den von Ossip Mandelstam 1938, und hatte, keine fünfzig Jahre alt, alle überlebt. Mit dem Schuldbewusstsein der Überlebenden fragte sie sich, weshalb, und fand die Antwort im Gespräch mit anderen Frauen, die wie sie selbst in den Schlangen vor den Gefängnissen standen, um ihren Angehörigen (bei ihr war es der Sohn) vielleicht eine Nachricht oder etwas zum Essen bringen zu können. »Du kannst darüber schreiben?« fragte eine Nachbarin, und sie schrieb das *Requiem*, dessen Verse auswendig gelernt wurden, weil die Polizei sie nicht finden durfte. Und ihr gelangen sogar Gedichte über den Krieg, so über das erste Ferngeschoss auf Leningrad, dessen Einschlag sie erst dem Regen ankündigenden Donner vergleicht, aber dann fortfährt: »Dieser jedoch war trocken wie die Höllenhitze, / und das verwirrte Ohr wollte nicht glauben / – so, wie er sich ausbreitete und wuchs –, / dass er so gleichgültig den Untergang brachte / meinem Kind.«

16
Deutsche in Stalingrad, Russen in Berlin

1 Der Nationalsozialismus als atavistische Moderne

Mit dem Nationalsozialismus kam in Deutschland 1933 eine Bewegung an die Macht, die Krieg und Gewalt zum Naturgesetz erklärte. Die Nationalsozialisten wandten sich damit, wie die anderen faschistischen Bewegungen, grundsätzlich gegen den Prozess der Zivilisierung, der die Moderne kennzeichnet. Da auch der Leninismus durch die Gewaltsamkeit seines Vorgehens einen antimodernen Zug hatte, ist es bei der Dichte der deutsch-russischen intellektuellen Beziehungen nicht von der Hand zu weisen, dass im Antikommunismus der »Bewegung« auch strukturelle Übernahmen lagen. In den propagierten Zielen aber richtete sich der Faschismus gegen die europäische Aufklärung, gegen Humanismus und Toleranz, gegen die Gleichheit der Menschen und damit gegen alles, woran ein Sozialist glaubte.

Konkret richtete sich der Nationalsozialismus dagegen, Deutschlands Niederlage im Ersten Weltkrieg anzuerkennen. Damit konnte er, obgleich die Führer eher kleinbürgerlicher Herkunft waren, auch einen großen Teil der alten deutschen Führungsschichten gewinnen, zumindest, als die Republik in der Weltwirtschaftskrise mit über 6 Millionen Arbeitslosen im Innern auf autoritäre Strukturen und in den außenwirtschaftlichen Beziehungen auf Autarkie hinsteuerte. Der Nationalsozialismus versprach, die wirtschaftlichen, sozialen und intellektuellen Probleme der Deutschen durch Expansion zu lösen. In der Wirtschaft wurde ein Rüstungsprogramm begonnen, das durch Verschuldung in einem Ausmaß finanziert wurde, welches letztlich Finanzierung durch Eroberung annehmen ließ. Sozial wurde nicht nur die Auseinandersetzung zwischen Arbeiterbewegung und Bourgeoisie durch Gewalt beendet, indem die Gewerkschaften aufgelöst und die sozialistischen Parteien verboten wurden. Es wurde auch den Ängsten mittelständischer Gruppen vor dem sozialen Abstieg dadurch die Schärfe genommen, dass wichtige Konkurrenten – die Deutschen mosaischen Glaubens – als Anwälte, Ärzte, Kaufhausbesitzer und Kapitaleigner ausgeschaltet wurden. Intellektuell wurde die zunehmende Komplexität der modernen Gesellschaft, die man nicht wahrhaben wollte, hinter Mythen von einfachen, natürlichen Verhältnissen verborgen. Hierzu gehörten der Mythos von der Ewigkeit des Krieges der Rassen und Völker um »Lebensraum« sowie der vom »gesunden« Volk mit bäuerlichen Familien und vielen Kindern. Die gerade vergangene Phase demographischer Expansion und Abwanderungen aus der Landwirtschaft wurde in einer Gesellschaft, in der längst die Zweikinderfamilie städtischer Angestellter und Facharbeiter die statistische Norm war, zu einer verqueren Vision, aus der die Idee deutscher Bauernsiedlung im Osten folgte.

Der Führer der Bewegung und nach 1933 des Reiches hatte die verschiedenen Ideologeme schon früh (in dem Buch *Mein Kampf*) gebündelt und zu einem politischen Programm gemacht. Antibolschewismus und Antisemitismus ließen sich in der These vereinen, dass die »jüdische« Herrschaft der Bolschewiki in Russland zur Zersetzung jenes Landes führen und damit die Möglichkeit geben werde, dort Lebensraum zu erobern. Auch wenn Hitler Forderungen gegenüber den Westmächten wie die nach Rückgabe der Kolonien als Trümpfe in der Hand behalten wollte, so war doch Osteuropa, und hier insbesondere die Sowjetunion, das vorrangige Ziel der deutschen Expansion. Dabei sollte die Beherrschung des europäischen Kontinents, die sich aus der Ostexpansion ergeben hätte, nur der erste Schritt zur Weltherrschaft sein. Schon in *Mein Kampf* hatte Hitler sich die Frage vorgelegt, was denn geschehen solle, wenn Deutschland dies Ziel nicht erreiche, und gefolgert, dass Deutschland entweder Weltmacht – oder überhaupt nicht sein werde. Der »Führer« ließ also von vornherein den Bezug zwischen Zweck und Mitteln außer acht und wandte sich damit sowohl gegen die europäische Tradition der Staatsraison als auch gegen die an Clausewitz orientierte Tradition des europäischen Militärs, dass Krieg ein Instrument der Politik, nicht aber selbst Politik sei.

Das nationalsozialistische Expansionsprogramm passte auch in der konkreten Fixierung auf die Ukraine zu alten Eroberungszielen des deutschen Imperialismus, der in Südrussland Kontrolle über jene Rohstoffe zu erlangen suchte, über die Deutschland nicht verfügte – wie Getreide, Eisenerz, Mangan und Erdöl.

2 Von der Konfrontation zur Kooperation: Deutschland und die Sowjetunion 1933–39

Die Sowjetunion reagierte auf die nationalsozialistische Bedrohung, indem sie versuchte, ein europäisches Sicherheitssystem aufzubauen; sie trat dem Völkerbund bei und schloss 1935 mit Frankreich und der Tschechoslowakischen Republik (ČSR) Beistandspakte. Dieser Versuch wurde jedoch bald durch den Spanischen Bürgerkrieg belastet. Da die westeuropäischen Republiken die spanische Republik weithin im Stich ließen, während die faschistischen Mächte die aufständischen Generale unter Franco massiv unterstützten, geriet die Republik immer mehr in Abhängigkeit von Militärlieferungen der UdSSR (welche diese sich gut bezahlen ließ). Nun wurde die Zweigleisigkeit sowjetischer Außenpolitik wirksam – die Kommunisten, gar der sowjetische Geheimdienst, errangen immer mehr Einfluss und verschreckten damit die Westmächte, deren Bündnis Moskau andererseits suchte. Die Niederlage der spanischen Republik 1939 kam deshalb schließlich auch der UdSSR gelegen.

Gescheitert war der Versuch, ein gesamteuropäisches Sicherheitssystem aufzubauen, als Frankreich sich nicht bereit zeigte, seinen Bündnispartner Tschechoslowakei gegen den drohenden deutschen Angriff zu verteidigen. Da das sowjetische Bündnis mit der ČSR an die französische Militärhilfe gebunden war, entfiel es damit. Entscheidend aber war, dass die vier Mächte Frankreich, Großbritannien, Deutschland und Italien mit der Konferenz von München 1938 die UdSSR wieder aus dem europäischen System ausschlossen. In der sowjetischen Führung verstand man die Preisgabe der Tschechoslowakei als Versuch, der deutschen Expansion den Weg nach Osten zu öffnen, damit die UdSSR für die alten Ententemächte die »Kastanien aus dem Feuer holen« solle, wie Stalin formulierte.

Dem Vorbild der Westmächte folgend, behandelte die UdSSR nach 1938 Deutschland wie eine Macht unter anderen. Der Faschismus war von Anfang an als Diktatur der extremsten Kreise des Finanzkapitals begriffen, sein Massencharakter damit nicht zur Kenntnis genommen worden. Da der Stalinismus selbst in hohem Grad gewaltförmig war, konnte sein Führer nicht angemessen einordnen, was es für eine kapitalistische Gesellschaft bedeutet, wenn eine Diktatur eingeführt wird.

Im System der europäischen Mächte war Polen der schwache Punkt. Geführt von einem antikommunistisch orientierten, autoritären Regime, hatte Polen durch einen Freundschaftsvertrag mit Deutschland 1934 dessen außenpolitische Isolierung durchbrochen, und es hatte 1938 davon profitiert, indem es nach dem deutschen Einmarsch in die Tschechoslowakei seine alte Rechnung mit dem slawischen Nachbarn beglich und das Olsagebiet annektierte. Nach der Zerstörung der Tschechoslowakei brauchte die nationalsozialistische Führung das Bündnis mit Polen jedoch nicht mehr – im Gegenteil, Polen wurde zum nächsten Objekt deutscher Expansion. Großbritannien, das nach dem vertragswidrigen deutschen Einmarsch in Prag im März 1939 erkannte, dass man mit dem Deutschen Reich keinen »Frieden für unsere Generation« schließen konnte, garantierte nun zusammen mit Frankreich die Grenzen Polens.

Diese Grenzgarantie hatte ihre strategischen Probleme, da die Ententemächte keine militärischen Mittel besaßen, um Polen zu helfen, wenn sie nicht den Angriff auf das Reich im Westen eröffnen wollten. Dem verweigerte sich insbesondere Frankreich, das sich hinter seinem östlichen Verteidigungsgürtel, der »Maginotlinie«, sicher glaubte. In Verhandlungen mit der UdSSR sollte diese dazu bewogen werden, die reale Unterstützung gegen Deutschland zu leisten – dem standen aber polnische Ängste entgegen, die Rote Armee werde beim Vormarsch in polnisches Territorium, wie schon 1919, den Umsturz fördern. Da die Rote Armee mit der polnischen nicht vereint werden sollte, musste die sowjetische Führung den schlechtestmöglichen aller Koalitionskriege fürchten – polnische und sowjetische Armeen hätten nacheinander geschlagen werden können, während Frankreich sicher hinter der Maginotlinie geblieben wäre. Aus diesem Dilemma befreite die Reichsregierung die UdSSR durch das Angebot eines Nichtangriffsvertrags, der am 23. August 1939 abgeschlossen wurde. In einem geheimen Zusatzprotokoll teilten die beiden Mächte Ostmitteleuropa zwischen sich auf: Litauen sowie Polen westlich der Flüsse Narew, Weichsel und San wurden deutschem, Finnland, Estland, Lettland, Ostpolen und Bessarabien sowjetischem Einfluss preisgegeben.

Der sowjetisch-deutsche Nichtangriffsvertrag hat die Politiker, die das Münchener Abkommen unterzeichnet hatten, kaum überraschen können. Die europäische Linke jedoch, die sich trotz mancher Kritik zu grundsätzlicher Solidarität zur Sowjetunion verpflichtet fühlte, war zutiefst enttäuscht, und diese Enttäuschung erhielt jetzt über die publizistischen Mittel der westlichen Metropolen eine außerordentliche Öffentlichkeit. In der Tat gab die UdSSR durch den Nichtangriffsvertrag die letzte Möglichkeit aus der Hand, die bevorstehende Auseinandersetzung zu begrenzen; wohl der schwerste Fehler, den die sowjetische Führung außenpolitisch aus ihrer falschen Faschismusanalyse heraus begehen konnte.

3 Die sowjetische Westexpansion

Als Deutschland am 1. September 1939 Polen überfiel, stand die Rote Armee Gewehr bei Fuß, um den sowjetischen Anteil an der Beute zu sichern. Am 17. September begann die UdSSR den Vormarsch nach Polen, wobei die beiden Teilungsmächte sich schnell einigten, ihre Einflussgrenzen am Bug neu festzulegen – Deutschland gab dafür den Einfluss auf Litauen auf. Die UdSSR organisierte Ostpolen als Teile der Republiken Weißrussland und Ukraine. Sie deportierte etwa ein Zehntel der Bevölkerung, überwiegend aus der polnischen Oberschicht, und organisierte Scheinwahlen, welche die Zustimmung der Bevölkerung zum Anschluss an die UdSSR belegen sollten. In der Tat gehörte die Mehrheit der Bevölkerung Ostpolens zu den Weißrussen und Ukrainern, und sie hatte unter der Polonisierungspolitik Warschaus auch gelitten. Andererseits reichte der polnische Kultureinfluss, vor allem durch die mit Rom unierte Kirche, über den polnischen Bevölkerungsanteil hinaus; wie die Bevölkerung Ostpolens sich bei einer freien Wahl entschieden hätte (die weder Polen ermöglicht hatte noch die UdSSR 1939 ermöglichte), bleibt unbekannt.

Völlig eindeutig ist dagegen, dass den kommunistischen Parteigängern in Finnland und den baltischen Staaten, die in den Bürgerkriegen nach der Oktoberrevolution eine so große Rolle gespielt hatten, durch die Landreformen und die nationale Integration in der Zwischenkriegszeit der Boden entzogen war. Die UdSSR merkte dies zuerst, nachdem Finnland sich geweigert hatte, Stützpunkte zu überlassen. Dem sowjetischen Angriff am 30. November 1939 wurde erbitterter Widerstand entgegengesetzt, und es gelang den Finnen, die weit überlegenen sowjetischen Armeen über ein Vierteljahr lang abzuwehren. Erst am 12. März 1940 musste Finnland die karelische Landenge mit Wyborg und andere Teile Kareliens abtreten sowie einen sowjetischen Marinestützpunkt westlich von Helsinki akzeptieren, um Frieden schließen zu können.

Immerhin hatte Finnland seine Unabhängigkeit gewahrt. Den baltischen Republiken gelang das nicht; sie räumten im Herbst 1939 der UdSSR Stützpunkte ein und wurden durch eine Kombination aus militärischer Verunsicherung und inneren Aktionen der Kommunistischen Parteien im Sommer 1940 veranlasst, sich als Sowjetrepubliken der UdSSR anzuschließen. Auch hier sicherten Deportationen die innere ›Friedhofsruhe‹ – die baltischen Länder und Ostpolen wurden in das Lagersystem des Stalinismus eingefügt. Aufgrund eines besonderen deutsch-sowjetischen Abkommens waren die Deutschbalten vor der sowjetischen Annexion ausgesiedelt worden – sie bildeten eine erste volksdeutsche Siedlungsgruppe im alten Westpolen, das als »Warthegau« zum nationalsozialistischen Musterterritorium werden sollte.

Die Abtretung Bessarabiens – dessen Verlust die sowjetische Regierung nie anerkannt hatte – und der Nordbukowina forderte die UdSSR ultimativ im Sommer 1940. Aus den mehrheitlich romanisch sprechenden Gebieten bildete man die Moldauische SSR. Da Bessarabien in der Phase der Herausbildung des Rumänischen zur Schriftsprache im

19. Jahrhundert, die mit einer starken Latinisierung verbunden war, nicht zum entstehenden Staat Rumänien gehört hatte, blieb das Moldauische der den slawischen Sprachen naheste Teil der Romania.

4 Der deutsche Überfall

Die deutschen Planungen für den Überfall auf die UdSSR, das »Unternehmen Barbarossa«, begannen im Sommer 1940. Sie entsprachen einerseits den Ostraumplänen (s. Kap. 16.1) und entstanden andererseits in einer Lage, in der nach der Niederlage im Luftkrieg gegen Großbritannien ein schneller Sieg im Westen unmöglich geworden war. Hitler hoffte, sich aus dieser diffizil gewordenen Situation mit einem großen Schlag zu befreien und durch den Sieg über Russland England doch noch zum Nachgeben zu zwingen. Die Aktenlage zeigt eindeutig, dass weder die politische noch die militärische Führung einen sowjetischen Angriff fürchteten, dem etwa zuvorzukommen sei. Vielmehr glaubten beide – nach dem glänzenden Sieg der Wehrmacht in Frankreich und der Blamage der Roten Armee in Finnland – an einen schnellen Erfolg. Dieser sollte zur Vernichtung Russlands als Staatswesen genutzt werden: »Russland wird unser Indien« verkündete Hitler.

Weil die sowjetische Führung die nationalsozialistische für eine rational handelnde Gruppe hielt, die die Ideologie genauso hintanstellen konnte, wie sie selbst das tat, und wohl auch, weil Stalin in Hitler einen ähnlich machthungrigen, aber auch machtklugen Menschen sah, wie er selbst war, rechnete die UdSSR nicht mit einem deutschen Angriff, solange Großbritannien nicht besiegt war. Als der deutsche Aufmarsch in Polen für die sowjetische Abwehr immer unübersehbarer wurde, wurden im sowjetischen Generalstab Pläne gemacht, wie man dem deutschen Angriff zuvorkommen könne. Stalin hielt den Zeitpunkt jedoch für ungünstig und glaubte, der deutsche Aufmarsch solle die sowjetische Seite gerade provozieren.

In der Weisung zum »Fall Barbarossa« vom 18. Dezember 1940 wurde als allgemeine Absicht formuliert: »Die im westlichen Russland stehende Masse des russischen Heeres soll in kühnen Operationen unter weitem Vortreiben von Panzerkeilen vernichtet, der Abzug kampfkräftiger Teile in die Weite des russischen Raumes verhindert werden. In rascher Verfolgung ist dann eine Linie zu erreichen, aus der die russische Luftwaffe reichsdeutsches Gebiet nicht mehr angreifen kann. Das Endziel der Operation ist die Abschirmung gegen das asiatische Russland aus der allgemeinen Linie Wolga/Archangelsk.«

Das neue Staatenbild hat Hitler am 30. März 1941 so skizziert: »Nordrussland gehört zu Finnland. Protektorate Ostseeländer, Ukraine, Weißrussland.« Sein Bild von Restrussland war »Vernichtung der bolschewistischen Kommissare und der kommunistischen Intelligenz. Die neuen Staaten müssen sozialistische Staaten sein, oder ohne eigene Intelligenz ...«

Militärisch gelangen der deutschen Armee nach dem Überfall am 22. Juni 1941 außerordentliche Erfolge, nicht nur wegen des Überraschungsmomentes und der Tatsache, dass die sowjetische Militärführung erst 1937 in einer Stalinschen Säuberung dezimiert worden war. Die deutsche Armee hatte einen dem technologischen Stand und der Kapazität der deutschen Rüstungswirtschaft angemessene Form der Kriegführung entwickelt – den im Zusammenwirken von Panzereinheiten und Luftwaffe durchgeführten Stoß hinter die Verteidigungslinien des Gegners, den »Blitzkrieg«. Mit dieser Strategie gelang es, zahlenmäßig überlegene sowjetische Verbände einzukesseln und schließlich zu vernichten. Die Angreifer verfügten, einschließlich der Bundesgenossen Slowakei, Ungarn, Finnland und Rumänien, über etwa 3,6 Millionen Soldaten, 3580 Panzer und 2700

Flugzeuge. Ihnen standen an der sowjetischen Westfront insgesamt 4,7 Millionen Mann mit über 10 000 Panzern und 8000 Flugzeugen gegenüber, allerdings z. T. älterer Bauart.

In den Kesselschlachten, die deutsche Truppen schließlich bis vor die Tore Moskaus führten, wurden riesige Mengen sowjetischen Materials vernichtet, und über drei Millionen Sowjetsoldaten ließen sich lieber gefangennehmen, als in den Kesseln bis zum letzten zu kämpfen. Im Winter zeigte sich jedoch, dass der deutschen Planung trotz ihrer strategischen Innovation das Potential zum Sieg fehlte. Der Widerstand der Roten Armee versteifte sich, die Angriffsbefehle gingen immer weiter am Erreichbaren vorbei, und die langen Nachschubwege forderten ihren Tribut. Zwar gelang es durch einen Schwenk nach Süden im Sommer 1942 noch einmal, die Initiative zu ergreifen und tatsächlich bis Stalingrad, bis zur Wolga vorzustoßen. Kesselschlachten aber wurden nun nicht mehr geschlagen – die sowjetischen Militärs hatten aus den Niederlagen gelernt und begannen ihre erste Kesselschlacht aus der Defensive heraus, als die Deutschen ihre Nachschubwege am weitesten gedehnt hatten. Am 22. November 1942 gelang es der Roten Armee, die 6. deutsche Armee in Stalingrad einzukesseln, und da Hitler den Ausbruch verbot, ging sowohl Stalingrad als auch die Armee verloren. Nachdem bei einem vergeblichen Versuch, im Sommer 1943 bei Kursk die Initiative zurückzugewinnen, die letzten operativen Reserven verbraucht worden waren, ging es nur noch nach Westen, bis am 2. Mai 1945 die Reichshauptstadt Berlin kapitulierte.

5 Deutsche Besatzungspolitik

Der Angriff auf die UdSSR wurde von einem Komplex verbrecherischer Befehle vorbereitet, so dem Erlass über die Kriegsgerichtsbarkeit vom 13. Mai 1941, in dem u. a. vorgeschrieben wurde, Freischärler »schonungslos zu erledigen« und gegen Orte, aus denen die Wehrmacht hinterhältig angegriffen wurde, »kollektive Gewaltmaßnahmen« durchzuführen. Ebenfalls lange bevor man wissen konnte, wie der Krieg geführt werden würde, wurde am 6. Juni 1941 im sogenannten Kommissarbefehl angeordnet, die politischen Kommissare bei der Roten Armee sofort aus den Gefangenen auszusondern und »nach durchgeführter Absonderung zu erledigen«.

Aber auch dort, wo solche Befehle nicht vorlagen, wurde ein in der Kriegsgeschichte seltenes Massensterben organisiert. Obgleich die deutsche Armee mit den Kesselschlachten plante, riesige Gefangenenzahlen zu bekommen, sah sie keine auch nur annähernd ausreichende Versorgung vor, so dass insbesondere von den Kriegsgefangenen der ersten Kesselschlachten fast niemand überlebte und von den insgesamt bis Februar 1945 gefangenen 5,7 Millionen Rotarmisten etwa 3,3 Millionen (57%) umgekommen sind. Erst als man im Februar 1942 begriff, dass der Blitzkrieg gescheitert war, und Arbeiter für die deutsche Industrie suchte, wurden auch die Kriegsgefangenen so behandelt, dass die gesunden unter ihnen eine Chance zum Überleben hatten. Bis dahin waren aber schon über zwei Millionen verhungert, erfroren, an Seuchen gestorben oder auch »ausgesondert«, d.h. erschossen.

Wirtschaftlich war der Krieg von Anfang an als Raubunternehmen geplant. In einer Aktennotiz vom 2. Mai 1941 heißt es lapidar: »1. Der Krieg ist nur weiter zu führen, wenn die gesamte Wehrmacht im 3. Kriegsjahr aus Russland ernährt wird. 2. Hierbei werden zweifellos zig Millionen Menschen verhungern, wenn von uns das für uns Notwendige aus dem Lande herausgeholt wird.« Auch in der Realität der Requirierungen führte die deutsche Wirtschaftspolitik zum Hungertod von Millionen Zivilisten in den besetzten Gebieten. Ziel der Wirtschaftspolitik in diesen Gebieten war es nach Anordnung Görings vom 27. Juli 1941 nicht, die Wirtschaft insgesamt wieder in Gang zu bringen, sondern die Ausbeutung einiger Rohstoffvorkommen und insbesondere der Landwirtschaft sicherzustellen, wobei die deutsche Wirtschaftsverwaltung an den Kolchosen festhielt, um die Bauern besser kontrollieren zu können. Auf Dauer war geplant, die Getreideüberschussgebiete des Südens von Nordrussland zu trennen und zum Export nach Deutschland zu zwingen. Da der Norden dann nicht mehr versorgt werden konnte, sollte diese Politik zugleich die Entindustrialisierung und Entstädterung Kernrusslands durch Hunger bewirken.

Je mehr Deutschland bei Fortdauer des Kriegs Arbeitskräfte brauchte, desto mehr wurden Sowjetbürger auch zwangsweise nach Deutschland gebracht, wo sie als Ostarbeiter unter schlechtesten Bedingungen in Lagern gehalten wurden, um die an die Front gegangenen deutschen Arbeiter zu ersetzen. Insgesamt haben aus der UdSSR etwa 2,8 Millionen Menschen im Reich während des Kriegs gearbeitet – zusätzlich zu den über 20 Millionen, die in ihrem eigenen Lande unter deutscher Aufsicht ihre Arbeit taten (vor allem in der Landwirtschaft).

Da die Versorgung auch der Menschen, die im Lande für deutsche Unternehmen oder deutsche »Bauernführer« arbeiteten, unter dem Kalorienbedarf eines arbeitenden Menschen blieb und die Angehörigen überhaupt nicht versorgt wurden, und da außerdem die Ostarbeiter bald nach Hause schrieben, dass auch ihre Überlebenschancen gering und ihre Lage in Deutschland unerträglich sei, blieb den jungen Leuten im Lande kaum etwas anderes als der Weg zu den Partisanen. Hatten in den ersten Kriegsmonaten viele nicht bis zum letzten gekämpft, weil sie sich nicht vorstellen konnten, dass »die Deutschen« schlimmer sein könnten als Stalin, so belehrten sie der Tod so vieler Freunde und Verwandte in den Gefangenenlagern und der Hunger in den besetzten Gebieten schnell eines schlechteren. Wie von deutscher Seite längst vor Kriegsbeginn antizipiert und wie in der Besatzungspolitik fast erzwungen, nahm der Partisanenkrieg zu. Sondereinheiten und Wehrmacht suchten ihn durch »kollektive Gewaltmaßnahmen« zu gewinnen. Allein in Weißrussland wurden von 9200 Dörfern 4885 während des Krieges verbrannt, 627 von ihnen mitsamt der Bevölkerung, welche man vorher in einer Scheune, einer Kirche o. ä. zusammengetrieben hatte. Im Verlauf des Krieges sollen über eine Million Menschen als Partisanen gekämpft haben.

6 Die Ermordung sowjetischer Juden

Der Nationalsozialismus hatte ein im Antisemitismus der russischen Konservativen vor der Oktoberrevolution entwickeltes ideologisches Bruchstück übernommen – dass die Juden mit Hilfe des Bolschewismus angeblich die »gesunden« Völker zersetzen würden, um selbst die Weltherrschaft zu erringen. Der Kampf gegen den »jüdischen Bolschewismus« wurde deshalb zum Auslöser der »Endlösung«, d. h. der vollständigen Vernichtung der Juden im deutschen Machtbereich, deren Durchführung auf der sogenannten Wannseekonferenz am 20. Januar 1942 zwischen den beteiligten Behörden abgesprochen wurde.

Die Ermordung der sowjetischen Juden durch Einsatzgruppen war vor dem Überfall geplant und wurde sofort nach Kriegsbeginn begonnen. Dazu wurden Juden von Sicherheitstruppen zusammengetrieben, zum Schaufeln von Massengräbern sowie zum Ausziehen gezwungen und danach reihenweise erschossen. Dabei wurden auch baltische und ukrainische Hilfsverbände eingesetzt, und verbündete rumänische Truppen führten in dem von ihnen besetzten Gebiet zwischen Dnjestr und Bug eigenständig Pogrome durch. Wehrmachteinheiten haben nur selten Erschießungen durchgeführt, die Polizeitruppen und Einsatzgruppen aber durch Material usw. unterstützt. Häufig haben Soldaten bei den Massakern zugesehen. Die physischen und psychischen Schwierigkeiten, die die Massenerschießungen für die Täter mit sich brachten, haben dann für den auf der Wannseekonferenz besprochenen Plan der fabrikmäßigen Ermordung von Menschen in Auschwitz, Treblinka und Majdanek durch Gas die Argumente geliefert. (Lastwagen, in deren Inneres man Abgase leitete, waren in den besetzten Gebieten bereits als Mordinstrumente eingesetzt worden.) In den Vernichtungslagern sind vor allem Juden aus Polen und Westeuropa zum Opfer geworden.

Östlich des Bug wurde der Genozid vor allem durch Massaker und (aktives) Verhungern verübt. Die Juden, die nicht von Einsatzgruppen, Polizei und einigen Wehrmachtseinheiten beim Vormarsch erschossen wurden, wurden in Ghettos gepfercht, die kontinuierlich zu wenig Nahrungsmittel erhielten und in denen die Insassen der letzten Wertgegenstände beraubt wurden. Außerdem wurden sie in »Aktionen« dezimiert, in denen SS und Polzeieinheiten die Juden zusammentrieben, auf LKWs verluden, zu vorbereiteten Gruben fuhren und dort so erschossen, dass Körper auf Körper fiel. Obgleich die meisten jüngeren jüdischen Männer in der Roten Armee dienten, leisteten Juden an fast allen Orten bewaffneten Widerstand, und sie bildeten einen überdurchschnittlich großen Teil der sowjetischen Partisanen.

Da die deutsche Armee das gesamte traditionelle Siedlungsgebiet der Ostjuden eroberte, überlebten nur jene, die illegal vor oder legal nach der Aufhebung des Ansiedlungsrayons weiter nach Osten gezogen waren, denen die Flucht vor der Wehrmacht gelang oder die im Lande die Besatzungszeit überstanden. Anfang 1939 hatten etwa 3,1 Millionen Juden in der UdSSR gelebt, 1,8 kamen in den annektierten Westgebieten hinzu, und 200000 flohen nach der Teilung Polens über den Bug, so dass am 22. Juni 1941 etwa 5,1 Millionen in der UdSSR lebten. Etwa 2,7 Millionen sowjetischer Juden kamen in deutsche Gewalt, von diesen haben etwa 100000 überlebt: vielleicht 20000 als Partisanen in den Wäldern und Sümpfen Westrusslands, wo es auch Familienlager gab, und vielleicht 80000 in den Konzentrationslagern in Deutschland. Etwa 2,6 Millionen Juden sind also zwischen 1941 und 1943 von Deutschen in der UdSSR ermordet worden; fast die Hälfte der Gesamtzahl der Opfer des Holocaust. Etwa 300000 sind als Soldaten der Roten Armee gefallen oder in den Hungersnöten hinter der Front ums Leben gekommen, und etwa 100000 jüdische Kinder wurden während des Krieges geboren, so dass es bei Kriegsende ungefähr 2,3 Millionen jüdische Überlebende in der UdSSR gab.

Die Auslöschung des jüdischen Volks hat für die Pläne der Nationalsozialisten zur Zukunft Osteuropas und insbesondere Russlands von Hitlers *Mein Kampf* an eine große Rolle gespielt. Der Anteil dieser Mordlust an Planung und Durchführung des Überfalls muss als beträchtlich angesehen werden. Durch den Genozid – und für Osteuropa insbesondere den an der jiddischen Bevölkerung – wurde das Land zwischen Posen und Stalingrad von einer wirtschaftlich und intellektuell wichtigen, überwiegend städtischen Minderheit »entleert«, wodurch die Entwicklungschancen der Region dauerhaft beschnitten worden sind. Das jiddische Volk, das eine dem Deutschen nahe Sprache redete, bot darüber hinaus nicht nur einen natürlichen Anknüpfungspunkt für deutsche Beziehungen zu Osteuropa, sondern bildete auch eine denkbare Variante einer uns Deutschen verwandten Existenz. Der Massenmord hat nicht nur den kulturellen Reichtum ganz Osteuropas, sondern auch den Deutschlands gemindert und in Deutschland an die Stelle fruchtbarer Vielfalt kollektive Scham für ein im deutschen Namen begangenes und von Deutschen organisiertes Verbrechen gesetzt.

7 Die Sowjetunion im Kriege

Die sowjetische Führung antwortete auf den deutschen Überfall durch einen Appell an das patriotische Gefühl, die Ausrufung des *Großen Vaterländischen Krieges*. Je mehr vor allem russisch besiedelte Gebiete außerhalb der Besetzung blieben, desto mehr stellte man russische historische Traditionen heraus – große Siege über die Deutschen wie die Schlacht auf dem Peipussee oder die Besetzung Berlins im Siebenjährigen Krieg. In Erinnerung an alte russische Heerführer wie Suworow und Alexander Newskij wurden Orden gestiftet, die orthodoxe Kirche erhielt Handlungsspielräume zurück, und die Institution der politischen Kommissare in der Armee wurde abgeschafft.

Da die deutsche Politik weder dem einfachen Mann noch dem Kommunisten, geschweige denn dem Juden eine Chance ließ, trieb sie auch die Enttäuschten und Verbitterten dem Stalinismus zu. Wo Nationalisten die Gelegenheit des deutschen Vormarsches benutzen wollten, um sich von der Union zu lösen, wurden sie grundsätzlich so lange hingehalten, bis das jeweilige Territorium fast wieder von der Roten Armee erobert war; in Weißrussland etwa wurde den nationalistischen Gruppen im Juni 1944 erlaubt, einen ersten Kongress zu organisieren. Der Zusammenbruch der Heeresgruppe Mitte war schon in vollem Gange.

Es war ein bis zum Irrationalismus radikaler Nationalismus, der die UdSSR bedrohte. Der sowjetischen Führung wurde deutlich gemacht, dass sie mit ihren an übernationalen Fronten orientierten Begriffen diese Realität nicht einordnen konnte. Obgleich die deutschen Exilkommunisten der »Gruppe Ulbricht« in Moskau sich bemühten, proletarische Überläufer aus der Wehrmacht zu gewinnen, wandten sich die Arbeiter nicht einmal nach den großen Niederlagen gegen ihre Führung. Eher erkannten noch die in Russland kriegsgefangenen deutschen Offiziere des *Nationalkommitees Freies Deutschland* aus ihrer militärischen

Kriege Russlands bzw. der UdSSR im 20. Jahrhundert

(in Tausend)

	Gefallene, Verwundete, Vermisste der offiziellen Truppen		Verluste der Zivilbevölkerung	
Russisch-japanischer Krieg 1904/05	270,0			
Erster Weltkrieg 1914–17	2500,0			
Bürgerkrieg 1918–22	7730,0			
Basmatschenkrieg 1922–31	1,4			
Konflikt mit China 1929	0,8			
Konflikt mit Japan 1938/39	30,0			
Krieg gegen Polen 1939	3,4			
Finnlandkrieg 1939/40	333,0			
Russisch-deutscher Krieg 1941–45	37 300,0		17 000,0	
	Gefallene	8100,0	von Deutschen	
	Verwundete		Ermordete	7000,0
	demobilisiert	14 700,0	Verhungerte	7000,0
	zeitweilig ausgefallen	14 500,0	nicht zurückgekehrt	3000,0
Russisch-japanischer Krieg 1945	500,0			
Afghanistankrieg 1979–89	485,0			
Tschetschenienkrieg 1994–96	über 10,0		über 40	

Nicht berücksichtigt sind Verluste bei Interventionen wie in Spanien, Äthiopien oder Nordkorea (»technische Hilfe«), nicht aufgeführt auch Angehörige von Sondereinheiten wie des NKWD und des Volkssturms (*opoltschenije*). Unter »von Deutschen Ermordete« sind Juden, Kommunisten, bei »Strafaktionen« Umgebrachte und im Frontbereich (z. B. Rshew, aber auch Leningrad) Verhungerte zusammengefasst. Auch hinter der Front sind etwa 7 Millionen Menschen gestorben, vor allem durch Hunger und unerträgliche Lebensumstände aufgrund der Massenevakuierung beim Vorrücken der Front. Etwa 3 Millionen sind bei Kriegsende nicht zurückgekommen oder emigriert, zum Teil als Zwangsarbeiter verstorben, zum Teil, weil sie lieber im Westen leben wollten. Demobilisierte Verwundete sind solche, deren Verwundung so schwer war, dass sie nicht mehr zur Front zurückgesandt werden konnten. Etwa 11 Millionen Kinder blieben ungeboren.

Wesentlich höhere Zahlen nennt W. I. Koslow, in: K. Meyer (Hrsg.), *Gegen das Vergessen*, Frankfurt a. M. 1992, S. 157–169; hier: M. Ellmann / S. Maksudov, »Soviet Deaths in the Great Patriotic War«, in: *Europe-Asia Studies* 46,4 (1994) S. 671–686. A. Kay, *Empire of Destruction*, New Haven 2021, errechnet 8,5 Millionen ermordete Zivilisten in der UdSSR.

Ausbildung heraus, dass die Fortführung des Krieges nach Stalingrad und Kursk nicht zu verantworten war – aber auch sie hatten mit ihren Aufrufen an die ehemaligen Kameraden keinen Erfolg. Die Deutschen kämpften als Nation für ein nationalistisches Programm – alle Deutschen als Herrenvolk über alle Slawen als Knechtsvolk zu setzen.

Die sowjetische Führung reagierte nicht nur, indem sie großrussische Tradition pflegte, sondern auch, indem sie selbst nationalistische Kategorien übernahm. Als erste waren davon die Russlanddeutschen betroffen – ihre Republik an der Wolga wurde aufgehoben, die Menschen nach Sibirien umgesiedelt, als neue Bevölkerung der Lager. Später ging es auch anderen Nationen so, von denen die Führung fürchtete, sie arbeiteten mit den Deutschen zusammen – Krimtataren und Tschetschenen z. B. wurden ebenfalls als Völker »bestraft« –, ganz gleich, ob es Proletarier oder Nachfahren von Gutsbesitzern waren. Und auch die außenpolitischen Ziele wurden zunehmend nationalistisch bestimmt – Annexion von Randgebieten wie Königsberg oder Wyborg und Aussiedlung der einheimischen Bevölkerung.

Wirtschaftlich bedeutete der Krieg eine außerordentliche Katastrophe. Ein Drittel der Wirtschaftskapazität der Union

(42% der Energieproduktion, 63% der Kohleförderung, 58% der Stahlgewinnung und 38% der Getreideernte) war zeitweise in deutscher Hand. Die Kriegssituation kam der Struktur der zentral geplanten Wirtschaft jedoch auch entgegen, da im Krieg ja nur wenige, genormte Produkte nötig waren und Kundenwünsche keinerlei Rolle spielten. Frühzeitig begann die Verlagerung der wichtigen Anlagen in den Ural und nach Sibirien, und sofort nach der Rückeroberung begann man mit der Wiederherstellung der zerstörten Werke. Die Stahlgewinnung sank von 18,3 Mio. t 1940 auf 8,1 Mio. t 1942, konnte aber bis 1944 auf immerhin 10,9 Mio. t wieder gesteigert werden; die Erdölförderung sank von 31 Mio. t 1940 auf 18 Mio. t im Jahr 1943, nach dem deutschen Vormarsch bis zum Kaukasus, und erreichte 1945 wieder 19,4 Mio. t. Der sowjetische Panzer T 34 war eine gute Waffe, und da er leicht zu handhaben war, konnte man auch aus zwei abgeschossenen Panzern wieder einen heilen zusammenflicken. Mit dem Einsatz von Raketenwerfern betraten die Sowjets rüstungsmäßig erfolgreich Neuland. Die amerikanische Rüstungshilfe war besonders bei LKWs und Essenskonserven von Bedeutung, im übrigen aber rollte der Tross der Roten Armee auch auf Panjewagen bis Berlin.

Nach den militärischen Fehlern, welche die deutschen Kesselschlachten des ersten Kriegsjahres mit ermöglicht hatten, setzten erfolgreiche und mutige Generale durch, dass Stalin ihrem Rat folgte. Die *Stawka*, die militärische Führung, verstand vor allem eines: den Gegner immer wieder kommen zu lassen und, getreu dem in der Roten Armee stets geschätzten Clausewitz, erst dann zum Gegenstoß anzusetzen, wenn der Gegner sich durch weite Vormärsche schon halb selbst ruiniert hatte.

Die Verluste der UdSSR im Kriege waren außerordentlich. Stalin hat unmittelbar nach Kriegsende die Verluste an Menschen auf sieben Millionen beziffert – mit Sicherheit eine zu geringe Zahl, mit der er die Führungsfehler vertuschen wollte, die zu viel höheren Verlusten geführt hatten.

Chruschtschow hat später 20 Millionen genannt. Man hat diese Zahl im Westen vielfältig bezweifelt, da die sowjetische Statistik weder die Toten der auf die Kollektivierung folgenden Hungersnot noch die des »Archipel GULag« nachgewiesen hat und so der Verdacht nahelag, dass man mit den Kriegstoten jene anderen Toten vergessen lassen wollte. Es spricht jedoch viel dafür, dass die demographischen Verluste mit 20 Millionen Menschen zu niedrig angegeben sind, wenn man die im Hinterland vorzeitig – nicht zuletzt an Hunger – verstorbenen mit einbezieht. Auch im Hinterland stiegen die Sterberaten sofort nach Beginn des Krieges – bei Erwachsenen um 10–20 %, bei Kindern unter einem Jahr um ein Drittel. In den besetzten Gebieten starben die Menschen nicht nur vom Hunger – eine sowjetische Liste von 1946 zählte 6,1 Millionen Erschossene, Verbrannte usw. und 3,9 Millionen Kriegsgefangene, die im Gewahrsam der Wehrmacht umkamen. Vergleicht man die Bevölkerung von Mitte 1941 (196,7 Millionen) mit jener von 1946 (170,5 Millionen), kommt man – bei Zugrundelegung durchschnittlicher Geburten- wie Todesraten – auf 26,6 Millionen Menschen als Verlust.

8 Ljuba Abramowitsch, Anna Tretjak und Fjodor Koshedub

Ljuba Israeljewna Abramowitsch wurde 1920 in dem damals polnischen, heute belorussischen Städtchen Slonim geboren, das zu 70 % von Juden bewohnt war. Ihre Eltern besaßen einen Lebensmittelladen nahe der Hauptsynagoge, sie war 1941, als Slonim von der Wehrmacht erobert wurde, mit einem Arzt verheiratet und hatte ein Baby. Bei der ersten »Aktion« der SS im Juli 1941 wurde ihr Mann ermordet, bei der zweiten im November ihre Eltern und ihr Kind. Sie überlebte, indem sie für die Verwaltung und bei der

Wiederherstellung von Beutewaffen arbeitete; kam mit dem Widerstand in Verbindung und schmuggelte Waffenteile für die Partisanen. Bei der dritten Massenmordaktion im Juli 1942 trafen SS, einheimische Nationalisten und Polizei, als sie das Ghetto umstellten, auf bewaffneten Widerstand. Die Menschen hatten sich Bunker unter ihren Häusern gegraben. Ljuba entkam in den Wald, wo sie zu den Gründerinnen einer jüdischen Partisaneneinheit gehörte. Diese jüdischen Einheiten in den Wäldern Belorusslands hatten immer auch die Aufgabe, die Lager ihrer Familien zu versorgen, und konnten sich schon aus diesem Grund den anderen sowjetischen Partisanen (die keine solchen »Belastungen« hatten) nicht ohne Reserven anschließen, wurden aber zwangsweise eingeordnet und z.T. entwaffnet. Ljuba überlebte den Krieg als Funkerin der Partisanen.

Nach dem Krieg studierte sie in Minsk Sprachen und arbeitete als Übersetzerin ausländischer Literatur in einer Minsker Fabrik. 1969 sagte sie in einem Prozess wegen nationalsozialistischer Verbrechen in Hamburg aus. Lange lebte sie als Pensionärin in Minsk; 1997 wanderte sie in die USA aus.

Anna Tretjak wurde 1917 in dem Dorf Nowo-Aleksandrowka in der Südukraine geboren. In der Hungersnot 1932–33 verhungerte ihre Mutter, und der Vater verließ die Familie. Sie fand Arbeit in der Kolchose, wo sie melkte und Essen kochte und auch ihre zwei jüngeren Geschwister durchbringen konnte. 1936 heiratete sie, aber die Schwiegermutter mochte keine Schwiegertochter ohne Aussteuer. 1939 bestand sie ihr Examen als »Zootechnikerin« – vielleicht übersetzbar als Viehzuchtfachfrau – und machte als Aktivistin Karriere – wurde Sekretärin im Kolchos und Abgeordnete im Dorfsowjet. So war sie 1942 unter den ersten, die zur Zwangsarbeit nach Deutschland kamen, in ein Dorf bei Hannover. Sie erlebte verständnisvolle Herren, aber auch solche, die sie ohne ausreichende Nahrung ausbeuteten. Manchmal lag die ganze Arbeit des Hofs auf ihren Schultern, wenn z. B. der Bauer einberufen worden war. Trotzdem konnte sie Kontakt mit Kriegsgefangenen aufnehmen, die in einem kleinen Lager in der Nähe eingezäunt lebten und auf einem Feldflughafen arbeiteten. Als bei Kriegsende die Evakuierung des Lagers begonnen wurde, konnte Anna drei der Gefangenen vor dem drohenden Todesmarsch retten, indem sie sie auf dem Heuboden des Hofes versteckte – obgleich der Bauer mit zerschossenen Beinen wieder zu Hause war. Nach zwölf Tagen kamen die Amerikaner.

Zurück in der Ukraine, wurde sie kontinuierlich von der Staatssicherheit kontrolliert. Sobald an ihrem Arbeitsplatz bekannt wurde, dass sie in Deutschland gewesen war, verlor sie ihn. Schließlich konnte sie sich als Pflegerin in einem Krankenhaus in Nikolajew durchschlagen. Dort wurde sie auch Pensionärin.

Wie alle anderen Zwangsarbeiter dürfte sie für drei Jahre Schufterei auf deutschen Bauernhöfen etwa 500 DM Entschädigung erhalten haben.

Fjodor Koshedub war 1941 ein junger Kolchosbauer aus der Gegend von Tschernigow. Er geriet am 14. September 1941 bei Nowgorod-Sewersk in deutsche Kriegsgefangenschaft und kam nach Kaunas in das Kriegsgefangenenlager in der alten Festung. Es gelang ihm, am 19. Oktober 1941 einen Brief hinauszuschmuggeln. Er schreibt seiner Familie, dass er von der Einberufung an schlecht ernährt worden sei und nun verhungere: »Ich lebe unter offenem Himmel, im Graben oder in der Kaverne, oder im Keller. An Nahrung erhalten wir am Tag 200 g Brot, einen halben Liter warme Kohlsuppe und einen halben Liter Minztee. Alles ungesalzen, damit wir nicht anschwellen. ... Das Wetter ist kalt, matschig, schlammig. Täglich sterben 200–300 Menschen. Das ist, wohin ich geraten bin, und meine Tage sind gezählt. Deshalb lebt wohl, meine Lieben ...«

9 Kriegskindheiten

Der Zweite Weltkrieg bildet für meine Generation den Übergang zur Zeitgeschichte – den Teil der Vergangenheit, mit dem eigene Erfahrungen verbunden sind und der methodische Besonderheiten aufweist. Die Archive sind überwiegend unzugänglich oder werden erst langsam geöffnet; andererseits kann man Überlebende befragen und Antworten hervorlocken, die aus dem Quellenmaterial weiter zurückliegender Zeiten nicht mehr zu gewinnen sind.

Kriegskindheiten prägen, das gilt für Russen wie Deutsche. Viele, die während des Kriegs Kinder in der damaligen UdSSR waren, erinnern sich an den jahrelangen Hunger, den in den besetzten Gebieten nur wenige dieser Jahrgänge überlebten. Deutsche Kriegskinder erinnern sich oft an die Flucht, die Brände der Städte, an Vergewaltigungen der Tanten oder Mütter oder an die Trümmerberge, in denen man spielte.

Da meine Geschichte Russlands mit meiner Kindheit zu tun hat, hat der Leser Anrecht auf Information. Meine Großeltern lebten in Westdeutschland, beruflich Pfarrer bzw. Vermögensverwalter. Mein Vater war Generalstabsoffizier, er wusste seit dem Polenfeldzug von den deutschen Massenverbrechen, fand aber keinen Weg zum Widerstand. Weder er noch meine Großeltern oder Eltern gehörten der NSDAP an. Das mitteldeutsche Städtchen, in dem wir lebten, wurde bei Kriegsende zerstört; die Amerikaner verhinderten unsere Flucht in den Westen über die Elbe. Nach der russischen Besetzung erfuhren wir Kinderfreundlichkeit und Übergriffe. Meine Mutter entschied, dass unsere Familie in der Sowjetischen Besatzungszone keine Chance haben würde und wir zogen 1946 in den Westen – schwierig dabei war damals nicht die Ausreise aus der Sowjetischen, sondern die Zuzugsgenehmigung zur Britischen Besatzungszone.

In meiner wissenschaftlichen Arbeit habe ich mich besonders bemüht, deutsche Fehlurteile über Russland zu korrigieren und die Versöhnung Deutschlands mit allen östlichen Nachbarn zu unterstützen – in stetem Bemühen um nüchterne, immer wieder an den Quellen kontrollierte Einschätzungen.

10 Vergleich der Diktaturen

Die Komplizenschaft zwischen Deutschland und der UdSSR bei der Aufteilung Ostmitteleuropas 1939 hat im Westen früh zu einer Betonung der Ähnlichkeiten zwischen beiden Systemen geführt, die unter dem Begriff »Totalitarismus« theoretisch zusammengefasst wurden. In der Zeit des Kalten Krieges wurden mit Hilfe dieses Konzepts viele wichtige Vergleiche durchgeführt.

Nationalsozialismus und Kommunismus unterschieden sich aber nicht nur in der Ideologie (vgl. Kap. 16.1), sondern auch in der Struktur. Die Herrschaft Hitlers war nie »total«, alte Eliten aus Wirtschaft, Militär und Beamtenschaft blieben in ihren Positionen, und der »Führer« förderte die Kämpfe zwischen den »Satrapen«. Auch in der Besatzungspolitik in Russland konkurrierten der Reichsminister für die besetzten Ostgebiete Alfred Rosenberg, der Reichsführer SS Heinrich Himmler, Rüstungsminister Albert Speer, der Generalbevollmächtigte für den Arbeitseinsatz Fritz Sauckel und andere um Macht und Einfluss. Der Stalinismus funktionierte schon deshalb bürokratischer, weil alle alten Eliten liquidiert waren.

Der Vergleich der Diktaturen hat neben Unterschieden aber auch Ähnlichkeiten herausgearbeitet, wobei die wohl erschreckendste in den Millionenopfern der Massenmorde liegt – auch wenn im »Stalinismus« vor allem die Bevölkerung des eigenen Landes und im »Hitlerismus« vor allem diejenige anderer Länder umgebracht wurde.

Der Vergleich der Massenverbrechen ist inzwischen, insbesondere durch den Sammelband, den Sheila Fitzpatrick und Michael Geyer herausgegeben haben, auf ein sehr differenziertes methodisches Niveau gehoben worden. Aus globalhistorischer Sicht muss man die Einwände gegen eine vereinzelnde Analyse der sowjetischen und deutschen Massenverbrechen im Hinterkopf behalten – wie z.B. Benjamin Valentino gezeigt hat, gehören »mass killings« zum Charakter des 20. Jahrhunderts, von Costa Rica bis Rwanda, von Amritsar bis Armenien. Aus der Sicht der betroffenen Region allerdings bleibt diese wissenschaftliche Distanzierung unbefriedigend – Osteuropa war, wie Dietrich Beyrau zur Jahrtausendwende schrieb, das »Schlachtfeld der Diktatoren« oder, wie Timothy Snyder es später formuliert hat, das »Blutland« zwischen Hitler und Stalin. Fraglos waren Kommunismus und Nationalsozialismus besonders gewalttätige Staatsformen.

Man kann die Gründe für diese Gewaltbereitschaft in der Systematisierung als Grundzug der Moderne suchen, in den Schwierigkeiten des Übergangs zur industriellen Gesellschaft oder in der deutschen bzw. russischen Geschichte. Man kann darauf verweisen, dass sowohl in Deutschland als auch in der UdSSR das Recht außer Kraft gesetzt wurde, obgleich etwa das Tötungsverbot zu den ältesten Religionsgesetzen der Menschheit gehört. Zu diesen Erklärungsversuchen sollte man m. E. den Willen von Eliten hinzurechnen, in jedem Fall aufzusteigen – die deutschen Eliten wollten endlich Weltmacht werden und die russländischen wenigstens zum Lehrmeister der Welt. Auf diesem Weg kannten sie keine Schonung für das Eigentum anderer, von den Jagdgründen von Jägern und Sammlern über den kleinen Bauernhof eines russischen Mir und die Fabriken – jüdischer wie russischer Industrieller – bis zu den Bildern. Vor allem aber kannten sie nicht einmal Schonung für das Leben der anderen.

Die Orgien an Gewalt wirklich zu verstehen wird allerdings trotz der Einordnungsversuche kaum gelingen, es bleibt vielmehr jene unverstandene »Tiefe der Hölle«, vor der die Gemälde des jüngsten Gerichts auf den Westwänden der orthodoxen (und mancher alter lateinischen) Kirchen so eindringlich warnen.

17
Der Kalte Krieg

1 Kriegskonferenzen und Vertreibungen

Schon um die Kriegsoperationen zu koordinieren, waren zwischen den ungleichen Partnern, welche durch die deutschen Kriegserklärungen zusammengeführt worden waren, zahlreiche Konferenzen notwendig. Dabei überschnitten sich die Positionen der drei wichtigsten Mächte in einigen Punkten. Großbritannien und die USA hatten sich schon beim Treffen auf zwei Kriegsschiffen im Atlantik 1941 darauf geeinigt, keine Annexionen vornehmen zu wollen – wenn das auch gegenüber den Achsenmächten nicht bindend sein sollte. Die UdSSR strebte jedoch umfangreiche Annexionen an, größtenteils die Sicherung der Beute aus dem deutsch-sowjetischen Nichtangriffsvertrag, aber auch darüber hinaus. Die USA zielten auf allgemeine Entkolonialisierung, wozu sie sowjetische Unterstützung suchten. Vor allem aber betrieben sie die Herstellung eines weltweit einheitlich organisierten freiheitlichen Marktes. Großbritannien und die UdSSR gingen davon aus, dass die Nachkriegswelt in ähnlicher Weise in großen Wirtschaftsräumen organisiert werden sollte, wie die Welt dies vor 1939 gewesen war; z. B. wollte Großbritannien das Commonwealth erhalten. Großbritannien und die UdSSR einigten sich infolgedessen im Oktober 1944 in der europäischen Tradition der Festlegung von Einflusssphären in Moskau auf eine Verteilung des politischen Einflusses bei den besiegten kleineren Feindmächten: Ungarn, Rumänien und Bulgarien sollten zu drei Vierteln unter sowjetischen, Griechenland zu drei Vierteln unter britischen Einfluss kommen – Jugoslawien 50 : 50 geteilt werden. Hatte die UdSSR Probleme mit der Atlantik-Charta, so hatten die USA Probleme mit der Vereinbarung von Moskau, die sie nie anerkannten.

Die wichtigsten Probleme auf den Kriegskonferenzen, an denen alle drei großen Mächte teilnahmen – Teheran 1943, Jalta 1944 und Potsdam 1945 –, waren Polen und Deutschland. Die Grenzfrage war das geringere Problem – die UdSSR bestand von vornherein auf der 1919 von Lord Curzon vorgeschlagenen Grenze, und die britische Regierung reagierte schon in Teheran mit dem Vorschlag der Westverschiebung Polens an die »Oderlinie« »unter Einbeziehung von Ostpreußen und der Provinz Oppeln in den Bestand Polens. Die endgültige Grenzziehung erfordert jedoch eine sorgfältige Prüfung und eine mögliche Aussiedlung der Bevölkerung an einigen Stellen.« Schwieriger war, dass Großbritannien das Interesse der UdSSR an der inneren Verfassung Polens als legitim anerkannte, indem Churchill in Teheran ausführte, »dass wir die Existenz eines starken und unabhängigen Polen wünschen, das Russland freundschaftlich gesinnt ist«. Dass dies ein bloßer Formelkompromiss war, da ein Problem ja nur entstand, wenn Polen unabhängig, aber der Sowjetunion nicht freundlich war, das wussten wohl alle drei. Stalin nutzte die Schwäche der Westmächte sofort und forderte Königsberg und Memel.

Die Vertreibung der Deutschen aus Ostdeutschland gehört also zu den Ergebnissen der Kriegskonferenzen; sie war beschlossene Sache, bevor es zum Kalten Krieg kam, und ging nicht zuletzt auf britische Erfahrung zurück. Die in Potsdam eingebrachte Formel, die Umsiedlungen sollten in geordneter und humaner Form vor sich gehen, war ein weiterer Formelkompromiss – was konnte an einer Massenumsiedlung human sein? Der Gesamtvorgang, in dem die deutsche Bevölkerung zwischen Ural und Oder im wesentlichen verschwand, lässt sich in drei Phasen gliedern:

(1) Zu Beginn des Zweiten Weltkrieges wurden deutsche Minderheiten, soweit dies mit der UdSSR vereinbart war oder sie beim Vormarsch im Machtbereich der Wehrmacht angetroffen wurden, »heim ins Reich« geholt.
(2) Im Vorgang der zurückweichenden Fronten wurden anfangs deutsche Minderheiten, später geschlossene deutsche Bevölkerung vor der vorrückenden Roten Armee evakuiert, oder sie floh in ungeregelter Flucht. Mit der Evakuierung von geschlossener Bevölkerung aus alten deutschen Gebieten kam die politische Führung Deutschlands den Intentionen der Gegner in gespenstischer Weise entgegen.
(3) Östlich der Oder nach der deutschen Kapitulation vorhandene deutsche Bevölkerung – teils beim Vormarsch der Roten Armee überrollt, teils zurückgekehrt, teils nie geflohen – wurde von den neuen Herren – Polen, Tschechen, Sowjets – vertrieben. Sachlich (wenn auch zeitlich früher) gehört auch die Vertreibung der Russlanddeutschen in diesen Kontext.

Der Ablauf macht noch einmal deutlich, dass die Nationalisierung des Krieges von deutscher Seite ausging, und dass viele der Völker Osteuropas – auch die Sowjets – mit dieser Münze heimzahlten. Zahlenmäßig sind damals knapp 14 Millionen Deutsche vertrieben worden; über 2 Millionen sind dabei umgekommen. Mit den Zahlen allein ist jedoch nur wenig ausgedrückt. Ein Prozess, in dem in über acht Jahrhunderten deutsche Provinzen und deutsche Minderheiten entstanden waren, wurde im Ergebnis revidiert. Zum Charakter des alten, multi-ethnischen Russlands hatte diese Minderheit gehört, wie überhaupt zum Charakter des alten Osteuropas. Vergleichbar allein den osteuropäischen Juden, bildeten auch die Deutschen Osteuropas einen Teil seiner Kultur, seines Wirtschaftslebens, seiner religiösen Vielfalt und seiner gesellschaftlichen Dynamik. Die Ausrottung der

Juden, so weit deutsche Truppen kamen, und die Vertreibung der Deutschen aus den Gebieten zwischen Oder und Ural sind zwei reziprok miteinander verbundene Verarmungen Osteuropas und insbesondere Russlands, ohne welche die jüngste Geschichte nicht zu erklären ist.

Restdeutschland wurde auf den Kriegskonferenzen in Besatzungszonen geteilt. Die Besatzungsmächte waren sich einig, dass Deutschland gestraft und die Basis des Nationalsozialismus zerstört werden musste. Uneinig waren sie sich in der Frage der Reparationen – die UdSSR wollte Wiedergutmachung für ihre Verluste und konnte Reparationen mit ihren planwirtschaftlichen Methoden auch einsetzen; die USA konnten unbezahlte Waren auf dem Markt keineswegs gebrauchen. Der Kompromiss lautete, dass jede Besatzungsmacht aus ihrer Zone Reparationen entnehmen solle und die UdSSR nur Anspruch auf einen kleinen Betrag aus den Westzonen habe.

2 Zur Struktur des Ost-West-Gegensatzes nach 1945

Der Kampf gegen den Nationalsozialismus war von einem ungleichen Bündnis geführt worden. Die USA und Großbritannien waren bestimmt durch einen funktionierenden Parlamentarismus, durch breite Mittelschichten, eine kapitalistische Wirtschaftsverfassung und eine große Bandbreite der intellektuellen Diskussion. Die UdSSR war geprägt durch die Diktatur einer Partei, eine immer noch riesige bäuerliche Mehrheit, die in ihrer Bewegungsfreiheit eingeschränkt war, Staatsbesitz an industriellen Produktionsmitteln und eine geringe intellektuelle Bandbreite.

Die USA, seit dem 19. Jahrhundert die führende Wirtschaftsmacht der Welt, waren der eigentliche Sieger des Zweiten Weltkriegs. Sie waren als letzte, durch Angriffe der Achsenmächte, einbezogen worden und hatten aus dieser vorzüglichen Ausgangsposition das Beste gemacht. Das Nettosozialprodukt der USA stieg zwischen 1941 und 1945 von 116,8 auf 201 Mrd. Dollar; über die Hälfte der industriellen Fertigung der Welt geschah in den USA. Der Übergang zur Fließbandfertigung war weithin abgeschlossen. 1940 gab es in den USA 9 Millionen Arbeitslose, 1945 keinen. Diese Konjunktur war zum großen Teil durch Staatsverschuldung finanziert worden. Die Verluste im Krieg betrugen etwa 229000 Menschen.

Die UdSSR war ein halbperipheres Land, das beim Überfall durch Deutschland gerade den Übergang zur ersten industriellen Revolution großenteils abgeschlossen hatte. Nicht nur die Personenverluste waren außerordentlich – das Nationalprodukt der UdSSR sank, nimmt man 1928 als 100, zwischen 1940 und 1945 von 513 auf 427 Punkte. Lagerzwangsarbeit blieb zentral für die Wirtschaft. Eine neue Hungersnot begann, als die amerikanischen Hilfslieferungen eingestellt wurden. 1946 eröffnete der Parteisekretär von Leningrad, A. A. Ždanov, eine Kampagne gegen »kosmopolitische« Strömungen, die sich konkret vor allem gegen Juden richtete – nur der Tod des Diktators 1953 beendete konkrete Verfolgung z. B. der »Ärzteverschwörung«.

Die USA haben ihre weit überlegene Wirtschaftskraft nach dem Sieg eingesetzt, um ihr Konzept von der Nachkriegswelt durchzusetzen. Großbritannien musste sich diesem Konzept fügen, da es auf amerikanische Kredite angewiesen war. Es trat dem Weltwährungsabkommen von Bretton Woods bei, das die Konvertierbarkeit des Sterling festlegte, machte in der britischen Zone dem amerikanischen Wirtschaftseinfluss Platz – der die Verstaatlichung der Grundstoffindustrien verhinderte, obgleich sie der Mehrheitsmeinung der Deutschen (ausgedrückt etwa im Programm der CDU für die britische Zone) und der zeitgleichen Labour-Politik in England entsprach – und gab Schritt für Schritt die früheren Kolonien frei. Die UdSSR entzog sich dem amerikanischen Konzept der »einen Welt«.

Immerhin: Die UdSSR war einer der Sieger. Aber nicht nur die Erfahrung des Sieges stärkte ihr den Rücken, sondern auch die theoretische Gewissheit, die Zukunft auf der eigenen Seite zu haben. Diese Gewissheit sah man bestätigt durch die sozialistische Welle, welche durch Europa ging – nicht nur Deutschland und Großbritannien hatten 1947 sozialistische Mehrheiten, die zwar nicht den Kommunismus, aber doch einen »dritten Weg« anstrebten. Und so hielt die sowjetische Führung das eigene Land trotz seiner ökonomischen Schwäche für gerüstet, den USA Paroli zu bieten. Letztlich wiederholte sich damit die Grundstruktur der Oktoberrevolution: Eine verhältnismäßig kleine politische Führungsgruppe war aus einem theoretischen Gesamtkonzept heraus sicher, den besseren Weg zu kennen.

Das Problem blieb, dass die UdSSR – die wirtschaftlich nichts zu verschenken hatte – nur militärische Gewalt einsetzen konnte, um diesen Weg zu ebnen. Und mochten die Ziele auch noch so überzeugend sein – die Mittel desavouierten sie.

Wenn die Welt nach dem Zweiten Weltkrieg jedoch eines zu lernen hatte, dann, dass der große Krieg als politisches Instrument nicht mehr einsetzbar war. Dies entsprach nicht nur dem Prozess der Zivilisierung allgemein, sondern auch der Wirkung des Krieges auf Zivilbevölkerungen im besonderen, wie sie durch die amerikanischen Atombombenabwürfe auf Hiroshima und Nagasaki zum Abschluss des Krieges noch einmal ins Ungeheuerliche gesteigert worden war.

3 Ostmitteleuropa

Das britisch-sowjetische Abkommen über Einflusssphären in Osteuropa erschien der amerikanischen Regierung provinziell; sie hielt an ihrem Ziel fest, die Welt als einen freiheitlichen Wirtschaftsraum mit freier Beweglichkeit von Menschen, Waren und Kapital zu organisieren. Die USA erkannten deshalb die Annexion der drei baltischen Republiken durch die UdSSR nicht an, machten sie aber auch nicht zur Streitfrage, solange der Krieg dauerte. Zugleich machten die USA der UdSSR umfangreiche Angebote zu kommender wirtschaftlicher Kooperation beim Wiederaufbau.

Sobald der Krieg beendet war, wurden jedoch sogar laufende Unterstützungssendungen gestoppt, und zusätzlich entzog der amerikanische Vorschlag, jede Macht möge ihre Reparationsansprüche aus dem von ihr besetzten Gebiet befriedigen, die wichtigsten deutschen Industriegebiete (aber auch Italien) dem sowjetischen Reparationszugriff. Die USA, die in der Reparationsfrage also ein Prinzip territorialer Abgrenzung vorschlugen, blieben auf der politischen Ebene bei der Verweigerung der Anerkennung solcher Einflusssphären und erkannten die im Rücken der Roten Armee entstandenen Regierungen Ostmitteleuropas lange nicht an. Die Organisationszellen dieser neuen Regierungen waren die exilkommunistischen Gruppen sowie panslawistische Freundschaftskomitees; ihr Grundkonzept war das der »Volksdemokratie« – durchweg blieben Mehrparteiensysteme erhalten, die Landwirtschaft wurde nicht sozialisiert, und in der Industrie richteten sich die Nationalisierungen nur gegen Industrievermögen von Deutschen und Faschisten. Meist besetzten jedoch Kommunisten die für die Macht entscheidenden Ministerien wie Polizei und Armee.

Das vorrangige Interesse der sowjetischen Politik nach 1945 in den ehemaligen Feindländern war es nicht, sich Freunde zu machen, sondern Reparationen zum Wiederaufbau der verwüsteten Heimat zu gewinnen. Rumänien, Ungarn und Bulgarien mussten Reparationen zahlen, aus den Gebieten östlich von Oder und Neiße montierte die UdSSR kurz vor Abschluss des Potsdamer Abkommens zehn Industriewerke ab, und auch in der ČSR sah die UdSSR einen großen Teil der ehemals deutschen Fabriken als Feindbeute an.

In der Tat bildeten Polen und die ČSR die Streitpunkte. Jugoslawien fand aufgrund der militärischen Leistung der

Partisanen zu einer unabhängigen Stellung; die Entwicklung der Donauländer – in denen ja durchweg Regierungen an der Macht gewesen waren, die mit Deutschland kollaboriert hatten – wurde, abgesehen von einem Versuch, über eine Donaukonvention Einfluss zu gewinnen, von den Westmächten der UdSSR überlassen. In Polen hatte es nie eine starke kommunistische Bewegung gegeben, und die dortige Kommunistische Partei wurde noch dazu 1938 von der Komintern wegen trotzkistischer Abweichungen aufgelöst. Der alte polnisch-russische Gegensatz war während des Krieges aktualisiert worden, auch durch die Ermordung polnischer Offiziere in sowjetischer Kriegsgefangenschaft bei Katyn im April 1940. Den Aufstand der »Heimatarmee« der Londoner Exilregierung in Warschau im Herbst 1944 unterstützte die UdSSR nicht, so dass er von deutschen Truppen niedergeworfen werden konnte, und im Rücken der Roten Armee konnte sich eine sowjetfreundliche Regierung schließlich für ganz Polen etablieren.

Die neue Regierung stützte sich auf zwei Reformbewegungen: die Betriebsrätebewegung, welche die Verwaltung der Fabriken selbst in die Hand nahm, und die Bodenreformbewegung, welche vor allem in den neuen Westgebieten landarmen Bauern aus Zentralpolen neue, selbständige Höfe anbieten konnte. Insgesamt entstanden 814000 Einzelhöfe neu, wobei etwa die Hälfte der neuangesiedelten Familien aus den an die UdSSR verlorenen Ostgebieten stammte. Da allein der Abbau der ländlichen Überbevölkerung Zentralpolens durch Neuansiedlungen in Schlesien oder Pommern eine Steigerung des Nationalprodukts bewirkte und zudem das oberschlesische Industrierevier weithin unversehrt in polnische Hand kam, brachten die ersten Nachkriegsjahre in Polen einen Industrialisierungsschub – bis 1949 veränderte sich das Verhältnis von industrieller zu landwirtschaftlicher Produktion auf 2 : 1; während es vor dem Krieg bei 1 : 1 gelegen hatte.

Die Westmächte hatten 1945 die Möglichkeit zur Rückkehr der Führer der Bauernpartei aus dem Londoner Exil durchgesetzt. Deren Einfluss wurde 1946 durch eine Politik der Parteieinigungen beschnitten: Die neugegründete kommunistische, die sozialistische und ein linker Flügel der Bauernpartei einigten sich zu einem »Demokratischen Block« und erhielten bei den Wahlen im Januar 1947 80 % der Stimmen. Die rechte Mehrheit der Bauernpartei warf den Siegern Wahlbetrug vor, ihr Führer emigrierte erneut. 1948 schlossen sich dann die beiden linken Parteien zur *Polnischen Vereinigten Arbeiterpartei* zusammen, die zum Träger der Macht im sozialistischen Polen wurde.

Die bürgerliche tschechoslowakische Exilregierung hatte während des Krieges die Kooperation mit der UdSSR gesucht, nicht zuletzt um ihr nationalistisches Ziel – die Aussiedlung der Sudetendeutschen – durchsetzen zu können. Die Kommunistische Partei der Tschechoslowakei stellte eine Massenbewegung dar, die bei den Wahlen im Mai 1946 immerhin 38 % der Stimmen auf sich vereinen konnte und der es im Februar 1948 gelang, eine Regierung zu bilden sowie dann eine neue Verfassung durchzusetzen, mit der die ČSR sich zur Volksdemokratie erklärte. Alle Betriebe mit mehr als 50 Beschäftigten waren nationalisiert worden, und auch hier hatte eine Bodenreform die Güter und den Besitz der Deutschen aufgeteilt sowie die breite kleinbäuerliche Schicht gestärkt.

Die Organisation der ostmitteleuropäischen Länder in der Form eines Bündnisses mit der UdSSR entschied sich in der Reaktion auf den Marshallplan, mit dem die USA am 5. Juni 1947 den europäischen Staaten umfangreiche Finanzhilfen zur »Wiederherstellung« anboten. Die Teilnahme am Marshallplan war an marktwirtschaftliche Verfahren gebunden und schloss der Sache nach (nicht formell) Länder aus, die einen sozialistischen Weg gehen wollten. Die UdSSR lehnte die Teilnahme selbst ab und wirkte darauf hin, dass die Länder Ostmitteleuropas ihr darin folgten. Der durch den Marshallplan geförderten Organisation für europäische wirtschaftliche Zusammenarbeit (OEEC), die am 3. April

1948 die Arbeit aufnahm, setzte die östliche Seite seit dem 25. Januar 1949 den osteuropäischen Wirtschaftsrat entgegen. Auf militärischem Gebiet wurden die Strukturen des Ost-West-Konflikts in Europa durch die Gründung der NATO (4. April 1949) und der Warschauer Vertragsorganisation (WVO) (11. Mai 1955) festgeschrieben.

Nicht nur, weil das Wirtschaftspotential Westeuropas dem des Ostens um vieles überlegen war, sondern auch, weil die kommunistische Bewegung in Frankreich oder Italien viel stärker war als beispielsweise in Polen, bedeutete die Teilung Europas für die UdSSR die ungünstigste Regelung des Ost-West-Konflikts; ein größerer gesellschaftlicher und staatlicher Polyzentrismus in europäischer Vorkriegstradition hätte auch für die UdSSR mehr Möglichkeiten offengelassen. Die kulturelle und politische Vereinheitlichung Westeuropas unter amerikanischem Einfluss, getragen durch den ökonomischen Aufschwung in der Folge der Übernahme der Produktionstechniken der zweiten industriellen Revolution, überlagerte das alte West-Ost-Gefälle in Europa mit einer neuen Schicht von Unterschiedlichkeit. Es war der ärmere Teil Europas, den die UdSSR für ihren Einfluss gewann, und alle ideologischen Ansprüche, im Sozialismus die fortschrittlichere Gesellschaftsordnung zu vertreten, wurden schnell durch realen Rekurs auf Gewalt desavouiert. Dies fand seinen deutlichsten Ausdruck darin, dass man die Menschen in der Armut festhalten musste – dass ein »Eiserner Vorhang« durch Europa gezogen wurde, der nicht nur Migration, sondern auch Kommunikation weithin verhinderte.

4 Deutschland

Auf der Konferenz von Teheran hatte Stalin gegen von Roosevelt vorgetragene Pläne, Deutschland in mehrere Staaten mittlerer Größe zu zerlegen, eingewandt, dass die

Deutschen immer nach Wiedervereinigung streben würden; die UdSSR machte ja die Erfahrung, dass die deutsche Armee als nationale kämpfte. In Potsdam wurden keine neuen Teilungspläne vorgetragen; zwar sollte in den vier Besatzungszonen die Regierungsgewalt bei der jeweiligen Besatzungsmacht liegen, aber Fragen, die Deutschland als Ganzes betrafen, sollten gemeinsam entschieden werden – im Kontrollrat. Als gemeinsames Ziel der Besatzungspolitik wurden Entmilitarisierung, Entnazifizierung, Demokratisierung und Dezentralisierung der Industrie formuliert.

Kurzfristig bestand das größte Interesse der UdSSR darin, möglichst viele Reparationen zu erhalten. Die Masse sollte sie aus ihrer Besatzungszone nehmen, jedoch hatte sie auch Anrecht auf 15 % der im Westen demontierten Industrieanlagen, sofern dafür Nahrungsmittel geliefert wurden, und auf 10 % ohne Gegenlieferung. Im Dezember 1947 stellte die amerikanische Regierung die Auslieferung von demontierten Fabriken an die UdSSR ein – sie argumentierte, dass die Höchstsumme erreicht sei, dass der Lebensstandard in den Westzonen zu stark sinke und dass aus der SBZ zu wenig Nahrungsmittel geliefert würden.

Briten und Amerikaner vereinigten ihre Zonen, und diese »Bizone« beteiligte sich 1948 am Marshallplan – der erste Schritt zur Teilung Deutschlands und zugleich der Beginn des deutschen Wirtschaftswunders.

Die amerikanische Politik wurde mit Blick auf Polen und die ČSSR als Politik zur »Eindämmung« des sowjetischen Einflusses begründet. In den Begriffen des europäischen Mächtekonzerts war das ein irreführendes Argument: Die Ausweitung des amerikanischen Einflusses einschließlich der dauerhaften Stationierung von US-Truppen (die Roosevelt noch in Teheran abgelehnt hatte) veränderten die Strukturen Europas tiefgreifender als die Auswirkung sowjetischen Einflusses bis Leipzig; russische Truppen hatten ja schon in der Zeit Peters des Großen in Lübeck gestanden und während der Befreiungskriege in Paris. Ideologisch aber war das Argument überzeugend, weil ja die sowjetische Form von Sozialismus ausgedehnt wurde, und sozial entsprach dem Argument insbesondere in Deutschland viel konkrete Erfahrung – die Vertriebenen konnten ihr Schicksal darin wiederfinden. Wirtschaftlich konnte für den Mitteleuropäer, wenn man denn schon einer Seite zugeordnet wurde, nicht fraglich sein, wo es einem besser ergehen würde – auch das machte die Reparationspolitik ja klar.

Die UdSSR musste sich langfristig also, angesichts der Präponderanz der USA in Westdeutschland und der Nähe der deutschen Sozialverfassung zur amerikanischen, entscheiden, ob sie ihre Zone aufgeben oder gegen diese Trends halten wollte. Die Sowjetische Militäradministration in Deutschland (SMAD) hatte frühzeitig die Wiederherstellung der politischen Parteien in der Sowjetischen Besatzungszone (SBZ) zugelassen und dabei die KPD nach Kräften gefördert. Zugleich ging sie gegen demokratische Gruppen, z. B. an den Universitäten, mit Gewalt vor. Anfang 1946 wurden KPD und SPD zur Sozialistischen Einheitspartei Deutschland (SED) zusammengeschlossen. Nur in West-Berlin konnte zu dieser Frage eine Abstimmung durchgeführt werden – sie ergab, dass zwar eine Zweidrittelmehrheit der Westberliner Mitglieder der SPD für die Zusammenarbeit mit der KPD, aber 82 % gegen eine Verschmelzung mit ihr waren. War die von der SMAD geförderte Gründung der SED der Versuch, auf eine Teilung hinzuarbeiten?

Sie entsprach wohl eher dem Kalkül, in einem zukünftigen Gesamtdeutschland Bündnispartner und Einflussmöglichkeiten zu sichern. Je deutlicher der Westen jedoch die Gründung der Bundesrepublik vorbereitete, desto mehr Spielraum ließ man den deutschen Kommunisten. Das vorrangige Interesse der UdSSR betraf nach wie vor die Reparationen, die – auch mit der Institution der Sowjetischen Aktiengesellschaften (SAG) – ab 1947 aus der laufenden Produktion entnommen wurden, nach westlichen Schätzungen in Höhe von 34 Milliarden Mark.

Dass die andauernde und hohe Entnahme von Reparationen keine Freundschaften stiftete, war wohl deutlich. Die UdSSR war entsprechend auch nach der Gründung der DDR 1949 bereit, der Einigung Deutschlands zuzustimmen, wenn sie damit seine Neutralisierung erreicht hätte. Ein einiges Deutschland, das der NATO nicht angehörte, hätte darüber hinaus den alten Polyzentrismus Europas vielleicht wieder entstehen lassen und außerdem Polen und die ČSSR aus Angst um ihre Westprovinzen an die Seite der UdSSR gebunden, da es damals in Deutschland noch keine Mehrheiten für einen dauerhaften Gebietsverzicht gab.

Der Westen und auch die an Einfluss zunehmende Bundesrepublik unter der Führung Konrad Adenauers sind auf die sowjetischen Vertragsvorschläge nicht ernsthaft eingegangen. Sie haben im Gegenzug verlangt, dass eine durch freie Wahlen zustande gekommene Regierung das Recht haben müsse, in ein Bündnis ihrer Wahl einzutreten. Diese Forderung war auch deswegen wichtig, weil die westlichen Nachbarn glaubten, sich nur über eine militärische Integration der Bundesrepublik vor einem Wiedererstarken des deutschen Nationalismus schützen zu können; an erster Stelle entsprach die Forderung jedoch dem amerikanischen Bedarf an einer militärischen Basis auf dem europäischen Kontinent (die Frankreich z.B. nicht auf Dauer zuzugestehen bereit war). Freie Wahlen hätten selbstverständlich entlarvt, wie beschränkt die Unterstützung war, welche die DDR in der Bevölkerung besaß; der Aufstand vom 17. Juni 1953, der nur unter Einsatz sowjetischer Panzer niedergeschlagen werden konnte, bestätigte das. Die UdSSR glaubte, gegenüber dem von den Westmächten geforderten Verlust an Gesicht und realem Einfluss in Mitteleuropa eine Alternative zu haben: die DDR. Sie verzichtete auf die Reparationsleistungen, gab die meisten SAGs zurück und schwenkte auf die von den SED-Kadern schon länger geförderte Politik des »Sozialismus in einem halben Lande« ein. Am 25. März 1955 erkannte die UdSSR die DDR als souveränen Staat an.

5 Die neuere Forschung

Mit der Öffnung der Archive der ehemaligen UdSSR und dem Verstreichen der Archivfristen in westlichen Ländern sind beträchtliche Teile des Aktenmaterials der Jahre nach dem Krieg für die Forschung zugänglich geworden, soweit nicht doch wieder – sei es durch Verlagerung von Akten in Sonderarchive Russlands, sei es durch die Beanspruchung umfangreicher Personenschutzrechte im Westen – Akten verschlossen bleiben. Der Kalte Krieg ist zu einem wichtigen Forschungsfeld geworden, auf dem Historiker aus dem (ehemaligen) Osten und dem Westen intensiv zusammenarbeiten.

Trotz vieler Einzelfortschritte ist, folgt man etwa der *Cambridge History of the Cold War*, jedoch kein insgesamt neuer Kenntnisstand erarbeitet worden. Odd Arne Westad geht weit zurück und betont, dass die kapitalistische Expansion vom 19. Jahrhundert an mit ihren Krisen erst die Voraussetzungen für utopische und autoritäre Gegenbewegungen wie »Nationalsozialismus, Faschismus und Kommunismus« schuf. John Lewis Gaddis verweist weiterhin darauf, dass die sowjetische Ideologie das Ziel der globalen Durchsetzung des Sozialismus vertrat, das expansiv den Westen bedrohte. Vladimir O. Pechatnov geht von den Verlusten der UdSSR im Kriege aus und stellt das sowjetische Sicherheitsbedürfnis defensiv an die erste Stelle. David C. Engerman erklärt, warum auch in den USA Furcht grassierte, und Melvyn P. Leffler beschreibt das grundlegende Bestreben der USA, den Globus zu beherrschen und z. B. so viele Basen anzulegen, dass sie alle Punkte der Erde bombardieren könnten.

Je mehr allerdings der Staub sich setzt, desto mehr wird die fundamentale Überlegenheit der USA in dieser Periode der Weltgeschichte deutlich. Die USA waren nicht nur die größte Wirtschaftsmacht der Zeit zwischen 1947 und 1991, sie waren auch an »soft power« deutlich überlegen – amerikanische Filme prägten das Bild des Landes in der Welt, Kommunikationsmittel und Innovationen waren weit überlegen, und »the American way of life« zog die Menschen an. Der Schluss ist unumgänglich, dass die USA diese Überlegenheit nie ausgenutzt haben, um den »Rest der Welt« militärisch zu unterwerfen, was immer man ihnen an Interventionismus in kleineren Ländern vorwerfen mag. Die amerikanische Überlegenheit bedeutete für die UdSSR, dass ihr jahrzehntelanger Kampf um »Parität« immer den Hang hinauf ging, stets gegen die größeren Möglichkeiten des Gegners geführt werden musste, und selbst strategische Überraschungen wie die Beinahe-Besetzung Koreas durch den von Stalin gedeckten Norden oder das Festsetzen auf Kuba von den USA schnell konterkariert werden konnten. Und es bedeutete schließlich auch, dass viele der sowjetischen Studenten und Politiker, die in Austauschprogrammen in die USA reisten, voll heimlicher oder auch offener Bewunderung zurückkamen und nicht wenige davon träumten, es amerikanischen jungen Leuten gleichzutun.

18
Die Struktur des Monopolsozialismus

1 Anspruch und Wirklichkeit der Gesellschaftsordnung

Der Sozialismus gehört zu den großen kritischen Theorien der Welt. Wie stets, wenn eine intellektuelle Schule sich vom Hauptstrom der Diskussion entfernt, bedeutet diese Ferne nicht nur die Chance, Befangenheiten zu vermeiden, sondern auch die Gefahr, zur Häresie, zur bloßen Abweichung zu verkommen – die apologetische Grundsituation gegenüber dem Mainstream scheint Verhärtungen und Einseitigkeiten der Theorie zu legitimieren. Dies gilt besonders, wo Machtausübung mit kritischer Theorie legitimiert wird – was als Kritik taugt, muss als Begründung von Macht keineswegs erhellend sein.

Im Westen war die Auseinandersetzung mit dem realen Sozialismus in der Nachkriegszeit häufig durch einen kruden Antikommunismus blockiert. In den Ländern des Sozialismus selber war die intellektuelle Debatte durch die Angst der Mächtigen beschränkt, ihrer Legitimationen verlustig zu gehen; konkret hieß das, dass kluge Leute schwiegen, wenn sie nicht ins Lager kommen wollten. Im Westen führte erst die Studentenbewegung von 1968 zu einer offeneren Diskussion – allerdings nicht selten auch zu verqueren Forderungen nach Solidarität in der Kritik oder umgekehrt dazu, immer wieder die Realitäten Osteuropas an Marx zu messen, obgleich ja die Kritik des Kapitalismus keinen angemessenen Analyserahmen für den Sozialismus bilden kann. Im Osten war es eine historische Leistung der polnischen Gesellschaft, frühzeitig jene Diskursivität herzustellen, die für theoretische Arbeit Voraussetzung ist. Jacek Kuroń und Karol Modzelewski, Assistenten am Historischen Seminar der Universität Warschau, legten 1964 die erste kritisch-marxistische Analyse des realen Sozialismus vor. Ihr folgten später Roy Medwedjew für die UdSSR und Rudolf Bahro für die DDR. Alle mussten übrigens ihre Kritik mit dem Verlust der Parteimitgliedschaft bezahlen – Medwedjew wurde nach 1985 jedoch in die Partei wiederaufgenommen.

Das Kernargument von Kuroń und Modzelewski lautete, dass staatliches Eigentum eine spezifische Form des Eigentums an Produktionsmitteln sei, die nur denjenigen Verfügungsgewalt über die Produktionsmittel gebe, die an der politischen Macht Anteil haben. Die Macht aber sei in den Händen der Partei, und zwar ihrer Spitze, monopolisiert – weder die Arbeiter noch auch nur die einfachen Parteimitglieder könnten sie kontrollieren. Die Verstaatlichung der Produktionsmittel führe also nicht zu jener Form von Vergesellschaftung, welche das Ziel der Revolution war, sondern zu einer anderen, neuen Form von Gesellschaft: eben Monopolsozialismus. Um Arbeiterklasse und Staat so zu organisieren, dass erstere »Herr ihrer Arbeit und deren Produkt ist«, schlugen sie ein Rätesystem vor.

Da das Rätesystem schon nach der Oktoberrevolution an der Komplexität der damaligen Gesellschaft und dem Kompetenzgefälle zwischen den Berufspolitikern der Partei und den Rätedeputierten gescheitert war, überzeugte ihr Veränderungsentwurf am wenigsten. Was blieb, war der theoretische Nachweis, dass die kommunistische Bewegung in Osteuropa etwas anderes geschaffen hatte, als ihr Ziel gewesen war. Wie sah diese neue Gesellschaftsform Monopolsozialismus im sowjetischen Fall aus?

2 Die Partei

Während des Weltkrieges stieg die Mitgliedschaft der Partei von (1941) 3,8 auf (1945) 5,8 Millionen Menschen und bis 1952 langsam weiter auf 6,8 (einschließlich der Kandidaten). Der Mitgliederschub von Rotarmisten stärkte das Arbeiter- und Bauernelement, auch stieg der Anteil der Frauen von (1941) 14,9 % auf (1950) 20,7 %. Statistiken über die nationale Zusammensetzung und die Sozialstruktur wurden nicht publiziert, doch wird aus der regionalen Verteilung der Mitglieder deutlich, dass die Partei nach wie vor einen überwiegend städtischen Charakter hatte – im Gebiet (*oblast*) Moskau kamen 68 Mitglieder auf 1000 Einwohner, in der Republik Moldau 8 und Litauen 13; insgesamt lag der Schnitt der Union bei 30 Mitgliedern je 1000 (geschätzte Bevölkerung 1950: 201 Millionen). Das Bildungsniveau der Mitglieder stieg kontinuierlich an, unter der Führung noch stärker als in der einfachen Mitgliedschaft – von den Delegierten des 18. Parteitags 1939 hatten 26,5 % Hochschulbildung, von denen des 19. 1952 über 58 % – die größte einzelne Gruppe bestand aus Ingenieuren.

Während die Mitgliederschaft der Partei im Durchschnitt sehr jung blieb – 63,6 % waren 1946 unter 35 Jahren –, alterte die Führung – von den 1192 Delegierten des 19. Parteitags gehörten nur 5,9 % dieser Altersgruppe an, während auf dem 18. Parteitag 49,5 % zu ihr gehört hatten. Schon die lange Zeit, in welcher der Parteitag nach dem Ende des Krieges nicht einberufen wurde, macht deutlich, dass seine Bedeutung in den letzten Lebensjahren Stalins abgenommen hatte. Auch das Zentralkomitee, vom jeweiligen Parteitag gewählt, und das Politbüro tagten in Kriegs- und Nachkriegszeit nur selten. Einzelne Mitglieder des Politbüros hatten bestimmte sachliche Zuständigkeiten, so galt Molotow als Parteifachmann für die Staatsverwaltung, insbesondere die Außenpolitik, und Kossygin als Parteifachmann für die Leichtindustrie. Stalin besaß als Generalsekretär der

Partei und Vorsitzender des Ministerrats eine doppelte Stellung; nur wenige andere Politbüromitglieder waren zugleich Chefs von staatlicher Verwaltung.

1952 wurde auf dem 19. Parteitag das Politbüro abgeschafft. An seine Stelle trat das Präsidium des Zentralkomitees. Ihm gehörten alle zehn Sekretäre des ZK und 13 stellvertretenden Vorsitzenden des Ministerrats als Mitglieder an, außerdem Vertreter der Gewerkschaften, des Komsomol und wichtiger Unionsrepubliken. Offensichtlich sollte die Änderung die wichtigen Institutionen der Union im zentralen Entscheidungsprozess besser zur Geltung bringen; zugleich aber war es wohl auch ein Versuch Stalins, sich in dem größeren Gremium leichter durchzusetzen. Der Tod des Generalsekretärs am 5. März 1953 beendete diese Ausweitung, und das neue Präsidium hatte wieder die Größenordnung von zehn Mitgliedern und vier Kandidaten, wobei die Staatsminister überwogen.

Das Organisationsprinzip der Partei war der »demokratische Zentralismus« – alle Organe der Partei waren von unten nach oben zu wählen, also von den Parteizellen in Betrieb oder Hausgemeinschaft über lokale und regionale Parteitage bis hinauf zum ZK, das auf dem Unionsparteitag gewählt wurde. Die Beschlüsse der höheren Organe waren für die unteren unbedingt verbindlich; Fraktionen verboten. Da schon in den späten zwanziger und dreißiger Jahren die Spitze der Partei darauf Einfluss nahm, wer zum Delegierten gewählt wurde, wurde die demokratische Struktur früh zur Farce – die Spitze (und das bedeutete für mehrere Jahrzehnte im Zweifelsfall der Generalsekretär) legte sowohl die Beschlüsse fest wie auch die Wahl derer, durch die sie auf den Parteitagen eigentlich hätte kontrolliert werden sollen.

3 Die Veränderungen der Gesellschaftsstruktur

Die Bedeutung der Bürokratie hatte während des Krieges zugenommen und wuchs auch danach – parallel zum Wachstum des tertiären Sektors in allen industrialisierten Gesellschaften. Die theoretischen Schwierigkeiten dieses Prozesses waren für die UdSSR groß, da sie sich selbst als Arbeiter-und-Bauern-Staat begriff. Zeitweise wich man diesem Problem sogar in der Statistik aus: zwischen 1939 und 1959 wurden die Angestellten den Arbeitern zugerechnet, deren so berechneter Anteil von 50 % auf 68 % stieg – während jener der Kolchosbauern von 47 % auf 31 % sank (1939 gab es noch Reste anderer sozialer Gruppen). Es lässt sich jedoch errechnen, dass der Anteil der überwiegend mit intellektueller Arbeit Beschäftigten von 15,5 % auf 20,1 % anstieg.

Das Bildungsniveau der Gesellschaft war angestiegen – 51,7 % hatten die Grundschule abgeschlossen; 32,3 % die Siebenjahresschule oder zumindest einige Klassen davon besucht; 12 % besaßen den Abschluss einer Zehnjahresschule oder einer mittleren Fachschule und 2,5 % den einer Hochschule (ein Rest hatte das Studium abgebrochen). In die Partei wurde vor allem die neue Intelligenz der Ingenieure integriert, aber das Angebot der Einordnung bestand für alle und wurde durch die Jugendorganisation der Partei, den Komsomol, allen Schülern und Studenten gemacht. Zugleich sicherte die Partei sich die Kontrolle über alle wichtigen Verwaltungsstellen in Wirtschaft, Bildungssystem usw. durch die Nomenklatur – wichtige Stellen konnten nur mit Zustimmung der jeweiligen Parteiorganisation vergeben werden (Schuldirektoren, Geschichtslehrer z. B., aber auch Fabrikdirektoren).

Da die Entlohnung nach dem Leistungssystem aufgebaut war – wer die Norm überschritt, erhielt vielfältige Prämien –, konnte auch ein Arbeiter viel Geld verdienen. Umgekehrt waren alle Parteimitglieder einem starken moralischen und durch Kontrollkommissionen auch realisierten Druck ausgesetzt, vorbildlich zu leben und z. B. nicht zu prassen. Insgesamt dürften die Angestellten nicht sehr viel mehr verdient haben als die Arbeiter, und oft verdienten sie weniger – der Reiz ihrer Stellung lag, abgesehen von der Wärme mancher Schreibstube, in der Nähe zur Verfügungsmacht über wirtschaftliche und gesellschaftliche Prozesse.

4 Industrieller Wiederaufbau

Der Wiederaufbau stellte die UdSSR vor gewaltige Aufgaben. Sowohl die sowjetischen wie die deutschen Truppen hatten beim jeweiligen Rückzug das Land systematisch verwüstet – Brücken gesprengt, Schächte absaufen lassen, die Schwellen der Eisenbahnstrecken zerrissen, Ansiedlungen verbrannt. Neben der bloßen Wiederherstellung mussten über acht Millionen demobilisierter Soldaten wieder in die Produktion eingefügt und die Fabriken von Kriegs- auf Friedensproduktion umgestellt werden. Stalin setzte dem Wirtschaftsaufbau im Januar 1946 das Ziel, bis 1960 die Produktion in allen wichtigen Bereichen zu verdreifachen – bei Stahl von 12,5 auf 60, bei Steinkohle von 149,3 auf 500, bei Erdöl von 19,4 auf 60 Mio. t. Diese langfristigen Perspektiven wurden 1960 alle überschritten: Die Stahlproduktion hatte 65, die Steinkohleförderung 513, die von Erdöl sogar 148 Mio. t. erreicht.

Da die amerikanischen Lieferungen mit Kriegsschluss abrupt abgebrochen wurden, gewannen die Reparationen für den Wiederaufbau besondere Bedeutung; ganze Fabriken wurden in Deutschland abgebaut und – einschließlich der Techniker – in der UdSSR wieder angesiedelt. Auch die Arbeit deutscher Kriegsgefangener – von denen unter den Bedingungen der sowjetischen Lager der außerordentlich hohe Anteil von 37 Prozent umkam – trug zum Wiederaufbau

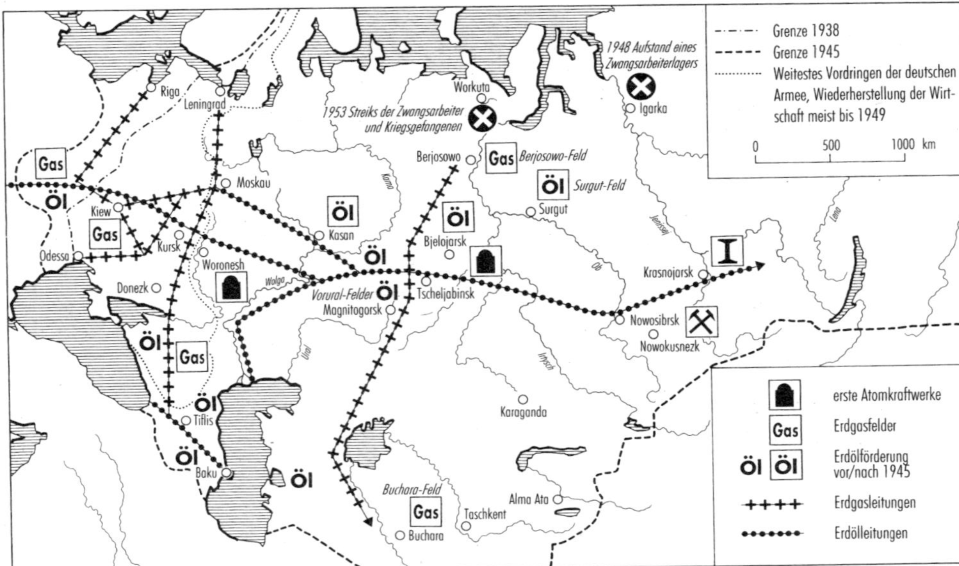
Grenze 1938
Grenze 1945
Weitestes Vordringen der deutschen Armee, Wiederherstellung der Wirtschaft meist bis 1949
0
500
1000 km
erste Atomkraftwerke
Gas
Erdgasfelder
Öl Öl
Erdölförderung vor/nach 1945
Erdgasleitungen
Erdölleitungen
1948 Aufstand eines Zwangsarbeiterlagers
1953 Streiks der Zwangsarbeiter und Kriegsgefangenen
Riga
Leningrad
Moskau
Kiew
Odessa
Kursk
Woronesh
Donezk
Kasan
Kama
Wolga
Ural
Workuta
Berjosowo
Berjosowo-Feld
Surgut-Feld
Surgut
Bjelojarsk
Tscheljabinsk
Vorural-Felder
Magnitogorsk
Igarka
Jenissej
Lena
Ob
Irtysch
Krasnojarsk
Nowosibrsk
Nowokusnezk
Karaganda
Tiflis
Baku
Buchara-Feld
Buchara
Taschkent
Alma Ata

bei. Entscheidend für den schnellen Erfolg war jedoch der Leistungswille der Menschen, voran der jungen Leute, die von der Front zurückkamen. Die Planung wurde – nach dem extremen Zentralismus der Kriegszeit – dezentralisiert, z.B. wurde das Volkskommissariat für Rüstungsindustrie, das die Panzerproduktion geleitet hatte, in Kommissariate für Transportmaschinen, Landwirtschaftsmaschinen usw. aufgeteilt. Der Vorgang war auch mit einer Professionalisierung verbunden, die ihren Ausdruck darin fand, dass 1946 der Terminus »Volkskommissariat« abgeschafft und durch »Ministerium« ersetzt wurde.

Der Investitionsschwerpunkt wurde 1946 bei der Investitionsgüterindustrie gesetzt, nur 12% der Mittel sollten der Konsumgüterindustrie zugute kommen. In der Tat gelang es – über den Plan hinaus –, das Nationaleinkommen, verglichen mit 1940–50, auf 164% zu steigern und die Investitionsgüterfertigung sogar zu verdoppeln – während die Konsumgüterindustrie nur auf 23% anstieg und die landwirtschaftliche Produktion 1950 mit 99% das Niveau von 1940 um ein Prozent verfehlte.

Die Disproportionalität der Sektoren der sowjetischen Wirtschaft wurde also noch größer, als geplant war. Die Traktorenproduktion z.B. wurde gegenüber 1940 von 66000 auf 242000 Stück für 1950 vervielfacht; die Herstellung von Baumwolltuch erreichte mit 3,9Mrd.m den Stand des Vorkriegsjahrs und blieb damit weit hinter dem Plan von 4,7Mrd.m zurück, während die Getreideernte mit 81Mio.t sogar hinter dem Ergebnis von 1940 mit 95Mio.t zurückblieb.

Das Schwergewicht auf der Investitionsgüterindustrie wurde von den zeitgenössischen Wirtschaftstheoretikern der UdSSR theoretisch gerechtfertigt. Aber das Verhältnis von Erfolg und Misserfolg gegenüber den Plänen verweist auch darauf, dass die Investitionsgüterindustrie sich wegen ihrer großen Einheiten, und weil sie sich um den Endverbrauch der Erzeugnisse keine Sorgen zu machen brauchte, leichter planbar war als Konsumgüterindustrie.

5 Probleme mit der Landwirtschaft

So erfolgreich der Wiederaufbau der Industrie war, so schlecht verlief der der Landwirtschaft, vor allem die Verluste an Zug- und Milchvieh ließen sich nicht schnell ausgleichen. Das Ausbleiben der amerikanischen Hilfe verschärfte die Hungersnot 1946/47, der über eine Million Menschen zum Opfer fielen.

Hinzu kam jedoch, dass Stalin – die Personalisierung scheint in diesem Fall gerechtfertigt – gegenüber den Kolchosen schnell zu einem harten Kurs überging. Die Eigenproduktion auf dem privaten Hofland wurde streng reglementiert und mit hohen Steuern belastet, der Vorrang des Kolchoselands staatlich festgelegt. Zugleich blieben die Einschränkungen bestehen – die Kolchosen durften keine eigenen Maschinen besitzen, sondern mussten sie von den Maschinen-Traktoren-Stationen leihen. Dabei blieben die Einkommensunterschiede zwischen Stadt und Land sehr groß. Für ihre Arbeit in der Kolchose wurden die Bauern in Form von »Arbeitstagen« entlohnt. Der Rubelgleichwert eines Arbeitstages war – je nach den Preisen der staatlichen Aufkäufer und den Kosten der MTS, d. h. je nach Gewinn der Kolchose – unterschiedlich; man schätzt, dass im Jahr 1950 der Durchschnitt bei 1 Rubel lag. Nach dieser Maßgabe brauchte der Bauer 28 Arbeitstage, um eine Flasche Wodka zu kaufen, und ein Jahr für einen Anzug. Auch wenn er sich den Wodka vielleicht durch Schwarzbrennen besorgte – den Anzug konnte er sich faktisch kaum je leisten.

Dabei versuchte die Zentrale, die Wirtschaft der Kolchosen bis ins einzelne zu lenken. Neue Projekte wurden eingeführt, etwa die Rotation mit Grasland oder die Anlage von Windschutzstreifen, ohne die lokalen Bedingungen angemessen zu berücksichtigen. So sinnvoll manches war, so verhängnisvoll war es, dass alles von oben herunter durchgesetzt wurde, ohne die Bauern zu eigener Initiative zu ermuntern. Als Stalins Landwirtschaftsfachmann Nikita Chruschtschow protestierte, die Steuer für Apfelbäume auf dem privaten Hofland sei so hoch, dass die Bauern die Bäume abhackten, weil sie dann besser dran seien, antwortete der Diktator, Chruschtschow sei wohl ein Volkstümler, ein Narodnik – und kein Bolschewik. Die schwere Missernte des Jahres 1946 und die schlechten Ernten der folgenden Zeit hatten also viele Gründe, nicht zuletzt aber den, dass die Partei die Bauern ihre Feindseligkeit wieder offen spüren ließ.

6 Ideologische Aporien

Das Leben der russischen städtischen Gesellschaft stand nach dem Ende des Krieges im Zeichen eines intellektuellen Aufbruchs. Viele, die im Westen gekämpft hatten, brachten Vorstellungen von einem angenehmeren und sichereren Leben nach Haus. Zwar betrug der Anteil der Lagerbevölkerung an jener der Union auch nach 1945 mehrere Prozente, aber viele, die von der Front zurückkamen, glaubten, dass die Insassen zu Recht im GULag lebten und dass die Drohung nicht ihnen gelte, da sie ja weder Kulaken noch Jehovas Zeugen, weder Trotzkisten noch Volksdeutsche waren.

Die erneute Disziplinierung der sowjetischen Öffentlichkeit ist mit dem Namen Andrej Shdanows verbunden – während des Krieges für die Verteidigung des eingeschlossenen Leningrad verantwortlich und nach dem Sieg Sekretär des ZK für Agitation und Propaganda. Shdanow forderte eine Überprüfung der während des Kriegs eingetretenen Parteimitglieder auf ideologische Zuverlässigkeit, griff die Selbständigkeit der Republiken und die Mentalität der Kolchosbauern an und schüchterte die Intelligenz ein, indem er ihr »Kosmopolitismus« vorwarf – so auch Anna Achmatowa, die ihre Mitgliedschaft im Schriftstellerverband verlor.

Trotz dieser innenpolitischen Disziplinierungskampagne ging Shdanow von einer langen Friedenszeit aus, und noch im Mai 1947 wurde die Abschaffung der Todesstrafe in der UdSSR mit einer solchen Hoffnung begründet. Im Verlauf des Jahres 1947 gab es jedoch eine Reihe von intellektuellen Debatten, in denen es durchweg um die Frage ging, inwieweit Einzelergebnisse der Wissenschaften westlicher Länder trotz ihrer grundsätzlichen Befangenheit in bürgerlicher Ideologie zuverlässig seien. In allen diesen Debatten trat Shdanow für eine gemäßigte Position ein, siegten jedoch die Vertreter radikaler Verurteilungen – zweifellos beeinflusst vom beginnenden Kalten Krieg.

Die bekannteste dieser Debatten ging von dem Agrarwissenschaftler Lyssenko aus, der die These aufbrachte, dass die Vererbung von erworbenen Eigenschaften eine allgemeine Eigenschaft der lebenden Materie sei und keines besonderen genetischen Apparates (wie ihn amerikanische Wissenschaftler in den Genen bestimmt hatten) bedürfe. Lyssenko verband diesen wissenschaftlichen Unsinn mit einem Konzept zur Vermehrung der Getreideerträge und einem Angriff auf den Rassismus der bürgerlichen Wissenschaft, sodass sich eine brisante Mischung ergab – folgten die Bauern nicht der Lyssenko-Methode beim Getreideanbau, dann folgten sie der bürgerlichen, wenn nicht rassistischen westlichen Wissenschaft. 1948 wurde Lyssenko gegen Shdanows Widerstand in die Akademie der Wissenschaften gewählt; Shdanow verschwand von der politischen Bühne.

Shdanow hatte im September bei der Gründungstagung des Kommunistischen Informationsbüros die offizielle Interpretation der sowjetischen Führung für die Welt in der

Phase des Kalten Krieges vorgetragen: Die Welt sei in zwei Lager gespalten, und jeder müsse sich entscheiden, zu welchem er gehören wolle. Im Rahmen des eigenen Lagers aber war er für eine gemäßigte Position eingetreten, und so gelang es seinen Gegnern, unter denen sich der Chef der Geheimpolizei, Berija, besonders hervortat, ihn im Kampf um die Reinheit der Ideologie noch zu überbieten. Die Intoleranz, mit der er seine Karriere begonnen hatte, schlug auf ihn zurück, als er auf dem Höhepunkt seiner Karriere versuchte, ihr Grenzen zu setzen.

Von nun an wurde alles, was irgendwie nach Eigenständigkeit aussah, verfolgt; »Titoismus« war das dabei stereotyp verwendete Schlagwort, gemünzt nach dem politisch und ideologisch selbstbewussten und unabhängigen Vorgehen des jugoslawischen Parteiführers Tito. Am 13. Januar 1950 wurde die Todesstrafe offiziell wieder eingeführt, und es wurde reichlich von ihr Gebrauch gemacht.

19
Erste Reformversuche

1 Das Scheitern Malenkows

Das Bild Stalins in der sowjetischen Öffentlichkeit hatte derartige Züge eines Übervaters gewonnen, dass sein Tod am 5. März 1953 das Volk erschütterte und auch Intellektuelle fragen ließ: »Was wird jetzt aus uns allen?« – so, als habe wirklich alles an der einen Person gehangen. Aber die Politik ging weiter. Der Sieger in der Auseinandersetzung mit Shdanow, Georgij Malenkow, wurde Vorsitzender des Ministerrats; Nikita Chruschtschow Erster Sekretär des ZK der Partei; der Innenminister Lawrentij Berija blieb im Hintergrund. An die Stelle der Einpersonenführung war ein Kollektiv getreten.

Malenkow betonte, dass die Investitionsgüterindustrie nunmehr erfolgreich ausgebaut sei und man dazu übergehen müsse, das Konsumangebot zu erhöhen. Außenpolitisch war er damit auf den Versuch festgelegt, mit dem Westen auszukommen, und dies hieß insbesondere, dass Malenkow, der Linie Stalins folgend, ein neutrales Deutschland anstrebte, durch das die am meisten gefährdete Front der UdSSR – die Rollbahn von Deutschland nach Moskau – für die NATO mit politischen Mitteln gesperrt worden wäre. Berija, als Geheimdienstchef wohl am genauesten informiert, unterstützte diese Linie auch in der DDR gegen Versuche der SED, das halbe Land so auf Sozialismus festzulegen, dass die UdSSR sich nicht mehr davon hätte trennen können. Der Aufstand am 17. Juni 1953 hatte die paradoxe Folge, dass die Position Berijas unhaltbar wurde, was die Konkurrenten um die Macht ermutigte, alte Rechnungen zu begleichen. Berija wurde auf der Sitzung des ZK vom 26. Juni u.a. »kapitulantenhaftes Verhalten in der deutschen Frage« vorgeworfen; wenig später wurde er erschossen.

Chruschtschow begann Anfang 1954, gegen die Erhöhung der Konsumgüterproduktion zu argumentieren, indem er forderte, die ständigen Probleme in der Landwirtschaft durch Verstädterung des Landes und Neulandkultivierung in Kasachstan zu lösen. Dazu mussten vermehrt Traktoren und Mähdrescher, Eisenbahnen und Wege gebaut werden, d. h., es musste in die Investitionsgüterindustrie investiert werden. Ende des Jahres setzte der Parteisekretär diese Linie gegen den Regierungschef durch.

Endgültig scheiterte Malenkow dann in der Deutschlandpolitik. Auch nach dem 17. Juni hielt er an dem Angebot zur Neutralisierung Deutschlands fest. Während Chruschtschow und sein militärischer Verbündeter, Marschall Shukow, die klassische leninistische These vertraten, dass Krieg mit dem Kapitalismus letztlich unvermeidbar sei, betonte Malenkow, dass ein Atomkrieg die gesamte Zivilisation (auch den Sozialismus) vernichten werde. Die Ablehnung der Neutralisierungsangebote und die Einbeziehung der Bundesrepublik in die NATO im Oktober 1954 sprachen in sowjetischen Augen allerdings für Chruschtschow; Malenkow bat am 8. Februar 1955 um seine Entlassung, und das verspätet veröffentlichte Budget für dieses Jahr sah Kürzungen der Investitionen für Konsumgüter um 23 % sowie Steigerungen im Bereich der Investitionsgüterindustrie um 27 % und bei den Verteidigungsausgaben um 12 % gegenüber dem Vorjahr vor. Da der Westen, so schien es, die Rede vom *roll back*, von der Zurückdrängung des Kommunismus, ernst meinte und sogar die alten Differenzen zu Deutschland deswegen begrub, musste stärker gerüstet werden.

2 Entstalinisierung

Chruschtschow vereinte nun die obersten Ämter von Staat und Partei; es lag in seinem Interesse, sich vom Bilde des übermächtigen Vorgängers abzusetzen, dessen Leichnam für eine scheinbare Ewigkeit neben Lenin im Mausoleum auf dem Roten Platz einbalsamiert war. In die Abrechnung mit Stalin, die er in einer Geheimrede auf dem 20. Parteitag 1956 vortrug, mischte sich aber auch wirklicher Schrecken und erfahrene Angst – gerade die Kommunisten seien, wie der neue Generalsekretär seinen Zuhörern erklärte, Hauptopfer des Stalinschen Terrors gewesen. Als Beispiel wählte Chruschtschow den 17. Parteitag, von dessen 1966 Delegierten 1108 verurteilt worden waren – so viele Verräter habe es in der Partei nicht geben können. Die letzten Äußerungen Lenins gegen Stalin, das »Testament«, wurden zitiert, die Führungsfehler im Zweiten Weltkrieg und in der Landwirtschaftspolitik kritisiert, die Deportationen ganzer Völker verurteilt; die Geschichtsfälschungen und die Selbstbeweihräucherungen herausgestellt.

Was waren aber die Gründe für eine derartige Deformation des Sozialismus? Der Marxist Chruschtschow nannte den persönlichen Machthunger und den Charakter Stalins. Der »Personenkult« des Georgiers wurde also mit einer negativen Personalisierung erklärt – an die Stelle des genialen Führers, den die sowjetische Öffentlichkeit verehrte, trat der Grobian, der Lenins Frau beleidigte; an die Stelle des Übervaters trat Kronos, der seine eigenen Kinder fraß, zuerst die Partei, dann die Nationen. Die für die Herausbildung der Macht des Diktators entscheidende Phase, die Industrialisierung, wurde von dieser Kritik explizit ausgenommen – die Entscheidungen jener Periode waren richtig, damals lief noch alles gut. Keine Frage also nach den sozialökonomischen Zusammenhängen des Stalinismus! Und als Heilmittel schlug Chruschtschow eine organisatorische Rückbesinnung auf die Prinzipien der Leninschen Führung vor – die ja doch fraglos mindestens einmal versagt hatten, als nämlich Stalin an die Macht kam.

Trotz ihrer offensichtlichen Defizite hatte Chruschtschows Abrechnung mit Stalin außerordentliche Folgen. Die Geheimhaltung wurde schnell durchbrochen, der Text einer amerikanischen Zeitung zugespielt und weltweit publiziert. Innerhalb der Sowjetunion kam es zum »Tauwetter« – man konnte zum ersten Mal über die vergangenen Jahrzehnte diskutieren, Solschenizyn z. B. seine Novelle *Ein Tag im Leben des Iwan Denissowitsch* über das Leben im Lager veröffentlichen. Der Oberste Sowjet erließ ein neues Straf- und Zivilrecht, das eine Dezentralisierung der Rechtsprechung und eine umfassende Kodifizierung mit sich brachte. Über 70 % der Strafgefangenen wurden freigelassen, zwei Drittel der Straflager aufgelöst: der Archipel GULag schrumpfte. Altstalinisten wie Molotow wurden aus den Führungsgremien der Partei entfernt – aber dies bedeutete nun nicht mehr den Tod, sondern die Versetzung auf Posten, auf denen sie die Vorteile der Hochbürokratie weiterhin genießen konnten.

Die Kritik des »Personenkults« griff auf alle Volksdemokratien über. Sie ermöglichte eine zeitweilige Wiederannäherung zwischen Jugoslawien und der UdSSR und machte in Polen den Weg frei für eine Gruppe national motivierter Kommunisten unter Władysław Gomułka. In Ungarn isolierte sie den Altstalinisten Mátyás Rákosi gegenüber dem Ministerpräsidenten Imre Nagy, der einen »neuen Kurs« – Priorität für Konsumgüterindustrie und Landwirtschaft – verfolgte. Die UdSSR und Jugoslawien stürzten Rákosi durch gemeinsamen Druck, als dieser Nagy aus dem Amt gedrängt hatte und eine Kampagne gegen eine »Verschwörung« in Ungarn einleitete. Nun aber gewann die antistalinistische Bewegung in Ungarn eine weit über die innerparteilichen Differenzen hinausgreifende Bedeutung – sie wurde zu einer Volksbewegung, die zunehmend den Austritt Ungarns aus der Warschauer-Vertrags-Organisation

(WVO) forderte. Nagy, wieder Ministerpräsident, nahm die Forderung auf. Aber sowjetische Truppen begannen den Vormarsch. Ungarische Truppen und Aufständische leisteten der Roten Armee etwa zehn Tage lang Widerstand, allein die – durch manche entflammende Rundfunkrede aus dem Westen genährte – Hoffnung auf Hilfe wurde enttäuscht; am 11. November 1956 brach der Aufstand zusammen. Von den etwa 10 Millionen Ungarn flohen über 100000 nach Westen.

3 Wirtschaftsreform

Das industrielle Wachstum der Stalinzeit war überdurchschnittlich – es gab ein fast grenzenlos scheinendes Potential an (wenn auch wenig qualifizierter) Arbeitskraft, und man konnte sich beim Aufbau an die Beispiele der ersten industriellen Revolution im Westen halten, wodurch die Fehlerquote niedrig blieb. Im hauptsächlich geförderten Produktionsbereich, der Schwerindustrie, konnte man die Zuordnungen zwischen den Fabriken relativ leicht planen.

Diese Zuordnungen erwiesen sich jedoch als ein entscheidendes Problem der Planwirtschaft. Damit eine Stahlhütte erbaut werden kann, müssen Kohlezechen und Erzbergwerke, Eisenbahnen und Wohnhäuser in einem angemessenen Verhältnis und zur rechten Zeit erbaut werden. Sind die Maschinen vor der Fabrikhalle fertig, stehen sie im Regen, rosten und sind unbrauchbar geworden, bevor die Fabrik in Betrieb gehen kann. Je differenzierter die Gesamtwirtschaft wurde, desto weniger konnte man diese Zuordnungen von Betrieb zu Betrieb planen, man benutzte also Indikatoren. Das heißt, der Plan legte fest, wieviel Tonnen Stahlblech welcher Qualität ein Walzwerk im Donbass zu produzieren hatte, und verteilte die Menge zentral auf die immer vielfältiger werdenden Abnehmer.

Es zeigte sich aber schnell, dass die Indikatoren zu ungenau waren, um gut planen zu können. Da Stahlblech in Tonnen gemessen wurde, produzierten die Walzwerke zu schweres Blech – damit erfüllten sie ihren Plan, aber in der Folge dieser Planung wurden auch die Traktoren besonders schwer, musste die Motorenleistung sehr hoch ausgelegt werden usw. Chruschtschow berichtete von den entsetzlich schweren Kerzenständern, mit denen eine Fabrik ihren Plan übererfüllte – sein Stichwort »Tonnenideologie« prägte die Diskussion. Wie also sollten Planvorgaben in einer differenzierten Wirtschaft definiert werden, damit die Produkte günstig verwertbar sind?

Die sowjetische Führung versuchte, die Wirtschaft durch Regionalisierung zu reformieren. Die UdSSR wurde in 105 regionale Wirtschaftsräte aufgeteilt, die große Vollmachten besaßen und die einen direkten Austausch zwischen den Produzenten der Region organisieren sollten. Einige Republiken wie RSFSR oder Ukraine, in denen es mehrere solcher regionalen Räte gab, erhielten zusätzlich republikbezogene Räte, und über allem schwebte der Allunionsplan. Aber die Verantwortung lag bei den regionalen Räten – sie sollten aus ihrer Lokalkenntnis heraus die Zuordnungen verbessern.

Es zeigte sich jedoch schnell, dass die Regionalisierung das Problem nicht löste, sondern nur verlagerte. Die regionalen Wirtschaftsräte ließen sich von regionalem Egoismus (Mestnitschestwo) leiten – horteten, was man vielleicht noch einmal brauchen konnte, und behinderten den wirtschaftlichen Austausch zwischen den Regionen. Die Regionalisierung wurde deshalb nach 1962 schrittweise zurückgenommen und nach Chruschtschows Sturz abgeschafft – die alten zentralistischen Fachministerien für Industriezweige wurden wiederhergestellt.

In der Landwirtschaft hatte Chruschtschow gegen Malenkow anfangs auf eine extensive Politik gesetzt und zur Neulandgewinnung in Kasachstan aufgerufen: Noch einmal gab es eine Kampagne zur Mobilisierung der Jugend, und neue Sowchosen entstanden in der Steppe. Aber es war, ökologisch betrachtet, Grenzboden – zwar gelang 1956 eine gute Ernte, doch danach trieb der Wind in Herbst und Winter den Löss zwischen den Ackerschollen davon, und die Steppe verwandelte sich in ein Land der Sandstürme. Nach der Missernte 1957 gab man widerwillig den Kolchosen mehr Spielraum: Die Maschinen-Traktoren-Stationen wurden aufgelöst, ihre Maschinen den Kolchosen verkauft.

Auch nach den sowjetischen Statistiken sanken die Zuwachsraten des Bruttosozialprodukts auf Werte, wie sie im Westen häufig waren – mal 6, mal 3 Prozent. Vielleicht war das gar nicht so schlecht, aber es war eben keineswegs genug, um die fortgeschrittenen Länder »einzuholen und zu überholen«.

4 Abrüstung, Raketenbluff und Kuba-Debakel

Das Militär besaß im sowjetischen politischen System seit dem 19. Parteitag eine sichere, aber nicht etwa dominante Stellung; in den sechziger Jahren waren um 8 Prozent der Mitglieder des ZK Soldaten. Bis 1948 wurde die Mannschaftsstärke der Roten Armee zwar von 11,4 auf 2,9 Millionen gesenkt, im Zeichen des Kalten Krieges stieg sie bis 1955 wieder auf 5,5 Millionen. Chruschtschow war nicht zuletzt mit Hilfe des Militärs an die Macht gekommen, aber er kam bald zu der Überzeugung, dass die hohen sowjetischen Rüstungslasten den Wirtschaftsaufbau behinderten. Die Rüstungsausgaben wurden kontinuierlich gesenkt, die Mannschaftsstärke bis 1958 auf 3,6 Millionen reduziert – nun sollten nochmals 1,2 Millionen Soldaten demobilisiert werden. Die Abrüstung war für die Wirtschaft wichtig, weil sie junge und mobile Arbeitskräfte freisetzte – angesichts der Menschenverluste im Krieg und der geringen Arbeitsproduktivität drohte vielfach Arbeitskräftemangel, besonders in Sibirien.

Die Wendung Chruschtschows stieß auf den Widerstand des Militärs, das deutliche Statusminderungen erwarten musste. Der Regierungschef konnte jedoch argumentieren, dass die Leistungen des sowjetischen Raketenbaus und der Atomrüstung die konventionelle Abrüstung möglich machten – falls es zum Krieg komme, so Chruschtschow, werde dieser durch das große sowjetische Potential an interkontinentalen Raketen entschieden und nicht durch konventionelle Armeen. Dies war ein Bluff, der sich jedoch auch militärisch als unrichtig erwies, sobald die UdSSR versuchte, die Berlinfrage offensiv zu lösen: Berlin sollte eine besondere politische Einheit werden, deren Zugangswege durch die DDR kontrolliert wären, um so die Fluchtbewegung zu stoppen. Aber die militärische Konfrontation um Berlin, die auf die sowjetische diplomatische Offensive folgte, erforderte konventionelle militärische Mittel und zeigte, dass die Raketenwaffe im konkreten Fall nicht einsetzbar war. Der Abbau konventioneller Truppen wurde im Sommer 1961 eingestellt, und von 1962 an wurde in der UdSSR wieder konventionell aufgerüstet.

Die Wende für die Rüstungspolitik Chruschtschows wurde jedoch durch das sowjetische Debakel in Kuba eingeleitet. Gerade weil es das Reservoir an interkontinentalen Raketen, mit dem der Generalsekretär prahlte, noch gar nicht gab, hätten sowjetische Mittelstreckenraketen auf Kuba, mit denen amerikanisches Territorium direkt hätte bedroht werden können, eine strategische Wende bedeutet. Die amerikanische Führung unter Kennedy entschloss sich jedoch zu einer Politik »auf der Grenze zum Krieg« (*brinkmanship*), blockierte Kuba und zwang die UdSSR zu dem Eingeständnis, dass sie auf der hohen See der Navy unterlegen war. Die Sowjetunion zog die Raketen zurück – so wie übrigens die USA nach einiger Zeit ihre Mittelstreckenraketen aus Gebieten zurückzogen, von denen aus sie sowjetisches Territorium bedrohten.

Das Risiko des Weltkrieges, das die Kuba-Krise enthalten hatte, bestärkte die Weltöffentlichkeit in der Forderung nach Einschränkung des Wettrüstens. Zugleich hatte die Verseuchung der Atmosphäre durch Kernwaffenversuche so zugenommen, dass die Leukämiefälle deutlich anstiegen. Auf Druck der Weltöffentlichkeit hin verpflichteten die Atommächte sich 1963, Kernwaffentests nur noch unterirdisch durchzuführen – ein Abkommen, das mit Recht als Beginn der Entspannungspolitik verstanden wurde, auch wenn das Wettrüsten in den nächsten zwanzig Jahren eigentlich erst richtig in Gang kam.

5 Der Bruch mit China

Zu den wichtigen Veränderungen der Umwelt der UdSSR gehörte der Sieg der Kommunistischen Partei im chinesischen Bürgerkrieg 1949. Die UdSSR hat ihren östlichen Nachbarn mit Anleihen und technologischer Hilfe beim Aufbau einer schwerindustriellen Basis unterstützt; Mitglied im Rat für gegenseitige Wirtschaftshilfe (RGW) ist das einwohnerstärkste Land der Welt jedoch nie geworden – dafür besaß es zu viel eigenes Gewicht und zu viele eigene Probleme; auch gab es zwischen Stalin und Mao Tse-tung viele alte Differenzen.

Während die UdSSR unter Chruschtschow die Differenz zu den führenden kapitalistischen Mächten als einen Wettbewerb zu verstehen begann und ankündigte, die USA bis 1980 in der Pro-Kopf-Produktion zu überholen und sie in der Waffentechnik schon überholt zu haben (wodurch dauerhafte Koexistenz erst möglich werde), setzte China auf die strukturelle Unvereinbarkeit der beiden Gesellschaftssysteme. 1960 wurde ein »großer Sprung nach vorn« begonnen, der an die sowjetischen dreißiger Jahre und an den Kriegskommunismus erinnerte – die Städte Chinas wurden in Volkskommunen verwandelt, in denen das Essen in Gemeinschaftsküchen eingenommen wurde, um die Frauen von der Hausarbeit zu befreien und als Arbeitskräfte für die Industrie freizusetzen. In antiamerikanischen Massendemonstrationen wurden die USA als Feindbild aufgebaut. Krieg mit dem Kapitalismus wurde als unabweislich verstanden, es galt also, sich auf ihn vorzubereiten. Die chinesische Führung griff den »Revisionismus« der Sowjetunion an – die UdSSR antwortete mit ideologischen Belehrungen und vor allem der Rückberufung der sowjetischen Fachleute, dem Stopp aller Hilfsmaßnahmen.

Der Konflikt besaß eine geopolitische Seite, insbesondere in Pekings Konflikt mit Moskaus Bündnispartner Indien und alten Grenzstreitigkeiten am Amur (vgl. Kap. 10.2). Der Kern des Konflikts war aber dadurch bestimmt, dass die jeweilige Parteiführung die weltkommunistische Bewegung als Resonanzboden ihrer Innenpolitik behandelte – und China brauchte zur Legitimation des »großen Sprungs« das Feindbild USA. Mehr als das: Der Weg der UdSSR wurde 1963 als Degeneration angegriffen, und die These des Verteidigungsministers, Marschall Lin Biao, Afrika, Asien und Lateinamerika seien die Dörfer der Welt, welche die Städte Nordamerikas und Westeuropas einschließen und besiegen müssten, eröffnete eine neue Perspektive der Weltrevolution, in der China an die Spitze treten konnte.

Dass Chruschtschow nicht genug politische Klugheit besaß, um die Differenz zu China zu mildern, und stattdessen den Bruch selbst vollzog, hat zu seinem Sturz im Oktober 1964 den letzten Beitrag geleistet: Die sowjetische Führung hoffte, mit der neuen, an Aufrüstung orientierten Führung unter Leonid Breshnew das Zusammengehen mit China wiederherstellen zu können.

6 Nikita Chruschtschow, Georgij Shukow und Jekaterina Furzewa

Nikita Sergejewitsch Chruschtschow (1894–1971) stammte aus einer kleinbäuerlichen Familie aus dem Dorf Kalinowka bei Kursk, die in das Donbass zog, um Arbeit zu finden. Nikita arbeitete in Jusowka – dem heutigen Donezk – als Schlosser für eine französische Firma; er fand die Lebensumstände in der schnell aufblühenden Industriestadt mit besonderen Vierteln für die ausländischen Fachleute und Slums für die Bergarbeiter in Zolas *Germinal* treffend wiedergegeben. 1918 wurde er Bolschewik, kämpfte im Bürgerkrieg und besuchte eine Arbeiterfakultät; zum 14. Parteitag 1925 kam er als stellvertretender Delegierter zum ersten Mal nach Moskau und wurde zum Anhänger Stalins, wie es seiner Herkunft und seinem Bildungsgrad entsprach. Die weitere Parteikarriere führte ihn über die Absolvierung der Industrieakademie in Moskau in den Parteiapparat und schon 1938 als Ersten Sekretär der ukrainischen Parteiorganisation ins Politbüro.

Chruschtschow kam aus dem Volk und kannte seine Nöte; seine erste Frau starb in der Hungersnot von 1921. Er blieb in seinem Habitus volkstümlich. Seine Politik war eher grob und direkt als überlegt und genau geplant; er stieß eine Unmenge von politischen Problemen an wie die Entstalinisierung, ohne die Problematik jeweils voll zu durchschauen. Stalin hatte in seinem Umfeld keine Menschen geduldet, die ihm intellektuell überlegen waren, und Chruschtschow hatte sich halten können, weil er durchschaubar war; ein Mensch, den sein Amt offenbar überforderte, als er Regierungschef und Generalsekretär wurde. Sein Verhältnis zu Stalin wechselte von Gefolgschaft über Furcht zu befreiender Abrechnung; es war klar, dass ein solcher Mann den Rang einer welthistorischen Persönlichkeit wie Mao Tse-tung nicht anerkennen konnte. Sein Weltbild blieb von den großen stalinistischen Vereinfachungen geprägt: Er versuchte noch einmal, das Bildungswesen zu proletarisieren, und er ist verantwortlich für die zweite große Religionsbedrückung der sowjetischen Geschichte. Und doch belegt sein Lebenslauf die beginnende Veränderung des Monopolsozialismus wie auch seine Erfolge – im Aufstieg von Leuten einfacher Herkunft wie auch darin, dass er nach seinem Sturz seine Memoiren schreiben durfte (auch wenn sie anfangs nur im Westen publiziert wurden).

Georgij Konstantinowitsch Shukow (1896–1974) war der Sohn eines Schusters aus einem Dorf bei Kaluga und lernte Kürschner in Moskau. Nach der Revolution kehrte er zuerst einmal in sein Dorf zurück, trat aber im August 1918 in die Rote Armee ein und im folgenden Jahr in die Partei. Er zeichnete sich aus und blieb auch nach der Demobilisierung bei der Truppe, wo er anfangs durch Kurse für rote Kommandeure, später auf der Höheren Kavallerieschule in Leningrad seine Offiziersausbildung machte. Klug und entschieden genug für eine Karriere, machte er den entscheidenden Schritt, als er bei der Umrüstung auf mechanisierte Verbände dabei war. 1939 kommandierte er die sowjetischen Truppen beim Sieg über die in die Mongolei eingefallene 6. japanische Armee. Nach den vernichtenden Niederlagen der Roten Armee 1941 besaß Shukow den Mut, Stalin persönlich seine Fehler vorzuhalten, und Stalin besaß Vernunft genug, die Kritik zu akzeptieren. Als stellvertretender Oberkommandierender hatte er am sowjetischen Sieg bedeutenden Anteil und nahm für die UdSSR am 9. Mai 1945 die deutsche Kapitulation in Karlshorst entgegen. Chruschtschow stützte sich bei seinem Aufstieg auf Shukow und holte ihn 1955 in die Regierung sowie 1956 ins Präsidium des ZK – trennte sich im Rahmen seiner Abrüstungspolitik aber schon 1957 von ihm. Shukow war ein leidenschaftlicher Patriot und der Kirche nicht feindlich gesinnt, erst sein politischer Sturz machte den Weg frei für die neue Religionsbedrückung. Vor allem aber war Shukow ein Soldat, der Zivilcourage besaß.

Jekaterina Alexejewna Furzewa (1910–74) war die Tochter eines Textilarbeiters aus der Gegend von Twer, dem späteren Kalinin. Sie lernte auf der Fabrikschule und machte ihre Karriere über den Komsomol. Ab 1930 Mitglied der Partei, studierte sie an der Lomonossow-Universität Moskau chemische Feintechnologie und organisierte zugleich die Parteizelle des entsprechenden Instituts. Über das Moskauer Stadtkomitee der Partei gelang ihr im Gefolge Chruschtschows der Aufstieg ins Zentrum der Macht – 1957 wurde sie zum Präsidiumsmitglied des ZK gewählt, 1960 Kulturministerin. Zwar verlor sie 1961 ihre Stellung im Präsidium, Kulturministerin blieb sie jedoch bis 1974.

Da Furzewa die einzige war, die dem Selbstbild der Partei als einer Institution entsprach, in der die Gleichberechtigung der Geschlechter realisiert sei, hat sie vielfältig repräsentative Aufgaben auch im Ausland übernommen. Sie zeigte sich als eine energische, wohlunterrichtete Politikerin.

20
Die ärmliche Weltmacht

1 Die Stellung im Weltsystem

Das internationale System ist durch eine veränderbare, aber doch ziemlich stetige und über ein halbes Jahrtausend alte Struktur gekennzeichnet. Zu seinen Konstanten gehört Konkurrenz – zwischen Nationalstaaten, großen Kapitalgruppen, sozialen und ethnischen Einheiten, zwischen Individuen. Zu seinen Konstanten gehören weiter Hierarchien von Kompetenzen und Herrschaft, die in der historischen Realität außerordentlich vielfältig sind, die man sich aber mit dem Modell »Zentrum – Halbperipherie – Peripherie« verdeutlichen kann:

(1) Auf den Territorien der Gesellschaften des Zentrums (USA, Deutschland, Japan z. B.) werden die differenziertesten Prozesse der Weltarbeitsteilung realisiert. Zugleich wird gesichert, dass solche Prozesse, gemessen an der für sie verwendeten Arbeitszeit, am höchsten bewertet werden.

(2) In der zweiten Reihe stehen halbperiphere Gesellschaften, die vielfältig auf das Zentrum ausgerichtet, aber doch nicht von ihm abhängig sind. Hier finden sich Standorte für arbeitsintensive Industrien und Herkunftsländer für Arbeitsmigranten. Meist exportieren sie Rohstoffe und Halbfertigprodukte.

(3) Am Schluss stehen periphere Gesellschaften, in deren Rahmen nur über wenig intellektuelles und ökonomisches Potential verfügt wird und die deshalb vom Zentrum weithin abhängig sind.

Diese sozialökonomische Hierarchie wird keineswegs automatisch in eine Hierarchie politischer Macht umgesetzt. Auch ein halbperipheres und selbst ein peripheres Land kann – bei entsprechender strategischer Lage, angemessener Quantität, kluger Politik usw. – Großmacht sein. Das zeigt gerade die russische und sowjetische Geschichte – sowohl der französische wie der deutsche Hegemonieversuch scheiterten an Russland, und trotzdem stieg das Land sozialökonomisch nicht ins Zentrum auf.

Nach ihrem Selbstverständnis gehörte die UdSSR aber gar nicht zum kapitalistischen Weltsystem, sondern bildete das Zentrum eines eigenen, des sozialistischen Weltsystems. Dieses Selbstverständnis spiegelte ökonomisch das Staatseigentum an den Produktionsmitteln, politisch die Führung durch eine Partei in einem bewusst nicht pluralistischen System und ideologisch die beträchtliche Eigentümlichkeit, die darin lag, dass die intellektuelle Debatte der übrigen Welt unter dem Blickwinkel des Ideologieverdachts nur beschränkt und oft überhaupt nicht rezipiert wurde. Und da nicht nur die Länder des RGW, sondern auch China zum sozialistischen Weltsystem gerechnet wurde, konnte man 1968 zeigen, dass 39 Prozent der Industrieproduktion der Welt in sozialistischen Ländern erfolgte und dass die UdSSR allein zwei Drittel der Industrieproduktion der USA erreichte – bei der Stahlerzeugung mit 110 im Vergleich zu 120 Millionen Tonnen sogar über 90 Prozent. Nach den Debatten über die Vermeidbarkeit von Kriegen im Imperialismus unter Chruschtschow und Lin Biao war das Grundprinzip des sowjetischen Verhältnisses zur kapitalistischen Umwelt die »friedliche Koexistenz«. Dies Prinzip bedeutete:

(1) Vermeidung von Krieg gegen die imperialistischen Hauptmächte durch Abschreckung, d.h. starke eigene Rüstung;
(2) selektive Teilnahme an der internationalen Arbeitsteilung durch kontrollierten Außenhandel;

(3) Andauer des ideologischen Kampfes;
(4) Unterstützung sozialer und nationaler Freiheitsbewegungen in der kapitalistischen Peripherie.

Aber war der Sozialismus wirklich aus dem kapitalistischen Weltsystem ausgeschieden, hatte er sich »dissoziiert«? Seine eigenen Ziele maß er immer noch in den Kategorien, die im Westen galten – ja oft in denen, die dort schon etwas veraltet waren; z.B. wurde die Stahlerzeugung im Westen immer weniger als angemessener Indikator zur Messung des ökonomischen Standes einer Gesellschaft angesehen. Die Bürger der sozialistischen Länder maßen die Ziele ihrer Lebensplanung ebenfalls weithin in Konzepten, die sie übernommen hatten – nicht zuletzt aus den Medien des Westens. Und nach dem Indikator Außenhandel hatten die sozialistischen Länder den Status halbperipherer Länder nicht hinter sich gelassen – insbesondere die UdSSR exportierte zu über 80 Prozent Rohstoffe. Aber die Regierung Breshnew konnte von der weltweiten Konjunktur der Brennstoffpreise profitieren und so *windfall profits* des kapitalistischen Systems einheimsen – Gewinne, die sich nicht aus eigener ökonomischer Leistung, sondern Zufällen der Preisentwicklung auf dem Weltmarkt ergaben. Die UdSSR war nicht selbst Mitglied der OPEC geworden und hatte im Gegenteil durch ihre Lieferungen ohne Preisbindungen sogar dazu beigetragen, dass dieses Kartell seine Wirkung verlor – aber sowohl gegenüber den Ländern des RGW wie gegenüber der kapitalistischen Welt war die wirtschaftliche Stellung der UdSSR während des Ölbooms zwar strukturell schwach, aber aktuell gut.

2 Der Durchbruch zur Parität und sowjetischer Militarismus

Chruschtschows Raketenbluff bot der amerikanischen Regierung einen willkommenen Vorwand, 1961 von einem *missile gap*, einer Raketenlücke, zu sprechen und ein Programm zum Bau von Interkontinentalraketen (ICBM) zu beginnen, mit dem sie bis 1967 einen Stand von 1054 Einheiten erreichte; ihn vermehrte sie dann nicht, sondern ging dazu über, diese Raketen mit Mehrfachsprengköpfen (MIRV) auszustatten. Nach dem Kuba-Debakel und dem Sturz Chruschtschows entschied sich die sowjetische Regierung, in der Rüstung Parität mit den USA anzustreben, und nach 1966 stieg die Zahl der sowjetischen ICBMs steil an. 1973 konnte die UdSSR Amerika auf diesem Gebiet einholen und überholen. Allerdings besaßen die USA einen großen Vorsprung in Atomsprengköpfen, und als die UdSSR sich um 1970 auf die Zahl von etwa 2000 angenähert hatte, zogen die USA bis 1976 schnell auf 9000 davon, während die UdSSR etwa 4000 erreichte.

Chruschtschows 1960 vom Obersten Sowjet beschlossenes Ziel, die konventionellen Truppen auf 2,4 Millionen abzurüsten, ist wohl nie erreicht worden, und bis 1976 stieg die Personalstärke der Roten Armee auf 3,6 Millionen. Da die Personalstärke der amerikanischen Armee nach dem Ende des Vietnamkriegs bis 1976 auf 2,1 Millionen sank, bestand hier eine sowjetische Überlegenheit – auch wenn die Fragen der Vergleichbarkeit sich hier besonders krass stellten, da die amerikanische eine Berufssoldatenarmee, die sowjetische eine Armee von Wehrpflichtigen war. Vergleicht man die beiden Militärbündnisse WVO und NATO im Jahr 1976 weiter, lagen die Armeestärken mit 4,7 und 4,9 fast gleichauf. Eine eindeutige Überlegenheit besaß die WVO auf dem mitteleuropäischen potentiellen Kriegstheater an Panzern: 15700 standen nur 6430 der NATO gegenüber. Allerdings waren – wie die Kämpfe im Vorderen Orient, wo

Waffen sowjetischer Bauart eingesetzt wurden, eindeutig gezeigt hatten – die sowjetischen Panzer den westlichen sowohl nach Fahrgestell wie Bewaffnung klar unterlegen.

Waffenhandel der UdSSR 1963–1985

Anteile am Weltmarkt für Waffen in Prozent

Der sowjetische Militarismus wurde dadurch gestützt, dass die Rüstungsindustrie sich als fast einzige High-tech-Industrie der UdSSR auf den Weltmärkten als konkurrenzfähig erwies. Gewiss war ein großer Teil der Kunden ideologisch oder politisch auf die UdSSR angewiesen und hatte keine große Wahl (vgl. Kap. 20.7). Aber die Zahlen waren doch eindrucksvoll:

	Frankreich	Bundesrepublik Deutschland	Vereinigtes Königreich	UdSSR	USA
1963	3	2	7	38	37
1970	3	3	1	26	53
1979	6	4	4	46	22
1980	9	5	7	40	21
1981	11	4	7	32	23
1982	9	2	5	32	23
1983	11	5	5	27	29
1984	9	7	4	27	25
1985	11	2	2	31	33

Die Daten – nach A. Ross, »The International Arms Market«, in: A. R. (Hrsg.), *The Political Economy of Defense*, New York 1991, hier S. 121 – beruhen auf Material der USA. Schätzungen des Stockholm Peace Research Institute (SIPRI) kommen durchweg für die USA zu etwas höheren und für die UdSSR zu deutlich niedrigeren Zahlen, etwa 1979 USA 24,7 % und UdSSR 23,7 % (*Rüstungsjahrbuch 1980/81*, Reinbek 1980, S. 13). Unbestritten ist jedoch, dass der Anteil der UdSSR am Weltwaffenhandel etwa bei einem Viertel lag.

Die größte Rüstungsveränderung wurde in der Breshnew-Zeit im Bereich der Flotten erreicht. Die Sowjetmarine war bis zum Kuba-Debakel auf Küstenverteidigung angelegt gewesen – nun wurde sie zur Hochseeflotte ausgebaut, die sowohl die Kapazität erlangte, über See militärische Unterstützung zu gewähren, wie auch den auf Unterseebooten stationierten Raketen (SLBM) auf den Ozeanen der Welt Deckung zu geben. Insgesamt stieg die Tonnage der Roten Flotte bis 1977 auf 1,5 Mio. BRT, womit sie nur wenig hinter den 2,1 Mio. BRT der USA zurücklag. Da die Einheiten überwiegend jung waren, mochten sowjetische Militärstrategen wie Marschall Gorschkow die UdSSR fast gleichauf sehen; insbesondere gab es nun auch sowjetische Flugzeugträger. Allerdings konnte keine Rede davon sein, dass die WVO, in der außer der UdSSR keine größere Seemacht Mitglied war, mit der NATO gleichgezogen hatte, da Großbritannien und Frankreich bedeutende und weltweit agierende Seestreitkräfte unterhielten.

Parität mit den USA war für die UdSSR also ein Ziel, das schon darum wenig Sinn machte, weil das gegnerische Bündnis im Kriegsfall ja drei weitere Großmächte mit der Weltmacht USA vereinte. Vor allem aber kostete dieses Ziel die Sowjetunion im Verhältnis mehr Mittel – nach den gleichzeitigen Berechnungen der USA lag der Anteil der Militärausgaben am sowjetischen Bruttosozialprodukt zwischen 1967 und 1976 stets über 12 %, während derselbe Anteil für die USA von 1967 9,4 % bis nach dem Ende des Vietnamkriegs 1976 auf 5,4 % sank. Trotz der Unsicherheiten solcher Vergleiche: Die UdSSR erreichte niemals den Gesamtumfang der Militärausgaben der USA, einfach weil ihr Bruttosozialprodukt so viel kleiner war.

Dem sowjetischen Streben nach Parität kamen die USA entgegen, indem sie 1972 ein Abkommen schlossen, das für zwei Bereiche der strategischen Waffen, Abwehrraketen und Trägersysteme, gleiche Obergrenzen vorsah – also Parität anerkannte (SALT-Vertrag). Damit hatte die UdSSR es auf einem Gebiet tatsächlich geschafft, die USA einzuholen – wenn auch nicht gerade auf einem Gebiet, von dem die Gründer des Sozialismus geträumt hatten. In keinem Bereich aber hatte die UdSSR mit ihren Bündnispartnern Parität mit der NATO erreicht, abgesehen von der konventionellen Überlegenheit in Mitteleuropa. Diese allerdings wird man verstehen müssen als Reaktion auf die weltstrategische Lage: Die Sowjetunion ist von Mitteleuropa aus leicht verwundbar – anders als die USA, die auch in den siebziger Jahren zwar nicht unerreichbar, aber doch fernab potentieller Kriegsschauplätze lagen.

Warum ließ sich die Sowjetunion auf das Ziel militärischer Parität ein? Entscheidend war, dass sich nach dem Sturz Chruschtschows ein Bündnis von Parteiführung, Schwerindustrie und Militärs in der politischen Führung durchsetzte, das diese Priorität festlegte. Gewiss bildete das Erschrecken über die Beinahe-Katastrophe des Landes, den deutschen Vormarsch bis Stalingrad, einen historischen Hintergrund. Dann spielte eine Rolle, dass Schwerindustrie und Rüstungswirtschaft, dessen Endprodukte niemand konsumiert, in Planwirtschaften besonders leicht produzieren können. Nicht zu übersehen ist aber auch, dass die sowjetische Gesellschaft sich – z.B. im Geschichtsunterricht – auf einen beträchtlichen Militarismus einließ, der zunehmende Legitimitätsdefizite des Marxismus-Leninismus überdecken sollte.

3 Außenpolitik und Gruppen: Krise der Entscheidungsfindung

In den sechziger und siebziger Jahren ging die sowjetische Außenpolitik von der Annahme aus, dass das sozialistische Lager an Kraft zunehmen, die kapitalistische Welt von Krisen geschüttelt und die Dritte Welt nach Abschüttelung der

Fesseln des Neoimperialismus sich zunehmend auf die sowjetische Seite stellen werde. Allerdings nahm der Einfluss sowohl der wissenschaftlichen Institute wie der politischen Gruppen auf die Formulierung der sowjetischen Außenpolitik zu, während die ideologischen Grundannahmen an Bedeutung verloren. Auch das Außenministerium und das Diplomatische Korps der UdSSR entwickelten eine immer größere eigene Bedeutung. Insgesamt gewannen in der Außenpolitik so die auf den Vorteil des Landes zielenden Kräfte weiter an Boden.

Aber was war dieser Vorteil? Die Entscheidungsfindung darüber ist in den westlichen politischen Systemen in einen langen, teilweise öffentlichen Prozess eingebunden, in dem letztendlich in einer allgemeinen Wahl entschieden wird, was genau als Interesse des eigenen Landes zu gelten hat. Auch in der UdSSR gab es deutliche Differenzen in der Beurteilung des außenpolitischen Interesses zwischen den Zeitschriften der großen beruflichen Gruppen, etwa zwischen Militär- und Literaturzeitschriften. Aber die entsprechenden Diskussionen konnten selten an »harten« Einzelfakten zu Ende geführt werden und blieben meist im Bereich von Meinungen, da das Informationsmonopol der Partei den Zugang zu vielen Fakten blockierte.

Und während in parlamentarischen Systemen letztlich der Wähler darüber entschied, welche Gruppen in welchem Verhältnis am Entscheidungsprozess beteiligt waren, entschied in der UdSSR die Partei. Es gab große Unterschiede in der politischen Vertretung. Fragt man z. B., welche Berufe die Mitglieder des auf dem 23. Parteitag 1966 gewählten Zentralkomitees im Stichjahr 1953 ausgeübt haben, so ergibt sich, dass 37 % im Parteiapparat, 22 % in der Schwerindustrie, 9 % in der Landwirtschaft und 8 % im Militär, aber nur 4 % in der Regierungsbürokratie und nur 1 % in der Konsumgüterindustrie gearbeitet hatten. Von der Ausbildung her waren 42 % Ingenieure, 19 % Agronomen, 13 % hatten Sozialwissenschaften studiert, und ein genauso großer Prozentsatz hatte die Parteihochschule besucht – und wieder 8 % die Militärakademie. Die politischen Entscheidungen fielen also in Gremien, in denen Ingenieure vorherrschten und die meisten Leute aus der Parteiarbeit kamen, die zweitgrößte Gruppe aus der Schwerindustrie und die zwei nächstgrößten Gruppen aus Landwirtschaft und Militär.

Die wichtigste außenpolitische Entscheidung war, ob die durch den SALT-I-Vertrag und auch die von der Bundesrepublik initiierte Entspannung zu einer Veränderung der Rüstungspolitik führen sollte. Das Feindbild vom Westen ließ sich immer weniger aufrechterhalten – musste daraus nicht folgen, wieder auf einen an Chruschtschow anknüpfenden Kurs der Minderung der Rüstungskosten einzuschwenken?

Die Mehrheit in den Entscheidungsgremien entschied sich jedoch zu einem Doppelkurs: einerseits mit dem Westen Entspannungsabkommen schließen, andererseits weiterrüsten. In den Zeitschriften der Militärs wurde diese Politik damit legitimiert, dass es gerade die militärische Stärke der UdSSR sei, welche die imperialistischen Mächte zu realistischem Nachgeben zwinge.

Damit einigte man sich in der Partei auf einen Kompromiss, der in der Sache widersprüchlich war. Da die sowjetischen Rüstungsquoten im Westen genau verfolgt wurden und bei aller Unterschiedlichkeit der Berechnungen die Forschungsinstitute doch darin einig waren, dass die UdSSR weiter auf einem hohen Niveau rüstete, machte die sowjetische Entscheidung die Entspannung unglaubwürdig. Die Widersprüchlichkeit des Kompromisses, auf den man sich geeinigt hatte, wurde offenbar – mit anderen Worten: die Partei hatte schlechte Politik gemacht.

4 Ostmitteleuropa zwischen Vormachtkontrolle und Autonomie

Die sechziger und siebziger Jahre waren in Ostmitteleuropa dadurch gekennzeichnet, dass die Vormachtstellung der UdSSR auf militärischem Gebiet nicht in Frage gestellt wurde, die sozialökonomische Autonomie der einzelnen Länder jedoch anstieg – in unterschiedlichen Rhythmen und verschiedenem Ausmaß, auch mit Rückschlägen, aber insgesamt kontinuierlich. Je weniger das monopolsozialistische Modell jene Emanzipation der Menschen von Not und Unfreiheit real verwirklichte, die es versprach, desto mehr stieg die Anziehungskraft des Westens.

Auf militärischem Gebiet war die Vormachtstellung der UdSSR fast erdrückend – etwa 80 Prozent der Verteidigungsausgaben der Warschauer-Vertrags-Organisation wurden von ihr aufgebracht. Die Warschauer Verträge wurden 1968 unter Breshnew so umgedeutet, dass die in § 4 von Anfang an vorgesehene Möglichkeit zum gegenseitigen Hilfeersuchen Vorwand zum Einmarsch in die ČSSR und zur militärischen Unterdrückung des dort eingeleiteten Reformprozesses wurde. Grundlage dieser Interpretation war ein Konzept der Unumkehrbarkeit als progressiv beurteilter historischer Vorgänge – wer einmal sozialistisch geworden war, der durfte nicht mehr hinter diesen Stand zurück. Diese sogenannte *Breshnew-Doktrin* wies damit anlässlich der Intervention in der ČSSR indirekt darauf hin, worum es in den folgenden zwei Jahrzehnten gehen sollte: die Rückkehr Ostmitteleuropas in das kapitalistisch geprägte Gesamteuropa.

Der Rat für Gegenseitige Wirtschaftshilfe der sozialistischen Länder, 1949 als Antwort auf den Marshallplan gegründet, hatte in seiner Anfangsphase sehr wenig Kompetenzen – jedes ostmitteleuropäische Land baute damals seinen eigenen kompletten Wirtschaftszusammenhang auf, so entstand etwa in jedem Land eine eigene schwerindustrielle

Basis. Damit fielen diese Länder auch strukturell hinter den Stand der im Westen realisierten internationalen Arbeitsteilung zurück, und erst in den sechziger Jahren versuchte man, die Arbeitsteilung zwischen den Ländern des RGW zu organisieren. Dies erwies sich als schwierig – nicht nur, weil die Entwicklungsunterschiede zwischen den Mitgliedsländern groß waren, von der DDR bis zur Mongolei, sondern auch, weil kein eigenes Instrumentarium zur Berechnung des Wertes der ausgetauschten Güter vorhanden war. Die auf dem kapitalistischen Weltmarkt geltenden Preise mussten deshalb zum Leitindikator des Warenaustauschs zwischen den sozialistischen Ländern werden, was immer wieder zu Konflikten führte und auch eine strukturelle Schwäche offenlegte. Aber schon die Größenordnungen der Bündnispartner bereiteten Schwierigkeiten – die UdSSR produzierte etwa zwei Drittel des Nationalprodukts des RGW. Als eine sehr große Einheit war die UdSSR (ähnlich den USA) nur in viel geringerem Maß auf Außenhandel angewiesen als die kleineren Mitglieder. So machten Außenhandelsverflechtungen 1971 32 % des Nationalprodukts der ČSSR und 24 % der DDR aus – aber nur 6 % der UdSSR.

Von den Nachbarn Deutschlands in Ostmitteleuropa war Polen durch alle Probleme gekennzeichnet, die für ein Land beim Übergang zur industriellen Gesellschaft typisch sind – hohe Geburtenrate, gewaltiger Wohnungsmangel, starke Heterogenität zwischen Stadt und Land sowie zentralen und peripheren Gebieten. Polen hatte die Bauern nach 1945 nicht in Kollektivwirtschaften gezwungen, aber die Landwirtschaft blieb wenig produktiv, und es musste stets Getreide eingeführt werden. In Reaktion auf zwei Missernten kam es im Winter 1970/71 zu einer Lebensmittelknappheit, die zum Aufstand führte, als nun auch noch Preiserhöhungen angekündigt wurden. Der Aufstand wurde mit Waffengewalt niedergeworfen, zugleich aber wurde die alte Führung des Landes unter Gomułka abgelöst und Edward Gierek zum neuen Ersten Sekretär des ZK gewählt. Um die

Krise zu meistern, musste Moskau mehrere Kredite geben und Getreide liefern; daraufhin konnten die Mindestlöhne und Renten angehoben und die Preiserhöhungen teilweise wieder zurückgenommen werden. Gierek versuchte, durch Anleihen im Westen das Land zu modernisieren. Um die vielfältigen inneren Ansprüche auf einen besseren Lebensstandard zu befriedigen und seine Herrschaft zu sichern, wurde ein beträchtlicher Teil der Anleihen jedoch in Konsum umgesetzt; außerdem stellte die Veränderung des Weltpreisniveaus nach der Ölkrise das Finanzierungsprogramm in Frage, und schließlich erwies sich, dass polnische Waren auf dem Weltmarkt kaum absetzbar waren. Bis 1980 stieg die Verschuldung gegenüber dem Westen auf 24 Mrd. Dollar, wofür 8 Mrd. Schuldendienst zu zahlen waren – während Polen im Westhandel immer noch ein Minus machte, ohne dass allerdings die polnische Gesellschaft die Lage als befriedigend empfand. Im Gegenteil: Die Opposition formierte sich unter der Führung der nichtkommunistischen Gewerkschaft *Solidarność*, und auch wenn die Partei 1981 noch einmal versuchte, durch eine Militärdiktatur ihre Macht zu bewahren, so war doch deutlich, dass Polen sich aus dem Einflussbereich der UdSSR und des monopolsozialistischen Modells hinausbewegte. Die UdSSR wagte nicht, militärisch einzugreifen – es war klar, dass Polen kämpfen würde.

Die Unlösbarkeit der Krise des monopolsozialistischen Modells in Polen machte deutlich, welche Chancen in der ČSSR versäumt worden waren. Denn während in Polen ab der Mitte der siebziger Jahre die Reform von der Gesellschaft gegen die Partei durchgesetzt wurde, waren es in der ČSSR im »Prager Frühling« Kommunisten gewesen, die eine Reform betrieben hatten. Im April 1968 konnten die Reformer ein Aktionsprogramm in der KPČ durchsetzen, das den Personenkult, den Mangel an Erfahrungen und Kenntnissen in der alten Führung sowie vor allem zentralistische und direktivistische Verwaltungsmethoden kritisierte, welche die

Initiative der Menschen untergrabe. Statt dessen forderte die Parteimehrheit mehr Selbständigkeit für die Betriebe, mehr Leistungsanreize für die Arbeiter und als Voraussetzung für eine liberalere Wirtschaft ein demokratischeres politisches System. Im August 1968 wurde der Prager Reformversuch, dessen Führer der Parteichef Alexander Dubček war, durch Intervention der WVO mit Gewalt beendet.

Die Intervention in der ČSSR hatte für die sowjetische Führung den Charakter einer Lernverweigerung. Eine relativ erfolgreiche, mitgliederstarke Kommunistische Partei hatte ihr »So geht es nicht weiter!« gerufen, und die Moskauer Führung hatte geruht, nicht zuzuhören. Die Krise in Polen belegte, dass die Prager Führung recht gehabt hatte – da man 1968 nicht lernen wollte, musste man ab 1980 zusehen, wie Polen verlorenging. Die Kommunistische Partei war in Polen ja nie stark gewesen, und mit der Krise des monopolsozialistischen Modells kam diese Schwäche zum Vorschein.

Die sowjetische Fehlentscheidung von 1968 bildete deshalb einen Wendepunkt in den Beziehungen der UdSSR zu Ostmitteleuropa – da das sowjetische Modell nicht reformierbar schien, musste die Reform gegen das Modell und damit auch gegen die Sowjetunion gerichtet sein. Eine wichtige Voraussetzung für diese Wende bildete die Anerkennung der 1945 geschaffenen neuen deutschen Ostgrenzen durch die Bundesrepublik 1970/72, da sie Polen (und indirekt auch die ČSSR) von der Drohung einer Grenzrevision befreite und damit ihre Autonomie gegenüber der UdSSR erhöhte.

5 Deutschland

Wenn man in den siebziger und achtziger Jahren in der UdSSR nach der Einheit Deutschlands fragte, wurde stets betont, dass die Teilung nicht auf sowjetische Initiative hin erfolgt sei. Die Teilung Deutschlands war im eher patriotischen Russland nicht populär, genausowenig wie die Delegationen der SED, die mit ihrer Ordnung und Zackigkeit sowie ihrem betonten Internationalismus dem russischen Lebensgefühl nur wenig entsprachen.

Aber die Unterstützung der DDR war offizielle Politik. Die SED war mit einem realen Anhang von vielleicht bis zu einem Viertel der Bevölkerung eine der stärkeren Parteien im Osten, und die DDR entwickelte sich zum wichtigsten Wirtschaftspartner der Sowjetunion. Der Bau der Mauer 1961 hatte zwar die Schwäche des monopolsozialistischen Systems augenfällig gemacht, aber das westlichste Mitglied von RGW und WVO doch auch stabilisiert. 1963 wurde ein *Neues Ökonomisches System* durchgesetzt, das von der materiellen Interessiertheit der Arbeitenden ausgehen, d. h. Leistungsanreize durch Lohndifferenzen geben sollte. Die Leitungen wurden dekonzentriert, nur noch wenige Planvorgaben wurden in Mengen und Gewichten gemacht, die meisten durch »finanzielle Kennziffern« – also Geld. Die DDR wurde zu einer Leistungs- und Laufbahngesellschaft, bei der die Zugehörigkeit zur SED oder mindestens einer der Blockparteien allerdings Karrierevoraussetzung war. Am Ziel einer letztendlichen Einheit hielt dabei auch die Führung noch lange fest, nicht zuletzt Walter Ulbricht. Noch die Verfassung von 1968 definierte die DDR als »sozialistischen Staat deutscher Nation«. Erst Erich Honecker, der 1971 Ulbrichts Nachfolger als Erster Sekretär der SED wurde, hoffte, die DDR langfristig als eigenen Staat etablieren zu können. Aber auch hier hatte der Grundlagenvertrag mit der Bundesrepublik 1972, mit dem beide deutsche Staaten sich zugesichert hatten, die Grenzen zu respektieren, die reziproke Wirkung, den Menschen der DDR klarzumachen, dass sie selbst über ihr Schicksal entscheiden mussten. Die Zunahme der Besuche im Westen – auch wenn überwiegend nur Rentner reisen durften – trug dazu bei, die Zunahme an Wohlstand und sozialer Sicherheit, die es in der

DDR durchaus gab, am Niveau der Bundesrepublik zu messen und für zu leicht zu finden. Die Ölkrise traf auch die DDR hart und führte, abgesehen von der Belastung der Volkswirtschaft, zu verstärkter Ausbeutung der heimischen Braunkohle und zur Vermehrung der Umweltschäden. Die Aufnahme in die UNO und die Welle der diplomatischen Anerkennung als Staat, die darauf folgte, verdeckten so eine innere Entwicklung, in der immer mehr Gruppen des Landes die Loyalität zu ihm aufkündigten. Aber nicht nur in der DDR-Führung, sondern auch mancherorts im Westen begann man, sich an die Mauer in Berlin zu gewöhnen – obgleich sie doch jedem, der davor stand, in ihrer Brutalität den Atem nahm und letztlich vor Augen hielt, dass offene Gewalt notwendig war, um die Abwanderung zu verhindern.

Die Bundesrepublik war lange Zeit nicht nur außenpolitischer Gegner der UdSSR – sie eignete sich auch durch die Geschichte in besonderem Maß als Feindbild. Der Verweis auf den Nationalsozialismus schien den aggressiven Charakter des Kapitalismus in seinem letzten, dem imperialistischen Stadium zu belegen und die Forderungen nach Unterordnung, Disziplin und Konsumverzicht zugunsten der Rüstung zu begründen. Die sozialdemokratische Deutschlandpolitik unter Bundeskanzler Willy Brandt bildete deshalb für die UdSSR eine Wende – das Feindbild wurde nach dem Moskauer Vertrag von 1972 immer unglaubwürdiger. Zwar kam es, als die Bundesrepublik 1978 unter Kanzler Schmidt zum Vorreiter der Aufstellung amerikanischer Mittelstreckenraketen in Europa wurde, noch einmal zu einer Renaissance des Bildes vom »bösen Deutschen«, aber da der Krieg in Afghanistan das Selbstbewusstsein der sowjetischen Öffentlichkeit irritierte und die Massen, welche die Friedensbewegung in Deutschland auf die Beine brachte, in der sowjetischen Öffentlichkeit bewundert wurden, konnte das Feindbild diesmal nicht langfristig greifen. Dafür war auch wichtig, dass die CDU-FDP-Regierung am Moskauer

Vertrag festhielt und auch sie deutlich machte, dass der Nachrüstungsbeschluss von 1979 wirklich ein »Doppelbeschluss« war – also ein Angebot zu beiderseitiger Abrüstung der Mittelstreckenraketen enthielt. Die sowjetische wissenschaftliche Intelligenz wandte sich in ihrem Kampf gegen die in den achtziger Jahren drohende neue Runde der Hochrüstung deshalb nicht zuletzt an die deutsche Öffentlichkeit.

6 Eine alte Liebe: Die kommunistische Weltbewegung

Schon in der Mitte der zwanziger Jahre war die 1919 in Moskau gegründete *Kommunistische Internationale* von der UdSSR abhängig geworden, und in den dreißiger Jahren wurden die kommunistischen Parteien weithin zum Instrument sowjetischer Außenpolitik. Die Komintern hatte ihre eigene Glaubwürdigkeit endgültig untergraben, als ihr Exekutivkomitee 1939 den deutsch-sowjetischen Nichtangriffsvertrag rechtfertigte. Auch das 1947 gegründete *Kommunistische Informationsbüro* scheiterte an der Instrumentalisierung der kommunistischen Parteien, der Jugoslawien sich widersetzte – so dass die Auflösung des Kominform 1956 eine Voraussetzung zur Wiederannäherung zwischen den jugoslawischen und sowjetischen Kommunisten bildete.

Trotzdem unterstützte die KPdSU moskautreue kommunistische Parteien in aller Welt und organisierte von Zeit zu Zeit Treffen der kommunistischen Parteien, so 1960 in Moskau, wo in einer Abschlussresolution der Sieg des Sozialismus als sicher angesehen wurde. Aber nicht nur der Streit zwischen chinesischer und sowjetischer KP um die Vermeidbarkeit von Kriegen im Imperialismus, sondern auch die zunehmende Entwicklung der italienischen und spanischen sowie später der französischen KP in Richtung auf Respektierung von Bürgerrechten, Parlamentarismus und Demokratie ließ die kommunistische Weltbewegung immer weiter auseinanderdriften. Hatten schon die sowjetischen militärischen Interventionen in Berlin (1953) und Ungarn (1956) viele Kommunisten zur Abwendung von Moskau veranlasst, so verschärfte dies sich insbesondere nach dem Einmarsch in die ČSSR 1968.

In der sowjetischen Presse blieb trotzdem das Bild einer kommunistischen Weltbewegung erhalten, weil die Vertreter auch marginal kleiner Parteien große Publizität erhielten. So erschienen etwa Verlautbarungen der Deutschen Kommunistischen Partei (DKP) in der sowjetischen Presse, als handele es sich um eine große politische Kraft, und Wahlergebnisse wurden in absoluten Ziffern angegeben, wobei ja z. B. in der Bundesrepublik immer noch einige hunderttausend Stimmen herauskamen – die Prozentzahlen wären zu entmutigend gewesen.

So blieb durch publizistischen Selbstbetrug für die Kommunisten der UdSSR noch lange die Vorstellung erhalten, dass sie an der Spitze einer Weltbewegung stünden – obgleich Kommunisten außerhalb der UdSSR ausschließlich dann Erfolge hatten, wenn sie sich von dieser distanzierten.

7 Teure Freunde: Die Nationalbewegungen der Dritten Welt

Nach dem Scheitern der Revolutionen im Westen hatte es in der sowjetischen Führung einmal die Hoffnung gegeben, die Revolution werde in den antikolonialen Aufstandsbewegungen des Ostens weitergetragen werden. Die chinesische und dann die vietnamesische Revolution ließen diese Hoffnung nach dem Zweiten Weltkrieg wieder aufleben, doch der Konflikt mit China machte schnell deutlich, dass siegreiche kommunistische Bewegungen zwar die solidarische Hilfe der Sowjetunion einforderten, aber deswegen noch lange nicht bereit waren, dieser das warme Gefühl der Anerkennung als internationaler Führer oder wenigstens als eine Art älterer Bruder zu schenken.

Die Nationalbewegungen der peripheren Länder, soweit sie sich auf die UdSSR stützten, blieben dankbarer und abhängiger, solange sie gegen kapitalistische Mächte kämpfen mussten. In der Lumumba-Universität Moskau wurde eine eigene Hochschule für die Kader dieser Länder eingerichtet, und vor allem Waffenlieferungen unterstützten die Freiheitsbewegungen. Nach Kuba und Vietnam blieben weitere Erfolge lange aus, aber in den siebziger Jahren setzten sich in Afrika mehrere Befreiungsbewegungen durch, welche für ihr Land den »nichtkapitalistischen Entwicklungsweg« einschlugen. Schon von den Größenordnungen her waren Länder wie Angola oder Moçambique aber nicht in der Lage, dem »sowjetischen Modell« mit vorrangiger Entwicklung der Schwerindustrie zu folgen.

Zunehmend maß die Dritte Welt deshalb das sowjetische Engagement nicht so sehr an den Waffenlieferungen – bei den Militärexporten erreichte die UdSSR nach den USA und vor Frankreich den zweiten Platz –, sondern an der Entwicklungshilfe. Auf diesem Feld erreichte die UdSSR niemals Anteile am Bruttosozialprodukt, welche denen kapitalistischer Industrieländer gleichkamen – stellt man jedoch in Rechnung, dass es innerhalb der UdSSR große Entwicklungsprobleme gab und an kommunistische Entwicklungsländer wie Vietnam auch wirtschaftliche Hilfe geleistet wurde, fällt die Bilanz nicht ganz so negativ aus. Insbesondere für einzelne Länder wie Indien besaß die sowjetische Entwicklungshilfe auch strukturelle Bedeutung – die Konkurrenz zum Westen verbesserte Indiens Verhandlungsposition, und sowjetische Hilfe zur Schwerindustrie oder Erdölexploration passten gut zu indischen Anforderungen.

Aber schon dass Indien zu einem der Schwerpunkte der sowjetischen Entwicklungshilfe wurde, zeigte, dass außenpolitische Interessen der UdSSR als Weltmacht mehr Gewicht gewannen als die Förderung von Revolutionen. Wo Revolutionen gefördert wurden, wie in Angola oder Äthiopien, verstrickte sich die sowjetische Intervention schnell in interne, weithin ethnisch und nicht ideologisch (oder gar sozial) definierte Fronten. Für manche mochte es ein erhebendes Gefühl sein, wenn sowjetische Waffentransporter auf dem Weg zum äthiopischen (von den Eritreern beanspruchten) Hafen Massawa amerikanischen Schiffen begegneten, die den westlich orientierten Widerstandsbewegungen in Moçambique Waffen brachten. Allein die große Mehrheit der russischen Bevölkerung konnte in solchen Weltmachtallüren keinen Gewinn sehen. Sie sah nur die Kosten.

8 Die Blindheit der Macht: Einmarsch in Afghanistan

Das Königreich an der Südgrenze der UdSSR, in dem eine staatliche Struktur nur locker über einer in Stämmen und Clans organisierten muslimischen Gesellschaft lag, hatte schon 1921 einen Freundschaftsvertrag mit der RSFSR unterzeichnet und sich seitdem bemüht, mit seinen nördlichen Nachbarn ein gutes Verhältnis zu pflegen. 1978 versuchte eine aus städtischen Intellektuellen und Offizieren zusammengesetzte kleine Partei, im Angesicht von 90% Analphabeten und 87% Landbevölkerung ein emanzipatorisches Programm westlichen Musters von oben her durchzusetzen – den Frauen wurden gleiche Rechte zugestanden, Alphabetisierungskurse wurden eingerichtet, Schulden der Landarbeiter erlassen, eine Landreform begonnen. Fast sofort begann der Widerstand der überrumpelten, aber nicht besiegten und schon gar nicht überzeugten Vertreter der alten Gesellschaftsordnung. Da jedoch das monarchische Dach weggefallen war, konnten die Widerstandsgruppen sich nicht einigen und ließen der Regierung vor allem in den Städten Machtpositionen übrig.

Putsch und Gegenputsch innerhalb dieser kleinen Partei, welche Emanzipation mit Gewalt erzwingen wollte, verführte die sowjetische Führung im Dezember 1979 zur Intervention zugunsten einer moskaunahen Gruppe. Der sowjetischen Entscheidung lagen Fehlinformationen über die Stärke der Linken im Lande zugrunde, hinzu kam Furcht vor einer Ausbreitung des islamischen Fundamentalismus in die Republiken des Turan. Vor allem beruhte die Interventionsentscheidung jedoch auf der militaristischen Vorstellung, man könne wirtschaftliche und soziale Strukturprobleme durch den Einsatz von Gewalt lösen. Dabei hätten sowohl die bis 1979 vorliegenden Erfahrungen mit der Anwendung des sowjetischen Modells in anderen Ländern wie auch schließlich die Probleme der UdSSR selbst zeigen müssen, dass militärische Unterstützung keine reale Perspektive eröffnen konnte.

Trotz ihrer militärtechnisch überlegenen Mittel und obgleich die verschiedenen Gruppen der Opposition sich nie einigen konnten, gelang es der Sowjetunion und der offiziellen afghanischen Regierung nicht, den Widerstand zu brechen. Wie die USA in Vietnam, so erfuhr die UdSSR in Afghanistan, dass die Entwicklung kleiner, tragbarer Waffen, z.B. Boden-Luft-Raketen, die Chancen eines an das Gelände angepassten Widerstands deutlich vergrößerte und die Wirkung z.B. von Luftherrschaft einschränkte. Da das Land nicht befriedet werden konnte, bestimmten nicht Reformprogramme, sondern Krieg die Realität der Anwesenheit sowjetischer Bürger im Lande. Die sowjetische Armee hatte 485 000 Verluste zu beklagen, davon 14 700 Tote (s. Tabelle S. 265).

Obgleich die Erfolglosigkeit der Intervention schon bald deutlich wurde, konnte die Führung unter Breshnew sich nicht zum Eingeständnis ihres Fehlers durchringen. Erst

1988 entschloss sich die sowjetische Führung unter Gorbatschow zum Rückzug aus dem Land, das zerrissener zurückblieb, als es vorher gewesen war, und dessen Millionen Flüchtlinge nur langsam wieder repatriiert werden konnten.

9 Die letzte Konfrontation

In den siebziger Jahren musste die amerikanische Öffentlichkeit sich zunehmend damit auseinandersetzen, dass die Rolle der USA als führende Macht der Welt in Frage gestellt wurde – wirtschaftlich nicht etwa durch einen Aufstieg der UdSSR, sondern durch Japan und Westeuropa, militärisch durch die Niederlage in Vietnam und die Demütigung im Iran. Das konstant hohe Rüstungsniveau der Sowjetunion, der Aufbau einer weltweit einsetzbaren Hochseeflotte, die Ausweitung sowjetischen Einflusses in Afrika und auch Lateinamerika und letztlich die sowjetische Intervention in Afghanistan weckten Erinnerungen an die fünfziger Jahre, wo die USA unbezweifelbar den Westen angeführt hatten – und legitimierten den Versuch, die Welt noch einmal entlang des Ost-West-Gegensatzes zu organisieren.

In Reaktion auf Afghanistan erhöhte Präsident Carter die Rüstungsausgaben und bereitete den Weg für den neuen republikanischen Präsidenten Ronald Reagan vor, der in den ersten vier Jahren seiner Präsidentschaft die Rüstungsausgaben um ein Viertel von 154 Mrd. auf 205 Mrd. Dollar steigerte. Nicht nur wurden, dem besonders von der Bundesrepublik geforderten Doppelbeschluss der NATO entsprechend, amerikanische Mittelstreckenraketen in Europa stationiert – es begannen auch Vorbereitungen für ein System, in dem gegnerische Interkontinentalraketen mit Hilfe von Laserwaffen zerstört werden sollten, bevor sie die USA erreichten. Die *Strategic Defense Initiative* (SDI) sollte Amerika wieder in die Lage versetzen, sich im alten Sinn zu verteidigen – d. h. Bedrohung von der eigenen Bevölkerung abzuwenden. Wenn schon strittig blieb, ob ein solches Programm für Amerika je durchführbar war, so war eindeutig, dass es in Europa wegen der kurzen Entfernungen nicht eingesetzt werden konnte, so dass für die europäischen Verbündeten Verteidigung weiterhin auf Abschreckung beruhen musste – ein Angreifer musste davon ausgehen, nach einem von ihm geführten Atomschlag durch einen Gegenschlag selbst vernichtet zu werden; die Vernichtung des angegriffenen Landes konnte jedoch nicht verhindert werden.

Die amerikanische Aufrüstung hatte bei aller Medienwirksamkeit ihrer Protagonisten etwas Gespenstisches – nicht nur, weil sie auf Pump gemacht, also durch Verschuldung bezahlt wurde, sondern auch, weil hier letzte Fragen zur Debatte gestellt wurden: War es dem Frieden der Welt zuträglich, wenn ein Land für sich die Option anstrebte, im Fall des Atomkrieges ungeschoren davonzukommen? Und wäre nicht auch dieses Land schließlich im »atomaren Winter«, einer weltweiten Klimaabkühlung infolge großflächiger Brände in Eurasien, untergegangen – falls SDI wirklich funktioniert und Amerika geschützt hätte?

Die Konfrontation der beiden Greise Reagan und Breshnew führte der Weltöffentlichkeit noch klarer als zuvor vor Augen, dass es keine Alternative zum Frieden gab. Der sowjetischen Führung machte die amerikanische Hochrüstung klar, dass sie nicht weiter mithalten konnte. Die UdSSR konnte ihren Rüstungshaushalt nicht wesentlich erhöhen; sie musste das mit dem Doppelbeschluss gemachte Angebot annehmen, den Weg der Abrüstung zu gehen. Auch wenn die Nachfolger Breshnews, Andropow und Tschernenko, den Mut zu diesem Eingeständnis nicht fanden, gewann in der Parteiführung doch die Einsicht an Boden, dass man mit dem alten Denken nicht mehr weiterkommen konnte.

21
Woche für Woche ...

1 Wachstum und Veralten der Industrie

Nach zeitgenössischen Schätzungen westlicher Ökonomen auf der Grundlage der sowjetischen Statistiken nahm das Bruttosozialprodukt der UdSSR von 1965 bis 1982 um jahresdurchschnittlich 4,3 % zu. Da die USA in derselben Periode nur »ein jährliches Wachstum von 2,9 % erzielten, verschob sich das Größenverhältnis zwischen dem sowjetischen und dem amerikanischen Bruttosozialprodukt von gut 45 % auf knapp 60 %. Der Konsum expandierte mit einer Rate von knapp 4 %, was eine Steigerung des Pro-Kopf-Verbrauchs von ca. 3 % erlaubte.«

Die Wachstumsrate war auf etwa 2,5 % gesunken, und fast alle Ist-Daten für das Jahr 1980, das letzte des zehnten Fünfjahresplans, lagen leicht unter den Plandaten. Von einer Krise der Ökonomie wird man trotzdem nicht sprechen können, jedenfalls nicht, wenn man unter Krise Produktionsabfall versteht. Auch die Außenhandelsdaten waren nicht ungünstig; es gab einen Außenhandelsüberschuss, und die Westverschuldung wurde – zum Teil durch Goldverkäufe – abgebaut, obwohl man über 31 Mio. t Getreide einführen musste. Dabei profitierte die UdSSR von hohen Erdölpreisen; 162 Mio. t Erdöl und 58 Mrd. m^3 Erdgas wurden exportiert.

Produktion der UdSSR 1980

Elektroenergie	1295 Mrd. kW/h
Erdgas	435 Mrd. m^3
Erdöl	603 Mio. t
Steinkohle	716 Mio. t
Stahl	148 Mio. t
Automobile	2,2 Mio. Stück

Trotzdem waren größere Schwierigkeiten absehbar. Die hohen Zuwachsraten vom Anfang der Breshnew-Zeit waren vor allem auf einen verstärkten Einsatz von Arbeitskräften und Kapital zurückzuführen. Arbeitskräfte waren in den sechziger Jahren in großer Zahl in die Wirtschaft eingegliedert worden, weil die Nachkriegsjahrgänge mitgliederstark waren. In den siebziger Jahren begann sich jedoch auszuwirken, dass die sowjetischen Familien vom Ende der fünfziger Jahre an weniger Kinder bekamen. Der jahresdurchschnittliche Zuwachs an Arbeitskräften betrug 1976–80 nur noch 1,9 % – für die achtziger Jahre, in denen die Rentnerzahlen stiegen, lag der Zugang nur noch um 0,5 %, und das vor allem in Zentralasien, während die Zahl der Arbeitskräfte im Westen der Union sank. Aber auch die Investitionsquote sank kontinuierlich, und zugleich wurden die natürlichen Ressourcen in der Gewinnung teurer – Erdöl aus den neuen Regionen am Ob, Gold aus Jakutien.

Die Planung verlor an Steuerungskraft. Das war in gewissem Sinn eine Folge des Erfolgs der Sowjetwirtschaft, durch den sie immer komplizierter geworden war und durch den die Zuordnungen, die im Planungsprozess berücksichtigt werden mussten, sich vermehrt hatten – und nicht in algebraischer, sondern in geometrischer Reihe. Um die Zuordnungen zu verbessern, war die Bürokratie ausgebaut worden. Diese scheute oft das Risiko technologischer Neuerungen, und da in der sowjetischen Wirtschaft einmal erbaute Industrieanlagen nicht angemessen abgeschrieben wurden, wiesen viele Betriebe günstige Zahlen aus, die nach westlichen Kriterien keinen Gewinn erwirtschafteten. Hinzu kam, dass sich eine beträchtliche »Schattenwirtschaft« entwickelte, die an den Planfestlegungen vorbei produzierte. War es im Westen vor allem die Steuer, die man mit solchen Wirtschaftsformen zu umgehen suchte, so im Osten vor allem die Erfassung der produzierten Ware.

Wachstum der sowjetischen Industrie 1951–1985

(in Prozent)

Vergleich verschiedener Quellen

	offizielle sowjetische Quellen	CIA	Seljunin/ Chanin	Steinberg
1951–60	10,3	5,1	7,2	–
1961–65	6,5	4,8	4,4	–
1966–70	7,8	5,0	4,1	4,8
1971–75	5,7	3,1	3,2	2,1
1976–80	4,3	2,2	1,0	1,6
1981–85	3,6	1,8	0,6	1,0

V. Seljunin / I. Chanin: Lukavaja cifra. In: Novyj Mir (1987) H. 2. S. 182–210. – D. Steinberg: The Soviet Economy. A Statistical Analysis. San Francisco 1990. – R. C. Stuart / P. A. Gregory: The Russian Economy. New York 1995. S. 36.

Alle Angaben stimmen darin überein, dass das Wirtschaftswachstum ziemlich kontinuierlich abnahm.

Ein weiteres Problem entwickelte sich aus dem geringen Stand der Arbeitsproduktivität. In der UdSSR wurde für Anlagen, die technisch solchen völlig gleich waren, die im Westen gebaut waren, eine größere Zahl von Arbeitern gebraucht, und man konnte Bänder nicht gleich schnell laufen lassen. Da es 1980 keine Arbeitslosigkeit gab, fühlten die Arbeiter sich sicher und nutzten ihre starke Position. Eine Erhöhung der Arbeitsproduktivität war nur durch Erhöhung des Konsumgüterangebots zu erreichen – es bestand also »ein direkter und positiver Zusammenhang zwischen Konsumniveau und Arbeitsleistung«, der übrigens als moralisches Anrecht verstanden wurde –, es galt als legitim, zu bummeln, wenn man nicht das kaufen konnte, was der Gewohnheit entsprach. Hier deutete sich die Gefahr eines Circulus vitiosus an, denn wenn einmal die Negativspirale »weniger Konsumgüter – weniger Arbeitsleistung« in Gang gekommen war, war sie kaum zu stoppen.

Es war deshalb von großer Bedeutung, dass die Rüstungsquote so hoch lag. Da die Konsumquote nicht gesenkt werden konnte, ja eigentlich mindestens langsam steigen musste, wurde der soziale Friede und der relative wirtschaftliche Fortschritt der Breshnew-Zeit durch eine im Vergleich zum Westen zu geringe Investitionsquote erkauft. Anders ausgedrückt: Die sowjetische Industrie veraltete. Dies übrigens auch ganz sichtbar – wenn man 1985 im Donbass Hüttenwerke besichtigte, fühlte man sich an die Ruhr um 1955 erinnert: alte, fast historische Anlagen, ausgefahrene Gleise der Werksbahnen, offensichtlich großer Energieverbrauch.

Im internationalen Vergleich hat das Ausbleiben von Investitionen in angemessenem Umfang in den wichtigen Bereichen dazu geführt, dass die »dritte industrielle Revolution«, der Übergang zur computergesteuerten Produktion, in der sowjetischen Wirtschaft nicht erreicht wurde. In einer Periode, da insbesondere in Japan in die neuen Leitsektoren der Industrie investiert wurde, steckte man in der UdSSR das Geld in die Rüstung.

2 Problem Landwirtschaft

In der Breshnew-Zeit wurden die Staatswirtschaften (Sowchosen) auf Kosten der genossenschaftlichen Kollektivwirtschaften (Kolchosen) gefördert, so dass immer mehr Menschen mit festen Arbeitszeiten die Landarbeit verrichteten. Schon dies passte schlecht zu den kurzen Sommern und langen Wintern Russlands und erhöhte das Risiko, dass auf ungünstige Wetterlagen mit dem Gleichmut dessen reagiert wurde, der an den Achtstundentag gewöhnt ist. Auch viele Kolchosbauern handelten gegenüber ihren Kolchosen nach dem Prinzip, dass der »Arbeitstag« eine feste Stundenzahl hat und man darüber hinausgehendes Engagement für das eigene Hofland aufwendet. Zwar ließ sich die Gesamtproduktion, wenn auch nach Klimalagen schwankend, aber doch stetig erhöhen; von 77,4 Mio. t Getreide im Durchschnitt der Jahre 1936–40 auf 181,6 für 1971–75; von 2,5 Mio. t Rohbaumwolle auf 7,7 für dieselben Zeiträume. Trotzdem wurde die UdSSR in den siebziger Jahren zu einem regelmäßigen Käufer auf den agrarischen Weltmärkten, der z. B. 1976 für 26,7 und 1979 für 37,9 Mrd. Rubel Nahrungsmittel aufkaufte, womit sie 6,2 % der Weltagrarimporte tätigte. Statistisch heißt dies, da die UdSSR mit 6 % der Weltbevölkerung 11 bis 12 % der Weltagrarprodukte herstellte, dass sie es sich leistete, noch mehr zu essen, als der doppelten Menge des Weltdurchschnitts entsprach – sie kam in ihren Essgewohnheiten also nahe an das Niveau der kapitalistischen Kernländer heran.

Allerdings enthält die Statistik, die auf den sowjetischen Meldungen an die Welternährungsorganisation (FAO) basiert, einige gravierende Fehlerquellen. So gingen 1978 von der Getreideernte 25–40 Mio. t durch Mängel der Lagerung zugrunde (etwa die Menge der Importe), und für ein Kilogramm Fleisch brauchte man in der UdSSR etwa die doppelte Menge Futtergetreide wie im Westen.

Das widersprüchliche Bild der Industrieproduktion wiederholte sich also bei der Landwirtschaft. Die Produktionsziffern stiegen, aber es fehlten Kapital und wohl auch Know-how für eine moderne Speicherwirtschaft. Zwar stieg die Produktion schneller als die Bevölkerung, aber der Bedarf stieg noch schneller als die Produktion: Die sowjetische Bevölkerung wollte in den siebziger und achtziger Jahren weniger an schlechter Qualität und geringer Quantität hinnehmen als in früheren Jahrzehnten. Auch hier war es also der Erfolg, der Probleme schuf.

Ein weiteres Problem wurde nur langsam deutlich: die zunehmende Vergreisung der ländlichen Bevölkerung. Junge Leute gingen in die Stadt, alte blieben zurück. In der gesamten sowjetischen Gesellschaft stieg, mit gegenüber dem Westen nur geringer Verschiebung der Generationen, der Anteil der alten Menschen – auf dem Lande aber gewann der Anstieg des Bevölkerungsanteils, der nicht mehr im Arbeitsleben stand, zum Teil dramatische Ausmaße.

3 Alltag und Geschlechterrollen

Zeitbudgetstudien haben 1965/66 festgestellt, dass Männer, bezogen auf eine siebentägige Woche, durchschnittlich 6,2 Stunden, Frauen jedoch nur 5,7 Stunden pro Tag arbeiteten, da Männer mehr Überstunden machten. Nach wie vor war Hausarbeit Sache der Frau – sie wandten 4,1, die Männer nur 1,4 Stunden dafür auf. Unterschiede bei der Zeit für Schlaf, die in Strumilins Untersuchungen so auffielen (s. Kap. 12.7), sind nicht ausgewiesen. Unterschiedlich war also vor allem die Zeit, die für die eigene Freizeit zur Verfügung stand – Männer hatten 4,9, Frauen 3,0 Stunden davon.

Fast alle Frauen in der ehemaligen UdSSR arbeiteten. Einkommen von Familien bestanden also in der Regel aus zwei Löhnen, und wenn noch ältere Kinder in der Wohnung lebten (Wohnungen zu bekommen war nach wie vor schwierig), auch aus mehreren. Bei einem Vergleich von Einkommen durchschnittlicher Arbeiterfamilien der UdSSR (zwei Einkommen) und der Bundesrepublik (ein Einkommen) 1959 wurde berechnet, dass 54 % bzw. 42 % für Nahrungsmittel und 7 % bzw. 14 % für Wohnung ausgegeben wurden. Dem Sowjetbürger standen damals genausoviel Kalorien zur Verfügung wie dem Bundesbürger, aber mit weniger Eiweiß; er verbrauchte etwa zwei Drittel an Textilfasern und hatte die Hälfte des Wohnraums zur Verfügung; auch besaßen deutsche Haushalte achtmal soviel Kühlschränke und 27mal so viele PKW. In beiden Gesellschaften stieg der durchschnittliche Lebensstandard von Arbeiterfamilien seitdem, in der Bundesrepublik jedoch deutlich schneller als in der Sowjetunion. Der Anstieg in der Sowjetunion war dem Besucher erkennbar – die Ausstattung der neuen Wohnhäuser wurde besser, Zitronen wurden nicht mehr nur stückweise verkauft usw. Drei Viertel aller sowjetischen Haushalte verfügten 1975 über einen eigenen Fernseher, 62 % über einen eigenen Kühlschrank, allerdings wohl erst 5 % über einen PKW. Dafür war in den großen Städten das Nahverkehrssystem billig und dicht. Etwa die Hälfte der Haushaltseinkommen wurde 1975 für Essen ausgegeben, und dessen Qualität war besser geworden – allerdings lag der Verbrauch an tierischem Eiweiß immer noch bei etwa 60–70 % der von sowjetischen Ernährungswissenschaftlern berechneten optimalen Norm. Die durchschnittliche Wohnfläche je Stadtbewohner sank von 8,2 m² 1926 bis 1939 auf 7,5 m² trotz eindrucksvoller Baumaßnahmen, da der Zuzug in die Städte nicht bewältigt werden konnte, und stieg nach dem Krieg langsam über 9 m² 1960 auf 11,2 m² 1974 an. Die durchschnittliche Größe einer Neubauwohnung stieg von 24,7 m² 1953 auf 49 m² 1974 (während die durchschnittliche Neubauwohnung in der Bundesrepublik 1974 85 m² umfasste).

Sowjetische Berechnungen von Haushaltsbudgets durchschnittlicher Arbeiterfamilien haben für 1983 ergeben, dass 30,2 % des Einkommens für Nahrung, 15,4 % für Kleidung und Schuhe, 2,7 % für die Wohnungsmiete und 7,8 % für Möbel und Haushaltsgegenstände ausgegeben wurden. 15 % des Einkommens stammten aus dem »gesellschaftlichen Konsumfonds« – Bildung, medizinische Versorgung, Kinderkrippen usw. waren kostenlos. Ein Teil der Differenz zu westlichen Berechnungen erklärt sich daraus, dass dieser Anteil unterschiedlich angerechnet wird. 8,7 % zahlte man an Steuern, und der nicht unbeträchtliche Satz von 6,4 % blieb als Überschuss (einige kleinere Posten sind nicht angegeben) – man sparte auf ein Auto für die Familie, auf eine Datscha oder auch einfach, weil man nichts zu kaufen fand. Bei den Bessergestellten der sowjetischen Gesellschaft entstand häufiger ein Problem daraus, dass man für sein Geld nichts kaufen konnte, als daraus, dass man keines hatte.

Ist mit solchen Daten Alltag beschrieben? Natürlich nur in kleinen Ansätzen. Die Mühen um eine Wohnung oder um neue Schuhe – nicht die im Angebot, sondern die eleganten –, das Reden in der Küche oder im Dampfbad, die Hetze der Hausfrauen, die Herzlichkeit der Gastfreundschaft: All das und mehr, was den russischen Alltag ausmachte, kann hier nur angedeutet werden.

Die Hetze der Frauen war vielleicht das deutlichste Kennzeichen ihrer Doppelbelastung. Ihr entsprechend gelang Frauen selten ein großer beruflicher Aufstieg, und zusätzlich gehörten jene Berufe, die in der UdSSR überwiegend von Frauen erlernt wurden, zu den schlechter bezahlten – Sekretärinnen, Lehrerinnen, Ärztinnen. Außerdem bestanden die meisten »Ein-Eltern-Haushalte« aus Mutter und Kind – 1979 waren das in einer Gesellschaft, wo die Zahl der Ehescheidungen jährlich ein Drittel der Eheschließungen erreichte, 7,9 Millionen. Viele Männer verschwanden, wenn die Belastungen anwuchsen, oder begannen zu trinken. Das fing schon mit der Geburt des Kindes an – bei 500 000 unehelichen Geburten im Jahr 1979 wurden 180 000 Neugeborene nicht von ihren Vätern unterstützt. Die Hetze traf Frauen in besonderem Maß, weil nur wenige Männer ihre Rollen in den Familien geändert und Teile der Hausarbeit als ihre Aufgabe akzeptiert hatten; die Armut traf Frauen überdurchschnittlich, weil in der realen Berufsstruktur keine Gleichheit verwirklicht war – obgleich Frauen im Erziehungssektor bis zum Abschluss der dritten Stufe (Hochschule usw.) nicht benachteiligt wurden. Schließlich aber traf die Armut Frauen auch deshalb in besonderem Maß, weil viele alte Menschen arm waren und viele Frauen länger lebten – jene Babuschkas, ohne deren Liebe und Fürsorge viele russische Familien den Alltag kaum hätten überstehen können.

4 Armut und Reichtum

In der monopolsozialistischen Gesellschaft konnte man nicht durch Erbschaft reich werden, obgleich auch größere Güter wie Autos und Sparbücher vererbt werden konnten. Die entscheidenden Kriterien zur sozialen Differenzierung waren Qualifikation und Identifikation: man musste gute Examina machen, und man musste sich für die Sache der Partei engagieren.

Für die Kolchosbauern – 1984 zusammen mit den Genossenschaftshandwerkern 12,5 % der Gesellschaft – spielten ererbte Umstände wie Hof und Ackerland der Kolchose für das Einkommen eine größere Rolle. Auch in der Sowjetunion zeigte sich außerdem, dass Vererbung und Förderung in der Familie eine große Bedeutung für die Herausbildung von Begabung haben, wodurch eine Ungleichheit beim Erwerb von Qualifikationen besteht, die durch den gemeinsamen Besuch aller Kinder in der Stufenschule nicht aus-

Einkommen in der UdSSR 1972
(Rubel im Monat)

Bauern	88,4
Arbeiter und Angestellte in Gesundheit und Erziehung	96,2
Büroangestellte	107,9
Fabrikarbeiter	130,0
Techniker	169,0
Universitätsdozent	300,0–350,0
Professor	325,0–525,0
Institutsdirektor	500,0–700,0
Assistent beim Politbüro	540,0
Erster Sekretär der KP einer Republik	810,0
Marschälle und Akademiemitglieder	1000,0 und höher

geglichen wurde. Insgesamt aber vererbte sich Reichtum nur in geringerem Maß als im Westen.

Einkommen stammte also wesentlich aus Löhnen und Gehältern.

Die Differenzierung der Einkommen spielte sich also etwa in einem Verhältnis von 1:10 ab – d. h. die sowjetische Elite hatte im Verhältnis zur sowjetischen Unterschicht ein geringeres Einkommen als z. B. die amerikanische Elite im Verhältnis zur Unterschicht der USA (erst recht war die Spanne zwischen oben und unten viel kleiner als in anderen Ländern der Halbperipherie wie Spanien oder der Türkei).

Für die Arbeiter in der sowjetischen Gesellschaft – 1984 wurden 61,5 % der Bevölkerung dazu gezählt – unterschieden sich die realen Einkommen danach, ob man selbst gut arbeitete, in einer erfolgreichen Brigade war und eine Arbeit gelernt hatte, die hoch bezahlt wurde. Es gab durchaus Arbeiter, die das Einkommen von Professoren erreichten. Die Differenzierung war jedoch nicht geschlechtsneutral – Erdölarbeiter und Facharbeiter der Rüstungsindustrie, überdurchschnittlich Männer, hatten die höchsten Löhne.

Die Angestellten gehörten zu den höchsten Einkommensgruppen, zu denen insgesamt 26% gezählt wurden. Zu den Geldeinkommen musste man Privilegien hinzurechnen, wie den Besuch von besonders gut ausgestatteten Ferienheimen, Auslandsaufenthalte oder Zugang zu ungewöhnlich gut versorgten Läden. Diese Privilegien wurden über den Arbeitsplatz verteilt und waren auch Arbeiterinnen und Arbeitern zugänglich, soweit ihr Betrieb Ferienheime, Sonderläden oder etwa Sportinstitutionen unterhielt – und manche Fabriken besaßen sowohl vorzügliche Sonderläden wie gute Kantinen. Aber in besonderem Maß waren es Institutionen aus Partei, Militär, Wissenschaft und Wirtschaftsführung, die ihre Mitarbeiter durch besonders schöne Ferien oder gutes Fleisch im Laden belohnen konnten. In der Regel wurde Fleisch im Kolchosmarkt angeboten, aber dort war es teuer und oft fett – und Ferien am Schwarzen Meer z.B. durch private Miete zu organisieren war ebenfalls teuer und außerdem schwierig.

Die Armen in der sowjetischen Gesellschaft konnten es sich nicht leisten, im Kolchosmarkt zu kaufen, wo man oft ein Vielfaches der Preise in den staatlich subventionierten Läden forderte. Wer waren diese Armen? Sie kamen aus niedrig bezahlten Branchen wie Textilfabriken, Nahrungsmittelherstellung oder Sowchosearbeit; waren Sekretärinnen in den Büros oder Lehrerinnen und Lehrer – und selbstverständlich Bauern auf schlecht laufenden Kolchosen (deren Einkommen im einzelnen aber schlecht zu bestimmen war, da sie ja ihr Hofland hatten). Arm waren auch die meisten »Ein-Eltern-Haushalte« und die meisten alten Menschen – 1980 gab es 33 Millionen Pensionsempfänger. Wer 25 Jahre gearbeitet hatte, erhielt als Pensionär die

Soziale Differenzierung der Völker der UdSSR 1970/1972

(in Prozent)

	Anteil an der Bevölkerung der UdSSR (1970)	Anteil an den Mitgliedern des ZK der KPdSU (1972)	Anteil an den Wissenschaftlern der UdSSR (1972)	Grad der Verstädterung innerhalb der Ethnie (1970)
Russen	53,5	57,2	66,4	68
Ukrainer	16,9	18,6	10,7	49
Usbeken	3,8	1,8	1,3	25
Weißrussen	3,7	5,6	2,1	44
Tataren	2,4	0,5	1,3	55
Kasachen	2,2	2,3	0,9	29
Aserbaidschaner	1,8	1,3	1,4	40
Armenier	1,5	2,4	2,2	65
Georgier	1,2	1,3	1,9	44
Moldawier	1,1	0,8	0,3	20
Litauer	1,1	0,9	0,9	47
Juden	0,9	0,9	6,7	98
Tadschiken	0,6	0,8	0,3	26
Turkmenen	0,6	0,6	0,2	31
Kirgisen	0,6	0,5	0,2	15
Letten	0,6	1,9	0,6	53
Esten	0,4	0,9	0,5	55

Der Grad der Verstädterung der UdSSR beträgt 56 % der Gesamtbevölkerung.

Für die Sowjetdeutschen fehlen einige der Daten; ihr Verstädterungsgrad beträgt 46 %.

Hälfte seines letzten Gehaltes oder als Minimum 45 Rubel. Kleidung konnte er sich davon nicht mehr kaufen – ein Wintermantel kostete 1979 über 120, Schuhe über 20 Rubel.

Nach der offiziellen Statistik lebten im Jahr 1988 von den 285,5 Millionen Sowjetbürgern 41 Millionen oder 14,5 % unter der Armutsgrenze von 78 Rubel im Monat, also unterhalb des offiziellen Existenzminimums. In Geldeinkommen gemessen war der Anteil der einkommensschwachen Schichten mit weniger als 100 Rubel Monatseinkommen je Person zwischen 1980 und 1988 von 49 % auf 37,3 % gesunken, der Anteil der Wohlhabenden mit mehr als 200 Rubel von 5,4 % auf 17,2 % gestiegen. Allerdings wird diese Angabe durch die Inflation in Frage gestellt, die der Tatsache entsprang, dass viele Menschen mehr Geld hatten, als Waren angeboten wurden – die aber die Armen, die nicht über Geldüberschüsse verfügten, genauso traf wie die Wohlhabenden. Die Inflationsrate wurde für 1989 auf 7,5 % geschätzt.

Vieles spricht dafür, die Geldeinkommen in der sowjetischen Gesellschaft nicht zum alleinigen Kriterium des Lebensstandards zu machen, sondern auch die Zugänglichkeit von Waren – und 1988 auch Westwaren – mit zu berücksichtigen. Als Indiz für die Zugehörigkeit zur Mittelschicht konnte man das private Auto rechnen – 13 Millionen Bürger oder 11,2 % der Familien verfügten über einen PKW. Die Schicht der Reichen, die sich (fast) alles leisten kann, bestand offiziell – d. h. nach den offiziellen Einkommen – aus etwa 400 000 Personen aus Partei, Wissenschaft, Militär und Kunst. Hinzu kamen etwa 100 000 Personen aus Kooperativen oder mit illegalen Einkommen, und hinzu kam weiter eine Gruppe, deren Zugang zu Konsumgütern ihre Einkommen überstieg – insbesondere im Handel und in den Dienstleistungen, so dass nach der Verfügung über Konsumgüter gerechnet 1,7 Millionen Menschen (2,3 % der Familien) als reich gelten konnten. Über 80 % der Bevölkerung waren demnach arm, und davon hungerten 14,5 %.

Denn von 78 Rubel im Monat konnte man »eigentlich« nicht leben, wenn das Kilogramm Gurken im staatlichen Laden 2, auf dem Kolchosmarkt 6 Rubel kostete, das Kilogramm Apfelsinen 10 Rubel und ein Anzug schlechter Qualität 176 Rubel.

5 Raubbau an der Natur

Das zentralistische Planungssystem hat die sowjetische Gesellschaft keineswegs davor bewahrt, an der Umwelt in der riesigen Union Raubbau zu treiben. Im Gegenteil: im Zeichen extensiv erreichter Produktionszuwächse wurden gigantische Pläne der Veränderung von Natur – wie das Stauen der Wolga – durchgesetzt und beim Abbau von Rohstoffen wenig auf Rekultivierung geachtet oder gar Rücksicht genommen. Von den Schieferöltagebauen in Estland bis zu den Gasfeldern in Sibirien ziehen sich Produktionsstätten, bei denen wenig gegen Wasser- oder Luftverseuchung getan wurde und wird. Der unüberlegte Verbrauch von Flusswasser aus Syr- und Amu-Darja für Bewässerungsanlagen in Zentralasien hat sogar dazu geführt, dass der Aralsee größtenteils von der Landkarte verschwunden ist und ehemalig reiche Fischgründe sich in tote Salzwüsten verwandelt haben.

Beispielhaft für den Raubbau an der Natur, aber auch die Proteste von Bürgern war der Umgang mit dem Baikalsee – dem größten Süßwasserreservoir der gesamten Menschheit. Durch die Anlage von Papierfabriken wurden die einzigartige Fauna und Flora bedroht, z. B. die einzige Süßwasserrobbe der Welt, die hier lebt. Überhaupt ist Sibirien ein Beispiel für Folgen leichtfertigen Umgangs mit der Natur, die unter den extremen Bedingungen von Tundra und Taiga sehr empfindlich ist. Mangelnde Entsorgung der Ölfelder hat manche Flüsse und Ströme mit einem Ölfilm überzogen, so dass Fischfang unmöglich geworden ist und die alteingesessenen Völker, etwa die Nenzen, eine Hauptnahrungsquelle verloren haben.

Die langfristigen Folgen waren Unglücksfälle wie der im Ural bei Tscheljabinsk, bei dem große Mengen Radioaktivität freigeworden sind. Die Unfälle wurden verschwiegen und wahrscheinlich Hunderttausende Menschen überhöhten Strahlungsmengen ausgesetzt. Die Katastrophe von Tschernobyl bezeichnet also nur die Spitze eines Eisbergs. Auch trug die sowjetische Gesellschaft zur Plünderung unseres Planeten bei. Und doch bleibt Tschernobyl auch deswegen das größte Menetekel, weil das Ausmaß des Schadens trotz Perestrojka erst verspätet bekanntgemacht worden ist. Obgleich nur ein Bruchteil der radioaktiven Masse des Reaktors in die Umwelt gelangt ist, ist ein Fünftel des Ackerlandes von Weißrußland dauerhaft verseucht; zwei Millionen Menschen – so die Schätzungen von 1990 – hätten umgesiedelt werden müssen. Das ist allerdings auch in der postsowjetischen Zeit nur in sehr geringem Umfang geschehen.

6 Partei und Staatsapparat

In der UdSSR bestanden in den achtziger Jahren und bis Anfang 1991 drei hierarchisch strukturierte bürokratische Systeme, deren Mitgliedschaften sich jedoch überschnitten.

Entscheidend für die Machtausübung der Partei war, dass sie in jeder dieser drei Hierarchien vertreten war. Das sicherte sie durch das System der *Nomenklatur*: Die wichtigen Posten in Fabriken und Sowchosen, aber auch Schulen und Gesundheitsämtern wurden nicht ohne Zustimmung des entsprechenden Parteigremiums vergeben. Nicht immer mußte es ein Parteimitglied sein, das Fabrikdirektor oder Geschichtslehrer wurde, aber nie konnte es jemand sein, der

Bürokratische Apparate der Sowjetunion

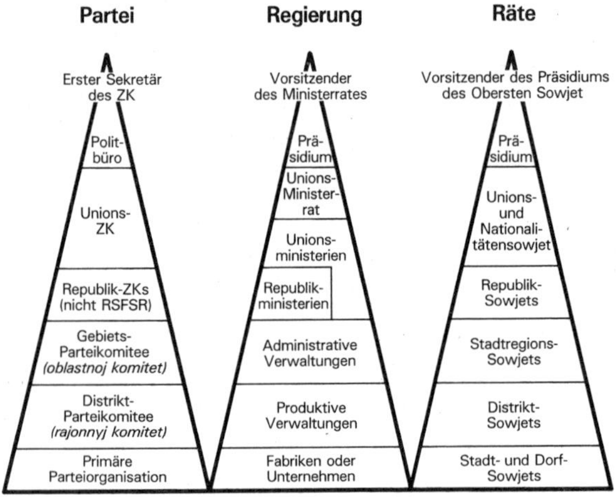

sich gegen die Partei wandte oder den die Partei aus anderen Gründen für unzuverlässig oder gefährlich hielt.

Im Altersaufbau der Partei fiel Anfang der achtziger Jahre die Gruppe derer ins Gewicht, die 1976 über fünfzig waren – über ein Viertel der Mitgliedschaft. Die Führung der Partei lag in der Hand der Generation, die ihre Sporen in der Industrialisierung und im Krieg verdient hatte – Breshnew, aber auch seine Nachfolger Andropow und Tschernenko gehörten zu dieser Gruppe von Männern, die auf die Achtzig zugingen. Als einziges Politbüromitglied war Michail Gorbatschow unter 60 Jahre alt. Die Masse der einfachen Mitglieder, 44 %, war jedoch noch unter 40.

Wer war nun Mitglied? Bis in die neunziger Jahre galt: Jeder konnte Mitglied in der KPdSU werden. Es gab keine

Vererbung von Machtpositionen in der sowjetischen Gesellschaft. Eher strebten die Kinder erfolgreicher Politiker in andere, künstlerische oder publizistische Berufe und nicht in die Politik, während umgekehrt viele aus weniger arrivierten Familien Mitglied der Partei wurden. Um das zu erreichen, musste man sich zum Marxismus-Leninismus bekennen, Freizeit für die Partei opfern und als Bürger vorbildlich leben. Parteiführer, die im Luxus lebten, wurden gerade deshalb so scharf angegriffen, weil die Grundstimmung (verglichen mit dem Habitus von Führungsschichten im Westen) eher puritanisch war.

Da die Partei die wichtigen Posten besetzte, war die Mitgliedschaft der Karriere förderlich, und fraglos verbanden viele Identifikation, Qualifikation und Parteimitgliedschaft zu erfolgreichem Berufsaufstieg. Außerdem bildete die Partei für viele das wichtigste Patronagesystem, von dem man sich illegale Vorteile erhoffen konnte. Dass am Ende der Breshnew-Zeit 6% der sowjetischen Bevölkerung Mitglied der Partei waren, gibt deshalb nur einen Teil der Realität wieder – wichtiger war, dass 21% der Männer zwischen 31 und 60 und mehr als 50% der Hochschulabsolventen das Parteibuch besaßen. Die Partei repräsentierte also eine breite und wichtige soziale Gruppe, die auch ein beträchtliches Reformpotential umfasste.

Das Grundprinzip der Sowjets entsprach (in der Nachkriegszeit) dem des westlichen Parlamentarismus – sie wurden auf Zeit und in festgelegten Territorialbezirken gewählt, waren legislative Organe, und ihre Mitglieder wurden über Arbeiterlohn bezahlt. Die Sowjets hatten aber nur kurze Tagungsperioden und konnten schon darum nicht genügend Kompetenz ansammeln, um Partei und Regierung real zu kontrollieren.

Das entscheidende Gremium war also die Partei. 1975 hatte sie 15,7 Millionen Mitglieder, die zwar von unten nach oben organisiert, aber doch nach dem Konzept des demokratischen Sozialismus gehalten waren, die Beschlüsse der zentralen Gremien auszuführen, und sehr selten ihr verbrieftes Recht – die Delegierten zum jeweils höheren Gremium frei zu wählen – so ausübten, dass die höheren Gremien kontrolliert oder in der Struktur verändert wurden. Da der Parteitag nur alle paar Jahre tagte und das dort gewählte Zentralkomitee nur alle paar Monate, vereinte das Büro des ZK (kurz Politbüro genannt) die weitaus meiste Macht im Lande. 1976 hatte das Politbüro 16 Mitglieder und sechs Kandidaten – in den Republiken umfasste das Büro des ZK meist 11–16, in den Regionen 9–11, in den Distrikten 7–9 Mitglieder. Die tägliche Routinearbeit und damit viel reale Entscheidungskompetenz lag bei den Sekretären des ZK, die es auf jeder Ebene gab. Meist waren es fünf, die untereinander arbeitsteilig zuständig waren.

1976 hatten über 99 % der ZK-Sekretäre auf allen Ebenen Hochschulbildung, wobei über 70 % Ingenieurwissenschaften studiert hatten. Auch der Generalsekretär, Leonid Breshnew, war Ingenieur; 1906 geboren, hatte er 1935 die Hochschule für das Hüttenwesen der Ukraine mit Diplom abgeschlossen.

7 Opposition

Mitgliedschaft in den Sowjets eröffnete nur wenige Möglichkeiten wirksamer politischer Partizipation. Anders war es mit den Interessengruppen, die im Rahmen des politischen Systems Druck ausübten, um ihre Ziele zu verwirklichen. Das Beispiel der Militärs und der Vertreter der Schwerindustrie steht nicht allein – vielfältig wirkten inoffizielle Gruppen auf die politische Entscheidungsfindung ein. Aber diese Art von Partizipation setzte grundsätzlich Mitgliedschaft in der Partei voraus, und ihr waren durch das Prinzip des demokratischen Zentralismus enge Grenzen gesetzt.

Zunehmend entwickelten sich jedoch Gruppen – zum Teil unter Aufnahme alter Traditionen, zum Teil ohne Vorläufer –, die sich in die KPdSU nicht mehr integrieren ließen. Die sowjetische Literatur spielte hier eine große Rolle; in ihr wurden Stimmungen und Zusammenhänge geschildert, die dem offiziellen Trend zuwiderliefen. Wenn solche Literatur keinen Verleger fand, wurde sie als Schreibmaschinentyposkript in zahlreichen Durchschlägen von Hand weitergegeben, im »Selbstverlag« (*samisdat*). Regierung und Partei unterdrückten alle oppositionellen Gruppen durch Bespitzelung, Einschüchterung und notfalls auch Verurteilungen zu Gefängnis, Arbeitslager oder gar durch Einweisung in Nervenheilanstalten.

1975 änderte sich die Rechtslage der sowjetischen Opposition, da die UdSSR mit der Schlussakte der Konferenz für Sicherheit und Zusammenarbeit in Helsinki (KSZE) auch den sogenannten »Korb 3« unterzeichnete und sich damit zu einer strikten Achtung der Menschenrechte verpflichtete. Auch wenn diese Bestimmungen keineswegs sofort umgesetzt wurden, so ist doch unübersehbar, dass sie langfristig dazu beitrugen, die Lage der Opposition zu verbessern.

Auch innerhalb der Partei – die in der UdSSR ja eine Massenbewegung war – wuchs der Dissens. Eine wachsende Gruppe wollte sich mit der monopolistischen Struktur des Systems nicht abfinden und entwarf pluralistische, demokratische Modelle einer sozialistischen Gesellschaft.

8 Die Stärke der Religionen

Entgegen der Annahme des Marxismus, dass Religion in der sozialistischen Gesellschaft absterben werde, blieben alle vor 1917 vorhandenen Kirchen und Religionsgemeinschaften bis in die siebziger und achtziger Jahre erhalten, gewannen neue Mitglieder oder gründeten sich erneut, wenn sie – wie die lutherische Kirche der Sowjetdeutschen – während der Stalinzeit völlig vernichtet worden waren. Ungefähr die Hälfte der Kinder aus Völkern christlicher Tradition wurde getauft, etwa die Hälfte christlich beerdigt. Fast ein Viertel der Russen nahm wenigstens gelegentlich an Zeremonien der Orthodoxie teil – da es keine Religionsstatistik gab, konnte man nur an solcher aktiven Teilnahme den Grad der Gläubigkeit in der UdSSR messen.

Da die wichtigen Posten der sowjetischen Gesellschaft über das Nomenklatursystem vergeben wurden, ein Parteimitglied aber atheistisch sein musste, konnte ein Christ nicht Karriere machen. Religiosität wurde so zu einem Zeichen von sozialer Unterschicht, die aber häufig und mit guten Gründen für sich in Anspruch nahm, moralisch beispielgebend zu sein – nicht zu trinken, die Frau nicht zu betrügen, die Arbeiten und Mühen des Alltags auf sich zu nehmen. Parteigruppen versuchten nach wie vor, Gläubigkeit zu entmutigen oder – wo dies nicht gelang – Agenten des KGB in den Gemeinden zu plazieren. Nach wie vor konnten 20 Gläubige beantragen, eine Kirche zu eröffnen – aber häufig wich die Verwaltung solchen Anträgen aus, und es gab in manchen Städten Viertel ohne Kirchen.

Auch in der sowjetischen Gesellschaft waren es besonders die älteren Frauen, welche die Gemeinden am Leben hielten: Religion bot Trost für viele Alleingebliebene. Es gab aber auch eine religiöse Renaissance in Teilen der Jugend, die sich vom Managerkommunismus der Elterngeneration nicht angezogen fühlte: in einer zunehmend industriellen Umwelt mit immer weiter gehenden beruflichen Spezialisierungen konnten manche Gemeinden ein Zugehörigkeitsgefühl vermitteln. Schließlich aber nahmen auch in der Sowjetunion religiöse Gruppen die Aufgabe auf sich, die bestehende Gesellschaft auf eine bessere, zukünftige zu verweisen und so den Anspruch der Transzendenz aufrechtzuerhalten.

9 Der statistische Selbstbetrug

Unter den Nachfolgern Breshnews als Generalsekretär – Jurij Andropow und Konstantin Tschernenko – war genauso schwer erkennbar, dass die Sowjetunion vor einer tiefgreifenden Krise stand, wie unter Breshnew selbst. Außenpolitisch hielt man an der Weltmachtrolle fest, und innenpolitisch fügten sich die vielen Einzelnachrichten über Schwierigkeiten nur unvollkommen zu einem Bild. Westliche Ökonomen berechneten zwar, dass die Investitionsquote zu niedrig lag, und westliche Zeitungen waren voll von Berichten aus Emigrantenkreisen. Aber dies schien wenig Wirkung auf die Sowjetunion zu haben – die Opposition war weithin vom KGB zerstreut, die Wirtschaft funktionierte immerhin.

Aber langsam begann sich auszuwirken, dass die sowjetische Statistik seit Jahrzehnten nach oben frisiert wurde. Dies lag schon daran, dass jeder lieber gute Zahlen nach oben weitergab als schlechte, da die eigene Karriere damit verbunden war. So wurde denn mitgerechnet, was bloß Ausschuss war, wurde eine Produktion fortgeführt und gezählt, deren Produkte nicht oder nicht mehr in diesen Mengen gebraucht wurden; neue Werkbänke wurden zu alten hinzugezählt, obgleich die alten nicht mehr brauchbar waren. Die Fehldaten addierten sich bereits seit 1929, als das alte statistische Zentralamt seine organisatorische Eigenständigkeit verloren hatte und Teil des Gosplan geworden war – also derselben Behörde, über deren Wirksamkeit die Statistiker Informationen sammeln sollten. Einmal begonnen, war es schwer, die Fehler zu korrigieren: War man selbst derjenige, der den Misserfolg zu verantworten hatte? So entstand der statistische Anspruch, 1984 über 80 % der industriellen und annähernd 85 % der landwirtschaftlichen Produktion der USA erwirtschaftet zu haben. Nur, wenn das so war, wo blieb der Wohlstand amerikanischen Zuschnitts?

Der statistische Selbstbetrug geriet an eine Grenze, da sein desinformierender Charakter jede Statistik unglaubwürdig und schließlich die Bürger zornig machte. Die Statistiker V. Seljunin und I. Chanin fassten ihre abweichenden Berechnungen wie folgt zusammen: »Das Nationaleinkommen ist, berechnet nach unserer Methode, zwischen 1928 und 1985 6- bis 7mal größer geworden. Das ist unter jedem Blickwinkel ein Erfolg – es gibt nicht viele Länder in der Welt, die sich solcher Wachstumsgeschwindigkeiten rühmen können. Aber das Nationaleinkommen ist in dieser Periode nicht 90mal vermehrt worden, wie die offizielle Statistik ausweist. Und diese Kritik entspricht ja auch dem gesunden Menschenverstand: Wenn diese Berechnung wahr wäre, dann hätten wir schon lange den ersten Platz im Lebensstandard der Welt eingenommen.«

Die Krise, die sich ankündigte, hieß nicht Stagnation. Vielleicht kommen andere Statistiker zu etwas besseren Ergebnissen, aber kaum zu völlig anderen. Offenbar hatte die Sowjetunion Fortschritte gemacht, aber sie waren bei weitem nicht so markant, wie immer wieder behauptet wurde, und schon gar nicht geeignet, die Länder des kapitalistischen Zentrums in irgendeiner Form herauszufordern. Der Bluff war von Fünfjahresplan zu Fünfjahresplan vererbt worden und hatte Tausenden von Parteioberen und Betriebsdirektoren zu Leninorden und Sonderzulagen verholfen – das erzeugt Wut; insbesondere bei jenen, die den Bluff nicht mitmachen – oder sich ihn anhören mussten, während sie kein Auto kaufen konnten oder der Putz von der Decke kam.

22
Perestrojka und das Ende der Union

1 Überforderung als Strukturprinzip

Auch wenn man den offiziellen Statistiken misstraut (und deshalb auch darauf verzichtet, sie umfänglich dem Leser zu präsentieren), wird der Eindruck wiederholter Reisen in die Union durch kritische Analysen wie die Seljunins und Chanins bestätigt: die sowjetische Gesellschaft hat sich entwikkelt, hat Fortschritte gemacht; der Lebensstandard ist gestiegen – in den achtziger Jahren z.B. durch die sichtbaren (und neue Probleme erzeugenden) Anfänge der Massenmotorisierung. Aber die Fortschritte führten nicht weit genug, um der Krise zu entgehen.

Der Anspruch, den die Sowjetbürger an ihre Lebensumstände stellten, war größer, als was erreicht werden konnte. Diesen Anspruch hat die Führung immer wieder selbst hervorgebracht; immer wieder hat sie als ihr Ziel formuliert, die führenden Länder des Kapitalismus zu überholen – und für dieses Ziel Opfer gefordert, mindestens Konsumverzicht auf Zeit, aber auch Anerkennung und Gefolgschaft. Es war nur schlüssig, dass die Menschen solche anspruchsvolle Überforderung auch belohnt sehen wollten – noch dazu, weil durch sie Machtausübung legitimiert wurde. Die erste Generation mochte sich ja in der Hoffnung befriedigt fühlen, als Erbauer des Kommunismus in die Weltgeschichte einzugehen – für die Kinder oder die Enkelkinder wurde das Scheitern im Kleinen, die alltägliche

Mühsal zum Ausgangspunkt der Auseinandersetzung mit solchen Zielen.

Diese Überforderung ist ein Strukturprinzip der sozialistischen Idee, und gerade darin ist der Sozialismus den großen monotheistischen Religionen, insbesondere Judentum und Christentum verwandt. Immer wird der Mensch auf ein Besseres hingewiesen, nie darf er zum Augenblicke sagen: »Verweile doch! Du bist so schön!« Anders als die großen Religionen, aber der liberalen und aufklärerischen Tradition des 18. und 19. Jahrhunderts entsprechend, zielt der Sozialismus jedoch auf eine immanente Transzendenz. Der Mensch soll sich nicht um die Verhältnisse des Ewigen bekümmern, sondern um die des Zeitlichen – der Saecula. Nur richtete sich die Forderung der Aufklärung an den einzelnen: »Habe Mut, dich deines eigenen Verstandes zu bedienen.« Das Konzept des Sozialismus ging darüber hinaus. Die aufgeklärte Gesellschaft ist verwirklicht, wie Marx sagt, »sobald die Verhältnisse des praktischen Werkeltagslebens den Menschen tagtäglich durchsichtig vernünftige Beziehungen zueinander und zur Natur darstellen. Die Gestalt des gesellschaftlichen Lebensprozesses, d.h. des materiellen Produktionsprozesses, streift nur ihren mystischen Nebelschleier ab, sobald sie als Produkt frei vergesellschafteter Menschen unter deren bewusster planmäßiger Kontrolle steht.«

Den »Verein freier Menschen«, den Marx entwirft, erreicht eine Gesellschaft, die »durchsichtig einfach in der Produktion sowohl als in der Distribution« ist, indem sie die Arbeitsprodukte nach dem Maß der geleisteten Arbeitszeit verteilt und so auf den Markt verzichten kann.

Ein Einwand gegen diese marxistische Utopie war immer, dass in den modernen, hochkomplexen Gesellschaften das für alles Weitere entscheidende Maß, die Arbeitszeit, sehr Ungleiches gleichsetzt – Fleiß, Begabung, Kapitalausstattung des Arbeitsplatzes usw. Will man jedoch die Unterschiedlichkeit von Leistung in derselben Zeit berechnen, dann muss man einen Apparat wissenschaftlicher Beurteilung aufbauen, der nur von wenigen – eben Wissenschaftlern – bedient werden kann und von dem Nichtwissenschaftler ausgeschlossen wären.

Gab es einerseits also von Anfang an den Verdacht, dass Sozialismus Ungleichheit zugunsten von Intellektuellen schafft, so erwies sich auf der anderen Seite im Verlauf der siebziger Jahre des monopolsozialistischen Realisierungsversuchs, dass das Ziel der vernünftigen Berechnung der sozialökonomischen Prozesse mit den jeweils zur Verfügung stehenden Instrumenten der Datenverarbeitung nicht zu leisten war. Immer wieder mussten gesetzte Daten an die Stelle von errechneten treten – für die extreme Schwerpunktbildung bei der Investitionsgüterindustrie z.B. gab es keine wissenschaftlichen Gründe. Aber solche gegriffenen Daten wurden mit dem Anspruch der Wissenschaftlichkeit gegenüber Partei und Volk vertreten – d. h. auch, der Diskussion entzogen.

Das Scheitern des Monopolsozialismus in diesem Kernbereich wurde offenbar, als der RGW nicht in der Lage war, sich auf ein wissenschaftliches System zur Berechnung der Werte zu einigen, welche die Länder des RGW untereinander austauschten. Stattdessen wurden Weltmarktpreise zur Richtschnur gemacht. Was innerhalb der UdSSR noch totgeschwiegen werden konnte, dass nämlich der Anspruch von Wissenschaftlichkeit, mit dem Partei und Regierung sich schmückten, gar nicht haltbar war, das musste in der Auseinandersetzung der jeweiligen nationalen Egoismen zugegeben werden. Und es war wirklich wie im Märchen von des Kaisers neuen Kleidern: die Kunde, dass der Kaiser nackt war, verbreitete sich, sobald sie jemand ausgesprochen hatte, dem man Glauben schenken musste.

Die Bürger erfuhren die Unhaltbarkeit des sowjetischen Selbstbildes im Vergleich mit dem Westen. Den Wendepunkt bildete die Zeit Chruschtschows, als die Schwarzmalerei, die man über den Westen betrieb, unhaltbar wurde;

wahrscheinlich zuerst für die Führung selbst. Die Restthese, der Kapitalismus führe zwar (noch) nicht zur Verelendung der Arbeiter, bedrohe aber das sozialistische Vaterland, was Hochrüstung erfordere, diese Restthese wurde mit den Verträgen der Détente am Anfang der siebziger Jahre unglaubwürdig, auch wenn Partei und Militär trotzdem an der Hochrüstung festhielten.

Zugleich verschärfte sich die Erfahrung der Inkompetenz des politischen Systems gerade durch seinen relativen Erfolg. Je differenzierter das sozialökonomische System wurde, desto mehr Daten entstanden, die in eine funktionale Relation gebracht werden mussten. Oft wurden solche Daten nicht nach Sachargumenten festgesetzt, sondern nach Kriterien der Gruppenmacht; so wurden Planvorgaben und Festsetzungen von großen Betrieben nach dem Einfluss des Direktors oder der Betriebsparteiorganisation bestimmt und nicht nach ökonomischer Rationalität. Und je sicherer die Grundversorgung der Bevölkerung wurde, desto unterschiedlicher wurden die Konsumwünsche.

In allen Gesellschaften fallen Anspruch und Wirklichkeit auseinander. In der sowjetischen aber wurde dieser Abstand so groß, dass die Krise des Systems unaufhaltbar wurde.

2 Reform von oben

Die KPdSU war eine Massenpartei, in der die Krise des Systems seit langem, wenn auch ohne ausreichende Öffentlichkeit, diskutiert wurde. Mit der Wahl Michail Gorbatschows zum Generalsekretär am 11. März 1985 setzte sich die Reformfraktion durch, die versuchte, durch eine Reform von oben die Probleme in den Griff zu bekommen, einen »Umbau« – die *Perestrojka*.

Für eine Reform war es notwendig, Gruppen der Bevölkerung zu mobilisieren, die bis dahin abseits standen. Der Parteisekretär verzichtete nicht darauf, Wissenschaftlichkeit für das Programm der Umgestaltung in Anspruch zu nehmen, plädierte vor allem jedoch für eine neue ethisch-moralische Atmosphäre im Lande. In seiner Rede vom 27. Januar 1987 vor dem ZK nannte er sechs Punkte als Inhalt der Perestrojka:

(1) Verbindung von wissenschaftlich-technischer Revolution mit der Planwirtschaft;
(2) Entwicklung der Demokratie und der sozialistischen Selbstverwaltung;
(3) Übergang aller Wirtschaftszweige zur wirtschaftlichen Rechnungsführung (*chosraschtschot*);
(4) Partnerschaft zwischen Wissenschaft und Praxis sowie Förderung der Wissenschaftler;
(5) bessere Befriedigung der Bedürfnisse des Volkes; und
(6) Kampf gegen Entstellungen der sozialistischen Moral sowie »Überwindung von gleichmacherischen Tendenzen in der Entlohnung und des Konsumdenkens.«

Diese Zielstellung macht die Zwiespältigkeit, aber auch die Richtung der Reform deutlich: zwar wird das Konsumdenken kritisiert, aber zugleich soll die Gleichmacherei der Einkommen überwunden werden. Es bleibt also ein moralischer Vorbehalt gegenüber dem Konsum bestehen, zugleich jedoch wird die Möglichkeit der Erweiterung des Konsums gefördert.

Die Reform wandte sich an erster Stelle an die Intelligenz – vorrangig sollte sie gewonnen werden. Dazu war es notwendig, Korruption und Vetternwirtschaft in der Partei scharf zu kritisieren. Dazu war es sinnvoll, eines der Erbübel der sowjetischen Gesellschaft, den Alkoholismus, anzugreifen und an eine moralische Askesestimmung zu appellieren. Dazu sollte auch das Versprechen besserer Fürsorge für die wissenschaftlichen Kader dienen. Und für ein solches Ziel war vor allem eine Demokratisierung notwendig, eine Öffnung der Entscheidungsgremien für Mitsprache und neue Leute.

Vielleicht wirkte das Werben um die Intelligenz auch auf die neue Außenpolitik – die Führer der Intelligenz hatten sich im weltweiten Kampf gegen SDI engagiert und den Hinweis auf die sowjetische Hochrüstung schließlich immer weniger abtun können. Vor allem aber brauchte das Reformprogramm eine außenpolitische Absicherung, und Gorbatschow wollte nicht den Weg des Bluffens wiederholen, auf dem Chruschtschow gescheitert war. Er nahm deshalb die Beschlusslage der NATO zum Ausgangspunkt, um auf die »doppelte Nullösung« einzuschwenken, welche – gedrängt von der Friedensbewegung – Präsident Reagan Ende 1981 zum Ziel der amerikanischen Regierung erklärt hatte. Mit dieser Wendung gewann Gorbatschow die internationale Öffentlichkeit für sich, besonders nachdem eine erste Verhandlungsrunde mit dem amerikanischen Präsidenten in Reykjavík (Oktober 1986) gescheitert war. Im Dezember 1987 konnten die beiden Supermächte dann doch den Vertrag über die vollständige Abrüstung der Mittelstreckenraketen (INF) unterzeichnen.

Der internationale Erfolg stärkte die innenpolitische Position der Reformpolitik. Welche Erfolge gab es hier?

3 Demokratisierung

Der erste Schritt in Richtung auf mehr Demokratie bestand in der Herstellung von mehr Öffentlichkeit. Der russische Begriff *Glasnost* bedeutet in etwa »Stimmhaftigkeit«, und in der Tat war die Kernvorstellung weniger die einer unbegrenzten Publikationsmöglichkeit als die, dass Probleme und Defizite zur Sprache gebracht werden sollten. Zunehmend entwickelte sich aus diesem anfangs von der parteinahen Presse gesteuerten Prozess jedoch immer mehr das, was im Westen Öffentlichkeit genannt wird – Zeitungen wie die *Literaturnaja gaseta* (»Literaturzeitung«) entwickelten sich zu Sprachrohren der Kommunikation, und es entstanden neue Zeitungen wie *Argumenty i fakty* (»Argumente und Fakten«). Ab 1989 begannen die Parteizeitungen Teile ihrer Leserschaft zu verlieren – der Weg zu einer unabhängigen Presse war kaum noch aufhaltbar.

Im zweiten Schritt wurde die Verfassung geändert, um mehr Partizipation zu ermöglichen. Als neues verfassungsmäßiges Organ wurde der *Kongress der Volksdeputierten* eingerichtet. Jeder sowjetische Bürger erhielt für dessen konstituierende Wahl drei Stimmen:

(1) in seinem territorialen Distrikt, in dem alle Bürger gleiches Stimmrecht besaßen,
(2) in seinem nationalen Distrikt, in dem nur Bürger der eigenen Nationalität wählen durften, und
(3) als Mitglied einer Berufsgruppe oder einer Gewerkschaft, sozusagen in seinem sozialen Distrikt.

Da es außerhalb der KPdSU noch keine zugelassenen Parteien gab, hatten Nichtkommunisten für den Volkskongreß nicht die gleichen Startchancen wie Kommunisten. Wie weit das Ergebnis der Wahl – eine kritische, aber mit Gorbatschow kooperative Mehrheit – der Mehrheitsmeinung entsprach, ist also nach westlichen Maßstäben nicht klar.

1989/90 entstanden jedoch zunehmend neue Parteien, oft aus Kooperationsgruppen von Abgeordneten innerhalb des Volkskongresses. Dies galt insbesondere für die Wahlen zu den Republiksowjets, die anders als der Volkskongreß nach gleicher und geheimer Wahl und reinem Territorialprinzip gewählt wurden. Daß in der RSFSR ein Vertreter des Reformflügels, Boris Jelzin, wenn auch mit sehr knapper Mehrheit zum Präsidenten des Sowjets gewählt wurde, entsprach vielleicht eher der allgemeinen Tendenz, als dass Gorbatschow zum Staatsoberhaupt gewählt wurde.

Das Parteienspektrum reichte von weit rechts bis weit links – während die KPdSU am Ende der sowjetischen Gesellschaft eher mittlere Positionen vertrat. Am rechten Rand agierten offen antisemitische Gruppen wie die *Pamjat*-Bewegung, der zufolge die KPdSU als Instrument zionistischer Machenschaften danach strebe, das russische Imperium zu zersetzen und dem ausländischen Kapital auszuliefern. Die *Christlich-Demokratische Union* dagegen begriff sich als Volkspartei, die für eine Erneuerung des politischen und sozialen Systems, Gewaltenteilung und eine Marktwirtschaft mit unterschiedlichen Eigentumsarten plädierte. Die *Sozialdemokratische Assoziation* trat für eine regulierte Marktwirtschaft ein und wollte – z. B. zur Lösung ökologischer Fragen – auch nicht-marktwirtschaftliche Instrumente einsetzen. Die *Anarcho-Syndikalisten* forderten die Einführung eines echten Rätesystems (wie 1917).

Neben den »nationalen Fronten«, den Vertretungsgruppen von Nationalitäten, die oft noch nicht Parteicharakter angenommen hatten, nahm auch die Gruppe *Demokratisches Russland* sozial gemäßigte Positionen ein. Ihr Kandidat bei den Wahlen zum Sowjet in Kasan, der sich im Kampf gegen das Atomkraftwerk in der Nähe einen Namen gemacht hatte, forderte z. B.: »Wir brauchen jetzt keine Revolution, keine Nationalitätenkonflikte, kein Diktat der Beamten. Was wir brauchen, sind volle Regale in den Kaufhäusern, mäßige Preise, gerechte Entlohnung ...«

Volle Regale und gerechte Löhne – diese beiden Ziele wurden im Sommer 1990 von den meisten Sowjetbürgern vertreten, mit denen man sprach. Nur wenige traten für das ein, was einen kapitalistischen Markt kennzeichnet, in dem es ja z. B. einen »gerechten« Lohn nicht gibt, dafür aber einen von der Gewerkschaft ausgehandelten. Unübersehbar war, dass das Einparteiensystem sich seinem Ende zuneigte – die KPdSU war zwar noch die mit Abstand stärkste politische Kraft, aber ihr politisches Monopol war gebrochen. Dies war nicht das Ziel der Partei, als sie 1985 Gorbatschow zum Generalsekretär wählte – aber die Demokratisierung entwikkelte ihre eigene innere Dynamik, die sich als stärker erwies.

Den zentrifugalen Kräften wurde unter Bezug auf das

amerikanische Beispiel im März 1990 ein starker Präsident entgegengesetzt. Als erster Präsident wurde Gorbatschow vom Volkskongress gewählt, allerdings ohne Beteiligung der Abgeordneten Georgiens und der baltischen Republiken. Die Machtbefugnisse des Präsidenten umfassten Krieg und Frieden, Vorschlagsrecht für die Minister, Außenpolitik und Staatsbürgerschaftsfragen; er stand dem Föderationsrat vor, der sich aus den Präsidenten der 15 Republiken zusammensetzte und mit Fragen der Nationalitätenpolitik befasste. Außerdem konnte der Präsident den Notstand ausrufen.

So noch 1990 Gorbatschows Pläne. Der Widerstand der RSFSR zwang die Zentrale 1991 jedoch, von diesem Modell abzuweichen (s. Kap. 22.6).

4 Wirtschaftsreformen

1983 hatte die Soziologin Tatjana Saslawskaja aus dem Nowosibirsker Institut für Wirtschaft der Akademie der Wissenschaften (noch außerhalb der Öffentlichkeit in ihrer Heimat) festgestellt, dass die Wachstumsimpulse des sowjetischen Wirtschaftssystems sich erschöpft hätten; das weithin aus der Zeit der Industrialisierung stammende zentrale Leitungssystem sei der gegenwärtigen Situation nicht mehr adäquat. Man müsse vielmehr die »administrativen Lenkungsmethoden« abbauen und an ihrer Stelle mehr »automatische Regulatoren« – also Marktelemente – einführen. 1985 kritisierte sie auch offen die Vorstellung, dass es in der sozialistischen Wirtschaft keine Interessenkonflikte gebe. Aus den realen und widersprüchlichen Interessen entstünden vielmehr Verhaltensunterschiede, die sich administrativ nicht mehr ändern ließen – und die nur durch ökonomische Methoden, also unterschiedliche Einkommen, steuerbar seien.

Das damit gegebene Stichwort wurde zur Maxime des zwölften Fünfjahresplans 1986 bis 1990. Die einzelnen Betriebe sollten nach den Prinzipien der Selbstkostendeckung und Eigenfinanzierung arbeiten sowie Gewinne erwirtschaften. Ab 1987 sollten die Betriebe ihren Lohnfonds selbst festlegen – also die Gesamtsumme der Löhne, so dass immer stärker betriebsgebundene Löhne entstehen sollten.

Eine wichtige Folge dieser Politik war die Möglichkeit, überflüssige Arbeitskräfte freizusetzen, wenn ein Arbeitskollektiv meinte, ohne diese Kollegen auszukommen. In der Tat wurden Arbeiter entlassen, was jedoch in Zentralrussland nicht zur Arbeitslosigkeit führte, da hier immer noch Arbeiter gebraucht wurden – anders in den südlichen Republiken. Die Planung erhoffte, durch solche Freiheiten die Arbeitskollektive zu hohen Planzielen zu überreden und auch dazu zu veranlassen, zugunsten von Investitionen auf Lohnerhöhungen zu verzichten.

1987 wurde die Freiheit der Betriebe der Investitionsgüterindustrie erweitert, an den Großhandelsunternehmen vorbei unmittelbar mit dem Konsumenten Handel zu treiben, wobei in direkten Verhandlungen auch die Preise ausgehandelt werden konnten.

Ein wichtiger Punkt der Reform war die Senkung der Subventionen für Nahrungsmittel, deren Preise durchweg unter den Gestehungskosten lagen. Das war aber erst durchführbar, wenn die Grundlöhne gleichmäßig auf ein höheres Niveau gebracht und insbesondere die Renten angehoben worden waren – Projekte, die an die eng gewordene Finanzdecke des Staates stießen.

Dem ausländischen Kapital wurde eine vieldiskutierte, aber marginale Rolle zugewiesen: die *Joint ventures*, gemeinsame Unternehmen von westlichen und sowjetischen Firmen. Die Joint ventures wurden erst zwei Jahre nach der Gründung steuerpflichtig und durften auch Produkte auf westliche Märkte exportieren. Da das wichtigste Problem, welche Gewinne in das Heimatland transferiert werden durften, ungelöst blieb, haben sich nur wenige westliche Firmen zu solchen Unternehmungen entschlossen.

Lebensstandard in der UdSSR 1987

Offizielle Daten

1986 und 1987 vermehrte sich die Bevölkerung der Union jährlich um fast 2,9 Mio., deutlich stärker als im Jahresdurchschnitt 1981–84 mit 2,4 Mio. Dies wird auf die Verbesserung der Versorgung und die Abnahme der Sterblichkeit zurückgeführt; die mittlere Lebenserwartung stieg auf 69,9 Jahre. 1987 wurden 5,6 Millionen Kinder geboren, 1980 4,9 Millionen.

Das durchschnittliche monatliche Einkommen der Industriearbeiter erhöhte sich im Vergleich zu 1986 von 196 auf 201 Rubel; das der Kolchosmitarbeiter von 163 auf 167. Insbesondere wurden die Einkommen der Lehrer erhöht – an Grundschulen um 53%, an Mittelschulen um 33%, an Fachschulen um 25%. Die Versorgung der Bevölkerung mit Waren und Dienstleistungen stieg gegenüber 1986 um 3,3% auf 341 Mrd. Rubel (gemessen in tatsächlichen Preisen). Im einzelnen wurden verkauft:

Fleischprodukte (in Mrd. Rubel)	28,7
Käse (in Mrd. Rubel)	1,8
Eier (in Mrd. Rubel)	5,0
Kartoffeln (in Mio. t)	10,1
Getreideprodukte (in Mio. t)	38,8
Tabakwaren (in Mrd. Rubel)	6,7
Kleidung (in Mrd. Rubel)	37,0
Trikotagen (in Mrd. Rubel)	14,5
Uhren (in Mio. Stück)	51,3
Fernsehgeräte (in Mio. Stück)	8,1
Motorräder (in Mio. Stück)	1,3
PKWs (in Mio. Stück)	1,7
Autobenzin (in Mio. t)	6,0

Auf öffentliche Kosten wurden 2,3 Mio. Wohnungen mit 130 Mio. m² Fläche gebaut. Insgesamt verfügte das Land über 4,3 Mrd. m² überdachten Raum, so dass auf jeden Bürger 15,2 m² entfallen, davon 10,3 m² Wohnraum.

Ungefähr 110 Millionen Menschen nahmen an irgendeiner Form der Bildung teil.

Wirtschaft der UdSSR 1990

Zeitgenössische westliche Daten

Wachstum des realen Sozialprodukts (in Prozent)

	1981	1982	1983	1984	1985	1986	1987	1988	1989
UdSSR	1,0	2,7	3,3	1,5	0,8	4,0	1,3	1,5	–1,0
Welt	1,8	0,5	2,7	4,4	3,3	3,0	3,4	4,1	3,0

Außenhandel mit den OECD-Ländern (in Mrd. Dollar)

	1975	1976	1984	1985	1986	1987	1988	1989
Exporte	8,2	9,9	24,0	21,3	18,9	21,3	21,9	24,0
Importe	12,6	13,7	21,9	20,9	20,6	20,7	24,8	28,0
Handelsbilanz	–4,4	–3,8	2,1	0,4	–1,7	0,6	–2,9	–4,0

Auslandsschulden (in Mrd. Dollar)

	1984	1985	1986	1987	1988	1989	1990	(Schätzung)
Summe	16,6	22,7	29,1	33,3	36,8	44,4	41,2	(Juni)
Schuldendienst	5,0	5,2	6,0	7,4	8,4	12,0	13,5	
Bruttoinlandsprodukt	1363,0	1424,0	1456,0	1498,0	1549,0	1650,0	1570,0	

Welchen Erfolg hatte die Reform? Die CIA legte Anfang des Jahres 1989 eine recht gute Beurteilung der Wirtschaftsleistung vor. Zwar wachse die Unzufriedenheit, besonders nachdem 1988 die Nahrungsmittelpreise um 20% erhöht worden seien und das Haushaltsdefizit trotzdem zunehme. Aber immerhin habe es 1988 1,5% Wachstum gegeben.

Es blieb das Problem Landwirtschaft. Anfang 1989 wurde das Recht verkündet, Ackerland für fünfzig Jahre zu pachten, um den Einzelbauern die Gewissheit zu geben, dass privatwirtschaftliche Investitionen sich lohnen würden. Zugleich wurden viele Sowchosen als unprofitabel attackiert. 1990 wurde deutlich gemacht, dass nicht etwa die Einführung von Privatland gemeint war – in der Tat hat die russische Bauernschaft (anders als die in der DDR oder in Böhmen) außer in den westlichen Gebieten kaum Tradition in privatem Eigentum an Land, nimmt man einmal die wenigen Jahre nach der Stolypinschen Reform im Gefolge der Revolution von 1905 aus.

Preise auf dem sowjetischen Markt und dem Weltmarkt 1988

Gemessen an dem Preis von 1000 Kilowattstunden Strom (= 1)

	UdSSR	Weltmarkt
Öl (je Tonne)	1,6	5,0
Kupfer (je Tonne)	66,0	127,0
Stahlschrott (je Tonne)	3,1	20,0
Fleisch (je Kilogramm)	0,3	2,0
Weizen (je Tonne)	7,1	3,0
Farbfernsehgeräte (je Stück)	75,0	25,0
Personalcomputer (je Stück)	8125,0	125,0

Die Weltmarktpreise entstehen aus einer Vielfalt von Vorgaben und Entscheidungen – natürlichen und historischen Voraussetzungen wie Klima, Bodenschätze oder Bildungsniveaus; sozialen und politischen Auseinandersetzungen über Lohnkosten oder die Quote, die Staaten, Kirchen oder andere Institutionen in Anspruch nehmen (für die bürokratischen Apparate, für Rüstung oder das Bildungswesen usw.); Industrieentscheidungen und Staatseingriffen verschiedener Art (Zölle, Produktions- und Entsorgungsvorschriften z. B.) und nicht zuletzt aus den Interessen der Kapitalbesitzer. In alldem macht sich mehr von der Realität des Produktionsprozesses geltend, als das bei den staatlich gesetzten Preisen der UdSSR der Fall war. Die Autonomie der Betriebe in der Perestrojka konnte an den in den sowjetischen Preisen deutlich werdenden Disparitäten nichts ändern, da die Kapitaleigner – im Falle der UdSSR der Staat – nicht mehr in der Lage waren, zu erkennen, welcher Betrieb rentabel arbeitete (womit noch nicht entschieden ist, ob sie dann bereit gewesen wären, nach einer solchen Erkenntnis auch zu handeln).

Da schon 1990 die Versorgung des wohlhabenderen Teils der Bevölkerung zu einem bedeutenden Teil von den Hofländereien der Kolchosbauern über die Kolchosmärkte erfolgte, hätten Verpachtungen größeren Stils dies Angebot erweitert. Die Preise, welche die Bauern Mitte des Jahres 1990 in diesen Markthallen bekamen, lagen etwa um das Doppelte oder Dreifache über den Preisen in den Läden des Staates. Die Kolchosmärkte hatten auch ein qualitativ besseres Angebot – Gemüse, Brot, Südfrüchte, Blumen, auch Fleisch.

Es waren einmal die alten Reichen der Gesellschaft, die zur Nomenklatur gehörten. Nach wie vor wurden auch Arbeiter zu hohen Löhnen bezahlt – so konnte man im Juni 1990 in Kasan Stellenangebote einer Flugzeugfabrik lesen, die für Schlosser, Schweißer usw. einen Lohn von 300–450 Rubel und zusätzlich ein 13. Gehalt sowie Zugang zu Werkswohnungen, Werksferienheimen und werkseigenen Läden bot. Kein Dozent verdiente so viel, ein Professor jedoch mehr. Wie man überhaupt bedenken muss, dass zwei Personen je Familie verdienten und dass es sich wegen der niedrigen Zinsen nicht lohnte zu sparen. Und zu diesen alten traten neue Reiche – selbständige Handwerker und auch Bauern. Sie konnten ebenfalls kaufen, was sie haben wollten – japanische Videorecorder und deutsche Küchengeräte waren besonders beliebt. Diese Waren gab es vor allem auf dem schwarzen Markt, auf dem man z.B. auch Übernachtungen kaufen konnte – Kooperativen organisierten die Vermietung von Wohnungen an Reisende, die froh waren, nicht um Aufnahme in ein offizielles Hotel bitten zu müssen. Für drei Nächte privat zahlte man 60 Rubel bar – mehr als die Miete für drei Monate.

Die alten und die neuen Armen dagegen – Rentner, Studenten, Putzfrauen – lebten nahe dem oder unter dem Existenzminimum von 78 Rubel – sie konnten selbstverständlich nicht 50 Kopeken für ein Bund Radieschen auf dem Kolchosmarkt bezahlen, sondern mussten warten, bis es für

15 Kopeken im staatlichen Laden zu haben war. Dabei ergaben sich seltsame Mischformen – in Kasan z. B., wo Tabakwaren knapp und rationiert waren, standen am Ausgang der Geschäfte Händler, die denen, welche die ganze Zeit in der Schlange gestanden hatten, ihre Ration für teures Geld wieder abkauften – selbstverständlich in der Aussicht auf Gewinn beim weiteren Verkauf.

Die im Winter 1990/91 aktuelle Problematik entstand jedoch weniger aus der Verschärfung der sozialen Unterschiede, die mit innerer Logik aus Gorbatschows Politik folgte, als aus der Zuspitzung der regionalen Differenzen, die nicht vorhergesehen war. Der Abbau der Subventionen für Grundnahrungsmittel im Sommer 1989 führte zu Hamsterkäufen. Um zu verhindern, dass Spekulanten herumfuhren und in verschiedenen Städten Waren aufkauften, wurde – zuerst in Moskau – nur noch gegen Vorlage des Passes an Einheimische verkauft, manches auch gegen Marken. Selbstverständlich zogen nun die an Moskau grenzenden Rayons nach, was dem regionalen Auseinanderfallen des Wirtschaftsgroßraums UdSSR Vorschub leistete.

Die Reform sah vor, Entscheidungen zu dezentralisieren. Anders ausgedrückt: Die mittleren und unteren Ebenen erhielten mehr Entscheidungsfreiheit. Nur: Da es noch kein durchgehendes Regulativ »freier Markt« für Waren, Arbeitskräfte und Kapital gab, lohnte es sich für viele (gerade die wohlhabenden) Regionen, sich erst einmal selbst zu versorgen. Im Sommer 1990 z.B. war Kasan viel besser versorgt als Moskau.

Vor solchem Lokalegoismus – Mestnitschestwo – brach im Winter 1990 in vielen Regionen die Versorgung der armen Leute zusammen. Die staatlichen Läden wurden nicht mehr ausreichend versorgt; Kinderkrankenhäuser oder Universitätsspeisesäle, auch Armeeinstitutionen und Altersheime waren unterversorgt.

Das Ziel der Reformer um Gorbatschow war bis Anfang 1991 eine sozialistische Marktwirtschaft – Unternehmen und (in manchen Bereichen) Einzelne sollten gegeneinander konkurrieren, ohne dass die Institution des staatlichen Eigentums an Produktionsmitteln aufgegeben würde.

Die Krise der sowjetischen Wirtschaft zwang die Reformer jedoch, sich im Sommer 1991 stärker dem kapitalistischen Modell anzunähern. Die RSFSR unter ihrem direkt gewählten Präsidenten Boris Jelzin ging voran und kündigte den Verkauf des überwiegenden Teils des Eigentums der Republik auf Auktionen an. Die Union folgte: privates Eigentum an industriellen Produktionsmitteln wurde legalisiert – allerdings wurden wichtige Industriezweige in dem Gesetz von der Privatisierung ausgenommen. Als sich auch das Zentralkomitee der KPdSU im Juli 1991 für eine Mischform aus privatem und staatlichem Eigentum an Produktionsmitteln aussprach, war aus der Systemreform auch offiziell der Systemwechsel geworden.

Die Versorgung der Bevölkerung allerdings verschlechterte sich rapide. Die Verkaufspreise für Konsumgüter stiegen von 6,2 % 1986 auf 53,6 % 1990 und explodierten im Jahr 1991 auf 600–700 %. Bis 1990 kamen die Geldeinkommen mit 3,9 % bzw. 14,7 % Anstieg noch irgendwie nach, wenn auch bei konstantem Kaufkraftverlust; die galoppierende Inflation von 1991 ließ Einkommen und Preise katastrophal auseinanderklaffen. Auch die Zahl der Arbeitslosen stieg, Schätzungen schwanken zwischen 5 und 10 Millionen für 1991. Da es bei der offiziellen Vollbeschäftigung der sowjetischen Zeit keine Arbeitslosenversicherung gegeben hatte, waren diese Menschen plötzlich ohne jedes Einkommen.

Am Anfang der Perestrojka war es in der Wirtschaft um *uskorenije*, um »Beschleunigung« gegangen, bei der einzelne marktwirtschaftliche Elemente eingeführt werden sollten. Ab 1988 ging es in der ökonomischen Debatte immer mehr um einen Übergang zur Marktwirtschaft. Für den realen Wirtschaftsverlauf war jedoch entscheidend, dass die alten Lenkungsmechanismen weithin aufgegeben wurden, ohne dass neue an ihre Stelle traten. Die Überforderung, die ein zentral geplantes Wirtschaftssystem nicht nur im Bereich der politischen Entscheidungsfindung, sondern auch im Bereich der Datenverarbeitung immer mit sich gebracht hatte, wirkte sich in der Periode der Reform katastrophal aus. Während man noch darüber diskutierte, wie man den Übergang schaffen sollte, wurde man schon von diesem überrollt.

5 Rückzüge aus Deutschland und Ostmitteleuropa

Dass die UdSSR sich nicht in der Lage sah, die polnische Entwicklung in eine Richtung zu lenken, die mit der Zugehörigkeit zu einem sozialistischen Wirtschafts- und Verteidigungsbündnis vereinbar blieb, bedeutete den Anfang des Rückzugs der UdSSR aus Ostmitteleuropa – auch wenn man das in der sowjetischen Führung noch nicht offen zugab. Dass die sowjetische Strategie mit dem INF-Abkommen ihre Option zur Vorwärtsverteidigung aufgab, bedeutete einen weiteren Schritt in diese Richtung, denn zu den Gründen für die Option auf Vorwärtsverteidigung hatte die Unzuverlässigkeit der Bündnispartner in der WVO im Falle eines NATO-Vormarsches gehört. Der tatsächliche Rückzug der UdSSR begann 1989 in Deutschland.

Im Verlauf des Jahres 1989 hatte ein neuer Flüchtlingsstrom aus der DDR begonnen, bei dem der Umweg über die ČSSR und Ungarn gewählt wurde. Zum Symbol dieses Flüchtlingsstroms wurde der *Trabi* – jenes kleine Auto, das zugleich den erreichten Stand der Massenmotorisierung in der DDR wie auch den Rückstand gegenüber der Bundesrepublik verdeutlichte. Ungarn weigerte sich, die Grenze zu schließen. Der Flüchtlingsstrom wuchs, auch andere Wege wurden gefunden, und die Ökonomie der in der DDR Daheimgebliebenen geriet (abgesehen von ihren strukturellen Schwächen) in eine aktuelle Krise.

Immer offener artikulierten sich Unzufriedenheit mit dem

politischen System und Forderungen nach Demokratisierung. Die sowjetische Führung verweigerte der SED den Einsatz sowjetischer Truppen gegen die Protestbewegung, die insbesondere in den »Montagsdemonstrationen« Leipzigs zunehmend die Öffentlichkeit beherrschte. Nach dieser sowjetischen Entscheidung im Oktober 1989 ging alles sehr schnell – letzte Reformversuche der SED-Führung unter einem neuen Generalsekretär scheiterten, am 9. November wurde die Mauer in Berlin geöffnet, und innerhalb eines knappen Jahres akzeptierte die Sowjetunion die Einheit Deutschlands – die am 3. Oktober 1990 vollendet wurde – sowie einen Plan zum Rückzug der Roten Armee aus den Territorien, die ihr 1945 als Besatzungszone zugestanden waren.

Damit akzeptierte die Sowjetunion, dass der Monopolsozialismus als ein alternatives Modell für Ostdeutschland gescheitert war. Auch gegen die Umgestaltung der Länder Ostmitteleuropas zu Demokratien kamen Interventionen nicht in Frage; die Rücknahme sowjetischer Militärmacht auf die Grenzen der Union war entschiedene Sache – und über ökonomische oder ideologische Instrumente der Einflussnahme verfügte die UdSSR 1989/90 kaum noch.

Rückzüge sind in der politischen Kultur Russlands vielleicht fester verankert als in der deutschen. Mit ihrem Rückzug aus Deutschland und Ostmitteleuropa im Jahr 1990 leistete die Sowjetunion jedenfalls einen bedeutenden Beitrag zur Zivilisierung der Weltgesellschaft. Dass die 45 Jahre sowjetischer Einflussnahme in Mitteleuropa ein Fehler der sowjetischen Außenpolitik waren, hatte sich schon daran gezeigt, dass diese Einflussnahme dauerhaft auf Instrumente der Gewalt angewiesen war. Dass die Konsequenz aus dieser Einsicht gezogen wurde, war einer der wichtigsten Erfolge der »Revolution von oben«.

Insbesondere in den Ländern zwischen Werre, Donau und Bug hatten die antisozialistischen Revolutionen weithin einen kulturellen Charakter. Die alte Intelligenz hatte, z. T. im Exil, für die »Rückkehr« Ostmitteleuropas zum

Westen plädiert und die gemeinsame Geschichte des lateinischen Europa betont. Die Kirchen gewannen an Bedeutung für diesen Protest – in Polen die katholische, in der DDR die evangelische. Die Jugend erarbeitete sich gleichzeitig, in den Lücken des Monopolsozialismus, in Jazzkellern und Hinterzimmern Warschaus und Budapests einen neuen Stil, der die Verhältnisse wie in einem Karneval auf den Kopf stellte und die Machthaber alt aussehen ließ – was sie ja auch waren. Wer da salbungsvoll von Sozialismus redete, dem hörte keiner mehr zu. Die neue Teilung Europas kündigte sich an. Jenseits von Donau und Karpaten spielte Gewalt eine größere Rolle.

6 Die verspätete Abrüstung

In den über zwanzig Jahren, in denen Breshnew und seine Nachfolger die sowjetische Politik bestimmten, lag die Rüstungsquote der sowjetischen Gesellschaft vermutlich zwischen 12 % und 15 % des Bruttosozialprodukts. Wenn man annimmt, dass mit 5 % eine ausreichende Verteidigung erreichbar gewesen wäre (dieser Anteil entsprach dem der USA), dann hätten kontinuierlich mindestens 7 % mehr für Konsum und Investition zur Verfügung gestanden. Die These scheint begründet, dass die Wirtschaft der UdSSR heute durchaus ein akzeptables Ergebnis in vielen Bereichen hätte, wenn zwanzig Jahre lang z. B. 3,5 % mehr investiert worden wären.

Aber auch in den ersten Jahren Gorbatschows hat die UdSSR noch nicht abgerüstet. Dies mag außenpolitische Gründe gehabt haben oder auch auf inneren Druck zurückzuführen sein – die Folge war jedenfalls, dass die UdSSR aus den außenpolitischen Zugeständnissen keinen innenpolitischen Stabilisierungseffekt gewinnen konnte. Die ersten Jahre der Perestrojka krankten ja vor allem daran, dass es keine Zunahme des Konsumgüterangebots gab – ja, dass dies Angebot sich verschlechterte. Erst 1988 begann reale Abrüstung, und erst 1989 gewann die Abrüstung ein Ausmaß, das auf wirtschaftliche »Friedensdividende« hoffen ließ. Die Konversion, der Umbau militärischer Produktionsanlagen für zivile Güter, ist ein langwieriger Vorgang, der seine eigenen Probleme hat und keineswegs unmittelbar zu Ergebnissen führen kann.

Es scheint also, dass die »Entrüstung« der UdSSR zu spät eingesetzt hat, um der Perestrojka jenes Erfolgsmoment zu geben, das sie in den ersten Jahren brauchte. Immerhin erreichte das Umdenken nun auch die konkreten Vorstellungen der Militärpolitik – nicht mehr »Parität« mit dem Westen, sondern »hinreichende« Verteidigung war das militärische Ziel. 1990 verpflichtete sich die WVO, stärker abzurüsten als die NATO – und der größte Anteil an dieser Abrüstung wurde von der UdSSR geleistet. Zugleich begann man, Konzepte von ziviler Verteidigung, wie sie im Westen seit Jahrzehnten diskutiert und wie sie in der ČSSR 1968 gegen sowjetische Truppen praktiziert worden waren, zu rezipieren.

7 Systemwechsel

Im Winter 1990/91, fünf Jahre nach ihrem Beginn, geriet die Perestrojka in eine tiefe Krise. Die Versorgungsprobleme waren seit dem Sommer nicht geringer geworden, sondern hatten sich hochgeschaukelt. Die Unionsregierung hatte ein riesiges Haushaltsdefizit auflaufen lassen und sah keinen anderen Weg, als die Gewinnentnahmen bei den staatlichen Betrieben zu erhöhen sowie die Subventionen für Grundnahrungsmittel zu kürzen. Die Unzufriedenheit der Bevölkerung wuchs, zugleich die der Betriebsleiter. Die Republiken entzogen sich zusehends der Kontrolle des Zentrums, und da die Russische Republik unter der Führung des Rivalen Gorbatschows, Boris Jelzin, die zentrifugalen Kräfte verstärkte, nahmen die Handlungsspielräume der Unionsregierung ab. Gewiss blieb die Außenpolitik, für die der Präsident auch im Lande Lob erntete. Aber in der Innenpolitik war die Initiative an die Opposition und insbesondere die Republiken übergegangen, so dass dem Präsidenten nur solche Mittel blieben, von deren Untauglichkeit zur Lösung von politischen und ökonomischen Problemen er auch selbst überzeugt war – also das Militär und insbesondere die Truppen des Komitees für Staatssicherheit (KGB).

Indem die Partei unter Gorbatschow seit 1985 Öffentlichkeit erweitert, politischen Pluralismus zugelassen und wirtschaftliche Reformen begonnen hatte, hatte sie auch solchen Gruppen Wirkungsmöglichkeiten gegeben, welche Gegner des Sozialismus, Gegner der Union oder auch Gegner der Russen sind. Die Reform von oben kam immer mehr an den Punkt, an dem die Dankbarkeit für den Verzicht auf Macht aufhörte und eben diese Macht von anderen ergriffen wurde. Nach dem Verfassungsplan für das Präsidentenamt war der Zeitpunkt, an dem die präsidiale Macht in die Hände eines direkt vom Volk gewählten Präsidenten übergeben werden sollte, 1995. Außenpolitische Unterstützung für langfristige Reformpläne erhielt Gorbatschow immer wieder – Macht im internationalen System soll berechenbar bleiben, und allein die Überlegung, dass die Atommacht der UdSSR unter die Republiken aufgeteilt werden könnte, erweckte internationale Ängste. Innenpolitisch enthielt ein solcher Zeitplan jedoch Momente von Manipulation, die desto deutlicher wurden, je mehr Parteien und nationale Fronten an Gewicht gewannen, die keine Chance hatten, für den Volkskongress Kandidaten aufzustellen. Das Legitimationsdefizit der Unionsregierung wuchs mit jedem Tag, an dem nicht demokratisch festgestellt wurde, wie viele Anhänger die KPdSU wirklich hatte – wie viele Sowjetbürger der KPdSU die Stimme gegeben hätten, wenn auch andere Parteien zur Wahl gestanden hätten.

Eine Reform von oben, die als Ziel Demokratisierung hat, kommt notwendigerweise an den Punkt, an dem die Reformer sich überflüssig gemacht haben. Dieser Punkt war erreicht.

8 Die Krise der Union

Die Nationalitätenpolitik der Union war durch einige häufig wiederkehrende Probleme gekennzeichnet:

(1) Die Notwendigkeit, in einem Land, wo über 200 Sprachen gesprochen werden, eine Verständigungssprache zu pflegen, führte immer wieder zu russischem »Großmachtchauvinismus« – russische Bürger andersprachiger Republiken weigerten sich etwa, deren Sprache zu lernen.
(2) Die Republiken betrieben eine vereinheitlichende Politik gegenüber den Minderheiten innerhalb ihrer Grenzen, z. B. akzeptierten die orthodoxen Georgier nicht die Wünsche der muslimischen Abchasier nach mehr Eigenständigkeit.
(3) Die Industrialisierung schuf dadurch, dass die neu entstehenden Fabriken und Kombinate Werktätige aus anderen Regionen heranzogen, fortlaufend neue Minderheiten, was dann besonders brisant war, wenn es russische Minderheiten in den nichtrussischen Republiken waren.
(4) Nationale Kader verbanden ihre persönlichen Karrierewünsche mit dem Wunsch nach mehr Selbständigkeit.
(5) Bei fast allen Nationalitäten und Nationen gab es Emigration, die auf ihre Heimat zurückwirkte, so dass z. B. Balten und Armenier mehr über den Westen wussten als Russen.
(6) Die Ungleichheit im Lebensstandard konnte nicht aufgehoben werden, d. h. die UdSSR blieb durch ein West-Ost-Gefälle gekennzeichnet, bei dem die baltischen Re-

publiken in der Realität noch besser abschnitten, als die Statistik zeigt.

Ein Vergleich der beiden Tabellen ist nur sehr eingeschränkt möglich. In beiden Tabellen sind Dienstleistungen nicht berechnet; da die meisten Dienstleistungen in den

Sozialökonomischer Vergleich der Republiken 1965 und 1989

Anteil der Republik am Nettomaterialprodukt im Verhältnis zum Anteil an der Gesamtbevölkerung der UdSSR (= 1)

1965					
Lettland	1,17	Weißrussland	1,01	Turkmenistan	0,77
Estland	1,14	Moldawien	0,97	Kirgisistan	0,76
RSFSR	1,05	Kasachstan	0,88	Aserbaidschan	0,71
Ukraine	1,04	Georgien	0,87	Usbekistan	0,71
Litauen	1,02	Armenien	0,84	Tadschikistan	0,69
1989					
RSFSR	1,19	Ukraine	0,90	Aserbaidschan	0,71
Lettland	1,19	Georgien	0,86	Turkmenistan	0,61
Estland	1,17	Moldawien	0,81	Kirgisistan	0,53
Weißrussland	1,17	Armenien	0,79	Usbekistan	0,48
Litauen	1,10	Kasachstan	0,74	Tadschikistan	0,43

Die Tabellen machen die regionale Differenzierung innerhalb der UdSSR deutlich: Die baltischen Republiken waren rund doppelt so wohlhabend wie die zentralasiatischen, und die Differenzen wuchsen.

Karelier
Litauen
Estland
Lettland
Nenzen
Weißrußland
Moskau
Komi
Moldawien
Ukraine
Tschuwaschen
Mari
Mansen
Mordwinen
Udmurten
Tataren
Adyge
Baschkiren
Tscherkessen
Osseten
Tschetschenen und
Inguschen
Abchasen
Georgien
Armenien
Kasachstan
Nachitschewan
Aserbaidschan
Karakalpaken
Berg-Karabach
Daghestan
Turkmenistan
Usbekistan
Kirgisistan
Tadschikistan
Pamirzen

Tschuktschen
Korjäken
aimyr
Jakuten
Ewenken
Burjäten
Jüdisches
Autonomes Gebiet
Wladiwostok
Tuwa
Grenze der UdSSR
Die übrigen Republiken
RSFSR
Wichtige autonome Gebiete
0
1000
2000 km

Interne Handelsbilanzen der Großregionen der UdSSR 1988

	in Mio. Rubel	in Mio. Dollar nach Weltmarktpreisen
Russland	+260,000	+28,642
Ukraine	+2,624	−5,368
Moldawien, Armenien, Georgien	−231,000	−5,905
Baltische Länder	−1258,000	−6,424
Zentralasien	−8,545	−15,246
Aserbaidschan	+2,099	+3,435

Die erdölfördernden Republiken Russland und Aserbaidschan subventionierten die anderen Republiken, insbesondere die zentralasiatischen und die baltischen sowie die Ukraine, dadurch, dass der Erdölpreis innerhalb der UdSSR weit unter dem Weltmarktniveau lag.

Zentren der Verwaltung, insbesondere Moskau und Leningrad, anfallen, dürfte die Vorrangstellung, welche die Russische Föderative Republik seit 1965 erlangt hat, nach westlichen Berechnungsverfahren noch ausgeprägter ausfallen. Weiter deuten die Tabellen darauf hin, dass sich die Differenz zwischen den westlichen Republiken und dem sowjetischen »Süden« eher verschärft hatte – jedenfalls wurde sie keineswegs aufgehoben.

Dass die Wertschöpfung, die im tertiären Sektor der Dienstleistungen erfolgte, in der sowjetischen Statistik nicht angemessen erfasst wurde, hatte für das Verhältnis zwischen Zentrum und Regionen, aber auch zwischen Russen und anderen Nationen deswegen besondere Bedeutung, weil die Wichtigkeit des tertiären Sektors in der UdSSR wie in allen Industriegesellschaften zunahm. Die Moskauer und Leningrader mit ihren vielen Verwaltungen, aber auch die Rigaer mit ihren internationalen Handelsfirmen realisierten oft nicht angemessen, welche Vorteile sie hatten. Andererseits wurde in den Regionen nicht deutlich, welche Leistungen in den Zentralen eigentlich erbracht wurden, und diese erschienen leichthin als bloße Wasserköpfe.

Die Probleme wurden jedoch nicht offen und konkret angesprochen, sondern unter einem allgemeinen Firnis von Bekenntnissen zu internationalistischer Solidarität zugedeckt. Erst mit Glasnost wurde plötzlich deutlich, wieviel zwischennationaler Hass, wie viele alte Feindbilder und Konfliktsituationen überlebt hatten, oft in einer altertümlichen Form. Es rächte sich, dass die zwischenethnischen Konflikte nicht diskutiert, nicht aufgearbeitet worden waren. Viele Menschen hatten offensichtlich die in Schule und Medien verbreitete Predigt von Völkerfreundschaft an sich hinablaufen lassen wie die Ente das Wasser.

9 Putsch und Gegenschlag

Die Verspätung der Abrüstung hatte gezeigt, dass Gorbatschow auf Militärs, KGB und die konservativen Teile der Partei Rücksichten nehmen musste, welche die Schwierigkeiten der Perestrojka erhöhten. Am 19. August 1991 versuchten diese Gruppen einen Putsch – sie nahmen den Präsidenten der Union in seinem Urlaubsort auf der Krim gefangen und ließen in der Hauptstadt Panzer auffahren.

Der Putsch scheiterte fast sofort, weil die hauptstädtische Bevölkerung trotz Verbot und Gewaltandrohung auf die Straße ging. Die Gefangennahme des Präsidenten Russlands, Boris Jelzin, war den Putschisten misslungen, und er übernahm die Führung der Abwehr. Er war in Person dabei, als das Parlament verteidigt wurde, und rief zu zivilem Ungehorsam und Streik auf. Es war klar, dass die Putschisten keine neuen Kompetenzen mitbrachten, mit denen man auf Lösungen hoffen konnte, sondern bloß mit Gewalt jene Verfahren wieder einführen wollten, deren Unbrauchbarkeit seit 1985 feststand. Gorbatschow kehrte nach Moskau zurück.

Der Putsch hatte jedoch gezeigt, wie schwach er als Präsident der Union geworden war – weder konnte er die Militaristen zurückhalten noch sich auf die Zustimmung der Menge stützen. Mit dem Putsch war im Grunde auch der Versuch des schrittweisen Übergangs gescheitert. Unter der Führung des populären Präsidenten Russlands Boris Jelzin kam es zum Gegenschlag: der KPdSU wurde die Tätigkeit untersagt, die Parteizeitung *Prawda* verboten. In den baltischen Republiken wurden die kommunistischen Parteien aufgelöst, ihr Vermögen beschlagnahmt.

Putsch und Gegenschlag waren vor allem Auseinandersetzungen in den großen Städten. Der Generationenkonflikt, auch der persönliche Konflikt zwischen dem früheren Kommunisten Jelzin und Gorbatschow, der auch jetzt die Partei noch nicht verlassen wollte, verschärften sich zu einem Streit innerhalb der Intelligenzia, zu einer neuen Debatte um den richtigen Weg, zu einem Streit um »was tun?«. Das Schlagwort vom Markt wurde von manchen Teilen der Intelligenz nun mit derselben Gläubigkeit vorgetragen, wie das vom Sozialismus von ihren Großeltern vorgetragen worden war. Mit der erneuten Polarisierung drohte der russischen Gesellschaft die Verdrängung der Erfahrung von Generationen, und oft ganz konkret die Verdrängung der älteren Leute aus den Ämtern, für die sie einmal studiert hatten.

Hätte die KPdSU zeitiger auf ihr Machtmonopol verzichtet, hätte ein bruchloser Übergang zu einer parlamentarischen Verfassung, wie er in dem Gorbatschow-Versuch angelegt war, vielleicht gelingen können. Da die Partei sich in den Putsch von Militär und KGB hineinziehen ließ, auch wenn ihr Generalsekretär festgesetzt war, wurde diese

Möglichkeit von Kontinuität zerschlagen. Nun brach sich auch der Hass vieler Menschen auf die Partei Bahn. Wer in Lagern hatte leben müssen, wessen Eltern in der Kollektivierungszeit verhungert waren oder als Kulaken vertrieben wurden, wer die alltägliche *insolence of office*, den Hochmut der Bürokraten hatte ertragen müssen und die *moskowskaja wolokita*, die ewige Verschleppung aller Angelegenheiten, der hatte auch Rechnungen zu begleichen. Der Sturz des Denkmals für Felix Dsershinskij, den Gründer des sowjetischen Geheimdienstes, gab diesem aufgestauten Hass nur unvollkommen Ausdruck. Es kam jedoch nicht zu einer Nacht der langen Messer. Der Verzicht Gorbatschows auf den Posten des Generalsekretärs markierte das Ende von 74 Jahren Personalunion zwischen Staatspräsident und Parteiführer und eröffnete zugleich die Möglichkeit der Kommunisten, zu einem späteren Zeitpunkt in die Politik zurückzukehren.

Die Wirtschaft des Landes war in der ersten Hälfte des Jahres 1991 fast zusammengebrochen. Die Industrieproduktion war um 6,2 % gesunken, die landwirtschaftliche Bruttoproduktion sogar um 11 %. Der Import war fast halbiert worden, der Export sank um ein Viertel. Auch dieser Kollaps legitimierte den Gegenschlag Jelzins, der auf ein 1990 publiziertes Gutachten des Weltwährungsfonds vertraute, in dem u.a. die Hilfe »des Rests der Welt« bei der weiteren Reform angesprochen (wenn auch nicht versprochen) wurde – u.a. für die Zahlungsprobleme, die zu erwarten waren, »wenn Systemreformen implementiert werden, welche zu einer engeren Integration der Wirtschaft der UdSSR in die Weltwirtschaft führen«.

Auch der Weltwährungsfonds hielt also einen relativ schnellen Übergang zu marktwirtschaftlichen Verhältnissen für möglich, zwar »nicht innerhalb von Wochen«, aber vielleicht eben doch innerhalb einiger Monate. Mit solchen Zeitvorstellungen wurde vollständig übersehen, dass der Wechsel zur Marktwirtschaft ja keineswegs nur eine Änderung der Eigentumsformen beinhaltete (schon die musste längere Zeit in Anspruch nehmen, da es ja kein freies Kapital gab), sondern eine der Verhaltensformen und der entsprechenden Normen. Bedenkt man zum Beispiel, wie lange dieser Prozess im Mutterland des industriellen Kapitalismus, in England, gedauert hatte, dann musste er in der Union Jahrhunderte dauern.

Soviel Zeit hatte niemand. Im September verfügte der Volkskongress die Auflösung der Unionsexekutive. Die Union war handlungsunfähig. Die baltischen Republiken, die Moldau, Georgien und Armenien erklärten, dass sie nicht mehr dazugehörten. Es war die Stunde der Nationen (weniger auf der ökonomischen als auf der politischen Ebene), und mit der Gründung einer neuen »Gemeinschaft unabhängiger Staaten« am 8. Dezember 1991 war die Geschichte der UdSSR beendet.

10 Eine Revolte mit Fehlern

Wie westlich des Bug war der Wandel eine Sache der Generationen – die Jungen gegen die Alten. Im Unterschied zu den Revolutionen in Ostmitteleuropa, in denen zum Teil neue Eliten an die Macht kamen oder emigrierte alte Plätze übernahmen (vgl. 22.5), wurde der Umschwung in der UdSSR von Teilen der regierenden Elite, also der KPdSU, geplant und durchgeführt und war insofern eher eine Revolte. Es ging der Gorbatschow-Gruppe in der Partei darum, nach dem erfolgreichen Modell des Westens Marktelemente in eine sozialistische Wirtschaft zu integrieren, und der Jelzin-Gruppe darum, in einem Sprung den Kapitalismus zu erreichen. In beiden Fällen musste die neue Politik gegen die konservativen Gruppen in der KPdSU durchgesetzt werden. Neue Leute kamen an die Macht, aber auch sie gehörten überwiegend zur Partei. Dass Russland eine

Demokratie wurde, wurde nicht gegen die Partei durchgesetzt, sondern innerhalb der Partei. Gerade das gab dem Wandel Sicherheit (die Mehrheit der russischen Eliten war dafür), aber es begrenzte selbstverständlich auch die Reichweite der Veränderung.

Zum ersten, weil auch die Masse der neuen Inhaber der Macht aus der Partei kamen. »77 Prozent der neuen Staatselite kamen aus der sowjetischen Nomenklatur« schreibt Boris Reitschuster. Aber nicht nur die Staatselite, sondern auch die neuen Unternehmer waren überwiegend ehemalige Kommunisten, die nach dem Scheitern eines Übergangs unter Beibehaltung von Elementen zentraler Planung die Firmen übernahmen. Vielleicht gab es für diesen Übergang langfristige Vorhaben, aber konkrete Planungen wohl kaum, denn die Politik war durchaus widersprüchlich, wie Petra Stykow meint: »Der Staat schuf im Verlauf der 1990er Jahre nicht nur außerordentliche Gelegenheiten der schnellen Bereicherung, sondern versagte auch bei der effektiven Bekämpfung von Bedrohungen für unternehmerisches Handeln … wenn er sie nicht gar selbst verursachte.«

Nicht zuletzt war die mangelnde Nüchternheit des Übergangs der Tatsache geschuldet, dass der Habitus der sozialistischen Selbstüberforderung und des Pathos deutlich tiefer saß, als dass die Akteure ihn kurzfristig hätten abstreifen können. Plötzlich wurden »Leistung« und »Markt« in ähnlicher Weise als Allheilmittel gesehen wie vorher »Solidarität« und »Planung.« Die Ernüchterung folgte jedoch auf dem Fuße.

23

Abschiede und Neuanfänge: Nationenbildung

1 Zur Aktualität einer totgesagten Sozialform

Nach dem Zusammenbruch der UdSSR haben auf ihrem alten Territorium eine große Zahl von Nationalbewegungen politische Prägekraft erlangt und sind 15 Nationalstaaten entstanden oder wiederhergestellt worden. Ohne Frage gehörte es zu den Fehlern vieler wissenschaftlicher Beobachter der Sowjetunion (auch des Autors), die Stärke dieser Nationalbewegungen nicht angemessen eingeschätzt zu haben (auch wenn nur wenige sie ganz übersahen). Dies hing damit zusammen, dass nationale Fragen in Reaktion auf die »im Namen des Volkes« begangenen nationalsozialistischen Verbrechen, aber auch auf die Globalisierungsprozesse in Wirtschaft, Sozialstruktur und z.B. den Medien auch im Westen nicht als erstrangig angesehen wurden. Erst langsam wurde deutlich, dass die Globalisierung nicht zu einer Vereinheitlichung führte, sondern zu einer Vermehrung der Unterschiede, je mehr Verschiedenes in die Zusammenhänge des »Weltdorfs« einbezogen wurde. Dabei verloren jene Kontexte an Bedeutung, die in den Formen von »Gesellschaft« begriffen wurden (wie Klasse oder Bildungsschicht), und jene errangen neue Aufmerksamkeit, nein: Zuwendung, die »Gemeinschaft« zu stiften versprachen. Zu diesen gehören die Nationen. Vielleicht gerade weil viele Wirtschaftsfragen nicht mehr auf der Ebene der Nationen entschieden werden, sondern ökonomisch durch weltweit agierende Konzerne bzw. Kapitalgruppen und politisch auf der Ebene der Europäischen Union bzw. dem Allgemeinen Zoll- und Handelsabkommen (GATT), können Bürger wohlhabender wie armer, politisch peripherer Räume (also etwa Katalanen oder katholische Nordiren) sich auf Programme der Loslösung von ihren jeweiligen »alten Nationen« einigen. Hinzu kommt, dass die Nation auf der fiskalischen Ebene des internationalen Systems nach wie vor eine überragende Rolle spielt (Steuern werden in den Nationen eingenommen, und dort wird auch der erste Zugriff möglich), auch wenn sie für Verteidigung und Verkehr, Universitäten und Medien an Bedeutung verloren hat.

In Westeuropa haben sich im 18. Jahrhundert zwei unterschiedliche Typen von Nation entwickelt: der integrale Nationalstaat, der alle ethnischen Minderheiten (vor allem durch die Schulpolitik) assimiliert, und der föderative Nationalstaat, der den Ethnien Autonomie und Mitgestaltungsrechte lässt. Frankreich und die Schweiz bilden Beispiele für diese beiden Typen. In beiden Fällen war die politische Zusammengehörigkeit der Einwohner schon durch den modernen Verwaltungsstaat in der frühen Neuzeit hergestellt worden, und die dabei erreichten Grenzen prägten den späteren Nationalstaat. Man könnte für Frankreich argumentieren, dass die Bürger den schon bestehenden Staat eroberten und damit zur modernen Nation machten. Die politische Komponente der Nationalstaatsbildung stand an erster Stelle – Abschaffung der Standesprivilegien und Bürgerrechte für alle.

In Mitteleuropa war es im 19. Jahrhundert das Ziel der Nationalbewegungen, bestehende Staaten wie das Königreich beider Sizilien, das Kaisertum Österreich oder das Königreich Hannover sei es zu zerstören, sei es dem neu zu gründenden Nationalstaat unterzuordnen. Deshalb stand die ethnische Komponente im Vordergrund – es ging darum, alle Italiener oder alle Deutschen in einem Staat zu vereinen, was oft zu einer Überhöhung der Bedeutung ethnischer Zusammengehörigkeit, ja zu einem säkularen Messianismus geführt hat (»am deutschen Wesen soll die Welt genesen«). Trotzdem behielt die politische Komponente von Anfang an ihre Bedeutung – es waren ja alte (ob savoyische oder preußische) Führungsschichten, welche die Einigung Italiens oder Deutschlands schließlich erreichten, und diese akzeptierten die Einbindung in das Konzert der Mächte und nahmen schließlich Grenzen hin, die Kompromisse beinhalteten und vor allem die Fortexistenz Österreich-Ungarns ermöglichten.

In Ostmitteleuropa trieben die Nationalbewegungen der kleineren Ethnien dieser Region im 20. Jahrhundert den Prozess der Nationalstaatsbildung eine Stufe weiter: Österreich-Ungarn und das Osmanische Imperium wurden zerstört, Russland und Deutschland zurückgedrängt. Aber auch bei dieser kleinteiligeren Lösung ließ sich die Frage der Grenzen nur durch Kompromisse lösen. Die tschechische Nationalbewegung setzte im Westen »historische Grenzen« durch, obgleich über drei Millionen Deutsche damit zu neuen Minderheiten wurden; forderte mit den Slowaken zusammen im Osten aber ethnische Grenzen. Ähnlich (nur in der jeweils anderen Himmelsrichtung) agierte die polnische Nationalbewegung. Früh wurde versucht, die entstehenden Divergenzen durch beschleunigte kulturelle Assimilation – oder, wo das unmöglich schien, durch Vertreibung und Aussiedlung oder sogar durch Genozid zu »lösen« (Balkanumsiedlungen, Armenien). Der Nationalsozialismus hat diese Inkonsistenz der in Versailles entstandenen Ordnung zuerst benutzt, um Expansion ethnisch zu legitimieren. Deutschland begann Programme der Umsiedlung, »Eindeutschung« und des Mordes an Minderheiten, die in ihrer Planmäßigkeit und Scheinwissenschaftlichkeit wenig Vorbilder hatten.

Als am Ende des 20. Jahrhunderts der Zusammenbruch der UdSSR zeigte, dass das sozialistische Unionsmodell keine dauerhafte Alternative zum bürgerlichen Nationalstaat bot, entstand das Problem des Nichtzusammenfallens von ethnischen und politischen Grenzen jenseits des Bug sofort neu. Es ist unmöglich, jenen Prozess der Assimilierung von Minderheiten, wie ihn Frankreich über Jahrhunderte hinweg gegen Flamen, Elsässer, Basken, Bretonen und Okzitanen durchgesetzt hat, in kurzer Zeit nachzuholen. Eine solche Politik kann heute auch nicht mehr legitim sein, da sie die Menschenrechte der Bürger der Minderheiten verletzt. Von den im Westen entwickelten Modellen kann nur das der föderativen Nationalstaatsbildung den vielfältigen Überschneidungen der Siedlungsgebiete Rechnung tragen. Jeder Versuch, ethnische und politische Grenzen zur Übereinstimmung zu bringen, muss – wie ja schon bei den anatolischen Griechen, bei den Polen im »Warthegau« und den Sudetendeutschen – zur »ethnischen Säuberung« führen. Auch deswegen, weil diese Konsequenz allen deutlich ist, wurden die bestehenden Unionsrepubliken zu den Erben der UdSSR.

Allerdings haben – besonders im Westen – ethnisch motivierte Nationalbewegungen den Anstoß zur Lösung von der Union gegeben. Die Nationalbewegungen in der UdSSR hatten sehr unterschiedliche Voraussetzungen. Jene der drei baltischen Republiken stammten aus dem 19. Jahrhundert (vgl. Kap. 10.5 und 13.3) und beanspruchten die Tradition der 1940 annektierten souveränen Republiken. Die Nationalbewegungen Belorusslands, der Ukraine, Georgiens und Armeniens waren ebenfalls im 19. Jahrhundert entstanden, hatten aber völkerrechtliche Souveränität nie auf Dauer durchsetzen können. Die muslimischen Gesellschaften Aserbaidschans und Zentralasiens waren vor der Oktoberrevolution nicht in (einigermaßen) horizontalen sozialen Schichten organisiert, für welche die Nation eine Klammer bilden konnte, sondern in vertikalen Segmenten, in Stämmen und Clans, für welche ethnische Kriterien wenig Bedeutung besaßen. Hier hatten die Bolschewiki ein sozialistisches Modell des Nationalstaats zuerst eingeführt (vgl. Kap. 14).

Die Kommunisten hatten jedoch nicht einheitlich auf die Karte der »sozialistischen Nationsbildung im Rahmen der Union« gesetzt. Unter Stalin waren große Teile der nationalistischen Intelligenz ermordet oder in den GULag geschickt worden. Unter Breshnew gab es eine dezidierte Politik der Förderung des Russischen nicht nur als Verkehrssprache. Viele Eltern anderer Ethnien sandten ihre Kinder der Karriere wegen auf russische Schulen, in vielen Städten der Ukraine oder Belorusslands gab es zudem kaum Schulen in der Muttersprache. Man redete von einem zu schaffenden »sowjetischen Volk«, dessen Sprache dann ja wohl Russisch sein würde. Aber auch diese Politik blieb halbherzig und schuf so mehr Feinde als Freunde; z.B. blieb es bis zum Ende der UdSSR unmöglich, im Pass – in dem jeder Bürger eine ethnische Zugehörigkeit angeben musste – etwa »sowjetisch« als Ethnizität zu wählen. Und der Anteil der Russen an der Unionsbevölkerung sank – vor allem wegen des Anstiegs der Völker muslimischen Milieus.

Abgesehen von den baltischen Republiken, war eine breite Schulbildung in der Muttersprache erst in der sowjetischen Zeit eingeführt worden. Erst jetzt erhielten Nationalbewegungen eine breite Grundlage in Verwaltungseliten, die einerseits kommunistisch, andererseits ihrer Republik verbunden waren. Sie waren keineswegs ethnisch einheitlich. Auch in vielen nationalen Republiken waren Russen in der Leitung der Industrie stärker vertreten, als ihrem jeweiligen Anteil an der Bevölkerung der Republik entsprochen hätte, und in Belorussland, der Ukraine, der Moldau, Tadschikistan und Turkmenistan galt das auch für die wissenschaftlichen Institutionen. In den Kadern der Republikregierungen und der jeweiligen Massenorganisationen (Partei, Gewerkschaften usw.) bildeten jedoch meist Angehörige der Titularethnie der Republik die Mehrheit (also Ukrainer in der Ukraine usw.). Je mehr während der späten Perestrojkajahre die wirtschaftliche Leistung sank, desto mehr wurde die Forderung der Republiken nach größerer Selbständigkeit legitimiert – auch deswegen, weil gerade der russische Teil des Republik-Establishments, die Industrieführung, an Glaubwürdigkeit verlor. Oft glaubten aber auch viele Russen in der jeweiligen Republik, dass man allein besser dastehen würde als in der zentralisierten Union, und unterstützten die Selbständigkeitsbewegungen.

Die konkrete Entscheidung für die Selbständigkeit fiel jedoch erst im Kontext des Machtkampfes zwischen Gorbatschow und Jelzin und der Auflösung der Union – erkämpft und begeistert begrüßt im Westen, eher als notwendiges Übel verstanden im Osten. Die etwa von Hélène Carrère d'Encausse geäußerte Prognose, dass das Imperium an der muslimischen Frage »zerbersten« werde, traf nicht ein – es waren die kleinen baltischen Republiken, die dem nationalstaatlichen Prinzip in der Union zum Durchbruch verhalfen.

Wichtig für das Verständnis der Übergänge ist, dass die Begriffe Souveränität und Unabhängigkeit im früher sowjetischen Raum nicht dasselbe meinen. Durch die Erklärung ihrer Souveränität betonten die Republiken ihre Rechte gegenüber der Union, durch die Erklärung der Unabhängigkeit traten sie aus der Union aus.

2 Estland, Lettland und Litauen

Die drei baltischen Republiken standen immer an der Spitze des Einkommens- und Kompetenzgefälles, das die Union von Westen nach Osten durchzog. Die langen Wurzeln dieser Länder gehören zum Protestantismus bzw. Katholizismus – Estland und der größere Teil Lettlands wurden unter deutscher Herrschaft lutherisch, Litauen blieb als Teil des polnisch-litauischen Großreichs katholisch. In den 1918 unabhängig gewordenen Nationen gab es große Minderheiten – Angehörige der ehemaligen Herrenvölker (Deutsche,

Polen und Russen), aber auch – besonders südlich der Dwina – viele Juden und sehr alte russische sowie belorussische Gruppen.

Nach der Annexion der Republiken durch die UdSSR 1940 wurden viele Bürger in Lager verschleppt oder umgebracht. Obgleich die deutsche Führung im Zweiten Weltkrieg keine Zusagen über die Zukunft des Baltikums machte, kämpften dann viele Esten, Letten und Litauer auf deutscher Seite und emigrierten nach der deutschen Niederlage (soweit sie konnten); andere führten als »Waldbrüder« bis in die fünfziger Jahre einen Guerillakrieg gegen die Sowjets. Da der Lebensstandard in den baltischen Republiken der höchste der Union war, wanderten von den fünfziger Jahren an viele Nichtbalten, besonders Russen, in die Republiken ein, wo sie in neuen, von Moskau geplanten Industrien Arbeit fanden. So sank der Anteil der Esten an der Bevölkerung Estlands zwischen 1939 und 1979 von 89% auf 65% und jener der Letten in Lettland von 77% auf 54%. In Litauen lassen sich Daten für diese Jahre nur schwer vergleichen, da mit der Annexion des Wilnaer Gebiets (in dieser alten Hauptstadt Litauens sprachen 1918 höchstens 2% litauisch, vor allem Dienstboten) und der Vertreibung der Memelländer die ethnische Struktur grundlegend geändert worden war; außerdem hatten die Litauer (anders als Esten, Letten und Russen) eine konstant hohe Zuwachsrate. Zwischen 1959 und 1979 stieg der Anteil der Litauer von 79% auf 80% der Bevölkerung der Republik. Russen bildeten in allen drei Republiken große Minderheiten, aber zwischen 9% in Litauen und 33% in Lettland sowie 28% in Estland bestanden doch strukturelle Differenzen. Die polnische Minderheit in Litauen betrug 1979 7%, allerdings gab es im Wilnaer Raum beträchtliche Gruppen, die von Litauen als Autochthone eingestuft wurden, sich selbst aber Polen verbunden fühlten.

0
100
200 km
Finnischer Meerbusen
Reval
Narva
ESTLAND
Peipussee
Ösel
Ostsee
Wirzsee
Pleskauer See
Rigaer Bucht
RSFSR
Windau
Aa
Welikaja
Riga
LETTLAND
Libau
Mitau
Düna
Rēzekne
Windau
Schaulen
Dünaburg
LITAUEN
Düna
Königsberg
Tilsit
Memel
Kaunas
Pregel
Wilna
WEISSRUSSISCHE SSR
OSTPREUSSEN
Polnische Grenze 1938
POLEN
Wilna-Gebiet, seit 1920/22 polnisch 1939 an Litauen, 1940/44 Litauische SSR
Januar 1945 von der Estnischen SSR abgetrennt und der RSFSR übertragen
Januar 1945 von der Lettischen SSR abgetrennt und der RSFSR übertragen
Memelgebiet, 1919 von Deutschland abgetrennt und den Allierten unterstellt. 1923 durch litauische Freischaren besetzt, 1924 Autonomie unter litauischer Staatshoheit, 1939 zu Deutschland, 1944/45 der Litauischen SSR angegliedert
Grenzen 1939

In den Anfangsjahren der Perestrojka forderten die Republiken von der Union vor allem Begrenzung der Zuwanderung und Kontrolle der Republikregierungen über jene Industrieanlagen, die sich auf dem Boden der Republik befanden. Oft spielten auch Umweltfragen eine große Rolle – dem Ölschieferbergbau in Estland sollte immer mehr Landschaft geopfert werden, und das Tal der Düna sollte in einem großen Stausee verschwinden. Mit dem Fortschreiten der Perestrojka forderten viele, dass die jungen Leute nicht länger zu den gemischten, d.h. de facto russisch geprägten Einheiten der Roten Armee eingezogen werden sollten.

1988 gewannen in allen drei baltischen Republiken unter den Bürgern der Titularnationen Vertreter eines Kurses auf nationale Unabhängigkeit die Mehrheit. Es wurden *Volksfronten* gegründet, die bei den Wahlen zum Volkskongress 1989 durchweg Mehrheiten erzielten. Die Republiksowjets erklärten noch 1988 (Estland) bzw. 1989 (Lettland und Litauen) die Souveränität. Die Vertreter der Republiken nahmen an den Sitzungen des Volkskongresses in Moskau nicht teil, aber auch die meisten Vertreter der Minderheiten in den Republiken blieben den Sitzungen der Republiksowjets fern. Sie bildeten *Interfronten*, in denen außer Russen auch Belorussen oder andere Zuwanderer sich zusammentaten. Die Union erkannte die Souveränitätserklärungen nicht an.

Am 23. August 1989, dem Jahrestag des Nichtangriffsvertrags zwischen Deutschland und der UdSSR, der im Geheimen Zusatzabkommen die Übergabe des Baltikums in den sowjetischen Machtbereich ermöglicht hatte, bildeten etwa anderthalb Millionen Menschen eine Kette von Reval bis Wilna, um gegen die Unrechtmäßigkeit der Annexion zu protestieren. Die Nationalbewegungen vertraten die These, die Annexion sei von Anfang an unrechtmäßig gewesen und also auch jetzt nicht gültig. Am 11. Januar 1991 besetzten sowjetische Fallschirmjäger wichtige Punkte in Wilna, wurden unter dem Eindruck des Widerstands des litauischen

Volks und der Kritik der Weltöffentlichkeit jedoch wieder zurückgezogen. Am 9. Februar stimmten die Litauer mit überwältigender Mehrheit für die volle Unabhängigkeit. Wenig später votierten auch die Einwohner Lettlands und Estlands dafür, wobei auch ein großer Teil der Russen im Lande dafür stimmte.

Der Moskauer Putsch im August und die Auflösung der Union beendete alle Zweifel, die vielleicht noch bestehen mochten. Die baltischen Republiken nahmen an keiner der verschiedenen Versuche teil, eine neue Gemeinschaft von Staaten der alten UdSSR zu gründen.

3 Ukraine und Belorussland

Mit (1980) etwa 50 Millionen Einwohnern, von denen gut drei Viertel ukrainisch sprechen, einem milden Klima sowie einigen fruchtbaren Böden, nicht zu vergessen die im 19. Jahrhundert entstandene Montanindustrie, außerdem einer abwechslungsreichen Landschaft gehört die Ukraine zu den großen und potentiell wohlhabenden Nationen Europas. Etwa 600000 km² machen sie zu einem Land von der Größenordnung Frankreichs oder Spaniens. Kulturell, ethnisch und auch religiös ist die Ukraine jedoch vielfältig geteilt. Das Gebiet um Lemberg ist durch die lange Zugehörigkeit zum Westen bestimmt, und hier prägt die mit Rom unierte Kirche orthodoxen Ritus das Bild. Der Osten um Charkow ist von Moskau aus erobert und besiedelt worden; außerdem durch die Schwerindustrie überformt. Die Mitte um Kiew wurde im 17. Jahrhundert geteilt (s. Kap. 6.4) und erst mit den polnischen Teilungen im 18. Jahrhundert wieder vereint. St. Petersburg hob dann jedoch die ukrainische Selbstverwaltung auf und behandelte die ukrainische Sprache als bloßen Dialekt (»kleinrussisch«). Der Süden ist erst nach den Siegen gegen das Osmanische Impe-

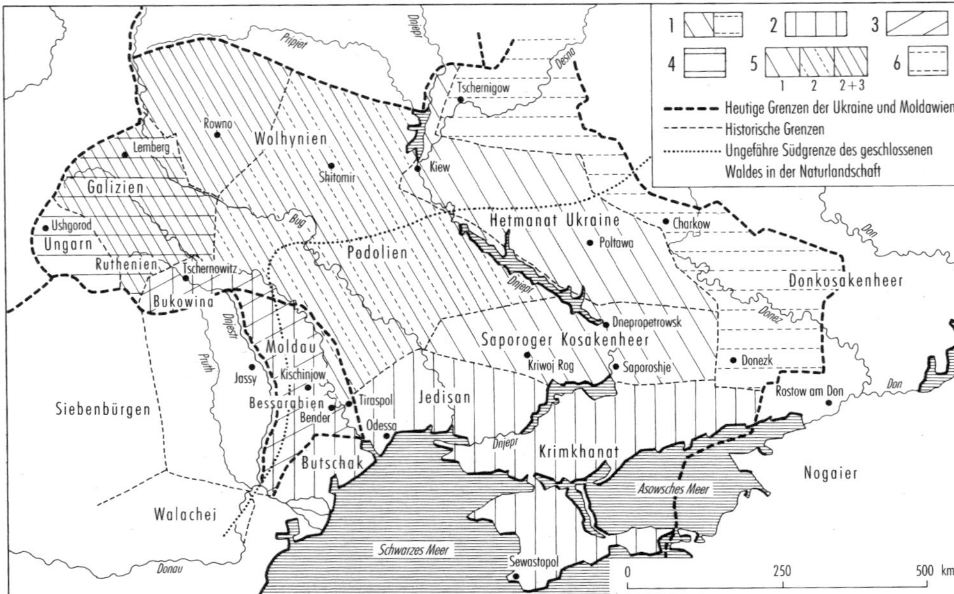
1
2
3
4
5
6
1
2
2+3
Heutige Grenzen der Ukraine und Moldawiens
Historische Grenzen
Ungefähre Südgrenze des geschlossenen Waldes in der Naturlandschaft
Pripjet
Dnjepr
Desna
Tschernigow
Rowno
Wolhynien
Lemberg
Shitomir
Kiew
Galizien
Ushgorod
Ungarn
Ruthenien
Tschernowitz
Bukowina
Bug
Podolien
Hetmanat Ukraine
Charkow
Poltawa
Don
Donkosakenheer
Donez
Dneprpetrowsk
Saporoger Kosakenheer
Kriwoj Rog
Saporoshje
Donezk
Dnjestr
Moldau
Pruth
Jassy
Kischinjow
Bessarabien
Bender
Tiraspol
Jedisan
Odessa
Rostow am Don
Siebenbürgen
Butschak
Krimkhanat
Nogaier
Asowsches Meer
Walachei
Schwarzes Meer
Sewastopol
Donau
0
250
500 km

Herkunft der Teile der Ukraine und Moldawiens

1 Im 16. und 17. Jh. zu Moskau gehörig; der westliche Teil (Hetmanat und Saporoger Kosaken) durch die Teilung der Ukraine zwischen Polen und Russland 1667

2 Im 18. Jh. (Bessarabien 1812) aus dem Bestand des Osmanischen Reiches von Russland erobert

3 Darin aus dem Bestand des dem Osmanenreich untertanen Fürstentums Moldau

4 Gebiete, die vom 18. Jh. bis 1918 zu Österreich bzw. seit dem Mittelalter zu Ungarn gehörten

5 Gebiete, die für längere Zeit zu Polen/Litauen gehörten:
  1 bis zum 17. Jh.
  2 bis zum 18. Jh.
  3 von 1921 bis 1939

6 Von Moskau aus eroberte Gebiete – »städtische Ukraine« und Tschernigow/Tschernihiw, das aber nur 1503–1611 (und ab 1667) zu Moskau gehörte. Die ukrainische Geschichtsschreibung rechnet z. T. alle kosakischen Gebiete historisch zur Ukraine. B. Krupnyckyj, *Geschichte der Ukraine*, Wiesbaden 1965, S. 164, vgl. S. 281.

rium und keineswegs allein von Ukrainern besiedelt worden – sondern z. B. auch von Deutschen.

Zwischen den verschiedenen Gruppen im Lande, aber auch zwischen der Machtkonkurrenz von Polen und Russland konnte die ukrainische Nationalbewegung nach der Revolution sich nicht behaupten. Die sowjetische Zeit brachte anfangs ein Aufblühen der ukrainischen Sprache und die Entwicklung einer nationalen Elite, dann jedoch die entsetzliche Hungersnot von 1932 und Repressionen. Viele Nationalisten unter der Führung Stepan Banderas suchten nach 1941 das Bündnis mit Deutschland; letzteres hielt jedoch an rücksichtsloser Ausbeutung fest. Durch den Sieg der UdSSR kamen 1945 Ostgalizien und die Karpato-Ukraine zur Republik, und 1954 – zum Jahrestag des Abkommens von 1654 (s. Kap. 6.4) machte Moskau die Halbinsel Krim der Ukraine zum Geschenk. Die Ukrainisierung, mit der die Republikführung in den sechziger Jahren auch der zunehmenden Russifizierung entgegenwirkte, beendete die Zentrale dann aber durch die Absetzung des ukrainischen Parteiführers Petro Schelest. Erst 1988 begann die ukrainische Nationalbewegung, vor allem von Lemberg/Lwow aus, für mehr Selbständigkeit aufzutreten, und am 9. September 1989 wurde die ukrainische Volksfront *Ruch* gebildet. 1990 wurden die Forderungen radikaler, und im Juli erklärte die Republik sich – als eine der letzten – für souverän. Erst der Moskauer Putsch brachte jedoch die weitergehende Entscheidung für die Unabhängigkeit, für welche am 1. Dezember 1991 über 90% aller abgegebenen Stimmen votierten (also auch viele Russen).

Das Verhältnis zur Russischen Föderation wurde durch die Fragen der Aufteilung von Heer und Flotte und der Zugehörigkeit der mehrheitlich russisch besiedelten Krim belastet. Zeitweilig gefundene Lösungen hatten jedoch keine Dauer.

Belorussland ist anders als die Ukraine durch eine große sprachliche, kulturelle und auch kirchliche Nähe zu Russland geprägt. Zwar haben vor allem die Entdeckung stalinistischer Massengräber vor den Toren von Minsk und die Reaktorkatastrophe von Tschernobyl die Opposition gegen die regierende Kommunistische Partei gestärkt; die Volksfront musste ihren Gründungskongress jedoch im litauischen Wilna halten, und erst im Juli 1990 erklärte sich Belorussland für souverän. Die Unabhängigkeitserklärung am 26. August 1991 reagierte auf die Moskauer Ereignisse des kommunistischen Putsches; noch im März des Jahres hatten 83 % für den Erhalt der Union gestimmt. Schon 1994 unterzeichnete Belorussland eine Währungsunion mit Russland, räumte russischen Streitkräften Stützpunkte im Lande ein und verzichtete auf Transitgebühren für den russischen Ost-West-Handel. Dafür konnte es günstig Erdöl und Erdgas beziehen.

4 Georgien, Armenien und Aserbaidschan

Georgien ist mit fast 70 % Georgiern (1987) ein relativ homogenes Land; jedoch siedeln die ebenfalls eine kaukasische Sprache redenden muslimischen Abchasen und Adsharen sowie die weithin wie die Georgier orthodoxen, aber eine indogermanische Sprache redenden Osseten geschlossen und besaßen in der sowjetischen Zeit eigene autonome Republiken bzw. Gebiete. Russisch hat im sowjetischen Georgien keine vorrangige Position erlangt, auch dort lebende Russen lernten Georgisch, und Versuche, diesen Vorrang mit administrativen Mitteln zu ändern, wurden in Volksprotesten abgewehrt. Strittig war jedoch, ob die Minderheiten über drei Sprachen verfügen müssten, wenn sie sich in der Union zurechtfinden wollten (Georgisch, Russisch und ihre eigene). 1988 begannen friedliche Demonstrationen zum Gedenken an die Unabhängigkeit des Landes 1918, und 1989 traten einige Mitglieder der nationalistischen Partei in den Hungerstreik, um die Unabhängigkeit des Landes von Moskau, zugleich aber auch die Aufhebung des Autonomiestatus der Minderheiten zu fordern. Gegen die Menschenmengen, die sich um sie sammelten, forderte die Republikführung Truppen des sowjetischen Innenministeriums an, die am 9. April ein Massaker veranstalteten – die Seitenstraßen wurden abgeriegelt, und man schlug die eingeschlossene Menge unter Einsatz von Kampfgas mit Spaten und Stöcken zusammen. Offiziell starben 19, inoffiziell über 200 Menschen.

Dies Massaker wirkte als Katalysator, sowohl für das Scheitern der Perestrojka wie für die georgische Nationalbewegung. Mitte November 1990 wurde ein Parlament gewählt, für das 13 Parteien kandidierten und in dem ein nationales Bündnis »Runder Tisch Freies Georgien« stärkste Partei wurde; die KP wurde zweitstärkste Fraktion. Dies Parlament beschloss die Souveränität. Am 31. März 1991 stimmten in einer Volksabstimmung 99 % für die Unabhängigkeit – allerdings nur in den von der Regierung kontrollierten zentralen Gebieten. Am 9. April 1991 wurde die Unabhängigkeit von dem Führer des Runden Tischs Swiad Gamsachurdia verkündet. Seine Regierung versank jedoch schnell in Unfähigkeit, Korruption und Diktatur, so dass nach einem Putsch der ehemalige sowjetische Außenminister Eduard Schewardnadse neuer Staatschef wurde. Sein erstes Ziel war, die Einheit des Landes zu erhalten – sowohl gegen die Anhänger Gamsachurdias wie gegen die Minderheiten.

Allerdings hatte der Oberste Sowjet Abchasiens schon im August 1990 sein Land für unabhängig von Georgien erklärt, und bis Anfang 1994 hatten Abchasier die georgischen Truppen vertrieben. Die Osseten hatten schon 1989 gefordert, sich mit den im Norden des Kaukasus – also in der RSFSR – lebenden Osseten vereinen zu dürfen; im Gegenzug hatte das georgische Wahlgesetz 1990 den Osseten die Beteiligungen an den Wahlen unmöglich gemacht, indem es verlangte, dass Parteien in der gesamten Republik vertreten sein mussten. In dem folgenden Kleinkrieg gelang es den Georgiern nicht, Südossetien vom Nachschub aus dem Norden abzuschneiden. Hier wie gegenüber den Abchasiern konnte die Einheit des Landes nicht mit militärischen Mitteln erzwungen werden. Georgien hoffte, durch den Beitritt zur Gemeinschaft Unabhängiger Staaten (GUS) 1993 auf diplomatischem Weg dazu beizutragen. Es trat der GUS aber auch deshalb bei, weil es Wirtschaftshilfe brauchte, nachdem die vom Westen erhoffte ausgeblieben war.

Armenier und Aserbaidschaner sind in einer jahrtausendealten Auseinandersetzung begriffen (s. Kap. 14.4), bei der es um die sozialen Rollen (Christen in modernen Leitungsberufen gegen Muslime in Arbeiter- und Bauernberufen), aber auch um Territorium geht – insbesondere um die von Armeniern besiedelte, aber zu Aserbaidschan gehörende Enklave Berg-Karabach. Ihre armenischen Bewohner forderten seit 1987 zunehmend den Anschluss an Armenien. In Reaktion auf diese Selbständigkeitsbestrebungen kam es

Die kaukasischen Republiken 1989

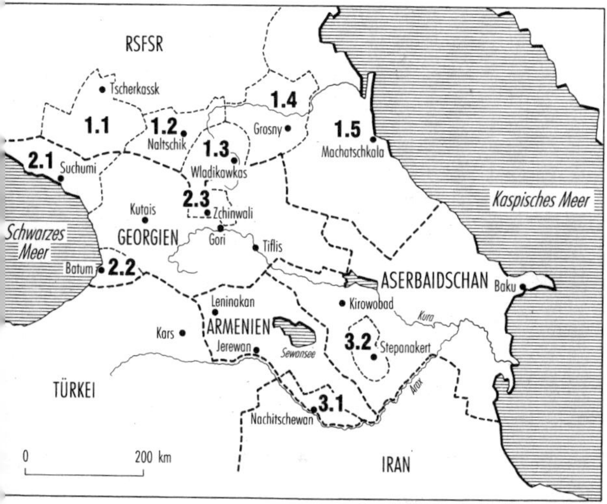

1.1 Karatschaiisch-Tscherkessisches Autonomes Gebiet. Die Karatschaien sprechen eine türkische, die Tscherkessen eine kaukasische Sprache. Beide Völker gehören der sunnitischen Richtung des Islam an.

1.2 Kabardinisch-Balkarische ASSR. Das Kabardinische gehört zu den kaukasischen, das Balkarische zu den Turksprachen; beide Sprachen sind zu jeweils 65 % Umgangssprache der Bevölkerung. Beide Völker sind sunnitische Muslime.

1.3 Nord-ossetische ASSR. Das Ossetische, eine indogermanische Sprache, wird von 66,1 % der Bevölkerung gesprochen, die überwiegend aus orthodoxen Christen und zu einem Teil aus sunnitischen Muslimen besteht.

1.4 ASSR der Tschetschenen und Inguschen. Beide Völker sprechen eine kaukasische Sprache und sind überwiegend sunnitische Muslime (71 %).

1.5 Dagestanische ASSR. In der Republik werden sehr viele kaukasische und Turksprachen gesprochen. Die vorherrschende Religion (89 %) ist der sunnitische Islam.

Georgier sprechen eine kaukasische Sprache, haben seit dem 5. Jh. n. Chr. ein eigenes Alphabet und sind mehrheitlich orthodoxe Christen.

2.1 Abchasische ASSR Georgiens. Die Abchasier sprechen eine kaukasische Sprache und sind zu 71 % sunnitische Muslime.
2.2 Adscharische ASSR. Die Adscharen bekennen sich zum sunnitischen Islam.
2.3 Süd-ossetisches Autonomes Gebiet.

Armenier sprechen eine indogermanische Sprache, haben seit Beginn des 3. Jh.s n. Chr. ein eigenes Alphabet und sind monophysitische Christen.

Aserbaidschaner sprechen eine Turksprache, die seit dem 14. Jh. auch Literatursprache ist. Sie sind überwiegend schiitische Muslime.

3.1 ASSR Nachitschewan. Aserbaidschanisch besiedelt.
3.2 Autonomes Gebiet Nagornyj Karabach. Die armenische Bevölkerung wurde 2023 vertrieben.

Ende Februar 1988 zu einem Pogrom von Aserbaidschanern an der armenischen Minderheit (die meist aus Ingenieuren und Wirtschaftsfachleuten bestand) in der Stadt Sumgait am Kaspischen Meer. Nun bewaffneten sich beide Seiten. Seit 1989 setzte eine muslimische Volksfront die Republikregierung in Baku unter Druck, alle Sonderrechte von Berg-Karabach aufzuheben und aus der Union auszutreten. Am 13. Januar 1990 wurde das KP-Hauptquartier angegriffen, und diesmal gingen die Truppen des sowjetischen Innenministeriums (die beim Pogrom gegen die Armenier nicht aufzufinden gewesen waren) mit Härte vor. Wie in Tiflis bewirkte diese Härte das Gegenteil dessen, was man anstrebte: Armenier (1979 hatten 325 000 Armenier in Baku und anderen Industriestandorten gelebt) und Russen verließen das Land, und am 30. August 1991 erklärte es seine Unabhängigkeit.

Auch für die Unabhängigkeitsbewegung Armeniens hat die Berg-Karabach-Frage eine entscheidende Rolle gespielt. Die Armenier fühlten sich gleichfalls von der Union verraten. Zu den Wahlen zum Republiksowjet 1990 kandidierten schon mehrere Parteien, und im Anschluss erklärte die Republik sich für souverän. In der Folge des Moskauer Putsches vom August 1991 erklärte sie sich, wie Aserbaidschan, für unabhängig. Der Krieg um Berg-Karabach hätte damit zu einem Krieg zwischen zwei Staaten werden können. Offiziell war jedoch nicht Armenien, sondern die um Selbständigkeit kämpfende Teilrepublik Berg-Karabach Gegner der Regierung in Baku. Es gelang den Armeniern, einen breiten Korridor zwischen der Enklave und der Republik Armenien zu erkämpfen und große Teile Aserbaidschans zu besetzen. Zehntausende von Menschen flohen aus den umkämpften Gebieten. Die Wirtschaft brach jedoch nicht nur am Kaspischen Meer, sondern mehr noch am Ararat zusammen – 1992 sanken die Nationaleinkommen, in Aserbaidschan um 21,7 % und um 44,7 % in Armenien.

5 Zentralasien

Die fünf Republiken Zentralasiens – Kasachstan, Usbekistan, Kirgisistan (Kyrgystan), Tadschikistan und Turkmenistan – haben auf die Unabhängigkeitsbewegungen im Westen der Union und schließlich das Ende der Union eher reagiert als diese befördert. Zentralasien gilt nicht ohne Grund als »Dritte Welt« der UdSSR – hohe Geburtenraten machten alle wirtschaftlichen Erfolge zunichte, Monokulturen wie vor allem die von Baumwolle beanspruchten die Wasservorräte der Oasenkulturen über die ökologischen Grenzen hinaus, so dass der Aralsee abnahm. Die Einwanderer aus europäischem Milieu – Russen, Juden, Armenier, auch durch Stalin aus Georgien ausgesiedelte Turkvölker, die sogenannten Mes-cheten – nahmen durchweg besserbezahlte Stellungen ein als die Einheimischen, waren Ingenieure, Wissenschaftler und Wirtschaftsfachleute, wo Usbeken und Kasachen Bauern und Viehzüchter blieben. Die einheimischen Eliten, die sich in Konsequenz der sowjetischen Bildungsexpansion für solche Stellen auch qualifiziert sahen, organisierten ihren Machtanspruch in den tradierten Formen des Klientelismus, die wiederum von Moskau in Antikorruptionskampagnen bekämpft wurden.

Bei allen Problemen untereinander und trotz einiger Pogrome teils gegen die zugewanderten Minderheiten, wie die Mes-cheten im Ferghanatal, teils entlang alter Kulturfronten (wie Nomaden gegen Städter, Hirten und Bergbewohner gegen Oasenbauern in den Tälern in Osch) haben die zentralasiatischen Republiken verhältnismäßig ähnlich auf die Veränderungen der UdSSR reagiert. 1990 erklärten sie sich für souverän, um eine möglichst gute Position im Rahmen der zu erneuernden Union zu erlangen, und 1991 folgte der Schritt in die Unabhängigkeit, nachdem die UdSSR aufgelöst worden war. Die politischen Führungen in den Republiken bekennen sich zwar alle zum muslimischen Milieu ihrer Länder, gehören dort aber doch zu den relativ säkularen Gruppen. Sie hatten lange keinen anderen potenten Bündnispartner in ihrer Region als Russland; in den letzten Jahren nahm jedoch der Einfluss Chinas und auch der Türkei zu. Zwar gibt es fundamentalistische Gruppen, die sich an Iran anlehnen möchten, aber sie sind bisher im sunnitisch geprägten Turan klein geblieben. Und die Stärke der »subnationalen Gruppen«, der Clans und Stämme, gibt den politischen Eliten, die aus der alten kommunistischen Nomenklatur stammen, durchaus Spielraum, da erstere sich oft gegenseitig blockieren. Wo allerdings die gegenseitigen Blockaden regional verankerter Gruppen zum Bürgerkrieg geführt haben wie in Tadschikistan, bleibt die Frage besonders dringlich, ob die nationenbildende Politik der Bolschewiki in den siebzig Jahren ihrer Herrschaft genug Fundamente gelegt hat, um auf Dauer die Staatsform Nation in dieser Region zu etablieren – noch dazu mit den Ansprüchen der Demokratie.

Der Bedarf der bisher herrschenden Eliten für einen Rückhalt an Russland bleibt bestehen. Alle fünf Republiken gehörten der GUS an. Turkmenistan und Tadschikistan sind jedoch nicht Mitglieder der Eurasischen Wirtschaftsunion (2023).

6 Russen

Die Russen haben schon aufgrund ihrer Zahl in der UdSSR eine große Rolle gespielt, trotzdem fühlten auch sie sich vielfältig zurückgesetzt. Die Institutionen eines russischen sozialistischen Nationalstaates – die eigene Wirtschaftsleitung, die eigene Akademie der Wissenschaften, schließlich sogar die Hauptstadt – gingen in der Union unter, waren sowjetisch, nicht russisch. Manche sahen in der Union eine Belastung, und je weniger die westlichen Republiken an die zentralasiatischen Unterstützung abgeben wollten, desto mehr fragten sich auch Russen, was ihr Geld in Tadschikistan (geschweige denn in Kuba!) und ihre Leute in den Auseinandersetzungen zwischen Armeniern und Aserbaidschanern verloren hatten – noch dazu, wo für dieses Engagement ja niemand dankte. Worin bestand eigentlich das nationale Interesse Russlands?

Schon in den siebziger Jahren hatte in Russland eine nationale Besinnung eingesetzt. In einer umfangreichen »Dorfliteratur« wurde nicht nur die vergangene (und in Valentin Rasputins Roman *Abschied von Matjora* regelrecht in einem modernen Stausee untergegangene) Welt der russischen Großmütter und der Dorfgemeinschaft beschworen, sondern auch gefragt, ob der so atemlos betriebene Fortschritt den Preis eigentlich wert sei. Die geringe Kinderzahl

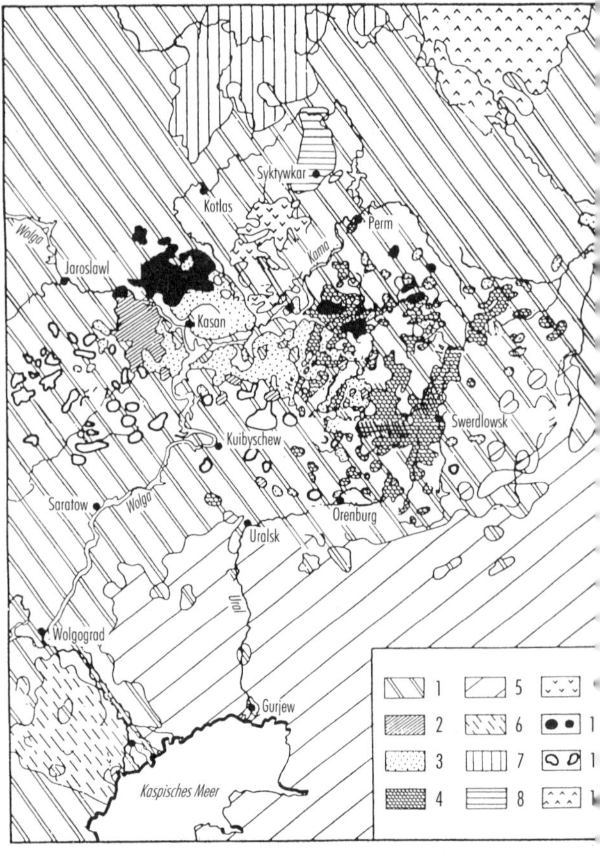

1 Russen
2 Tschuwaschen
3 Tataren
4 Baschkiren
5 Kasachen
6 Kalmücken
7 Komi
8 Komi-Permjaken
9 Udmurten
10 Mari (Tschermissen)
11 Mordwinen
12 Mansen (Ostjaken)

in den russischen Familien (mit der »Einkindfamilie« als häufigstem Modell), die Ubiquität der Abtreibungen, auch die Grobheit ihrer Durchführung, der Alkoholismus und das hemmungslose Rauchen, die neuerdings sogar sinkende Gesamtzahl der Russen – all dies gab Nahrung für eine moralisch argumentierende konservative Wende, in der auch die Frage nach der Nation neu gestellt wurde. Man begann, sich für die »weißen Flecken« der Geschichte zu interessieren – und meinte damit zunehmend nicht nur die Verbrechen der Stalinzeit, sondern auch die zaristische Geschichte. Alexander Solschenizyn setzte sich für das Denkmal der Schlacht auf dem Schnepfenfeld ein, und seine Bücher, in denen er das Loblied der russischen Wälder und der einfachen Bäuerin Matrjona sang, beförderten diese Wende. Zugleich vertrat er am deutlichsten die Position, dass der »Staatsorganismus« Russlands nicht durch Gruppenegoismen gesprengt werden dürfe, das Land also keine Demokratisierung brauche, sondern die Rückkehr zu einer starken Zentralgewalt mit integren Personen an der Spitze. Er wandte sich auch gegen die Einbindung des Landes in die Weltwirtschaft und warnte vor dem Westen – was desto glaubhafter klang, als die Warnungen ja aus dem amerikanischen Exil nach Russland drangen (bevor er 1994 zurückkehrte).

Allerdings blieb das Nationalgefühl unsicher, da man sich nicht für eine feste Grenze entscheiden konnte. Einerseits konnte es »sich im russisch-sowjetischen Reich nicht vollkommen entfalten«, andererseits fürchtete es auch, »ohne das Reich nicht weiterleben zu können«, wie G. Hosking dieses Paradox formuliert hat. Diese Frage wurde in der konkreten Machtauseinandersetzung zwischen Gorbatschow und Jelzin dahin entschieden, dass die Grenzen der bestehenden RSFSR auch die des zukünftigen Russland sein würden.

Auch in Russland entstand im Oktober 1989 eine Volksfront, die für ein Mehrparteiensystem, eine unabhängige Gerichtsbarkeit und örtliche Selbstverwaltung plädierte. Am 11. Juni 1990 erklärte Russland sich für souverän. Umfragen ergaben noch unmittelbar nach dem Augustputsch 1991, dass über die Hälfte der Russen für die Beibehaltung der Union in einer neuen Form war und nur ein Viertel meinte, dass Russland allein für sich am besten zurecht käme. Für die internationale Politik, z.B. in der Frage der Verfügung über Atomwaffen, war es wichtig, dass Russland sich nicht unabhängig erklärte, wie andere Republiken, sondern zum Rechtsnachfolger der UdSSR. Das Ende der Union aber wurde vor allem von diesem seinem Erben unter der Leitung Boris Jelzins betrieben.

Diese Lösung barg gerade ethnisch betrachtet zwei Probleme – weder waren alle Bürger des neuen Russland Russen – sondern nur etwa 83 % –, noch lebten alle Russen im neuen Russland – vielmehr wurden nun 25 Millionen Russen in den anderen Republiken zu nationalen Minderheiten: 11 Millionen allein in der Ukraine, 6 Millionen in Kasachstan. Die Lösung Jelzins war bei allem Bezug auf die ethnische Komponente letztlich doch eine politische – die historische Grenze wurde zu der des neuen Nationalstaats, nicht die ethnische. Weder wurde der »Anschluss« Charkows betrieben noch jener Nordkasachstans. Umgekehrt setzte dieser politische Umgang mit der ethnischen Frage voraus, dass die Minderheiten innerhalb Russlands diese Lösung akzeptierten; der russische Nationalismus verbot, etwa die Tataren in die staatliche Unabhängigkeit zu entlassen, ohne dann selbst die mehrheitlich russisch besiedelten Gebiete wie die Krim, Ostestland bei Narwa, Nordkasachstan oder vielleicht auch eine Stadt mit russischer Bevölkerungsmehrheit wie Riga »heimzuholen«.

Die Lösung kommt begrifflich darin zum Ausdruck, dass die neue Staatsform Russlands nicht das Wort *russisch*, sondern den Begriff *russländisch* im Titel führt (nicht *russkij*, sondern *rossijskij*). Sie heißt *Russländische Föderation* und bietet nach ihrem Selbstverständnis auch den nichtrussischen Völkern des Staates eine angemessene und gleiche politische Repräsentation.

7 Tataren

Das größte nichtrussische Volk der Russländischen Föderation bilden die Tataren – über sechs Millionen Menschen, die fast im gesamten Raum der RF siedeln. Ein Viertel von ihnen lebt in der Republik Tatarstan, wo sie knapp die Hälfte der Bevölkerung stellen. Tatarstan ist nach der insbesondere in der Breshnew-Zeit vorangetriebenen Industrialisierung ein Zentrum für LKW- und Flugzeugproduktion; die 43 % Russen (1989) bilden 55 % der städtischen Bevölkerung, die 49 % Tataren umgekehrt 66 % der ländlichen. Die dritte Ethnie, turksprachige und muslimische Tschuwaschen, stellt 4 % der Bevölkerung der Republik, aber 8 % der Bevölkerung auf dem Lande.

Ausgangspunkt der wolgatatarischen Nationalbewegung war ein neues Bekenntnis zur tatarischen Geschichte, das seit 1989 z.B. dazu geführt hat, der Eroberung Kasans 1552 alljährlich zu gedenken. Tatarisch – das zwar offiziell gleichgestellt worden war, das aber die Russen der Republik nicht kannten und auch nicht benutzten – wurde im öffentlichen Leben und an den Schulen rehabilitiert. Auch die russische Bevölkerung unterstützte nun den Kurs auf mehr Unabhängigkeit vom Zentrum, man nahm Handelsbeziehungen mit der Türkei auf und wollte zumindest den Rang einer Unionsrepublik erreichen. Der Oberste Sowjet beschloss, einen eigenen Präsidenten zu wählen (bei einer Wahlbeteiligung von 62 % stimmten 75 % für den Tataren Mintimer Schajmijew) und die Wahl zum Präsidenten der RF am 12. Juni 1991 zu boykottieren. Am 31. August 1991 erklärte der von der Kommunistischen Partei beherrschte Oberste Sowjet Tatarstans die Republik für souverän.

Allerdings wurde dieser Anspruch in der Weltöffentlichkeit nicht anerkannt. Jeder verstand, gerade angesichts der jugoslawischen Katastrophe, die Bedeutung des Prinzips der historischen Grenzen. Hinzu kommt, dass Tatarstan von Gebieten der RF umgeben ist. Auch als in Tatarstan bei den Wahlen zum Föderationsrat im Dezember 1993 die Wahlbeteiligung unter dem Quorum von 25% blieb (nur 17% gingen zur Wahl, auch viele Russen blieben ihr also fern) und damit deutlich wurde, dass die große Mehrheit der Bevölkerung an der RF in der vorgeschlagenen Form nicht teilnehmen will, wurden die Verhandlungen zwischen Russland und Tatarstan jedoch umsichtig und ruhig geführt. Schließlich wurde mit Tatarstan eine Sonderabmachung getroffen, die der Republik in der Tat mehr Autonomierechte sichert als den übrigen Subjekten der Föderation.

So hat die Nationsbildung Tatarstans bisher zu relativ stabilen Verhältnissen geführt und nicht zur Zerstörung der Grundlagen für ein friedliches Zusammenleben der Nationen. Eine von Amerikanern und Russländern 1993 durchgeführte Befragung hat ergeben, dass der größte Teil aller Volksgruppen die Souveränität differenziert und nüchtern betrachtet und auch viele Russen begrüßen, dass die Selbständigkeit in der Region vermehrt worden ist. Die Tataren bestehen darauf, dass der Präsident einer der Ihren sein müsse, und fordern z. B. besseres Fernsehen in ihrer Sprache; aber auf die Frage, welche Sprache in allen Schulen der Republik (also auch den tatarischen und tschuwaschischen) obligatorisch sein solle, votierten die Tataren in höherem Maße für das Russische (88%) als für das Tatarische, das von 80% der Tataren und 58,8% der Russen als Pflichtfach gefordert wurde. Übrigens stimmten nur 30,7% der Tschuwaschen für Tatarisch als obligatorische Fremdspra-

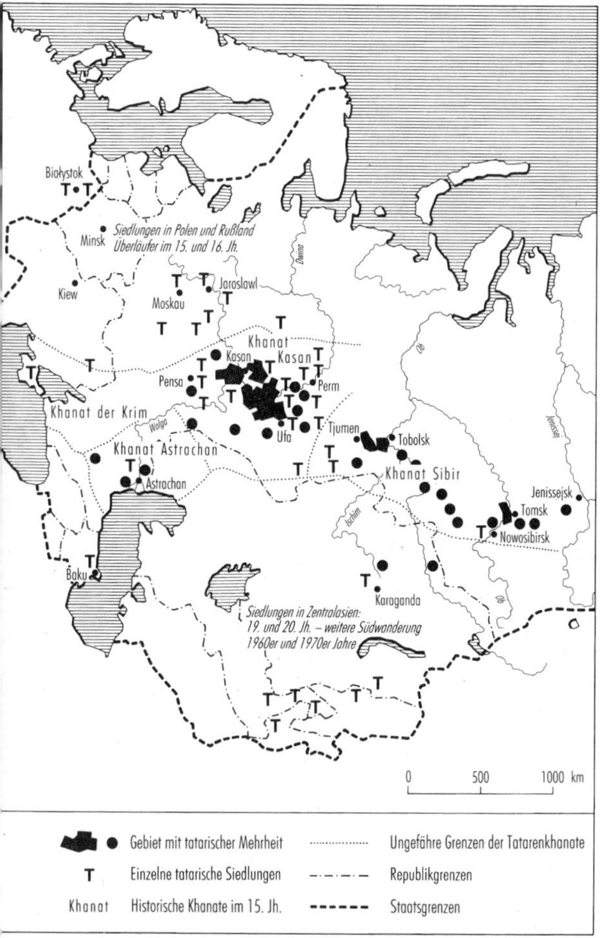
Białystok
Minsk
Siedlungen in Polen und Rußland
Überläufer im 15. und 16. Jh.
Kiew
Moskau
Jaroslawl
Dwina
Khanat
Kasan
Kasan
Perm
Pensa
Khanat der Krim
Wolga
Ufa
Tjumen
Tobolsk
Khanat Astrachan
Astrachan
Khanat Sibir
Ob
Jenissei
Jenissejsk
Tomsk
Nowosibirsk
Ischim
Baku
Karaganda
Siedlungen in Zentralasien:
19. und 20. Jh. – weitere Südwanderung
1960er und 1970er Jahre
0
500
1000 km
Gebiet mit tatarischer Mehrheit
Einzelne tatarische Siedlungen
Khanat
Historische Khanate im 15. Jh.
Ungefähre Grenzen der Tatarenkhanate
Republikgrenzen
Staatsgrenzen

che; die Mehrheit will es ihren Kindern ersparen, gleich zwei Pflichtfremdsprachen lernen zu müssen.

Die Entscheidungsstrukturen moderner Gesellschaften sind durch Interaktionen zwischen verschiedenen Ebenen bestimmt. Vieles spricht dafür, dass die Nationenbildungen im Rahmen der Föderation, wie sie im Wolgabogen unternommen werden, gute Erfolgsaussichten haben.

8 Tschetschenen

Wie Tatarstan war die Republik der Tschetschenen und Inguschen – muslimische Völker kaukasischer Sprache – keine Unionsrepublik, sondern eine Autonome Sozialistische Sowjetrepublik im Rahmen der RSFSR. Das Gebiet war erst spät und nach langen Kriegen vom Zarismus unterworfen worden (s. Kap. 9.6), und nach dem deutschen Vorstoß zum Kaukasus 1942 fürchtete man in der stalinistischen Führung die Unzuverlässigkeit dieser Völker so sehr, dass im Februar 1944 über 400 000 Tschetschenen und 90 000 Inguschen ausgesiedelt wurden. Auch bei ihnen ging die Zwangsaussiedlung in einer so groben Form vor sich, dass viele auf den Trecks starben. 1957 wurde ihnen die Rückkehr gestattet; inzwischen hatten die Osseten aber einen Teil Inguschetiens mit der strategisch für den Nordkaukasus entscheidenden Stadt Wladikawkas in Besitz genommen und gaben ihn auch nicht mehr heraus. Auch sonst erfolgte die Rücksiedlung zu ungünstigen Bedingungen; die alte Wirtschaftsform der Transhumanz z. B. (man weidet das Vieh im Sommer im Gebirge und im Winter in der Ebene) ließ sich angesichts inzwischen besiedelter Flächen in den Ebenen nicht wieder herstellen. Die Tschetscheno-Inguschetische Republik war eines der ärmsten Gebiete der UdSSR und galt schon früh als Brutstätte für Schwarzhandel und Spekulation. Die Einnahmen aus der Erdölproduktion flossen in die Zentrale.

Im August 1989 trafen sich Politiker der überwiegend muslimischen Völker des Nordkaukasus in der Hauptstadt Abchasiens, Suchumi, zu einem Kongress, der die Bildung einer Unionsrepublik aller kleinen Kaukasusvölker anstrebte – was sowohl auf Kosten Russlands wie Georgiens hätte gehen müssen. Als die Wahlen im Frühjahr 1990 die Macht der alten kommunistischen Nomenklatur bestätigten und diesen Plänen die Legitimation entzogen, erklärte im November ein von Clans und Stämmen beschickter »tschetschenischer Nationalkongress« Tschetschenien für souverän und wählte den sowjetischen Luftwaffengeneral Dschochar Dudajew zum Vorsitzenden. Als der oberste Sowjet der Tschetscheno-Inguschetischen Republik im August 1991 die Moskauer Putschisten unterstützte, wurde er von dem Nationalkongress für abgesetzt erklärt. Jelzin begrüßte das, forderte aber einen durch repräsentative Wahlen bestätigten Übergang der Macht. Hierzu war Dudajew nicht bereit; er wurde am 27. Oktober 1991 zum Präsidenten der unabhängigen Republik Tschetschenien gewählt. Seit diesem Zeitpunkt galt die islamische Scharia in Tschetschenien als offizielles Recht. Die Inguschen entschieden sich jedoch für den Verbleib bei der RF; sie erhielten eine eigene Republik und eine neue Hauptstadt Nasran.

Über drei Jahre hinweg blieb das Verhältnis Tschetscheniens zur RF in der Schwebe. Die Regierung Dudajew – der umfangreiche Korruption vorgeworfen wurde – legitimierte ihre Herrschaft nicht durch demokratische Wahlen, kontrollierte jedoch das Land und bestand darauf, dass Tschetschenien unabhängig sei. International wurde die Republik jedoch nicht anerkannt, da die Gefahren einer Verletzung bestehender Grenzen am Beispiel Bosniens der Weltöffentlichkeit deutlich genug vor Augen geführt worden waren. Im Dezember 1994 konnte die russische Führung jedoch der Versuchung nicht widerstehen, die Sezession »mit einem Schlag« beenden zu wollen. Der Vormarsch misslang allerdings, und der offene Widerstand konnte nicht auf Dauer niedergekämpft werden. In den Kämpfen wurden Städte und Dörfer verwüstet, und Tausende von Zivilisten, Soldaten und Widerstandskämpfern starben. Russischen Einheiten wurden Massaker vorgeworfen. Es gelang der tschetschenischen Führung nicht, die übrigen muslimischen Völker des Nordkaukasus zum Aufstand anzustacheln, aber die russischen Aktionen weckten Zweifel, ob Moskau die »tausendjährige Tradition des Zusammenlebens und Zusammenarbeitens von zig kleinen und großen Völkern« fortführen wolle – ein für das Binnenverhältnis der RF sehr schwer wiegender Vertrauensverlust. Das nach dem Tod Dudajews im Mai 1996 geschlossene Abkommen hielt nicht.

In Daghestan behauptet sich jedoch eine Mehrheit, die an der Zugehörigkeit zur RF festhält.

9 Deutsche

Die Lösungen der Nationalitätenfragen, die nach dem Ende der Union gefunden wurden, hatten eher konservativen Charakter – sie richteten sich nach bestehenden Territorien und vorhandenen Grenzen und bestanden auf dem Recht von Minderheiten, an den Orten zu bleiben, an denen sie von der Perestrojka angetroffen wurden. Damit wurden Umsiedlungen verhindert und die Gefahr eingeschränkt, dass Nationalitätenkonflikte zu Vertreibungen oder sogar zum Genozid eskalierten – eine Gefahr, die in Pogromen wie in Sumgait gegen Armenier oder im Ferghanatal gegen Mes-cheten unmittelbar erkennbar war. Damit wurden aber auch ungerechte Entscheidungen wie die Auflösung der Wolgarepublik im Jahr 1941 perpetuiert. Obgleich den sowjetischen Deutschen 1955 die kulturellen und persönlichen Rechte wieder zuerkannt wurden, blieb ihnen doch die Rückkehr versperrt, und Pläne, in Kasachstan 1979 ein autonomes deutsches Gebiet zu gründen, scheiterten am Widerstand kasachischer Studenten.

Mit der Perestrojka stiegen auch die Hoffnungen, doch wieder eine Republik aufbauen zu können. 1989 gründeten Deutsche aus allen Teilen der UdSSR die Organisation *Wiedergeburt*, welche die Wiederherstellung der Wolgarepublik forderte. Die deutschen Forderungen wurden auf der obersten Ebene wohlwollend aufgenommen, konkret geschah aber nichts zu ihrer Realisierung, und in der Stadt Marx – der alten Hauptstadt der Wolga-ASSR – kam es zu Demonstrationen der neuen Siedler gegen das Konzept der Wiederherstellung und auch gegen Deutsche, die spontan in das Gebiet zurückgewandert waren. Währenddessen stieg die Zahl der Auswanderer nach Deutschland, so dass man in Russland immer mehr annehmen durfte, dass dieses Problem sich durch Zuwarten lösen lassen würde (und es gab ja genug andere Probleme). Im November 1991 unterzeichnete Jelzin anlässlich eines Bonnbesuchs sogar eine Erklärung zur Wiedergründung der Wolgarepublik, aber dies hatte offenbar nur diplomatische Funktion.

Anders als die Krimtataren, die keine andere Chance zur Erhaltung ihrer Identität sahen, als trotz aller Gegnerschaft der jetzigen Anwohner auf die Krim zurückzukehren, das deshalb selbst unter schlechtesten Bedingungen taten und heute wieder in gewissem Maße dort anerkannt sind, hatten und haben die Russlanddeutschen die Möglichkeit der Auswanderung, da das Grundgesetz die deutsche Staatsbürgerschaft nicht nach dem Territorialprinzip, sondern nach dem genetischen Prinzip der Abkunft festlegt. Dass die kulturelle Distanz der Nachfahren der vor Jahrhunderten nach Russland gezogenen Bauern zum heutigen Deutschland gewaltig ist, auch wenn die Kenntnis der Sprache erhalten blieb, liegt auf der Hand. Auch die Nachfahren von Maria Blank, der Mutter Lenins, hätten in Deutschland einen automatischen Anspruch auf Anerkennung deutscher Staatsbürgerschaft, obgleich in dieser Familie der russischen Intelligenz die

Nähe zur deutschen Gegenwartskultur kaum größer sein dürfte als in jenen gläubigen Baptistenfamilien, die aus Duschanbe oder Jermentau kommen. Deutschland wird jedoch von der Zuwanderung der Russlanddeutschen profitieren, da diese Menschen Vielfalt und Arbeitswillen mitbringen.

Die Chance, dass ein neues, den Deutschen verwandtes, aber auch die historische Differenz und die kulturelle Eigenart wahrendes Ethnos »Russlanddeutsche« in Eurasien entstehen könnte, ist durch den ständigen Aderlass der Auswanderung jedoch wohl in ähnlicher Weise beeinträchtigt wie durch die Gegnerschaft der lokalen russischen oder kasachischen Bevölkerung an denkbaren Orten einer neuen Zusammenführung.

10 Juden

Die (nach der Oktoberrevolution im Land gebliebenen) sowjetischen Deutschen entstammen einem auch für sowjetische Verhältnisse ungewöhnlich bäuerlichen Milieu, in dem eine akademische Elite weiterhin erst in den zwanziger und dreißiger Jahren, eben in der Wolgarepublik entstanden ist. Die Juden waren stets die am meisten städtische Ethnie des Landes, die, aus alten Bildungstraditionen stammend, in den akademischen Berufen und auch der Partei überdurchschnittlich vertreten war. Noch weniger als die Deutschen besaßen sie eine reale Chance, ein größeres Territorium wirklich als »ihres« zu prägen (vgl. Kap. 14.6). Aber auch bei der Assimilierung an die Russen stießen sie auf Schwierigkeiten, obgleich 1989 höchstens ein Zehntel von ihnen noch Jiddisch sprach – im Pass musste als Nationalität »Jude« eingetragen werden.

Die schlechten Lebensverhältnisse in der UdSSR und vor allem die Möglichkeit, dass man ihnen als Jude ausweichen konnte, weil Israel und die USA als Einwandererländer immer offenstanden, haben eine kontinuierliche Auswanderung sowjetischer Juden bewirkt. In dem Jahrzehnt nach 1971 wanderten fast 250000 Juden aus, in den letzten Jahren der Perestrojka verdoppelte und verdreifachte sich der Strom – in drei Jahren zwischen 1989 und 1991 waren es 400000. Dabei spielte für Intellektuelle in der Breshnew-Zeit eine Rolle, dass es in der UdSSR keine geistige Freiheit gab. Nach der Perestrojka gewann Gewicht, dass der Antisemitismus – der auch in Russland eine sehr alte Tradition hat – nun offen hervortreten konnte. Dass viele Juden als Ärzte oder Wissenschaftler erfolgreich waren, erweckte den Neid der neuen nationalen Eliten in der Ukraine, in Russland und sogar in Kasachstan. Auch jener faschistische Antisemitismus wurde wieder vertreten, der die Juden sowohl für den Kapitalismus wie den Sozialismus verantwortlich macht. Zwar sind dies kleine Gruppen, aber die »Liberaldemokratische« Partei Wladimir Shirinowskijs, in der gegen »Rassenvermischung« und gegen die »bloß russischsprachigen, aber nicht echt russischen« Menschen agitiert wird, erhielt bei den Wahlen zur Duma bei den Listenwahlen immerhin 26% der Stimmen – auch wenn sie bei den direkt gewählten Parlamentariern und in der zweiten Kammer, dem Föderationsrat, kaum Erfolge hatte und ihr parlamentarischer Einfluss viel geringer ist.

Da die nach Israel auswandernden Juden dort zumeist keine Arbeit finden, ist inzwischen auch eine beträchtliche Zahl nach Deutschland ausgewandert. Ähnlich wie bei den Russlanddeutschen sieht man hierzulande in ihnen oft undifferenziert nichts als »Russen«; in der Tat haben sie sowohl mit den bestehenden jüdischen Gemeinden Schwierigkeiten – weil die Einwanderer aus einem säkularen Milieu kommen – als auch mit der neuen deutschen Umgebung. Doch so, wie die Ukraine, Lettland oder Russland in ihnen Fachleute verlieren, so kann Deutschland in ihnen wache und kritische Mitbürger gewinnen.

Ethnien der Russländischen Föderation 1989

	Bevölkerungszahl (in Tausend)	Veränderung gegenüber 1959 (in Prozent)	Anteil an der Bevölkerung der RF (in Prozent)	Anteil der Russischsprachigen innerhalb der Ethnie (in Prozent)
Insgesamt	147002	125	100,0	86,6
Russen	119807	122	81,5	100,0
Tataren	5520	135	3,8	14,2
Ukrainer	4364	130	3,0	57,0
Tschuwaschen	1771	123	1,2	22,3
Baschkiren	1345	141	0,9	10,0
Weißrussen	1206	143	0,8	63,5
Mordwinen	1073	89	0,7	30,8
Tschetschenen	899	344	0,6	1,1
Deutsche	841	103	0,6	58,0
Udmurten	715	116	0,5	28,2
Mari	643	129	0,4	17,8
Kasachen	636	166	0,4	11,5
Awaren	544	218	0,4	1,6
Juden	536	61	0,4	90,5
Armenier	533	208	0,4	16,9
Andere	6569	171	4,5	16,0

Die Tabelle zeigt Größenordnungen und Unterschiede der Wachstumsraten bei einzelnen Völkern der RF (nur Ethnien mit über einer halben Million Mitgliedern). Die Mordwinen haben abgenommen, weil Angehörige sich als Russen bezeichnet haben, die Juden durch Auswanderung. Überdurschnittlich gewachsen sind die muslimischen Kaukasusvölker, die Tschetschenen auch durch Rückwanderungen nach der Rehabilitierung 1957. Russisch als Umgangssprache benutzen fast alle Juden und die Mehrheit der Weißrussen, Ukrainer und Deutschen.

11 Die Gemeinschaft Unabhängiger Staaten

Am 5. September 1991 verfügte der Volkskongress der UdSSR auf seiner letzten Sitzung die Auflösung der Unionsexekutive. Bevor es dem Präsidenten der UdSSR Gorbatschow gelang, eine neue Union auf neuer Ebene wiederzugründen, schlossen die Regierungen der nun »unabhängigen« Staaten Russlands, der Ukraine und Belorusslands am 8. Dezember 1991 eine neue »Gemeinschaft Unabhängiger Staaten« (GUS). Ihr traten bis 1992 alle ehemaligen Unionsrepubliken außer den drei baltischen bei.

Die GUS beruht als Gemeinschaft von im klassischen Sinn souveränen Staaten auf Gleichberechtigung der Mitglieder und Einstimmigkeit der Beschlüsse. Unmittelbar wichtig war, dass der Versuch Russlands, die Rechtsnachfolge der UdSSR anzutreten, sozusagen eingebunden wurde – sowohl Schulden wie Eigentum der UdSSR wurden unter die Mitglieder aufgeteilt. Noch am 30. Dezember 1991 schlossen die Mitglieder einen Vertrag, nach dem allein die Russländische Föderation Atommacht werden solle und die außerhalb der RF stationierten Atomwaffen zu vernichten oder zu verlegen seien. Der russische Vorschlag, Verteidigung insgesamt zu einer Gemeinschaftsaufgabe zu machen, wurde jedoch abgelehnt, und alle Mitglieder bauten ihre eigenen Streitkräfte auf. Andererseits schloss man einen Vertrag über kollektive Sicherheit, der gegenseitige Beistandspflicht im Krisenfall und Gewaltverzicht zwischen den Partnern vorsieht.

Auch wenn man sich einerseits über die konkrete Aufteilung der Altschulden der UdSSR erst spät einigen konnte (die Ukraine z.B. muss 16% übernehmen) und die wirtschaftliche Zusammenarbeit große Schwierigkeiten mit sich bringt, da in dem weithin noch von Staatsbetrieben beherrschten und auf Weltniveau meist nicht konkurrenzfähigen Markt ein immer noch schwer durchschaubares Preisgefüge bestimmend ist, wird andererseits nicht bestritten, dass die Zusammenarbeit notwendig ist. Für viele Warenströme gibt es kaum Alternativen – wer würde außerhalb der GUS wohl usbekische Baumwolle kaufen, ukrainisches Obst oder tatarische LKWs? Da die RF über die meisten Rohstoffe verfügt, die auf dem Weltmarkt wirklich absetzbar sind, hat sie besonders für den Außenhandel eine sehr starke Position. Ende 1993 schlossen die nun zwölf Länder eine Wirtschaftsunion, deren Präsidentschaft halbjährlich wechselt.

In der Außenpolitik gehen die Mitglieder zunehmend eigene Wege. In der Minderheitenpolitik konnte man sich jedoch nicht auf gemeinsame Normen einigen, obgleich die Migrationen fraglos für alle Länder der GUS große Probleme bergen. Man schätzt, dass über neun Millionen Menschen innerhalb der Grenzen der GUS gewandert sind (wenige dagegen über diese hinaus, etwa in den Westen): Flüchtlinge aus Kriegsgebieten wie im Kaukasus, Russen, die besonders aus dem Baltikum und Zentralasien in ihre Herkunftsgebiete zurückziehen, aber auch über 700000 Menschen, die den Folgen der Atomunfälle in der Umgebung von Tschernobyl, Semipalatinsk und Majak zu entkommen suchen. Zu den ökologischen Flüchtlingen gehören auch viele, die aus den mit Salzen und Pestiziden verseuchten Oasen Zentralasiens auswandern. Die Migrationen verursachen nicht nur kurzfristig Kummer und Not, sondern auch strukturelle Schwierigkeiten, insbesondere wenn russische, jüdische oder armenische Fachleute aus Regionen auswandern, in denen sie zumindest kurzfristig nicht ersetzt werden können.

Auch in der Frage einer gemeinsamen Sicherung der teilweise alten Atomkraftwerke vom Typ Tschernobyl kam man bisher wenig voran. Versuche der sieben führenden Industrienationen (G-7-Länder), die Länder Osteuropas zu verpflichten, solche AKWs abzuschalten oder mit westlicher Technik nachzurüsten, werden von der russischen Atomindustrie als Versuche westlicher Firmen bekämpft, in ihre Märkte einzubrechen – ohne angemessene Beteiligungen an den Kosten anzubieten. In der Tat würden wohl viele GUS-Länder gern auf die alte Technik verzichten – wenn der Westen die Finanzierung des Wechsels bezahlen würde. In den Kontexten der Osterweiterung von EU und NATO sowie der russischen Annexion der Krim 2014 verließen viele Mitglieder die GUS wieder.

24
Die Russländische Föderation

1 Demographische Daten

1989 beherbergte die Russländische Föderation (RF) 147 Millionen Menschen, von denen 119,7 Millionen oder 81,5 % Russen waren. Die größte ethnische Minderheit war mit 5,5 Millionen oder 3,8 % die der Tataren. 17,7 Millionen Nichtrussen lebten in 31 autonomen Gebieten wenn auch sehr unterschiedlicher Struktur – von starken Republiken wie jener der Tataren oder Tschetschenen bis zu den kleinen autonomen Kreisen wie jenem der Dolganen. Innerhalb dieser autonomen Gebiete lebten auch 11,8 Millionen Russen.

Die ethnische Zusammensetzung hat sich seitdem durch die Fluchtbewegungen aus selbständig gewordenen Republiken zugunsten der Russen gewandelt, da sie den größten Teil der Flüchtlinge bilden. Trotzdem ist die Bevölkerung der RF kaum angestiegen: 1990 wuchs sie noch etwas auf 148 Millionen, aber bis 1995 stagnierte sie dann bei 148,3 Millionen. Dass die Bevölkerung Rußlands trotz der Nettozuwanderung sinkt, liegt an der geringen Lebenserwartung und vor allem den sinkenden Geburtenzahlen – kamen 1990 statistisch noch 1,9 Geburten auf jede Frau, so waren es 1994 nur noch 1,4. Der Anteil von Menschen über 60 Jahren lag 1994 bei 16,7 % der Gesamtbevölkerung.

Der Anteil der Verstädterung ist leicht zurückgegangen: lebten 1990 73,8 % der Bevölkerung in Städten, so waren es 1995 noch 73,0 %. Die Wanderbewegungen haben auch innerhalb der RF ein großes Ausmaß angenommen – aus dem Norden und insbesondere aus dem fernasiatischen Nordosten sind bis zu einem Viertel der Menschen fortgezogen; weil der Staat keine Subsidien mehr zahlt, vor allem aber, weil im Rahmen der Abrüstung Stützpunkte aufgelöst wurden. Die meisten wandern in den Süden, an den Kuban und in die Vorkaukasusregion. Dort, so scheint es, kann man die schwierigen Zeiten immer noch am besten überleben.

Südwanderung, Geburtenrückgang und Dynamik von Migrationsbewegung sind auch Kennzeichen westeuropäischer Gesellschaften am Ende des 20. Jahrhunderts. Die Bedingungen Russlands stellen diese Phänomene hier jedoch in einen Kontext, in dem ethnische Konflikte, eine umfassende Krise der Wirtschaft und nicht zuletzt intellektuelle und moralische Orientierungsprobleme eine für viele existentielle Schärfe angenommen haben.

2 Verfassung und Politik

Die Verwaltungsorgane der Russländischen Föderativen Sozialistischen Sowjetrepublik (RSFSR) waren zu vier Fünfteln mit jenen der UdSSR identisch. Sie beherbergte 16 Autonome Republiken, 5 Autonome Gebiete und 10 Nationale Kreise; es gab aber keine eigene »russische« Republik. 1990 und 1991 erklärten viele der autonomen Republiken innerhalb der RSFSR sich für souverän, gaben sich Namen in den Sprachen des jeweils in der Titulatur genannten Ethnos und führten eigene Flaggen und Wappen ein. Sie beanspruchten die auf ihrem Boden befindlichen Bodenschätze für sich und schlossen an Moskau vorbei z. B. mit Nachbarregionen Verträge über deren Nutzung ab. Oft waren es Russen, die diese Politik anführten – z. B. in der Republik Komi, in der 1,5 Millionen Einwohner über 415 000 km² nordrussische Taiga, vor allem aber Erdölvorräte verfügen (auch über die nicht mehr rentablen Kohlevorkommen von Workuta), in welcher der Anteil der Komi an der Bevölkerung aber nur mehr 27% ausmacht. Die Selbständigkeitserklärungen der nationalen Republiken hatten also in einigen Fällen mehr den Charakter des Aufstands der Peripherien gegen das Zentrum als den ethnischer Emanzipation.

Um in seiner Auseinandersetzung mit den Unionsorganen Unterstützung zu gewinnen, bot Jelzin den Autonomen Republiken im Sommer 1991 etwas doppeldeutig an, sich so viel Souveränität zu nehmen, wie sie verdauen könnten. Diese Haltung fand ihren Niederschlag darin, dass den im März 1992 geschlossenen Föderationsvertrag neben 66 russischen Städten und Regionen auch 16 Republiken mit nichtrussischem Namen als *Föderationssubjekte* unterzeichneten. In diesen Republiken und Regionen regierten durchweg Vertreter der alten Nomenklatur, so dass auch wegen der politischen Gegnerschaft zu Jelzin die Macht der Zentrale oft nicht wirklich bis in die Provinzen reichte.

Diese Differenz kam im Verlauf der Auseinandersetzung zwischen dem Kongress der Volksdeputierten (s. Kap. 22.3) und dem Präsidenten zur politischen Wirkung. Der (noch unter Gorbatschow gewählte) Kongress verweigerte Jelzin Anfang 1993 die Verlängerung des Rechts, per »Ukas« (Verfügung) zu regieren. Darauf löste der Präsident den Kongress außerhalb der Legalität in einem Staatsstreich von oben auf. Die Deputierten blieben im Parlamentsgebäude, und ihre Anhänger versuchten zeitweise, durch einen Sturm auf das Fernsehgebäude die wichtigsten Medien in die Hand zu bekommen. Schließlich ließ der Präsident das Parlament stürmen, wobei es vermutlich über 1000 Tote gab.

Jelzin wollte jedoch nicht als Militärdiktator weiterregieren, sondern ließ eine neue Verfassung ausarbeiten. Sie sieht einen starken, direkt und auf vier Jahre gewählten Präsidenten vor, dem das Recht zusteht, die Grundzüge der Politik zu bestimmen. Lehnt das Parlament dreimal drei (verschiedene) vom Präsidenten vorgeschlagene Premierminister ab, kann er Neuwahlen ausschreiben. Das Parlament – die *Föderationsversammlung* – besteht aus zwei Kammern: dem *Föderationsrat*, in den die (Tschetschenien und Tatarstan eingerechnet inzwischen 89) Föderationssubjekte jeweils zwei Abgeordnete in direkter Wahl entsenden, sowie der *Duma*. Die Duma besteht aus 450 Abgeordneten, von denen die eine Hälfte direkt, die andere Hälfte nach Verhältniswahlrecht über Listen gewählt wird. Es gibt keinen Ausgleich entsprechend dem Verhältniswahlrecht (also keine Überhangmandate), so dass das Verfahren insgesamt mehr durch das direkte Wahlrecht geprägt ist. Das Verfassungsreferendum wurde mit einer knapp über der Hälfte liegenden Beteiligung (54,8 %) gültig abgestimmt und mit 58,4 % der abgegebenen Stimmen auch angenommen.

Die Ergebnisse der ersten Wahl zur Föderationsversammlung am 12. Dezember 1993 haben im Westen als Schock gewirkt, weil mit der »Liberaldemokratischen« Partei Wladimir Shirinowskijs eine rechtsextreme Partei 22,9 % der Stimmen erhielt, die nach Verhältniswahl abgegeben wurden. Allerdings konnte die Partei nur wenige Direktkandidaten durchbringen, so dass ihre parlamentarische Position nicht so stark war, wie dieser Prozentsatz vermuten ließ. In den Wahlkreisen hatten die Bürger ganz überwiegend Personen gewählt, von denen sie eine gute Vertretung ihrer Regionen erwarteten. Jetzt forderte der Präsident die Regionen auch auf, auf der Ebene der »Föderationssubjekte« neu und stärker nach parlamentarischen Traditionen wählen zu lassen, d. h. die »Räte« zu ersetzen.

Schon am 17. Dezember 1995 wurde die Duma erneut, diesmal für eine volle Wahlperiode von vier Jahren, gewählt. Die Wahlbeteiligung stieg auf 64,3 %, da aber 39 der 43 gemeldeten Parteien an der nun eingeführten Fünf-Prozent-Hürde scheiterten, verfielen 49,5 % aller Stimmen. Die andere Hälfte verteilte sich auf vier Parteien: Die linke *Kommunistische Partei* erhielt 22,3 %; die rechte *Liberal-*

Das Parlament der Russländischen Föderation 1995

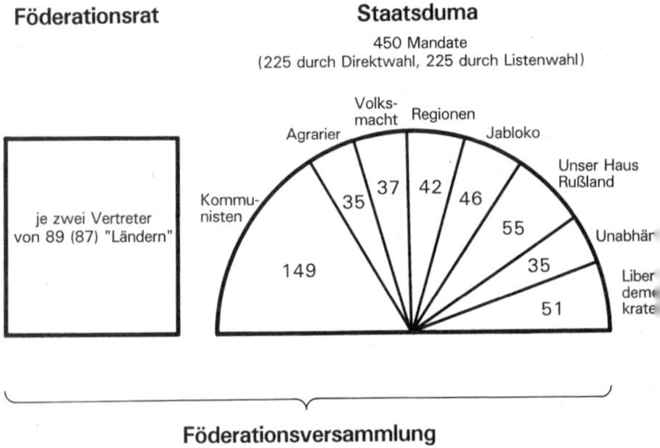

Die »Agrarier« arbeiteten bei der Bildung der Fraktionen mit den Kommunisten zusammen.
»Jabloko« heißt die Partei der Reformdemokraten.
»Unser Haus Russland« ist die Partei des Ministerpräsidenten Tschernomyrdin.
Mehrere Parteien, die in der Listenwahl an der Fünf-Prozent-Klausel scheiterten, konnten genug Direktkandidaten durchbringen, um Fraktionen zu bilden.

---

demokratische Partei 11,2 %; die zentristische *Unser Haus Russland* 10,2 %; die reformdemokratische *Jabloko* 6,9 %.

Die Position der Kommunisten wurde noch dadurch verstärkt, dass die an der Fünf-Prozent-Klausel gescheiterte Agrarpartei, mit der sie sich in den Wahlkreisen abgesprochen hatten, 20 Direktmandate gewann. Trotzdem reichte die parlamentarische Position der Kommunisten nicht, um der Regierung wirklich Schwierigkeiten zu bereiten, da die meisten Parlamentarier, die Direktmandate gewonnen hatten, an pragmatischer Politik interessiert waren und also mit der Regierung kooperierten.

Die Zersplitterung des Parlaments stärkte die Stellung des Präsidenten. De facto konnte er, wie auch schon vorher, mit Anordnungen regieren; ein präsidiales Bürokratenregime, das Boris Orlow treffend als »Ukasokratie« bezeichnet hat.

Die starke Stellung des Präsidenten gab den Präsidentenwahlen im Juni/Juli 1996 besonderes Gewicht. Der amtierende Präsident Boris Jelzin musste zwar in die zweite Runde, weil er in der ersten nur eine relative Mehrheit errungen hatte, gewann in dieser Runde mit 53,8 % jedoch eindeutig gegen den Reformkommunisten Gennadij Sjuganow, der 40,3 % der Stimmen erhielt. Für Jelzin stimmten vor allem die beiden Hauptstädte Moskau und St. Petersburg, also das städtische, junge und der Reform zugewandte Russland, während unter den Wählern Sjuganows ältere Bewohner kleinerer Orte und die Menschen des breiten »roten« Gürtels südlich Moskaus zwischen Smolensk und Wolgograd die Mehrheit bildeten. Die Wahl hatte also auch etwas von einer Auseinandersetzung zwischen Zentrum und Peripherie, wobei indes der Norden des Landes mit seinen großen Rohstoffvorkommen, aber zweifellos ebenfalls peripheren Gebieten zu Jelzins Hochburgen gehörte und umgekehrt die von den Kommunisten parlamentarisch eroberten Gebiete oft jene sind, in denen die Krise sich nicht so scharf ausgewirkt hat. Insbesondere die Altersverteilung der Wähler lässt trotzdem kaum erwarten, dass die Kommunisten in naher Zukunft bei Wahlen Mehrheiten erringen können.

Die präsidiale Ukasokratie konnte also fortgeführt werden, ihre Schwachstelle lag allerdings in der Person des Präsidenten selbst.

3 Religion und Kirche

1986 wurde die Registrierpflicht für religiöse Akte wie Taufe oder Trauungen aufgehoben. 1988 erhielt das Patriarchat der Russisch-Orthodoxen Kirche das Danilow-Kloster in Moskau, das die Kirche ausbaute und zum neuen Sitz mitten in der Hauptstadt machte. Die Tausendjahrfeier der Christianisierung Russlands wurde auch von der Kommunistischen Partei als historisches Großereignis begangen; viele Russen ließen sich taufen – nicht zuletzt aus jener Generation, der die Eltern keine christlichen Traditionen weitergegeben hatten. Jelzin ließ sich gern vom Patriarchen in der Öffentlichkeit segnen und im Gottesdienst sehen; die Russische Orthodoxe Kirche war wieder etabliert und konnte nun darangehen, ein dichteres Netz von Gemeinden aufzubauen.

Mit der Perestrojka kamen auch viele andere religiöse Gruppierungen, vor allem amerikanische evangelikale Kirchen, nach Russland, die mit beträchtlichen Mitteln Propagandakampagnen starteten. Zugleich besetzte die römisch-katholische Kirche ihre Bistümer neu. Die Orthodoxie fühlte sich dadurch herausgefordert und befürwortete ein Gesetz, wonach alle Missionare von Kirchen, die ihr Zentrum außerhalb Russlands haben, einer offiziellen Zulassung bedürfen, um sie so kontrollieren zu können. Zu streichen sei auch der Passus aus dem liberalen Religionsgesetz der Gorbatschow-Zeit, dass alle religiösen Vereinigungen gleich seien. Das Gesetz fand eine Mehrheit im Kongress der Volksdeputierten, der aber aufgelöst wurde, bevor Jelzin es unterzeichnete.

1993 tagte die erste »Weltversammlung der Russen« im Danilow-Kloster, von Patriarch Alexej II. begrüßt. Die Versammlung machte deutlich, dass die Kirche an der Einheit von Russentum und Orthodoxie festhalten oder genauer, diese wieder aufrichten möchte. Einer der Redner forderte in Anspielung auf Deutschland die Wiedervereinigung aller Russen – was in der Westukraine vielleicht eher als Forderung nach Anschluss verstanden wurde, um eine andere Parallele zur deutschen Geschichte heranzuziehen.

Die russische orthodoxe Kirche kehrte also wieder an jenen Platz auf der rechten Seite der russischen Gesellschaft zurück, den sie vor 1917 eingenommen hatte. Dem entsprach in der Gemeindearbeit weiterhin die Betonung des Ritus und die Opposition gegen aktuelle, vom Popen verfasste Predigten sowie erst recht gegen die Laienpredigt. Dem entsprach jedoch auch eine starke antisemitische Strömung im Episkopat, angeführt vom Metropoliten von St. Petersburg, der in der Zeitung *Sowjetskaja Rossija* über die »freimaurerisch-jüdische Verschwörung gegen Russland« schrieb. Nicht zuletzt gehört dazu, dass in einem orthodoxen Familienkalender sogar eine Ritualmordlegende verbreitet wird.

Die wieder freie Kirche kann wieder jene nach innen gerichtete Frömmigkeit und jene philosophische »Lust an der Erkenntnis« verkünden, welche eine der Stärken russischen religiösen Lebens bedeuten. Dem Zaren Nikolaus II. werden Denkmale gesetzt, aber als »Dulder-Zar«, als Märtyrer. Dieses Leidenscharisma, das in der russischen Orthodoxie eine alte Tradition besitzt, hilft vielen, die Schwierigkeiten des Alltags zu ertragen.

4 Intellektuelles Leben

Das geistige Leben in Russland ist so heterogen, wie es vielleicht vor 1917 war. Darin liegt eine große Veränderung. In der sowjetischen Ära lasen die Intellektuellen die »dicken« Kulturzeitschriften und waren auf dem laufenden, welches Buch man lesen, welches Theaterstück man ansehen sollte. Wer die Zeitschriften oder Bücher nicht selbst kaufte, konnte sich in lange Vormerklisten in den vielen öffentlichen Bibliotheken eintragen. Heute gibt es nicht nur einige wenige solcher Zeitschriften, sondern eine Vielzahl davon – aber diese haben nicht Hunderttausender-Auflagen, sondern die Redaktionen sind froh, wenn sie zwei- oder dreitausend verkaufen können. Für viele heißt das, dass man am intellektuellen Leben nicht mehr teilnehmen kann, da die Themen in den verschiedenen Diskussionszirkeln zu disparat sind. Man kann nicht mehr mitreden.

Im einzelnen kann man drei große Gruppen erkennen. Auf der einen Seite fühlen sich viele Kommunisten von dem Verlauf der Perestrojka in ihrer Kritik an den neuen Zuständen bestätigt, insbesondere angesichts der scharfen Einkommensunterschiede, die entstanden sind, und der Grobheit der neuen Geschäftsleute, der *bisnesmeny* (das Wort ist vom englischen *businessman* abgeleitet). In der Zeitschrift *Swobodnoje Slowo* wird versucht, den Nachholbedarf an kritischer Theorie zu befriedigen, der die sowjetische Linke so unbeweglich gemacht hat. In der Zeitschrift *Rubeshi* schreiben Autoren eines linken Spektrums über die neue Lage Russlands, entwerfen Modelle zum Verständnis von Vergangenheit und Gegenwart und diskutieren über Sozialismus und Demokratie.

Auf der anderen Seite steht eine Resurrektion slawophiler, konservativer und auch antisemitischer Gedanken. Geschichte wird zum Rekurs auf Zarenromantik, und da Nikolaus II. von der Auslandskirche kanonisiert worden ist, ist der Zar auch ein Heiliger. Immer neue Verbrechen der stalinistischen Zeit werden aufgedeckt, und dies gibt Anlass, die Frage nach der Moral und nach der Konstitution des Menschen, aber auch nach der inneren Brüchigkeit progressiver Positionen mit guten und nicht selten auch erschütternden Argumenten vorzutragen.

Die Liberalen und Sozialdemokraten bilden die dritte Gruppe, aber dem Anschein nach die kleinste der drei. Hier wird diskutiert, mit welchen Adaptionen Menschenrechte und parlamentarische Verfassung in Russland durchgesetzt werden können, aber auch, welche Rolle Russland im Rahmen einer westlich beherrschten Welt eigentlich spielen kann.

Weithin wird die monopolsozialistische Vergangenheit unter dem Begriff des Totalitarismus (vgl. Kap. 16.10) verstanden. Dabei kommt es der russischen Öffentlichkeit oft weniger darauf an, Nationalsozialismus und Kommunismus gleichzusetzen, als darauf, ein in der intellektuellen Diskussion der Welt eingeführtes Konzept zur Einordnung dessen zu finden, mit dem sie sich und anderen erklären können, was eigentlich geschehen ist.

Die Begeisterung, mit der die Reformer in den Jahren 1990/91 nach dem Markt riefen, ist insgesamt verflogen. Insofern bildeten Verteidigung und Erstürmung des »Weißen Hauses« – Sitz des russischen Parlaments – im Oktober 1993 vielleicht die Peripetie jenes heroischen Selbstverständnisses, das der UdSSR eigen war oder das sie zumindest propagierte. Weder der Parlamentspräsident Alexander Ruzkoj als Verteidiger noch Jelzin als Erstürmer eigneten sich zu Helden. Vielleicht entsteht nun in Russland jene intellektuelle Ernüchterung, die der Geschichtsphilosoph und spätere tschechoslowakische Staatspräsident Thomas Masaryk am Anfang des Jahrhunderts noch vermisst hatte, und die eines der Attribute der Moderne zu sein scheint.

5 Die Wirtschaft

Das Scheitern der Perestrojka im ökonomischen Bereich (s. Kap. 22.4) hatte zur Legitimität des Staatsstreichs der Republiken Ende 1991 beigetragen. Die Entwicklung wurde unter dem Radikalreformer Jurij Gajdar jedoch keineswegs besser. Die Freigabe der Verbraucherpreise – ohne dass es einen Markt für Verbrauchsgüter gegeben hätte – ließ die Inflationsrate hochschnellen, während die Wirtschaftsleistung sank. Insgesamt wurde das Bruttosozialprodukt zwischen 1989 und 1995 halbiert – im Vergleich mit einem Land wie Polen, das eine radikale Privatisierungspolitik verfolgte und in demselben Zeitraum einen Verlust von 17 % hinnehmen musste, aber auch mit Turkmenistan, das eine sehr langsame Transformation betrieb und 24 % verlor, jedenfalls ein noch schlechteres Ergebnis.

Die Pläne vom Dezember 1991 sahen vor, bis Ende 1992 über 20 % und bis 1994 die Hälfte des industriellen Staatsvermögens zu privatisieren. Dazu wurden an die Bürger Anteilscheine am Industriebesitz ausgegeben, »Vouchers« mit einem Nennwert von 10 000 und einem Weiterverkaufswert von etwa 4000 Rubel. Ein Netz von Banken, Versicherungen und Fonds entstand, und Mitte 1993 stammte tatsächlich ein Viertel der industriellen Produktion aus dem privaten Sektor. Für wichtige Zweige wie Erdölproduktion und Rüstungsindustrie wurden jedoch Sonderregelungen getroffen.

Ein wichtiger Teil der Gesamtkrise bestand in dem von Gorbatschow ererbten, aber weiter anwachsenden und kaum kontrollierten Haushaltsdefizit. Die UdSSR hatte 1985 eine Staatsquote von 50 %, vor allem durch die Gewinnabgaben der Unternehmen. Privatisierung, Rezession und geringe Steuerleistung ließen die Quote für Russland auf 30 % sinken und das Haushaltsdefizit explodieren. All das konnte auch der entschiedenste Reformer nicht als Erfolg interpretieren, und Gajdar musste gehen.

Ministerpräsident Viktor Tschernomyrdin vertrat einen pragmatischeren Kurs – ein maßvoller Protektionismus sollte Russlands Industrien schützen, soziale Härten sollten gemildert, technisch hochrangige Produktionen – besonders im Rüstungssektor – für den Export gestützt werden. Privatisierungen sollten weitergehen, aber in einem langsamen Tempo.

Gegen die Versuche, die Landwirtschaft zu privatisieren, gab es eine viel breitere und in den regionalen Behörden auch fest verankerte Opposition. Nun verschwand zwar der »außerökonomische« Zwang, mit dem die alten Kolchosen z. B. die Arbeit auf den gemeinsamen Feldern organisiert hatten, aber an seine Stelle trat kein »innerökonomischer«, über Löhne und Preise vermittelter Anreiz zur Produktion. Viele Bauernhöfe gingen zur Selbstversorgung über, oder zur Produktion von wenigen privat verkaufbaren Gütern wie Eiern oder Fleisch, manches Kolchosfeld blieb brach liegen. 1993 produzierte die Landwirtschaft ein Fünftel weniger als 1989.

Indikatoren zur wirtschaftlichen und sozialen Entwicklung

	1	2	3	4	5
1989	100,0	100			
1990	96,0	105			
1991	76,8	263		4,1	
1992	65,7	6.800		33,5	40,0
1993	60,0	64.000		31,5	25,5
1994	52,3	292.000		23,1	9,0
1995	50,1	468.000	100	26,2	12,8
1996	47,7		122	21,4	28,2
1997	48,1		135	20,8	18,9
1998	45,8		249	23,4	15,0
1999	48,2		349	29,9	
2000	52,2		409	28,0	
2001	54,8		490	25,0	

1 Brutto-Inlandsprodukt in % von 1989
2 Inflationsrate 1989 = 100
3 Inflationsrate 1995 = 100
4 Anteil der Haushalte unter der Armutsgrenze in %
5 Kapitalflucht in Mrd. $

Problemregionen der Russländischen Föderation 1991

Aggregierter Index schlechter sozialökonomischer Bedingungen in den Regionen Russlands 1991–92, errechnet als Summe der Abweichungen von den Durchschnittswerten aus drei Indikatoren: Dynamik der Produktion, Höhe der Arbeitslosigkeit und Saldo der Migration:

(1) besonders gut (2) sehr gut (3) gut (4) verhältnismäßig gut (5) verhältnismäßig schlecht (6) schlecht (7) sehr schlecht (8) besonders schlecht.

Am besten geht es demnach dem Gebiet Uljanowsk; einem breiten Streifen vom Kuban bis zum südlichen Ural, der die Republiken Tatarstan und Baschkirien einschließt; dann Regionen im Westen des Landes wie den Gebieten Smolensk und Pskow oder der Republik Karelien; und den Erdöl- und Erdgasgebieten im Westen Sibiriens wie den autonomen Kreisen der Chanten oder der Jamalo-Nenzen mit der Hauptstadt Salychard. Besonders schlecht geht es Regionen an den Grenzen – im Norden und Osten durch den Abbau von Subventionierung und den Abzug von Militär, im Ostkaukasus wegen der Kämpfe entlang ethnischer Grenzen. Auch für Moskau und St. Petersburg addieren sich negative Daten aus den drei Indikatoren.

Ab 1992 wurde die russische Wirtschaft immer stärker dadurch geschädigt, dass die Neureichen das Kapital auf ausländische Banken brachten oder in ausländischen Unternehmen investierten. Freiheit wurde, wie Grigor Jawlinskij, Vorsitzender der liberalen Jabloko-Fraktion in der Duma, bitter bemerkte, von vielen Mitgliedern der neuen Oberschicht als das Recht verstanden, Geld im Westen anzulegen und in Zypern oder Marbella Ferien machen zu können. Die Familie des Präsidenten Jelzin ging mit unrühmlichem Beispiel voran. Die Kapitalflucht war möglich, da Russland durch die Rohstoffexporte Devisen verdiente.

Das Kapital, das der russischen Wirtschaft entzogen wurde, fehlte insbesondere in der Industrie. Oft war sie auf dem Weltmarkt nicht wettbewerbsfähig, es wäre aber durchaus möglich gewesen, auf den Weltmärkten die Tech-

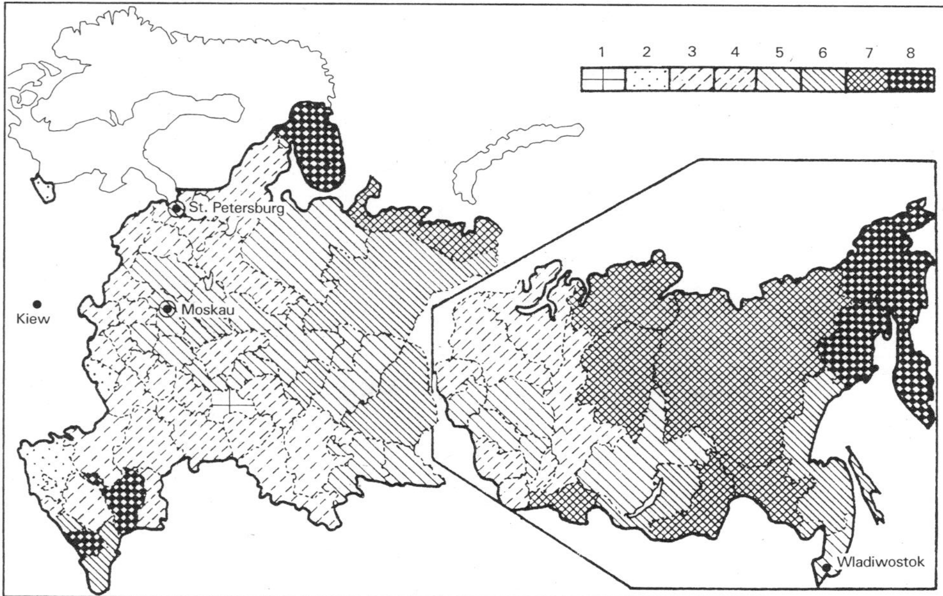
1
2
3
4
5
6
7
8
St. Petersburg
Moskau
Kiew
Wladiwostok

nik einzukaufen, welche sie wettbewerbsfähiger gemacht hätte. Da ausländischen Firmen nicht erlaubt wurde, sich in russische einzukaufen, die neuen russischen Eigentümer aber nicht oder wenig investierten, wurden die russischen Betriebe der Weltmarktskonkurrenz ausgesetzt, ohne wenigstens jetzt jenen Schub an nachholender Innovation zu erhalten, der im späten Sozialismus ausgeblieben war. Die Investitionstätigkeit kam zeitweilig zum Stillstand, außerdem zahlten die neuen Reichen ihre Steuern nicht. Joseph Stieglitz, zeitweise Vizepräsident der Weltbank, urteilte: »Die Regierung schuf eine mächtige Klasse von Oligarchen und Geschäftsleuten, die nur einen Bruchteil ihrer Steuerschulden bezahlten, sehr viel weniger jedenfalls als das, was sie in praktisch jedem anderen Land bezahlt hätten.« Dem wurde die Krone aufgesetzt, als der Internationale Währungsfond 1998 bei einer Zahlungskrise der russischen Regierung 22,6 Milliarden $ für Russland aufbrachte – es dauerte nur drei Wochen, bis es den Oligarchen gelungen war, die gesamte Summe in billigen Rubeln aufzukaufen und die Dollars in den Westen zu bringen, so dass Russland trotz der Devisenspritze zahlungsunfähig wurde.

Als Rückgrat des russischen Außenhandels erweisen sich die Rohstoffexporte, obgleich auch hier, etwa bei den Ölleitungen, Unterkapitalisierung zu schlechter Wartung und damit zu unverhältnismäßig großen Unfällen und/oder Ausfällen geführt hat. Aber mit dem Rohstoffexport werden Gewinne gemacht. Anders ist es mit dem zweiten Außenhandelsstandbein der alten UdSSR, dem Rüstungsexport. Seit 1992 wird er von der russischen Regierung wieder gefördert, nachdem sie einige Jahre eher auf Konversion setzte. Es ist jedoch schwer, die alten Märkte zurückzuerobern, da dies oft Staaten waren, die von sowjetischer Unterstützung abhängig waren und die nun ihre Waffen auch in den USA, Frankreich oder Deutschland kaufen.

Perestrojka und die Periode des Systemwandels führten dazu, dass die sozialen Schichten in Russland auseinandergerissen wurden. Verdienten 1979 die obersten 10 % der Bevölkerung 3,5mal soviel wie die untersten 10 %, so war es in den neunziger Jahren 35mal soviel. Die »neuen Reichen« waren Geschäftsleute – und zwar eher Händler als Industrielle –, Mafiosi und alle, die ihre Hand in wichtigen Exportgeschäften des Landes haben. Alle, die nur auf feste vom Staat gezahlte Einkommen angewiesen waren, verloren ihren Wohlstand durch die galoppierende Inflation. Insofern hatte diese auch eine sozialpolitische Wirkung, denn sie machte alle arm, die einst über die Nomenklatur der Partei auf gute Posten gekommen waren – sofern sie diese Tatsache nicht als Grundstein für eine neue Karriere genutzt hatten. Insbesondere traf die Inflation fast alle Universitätslehrer, Ärzte, Lehrer, Hausmeister in staatlichen Gebäuden oder z. B. Archivräte. Die Vergünstigungen für den wichtigsten Teil der politischen Funktionäre blieben bestehen; die Politiker kamen also weithin ungeschoren durch die Inflation. Am schlimmsten waren die Pensionäre und andere Alte betroffen, weil die Anpassungen der Renten viel zu spät erfolgten. Der Brotpreis war, wie in manchen vorindustriellen Gesellschaften, in der sowjetischen ein politischer Preis gewesen. Er wurde zwischen 1991 und 1993 verzweihundertfacht, von 0,53 auf 111 Rubel für ein Kilo Roggenbrot. Die Mindestrente betrug 1993 14620 Rubel, reichte also, um 133 Brote zu kaufen.

Die Arbeitslosenzahlen stiegen, obgleich viele Firmen auch dann keine Entlassungen vornahmen, wenn nichts hergestellt wurde. Dafür zahlten sie dann auch keine Löhne – d. h. dass die soziale Institution Fabrik (mit Werksessen und Kindergarten) die Produktionsinstitution überlebte. Auch die Obdachlosenzahlen nahmen zu, besonders in den großen Städten wie Petersburg, wo es nur sehr wenig Unterkünfte gibt. 1992 stieg der Anteil der Haushalte, die unter der Armutsgrenze leben, auf ein Drittel. Ohne Kartoffeln und Gemüse aus dem eigenen Garten wären viele verhungert.

Frauen waren unmittelbar am schwersten durch die Not betroffen. Manche suchten Auswege im Sexgeschäft oder durch eine Heirat in den Westen, die allermeisten schafften und schaffen es irgendwie, sich und ihre Kinder durchzubringen. Dies ist gegenüber der sowjetischen Ära nicht nur deshalb schwieriger geworden, weil die Preise gestiegen sind, sondern auch, weil die Kinderkrippen entweder aufgelöst wurden oder hohe Beiträge fordern, während sie früher kostenlos waren oder nur symbolische Summen kosteten. Auch Schulen unterscheiden sich nun stärker, einige verlangen Schulgeld. Die Teilnahme am kulturellen Leben ist zu einem Luxus geworden; gewiss war es früher manchmal mühsam, an Karten zu kommen, aber sie waren billig; jetzt können sich viele Menschen Theater oder Oper nicht mehr leisten. Alte Verbindungen gehen zu Bruch – die Frauen der »neuen Reichen« bleiben zu Hause und haben ihren Beruf aufgegeben, was für Frauen von Lehrern oder Beamten finanziell ausgeschlossen ist.

Ziemlich viele Männer haben nicht die Kraft, sich in den scharfen sozialen Unterschieden zurechtzufinden, wenn sie die Verlierer sind. 1994 trank jeder erwachsene russische Mann im Schnitt täglich einen halben Liter Wodka. Die Antialkoholkampagne Gorbatschows hatte den durchschnittlichen Alkoholverbrauch, zumindest nach den offiziellen Statistiken, halbiert, aber 1992 war er wieder auf dem alten Niveau. Eine Flasche Wodka kostete 1984 soviel wie zwei Kilo Wurst; 1994 nur noch soviel wie ein halbes Kilo. Die Folgen der Sucht blieben nicht aus – zwischen 1987 und 1993 sank die durchschnittliche Lebenserwartung der russischen Männer von 65 auf 58 Jahre.

Die Krise der Männerrolle wird in der Armee besonders deutlich, wo junge Rekruten in einem solchen Ausmaß der

Willkür von Altgedienten ausgesetzt werden, dass – wie die Armee zugibt – 2000 im Jahr eines gewaltsamen Todes sterben. Das »Komitee der Soldatenmütter« behauptet allerdings, dass die Zahl dreimal so groß ist. Mütter, welche die Leichen der Söhne aus den Kasernen erhalten und untersuchen lassen, finden Spuren von Unterernährung, Schlägen und Verletzungen, ja sogar abgeschnittene Körperteile. Im Tschetschenienkrieg sollen mehr Reservisten aus Angst vor der *dedowschtschina*, dem Terror der Älteren, desertiert sein als aus Angst vor dem Feind.

Im Alkoholismus, in der Flucht in die eigenen vier Wände und dem Beiseiteschauen bei Gewaltaktionen, in der bitteren Armut großer, sehr großer Gruppen wird deutlich, dass Perestrojka und Systemwandel bisher nicht zu dem geführt haben, was ihre erklärten Ziele waren: einem sicheren, angenehmen Leben. Gerade einfache Menschen sind nach vierundsiebzig Jahren Sozialismus und fünf Jahren Kapitalismus nicht befreiter oder emanzipierter geworden, sondern skeptisch gegen die Herrschenden und darauf bedacht, die privaten Räume, in denen sie ihr Überleben zu sichern suchen, gegen jeden Zugriff von außen abzuschotten. Arm ist man am besten mit seinesgleichen. Wenn jemand aber einen Gast hat, zeigt er vor allem, wie wohlhabend er trotz allem ist. Die Gegnerschaft zwischen Staat und Gesellschaft ist also nicht aufgehoben, sondern gesteigert. »Uns ist es gleich, unter welchem Natschalnik wir leben – unter Jelzin oder Gorbatschow oder Puschkin oder Lermontow« antworteten russische Bauern einem Deutschen, als er sie 1992 auf der Landstraße nach ihrer politischen Einstellung fragte – bevor sie herausbekamen, dass er ein ausländischer Korrespondent war, und ihn mit der Drohung, die Miliz zu holen (da der Korrespondent für seine Befragungen keine Genehmigung von der Kolchosleitung hatte!) schnellstens aus ihrem Dorfgebiet vertrieben.

7 Eine neue Oberschicht

Soweit und solange die nationale Struktur des politischen Systems andauert (obgleich sie der globalen Struktur der Wirtschaft nicht entspricht), muss sich die Führung eines Landes daran messen lassen, ob und wie weit sie »ihre« Nation voranbringt. Die russische Führung präsidierte einer außerordentlichen wirtschaftlichen und sozialen Katastrophe, die grob gesagt eine Halbierung des Brutto-Inlandsprodukts bedeutete, ohne abgesetzt zu werden – eine politische Kontinuität, welche in der Bundesrepublik (wo es als Krise verstanden wird, wenn die Zuwachsraten nur 1 % betragen) kaum denkbar wäre.

Gorbatschow hatte das Ziel, die Stagnation der sowjetischen Gesellschaft durch Übernahme wichtiger Elemente von Markt und Demokratie zu überwinden, aber obgleich er wusste, dass eine stabile Rechtsordnung Voraussetzung aller Reformen war, setzte er die Durchsetzung des Rechtsstaats nicht an die erste Stelle der Veränderungen. Er entmachtete jedoch die KPdSU, welche die sowjetische Oberschicht, die Nomenklatura, nicht nur an die Macht gebracht hatte, sondern auch moralisch und durch Parteiverfahren kontrollierte. Nach dem Verbot der Partei durch Jelzin gab es keine Institution mehr, welche den Egoismus der Eliten im Zaum hielt – und das moralische Vakuum nach der Entlarvung der falschen Ideologie wurde durch das »Bereichert euch« eines archaisch daherkommenden Kapitalismus ersetzt.

Die nach dem Krieg geborene Generation von Kommunisten machte sich entsprechend daran, Machtpositionen in Politik und Verwaltung in kapitalistisches Eigentum zu transformieren. Die Vouchers (vgl. Kap. 24.5) wurden, da die Inflation galoppierte, von der Masse der lohnabhängigen Bürger weiterverkauft. Nur Mächtige konnten Großbesitz akkumulieren. Ausländer waren vom Erwerb ausgeschlossen, auch wenn sie viel mehr boten – z. B. bot Fiat für eine der russischen Automobilfabriken 2 Milliarden $, sie ging aber für 45 Millionen $ an Russen. Es entstand also in wenigen Jahren eine neue kapitalbesitzende Oberschicht, für die allerdings der Begriff »bürgerlich« oft nicht adäquat ist, da sie weder durch unternehmerische Leistung noch durch bürgerliche Moral geprägt war.

Da die Akzeptanz des neuen Eigentums gering und die Implementierung des Rechtsstaats schwach blieben – mit anderen Worten: weil der einfache Mensch diese Oberschicht nicht anerkennen konnte, aber andererseits eine Strafverfolgung von Verbrechen kaum fürchten musste –, stieg die Bedeutung von Gewalt gegen Personen und Sachen. Die »neuen Reichen« suchten sich privaten Schutz, zogen aus den sowjetischen Hochhäusern aus und begannen sich eigene, oft durch Mauern und Zäune abgetrennte Viertel zu bauen. Gewiss hatte es auch im Sozialismus Interessengruppen, Seilschaften, Unterschiede an Einkommen und Gegenden gegeben, die voller Datschen der Nomenklatura waren. Nun aber wurde die Distanz zwischen oben und unten vervielfältigt, und der Auszug der neuen Elite aus der Gesellschaft wurde augenfällig.

8 Klientelbildung und organisiertes Verbrechen

Eine Marktgesellschaft, in welcher ein großer Teil der Werte für Geld den Besitzer wechseln kann, setzt eine allgemeine Rechtssicherheit voraus. Rechtssicherheit war in der UdSSR nur schwach entwickelt, wenn es um die Durchsetzung politischer Interessen ging; gegen die Partei oder die Verwaltung hatte ein Individuum kaum eine Chance. Die bloße Abschaffung der Macht der Partei schuf aber nicht ein verlässliches Rechtssystem, das ja eine lange Tradition von Rechtspflege voraussetzt, sondern setzte den Egoismus von Seilschaften und Gruppen frei. Dies in besonderem Maß, weil es ja darum ging, Vermögen zu erwerben. Dem Staat traute man nicht zu, das Leben der Bürger und die neuen Vermögen verlässlich zu schützen; die Rate der bekanntgewordenen Morde auf 100 000 Bürger stieg zwischen 1988 und 1995 von 9,8 auf 30,6, verdreifachte sich also (in den USA betrug die Rate 1995 8,6, und in Westeuropa lag sie zwischen 1 und 1,1). Die Zahl der registrierten Verbrechen verdoppelte sich fast. 67 % von 5769 Befragten gaben 1999 an, dass man von den Behörden in keinem Fall eine faire Behandlung erwarten könne, und nur 17 % glaubten, dass man eine faire Behandlung durch Bestechung erreichen würde (16 % meinten, dass die Behörden in jedem Fall fair seien). Entsprechend nahmen die Bürger diesen Schutz selbst in die Hand; wer in ein Geschäft investiert hat, muss für ein verlässliches Dach (*kryscha*) sorgen.

Dies gilt auch auf den oberen Ebenen: Ein Leiter einer großen Firma wie »Lukoil« wurde 2002 entführt, um für viele Millionen (Dollar selbstverständlich) freigelassen zu werden. »Sie können es Erpressung nennen, aber für uns ist es Business«, antworteten Vertreter deutscher Firmen auf die Frage nach dem Schutz. Umgekehrt benutzen manche Firmen die Banden auch zur Abwehr von Lohnforderungen und Streiks, wie 1999 in Workuta. Schutzbedürfnis besteht bis hinunter zu jenen kleinen Kiosken, welche den russischen Alltag bestimmen – alle brauchen ihr »Dach«. Die Zeitung *Argumenty i fakty* hat dokumentiert, wie oft und welche Summen man an die Straßenpolizei zahlen muss, wenn man einen LKW mit Melonen aus Südrussland nach Moskau bringen will: manchmal werden nur einige Melonen verlangt, dann wieder Rubel.

Das Klientelsystem, das mit der italienischen Mafia verglichen wurde, funktioniert im Außenverhältnis, indem für Schutz und Sicherheit von Person, Eigentum und auch legalen Transaktionen bezahlt wurde und wird. Nach einem Bericht der UN von 1995 gab es in Russland etwa drei Millionen Menschen, die in 5700 kriminellen Banden vom organisierten Verbrechen lebten. Intern ist das System durch ungleichen Tausch verschiedenster Werte (von einer Stellung bis zur privaten Schule für das Kind) und in Zuordnungen von Person zu Person organisiert: eine »Awtoritet« weist drei bis fünf »Brigadiere« an, die jeder wieder 3–4 »Bojewiki« oder Kämpfer haben, welche 6–10 »Torpedos« anführen.

Eine neue Gegengesellschaft ist also entstanden. Sie besteht ethnisch überwiegend aus Russen; Kosaken und Kaukasier bilden eigene Banden, welche überwiegend in bestimmten Bezirken aktiv sind. Historisch hat die Gegengesellschaft ihre Wurzeln im GULag, in den viele Verbrecher gebracht wurden, die jedoch dann in manchen Lagern die Ebene unter den Bewachern in ihre Hand brachten und ein Netz schufen, das den GULag überlebte. Diese Gegengesellschaft rekrutiert sich in Teilen der Gesellschaft, in denen die Rate effektiver Arbeitslosigkeit und die Armut keine Chance zu geben scheinen, anders zu existieren, und in denen dann nur die Verlässlichkeit der Beziehungen von Person zu Person es erlaubt, sinnvolle Zukunftsentwürfe zu machen.

9 Außenpolitik

Für die Russländische Föderation war es anfangs schwierig, ihren neuen Platz in der Außenpolitik zu bestimmen. Zunächst trat Jelzin einfach in die Spuren des im Ausland ja sehr beliebten Gorbatschow und führte dessen besonders enges Verhältnis mit den Westmächten – besonders den USA und Deutschland – fort. Je mehr die Grundsatzentscheidungen – Rückzug aus Deutschland und Ostmitteleuropa; nur Russland bleibt Atommacht; der Reformkurs bleibt – jedoch gefallen waren, desto weniger Inhalt besaß eine solche besondere Beziehung. Der Wunsch, als Mitglied in die Gruppe der sieben führenden Industrienationen (G7) aufgenommen zu werden, hatte sogar etwas Irreführendes, denn zu den bedeutendsten Wirtschaftsmächten des Kapitalismus gehört Russland ja nicht.

Anders auf dem Feld der militärischen Macht, wo nunmehr Russland die zweitgrößte Nuklearmacht der Erde war. Wollte Russland damit die Rolle einer Weltmacht spielen? Diese Frage war im Grunde schon unter Gorbatschow verneint worden. Aber gerade das Scheitern des Versuchs, auf dem Parkett der Wirtschaftsmächte in die erste Riege aufgenommen zu werden, bestärkte Russland in dem Willen, als Militärmacht anerkannt zu bleiben. Russland opponierte deswegen gegen die Osterweiterung der NATO.

In dieser Schwerpunktsetzung steckt ein Stück jenes Militarismus, der die russische Geschichte so sehr belastet hat. Auf militärischem Gebiet wird Russland anerkannt, und 1995 konnten auch die Rüstungsexporte um 60 % gegenüber 1994 gesteigert werden, auch wenn sie mit 2,7 Milliarden Dollar weit hinter denen der USA (mit 15 Milliarden Dollar) zurückblieben. Die relative militärische Stärke führt jedoch immer wieder zu falschen Schwerpunktsetzungen.

Die GUS bildet den ersten Ring außenpolitischen Interesses der russländischen Nation. Hier ist es bisher vor allem nicht gelungen, die Frage der russischen Minderheiten in den anderen GUS-Ländern zum Verhandlungsgegenstand zu machen, da z. B. Kasachstan diese Frage als eine rein innere ansieht. Die Wirtschaftsunion entspricht weniger den russischen Interessen als denen der anderen Mitglieder, da eine unmittelbare Verrechnung der russischen Erdöllieferungen zu Weltmarktpreisen der russischen Seite zugute käme. Trotzdem hat Russland die Stabilisierung und den Ausbau der GUS vorrangig betrieben und sogar militärisch interveniert, wenn es das wie in Tadschikistan für notwendig hielt – entgegen einheimischen Protesten. Dabei mag eine Rolle spielen, dass man sich Interventionsrechte genauso offenhalten will wie etwa Frankreich in Zentralafrika. Vor allem glaubt die russische Führung wohl, dass sowohl die Frage der russischen Minderheiten im Ausland wie jene der muslimischen Bürger im Inland mit dem Instrument eines Einflussraums in den alten Grenzen der UdSSR noch am ehesten so behandelt werden können, dass es weder zu einer rechten Reaktion im eigenen Lande kommt noch zu fundamentalistischen Revolutionen gegen die säkularen Eliten in den asiatischen Republiken. Es wären mehrere »Sudetenländer« und »Österreiche«, aber auch manches »Algerien« und »Vietnam« vorstellbar, wenn diese Politik misslingen würde.

Das Machtpotential Russlands ist jedenfalls nach wie vor größer, als seine okonomischen Ressourcen das nahelegen: obgleich seine Wirtschaft es an die zehnte Stelle setzt, bildet die RF nach wie vor die zweitgrößte Macht der Welt – wenn auch mit deutlichem Abstand von den USA, deren technologisches Niveau für Russland unerreichbar bleibt – es fehlen sogar die Mittel, endlich den schon lange als nötig erkannten Schritt von der Wehrpflicht- zur Berufsarmee zu tun.

BSP in Kaufkraftparitäten, 2001

	Mrd. $	Mio. Einwohner	Durchschnitt pro Kopf
1. USA	9,601	281	34,167
2. China	4,951	1,261	3,926
3. Japan	3,436	126	27,269
4. Indien	2,375	1,016	2,337
5. Deutschland	2,047	82	24,963
(7.–9. Frankreich, Vereinigtes Königreich, Frankreich) …			
9. Brasilien	1,243	170	7,311
10. Russland	1,165	145	8,034
11. Mexiko	861	98	8,785

Das große Machtpotential und nicht zuletzt die Verfügung über Atomwaffen sichert Russland davor, dass westliche Mächte unmittelbar in die innenpolitischen und insbesondere die ethnischen Konflikte eingreifen. Das erlaubt es der RF, mehrere militärische Auseinandersetzungen unterhalb der Ebene des großen Krieges zu führen, an erster Stelle den Krieg in Tschetschenien fortzuführen, über den die Öffentlichkeit weithin nicht informiert wird. Zunehmend versuchen Tschetschenen, durch terroristische Aktionen im Zentrum Russlands die russische Regierung unter Druck zu setzen; aber da die russische Regierung aus dem Terror Legitimation gewinnt, wird auch hier an der Gewaltspirale gedreht, die sich dem Genozid nähert, wenn ganze Dörfer vernichtet werden, oder wenn Russen in einem Kino nur deshalb bedroht werden, weil sie Russen sind.

Trotz der Kontinuität der Macht bleibt die Bündnisfrage schwierig. Dies wird durch Zusammengehen mit Frankreich, China und Deutschland in der Irak-Frage nur überdeckt, da vor allem die britische Politik 2003 die Europäische Union außenpolitisch handlungsunfähig gemacht und damit eine Rückkehr zu nationalen Fronten bzw. Bündnissen bewirkt hat. Langfristig und mindestens in den Bereichen von Wirtschaft, Bildung und Sozialentwicklung – in denen die RF Unterstützung wirklich brauchen würde – wird aller Voraussicht nach die Europäische Union an Bedeutung zunehmen und damit wird zugleich die neue Ostgrenze der EU eine stärkere Abschließung, eine größere Isolierung bewirken. Ob Russland ihr durch eine entschiedenere Wendung nach Osten, entgegenarbeiten wird, ist noch unklar; die Gründung einer Eurasiatischen Wirtschaftsunion böte eine mögliche Perspektive.

Zentralasien bildet ein langfristiges Problem, weil nicht nur denkbar ist, dass dieser Raum in seinem alten Umfang zwischen Kaukasus und Tibet wieder zu einer früheren Selbständigkeit zurückfindet, sondern auch, dass China den lamaistischen Osten weiterhin beherrscht und der muslimische Westen Zentralasiens stärker in die muslimisch bestimmte Welt einbezogen wird, südlich der russischen Grenzen nach dem Abtreten der im Sozialismus erzogenen Generation von Politikern also stärker am Islam orientierte Akteure bestimmend werden. Die Russländische Föderation wird auf Zentralasien jedoch schon wegen der großen muslimischen Minderheit im eigenen Lande achten müssen. Auch ohne die Frage nach der Wiederherstellung eines unabhängigen Zentralasien birgt das Verhältnis Russlands zur aufsteigenden Weltmacht China wegen des nur relativ gering besiedelten Fernen Ostens manches Risiko; vielleicht Grund genug, die Auseinandersetzung mit Japan über die südlichen Kurilen durch einen Rückzug zu beenden?

25
Der Doppelstaat

1 Konzepte zur Erklärung der Gegenwart

Viele westliche, auch deutsche, Journalisten berichten über das zeitgenössische Russland, als sei es eine gescheiterte Demokratie; ein »noch nicht« bei westlichen Normen angelangtes Land. Aus solchen Konzepten heraus werden oft wenig ergiebige Informationen erfragt und weitergegeben – z. B. indem die Aufmerksamkeit zwischen dem Präsidenten auf der einen Seite und kleinen Gruppen liberaler Intellektueller auf der anderen Seite geteilt wird. Sollte unsere Aufmerksamkeit nicht mehr auf die Masse der Armen gelenkt werden? Das Konzept der unvollständigen oder gar gescheiterten Demokratie ist unzureichend, auch wenn wir die Entwicklung historisch verstehen, also nicht einfach als Folge des bösen Willens der Präsidenten oder der katastrophalen Fehler des Monopolsozialismus, sondern auch als Folge des Verrats der neuen Kapitalisten, die dazu beigetragen haben, dass die Durchsetzung der Demokratie in Russland mit einer Halbierung des Lebensstandards zusammengegangen ist.

Russland ist nicht Deutschland. Was ist ähnlich, was unterschiedlich? Vergleichbar ist selbstverständlich alles, denn ohne Vergleich kann man auch die Unterschiede nicht beschreiben. Aber wenn wir von Shmuel Eisenstadts Konzept der vielfältigen Modernen ausgehen - wie können wir das Allgemeine fassen, das das heutige Russland im globalen Kontext der Moderne auszeichnet? Staatshaushalt und Sozialausgaben des heutigen Russland hängen vom Ölpreis ab, russische Wanderarbeiter bilden eigene Unterschichten in Westeuropa, so wie Kasachen in Moskau – Russland ist von der Globalisierung geprägt, ähnlich wie (aber doch anders als) Indien, die USA oder Nicaragua. Und wie fassen wir das Spezifische? Das heutige Russland gehört zweifellos zu den postsozialistischen Staaten, und insofern in dieselbe Gruppe wie Polen oder Ostdeutschland. Es gehört zu den Staaten mit orthodoxer Mehrheit, also in dieselbe Gruppe wie Griechenland oder Serbien. Es gehört zu den Staaten mit starker islamischer Minderheit, also in dieselbe Gruppe wie Frankreich oder England.

Auch in Russland gibt es eine Ernüchterung über die Rolle des Landes in der Welt, viele übernehmen die Einschätzung als halbperipher und stellen es damit in eine Reihe mehrerer großer Staaten, die nicht zum Zentrum des Weltsystems gehören, aber auch nicht zur Peripherie, und die beträchtliche eigene politische und ökonomische Handlungsspielräume besitzen. Diese »BRIC-Staaten« (Brasilien, Russland, Indien, China) hatten im letzten Jahrzehnt überdurchschnittliche wirtschaftliche Zuwachsraten und verfügen über besondere Ressourcen – seien es Rohstoffe wie die Russländische Föderation, seien es qualifizierte und ›billige‹ Arbeitskräfte wie Indien und China – sowie stets über größere Märkte. Staatsbezogene Bürokratien versuchen, Politiken nachholender Entwicklung durchzusetzen, also die Produktivitätsvorteile von Zentrumsstaaten wie den USA, Japan oder Deutschland umzusetzen, um ihre spezifischen Ressourcen global besser zur Geltung bringen zu können. Allerdings ist Russland in dieser Gruppe dadurch einzeln gestellt, dass nach 1990 der Anteil der Industrieprodukte am Export sank.

Zur politischen Entwicklung haben einige Wissenschaftler, insbesondere Viktor Jakowlew und Jörg Baberowski, den besonderen Gewaltcharakter des russischen Staates hervorgehoben und das neue Russland in diese Kontinuität gestellt. Allerdings ist Gewalt ganz gewiss kein Alleinstellungsmerkmal Russlands. Überzeugende Vergleiche von Gewalt in der Geschichte liegen nicht vor, aber auf den ersten Blick fällt auf, dass, will man die deutsche Geschichte im 20. Jahrhundert für gewaltärmer halten als die russische, man den Nationalsozialismus aus der deutschen Geschichte hinausdefinieren muss. Und für den Vergleich mit Westeuropa muss man nicht nur die Religionsverfolgungen und Bürgerkriege auslassen, sondern auch so tun, als hätte es die Schlacht an der Somme 1916 oder Area-Bombing nicht gegeben. Heute hat Russland eine um ein Vielfaches höhere Gewaltrate als Westeuropa, aber sie ist nur wenig höher als die der USA und niedriger als die in Guatemala oder Mexiko.

Richard Sakwa hat vorgeschlagen, die neue politische Struktur Russlands als Doppelstaat zu interpretieren – auf der einen Seite demokratische Institutionen wie Verfassung, Parlament und allgemeine Wahlen, auf der anderen Seite eine übermächtige Bürokratie, die hier kurz als Regierung zusammengefasst wird, obgleich sie auch Leitungen von staatlichen Wirtschaftsfirmen umfasst. Das ist ein erklärungskräftiges Konzept.

Zunehmende soziale Differenzierung, Monopoltendenzen in der Presse und Mafia, Aufrüstung, steigende Macht der Geheimdienste sowie Nationalismus sind Entwicklungen, die zu globalen Trends passen, aber nicht überall so gehäuft auftreten. Obgleich der Weg zur Demokratie noch weit ist, würde es ein falsches Bild vermitteln, nur auf die Schwierigkeiten zu verweisen. Putins Erfolge in dieser Periode lagen in der Stabilität, im Wirtschaftsaufbau sowie der Bewahrung der republikanischen Staatsform – die Theodor Heuss in einer Periode deutscher »Demokratur« ja als »Herrschaft auf Zeit« definierte.

2 Die Präsidenten

Im August 1999 schlug Jelzin Wladimir Putin den damaligen Vorsitzenden des »Föderalen Sicherheitsdienstes« FSB (Nachfolge-Organisation des KGB, vgl. Kap. 15.4), zum Regierungsvorsitzenden und zugleich als seinen Nachfolger vor. Putin ist 1952 in Leningrad geboren und machte nach einem Jurastudium Karriere im KGB, für den er auch in Dresden arbeitete. Nach 1990 arbeitete er für seinen früheren Professor, den liberalen Oberbürgermeister der Stadt, die nun wieder Petersburg hieß, Anatolij Sobtschak; als der 1996 nicht wieder gewählt wurde, holte Anatolij Tschubais ihn als Verwaltungsfachmann in den Kreml.

Dort half er Jelzin, einen Bereicherungs-Prozess zu unterdrücken, indem der FSB der Presse ein Video zuspielte, das den Generalstaatsanwalt mit zwei Huren zeigte. Jelzin und seine Familie wurden für den Fall des Wechsels im Präsidentenamt von Strafverfolgung freigestellt; Putin konnte sich nun im neuen Tschetschenienkrieg als Mann von Law and Order profilieren und zugleich mit dem Ruhm des Siegers in die Präsidentschaftswahl ziehen, die er im März 2000 mit 53 % der Stimmen gewann.

Es gelang Putin, das Bild des zupackenden und entscheidungsfreudigen Politikers zu bieten, das die Bevölkerung Russlands nach den Turbulenzen brauchte. Man traute ihm zu, dass er weder, wie die neuen Reichen, Kapital ins Ausland bringen noch, wie viele Intellektuelle, seine Zukunft in den USA oder Deutschland planen werde. Im Amt baute er, wie er in einem Interview deutlich gemacht hatte und wie es die Mehrheit des Volkes erwartete, die Macht des Präsidenten aus. Innerhalb der regierenden Elite beruhte diese auf einem Management der verschiedenen bürokratischen Gruppen, die man als Liberale und Technokraten, demokratische Anhänger eines starken Staates, Wirtschaftsvertreter und Hardliner (*silowiki*) grob unterteilen kann. Die erste Gruppe aus Wirtschaft und Universität war in der Yukos-

Affäre gespalten; die zweite förderte die Demokratisierung des Landes, z. B. durch Unterstützung von Nichtregierungsorganisationen. Die Vertreter von Big Business wie Gazprom, Evraz (Stahl) oder Rosneft übten durch Lobby Einfluss aus; nach der Yukos-Affäre betonten sie ihre Loyalität zur Regierung. Man schätzt, dass etwa 6000 ehemalige Geheimdienstleute in die Regierung kamen und der Anteil, der aus allen Rechtsverfolgungsinstitutionen überhaupt kam, von 11 % aller Beamten unter Jelzin auf 25 % unter Putin anstieg. Als weitere Gruppen sind die Reste der »Familie« zu nennen, also der Umgebung von Jelzin; ihr Einfluss sank, nachdem Boris Beresowskij, zeitweise der reichste Mann Russlands, 2001 nach London emigriert war. Er finanzierte 2004 die Kampagne von Juschtschenko in der Ukraine und arbeitet für eine »orangene Revolution« auch in Russland. Weiter üben die Regionalfürsten Einfluss auf die Regierung. Putin hielt seine Gegner auch durch den Kampf gegen die Korruption in Schach. 2004 wurde Putin mit der Rekordquote von 71,3 % der Stimmen wiedergewählt, der nächste Kandidat, der Kommunist Charitonow, kam auf 13,7 %.

Die Weitergabe des Präsidentenamtes in einem geordneten demokratischen Verfahren und damit eine klassische Probe auf die Stabilität der Verfassung gelang 2008 mit der Wahl von Dmitrij Medwedew, der 70,2 % der Stimmen erhielt. Medwedew ist Jurist und Mitautor eines Lehrbuchs über Staatsrecht. 2000–03 war er Vorsitzender des Aufsichtsrats von Gazprom, gehörte also zum politisch wichtigsten Klientelverband, und er bekannte sich zu seiner Nähe zur Industrie.

Zu den Machtmitteln des Präsidentenamtes gehört der große Einfluss auf die Medien, besonders das Fernsehen.

Die russische Bevölkerung ging und geht davon aus, dass die Massenmedien nicht ordentlich informieren, diese müssen aber, um doch Glaubwürdigkeit zu bewahren, auch einige zutreffende Nachrichten bieten. Wie in anderen Ländern auch konnten die Intellektuellen sich über kleine kritische Zeitungen und das Internet besser informieren.

Das am eindeutigsten dem Präsidenten zugeordnete politische Instrument ist das Militär. Hier hat Russland bis 2022 Maß gehalten, seine Rüstungsquote lag 2005 so wie die der USA bei 4,1 % des Bruttosozialprodukts, was bedeutet, dass die USA mehr als 13 Mal so viel Geld für Rüstung ausgaben wie Russland – 546 im Vergleich zu 40 Mrd. US-$. Russland schien eingesehen zu haben, dass es in der Rüstung mit den USA nicht gleichziehen kann, und auch, dass bei dem riesigen russischen Territorium geringere Ausgaben ausreichen, um die Unabhängigkeit zu bewahren.

Putin begann, die Gesellschaft in der kapitalistischen Struktur zu stabilisieren. Die Straffreistellung Jelzins wirkte in dieser Hinsicht als Signal, dass die nun etablierte neue Oberschicht die Zweifel an ihrer eigenen Legitimität vergessen und nun endlich daran gehen müsse, Russland voranzubringen; zugleich wurden die Möglichkeiten zur Kapitalflucht eingeschränkt. Zur Stabilisierung wurde auch ein stärkeres Feindbild eingesetzt. Russland hat sich deshalb gern in die Front gegen den Terrorismus eingereiht, die sich auch in Russland gegen Menschen südländischen Aussehens oder Herkommens richtet, also gegen Menschen, die aus Ländern muslimischen Milieus kommen. Der Konflikt mit Tschetschenien läßt sich, von Moskau aus gesehen, hier unauffällig einreihen.

Selbstverständlich wäre Rußland ohne seine Elite verloren; es würde auf dem Markt an begabten und fleißigen Leuten zu einem Reservoir des Westens. Neben einer öffentlichen Moral und einem maßvollen Patriotismus, der diese Leute anhält, im Lande zu bleiben, brauchte Russland demnach für die Intelligenz ein höheres Einkommen. Insgesamt brauchte das Land Rechtssicherheit, auch für Eigentum von Industrievermögen (»selbst« wenn es in der Hand von Ausländern ist). Ohne Rechtssicherheit wird die Notwendigkeit für »Dächer« nicht eingeschränkt werden können. Weiter braucht Russland Zuverlässigkeit der Verwaltung, denn kein Intellektueller wird die jetzige »insolence of office« länger ertragen, als er muß – und ein Geschäftsmann nur so lange, wie er trotzdem gut verdient.

3 Parlamente und Opposition

Zentral für das Funktionieren des Doppelstaats ist, dass die Regierung sich auf Mehrheiten in den Parlamenten stützen kann; insofern bleibt bestehen, dass der eigentliche Test auf die Stärke der Verfassung erst erfolgen wird, wenn die Regierung die Mehrheit im Parlament verloren haben wird. Man darf hoffen, dass die russischen Wähler klug genug sind, die Regierungspartei erst abzuwählen, wenn eine stabile und sozial umfassende Partei die jetzt der Macht verbundene Partei in der Sache herausfordert. Dieser Zeitpunkt scheint nicht nahe zu sein, die Anteile der Regierungspartei an den Stimmen haben vielmehr kontinuierlich zugenommen, während die Wahlquote zwischen 55 % und 65 % pendelt, sich also in Größenordnungen bewegt, die aus dem Westen bekannt sind.

	1993	1995	1999	2003	2007
Kommunisten	20,3 %	30,6 %	28,1 %	19,3 %	11,6 %
Mittelparteien	23,1 %	24,8 %	41,9 %	41,1 %	74,5 %
Liberale	27,3 %	16,1 %	15,0 %	8,5 %	3,6 %
Nationalisten	22,8 %	21,8 %	7,4 %	23,0 %	9,3 %
andere	4,2 %	2,8 %	3,3 %	4,7 %	

Kennzeichnend ist das kontinuierliche Absinken der Kommunisten, die sich nicht zu einer reformerischen Alternative zu den Mittelparteien entwickeln konnten (zur KPR sind hier einige kleinere Gruppen wie die Agrarpartei hinzugerechnet). Ebenso sinken die Liberalen kontinuierlich in der Wählergunst – in den neunziger Jahren, weil die Politik der ökonomischen Liberalisierung zur ökonomischen Katastrophe beitrug, im 21. Jahrhundert auch deswegen, weil die Liberalen nicht in der Lage waren, eine einheitliche stabile Partei aufzubauen. Die Nationalisten bilden anscheinend eine reale Opposition zur Regierung; ihr Stimmenanteil stieg bei der Wahl 2003 (zur Liberal-Demokratischen Partei sind einige andere rechte Parteien wie »Rodina« hinzugerechnet). Die Mittelparteien haben am Anfang als Organisationen stark fluktuiert; seit der Vereinigung von »Edinstvo« und der »Otetschestwo«-Parteien zur Wahl von 2003 stieg die »Partei des Vereinigten Russland«, die Basis der parlamentarischen Macht der Regierung, 2007 auf 64,3 %. 2007 hat sich die Agrarpartei mehr der Mitte zugewandt und es sind weitere Mittelparteien entstanden.

Die Regierung hat die Herausbildung von handlungsfähigen Parteien gestärkt, nicht zuletzt durch die Einführung einer Sieben-Prozent-Klausel 2005, die dazu beigetragen hat, dass nach 2007 nur noch vier Parteien im Parlament waren. Das hat allerdings die Tendenz verstärkt, dass große Teile der Opposition außerparlamentarisch agieren.

War Putin für Russland der rechte Mann? Anders als rechts konnte man Russland in dieser Periode kaum regieren – schon gar nicht, nachdem der Westen 1993 die bewaffnete Auflösung des Parlaments mit linker Mehrheit begrüßt hatte. Russland, das in Gefahr war, in die Peripherie abzugleiten, war am Anfang des Jahrhunderts ein stabiles Land der Halbperipherie: gebunden an die technischen, wirtschaftlichen und intellektuellen Standards des Zentrums (USA, EU und Japan), aber politisch unabhängig, wie China, Brasilien oder Indien. Gestützt auf die weltweite Konjunktur für Brennstoffe hat Russland stetige und beachtliche wirtschaftliche Zuwachsraten erreicht, jedoch keine weitergehende Demokratisierung.

Außenpolitisch hat Russland in dieser Phase zwar die Shanghai-Organisation mit China, den zentralasiatischen Staaten und dem Iran gefördert, aber doch die Gewichte nicht auf Kooperation mit asiatischen Mächten gelegt, weil die chinesische Konkurrenz sowohl auf der Rohstoffexport- wie auf der Fertigwarenimport-Seite als bedrohlich erfahren wird.

Innenpolitisch hat die Regierung Putins das Land nach dem Desaster der Selbst- und Fremd-Bereicherung unter Jelzin in ein politisch geordnetes, autoritär-republikanisches System überführt. Im Westen wird das oft an der Lage in wohlhabenden Ländern oder gar an der Kritik emigrierter Russen gemessen, aber zur Teilhabe an Politik gehört Abkömmlichkeit, welche einen gewissen allgemeinen Wohlstand voraussetzt, der in Russland genauso wenig vorhanden ist wie etwa in Brasilien oder Indien. Für eine auf regionalen Unterschieden beruhende republikanische Politik wie in Indien – oder ansatzweise auch in der Ukraine – fehlt es in Russland den regional, religiös oder sozial verankerten Gruppen an Organisationsgrad: alles strebt nach Moskau, mit 2005 offiziell 10,7 (real vielleicht 13) Millionen Einwohnern die einzige Megalopolis Europas. Unter Putin wurde die Entwicklung zu größerer Selbständigkeit der »Föderationssubjekte« gekappt, Russland ist trotz seiner riesigen Ausmaße ein zentralisiertes Land mit all den bekannten Folgen von Willkür in den Provinzen bis zu einem Anteil der Schattenwirtschaft von (2005) 48,7 % (Tabellen in Nolte, Transformationen) und viel Bürokratismus, der nicht selten mit Bestechungen zusammengeht. Auch der Tourist kann darunter leiden aber ein oppositioneller Politiker kann in die Enge getrieben werden.

Wie und wann man in Russland Rechtssicherheit und zuverlässigen Wohlstand schaffen wird, ist schwer einzuschätzen; wenn es in der Wirtschaft gelänge, den gegenwärtigen Aufschwung am Leben zu halten, wäre schon viel gewonnen. Politische Voraussetzung für eine stabile Entwicklung ist, dass das junge demokratische System in internationalen Diskursen und kooperativen Entscheidungen von außen gestärkt und nicht durch die westlichen Mächte desavouiert wird. Wenn Eliten des Westens ohne Rücksicht auf die internationale Rechtsordnung handeln, werden machiavellistische nationale Gruppen im politischen System Russlands sich bestätigt finden.

Jene demokratischen Eliten, die in Russland bleiben wollen, müssen ernst genommen und in internationale Entscheidungsprozesse eingebunden werden.

4 Gesellschaft und Alltagsleben

Das wichtigste Defizit von Putins Regierungsperiode ist, dass die Wirtschaftspolitik den Reichen genutzt, aber den Armen kaum Vorteile gebracht hat. Ab 1999 hatte Russland jährliche Wachstumsraten von über 4 %, 2007 von über 8 %, und die Arbeitslosenquote sank auf 6,1 %. Allerdings konnte die einseitige und riskante Abhängigkeit von Rohstoffexporten, nicht gemindert werden – ein Preisverfall des Erdöls betrifft sofort die Gesamtwirtschaft. Und trotz des Aufschwungs lag 2005 der Anteil der Personen, die weniger als vier Dollar am Tag zur Verfügung hatten, bei 53 % der Bevölkerung. Die Familien sorgen für ihre Mitglieder durch Klientelsysteme. Die wurden nicht entmachtet – nach wie vor zahlt selbst jeder Kiosk für sein »Dach«, seinen Schutz.

2005 hatte das Durchschnittseinkommen je Kopf in Russland 12 100 US-$ erreicht, etwa ein Drittel des deutschen, und die Arbeitslosenquote lag wie in Deutschland auch bei um 9 %. 81 % der Frauen im erwerbstätigen Alter hatten einen Job – in Deutschland nur 69 % - und das durchschnittliche Einkommen weiblicher Arbeiter lag bei 65 % der männlichen – in Deutschland bei etwas über 50 %. Die soziale Ungleichheit lag auf dem Niveau der USA:

2005	Russland	USA	Deutschland	Polen	Brasilien
BSP pro Kopf (in US-$)	12 100	43 400	31 100	14 900	9 100
Unterstes Fünftel	5,5 %	5,4 %	8,5 %	7,5 %	2,6 %
Zweites Fünftel	10,2 %	10,7 %	11,4 %	13,7 %	11,0 %
Oberstes Fünftel	46,4 %	45,8 %	36,9 %	42,2 %	61,1 %
Gini Koeffizient	0,41	0,41	0,28	0,35	0,58

Die Tabelle zeigt, über wie viel Prozent der produzierten Güter das unterste sowie das zweite und oberste Fünftel der Bevölkerung jeweils verfügen. Der Gini-Koeffizient zählt 0, wenn alle das gleiche Einkommen haben, und 1, wenn einer alles besitzt.

Die russländische Gesellschaft war also 2005, von Deutschland aus gesehen, deutlich weniger gleich und von Brasilien aus gesehen deutlich gleicher. Das Pro-Kopf-Einkommen lag ungefähr auf brasilianischem Niveau. Im Vergleich standen sich die Frauen in Russland besser als in Deutschland, in der Realität waren sie oft besonders arm, z. B. wenn sie alleinerziehend waren. Insgesamt stand einem Russen etwas über ein Drittel des Einkommens eines Deutschen zur Verfügung, aufgrund der weniger gleichen Verteilung waren die Armen allerdings deutlich ärmer als die Armen in Deutschland.

Zu den Unterschieden zwischen sozialen Gruppen kommen die zwischen Zentrum und Peripherie. Die Hauptstadt, »deren Hauptbeschäftigung es ist, für die Effizienz der Wirtschaft des Landes zu sorgen«, wächst nicht nur schnell, nicht zuletzt durch den Zuzug von ungelernten Arbeitern, sondern bietet vor allem über zwei Millionen Spezialisten – 1997 hatten 42,4 % der Arbeitskräfte hier einen akademischen Grad. Das Pro-Kopf-Einkommen liegt mehr als doppelt so hoch wie im Durchschnitt des Landes, Moskau und Petersburg sind die Zentren der entstehenden Mittelklasse.

Die Probleme des russischen Alltags ähneln im 21. Jahrhundert jenen im Westen, aber eben zwei ökonomische Etagen tiefer, im Keller. Auch in Russland geht es um Kindergärten und Schulen, um Straßenbau und um öffentliche medizinische Versorgung sowie Feuerwehr. Da noch viel Wohnraum kommunal ist, geht es in Russland auch in den öffentlichen Debatten um warmes Wasser und Heizung. Die Parteien nehmen sich dieser Probleme an, zumindest vor den Wahlen – zur Wahl 2008 stellte die Partei Medwedews 20 Milliarden Rubel für die Reparatur der Straßen und 10 Milliarden Rubel für die Reparatur von Wohnraum zur Verfügung – allerdings nur für die Hauptstädte der »Subjekte der Föderation«. Das Geld dürfte also für Projekte der für die Wahl verbündeten Oberschichten in den Provinzen zur Verfügung gestellt worden sein. In den konkreten gesellschaftlichen Entscheidungen – wer erhält welchen Job, wer welche Wohnung – spielen Klientelsysteme eine entscheidende Rolle (vgl. Kap. 24.8). Das gilt auch für die wichtigsten Stellen, die oft nach Freundschaft oder Bekanntschaft vergeben werden.

Zum Alltag gehören auch (wieder) die Religionen, an erster Stelle die Russisch-Orthodoxe Kirche. 2007 gab es 27 393 orthodoxe Gemeinden in Russland, nach dem Tiefpunkt von weniger als 500 Gemeinden nach der stalinistischen Religionsverfolgung 1940 ist die Kirche dem Niveau von 1914 – als man im ganzem Imperium 40 000 Gemeinden zählte – also wieder nahe. »Die orthodoxe Kirche als Mehrheitskirche wird faktisch als eine dem Staat eng verbundene Institution behandelt« – sie wird steuerlich privilegiert, und der Patriarch nimmt an Staatsakten wie der Amtseinführung des Präsidenten teil. Die Kirche bietet dem Staat Legitimation, und er bietet ihr Schutz und Anerkennung – das war bis zum 20. Jahrhundert ein gesamtchristliches Modell, von dem nur calvinistisch geprägte Länder wie die USA, Schottland, die Schweiz oder die Niederlande wirklich abwichen. Ob das Modell für Russland im 21. Jahrhundert tragfähig ist, muss offenbleiben.

Vielfältig wird der Alltag auch von Problemen zwischen den Generationen beunruhigt: z. B. die Beeinträchtigung oder gar das Ende der alten Lesekultur Russlands, da die jungen Leute am PC sitzen. Auch der verbreitete Skeptizismus der Jugend irritiert viele gerade konservative Ältere. Die orthodoxe Kirche ruft die Jugend zum Optimismus auf, und Patriarch Alexej II. wird 2007 im Interview der *Komsomolskaja Prawda* nicht nur als Freund Putins, sondern auch als Patriot zitiert: »Die Kirche hat ihre Herde immer dazu aufgerufen, das irdische Vaterland zu lieben und das Leben nicht zu schonen, wenn es um die Verteidigung geht. Die Russische Orthodoxe Kirche hat oft das Volk für Beteiligung an einem Befreiungskrieg gesegnet. [...] Ich bin froh, dass sich im letzten Jahrzehnt richtige Beziehungen zwischen Kirche und Staat entwickelt haben. Die Sozialpartnerschaft zwischen unseren Institutionen hat gute Ergebnisse gebracht: der Staat hindert die Entwicklung der Kirche nicht und unterstützt sie im sozialen Dienst. Das unterstützt die Festigung der sittlichen Werte und die Konsolidierung der Gesellschaft. Es ist die Aufgabe des Staates, das geistige, kulturelle und nationale Erbe zu bewahren [...].«

5 Recht und Gewalt

Die Schwierigkeit, eine verlässliche Rechtskultur zu erarbeiten, gehört vielleicht zu den Folgen der riesigen Entfernungen in Russland, sicher aber auch zu der langen Tradition zentralistischer Herrschaft, die auch Rechtsverbesserungen stets von oben initiierte und in der nicht selten die Geduld fehlte, um konkret und langfristig an deren Implementierungen zu arbeiten.

De facto gibt es mehrere Probleme, welche die Rechtssicherheit betreffen. Das erste ist sicher die Häufigkeit von Gewaltverbrechen überhaupt und von politischen Morden insbesondere. 2006 wurde in Moskau die Journalistin Anna Politkowskaja ermordet, wahrscheinlich, weil sie einen hohen russischen Militär mehrerer Verbrechen beschuldigte. Die Tat wurde nicht aufgeklärt, drei Angeklagte 2009 freigesprochen. In den jährlichen Berichten von Amnesty International nimmt Russland regelmäßig einen großen Platz ein. So heißt es zu 2009: »Menschenrechtsverteidiger, Rechtsanwälte und Journalisten wurden bedroht und tätlich angegriffen, einige wurden getötet. Es herrschte bezüglich dieser Fälle ein Klima von Straflosigkeit, das die Täter vor Verfolgung schützte, zumal die Polizei nicht sorgfältig ermittelte.« Im Nordkaukasus wurden in jenem Jahr mehrere zivile Verteidiger von Menschenrechten, aber auch Beamte ermordet; in Moskau wurde u. a. Anastasia Barburowa, eine Journalistin der unabhängigen Zeitung *Nowaja Gaseta*, mitten in der Stadt erschossen. Aber es wurden nicht nur Kritiker des Systems, sondern auch Staatsanwälte und Beamte getötet.

1995 kamen, wie S. 446 erwähnt, 30,6 Morde auf 100 000 Menschen. 2008 waren es immer noch 14,2. Die Gewaltsamkeit geht so weit, dass russische Mafia-Organisationen eine globale Gefahr bilden – allerdings beklagt sich die unabhängige russische Zeitung *Nowaja Gaseta*, dass russische Mafiosi in London wenig zu fürchten hätten, weil man dort vor allem an Informationen über den russischen Geheimdienst FSB interessiert sei. Der gehört zu den *silowiki*, den Mächtigen. Ihm werden ungesetzliche Methoden vorgeworfen, aber das Gerichtswesen ist unzuverlässig und nicht selten parteiisch, wie M. Mommsen und A. Nußberger zeigten.

Ein Geschwür der gesamten Gesellschaft ist die Korruption (vgl. Kap. 24.8). Wie Putin hat auch Medwedew den Kampf gegen sie zur »Ehrensache« der Regierung erklärt. Aber was hilft's, wenn die öffentliche Hand einen Wald bei Moskau, an dessen Stelle vielleicht eine »gated community« gesetzt werden soll, der Gruppe um Roman Abramowitsch zu einem Bruchteil des Preises verkauft, den sie von weniger Prominenten verlangen würde?

6 Wirtschaft und Staatslenkung

Zwischen 1990 und 1999 war das Bruttoinlandsprodukt etwa halbiert worden, und zugleich hatten Neureiche, denen der schnellste Zugriff auf das ehemalige Staatsvermögen gelang, Werte in der Höhe von etwa 150 Milliarden $ ins Ausland gebracht (s. Kap. 24.5). Auch wenn nun einige Russen im globalen Stil reich geworden waren, hatte sich für die Menschen in Russland der Neoliberalismus, in dessen Namen diese radikale Senkung des Lebensstandards durchgesetzt worden war, als verheerend erwiesen.

Putin ging vom Ordoliberalismus aus, der annimmt, dass die Wirtschaft Freiheit braucht, aber die Regeln vom Staat gemacht werden müssen. Nicht nur die Katastrophe des neoliberal agierenden Jelzin, sondern auch der Erfolg der »newly industrialised countries« in Asien bestärkten diesen Ansatz, da bei ihrem ökonomischen Aufstieg der Staat stets eine große Rolle gespielt hatte, sei es in der Form von Ministerien mit weitgehenden Kompetenzen sei es bei der Herstellung sozialer Disziplin. Auch in Deutschland und Frankreich hat der Staat nicht nur, etwa bei VW oder Renault, beträchtlichen unmittelbaren Einfluss, sondern greift auch über die Bankenpolitik mit horrenden Krediten in den Wirtschaftsablauf ein. Das Problem solcher Politik ist (wie bei allen nicht fundamentalistischen Politikformen), das richtige Maß zu finden, mit dem die Bürokratie nicht die Wirtschaft bis zum Stillstand verregelt, aber auch die Wirtschaft nicht kurzfristiger Gewinne wegen langfristige Entwicklungen und die Sorge für die Menschen versäumt.

Putin konnte durchsetzen, dass privater Landbesitz erlaubt wurde, ohne dass er an einen magisch sich selbst heilenden Markt glaubte. Durch einen niedrigen Einkommenssteuersatz von nur 13 % hoffte er begründet, viele von jenen Verdienern zu Steuern veranlagen zu können, welche bis dahin gar nichts zahlten. Er bot der EU und hier insbesondere Deutschland weitgehende Kooperation auf dem

Energiesektor an und hoffte auf Kapital zur Modernisierung von russischer Produktion und Transport. Zum ersten Mal seit über 80 Jahren exportierte Russland Gerste und Weizen; ein Wirtschaftswachstum von 7 % zeigte, dass das Land sich gefangen hatte.

Putin legitimierte die Bereicherungen der Jelzin-Zeit und verteidigte die Interessen der großen Eigentümer, soweit sie sich seiner Politik fügten. Zu den Milliardären der Jelzin-Zeit gehören Roman Abramowitsch (sibirisches Erdöl), Oleg Deripaska (Aluminium), Michael Fridman (Autos), Wagit Alekperow (Öl); Viktor Vekselberg (Öl) oder Alisher Usmanow (Metall). Sie gehörten auch 2010 zu den zehn reichsten Russen, die zwischen 28,3 Mrd. $ (Wladimir Lissin, Hüttenkombinat in Nowolipetsk) und 10,9 Mrd. $ besaßen. Die Gruppe der Superreichen ist also stabil, sofern sie mit der Regierung kooperieren und – wie Abramowitsch als Gouverneur von Tschukotka – auch öffentliche Ämter übernehmen (die Zeit und Geld kosten, weil ein Gouverneur an den Entwicklungen seiner Region gemessen wird).

Solche Oligarchen, die ihren schnell errafften Reichtum als Basis für politische Macht benutzten wollten, wurden jedoch mit harten Bandagen angefasst. Michail Chodorkowskij, geboren 1962 in Moskau, Chemiker, begann seine Karriere in der Jugendorganisation der KPdSU und gründete 1989 die erste private russische Bank. Unter Jelzin wurde er 1993 stellvertretender Brennstoffminister und errang wenig später in einem Insider-Deal für 300 Mio. $ die Aktienmehrheit in der Erdölfirma »Yukos«. 2002 versuchte er, durch die Vereinigung mit der zweitgrößten Erdölfirma »Sibneft« ein Oligopol auf dem russischen Markt zu errichten, und als er auf Widerstand stieß, seine Firma für 40 Mrd. $ in die USA zu verkaufen, was amerikanischem Kapital entscheidenden Einfluss auf die Erdölproduktion Russlands ermöglicht hätte. Politisch unterstützte er gegen Putin die liberale »Jabloko«-Partei, den »Bund der Rechten« und einige Gruppen der KP, also ein Gemisch, das nur durch die

Gegnerschaft zu Putin zusammengehalten wurde. Im Oktober 2002 wurde er gefangengesetzt und der Veruntreuung öffentlicher Gelder, der Steuerhinterziehung sowie der Dokumentenfälschung angeklagt. 2005 wurde er zu neun Jahren Haft verurteilt. Erst nach weiteren Verurteilungen und Haftzeiten konnte er in den Westen ausreisen.

Die Chodorkowskij-Affäre wurde zum Wendepunkt der Innenpolitik Putins, der in seiner zweiten Amtszeit die Staatsinteressen stärker betonte als die Freiheit der Unternehmen. Der Anteil der vom Staat kontrollierten Gesellschaften an der Erdölproduktion des Land stieg zwischen 2003 und 2007 auf 37 %. Russland folgte nicht dem Weg der (Wieder-)Verstaatlichung, den Saudi-Arabien mit der Verstaatlichung der Aramco gegangen war, besaß allerdings in Gazprom (vgl. Kap. 25.8) einen umfassenden Vertriebskonzern. Um den staatlichen Anteil am Erdöleinkommen auch wirklich zu erhalten, genügte die Kontrolle und ein Gesetz, das 2007 in 42 strategischen Industrien Ausländern verbot, Kapital zu erwerben. Mehrere vertikale Konzerne unter Staatskontrolle wurden gegründet. Ähnlich wie in Frankreich und Deutschland (»Airbus«) gehörte die Luftfahrtindustrie dazu, aber es entstanden auch ein riesiger Technikkonzern (»Rosnanotech«), eine staatliche Entwicklungsbank und ein militärisch-industrieller Komplex im engeren Sinn (»Rostech«). Aus den Einnahmen von Erdgas und Erdöl wurde ein Stabilisierungsfonds eingerichtet.

Putins Regierung privilegierte die russischen Reichen also dadurch, dass diese keine ausländische Konkurrenz mehr fürchten mussten – und erreichte so eine bessere Kontrolle, insbesondere auf dem Gebiet der Steuerzahlungen, ohne auf das Marktelement im Innern zu verzichten. Die Jelzinsche Gruppe von Oligarchen – Deripaska, Potanin, Fridman, Alekperow, Vekselberg – erhielt im Rahmen der weltweiten Unterstützung der Konzerne und Banken nach der Weltwirtschaftskrise 2007 auch neue Kredite; damals gab es 53 Milliardäre.

Mit durchschnittlichen Wachstumsraten von um 7 % erwies die Wirtschaftspolitik Putins sich als erfolgreich, nicht zuletzt deswegen, weil der Ölpreis ziemlich kontinuierlich stieg. Zwischen 1999 und 2007 stieg das BIP von 183 Milliarden auf 1,024 Milliarden $. War das Wirtschaftswachstum bis 2005 außengeleitet, also von den Exporten abhängig, gewannen ab 2006 die Binneninvestitionen an Bedeutung. Etwa im Jahr 2007 hatte Russland das Wirtschaftsniveau des Jahres 1990 wieder erreicht.

Es wird die Frage sein, wie weit das Modell des starken Staates unter diesen Bedingungen noch erfolgreich sein kann. Der Anteil der Schattenwirtschaft an der Ökonomie wurde 2005 auf 48,7 % geschätzt – fast die Hälfte der russischen Wirtschaft entzieht sich also nicht nur der Statistik, sondern auch der Steuer. Das sind besonders die mittleren und kleineren Unternehmen sowie der große mafianahe Bereich. Die Steuerhinterziehung der kleineren Firmen bildet einen weiteren Grund für den starken Machtzuwachs der »Oligarchen«, die wenigstens teilweise in die Staatskasse zahlen. 2010 war das Wachstum des Bruttosozialprodukts auf 4 % gesunken, die Inflationsrate auf 6,9 % angestiegen. Der weltweite Anstieg der Brennstoffpreise mag durch seine Extrarenten aber auch diese Krise überdecken.

Russlands Wirtschaftspolitik folgt zwar dem Modell des starken Staates, entspricht aber der Realität eines schwachen Staates, der nur beschränkt in der Lage ist, die Wirtschaftstätigkeit seiner Bürger zu erfassen, auch wenn er den Ausverkauf der Rohstoffe durch Teile der neuen Elite verhindern konnte.

7 Großmacht zwischen EU und China?

Außenpolitisch setzte Putin mit der Vorstellung ein, dass auch im 21. Jahrhundert die Welt multipolar organisiert sei. Nach dem 11. September 2001 schien es eine Weile, als ob der Präsident eine direkte Kooperation mit den USA bevorzuge; im Irakkrieg handelte er jedoch durch das Bündnis mit Frankreich, Deutschland und China gegen die USA und im Sinn der Multipolarität. Auch sind unmittelbare russische Interessen berührt.

Der Verlust eines großen Teils des Einflusses auf die Ukraine, auch wenn er mit der Niederlage Juschtschenkos in Grenzen bleibt, bedeutet für wirtschafts- und geopolitische Vorhaben einen Rückschlag. Immerhin gelang die Gründung einer »Eurasiatischen Union« (EURASU) mit Weißrussland und Kasachstan, auch wenn bisher vor allem eine Zollvereinigung durchgeführt wurde. Damit hat Russland innerhalb der Shanghai Cooperation Organization (SCO) ein Gegengewicht gegen die beträchtliche chinesische Präponderanz gesetzt und zugleich eine langfristige Perspektive für die Weltordnung angedeutet – wenn auch keineswegs realisiert. Denn eine Dynamik, die es erlauben würde, zwischen der EU und China eine eigene wichtige Rolle zu spielen, würde die Eurasiatische Union nur erhalten, wenn ein Land Mitglied würde, das nicht zur alten UdSSR gehörte und einen Widerpart zu Moskau bilden könnte, etwa die Türkei.

Da die Türkei und die Ukraine jedoch die Mitgliedschaft in der EU anstreben und die EU bei einer Aufnahme die Zustimmung zum »Acquis Communautaire« voraussetzt, also nicht zu einer Neuverhandlung auch eigener Regeln bereit ist, bleibt der Ausbau der SCO als eigentliche Alternative. Die SCO besteht 2010 aus China, Russland, Kasachstan, Kirgisien, Usbekistan und Tadschikistan; das Sekretariat ist in Peking. Indien, Iran, die Mongolei und Pakistan haben Beobachterstatus. Die SCO fasst ein Viertel der

Weltbevölkerung und ein Viertel der Welt zusammen; sie verfügt über 40 % der Weltproduktion von Stahl, sowie je 30 % der nachgewiesenen Vorkommen von Steinkohle und Erdgas, aber nur über 10 % des Erdöls. Die SCO führt jährlich Gipfeltreffen und gemeinsame Manöver durch; die verbündeten Mächte haben zusammen etwa dasselbe Bruttosozialprodukt wie die USA und mehr Mann unter Waffen, geben aber nur rund ein Achtel der USA für Rüstung aus. Es ist das politische Ziel der verbündeten Mächte, gegenüber den USA – deren Politik als unilateral, wenn nicht imperial verstanden wird –, eine multipolare Welt zu verteidigen. Seit dem Beitritt von Indien und Pakistan 2017 umfasst die SCO über 40 % der Weltbevölkerung.

Einig sind sich China und die EU, Russland und die zentralasiatischen Regierungen mit den USA, soweit sie die gemeinsame Bedrohung durch Terrorismus, sei dieser islamistisch, nationalistisch oder maoistisch, verbindet. Unabhängig davon, welche Fehler jede dieser Regierungen im Umgang mit dem Islam gemacht hat, führt besonders diese Gefährdung die Regierungen in Ost und West zusammen. In Russland ist es der tschetschenische Terrorismus, der diesen Punkt der Öffentlichkeit immer wieder deutlich macht.

8 Brennstoffexporte als Waffe?

Wie seit einem Jahrtausend bildet der Außenhandel einen großen Machtfaktor in Russland. Es gelang, das Eindringen globalen Kapitals im entscheidenden Sektor der Brennstoffproduktion abzuwehren, jedoch nicht, dessen Vordringen (einschließlich amerikanischer Stützpunkte) im Kaukasus und Zentralasien zu verhindern. In der Auseinandersetzung um die Rohstoffe dieser Regionen ist Russland nach wie vor ein »global player«, der sein vorhandenes Netz an Brennstoffleitungen einsetzt. Zum Vorteil der kaukasischen und zentralasiatischen Staaten wird die russische Monopolstellung zunehmend sowohl durch neue Transportwege in den Westen unter Umgehung Russlands als auch durch direkte Pipelines von Zentralasien nach China in Frage gestellt. Umgekehrt versuchten Russland und Deutschland, durch die Ostseepipelines ukrainische Zwischengewinne auszuschalten sowie durch die Schwarzmeerpipeline direkt auf den südosteuropäischen und türkischen Markt vorzudringen.

2005 wurden 80 % der global verbrauchten Energie aus fossilen Rohstoffen gewonnen, und zwar, in Milliarden Tonnen Erdöleinheiten: 4,1 Erdöl, 2,4 Erdgas und 2,9 Kohle, insgesamt 9,4 Milliarden Tonnen. 2004 wurden bei Herstellung und Verbrauch von fossilen Brennstoffen 27 Milliarden Tonnen Kohlendioxid freigesetzt, 80 % des vom Menschen verursachten CO_2-Ausstoßes. Da der Energieverbrauch seit dem 19. Jahrhundert kontinuierlich steigt und die verfügbaren Ressourcen abgesehen von Kohle nur mit stets wachsenden Kosten abgebaut werden können, steigen die Kosten für Energierohstoffe. Russland besitzt im Verhältnis zu seiner Bevölkerung überdurchschnittlich reiche Vorkommen und exportiert seit dem späten 19. Jahrhundert Erdöl und Kohle sowie seit dem 20. Jahrhundert Erdgas. Allerdings liegen die Rohstoffvorkommen in der riesigen russischen Fläche verstreut und oft in klimatisch ungünstigen Gebieten, so dass Förderung und Transport teuer sind – und immer teurer werden, je weiter der Abbau in den Polarkreis vordringt.

Putin wandte sich explizit gegen den »Washington Consensus,« der globale Freiheit für Kapitalverkehr vorsieht, und monopolisierte nicht nur strategisch wichtige Firmen für russisches Kapital, sondern auch den Export von Erdgas in der Staatsfirma Gazprom. Während die russische Regierung weithin bei dem Versuch versagte, den gemeinen Mann angemessen zu besteuern, gelang es Putin nach dem Fall Chodorkowskij, die »Oligarchen« zur Finanzierung des Staates heranzuziehen, und eben vor allem die Erdölindustrie: 2005 stammten 40 % der russischen Steuereinnahmen aus dem Energiesektor. Im Networking des Welthandels erweisen sich die Russen als besonders geschickt.

Der wichtigste Energiekonzern Russlands ist Gazprom, der aus der 1943 gegründeten »Hauptverwaltung für synthetische flüssige Brennstoffe und Erdgas« (»Glavgazprom«) hervorgegangen ist und 1992 in eine Aktiengesellschaft verwandelt wurde. Der Minister der sowjetischen Gasindustrie Viktor Tschernomyrdin wurde (zeitweise) Aufsichtsratsvorsitzender der kapitalistischen AG. Gazprom erwirtschaftete 2005 8 % des russischen Bruttosozialprodukts, zahlte 20 % der Staatseinnahmen und erzeugte 50 % der Elektrizität des Landes; es kontrolliert ein Viertel der Weltgasförderung.

Die Stärkung des Staates in Erdölproduktion und Erdölvertrieb wurde im Westen von manchen interessierten Akteuren als Angriff auf die Freiheit in Russland und die Sicherheit Europas dargestellt, obgleich Norwegen seine Produktion von Energierohstoffen ja keineswegs weniger staatlich kontrolliert, von Saudi-Arabien oder gar dem Iran zu schweigen. Fraglos spielt der Import von Energie aus Russland für die EU eine entscheidende Rolle – 2004 kamen 26 % der Importe von Erdöl und 29 % der Importe von Erdgas in die EU aus Russland. Fraglos ist der russische Staat aber auch von den Einnahmen aus den Energiegeschäften abhängig, so dass Liefer- und Zahlungsstopps auch Russland und der daraus folgende Kaufkraftverlust in Russland wieder die Importe aus der EU treffen würde.

Ein besonderes Problem hat sich aus dem Erbe der UdSSR ergeben, die nicht nur durch niedrige Rohstoffpreise die anderen Mitglieder im RGW subventionierte, sondern in der außerdem die erdölfördernden Republiken Russland und Aserbaidschan die anderen unterstützten (vgl. Kap. 22.8). Nicht nur Polen oder Ungarn, auch die Ukraine oder Belorussland mussten, je mehr sie sich von Russland emanzipierten, akzeptieren, dass sie entsprechend höhere Preise zu zahlen hatten. In den Auseinandersetzungen um diese Preise wurde zeitweise der Transport über die Pipelines in diesen Staaten unterbrochen; 2007 einigte man sich darauf, dass Russland 20 % unter Weltmarktpreis liefern würde und dafür die Transportpreise nicht erhöht werden würden.

Fraglos können Rohstoffexporte als Waffe benutzt werden, so wie Boykotte anderer Waren ja international als Waffe eingesetzt werden. Wie andere Kriege kostet Wirtschaftskrieg allerdings beide Kriegführende vielfältig. Mit dem Beginn des Ukrainekriegs wurde durch Sanktionen des Westens und Lieferverzögerungen Russlands dieses Szenario durchgespielt, bis – wohl ukrainische – Partisanen die Ostseepipeline sprengten. Anders als die Erdölexporteure mit geringer Bevölkerung wie Katar oder Saudi-Arabien braucht Russland knapp 60 % der geförderten Energieträger selbst, wobei die russische Energiewirtschaft vor allem auf Erdgas beruht.

Russland verfügt nur über 6,3 % der nachgewiesenen Erdölvorkommen der Welt, allerdings im Polarmeer auch über große Teile der letzten erst bruchstückhaft erforschten Gebiete der Welt. Aber Exploration ist teuer, und zugleich müssen in das Leitungsnetz und eine sparsamere Ausnützung Milliarden investiert werden. Darüber hinaus hat die Regierung einen Staatsfonds gegründet, der eine Absicherung bei fallenden Öleinnahmen bieten soll – so wie die anderen Erdölländer auch. Die Regierung plant große Investitionen, die übrigens zu über 90 % aus privaten Quellen kommen sollen. Trotzdem besteht die Gefahr, dass die zusätzlichen Einnahmen aus global steigenden Preisen dem Einkommen der Eliten oder der Rüstung zufließen werden. Russland hat im Ukrainekrieg für seine Brennstoffexporte guten Absatz gefunden, dass es jedoch den gut erschlossenen und sicher zahlenden mitteleuropäischen Markt verloren hat, hat vermutlich langfristig negative Wirkungen.

9 Monopolisierung der Macht

Spezifisch historische Beiträge über die jüngsten Jahrzehnte russländischer Geschichte können noch nicht geschrieben werden, da die Archive noch nirgendwo geöffnet sind. Die Zeitgeschichte beruht auf fremden Erfahrungen bzw. deren Darstellungen, auf Bildern und Berichten in den Medien – die zu kontrollieren durch die eher vermehrten Möglichkeiten für Fehlmeldungen in digitalen Medien (für die ein eigener Begriff eingeführt wurde: »Fake News«) erschwert wird –, auf publizierten Reden von Mächtigen und in Parlamenten, sowie Erfahrungen und Erzählungen von Person zu Person.

Die hier vorgelegte Darstellung folgt Berichten in *Osteuropa* (OE), *Aus Politik und Zeitgeschichte* (APUZ), *Le Monde Diplomatique* deutsch, *Welttrends* (WT) und anderen Medien. So weit möglich wurden russische Zeitschriften (*Argumenty i fakty* sowie die regierungskritische *Novaja Gazeta*) hinzugezogen; auch konnte ich Moskau und Tula besuchen und mit russischen Bekannten bis 2022 mailen. Die Methode bleibt ein komparatistischer Bericht, da Fremdheit und Nähe nur vergleichend verstanden und erklärt werden können. Die Außenbeziehungen Russlands sind seit dem späten Mittelalter durch die halbperiphere Stellung im kapitalistischen Weltsystem geprägt sowie durch den (gescheiterten) kommunistischen Versuch, ein Gegensystem zu gründen. Die seit dem 19. Jahrhundert zunehmenden Prozesse der Auflösung von Imperien in Nationalstaaten haben auch östlich des Bug von Finnland bis zur Moldau neue Nationalstaaten geschaffen und breiten sich mit der Ukraine weiter nach Osten aus. Bei aller Kritik an Nationalhistoriographie seit Jakob Burckhardt erhält die Geschichte der Nationen in den Konfigurationen mit Russland mehr Gewicht.

Die Konzepte zur Erklärung der nachsowjetischen Periode, die ich in der 3. Auflage dieses Buches vor über einem

Jahrzehnt skizziert habe, haben sich meist als erklärungskräftig gezeigt – Russland ist ein eigenes Beispiel für die Vielfalt der Moderne, es gehört weder zum Zentrum des Weltsystems noch zu seiner Peripherie und ist als Halbperipherie gut gekennzeichnet; es versucht eine nachholende Industrialisierung auf der Grundlage seiner Rohstoffexporte. Der Angriff auf die Ukraine lässt den hohen Gewaltanteil seiner Politik hervortreten, deren Struktur als Doppelstaat beschrieben wurde – es gibt ein Parlament, aber viele Entscheidungen fällt die Regierung. Die Hoffnung, dass zwischen Patronage und Parlamentarismus Letzterer gefestigt werden würde, hat getrogen. In Medwedews Präsidentschaft kam es nicht zu mehr Rechtssicherheit, und das Informationssystem wurde bis auf geringe Ausnahmen (Internet) monopolisiert. Das Militär wurde anfangs nicht nur den statistischen Daten nach, sondern in der Tat abgebaut (wie gerade der Verlauf des Ukrainekriegs zeigt). Aber dann wurde das Verfassungssystem durch die Wiederwahlmöglichkeit des Präsidenten sowie die Interventionen gegen die regionalen Gouverneure weiter in Richtung eines Klientelsystems entwickelt, und Vladimir Putins Vaterlandspartei errang in mehreren Wahlperioden absolute Mehrheiten. Neben das staatliche Militär traten, dem US-Beispiel Blackwater folgend, private Armeen wie die Wagner-Gruppe. Und Moskau unterstützte separatistische Bewegungen nicht nur gegen die Ukraine, sondern auch gegen Moldau und Georgien. Abchasen und Osseten sind keine Russen, man kann diese Expansion gegen frühere Sowjetrepubliken also nicht national nennen – sie ist imperial. Allerdings ist dieses »Imperium« eher eine Karikatur, und Moskau selbst nimmt den Titel auch nicht in Anspruch.

Der Widerspruch zwischen dem demokratischen Anspruch der russländischen Verfassung und der Tatsache, dass nur ein kleiner Teil dieser Gesellschaft das notwendige Einkommensniveau erlangt hat und auch erlangen kann, wurde nicht überwunden. Dass die Oligarchen ihre aus der Privatisierung sowjetischer Unternehmen stammenden Vermögen zum Teil ins Ausland gebracht haben, hat den Liberalismus in Russland desavouiert. Die russische Führung unter Putin baute, gestützt auf den Geheimdienst (KGB wurde zu FSB), die stets vorhandenen autoritären Strukturen aus, sie entschied sich für Autoritarismus als Politikform. Deshalb blieben einerseits die politischen, nicht marktgerechten Preise für Brennstoffe – 2007 zahlte man in Russland 40, in Weißrussland 110, der Ukraine 130 und in Westeuropa 260 US-$ für 1000m^3 Gas – erhalten. Es bedeutete aber andererseits die zunehmende Unterdrückung kritischer Diskussionen mit ihrer verheerendsten Folge – dass nämlich die Unterdrücker anfangen, die ausbleibende Infragestellung als Bestätigung aufzufassen. Und nicht zuletzt bedeutete es den Machtanstieg des russisch-sowjetisch-russischen Militarismus. Diese Wendung brachte und bringt die westliche Linke in Erklärungsnöte, der russische Autoritarismus wendet sich aber gar nicht in erster Linie an diese heute meist marginalen Gruppen, sondern mit den Angriffen auf Liberalismus und westliche Geschlechterpolitik an die auch parlamentarisch viel stärkere westliche Rechte.

Ähnlichkeiten zwischen der Niederlage Deutschlands 1945 und dem Zusammenbruch der UdSSR 1991 hätten es nahegelegt, Osteuropa und Eurasien in einem Wirtschaftsraum zu organisieren, in den Russland – ähnlich der Bundesrepublik in der Montanunion – friedlich hätte integriert werden können. Anders als Deutschland 1945 fühlten die russischen Eliten sich aber nicht besiegt, und Russland blieb ja auch Militärmacht, so dass die Eliten z.B. Polens und der baltischen Länder sich bedroht fühlten. Russen erlebten also keine ähnliche Großzügigkeit wie Deutsche (z.B. der Autor) in den 50er Jahren in den Niederlanden oder den USA. Statt einer Union im Osten wollen die Eliten Ostmitteleuropas zwar Eigenheiten gegenüber dem Westen Europas pflegen, z.B. in der Vysehrad-Vereinigung, glauben aber auch ein Recht zu haben, in EU und NATO aufgenommen zu werden. Sie fanden für ihre Forderung Mehrheiten in den westlichen Gremien. Während das Vereinigte Königreich die EU gerade nach Westen verließ, wurde diese nach Osten ausgeweitet. Die von Russland nach dem Vorbild der EU gegründete Eurasische Union (EURASU) wurde in Ostmitteleuropa entsprechend abgelehnt.

Für die russischen Eliten war außenpolitisch wohl entscheidend, dass der Westen Russland nicht als ebenbürtig anerkannte oder, andersherum gesehen, dass die USA keinen Grund hatten, den Nachfolger des gerade gescheiterten sowjetischen »Imperiums« als ebenbürtig zu behandeln, da Russland das zwar formal als Vetomacht, aber weder in der Ökonomie noch in der Rüstung tatsächlich war. Nach Sipry gaben die USA 2014 610, Russland 84,5 Mrd. $ für Rüstung aus, was allerdings Russland 4,5 % seines BIP kostete und die USA nur 3,5 %. Die von den westlichen Vetomächten betriebene Politik der Intervention gegen autoritäre Staaten mit menschenrechtlichen Begründungen und besonders der amerikanische Angriff auf den Irak, legitimiert mit Fake News und ohne Mandat des Sicherheitsrats, wurde in Russland nicht nur als Bedrohung verstanden, sondern auch als Herausforderung – nach dem Motto Peters I. (»nun sind wir an der Reihe«) ging die russische Führung zu konkurrierender Imitation über.

Die Frage, wohin Russland sich entwickeln würde, wurde im vergangenen Jahrzehnt dahingehend beantwortet, dass im Doppelstaat die »Magistrale« der Macht mit Vladimir Putin an der Spitze immer weiter ausgebaut wurde. Die Wendung zum Autoritarismus reagierte auf eine weltweite Desillusionierung mit der neoliberalen Welle der Jahrhundertwende. Der Anstieg der Unterschiede zwischen den Mittelschichten und dem obersten einen Prozent der globalen Einkommenspyramide, den Milanovič herausgearbeitet hat, führte zu Unruhen und Rechtsverletzungen, auf die Amy Chua hinwies, und selbst in den USA zu Infragestellungen parlamentarischer Verfahren, z.B. bei der Abwahl von Donald Trump. Die Übernahme der US-amerikanischen

Verfassung hatte die russische Gesellschaft von Anfang an überfordert, da es nicht genug abkömmliche Politikerinnen und Politiker und keine parlamentarische Tradition gab.

Das Außenverhältnis des Landes litt darunter, dass die neue Oberschicht mit dem differenzierten Geflecht aus formaler politischer Gleichheit der Nationalstaaten und realen ökonomischen und medialen Führungsmächten nicht übereinkam. Obgleich das BIP des Landes 2016 mit 1,3 Milliarden $ weit unter einem Zehntel der 18,6 Milliarden der USA lag (und auch nur etwa ein Siebtel Chinas ausmachte), pochte die Führung auf eine den USA real gleichrangige Integration in die NATO oder – wenn diese nicht gewährt wurde – auf Gleichrangigkeit in der Weltpolitik. Russland war nach 1994 mit seiner Atommacht, dem ständigen Sitz im Sicherheitsrat und sogar einem Vetorecht in der UN auf dieser Ebene wirklich Weltmacht, aber reichten seine Mittel aus, um nicht nur die Interessen amerikanischer Firmen durch die de facto Nationalisierung seiner Rohstoffe zu verletzen, sondern auch den Westen von Syrien bis Westafrika durch Interventionen herauszufordern?

In der deutschen Geschichte hat die Unfähigkeit der Führungsschicht, mit der Niederlage von 1918 umzugehen, zur Katastrophe von 1933 beigetragen. Die russische Führung hat sich noch nicht entschieden, ob das Land Imperium, Hegemonialmacht oder normaler, föderaler Nationalstaat sein will. Zur Hegemonialmacht im Sinne der USA – einer ökonomischen, medialen und wissenschaftlichen Vormacht, im Rahmen derer viele globale Entscheidungen getroffen werden, ohne dass militärisches Eingreifen nötig wird (auch wenn man die größte Militärmaschine in der Hinterhand hat) – reichen die russischen Mittel nicht – in diesem Sinn können allerdings China oder auch Indien zu Herausforderern der USA werden. Mehrere russische Expansionen lassen sich eher als postimperial verstehen, wenn es, soweit die militärische Überlegenheit reicht, zugunsten kaukasisch redender Muslime, ossetisch redender Orthodoxer gegen ehemalige »Brüderrepubliken« interveniert. Zielvorstellung wäre dann vielleicht ein »Imperium 4. Ordnung« – man will keines sein, wird aber von den Nachbarn (zur Freude des Hegemons) so genannt.

Innenpolitisch ging der expansionistische Kurs mit dem Ausbau der zentralen Magistrale der Macht zusammen. Auch die kleinen Intellektuellenzeitungen verschwanden. Offene Konkurrenten der Macht wurden zu Lagerhaft verurteilt, aufmüpfige Lehrer wurden relegiert. Im Geschichtsbild wurde ein funktionales Stalinbild durchgesetzt und ein Bild des Holocaust verbreitet, das den deutschen Antisemitismus der Gegnerschaft zum »Sowjetvolk« unterordnet.

10 Der Angriff auf die Ukraine

Der Versuch, die EURASU zu einer global relevanten Wirtschaftsunion zu machen, hing an der Mitgliedschaft der Ukraine als nach Russland wichtigstem Wirtschaftsstandort. Die Ukraine ist kulturell vielfältig – in den östlichen Teilen leben viele, die russisch sprechen, auch wenn manche von ihnen als Ukrainer fühlen, im Westen war dagegen die ukrainische Nationalbewegung bestimmend. Als der von der »Partei der Regionen« mit Schwerpunkt im Osten gestellte und von Russland unterstützte Präsident Janukowitsch zögerte, den Anschluss an die EU zu fördern, wurde er in einem Aufstand gestürzt und vor dem Parlament »neben der ukrainischen die rotschwarze Flagge der westukrainischen Nationalisten gehisst«. Wie genau die USA am Majdan beteiligt waren, wissen wir noch nicht; deutsche Politiker haben ihn vielfach unterstützt. Motto des Aufstands war der Kampf gegen die Korruption, allerdings musste Janukowitschs Nachfolger Arsenjuk, Angestellter der österreichischen Raiffeisenbank, einige Monate später sein Amt wegen Korruption aufgeben – was man so interpretieren kann, dass die Korruption vom

Osten des Dnjepr/Dnipro durch die aus dem Westen ersetzt wurde, aber auch dahingehend, dass die neue Öffentlichkeit den Kampf gegen die Korruption wirklich ernst nimmt.

Russland versuchte, nach der Niederlage von Janukowitsch durch die Annexion der Krim seinen Verlust an Einfluss auszugleichen. Nachdem die USA im Irak und Frankreich in Libyen ohne Beschluss des Sicherheitsrats militärisch interveniert hatten, war dieser Teil der Friedensordnung von 1945 fragwürdig geworden. Aber da Russland im Vertrag von Budapest 1994 im Austausch für die in der Ukraine stationierten ehemals sowjetischen Atomwaffen die damals gültigen Grenzen garantiert hatte, brach es eine der ältesten und grundlegendsten völkerrechtlichen Regeln: *pacta sunt servanda.* Da die USA und Großbritannien den Vertrag garantiert hatten, forderte Russland die Garantiemächte heraus, und insbesondere die USA begannen, die Rüstung der Ukraine zu stärken.

Ob eine schärfere Reaktion der Garantiemächte oder auch ein Abbruch des Betriebs der Ostseepipeline durch die Regierung Merkel die russische Führung beeindruckt hätte, wissen wir nicht. Russland unterstützte die Separatisten im östlichen Donbass, und die Ukraine verschärfte den Konflikt 2019 durch antirussische Sprachgesetzgebung. Nach langgezogenen Truppenaufmärschen griffen am 22. Februar 2022 russische Truppen und Sondereinheiten die Ukraine an. Vladimir Putin hat in seiner Begründung der Invasion die Ukraine zum Teil der russischen Geschichte, des russischen »geistigen Raums« erklärt und behauptet: »Die heutige Ukraine wurde voll und ganz und ohne jede Einschränkung von Russland geschaffen.« Damit hat er Russland zum Subjekt der ukrainischen Nationalbewegung gemacht. Gegenüber der Realität der ukrainischen Nationalgeschichte wirkt eine solche Falschaussage wie ein Versuch einer intellektuellen Okkupation.

Es gelang Russland nicht, das Land zu überwältigen – z.B. öffnete die Ukraine den Irpin-Staudamm und stoppte einen Vorstoß von Norden auf Kiew. Jedoch stießen die russischen Truppen entlang des Asowschen Meers bis zum Dnjepr/Dnipro vor, besetzten den wichtigen Hafen Mariupol und eroberten mehrere Gebiete im Osten, jedoch nicht Charkow/Charkiw. In den Kriegen der jüngsten Zeit konnte nirgendwo zwischen Zivilisten und Militärs präzise getrennt werden und dem Angriff fielen Tausende ukrainischer Zivilisten zum Opfer; wo Verdacht auf Verbrechen von Russen gegen die Menschlichkeit besteht, bereitet die Ukraine Prozesse vor. Millionen ukrainische Frauen und Kinder flohen meist über Polen in den Westen. Der Bewegungskrieg erstarrte.

Die Westmächte einigten sich sofort nach Kriegsausbruch auf Sanktionen gegen Russland. Die USA unterstützten die Ukraine mit Luftabwehrsystemen und zunehmend anderen schweren Waffen, Deutschland und andere folgten. Auch bei den Waffenlieferungen und der Aufnahme von Flüchtlingen ist fraglich, wie lange westliche Mächte diese Belastungen tragen werden. Die Mehrheit der Weltöffentlichkeit folgt den westlichen Urteilen nicht, auch wenn aufgrund der Kleinräumigkeit europäischer Staaten eine Mehrheit der Staaten in den UN für die Verurteilung stimmte. Russland erhält damit zwar diplomatische Deckung, aber kaum materielle Unterstützung (außer von Nordkorea) – wie lange wird also Moskau die Belastung des Abnützungskriegs aushalten?

Weder ist ein Anstieg westlicher Rüstungslieferungen in die Ukraine wahrscheinlich noch eine deutliche Steigerung des russischen militärischen Potentials. Dessen Begrenztheit wurde nicht nur deutlich, als die russische Privatarmee »Wagner« plötzlich gegen Moskau marschierte und fast bis Tula kam. Auch der Bundesgenosse Armenien wurde im Stich gelassen, als Aserbaidschan Berg-Karabach besetzte und die christliche Bevölkerung zur Flucht veranlasste. Sowohl im Interesse der USA als auch Chinas liegt eine Schwächung Russlands, aber keine Vernichtung – es reicht, wenn Russland akzeptiert, dass es in der zweiten Reihe steht, nicht der ersten. Ebenso ausgeschlossen ist eine militärische Vernichtung Russlands, da es Atommacht ist. Der Einfluss der EU und Deutschlands ist zweit- bzw. drittrangig, aber eine Demütigung Russlands liegt auch nicht in ihrem Interesse. Ein Kompromissfrieden scheint die nächstliegende Lösung, wenn der Krieg nicht fortdauern soll – was die von der Ukraine gewünschte Aufnahme in die EU (zumindest dem Satzungstext nach) ausschließen würde. Ein Siegfrieden ist im Ukrainekrieg meines Erachtens unwahrscheinlich, kann aber nicht ausgeschlossen werden – Zufälle gibt es immer, auch eine durch einzelne Mächtige (z.B. Präsidenten der USA) Umorientierung der Ressourcen ist denkbar. Wahrscheinlich ist aber ein Kompromissfrieden (oder ein nicht endender Kriegszustand mit durch die UN gesicherter Frontlinie).

11 Vermutungen zu den Folgen

Historiker sind keine Futurologen, aber es liegt nahe, historisch erkennbare Linien in die jeweilige Zukunft weiterzuziehen – solange dem Autor das Risiko bewusst bleibt, dass er sich bei Aussagen über die Zukunft noch leichter irren kann als bei solchen über die Vergangenheit. Welche Folgen des Kriegs kann man begründet vermuten, wenn es zu einem Kompromissfrieden kommt?

Global

Dass Moskau 2022 postimperialen Träumen folgte, die Ukraine angriff und den Nationsbildungsprozess umkehren wollte, hat die Kritik am russländischen Militarismus bestätigt. Die UdSSR hat unter Gorbatschow zur Demilitarisierung des internationalen Systems beigetragen – Russland unter Putin zur Remilitarisierung. Da moderner Krieg die

Trennung militärisch-zivil nicht einhalten kann, also praktisch immer gegen die Genfer Konvention verstößt, ist die Gefahr von Menschenrechtsverletzungen immanent – auch wenn ihre Strafverfolgung schwierig ist. Diesem Status von Krieg entspricht, dass auf ukrainischer Seite eine Einbeziehung von zivilem Widerstand in die Verteidigung keine Rolle spielt. Die globalen Folgen des Kriegs gehen aber über die Remilitarisierung noch hinaus – z.B. sind Vernetzungen im 21. Jahrhundert so dicht, dass eine Seeblockade nicht nur zu einer Hungersnot im Hinterland führt wie 1914, sondern auch zu einer in Afrika.

Nicht zuletzt hat Russlands Griff zu den Waffen unter Putin die globale Friedensbewegung, die sich auf Gorbatschow berufen konnte, ins Abseits manövriert und die Entwicklung internationalen Rechts geschwächt. Vielleicht können hegemoniale Mächte wie die USA oder China sich das leisten, aber eine Großmacht der zweiten Reihe wie Russland ist auf die Wirksamkeit von internationalem Recht angewiesen.

Global hat die antiwestliche Bewegung, die sich zu einem großen Teil aus der Verteidigung alter sozialer und ökonomischer Besitzbestände gegen aus dem Westen kommende Veränderungen, aus dem Widerstand des »alten Ostens gegen den neuen Westen« speist, im vergangenen Jahrzehnt an Bedeutung gewonnen. Russland erhält aus dieser Bewegung viel diplomatischen Zuspruch, zumal Länder wie Indien oder Brasilien fürchten, dass der Westen den tradierten Kolonialismus und Expansionismus nicht überwinden wird, sondern seine moralischen, aber auch ökonomischen Wertvorstellungen durchsetzen will. Moskau nutzt und fördert diese nicht nur im globalen Süden verbreitete Kritik – die Behauptung, dass Russland oder gar Vladimir Putin als Person sie hervorrufe, ergibt sich aus einer Unkenntnis des »Südens«. Im Gegenteil: Moskaus Anspruch auf Mitführerschaft in dieser Bewegung – konkret seine Rolle in der Shanghai-Organisation für Zusammenarbeit – ist geschwächt.

Ein Kompromissfrieden, der Russland also Gebietsgewinne verschaffen würde, würde global die Sicherheit nationaler Grenzen qua UN-Satzung weiter beschädigen. Kriege um nationale Grenzen - die das 19. und 20. Jh. in Europa geprägt haben – wurden mit der Unabhängigkeit des Kosovo ohne Zustimmung Serbiens wieder zu realisierbaren Zielen von Politik und haben seitdem zugenommen. Würde Russland sich Teile der Ukraine durch Krieg aneignen, wäre die Frage gestellt, welchen Schutz die internationale Gesellschaft ihren militärisch schwächeren Mitgliedern eigentlich bietet. Dieser Verlust an Rechtssicherheit kann bei einem Kompromissfrieden nicht verhindert werden, aber die Weltgesellschaft muss dann desto mehr die Aufgabe auf sich nehmen, das Völkerrecht weiterzuentwickeln – nicht als »Oktroi des Westens«, wie Harald Kleinschmidt für eine frühere Periode formuliert hat, sondern in gemeinsamer Arbeit der kulturell, politisch und ökonomisch so unterschiedlichen globalen Akteure.

Zentralasien

Der russische Einfluss im postsowjetischen Raum wurde durch den Ukrainekrieg gemindert, was etwa an der aserbaidschanischen Besetzung von Berg-Karabach deutlich wird. Die muslimischen Staaten Zentralasiens gewinnen durch den Ukrainekrieg an Gewicht. Die Debatte um die globalen Folgen des Kolonialismus, welche die Beziehungen zwischen Europa und seinen Siedlerkolonien einerseits sowie den ehemaligen Kolonien andererseits prägt, wird damit auch für Russland wichtiger werden, denn von Georgien bis Usbekistan war Russland ja Kolonialherr. Die Vertreibung der Armenier aus Berg-Karabach 2023 lässt jedoch befürchten, dass die neuen Mächte kaum toleranter sein werden.

Ostmitteleuropa

Ostmitteleuropa war, wie Dietrich Beyrau formuliert hat, im 20. Jh. das »Schlachtfeld der Diktaturen«. Dort lebten die meisten Opfer des deutschen und sowjetischen Versuchs, imperiale Staaten zu errichten. Das den Raum lange mitprägende »jiddische Folk« wurde von Deutschen fast ausgerottet, Katastrophen sowjetischer Politik töteten Millionen Ukrainer. Nationale Eliten wurden auf beiden Seiten ermordet oder in Lager verbracht. Mit dem durch Großbritannien im Völkerrecht etablierten Instrument der Zwangsumsiedlung wurden Deutsche, Polen und andere vertrieben. Zwischen Finnland und Griechenland, Tschechien und der Ukraine gibt es also viele Gründe für Misstrauen gegen beide Nachbarn, der Ukrainekrieg konzentriert die Sorge der Eliten aber auf Russland. Dass die UdSSR die sowjetische Westexpansion unter Gorbatschow (anders als Deutschland 1945) ohne militärische Niederlage rückgängig machte, hat die antirussische Komponente der ostmitteleuropäischen Nationalbewegungen kaum geschwächt. Ob durch die Aufnahme in NATO und EU die Differenzen zwischen West- und Ostmitteleuropa abgebaut werden, ist eine andere Frage.

Deutschland

Deutschland ist politisch wegen seiner Distanzierung zur russischen Großmacht, wirtschaftlich durch den Verlust eines alteingeführten und vielfältigen Marktes, wissenschaftlich durch den Abbruch vieler ergiebiger Beziehungen (das Berliner Zentrum für Ostwissenschaftliche und Internationale Studien wurde in Moskau für unerwünscht erklärt) und nicht zuletzt wegen der Unterbrechung vieler Freundschaften betroffen. Russlanddeutsche verlieren gute Beziehungen zu Russen. In der Kontroverse der offenen Briefe zwischen Lesern der *Emma* und Akteuren des Zentrums Liberale Moderne in Berlin ging es um mehr als Waffenlieferungen, nämlich die Rolle Deutschlands in der Welt. Dabei sollte selbstverständlich sein, dass Deutschland seine Rolle im System der Mächte spielt, streiten muss man in einer Demokratie über Ziele und Verfahren. Unstrittig ist, dass Politik dem Potential entsprechen sollte – und dass Moral zur Politik gehört, aber nicht selbst Politik ist.

Ukraine

Wie auch immer die Grenzen aussehen werden: Die Ukraine ist als Nationalstaat stabilisiert worden, über die Unterschiede zwischen Ost und West im Lande hinweg. Wenig eint eine Nation so sehr wie der Angriff des Nachbarn. Ohne die napoleonische Expansion Frankreichs bis Lübeck hätte der deutsche Nationalismus Deutschland kaum einen können, nicht einmal unter preußischer Ägide. Die Nationsbildung der Ukraine ist abgeschlossen.

Russland

Welche Rolle wird der Ukrainekrieg für die Entwicklung Russlands haben? Ein Sieg würde vermutlich die autoritäre und an mehreren Grenzen auf Expansion angelegte Gesellschaft stärken, von einer Niederlage erhoffen sich viele einen Sturz des Systems Putin, obgleich es, soweit wir wissen, von der Mehrheit akzeptiert wird. Allerdings erwartet der kleine Mann in Russland, dass die Regierung sich »bitte aus dem Leben der Menschen heraushalten« möge – und wie lang das bei steigender Belastung möglich ist, ist eine Frage an die Zukunft.

Die wirtschaftlichen Folgen des Kriegs sind für Russland begrenzt, da es für seine Rohstoffe neue Märkte gefunden hat, mit denen es nun stärker auf China und Indien bezogen ist. Die sozialen Beziehungen zwischen Zentrum und Peripherie sind jedoch belastet, weil die Regierung Werbungen für die Front vor allem an den Rändern durchgeführt hat, z. B. in Burjatien und Daghestan, während die Hauptstädte nur wenig belastet wurden.

In der russischen Friedensbewegung wird der Krieg als ungerecht verurteilt. In der Intelligenz meint z. B. Grigorij Judin, dass Krieg für Putin eine immerwährende Bedingung des Lebens sei und entsprechend nur mit dem Sturz Putins beendet werden könne. Solche Vorwürfe von Militarismus und Nähe zum Faschismus würden durch einen Kompromissfrieden entkräftet. Der latente Antisemitismus in Teilen der russländischen Öffentlichkeit, der im Streit um das Gedenken an den Holocaust deutlich wird, wird allerdings auch durch Fernwirkungen der Auseinandersetzung um Hamas und Gaza in der großen muslimischen Gemeinde Russlands genährt.

Der Angriff auf die Ukraine, so kann man zusammenfassen, überfordert die Kapazität der Russländischen Föderation und interne Bruchlinien. Extern hat der Krieg die Remilitarisierung der internationalen Beziehungen und den neuen Ost-West-Konflikt gefördert, in dem China und Indien um die Führung im Osten konkurrieren. Auch in dieser Konkurrenz ist Russland, in George Kennans Worten, »by far the weaker party« – das war es im 20. Jahrhundert gegenüber den USA, und ist es im 21. auch gegenüber den asiatischen Großmächten. Obwohl es nach wie vor der flächenmäßig größte Staat der Welt sowie Fundort für viele Rohstoffe ist.

Vom Westen aus gesehen sollte bedacht werden, dass Russland in der christlichen Gesamttradition das lateinische Modell um eine Variante bereichert, jahrhundertealte Erfahrungen beim Zusammenleben mit muslimischen und buddhistischen Ethnien hat sowie durch vielfältige Bemühungen um Aufklärung geprägt ist. Nicht zuletzt hat es aus dem Scheitern des monopolsozialistischen Versuchs selbst eine Konsequenz gezogen.

Und in Deutschland möge bewusst bleiben, wie viele Verbindungen zwischen den beiden Ländern bestehen, und dass Russland nun einmal nicht jenseits eines Ozeans, sondern am anderen Ende eines kleinen Küstenmeeres liegt.

26
Summen russländischer Geschichte

1 Eigenes und Fremdes

Wie alle Völker Europas steht auch das russische in einer Spannung zwischen gesamteuropäischen und nationalen Prägungen. Die indoeuropäische Sprache, die aus dem Judentum stammende christliche Religion, das Erbe der hellenisch-lateinischen Antike bilden (weithin) gemeinsame Voraussetzungen. Auch die frühmittelalterliche Ausgangssituation war meist ähnlich: »Barbarische«, patriarchalisch-demokratische Stämme siedelten auf dem Boden Roms oder nahmen sich im Norden davon Rom zum Vorbild. Die Kirche stützte das Bemühen, die gentilizischen, in Familien und Clans zersplitterten Ethnien in frühen »Staaten« zu organisieren, in denen Missionare die Würde des Menschen vor Gott predigten – auch die Würde der kriegsgefangenen Frau oder des Knechtes. Darin lag eine Überforderung, aber aus ihr entstand etwas Neues, als die selbsternannten Erben Roms mit allen Versuchen scheiterten, das Römische Reich zu erneuern: ein System christlicher Staaten, das bei aller Konkurrenz gelegentlich nach außen gemeinsam handelte und im Innern den Bauern genug Frieden bot, um über Jahrhunderte hinweg die Wälder zu roden und jene Kulturlandschaft zu schaffen, die wir heute kennen.

Zu den Besonderheiten Osteuropas gehört, neben dem Überwiegen slawischer Sprachen, dass die östlich von Drina, Karpaten und Bug vorherrschende orthodoxe Kirche mehr griechische Philosophie und weniger römisches Recht tradierte als Rom sowie das Konzept vertrat, geistliches und weltliches Oberhaupt in einem Staat sollten in Symphonie, nicht in Konkurrenz miteinander leben. Zu den Besonderheiten Osteuropas gehört weiter, dass die Krisen Europas hier als Katastrophen auftraten – Russland war jahrhundertelang unter mongolischer, Ungarn, Rumänien und die Länder südlich der Donau unter osmanischer Herrschaft; und noch die deutsche Expansion im Zweiten Weltkrieg hatte für viele osteuropäische Länder katastrophalere Folgen als im Westen.

Die Geschichte der Ostslawen war früh dadurch gekennzeichnet, dass das Territorium des Staates, in dem sie vereint waren, für europäische Verhältnisse ungewöhnliche Ausmaße besaß. Das hat meist bedeutet, dass eine scheinbar übermächtige, zentralistisch daherkommende Herrschaft in einer fernen Hauptstadt ohne lokale Eigenmächtigkeit, ohne Mestnitschestwo, nicht funktionsfähig war. Auch gab es in diesem Reich stets nichtslawische Ethnien, die oft auch den Schritt zur Christianisierung nicht mittaten, aber doch geduldet wurden – anders als im Westen, wo solche Ethnien, von den heidnischen Elbslawen bis zu den muslimischen Morisken, mit Gewalt integriert oder vertrieben wurden. Im Rahmen des russischen Imperiums verstärkten solche Ethnien die Tendenz zu sektoralen Gliederungen – große Familien und ihre Klientelsysteme bewahrten Bedeutung, wurden aber weder zu Trägern regionaler Herrschaft, noch traten sie Korporationen bei, in denen Mitglieder verschiedener Familien zu gleichen Rechten integriert wurden. Wie im Westen Europas arbeiteten die Bauern meist nicht für den Fürsten, sondern für Adlige, die das Land als Eigentum besaßen. Die Bauern Russlands hatten Land von Adel oder Fürst in individuellem Besitz und zahlten dafür mit Fronarbeit, Naturalabgaben oder Zins; erst die petrinischen Reformen führten zu der Sondererscheinung der Umteilungsgemeinde. Aber anders als die meisten Staaten des Westens war Russland nicht durch regionale Autonomien gegliedert, und die Mitbestimmung der drei politischen Stände Adel, Kirche und Großkaufleute erfolgte auf der Ebene des Zentrums, in Moskau selbst. Auch wenn die Zaren in Randgebieten zeitweise baltischen Ritterschaften und ukrainischen Kosaken territoriale Autonomien zugestanden – der Kern bleibt, dass in Russland viel lokale Macht unterhalb und außerhalb der Legalität ausgeübt wurde und gerade dadurch der Zentralismus arbeitsfähig blieb.

Die Minderung der Westkontakte Russlands in der Periode des Mongolenjochs hatte weitreichende Folgen, weil sich damals im Westen differenzierte Ständeordnungen mit regionalen (auf eine Landesgrenze, u. U. einen Mauerring bezogenen) und horizontalen (auf einen Stand bezogenen) Autonomien herausbildeten. Gilden und Zünfte, Städte und Adelseinungen, Klöster und Universitäten traten als Korporationen neben die alten Dynastien, die ihre Herrschaft auf Familienloyalitäten aufbauten. Abgesehen von Italien und Deutschland (wo die Trümmer des Imperiums zu Territorien wurden), wurde die Vielfalt mit den Mitteln feudalen Rechtes in politische Nationen zusammengefasst. Zu ihnen gehörten nur die Mächtigen und Privilegierten, und sie brauchten keine gemeinsame Muttersprache, sondern konnten in den feudalen Parlamenten z. B. lateinisch miteinander kommunizieren. Diese Nationen konkurrierten miteinander und waren außerordentlich dynamisch; sie eroberten bis zu Beginn des 20. Jahrhunderts die gesamte Welt und gaben Raum für die Erarbeitung einer neuen, hochkomplexen Wirtschaftsform: des industriellen Kapitalismus. Die tägliche Not wurde besiegt, die Menschen wurden wohlhabender, und sie beanspruchten immer mehr Mitbestimmung an der Politik ihrer Nationen. In ihrem Kampf gegen die feudalen Herren war den Bürgern und Arbeitern die gemeinsame Sprache wichtig, und sie schufen schließlich den integrativen, demokratischen Nationalstaat.

Innerhalb des Systems nahmen jedoch auch die Unterschiede zwischen den Großregionen zu. Während die Parlamente in Holland und England kontinuierlich für Erweiterungen von Mitbestimmung genutzt wurden (selbst in Frankreich konnten die Bürger 1789 am alten Parlament anknüpfen), wurden in der Periode der Frühen Neuzeit in den halbperipheren Räumen Europas von Spanien bis Österreich absolutistische Staatsformen durchgesetzt: Die Ressourcen wurden auf der Ebene der Regierungen konzentriert, um in der Konkurrenz zu bestehen. Russland konnte in dieser Periode relativ schnell in das europäische Weltsystem zurückkehren, da ihm der Übergang zum Absolutismus leichtfiel und es eine christliche Macht war. Das Zarenreich wurde sogar vom 18. Jahrhundert an eine der Großmächte – es hatte eigene Anteile an der Expansion in die außereuropäische, d. h. im 19. Jahrhundert vor allem die muslimische Welt und an der Aufteilung schwächerer europäischer Staaten – wie England Irland, Kastilien Aragon oder Frankreich Savoyen annektierte, so annektierten Preußen, Österreich und Russland Polen. Die Tradition des Rückstandes an sozialökonomischer und politischer Entwicklung gegenüber den Zentrumsländern zwischen Rhein, Loire und Themse konnte Russland jedoch nie aufholen. Der Abstand war nicht so groß, dass die russische Regierung nicht durch Konzentration der Mittel – vor allem in der Rüstung – das westliche Niveau erreicht hätte; sobald Russland in einzelnen Bereichen jedoch aufgeholt hatte, war der Westen insgesamt immer schon weiter.

In seinen Handelsbeziehungen zu Byzanz und zum Westen hat Russland kontinuierlich die Rolle eines Rohstofflieferanten gespielt. Waren es im Mittelalter überwiegend Luxusgüter wie Pelze, Honig oder vor der Christianisierung auch Sklaven, so kamen vom 16. Jahrhundert an Massengüter des Marinebedarfs wie Hanf, Flachs, Pech und Teer sowie Pottasche, im 18. Jahrhundert Roheisen hinzu. Im 19. Jahrhundert wurde Russland zum Getreideexporteur und im 20. zum Exporteur von Brennstoffen, vor allem Erdöl und Erdgas, zeitweise aber auch Bunkerkohle. Importiert wurden meist Luxuswaren für den Adel – vom byzantinischen Brokat im 10. bis zu Wein, Waffen und feinen Tuchen im 18. Jahrhundert. Wichtig war auch der Import von Edelmetall für den Tribut an die Mongolen und den Geldumlauf. Bis 1917 wurde ein großer Teil des Handelsüberschusses benötigt, um das ausländische Kapital zu bedienen und den Import westlichen Know-hows zu bezahlen. Im Sozialismus machten Investitionsgüter lange Zeit einen wichtigen Anteil des Imports aus, solange der Impetus der Partei auf der Industrialisierung lag. Je mehr die schlechte Leistung der Landwirtschaft dann zum Import von Nahrungsmitteln zwang, desto mehr wurden die im Erdölgeschäft verdienten Devisen für argentinisches oder amerikanisches Getreide ausgegeben. Nach dem Ende des Sozialismus gehören die Einnahmen aus dem Rohstoffexport zu den wichtigsten Quellen des »neuen Reichtums«.

An dem Hahn zu sitzen, durch den die Exporte flossen, war in der russischen Geschichte oft von entscheidender Bedeutung; nicht nur in der Kiewer Zeit. Der Außenhandel hat selten viele Prozente des russischen Wirtschaftslebens ausgemacht, aber wer ihn kontrollierte, konnte Geld verdienen, das die Welt öffnete. Auch veränderte sich das Preisgefüge auf dem Binnenmarkt, machte Rohstoffe teurer und setzte interne Gewerbeproduktion unter Druck. Das wirkte sich in der langen feudalen Periode Russlands zugunsten der adligen Gutsbesitzer und zuungunsten der Gewerbetreibenden in den Vorstädten aus. Aber auch für die Kommunisten lag darin eine Quelle des Machterhalts – sie konnten eben Getreide kaufen, statt die Landwirtschaft zu reformieren, und sie konnten in der Weltpolitik mit Devisen agieren.

In allen Perioden wurden ausländische Fachleute nach Russland gerufen. In der Kiewer Zeit kamen Geistliche, Maler und Architekten aus dem christlichen Süden, vor allem aus Griechenland. Auch später kamen immer wieder Immigranten aus der orthodoxen Welt. Im Kampf um die Selbständigkeit gegen die Goldene Horde wurden viele Tataren im Moskauer Reich aufgenommen. Vom 15. Jahrhundert an gibt es einen ständigen Strom von Architekten und Offizieren, Gelehrten und Ärzten, Apothekern und vor allem Kaufleuten aus westeuropäischen Ländern – im 15. und 16. Jahrhundert oft aus Italien, im 17. oft aus den Niederlanden, und vom 16. Jahrhundert an aus deutschen Ländern. Im 18. Jahrhundert wurden sogar deutsche Bauern eingeladen. Vom 19. Jahrhundert an gibt es auch eine russische Emigration in den Westen – zuerst vor allem Sozialisten und Liberale, nach 1917 Monarchisten, Menschewiki und Anarchisten. Und vom Ende des 19. Jahrhunderts an – unterbrochen nur durch die Periode des Sozialismus – wandern russische Saisonarbeiter in den Westen, um dort gering bezahlte grobe Arbeit zu übernehmen, zusammen mit Hochbegabten, die in Forschungsinstitutionen des Westens eingeladen werden.

Für ein absolutistisch regiertes Land, in dem überdurchschnittlich viele Mittel bei der Krone konzentriert wurden, war es typisch, dass nur wenig wohlhabendes Bürgertum entstand und die Opposition gegen die Monarchie von studierten Leuten, nicht selten Beamten, angeführt wurde – der »Intelligenz«. Und es lag auch nahe, dass nicht die liberale Gedankenwelt – was die Angelsachsen *mainstream* nennen –, sondern eine kritische Theorie in dieser Intelligenz viele Anhänger fand. Der Sozialismus ist ein der europäischen Tradition verpflichtetes Konzept, vor allem begründet durch einen deutschen Juden in London. Nur muss, was als Kritik taugt, nicht auch als Anleitung zum praktischen Handeln brauchbar sein, und die Sozialdemokraten des Westens waren immer skeptisch genug, Marx zwar zu lesen, aber ihn nicht zur Leitschnur für die Reform des Kapitalismus zu machen. Lenin besaß die intellektuelle Kühnheit, die Marxsche Theorie auf die russischen Verhältnisse zuzuschneiden, und er besaß das Gespür für den historischen Moment, um dieses Konzept zur Handlungsanweisung für eine Revolution zu machen. Der Anspruch, im

Sozialismus mehr Partizipation zu ermöglichen, als der demokratische Kapitalismus bot, konnte allerdings nicht eingelöst werden. Langfristigen Erfolg hatte die Oktoberrevolution nur in der Form der Machtausübung einer Bürokratie, welche die nachholende Industrialisierung Russlands durchsetzte – aber um den Preis einer nicht ohne terroristische Mittel arbeitenden Parteidiktatur.

Russlands Verhältnis zu Deutschland war durch eine doppelte Asymmetrie gekennzeichnet – Deutschland gehörte überwiegend zum sozialökonomischen Zentrum, seine Menschen hatten mehr Kompetenzen gelernt und waren dem Disziplinierungsprozess der Moderne mehr angepasst, was einen qualitativen Vorsprung bedeutete. Russland aber war, solange Deutschland geteilt blieb, quantitativ überlegen, es war die größere Macht. Die Einigung Deutschlands 1870 vermehrte zusammen mit dem Industrialisierungsschub die deutsche politisch-militärische Macht. Der Nationalsozialismus, der die Niederlage Deutschlands gegenüber den Westmächten im Ersten Weltkrieg nicht anerkennen wollte, machte die Sowjetunion zum hauptsächlichen Expansionsziel: Sie sollte aufgeteilt, ihre Intelligenz vernichtet, die Industrie zerstört und die Menschen zu Arbeitssklaven der Deutschen gemacht werden. Der qualitative Vorsprung sollte mit Instrumenten politischer Gewalt festgeschrieben und ausgebaut werden. Die Ziele der deutschen Ostexpansion im Zweiten Weltkrieg waren nicht nur verbrecherisch, sie erwiesen sich auch als eine Unterschätzung des sowjetischen Systems, das trotz des deutschen Vormarsches bis Stalingrad in der Lage war, genug moderne Rüstungstechnik für den Sieg im Bündnis mit den Westmächten zu produzieren.

Der Sieg über Deutschland wurde in der sowjetischen Führung als Bestätigung des Sozialismus verstanden. Die UdSSR verweigerte sich im Vertrauen auf die sozialistische Theorie dem Versuch der USA, eine einheitliche Welt zu schaffen, und nahm die Last auf sich, zur zweiten Supermacht zu werden. Wieder wurde ein übergroßes Maß der Ressourcen in wenigen Bereichen, vor allem der Rüstung, konzentriert, um den USA militärisch Paroli zu bieten. Das territoriale Vorfeld der UdSSR wurde mit Gewalt dazu gebracht, das monopolsozialistische Modell zu übernehmen. Je mehr zivile Entscheidungsverfahren in der zweiten Hälfte des 20. Jahrhunderts an Legitimität gegenüber militärischen Verfahren gewannen, desto unglaubwürdiger wurde die sowjetische Machtausübung jenseits ihrer Grenzen. Und je mehr der Lebensstandard in der UdSSR stieg, so dass Bürger nicht mehr von der Not um das tägliche Brot derart in Anspruch genommen waren, dass sie sich um Politik nicht kümmern konnten: je erfolgreicher also die UdSSR ökonomisch war, desto stärker wurde das politische Monopol der Partei in der sowjetischen Öffentlichkeit kritisiert.

Die Kommunistische Partei erwies sich (in der Tradition aufgeklärter Bürokratien – auch sie ist gesamteuropäisch) als durchaus reformfähig. Je weiter die Reform ab 1985 aber voranschritt, desto mehr wurde deutlich, dass der Verzicht auf die Macht Teil der Reform sein musste. Was immer der Monopolsozialismus in einer Periode der Industrialisierung und bei der Abwehr des deutschen Angriffs geleistet hat – in einer industrialisierten Gesellschaft und in einer immer ziviler werdenden Welt war er unerträglich.

Durch das Scheitern des Monopolsozialismus wird die Frage nach dem Verhältnis von Eigenem und Fremdem in der russischen und sowjetischen Geschichte neu gestellt. Wieviel kann aus der Tradition erhalten bleiben? Eine Stärkung regionaler Autonomien ist unumgänglich. Gibt es in diesem Vorgang eine Möglichkeit, die Vielfalt der Ethnien in einer auf freier Entscheidung beruhenden, Modernität ermöglichenden Form zu organisieren, welche die Tradition ethnischer und religiöser Toleranz in Russland aufnimmt, oder werden alle diese Völker den Weg zum integrativen Nationalstaat nach westeuropäischem Modell gehen? Kann in der Wirtschaft etwas von dem sozialistischen Versuch bewahrt werden, mehr Solidarität zu ermöglichen als der Kapitalismus? Kann in der Sozialstruktur die verhältnismäßig geringe Differenzierung der Einkommen nach einem Verhältnis von 1:10 aufrechterhalten werden, oder steht jene Polarisierung vor der Tür, die aus anderen halbperipheren Ländern wie Ägypten oder Spanien bekannt ist? Kann die Orthodoxie ihren Anspruch, dem westlichen Rationalismus eine eigene Form von Intellektualität entgegenzusetzen, gegenüber dem Eindringen westlicher Standards verteidigen – wie sie ihn gegenüber dem Monopolsozialismus durchaus (wenn auch nur für kleine Kreise) aufrechterhalten konnte?

Über eines müssen die russländischen Menschen sich jedoch klarwerden. Es ist unmöglich, sich den Zentrumsländern so radikal anzupassen, dass man in Russland in absehbarer Zeit dasselbe Pro-Kopf-Einkommen hat wie in Deutschland oder Frankreich. Der Vorsprung des Westens ist über ein halbes Jahrtausend alt, und der Westen besitzt nach wie vor eine solche Dynamik, dass Russland auf diesem Wege immer nur irgendwo ankommen kann, wo der Westen schon war. Wer in Hotels der alten UdSSR die ungleich gegossenen Stufen der rückseitigen Treppen oder die unsauber verlegten Kacheln der Badezimmer bemerkt, der nimmt nicht nur von einer Realität des Sozialismus, sondern auch von einer anderen Arbeitsmoral des Handwerks Kenntnis, die einen geringeren Grad von Einübung in die Regeln der Moderne bezeichnet. Ohne Anpassungen an diese Regeln gäbe es das Pro-Kopf-Einkommen des Westens nicht; dieses ist nicht das Ergebnis kurzfristiger, sondern sehr langfristiger Prozesse, in denen viele Verhaltensnormen geändert worden sind. Der Vorsprung des Westens setzt sich aus vielfältigen kleinen Kompetenzvorsprüngen zusammen und aus der Fähigkeit, mit der daraus resultierenden Komplexität umgehen zu können. Innerhalb der westlichen Gesellschaften wird dadurch eine beträchtliche soziale Differenzierung bewirkt und legitimiert, die in der Eigentumsverfassung (einschließlich des Eigentums an geistigen Produkten) juristisch gesichert wird. Diese Differenzierung steht mit dem Selbstverständnis, »dass alle Menschen gleich geschaffen sind«, in einer Spannung – ohne Zweifel. Aber es ist diese Spannung, aus der die westlichen Gesellschaften leben – nicht die Besetzung eines der Pole. Und wenn die westliche (besonders die angelsächsische) Welt durch eines gekennzeichnet ist, dann durch die Kultur des Kompromisses.

Eine stabile Russländische Föderation wird im Westen schon deswegen Unterstützung finden, weil sie die Abhängigkeit des Zentrums von den Rohstoffen der Peripherie mindert. Auch das politische Bündnis der RF mit den USA ist willkommen, da in seiner Folge die Berechenbarkeit der Machtausübung erhöht wird. Sogar die Zuwanderung billiger Arbeitskräfte findet in Zeiten allgemeiner Konjunktur ihre Förderer, solange sie kontrollierbar und dosierbar bleibt. All dies heißt jedoch nicht, dass die russländische Industrie auf einem offenen europäischen Markt große Chancen besitzt; sie ist vielmehr in Gefahr, bei einem direkten Anschluss an den Westen ihre Märkte zu verlieren, so dass Osteuropa entindustrialisiert werden könnte. Für die RF und die Nationen der GUS stellt sich – wie übrigens auch für die anderen Länder Osteuropas – die Frage, ob ein maßvoller Protektionismus gegenüber der eigenen Industrie (dem Beispiel Deutschlands im 19. Jahrhundert folgend) der geforderten Langfristigkeit der Entwicklung nicht am ehesten entgegenkommt. Nicht eine neue Revolution ist geraten, sondern eine dauerhafte Einübung.

Einübung in die Disziplin, welche die im hohen Grad arbeitsteilige Gesellschaft nach der dritten industriellen Revolution fordert, ist die andere Seite des Ergreifens der Freiheit. In modernen Gesellschaften müssen die Menschen sich daran gewöhnen, dass sie nur einen sehr kleinen Ausschnitt des gesamten wirtschaftlichen, politischen und geistigen Lebens überblicken und nur in einem noch kleineren handeln – das aber mit Präzision. Fraglos: Dies ist unendlich besser, als ein Gesamtbild vorgegaukelt zu bekommen, das auf Selbstbetrug beruht und ohne Gewalt nicht aufrechterhalten werden kann. Aber die Zersplitterung und Vereinzelung der Moderne bleibt ein Problem für den nach Ganzheit strebenden Menschen. Gerade in der orthodoxen Philosophie ist dies Problem oft diskutiert worden. Kann die russische Diskussion die Forderung nach Ganzheit in einer Periode, in der im Westen nicht wenige »vernetztes Denken« und eine »globale Ethik« fordern, in die weltweite Debatte einbringen – oder liegt auch darin eine Überforderung?

Russland hat nicht genug Menschen, die erfolgreiches Verhalten in einer Marktwirtschaft und problemlösende Verfahren in einem System von politischen Parteien und Interessengruppen gelernt haben. Gelingt es trotzdem, einen Weg zu finden, auf dem nicht andauernd auf die Differenz zum Westen geschielt wird?

Was also bleibt an Eigenem? Die Regeln und Zwänge der modernen Gesellschaften sind beträchtlich, aber auch ihre Freiheiten sind beeindruckend. Welche russischen und russländischen Traditionen in einer neuen Union Bestandteile einer zukünftigen, demokratischen Wirklichkeit Russlands werden, ist unbekannt. Was auch immer der Autor in dem vorliegenden Text aus der Geschichte erklären konnte, was er nicht verstanden hat oder was er – schwieriger noch für den Leser – nur halb zu begreifen vermochte: die Zukunft ist offen.

2 Perioden

Ostslawische Vorgeschichte

Vor aller »russischen« steht die Geschichte jener slawischen Waldbauern, die nicht in den verlockenden Süden und Westen Richtung Ägäis und Elbe wanderten, sondern über Dnjepr und Oka zur Wolga und darüber hinaus nach Norden und Osten. Sie rodeten Land und gründeten Weiler, Dörfer und befestigte Orte; der Fernhandel ging aber weithin an ihnen vorbei.

Das Kiewer Handelsreich

Die kurze Route zwischen dem Schwarzen Meer und der Ostsee über Wolchow, Düna und Dnjepr wurde im 9. Jahrhundert zur Achse eines Fluss-Fernhandelsimperiums. Entscheidend war die Kontrolle der Handelswege, Herrschaft über Bauern beschränkte sich meist auf das Einsammeln von Tribut. Durch die Taufe 988 wurde diese *Rus* zum Teil der christlichen Welt, und die Kirche begann, neue Regeln des täglichen Lebens zu lehren. Die Verhältnisse zwischen den Menschen blieben aber weithin *gentilizisch* bestimmt. Es wurden Städte gegründet, und der Reichtum ermöglichte den Aufbau einer glanzvollen Metropole in Kiew nach dem Vorbild von Konstantinopel.

Autonomie der Regionen und Mongolenherrschaft

Verdichtung von Siedlungen, *Urbanisierung* und die Vorbildwirkung des griechisch-christlichen Modells für Staat, Gesellschaft und geistiges Leben förderten die Selbständigkeit der Regionen unter einzelnen Fürsten des Herrscherclans. Durch die Eigentumsorganisation der Kirche, das Entstehen von Fürstenfamilien ohne Herrschaft und Güterbesitz von hohen Adligen wurde *feudales* Eigentum an Boden zwischen den bäuerlichen Besitz und den Obereigentumsanspruch des Fürsten geschoben. Der Fernhandel verlor an Bedeutung, er wurde auch schwieriger, weil die Steppenwege schwerer zu beherrschen waren. 1169 eroberte ein russischer Fürst Kiew, verlegte aber seine Hauptstadt nicht mehr dahin. Zu neuen Zentren wurden im eher adligen Südwesten Galitsch, im Nordwesten das oligarchische Nowgorod und im kolonialen Nordosten das monarchische Wladimir.

1237–41 eroberten die Mongolen die russischen Fürstentümer, die damit zu westlichen Randbereichen des asiatischen, entlang von Karawanenwegen organisierten Fernhandelsreichs wurden. Viele Russen wanderten in die Wälder des Nordens, wo sie unter harten Bedingungen, aber wenig Kontrolle leben konnten. Die Verluste an Menschen und der ständige Edelmetallabfluss durch die Tribute führten zu Verarmung. Aber auch nach der Islamisierung der Mongolen blieb die orthodoxe Kirche in Russland privilegiert. Der Westen des Kiewer Russland wurde von Litauen und Polen annektiert.

Moskauer Zentralismus und Sammeln russischer Erde

Der erbitterte Kampf um die Macht am Hof der mongolischen Oberherren, der Einfluss der Kirche und die Notwendigkeit, große berittene Heere ins Feld stellen zu müssen, um sich gegen Mongolen, Livland und Litauen/Polen zu behaupten, bildeten Argumente für die *Zentralisierung*, deren Organisatoren und Nutznießer die Großfürsten von Moskau waren. Iwan III. übernahm 1472 das byzantinische Hofzeremoniell, und der hohe Adel wurde in Moskau höfisch. Russland wurde zur Hoffnung der orthodoxen Ökumene; Moskau zum neuen Patriarchat, in dem manche sogar ein »drittes Rom« sahen. Eine große *Bürokratie* und ein mit gegen Dienst verliehenen Gütern alimentiertes Heer machten das Moskauer Reich zur osteuropäischen Großmacht, welche die »russische Erde« bis zur polnischen Grenze »sammelte«. Um die steigenden Leistungen der Bauern an ihre feudalen Herren, aber auch die hohe Steuer zu erzwingen, wurden die Bauern »an die Scholle gefesselt«, womit die *Sozialdisziplinierung* auf die Ebene des Landes gebracht wurde. Allerdings blieb das Verhältnis von Gutsherren und Dörfern weithin auf Abgabe oder Fronarbeit beschränkt und erfasste nur selten die Wirtschaftsweise der Bauern. Mit der Erwerbung Kiews 1667 wurde der lange Kampf gegen Polen zu einem vorläufigen Ende gebracht; in denselben zwei Jahrhunderten war die russische Ostexpansion über die Eismeerküste und die Flussläufe Sibiriens bis an den Pazifik und über den Wolgalauf bis zum Kaspischen Meer vorgestoßen.

Das Petersburger Imperium

Waren die Übergänge zwischen den ersten Perioden eher fließend, so war der zur Petersburger Periode mit der Gründung der neuen Hauptstadt 1703 scharf bezeichnet. Peter I. ließ sie nach dem Vorbild Amsterdams bauen; Russland war Westeuropa nie so nahe wie in den folgenden zwei Jahrhunderten, in denen ganz Europa (mit Ausnahme der Seemächte) vom Absolutismus geprägt wurde. Eine *säkularisierende Bürokratie* verwaltete das Land im Namen von Kaiserinnen und Kaisern nach aufklärerischen Kriterien und ordnete die Kirche der Krone unter. Kirche und Armee wurden zu Instrumenten, um die mit der Schollenpflichtigkeit begonnene Disziplinierung der Bevölkerung zu verschärfen. Zugleich wurde das Imperium zu einer der europäischen Großmächte, das Polen großenteils annektierte und die Steppen bis zur Schwarzmeerküste eroberte, aber auch für die Sicherung des Mächtesystems gegen den französischen Hegemonialversuch unentbehrlich war.

Im Verlauf des 19. Jahrhunderts wurde die Distanz zu Westeuropa insofern größer, als Demokratisierung und industrielle Revolution besonders in England und Frankreich zu einer Beschleunigung der Entwicklungen führten. Der Reformversuch von oben nach der Niederlage im Krimkrieg änderte trotz der Bauernbefreiung (1861) die *feudale Struktur* nicht grundlegend, da die Bauern durch die Gesamthaftung für ihre Schulden an Gutsherren und Staat an die Scholle gebunden blieben. Immerhin reichte Russlands Machtpotential, um an der imperialistischen Phase der europäischen Expansion teilzunehmen und bis Wladiwostok und zum Hindukusch vorzustoßen.

Je mehr Russland allerdings zur konservativen Großmacht im System wurde, desto entschiedener nahm die *Intelligenzija* die Aufgabe der Reform, wenn nicht der Revolution als die ihre in Anspruch. Im Westen des Imperiums wandte sie sich mehr Nationalbewegungen zu, im Innern dem Sozialismus. Zu den alten Gewerbegebieten (wie Iwanowo oder Moskau und St. Petersburg) und alten Montanregionen (Tula, Ural) kamen neue hinzu (wie Baku, der Donbass oder Lodz), wobei besonders die beiden Hauptstädte auch als Industriestandorte wuchsen. So entstanden zahlenmäßig große, relativ zur Gesamtbevölkerung allerdings doch kleine *kapitalistische Inseln*, in denen eine zusammengepferchte, dem Land oft noch nahe Arbeiterschaft ein Revolutionspotential bildete.

Die sozialistische Union

So wie die militärische Niederlage des Zarismus gegen Japan zum letzten Reformversuch geführt hatte, führte jene im Ersten Weltkrieg zum Zusammenbruch 1917. Geführt von verschiedenen Gruppen der Intelligenzija, entzogen *Nationalbewegungen* den Westen, aufständische *Bauern* das flache Land und *Arbeiter* die Fabriken und Eisenbahnen dem Zugriff der Regierung. Die Bolschewiki unter der Führung W. I. Lenins übernahmen die Macht – in der Hoffnung, die sozialistische Weltrevolution in Russland anfangen zu können. Als die Revolution im Westen (und dann auch im »Osten«) ausblieb, machte die Kommunistische Partei sich zum Agenten der Modernisierung des Landes, welche als *sozialistische Industrialisierung* verstanden wurde: die Modelle des Westens an Industrieentwicklung, Alphabetisierung, Urbanisierung usw. sollten sowohl eingeholt wie aufgrund der rationaleren Struktur der zentralen Planung überholt werden. Zentralisierung, Säkularisierung und Bürokratisierung wurden in wenigen Jahren mit Gewalt allgemein durchgesetzt; die Sozialdisziplinierung sogar auf dem Land erzwungen, nachdem die kaum kontrollierbaren Weiler großen Kolchosen untergeordnet worden waren. Es wurden jedoch keine politischen Freiräume geschaffen, sondern im Gegenteil alle Möglichkeiten zur Kontrolle der Regierung eliminiert, so dass die Diktatur nur noch einer Person, Stalin, zuarbeitete. Kollektivierung und Lagersystem kosteten Millionen von Opfern.

Immerhin reichte die industrielle Leistung, um die Hauptlast des Siegs über Deutschlands Hegemonialversuch zu tragen und den sowjetischen Einfluss bis zur Elbe auszudehnen. Wie auch in der Petersburger Periode wurde vor allem das russische Militär in Westeuropa anerkannt, einer der Gründe dafür, dass die UdSSR von den fünfziger Jahren an versuchte, »Parität« in der Rüstung zu erlangen.

Diese *Militarisierung* überforderte die sowjetische Ökonomie. Die Planwirtschaft war nie in der Lage gewesen, den Wert der produzierten Güter nach rationalen Kriterien zu bestimmen. Man konnte nach vorgegebenen Modellen arbeiten, aber nicht mit dem Westen gleichziehen, und je komplizierter die Wirtschaft wurde, desto offenbarer wurden die Aporien und Irrationalitäten, die in über siebzig Jahren Sozialismus entstanden waren. Das bürokratische Machtmonopol der Partei verlor seine Legitimität.

Ein neuer Anfang?

Mit der Auflösung der UdSSR 1991 übernahmen die ehemaligen Unionsrepubliken als neue *Nationalstaaten* die Macht. Die Russländische Föderation als der größte von ihnen versucht, einen Mittelweg zwischen Zentralisierung und Zersplitterung zu finden sowie durch eine umfassende *Demokratisierung* den Bürgern mehr Spontaneität und (auch ökonomische) Selbstbestimmung zu ermöglichen.

Der Nationalstaat Russland scheint allerdings den europäischen Nationalismen der letzten beiden Jahrhunderte zu folgen und ließ sich auf postimperiale Grenzstreitigkeiten ein. Militarismus, Patronage und Autoritarismus nahmen zu.

3 Russländische Beiträge zur Weltgeschichte

Russländische Geschichte gehört zur Geschichte des von Europäern geprägten Teils der Erde zwischen Vancouver und Wladiwostok, Sydney und Santiago de Chile. Der Anteil der Russen an der Gestaltung des Raums zwischen Ostsee und Pazifik wurde erst mit der Expansion der frühen Neuzeit bestimmend, und bis heute ist der Beitrag von Menschen, die andere indogermanische, aber auch finnougrische, mongolische oder Turksprachen reden, zur russländischen Geschichte groß – Esten und Mordwinen, Letten und Litauer, Ukrainer und Belorussen, Tataren und Jakuten, Kalmücken und Burjaten, aber auch Juden und Deutsche, um nur einige herauszugreifen. Menschen anderer Ethnizität und anderen Glaubens wurden in Russland nicht mit solcher Radikalität vertrieben wie in Westeuropa. Gewiss, das Wort »Pogrom« stammt aus dem Russischen, aber Spanien »säuberte« das Land vollständig von den Muslimen, und Deutschland rottete die Juden aus, soweit seine Macht reichte. Russländische Geschichte gibt über *Multikulturalität* Auskunft – mit ihren Schwierigkeiten, aber auch Möglichkeiten.

Russland nahm an der antiken Kultur nur am Rande teil und wurde durch die Mission zu dem im Norden der antiken Hauptmächte entstandenen »Neueuropa« hinzugewonnen, wie Deutschland oder Polen. Die Zugehörigkeit zur Orthodoxie stellte Russland in die philosophierende griechische Tradition. Im meditierenden Rekurs auf die *innere Einheitlichkeit des Christenmenschen* angesichts juristischer, fachlicher und sozialer Spezialisierungen liegt einer der russischen Beiträge zur gesamtchristlichen Diskussion. Ein anderer liegt im *Leidenscharisma* – die Orthodoxie war nie so mächtig wie die römische Kirche und hat, vielleicht deswegen, das Bild des leidenden Christus genauer bewahrt.

Russland hatte mit viel mehr Raum umzugehen, mehr Entfernungen zu bewältigen, als man in Westeuropa gewohnt war. Es wurde ein verhältnismäßig gelassenes Verhältnis zu Zeit und Raum entwickelt: es muss nicht alles morgen früh erledigt sein, und es macht oft keinen Sinn zu rasen. Die russische Führung konnte manchmal Raum für Zeit tauschen (z.B. in Brest-Litowsk 1918). Wenn es in Zukunft darum geht, in der Welt neue *Zeit-Raum-Verhältnisse* zu diskutieren, wird die russische Erfahrung wichtig.

Seit dem Mittelalter entwickelte sich Westeuropa zu einem dynamischen, sich schnell verändernden System. Angesichts dieser Beschleunigung fand Russland sich am schlechteren Ende einer *ungleichen* Entwicklung. Obgleich es selbst viel endogene Dynamik zeigte, musste es sich fast kontinuierlich – wenn auch stets in wechselnden Formen und verschiedener Intensität – damit auseinandersetzen, dass westliche Gesellschaften überlegen waren. Russland bildet einen frühen Fall *nachholender Entwicklung*, dessen historische Erfahrungen für alle Länder wichtig sein können, die in ähnlicher Lage sind.

Auf der politischen Ebene beruhte das europäische System auf einem labilen Gleichgewicht zwischen zentripetaler Zusammengehörigkeit und zentrifugalen nationalen Egoismen. Mehrfach konnten Versuche von Zentrumsmächten, das System in ein gesamteuropäisches Imperium zu verwandeln, nur unter Einbeziehung Russlands abgewehrt werden. Diese Beiträge zur *Erhaltung der Mächtekonkurrenz* stärkten allerdings jene Gruppen in Russland, die seine Bedeutung vor allem im Militär sahen.

Nicht nur durch die irreführend hoch angesetzte Bedeutung des Militärs, sondern auch in anderen Zusammenhängen akkumulierten sich im halbperipheren Russland viele Nachteile des Systems. So konnte Russland für andere Produkte als Rohstoffe und Halbfertigwaren nur schwer Absatz auf dem Weltmarkt finden. Dieser Rohstoffexport förderte jedoch nur selten Bereiche, in denen neue Kompetenzen akkumuliert wurden, so dass eine der Stärken des Systems in Russland nur wenig zum Tragen kam. Da Nachteile sich in Russland addierten, wurden die Einseitigkeiten und Ungerechtigkeiten der gesamteuropäischen Entwicklung von der russischen Intelligenz mit besonderer Schärfe beobachtet, und in dieser *Kritik* liegt eine der russischen Beiträge zur Weltgeschichte.

Das Projekt der russischen Intelligenz, in der Tradition der Forderungen der europäischen Demokratiebewegung mehr Freiheit, Gleichheit und Brüderlichkeit durchzusetzen, fand deshalb in Russland breite Unterstützung. In der Revolution kam jedoch nur eine kleine Gruppe an die Macht. Die Kommunistische Partei setzte eine nachholende Industrialisierung und Urbanisierung durch, aber ihr fehlte das Potential zum Aufbau einer zivilen, demokratischen Gesellschaft. Damit misslang nicht nur die Emanzipation der Gesellschaft, sondern auch der Übergang zu einer selbsttragenden Wirtschaftsentwicklung. Dass in der Folge dieses politischen und ökonomischen Scheiterns die *Untauglichkeit des monopolsozialistischen Modells* als Alternative zur Entwicklung des kapitalistischen Weltsystems aufgezeigt wurde, gehört zu den russischen Beiträgen zur Weltgeschichte, die für Russland – und viele seiner Nachbarn – bitter sind; er bleibt aber wichtig.

In den Plänen der Revolutionäre, für die Arbeiter, für die Bauern im Lande und darüber hinaus für das Proletariat der Welt bestimmen zu wollen, welchen Charakter ihre Zukunft haben solle, lag ein Wille, für andere zu handeln. Es gehört zu den Einsichten der russischen Geschichte, dass man *nicht für andere emanzipatorisch handeln* kann – dass Handeln für andere auch dann Machtausübung bedeutet, wenn es nicht durch Eigentum als Herrschaft gesichert ist.

Ales Adamowitsch hat darauf verwiesen, dass Dostojewskij am Ende des 19. Jahrhunderts durch »Tiefbohrungen« in die Gewissen daran erinnert hat, dass es in den Menschen Treppen nach unten gibt, die gangbar zu machen angesichts erweiterter Verfügbarkeiten zu neuartigen Massenverbrechen führen kann. Auch wenn die Beispiele dafür von My

Lai bis Amritsar weltweit sind, sind russische und deutsche Geschichte des 20. Jahrhunderts doch in besonderem Maß durch solche Massenverbrechen betroffen. Es ist auch ein russischer Beitrag zur Weltgeschichte, dass noch einmal deutlich wurde: *Fragen der Moral sind im höchsten Sinn politische Fragen*.

Es war sehr wichtig, dass die Kommunistische Partei auf ihre Macht, wenn auch nicht ohne einiges Zögern, so doch ohne den Versuch umfassender Gewaltanwendung, verzichtet hat. Damit wurde der Prozess der *Zivilisierung* der Weltgesellschaft gestärkt.

Vielleicht liegt der dauerhafteste Beitrag Russlands zur Weltgeschichte in dem Menschenbild seiner Literatur – im Bild Bulgakows von Voland, dem Meister und Margarita, wie sie über die Dächer des stalinistischen Moskau reiten; in der Klage Anna Achmatowas über jenen Helden des Jahres 1913, der durch seine Mutlosigkeit alles versäumte, und der Mahnung Tolstojs, jeder Gewalt zu entsagen.

Und eben jener Geschichte Turgenews vom Spatzen, die davon handelt, dass die Liebe stärker ist als der Tod.

4 Zur Methode: Komparatistisch berichten

In der deutschen Geschichtswissenschaft ist die *idiographische* Tradition vorherrschend – die Konzentration auf das Einzelne, das Zurückverfolgen bis zu den Ursprüngen und das Nachzeichnen jener besonderen Linien, welche man herausgearbeitet hat. Die *nomothetische* Tradition – Historiker, die den Versuch machten, allgemeingültige oder doch wenigstens verallgemeinerbare Gesetze der Entwicklung von Wirtschaft, Staat und Gesellschaft mit den Mitteln der historischen Wissenschaft zu erkennen – wurde früh in andere Wissenschaften, besonders die Soziologie, abgedrängt

(Max Weber verstand sich anfangs als Historiker, konnte aber in der Zunft keine Karriere machen). Der sowjetmarxistische und folgend der DDR-marxistische Versuch, Gesetzmäßigkeiten vorauszusetzen und der Geschichtswissenschaft die Aufgabe zuzuweisen, diese dann zu beweisen, hat das Konzept der Gesetzmäßigkeiten vollends und zu Recht diskreditiert, so dass die bloße »Erzählung« als historiographische Maxime wiederentdeckt worden ist. Als Erzählung ist die Auswahl, die der Historiker aus der Masse des ihm vorliegenden Materials trifft, jedoch nicht begründbar und damit auch nicht kritisierbar.

Während der nomothetische Ansatz grundsätzlich in Gefahr ist, der Offenheit der Geschichte nicht gerecht zu werden, und das Konzept »Geschichte als Erzählung« wie eine Flucht aus den Schwierigkeiten der eigenen historiographischen Tradition wirkt, scheint der idiographische Ansatz unbetroffen: man beschreibt mit quellenimmanenten Begriffen (Termini, die in den Quellen selbst auftauchen) die Ereignisse in chronologischer Reihenfolge. In der Tat ist dieses Verfahren als methodischer Schritt unverzichtbar. Für eine umfassende Darstellung reicht er jedoch nicht aus. Wieder bleibt ungeklärt, warum aus der großen Zahl quellenmäßig belegter Vorkommnisse einige ausgewählt und andere weggelassen werden. Dieses Defizit führt häufig zur Stoffhuberei – dazu, dass historische Arbeiten immer mehr Material anhäufen, bis man sie kaum noch lesen kann. Weiter ist der in der Quelle verwendete Begriff oft nicht derjenige, der in der eigenen Sprache zur Bezeichnung einer ähnlichen Sache geläufig ist; das Ereignis wird dann künstlich verfremdet. Das gilt für die Geschichtsschreibung über ein fremdes Land mit besonderer Schärfe – würde man etwa den Begriff *pomestje* auch in einem Text, der sich nicht an den Fachmann wendet, benutzen, dann erschiene die damit gekennzeichnete Institution – ein Gut, aus dessen Einkünften der Gutsbesitzer Dienst zu leisten hatte, das ihm anfangs nicht gehörte, an dem er aber später Erblichkeit und schließlich Eigentum durchsetzen konnte – vielleicht fremder, als er war. Hier wird (Kap. 6.2) der russische Begriff erwähnt und dann (wie das die Zeitgenossen taten) mit »Lehngut« übersetzt, obgleich das russische Recht den Begriff des Lehens nicht benutzte und obgleich es fraglos Unterschiede zwischen z.B. französischem und russischem Besitzrecht des Adels gab. Es gab aber auch Unterschiede etwa zwischen englischem und deutschem Besitzrecht, und wenn man nicht für alle Nationen quellenimmanente Begriffe benutzen will, würde es eine zu große Sonderstellung der russischen bedeuten, nur für sie den allgemeinen und geläufigen Begriff zu vermeiden. Hinzu kommt ja, dass einige Historiker die Begriffe für Institutionen, die wir in unserer Geschichte als positiv bewerten – wie »Stände« – auf die russische Geschichte nicht anwenden wollen – während kaum jemand Bedenken hat, Begriffe für negativ beurteilte Phänomene – wie »Mafia« – zu übertragen, obgleich die Klientelsysteme der Verbrecher in Russland sich von denen in Sizilien ziemlich deutlich unterscheiden.

Es ist außerdem wichtig, im Kopf zu behalten, dass idealtypische Begriffe der Geschichtsschreibung wie »Kurie«, »Stand« oder »Stadt« meist von einem späten historischen Entwicklungsstand ausgehen, der oft juristisch formalisiert ist. Da in Russland viele Entwicklungen in einer späteren Periode stattfanden als im Westen, machen diachrone Vergleiche die russische Realität oft besser zugänglich als synchrone – also der Vergleich der russischen Stadt des 17. Jahrhunderts mit westeuropäischen Städten vor der Durchsetzung des Rechtssatzes »Stadtluft macht frei« – der ja auch keineswegs systematisch für alle Stadtrechte im Westen galt, sondern ein Privileg voraussetzte, und der in einer deutschrechtlichen und von Deutschen beherrschten Stadt Osteuropas wie Riga auch erst im 16. Jahrhundert durchgesetzt wurde.

Immer wieder wird deswegen im obigen Text auf uns bekannte Verhältnisse Bezug genommen, um Ähnlichkeiten zu beschreiben oder Unterschiede deutlich zu machen. Es ist ein komparatistisch arbeitender Bericht, weil nur so dem deutschen Leser das spezifisch Russische deutlich gemacht werden kann.

Das Buch versucht keine umfassende »Erklärung«. Es werden vielmehr verschiedene Erklärungskonzepte zu verschiedenen Geschichten herangezogen – etwa *Sozialdisziplinierung* von Gerhard Oestreich oder *Konfessionalisierung* aus der deutschen Kirchengeschichtsschreibung, die an Ernst Walter Zeeden anschloss. *Feudalismus* scheint mir in dem Sinn erklärungskräftig, den Karl Marx in den »Formen, die der kapitalistischen Produktion vorhergehen« entwickelt hat; *Imperialismus* vor allem im Rekurs auf die deutsche Richtung der »historischen Sozialwissenschaft« hier Dietrich Geyer. Dass die Konzepte *Alltag* und *Geschlechterrollen* erhellen können, was wir im historischen Zusammenhang vorfinden, habe ich vor allem von den hannoverschen Kollegen Alf Lüdtke und Adelheid von Saldern gelernt; wie man weiß, stammen die Konzepte aus der amerikanischen Geschichtsschreibung. Auf *Gruppeninteressen* und *Klientelsysteme* haben mich amerikanische bzw. israelische Soziologen/Historiker aufmerksam gemacht – Gordon Skilling und Shmuel Eisenstadt; aber auch Wolfgang Reinhard und Antoni Mączak. Das Konzept der *inneren Peripherie* ist eine Ummünzung des Konzepts der inneren Kolonie, wie es Michael Hechter entwickelt hat. *Mächtegeschichte* lehnt sich an Leopold von Ranke und Ludwig Dehio, aber auch moderne Autoren wie Paul Kennedy an. Aus den Arbeiten Michael Vesters fand ich den Begriff *soziale Milieus* erhellend; allerdings habe ich ihn nicht gebraucht, um relativ kleine soziale »Zusammenhänge von Menschen« zu beschreiben, »die ähnliche Lebenslagen mit ähnlichen Ethiken alltäglicher Lebensführung bewältigen«, sondern um – in einigen Fällen sehr große – durch Herkunft aus einer Religionsgruppe geprägte Zusammenhänge zu bezeichnen, also *religiöse Milieus*.

Im 21. Jahrhundert ist, in Deutschland vor allem von Herfried Münkler, die Kategorie »Imperium« wieder in die Diskussion eingebracht worden, die für Russland ja auch ein Quellenbegriff ist. Zu Imperium gehört »Nation« als Gegenbegriff. Dass Imperien im Vergleich zu Nationen »schwache Staaten« sind – 1974 eine der Ausgangsthesen von Immanuel Wallerstein –, wurde von Jürgen Osterhammel am chinesischen Beispiel erneut gezeigt.

Kriterium für die Heranziehung des Erklärungskonzepts ist der Grad der Erhellung des beschriebenen Zusammenhangs. Für die Freiheit, eigenes Gefühl aus einem wissenschaftlichen Text nicht auszuschließen, danke ich Peter Gleichmann. Mein Verfahren ist »nicht linear« – offen für unterschiedliche Ansätze im selben Text. Dabei bleibt das Bemühen, sowohl Vergleiche wie Erklärungen anzubieten und zugleich für den Leser erkennbar zu machen, was den Autor bei seiner Auswahl des Stoffes beeinflusst hat. Zu den organisierenden Diskussionszusammenhängen, in denen dieses Buch steht, gehören die Arbeiten über »nachholende« oder »ungleiche« Entwicklung, wie sie von Alexander Gerschenkron, Paul Bairoch und Ulrich Menzel vorgelegt worden sind, um nur einige zu nennen. Von dem amerikanischen Soziologen Immanuel Wallerstein wurde das Konzept des *Weltsystems* übernommen, wenn auch in einer abgewandelten Form und weithin mehr als Forschungsaufgabe denn als Ergebnis: als Aufgabe, die angesichts der Globalisierung deutlich werdenden Verschiedenheiten nationaler, regionaler, intellektueller Geschichte in diesen umfassenden Prozess einzuordnen. Dazu bietet das Systemkonzept ein gutes heuristisches Modell.

Wir Historiker sind immer auch Geschichtenerzähler. Aber nur die »kleine« Geschichte, in der Chronologie selbstverständlich und innere Gliederung oft vorgegeben ist, insbesondere die Biographie, bietet sich für diese Form an: von der Geburt bis zum Tod. Die »große« Geschichte, die eines ganzen Landes, erfordert den Wechsel der Formen und das Überschreiten ihrer Grenzen. Wie könnte man bei der Beschreibung eines Gegenstands, der sich über mehr als tausend Jahre in der Zeit und mehr als 20 000 Quadratkilometer im Raum ausstreckt, mit einem Genre auskommen? Die Geschichte ist bunt und vielfältig – die Historie sollte es auch sein.

27
Literaturnachweise

Die vierte Auflage bleibt in der Tradition einer quellengeleiteten Analyse. Leserinnen und Lesern empfehle ich, die von Bernd Bonwetsch und Bernard Schalhorn und mir herausgegebenen *Quellen zur Geschichte Russlands* (Stuttgart 2014, Reclams Universal-Bibliothek 19269) zur Lektüre hinzuzunehmen; auf einzelne Quellen wird mit Q-Dokumentennr. hingewiesen. Für die neueste Zeit gilt Vergleichbares für Übersetzungen in der Zeitschrift *Osteuropa* (OE, Heftr., Seiten).

In den Literaturnachweisen zu den einzelnen Kapiteln sowie in der Bibliographie (Kap. 29) soll dem Leser weiterführende Literatur genannt werden. Deutsch- und auch englischsprachige Titel stehen deshalb im Vordergrund; auf russische Publikationen wird vor allem dann verwiesen, wenn zum behandelten Thema oder angeführten Argument ein sonstiger Zugang erschwert oder unbekannt ist. Aktuelle Auseinandersetzungen zum Stand der Forschung finden sich in dem *Handbuch der Geschichte Russlands*; Berichte über die Geschichtsschreibung bieten die *Jahrbücher für Geschichte Osteuropas*; über gegenwärtige Entwicklungen informiert die Monatszeitschrift *Osteuropa*. Außerdem sollen die Hinweise dem Leser eine Kontrolle meiner Aussagen ermöglichen; auch aus diesem Grund sind in einigen Fällen anderssprachige Texte aufgeführt sowie relativ viele eigene Arbeiten, aus denen der Leser nicht nur die vielfältigen Vorarbeiten von Kollegen und Kolleginnen erkennen, sondern auch meine Lücken genauer bestimmen kann. Nachweise aus früheren Auflagen mussten hier nicht immer wiederholt werden, da der Interessierte meine Belege dort nachprüfen kann. Soweit möglich, wurden in die Literaturnachweise und die Bibliographie solche Arbeiten aufgenommen, die einen guten Zugang zur älteren und auch zur nichtdeutschen Literatur ermöglichen. Da das Buch sich an den deutschsprachigen Leser wendet, sind Archivführer nicht nachgewiesen.

Ich danke M. Aust, B. Bonwetsch, C. Goehrke und N. P. Timofeeva für Kritik, Ergänzungen, aber auch Ermutigung – sei es in Rezensionen, sei es im direkten Austausch.

Die Umschrift russischer Namen und Begriffe, die im Text der gängigen phonetischen Transkription folgt (wobei *sh* wie *j* in »Journal« gesprochen wird), beruht in den Literaturnachweisen und der Bibliographie auf der wissenschaftlichen Transliteration, wie sie auch in Bibliotheken verwendet wird.

Folgende Handbücher und Periodika werden abgekürzt zitiert:

A/H H. Altrichter / H. Haumann (Hrsg.): Die Sowjetunion. Dokumente. Bd. 1–2. München 1986–87.
APUZ Aus Politik und Zeitgeschichte
EAS Europe-Asia Studies. Bd. 45 ff. Glasgow 1993 ff. [früher: Soviet Studies. Bd. 1 ff. Glasgow 1958 ff.]
EN Enzyklopädie der Neuzeit. Hrsg. von K. F. Jaeger. Bd. 1 ff. Stuttgart 2005 ff.
FOG Forschungen zur osteuropäischen Geschichte.
Goehrke, Struktur C. Goehrke: Russland. Eine Strukturgeschichte. Paderborn 2010.
HGR M. Hellmann / S. Plaggenborg / G. Schramm / K. Zernack (Hrsg.): Handbuch der Geschichte Russlands. Bd. 1–5. Stuttgart 1976–2003
JBGOE Jahrbücher für Geschichte Osteuropas
Kappeler, Vielvölkerreich A. Kappeler: Russland als Vielvölkerreich. München 1991, – Neuaufl.2008.
KGR H.-H. Nolte: Kleine Geschichte Russlands. Stuttgart [2]2008.
Nolte, Imperien H.-H. Nolte: Kurze Geschichte der Imperien. Wien 2017.
Q H.-H. Nolte / B. Bonwetsch / B. Schalhorn (Hrsg.): Quellen zur Geschichte Russlands. Stuttgart 2014.
OE Osteuropa.
W1; W2 H.-H. Nolte: Weltgeschichte. Bd. 1–2. Wien 2005–09.
ZWG Zeitschrift für Weltgeschichte. Bd. 1 ff. 2000 ff.

Internetadressen:
Portal: www.Osteuropa-Netzwerk.de
Online-Zeitschriften: www.laender-analysen.de/russland
www.laender-analysen.de/zentralasien

Reports: http://swp-berlin.org/verteiler...produkte
Aktuelle Karten: www.lib.utexas.edu/maps/eastern_europe
www.atlases.narod.ru
Militäraktionen: www.militarymaps.narod.ru
Bilder vor 1914: www.boston.com/bigpicture/2010/08 – russia_in_color_a_century_ago.html

Titel, die in der Bibliographie (Kap. 28) verzeichnet sind, werden unter Angabe des Verfassernamens (und fallweise eines Kurztitels) und unter Verweis auf die Nummer des entsprechenden Abschnitts der Bibliographie abgekürzt genannt.

Titel, die innerhalb der Literaturnachweise an früherer Stelle schon einmal vollständig genannt worden sind, werden gleichfalls, unter Verweis auf die Nummer des entsprechenden Kapitels, abgekürzt angeführt.

1.1 Goehrke, Struktur. S. 25–64. – *Einführend:* H.-H. Nolte: Osteuropa. In: EN. Bd. 9. – L. N. Gumilev: Ėtnosfera. Istorija ljudej i istorija prirody. Moskau 1993.

1.2 Isaev (s. 28.3.4). – Ju. V. Bromlej (Hrsg.): Narody mira. Istoričesko-ėtnografičeskij spravočnik. Moskau 1988.

1.3 S. A. Pletnjowa: Die Chasaren. A. d. Russ. Leipzig 1978. – G. Schramm: Fernhandel und frühe Reichsbildung. In: C. Colberg (Hrsg.): Staat und Gesellschaft. Gedenkschrift J. Leuschner. Göttingen 1982. S. 15–39. – D. Adamczyk: Monetarisierungsmomente, Kommerzialisierungszonen oder fiskalische Währungslandschaften? Wiesbaden 2020.

2.1 R. Diels: Die slavischen Völker. Wiesbaden 1963. – V. V. Mavrodin: Proischoždenie russkogo naroda. Leningrad 1978.

2.2 G. Stökl: Der russische Staat in Mittelalter und Früher Neuzeit. Wiesbaden 1981. – E. Donnert: Das Kiewer Russland. Leipzig 1983. – Q 1.6 f.

2.3 Q 1.4 – L. Müller: Die Taufe Russlands. München 1987. – C. Goehrke: Männer- und Frauenherrschaft im Kiever Fürstenhaus. In: FOG 50 (1995) S. 139–154.

2.4 J. Meyendorff: Byzantium and the Rise of Russia. Cambridge 1981. – *Zum 14. Jh.:* Obolensky; Beck; Ahrweiler; Eickhoff (s. 28.5).

2.5 Benz; Chrysostomus; Döpmann; Kartasev; Cypin (s. 28.3.2). – Benz; Fleischhauer (s. 28.3.2).
2.6 H.-Ch. Diedrich: Das Glaubensleben der Orthodoxie. München 1989.
2.7 M. Hellmann: Probleme des Feudalismus in Russland. In: Studien zum mittelalterlichen Lehnswesen. Lindau 1956. S. 234–248. – C. Goehrke: Die ländliche Gesellschaft der Kiewer Rus. In: JBGOE 70 (2022). – Stökl (s. 2.2). – H.-H. Nolte / E. Klug: Autokratie. In: E. Hübner [u. a.] (Hrsg.): Zwischen Christianisierung und Europäisierung. Stuttgart 1998. S. 91–128.
3.1 I. P. Šaskol'skij: Bor'ba Rusi protiv krestonosnoj agressii. Leningrad 1978. – K. M. Setton (Hrsg.): A History of the Crusades. 6 Bde. Madison (Wisc.) 1969–85. – H.-H. Nolte: ›Drang nach Osten‹. Sowjetische Geschichtsschreibung der deutschen Ostexpansion. Frankfurt a. M. 1976. – Dralle; Stökl (s. 28.5).
3.2 Nolte: Imperien. S. 121–136. – B. Spuler: Die goldene Horde. Wiesbaden 1963. – L. Kwanten: Imperial Nomads. Philadelphia 1979. – E. Kürsat-Ahlers: Zur frühen Staatenbildung von Steppenvölkern. Berlin 1994. – C. Beckwith: Empires of the Silk Road. Princeton 2009. – S. Barisitz: Central Asia and the Silk Road. Cham 2017.
3.3 F. B. Schenk: Aleksandr Nevskij. Köln [u. a.] 2004.
3.4 E. Fennell: The Crisis of Medieval Russia. London 1983.
3.5 U. Hucker: Expansion nach Übersee. In W. Kürschner / H. v. Laer (Hrsg.): Zwischen Heimat und Fremde. Ausländer, Aussiedler, Asylanten. Cloppenburg 1993. S. 55–73. – H. v. zur Mühlen: Livland von der Christianisierung bis zum Ende seiner Selbständigkeit. In: v. Pistohlkors (s. 28.4.2).
3.6 U. Halbach: Der russische Fürstenhof. Stuttgart 1985. – Rüss; Le Donne (s. 28.3.3). – Noblesse, état et société en Russie. Cahiers du Monde Russe 34 (1993).
3.7 K. Onasch: Groß-Nowgorod. Wien 1969. – J. Leuschner: Novgorod. Berlin 1980. – E. Mühle: Die städtischen Handelszentren der nordwestlichen Rus. Stuttgart 1991. *(Bis 12. Jh.)* – G. Pickhan: Gospodin Pskov. Wiesbaden 1992. – Q 1.11, 2.14.
4 E. Donnert: Russland an der Schwelle zur Neuzeit. Berlin 1972.
4.1 C. Goehrke: Die Wüstungen in der Moskauer Rus. Wiesbaden 1968. – R. E. F. Smith: Peasant Farming in Muscovy. Cambridge 1977. – C. Goehrke: Die Flurverfassung des alten Russland. In: JbGOE 35 (1987) S. 174–202. – Q 2.24–2.28.

4.2 Smith (s. 28.2). – V. I. Buganov: Bauernaufstände. In: Jahrbuch für Geschichte der Sozialistischen Länder 1977. S. 115–130. – Q 2.24.
4.3 W. Knackstedt: Moskau. Wiesbaden 1975. – G. V. Aterova: Russkie goroda XVI–XVII vekov. Moskau 1989. – L. A. Timošina (Hrsg.): Torgovlja i predprinimatel'stvo v feodal'noj Rossii. Moskau 1994.
4.4 I. Smolitsch: Russisches Mönchstum. Würzburg 1953. – E. Hösch: Orthodoxie und Häresie im alten Russland. Wiesbaden 1975. – H. Schaeder: Moskau – Das dritte Rom. Hamburg 1929.
4.5 P. Nitsche (Hrsg.): Die Anfänge des Moskauer Staates. Darmstadt 1977. – E. Fennell: Iwan the Great. London 1961.
4.6 H.-J. Torke: Die staatsbedingte Gesellschaft im Moskauer Reich. Leiden 1974. – H. Rüss: Adel und Adelsopposition im Moskauer Staat. Wiesbaden 1975. – N. A. Gorskaja (Hrsg.): Soslovija i gosudarstvennaja vlast'. Bd. 1–2. Moskau 1994. – J. L. Keep: The Decline of the Zemskii Sobor. In: Keep (s. 28.3.1). – Vgl. Rüss (s. 28.3.3).
4.7 R. G. Skrynnikov: Iwan der Schreckliche. A. d. Russ. München 1992. – Die Vita des Hl. Filip. In: Benz (s. 28.2).
4.8 Dmytryshyn (s. 28.2). – Vgl. Thomas; Wood; Forsyth; H.-H. Nolte: Basiliuskathedrale. In: Nagel: Bauen (28.4.1).
4.9 Kappeler: Vielvölkerreich. – H.-H. Nolte: Religiöse Toleranz in Russland. Göttingen 1969. – C. Scharf: Konfessionelle Vielfalt und orthodoxe Autokratie. In: Deutschland und Europa. Stuttgart 1988. S. 178–192. – A. Kappeler: Das Moskauer Reich und seine nichtrussischen Untertanen. In: FOG 50 (1995) S. 185–198. – Vgl. 8.5. – H.-H. Nolte: ›The Tsar gave the Order and the Boyars Assented‹. In: The Medieval History Journal 19.2 (October 2016) S. 229–252.
5.1 N. Angermann (Hrsg.): Deutschland – Livland – Russland. Lüneburg 1988. – A. Attmann: The Struggle for Baltic Markets. Göteborg 1979. – H.-J. Nitz (Hrsg.): The Early Modern World-System in Geographical Perspective. Stuttgart 1993. *(Bes. S. 42–61.)*
5.2 S. F. Platonov: Moskva i Zapad. Berlin 1926. – R. G. Skrynnikov: Rossija nakanune »smutnogo vremeni«. Moskau 1985. – Q 2.19.
5.3 Q 20–23.
6 P. Dukes: The Making of Russian Absolutism. London 1982.

6.1 H. Neubauer: Car und Selbstherrscher. Wiesbaden 1964. – E. Kraft: Moskaus griechisches Jahrhundert. Stuttgart 1995. – P. Dukes / G. Herd (Hrsg.): Stuarts and Romanovs. Dundee 2009.

6.2 A. G. Man'kov: Uloženie. Moskau 1980. – H.-H. Nolte: Eigentumsrechte im Moskauer Russland. In: Colberg (s. 1.3). S. 226–244. – C. Schmidt / J. Kusbers: Leibeigenschaft in Russland. In: Klußmann. – H.-H. Nolte / E. Smolarz: Slavery and Serfdom in Muscovy and the Russian Empire. In: Pargas, Schiel (beide 28.5).

6.3 A. P. Pronštejn (Hrsg.): Istorija Dona. Rostov 1973. – Ph. Longworth: Die Kosaken. A. d. Engl. Frankfurt a. M. 1977. – Ch. Witzenrath: Cossacks and the Russian Empire. London 2009. – V. I. Buganov: Der Klassenkampf in Russland in der Epoche der Bauernkriege im 17. und 18. Jahrhundert. In: Buganov/Hoffmann (s. 28.3.3). S. 49–70. – G. G. Nolte: »Krest'janskie vojny« kak vosstanija okrain. In: Voprosy istorii (1994) Nr. 11 S. 31–38. – N. Boškovska: Bäuerlicher Widerstand im 17. Jahrhundert. In: JbGOE 37 (1989) S. 345–386.

6.4 B. Krupnyckyj: Geschichte der Ukraine. Wiesbaden 1963. – O. Subtelny: Domination of Eastern Europe. Kingston 1986.

6.6 L. Lebedev: Moskva patriaršaja. Moskau 1995. – H.-H. Nolte: Sozialgeschichtliche Zusammenhänge der russischen Kirchenspaltung. In: JbGOE 23 (1975) S. 321–343. – M. Hildermeier: Alter Glaube und neue Welt. In: JbGOE 38 (1990) S. 504–525. – Q 2.42–2.46.

6.7 Das Leben des Protopopen Avvakum. A. d. Russ. und Nachw. von G. Hildebrandt. Göttingen 1965. – A. Sacharov: Stepan Razin. Moskau 1975. – Q 2.47–2.50. – H.-H. Nolte: Das Nachleben Stenka Razins. In: J. Topolski (Hrsg.): Historisches Bewusstsein in der Geschichte. Poznań 1994.

6.8 K. Müller (Hrsg.): Altrussisches Hausbuch. Leipzig 1987. – *Moskauer Frauen:* N. Boškovska-Leimgruber: »Ein Nobel Volck anzusehen«. In: N. B.-L. (Hrsg.): Die Frühe Neuzeit in der Geschichtswissenschaft. Forschungstendenzen und Forschungserträge. Paderborn 1994. S. 179–200. – *Zu Kriminalität und Polizei:* Ch. Schmidt: Sozialkontrolle in Moskau. Stuttgart 1996. – Amburger; Demkin (s. 28.1.3). – H.-H. Nolte: Deutsche Fachleute in Russland – gefürchtete Gäste? In: H.-H. N. (Hrsg.): Deutsche Migrationen. Münster 1996. – Siehe 8.5.

7 R. Wittram: Peter I. Czar und Kaiser. 2 Bde. Göttingen 1964. –

L. Hughes: Russia in the Age of Peter the Great. New Haven 1998. – H.-H. Nolte: Kompetenzakkumulation im Weltsystem. Der Krieg, Rußland und die Liebe zu soliden Sachen. In: E. Barlösius [u. a.] (Hrsg.): Distanzierte Verstrickungen. Berlin 1997. S. 147–160. – Q 2.51–2.75.

7.2 H. Schnitter / Th. Schmidt: Absolutismus und Heer. Berlin 1987. – I. I. Rostunov (Hrsg.): Istorija Severnoj Vojny. Moskau 1987. – K. Zernack: Das Zeitalter der nordischen Kriege 1556–1809 als frühneuzeitliche Geschichtsepoche. In: Zeitschrift für Historische Forschung 1 (1974). S. 55–87.

7.3 Amburger (s. 28.3.4); Q 2.61–2.73.

7.4 Schmidt (s. 6.8). – K. Meyer: Kaiserliche Residenz. In: U. Haustein [u. a.] (Hrsg.): Ostmitteleuropa. Berichte und Forschungen. Stuttgart 1981. S. 64–77. – K. Meyer: Via triumphalis. In: E. Engel (Hrsg.): Via triumphalis. Geschichtslandschaft »Unter den Linden«. Berlin 1996, S. 147–158. – B. R. Logašova: Moskva. Narody i religii. Moskau 1997.

7.5 E. V. Anisimov: The Reforms of Peter the Great. A. d. Russ. Armonk 1993. – A. N. Meduševskij: Utverždenie absolutizma v Rossii. Moskau 1994.

7.6 Hellie (s. 28.3.3). – H.-H. Nolte: Terms for Dependent People in Rural Russia. In: S. Conermann [u. a.] (Hrsg.): Slavery and Other Forms of Strong Asymmetrical Dependencies. Berlin 2022. S. 225–252.

7.7 R. Wittram: Die Unterwerfung Livlands und Estlands 1710. In: Geschichte und Gegenwartsbewusstsein. Festschrift H. Rothfels. Göttingen 1963. S. 278–310. – E. C. Thaden: Russia's Western Borderlands. Princeton 1984. – E. Harder-Gersdorff: Im Vorfeld der Industrialisierung. Riga als Emporium der Rohstoffausfuhr. In: Hansische Geschichtsblätter 105 (1987) S. 51–81. – v. Pistohlkors (s. 4.2). S. 266–451.

8.1 *Übersichten:* E. Marasinova / H.-H. Nolte: Russländisches Reich. In: EN. Bd. 11. – *Literaturbericht:* H.-H. Nolte in: ZWG 11.1 (2010) S. 173–204. – Goehrke. S. 65–94, 182–215, *Zitat* S. 201; vgl. 28.4.1. – A. Kappeler: Centr i elity periferij v Gabsburgskoj, Rossijskoj i Osmanskoj imperijach (1700–1918 gg.). In: Ab Imperio (2007) Nr. 2. S. 17–58. – Vgl. 28.4.1; dort die zitierten Autoren.

8.2 M. Confino: Systèmes agraires et progrès agricole. Paris 1969. – Hoffmann/Lemke (s. 28.3.3). – A. Fenster: Adel und Ökonomie im vorindustriellen Russland. Wiesbaden 1983. – I. Blanchard: Russia's »Age of Silver«. London 1989. – E. Harder-Gersdorff: Aus Rigaer Handelsbüchern: Geld, Währung und Wechseltechnik. In: E. Schremmer (Hrsg.): Geld und Währung. Stuttgart 1993. S. 105–120. – A. V. Demkin: Vnešnjaja torgovlja Rossii XVII–XVIII vv. Moskau 1995. Goehrke, Struktur. S. 109–133. Q 3.1–3.10.

8.3 Vulpius (s. 28.4.1). – Le Donne (s. 28.3.3). – Q 3.11–3.14; 3.22.

8.4 Q 3.15–3.19. – Smolitsch (s. 28.3.2). – E. Bryner: Der geistliche Stand in Russland. Göttingen 1982. – H.-H. Nolte: Umsiedlungen als Instrument der Russischen Mission im Wolgaraum. In: JbGOE 45 (1997) S. 199–209. – Siehe 4.9.

8.5 A. W. Fisher: The Russian Annexation of the Crimea. Cambridge 1970. – E. I. Druzhinina: Southern Ukraine in 18th and 19th Centuries. In: H.-H. Nolte (Hrsg.): Internal Peripheries in European History. Göttingen 1991. – H.-H. Nolte: Von Andalusien bis Tatarstan. In: Boškovska-Leimgruber (s. 6.8). S. 127–144.

8.6 Stricker; Hecker; Forschungen (s. 28.4.2). – KGR. S. 481. – *Wolgadeutsche*: W. Kuhn: Vergleichende Untersuchungen zur mittelalterlichen Ostsiedlung. Wien 1973. S. 213.

8.7 D. Peters: Politische und gesellschaftliche Vorstellungen in der Aufstandsbewegung unter Pugatschow. Berlin 1973. – A. S. Mylnikow: Die falschen Zaren. Peter III. und seine Doppelgänger. A. d. Russ. Eutin 1994. – Siehe 6.2. – Nolte (s. 6.8).

8.8 Zernack: Polen und Russland (s. 28.5).

8.9 Ch. F. Townsend (Hrsg.): The Memoirs of Princess Dolgorukaja. Columbus 1978. – E. Donnert: Katharina II. Die Große. Regensburg 1998. – Scharf (s. 4.9). – *Zu Gawrilow:* Russkij Gosudarstvennyj Istoričeskij Archiv, fond 796, opis' 45, Nr. 21/257 (1764).

9 F. Straube / W. Zeil: Geschichte Russlands 1789–1861. Berlin 1978. – U. Eich: Russland und Europa. Köln 1986.

9.1 W. Bruce Lincoln: Nikolaus I. A. d. Engl. München 1981. – B. Schalhorn: Lokalverwaltung und Ständerecht. In: FOG 25 (1978). – H. G. Dudek (Hrsg.): Die Dekabristen. Leipzig 1975.

9.2 Blum; Rexheuser; Kingston-Man (s. 28.3.3).

9.3 Geyer (s. 28.2). – D. V. Gavrilov (Hrsg.): Istorija Urala. Moskau 1990.

9.4 Tschiżewskij (s. 28.2). *(Zitate S. 84, 294, 201.)* – H.-H. Nolte: »Loneliness of Russia« and »Russian Idea«. In: Coexistence 32 (1995) H. 1. S. 38–48. – T. McDaniel: The Agony of the Russian

Idea. Princeton 1996. – E. L. Rudnickaja (Hrsg.): V razdum'jach o Rossii. Moskau 1996. – Tschiżewskij; Masaryk; Nolte (s. 28.3.2).

9.5 D. L. Ransel (Hrsg.): The Family in Imperial Russia. Urbana (Ill.) 1976. – R. Stites: The Woman's Liberation Movement in Russia. Princeton 1978. – L. H. Edmondson: Feminism in Russia. London 1984. – B. Fieseler: Frauen auf dem Weg in die russische Sozialdemokratie. Stuttgart 1994. – Ju. M. Lotman, E. A. Pogosjan: Velikosvetskie obedy. St. Petersburg 1996. *(Rezepte, Preise.)* – Clements; Edmonton; Marsh (s. 28.3.3).

9.6 Q 3.57–3.59. – Istorija narodov severnogo Kavkaza. 2 Bde. Moskau 1988. – A. W. Fisher: Emigration of Muslims from the Russian Empire. In: JbGOE 35 (1987) S. 356–371. – M. Gammer: Muslim Resistance to the Tsar. London 1994. – T. Akcam: Der Völkermord an den Armeniern. Diss. phil. Hannover 1996. – Ammon (28.4.2). – Siehe 14.4.

10 D. Geyer: Der russische Imperialismus. Göttingen 1977. – H. Rogger: Russia in the Age of Modernisation and Revolution. London 1983. – H. Ragsdale (Hrsg.): Imperial Russian Foreign Policy. Cambridge 1994. – Q 4.1.

10.1 W. Baumgart (Hrsg.): Akten zur Geschichte des Krimkriegs. Bd. 1,1 ff. München 1980 ff. – W. Baumgart: Der Friede von Paris. München 1972. – A. D. Lambert: The Crimean War. Manchester 1990. – H. Wentker: Zerstörung der Großmacht Russland? Die britischen Kriegsziele. Göttingen 1993. – N. M. Družinin: Die Agrarreform der sechziger Jahre. In: Jahrbuch für Wirtschaftsgeschichte. Sonderband. 1978. – B. Eschment: Die »Große Reform«? Münster 1994. – V. A. Fedorov (Hrsg.): Konec krepostničestva. Moskau 1994.

10.2 U. Liczkowski (Hrsg.): Russland und Deutschland. Stuttgart 1974. – K. O. v. Aretin / W. Conze (Hrsg.): Deutschland und Russland im Zeitalter des Kapitalismus. Wiesbaden 1977. – Otto-Benecke-Stiftung (Hrsg.:) Die gemeinsamen Wurzeln der europäischen Zivilisation. Baden-Baden 1990. – Stökl; Lemke/Widera; Anweiler [u. a.]; Dralle; Nolte (s. Titel in 28.5). – Q 4.2.

10.3 Vulpius: Geburt. – Eschment: Looking (s. 28.4.1). – U. Hofmeister: Die Bürde des weißen Zaren. Stuttgart 2010. – J. Obertreis: Imperial Desert Dreams, Cottongrowing and Irrigation in Central Asia, 1860–1991. Göttingen 2017. – Q 3.32, 3.65, 4.3.

10.4 G. F. Kennan: The Fateful Alliance. Princeton 1984. – H. Hallmann (Hrsg.): Zur Geschichte und Problematik des Rückversicherungsvertrags. Darmstadt 1968. – C. Ferenczi: Außenpolitik und Öffentlichkeit. Husum 1982. – M. Hagen: Entfaltung politischer Öffentlichkeit. Wiesbaden 1982. *(Über den Zeitraum 1906–14.)* – Kappeler, Vielvölkerreich. S. 201–203. – Berger, Miller: Nationalising Empires (28.4.1).

10.5 Zernack: Polen und Russland (s. 28.5). – E. C. Thaden (Hrsg.): Russification in the Baltic Provinces and Finland. Princeton 1981. – G. v. Pistohlkors: Die historischen Voraussetzungen. In: Meissner (s. 28.5). – H. D. Löwe: Antisemitismus als reaktionäre Utopie. Hamburg 1978. – Z. Gitelmann: A Century of Ambivalence. New York 1988. – Y. Slezkine: Das jüdische Jahrhundert. A. d. Engl. Göttingen 2007. – D. Neutatz: Die »deutsche Frage« im Schwarzmeergebiet. Stuttgart 1993.

10.6 J. Nötzold: Wirtschaftspolitische Alternativen in der Entwicklung Russlands. Berlin 1966. – A. Kahan: Russian Economic History. Chicago 1989. – Goehrke (s. 28.5). – H.-H. Nolte: Industrialisierung und Rüstung im Zarenreich und in der Sowjetunion. In: Th. Kolnberger [u. a.] (Hrsg.): Krieg in der industrialisierten Welt. Wien 2017. S. 349–372. – I. Djakonova (Hrsg.): Rossija i mirovoj bizness. Moskau 1996. – S. V. Voronkova: Massovye istočniki po istorii promyšlennosti Rossii. Moskau 1995. – K. Gestwa: Proto-Industrialisierung in Russland. Göttingen 1999. – Q 4.4, 4.5.

10.7 I. Berlin: Russische Denker. A. d. Engl. Frankfurt a. M. 1981. – R. Pipes (Hrsg.): Die russische Intelligentsia. A. d. Engl. Stuttgart 1962. – N. G. Tschernyschewskij: Was tun? A. d. Russ. Berlin 1980. – L. Tolstoj: Tak čto že nam delat'? In: L. T.: Sobranie sočinenij. Bd. 16. Moskau 1964. S. 160–414. – W. I. Lenin: Was tun? In: W. I. L.: Ausgewählte Werke. Bd. 1. Berlin 1970. S. 139–314. – K. Schlögel (Hrsg.): Wegzeichen. Frankfurt a. M. 1990. – I. P. Smirnov: ›Ot marksizma k idealizmu‹. Moskau 1995.

10.8 A. Rustemeyer / D. Siebert: Alltagsgeschichte der unteren Schichten im Russischen Reich 1861–1914. Stuttgart 1997. *(Bibliographie.)* – A. Rustemeyer: Dienstboten in Petersburg und Moskau. Stuttgart 1996.

10.9 G. Katkov (Hrsg.): Russlands Aufbruch ins 20. Jahrhundert. Olten 1970. – H. Haumann (Hrsg.): Aufbruch der Gesellschaft im verordneten Staat. Frankfurt a. M. 1994. – A. Asher:

The Revolution of 1905. 2 Bde. Stanford 1988–92. – H. Haumann: Kapitalismus im zaristischen Staat. Königstein (Ts.) 1980. – A. N. Bochanov: Delovaja ėlita Rossii 1914 g. Moskau 1994. *(Alphabetisches Register.)* – A. Moritsch: Landwirtschaft und Agrarpolitik in Russland vor der Revolution. Köln 1986. – A. Grenzer: Adel und Landbesitz. Stuttgart 1995. – J. Kusber: Krieg und Revolution in Russland. Stuttgart 1997.

10.10 M. Szeftel: The Russian Constitution of 1906. Brüssel 1976. – P. Scheibert (Hrsg.): Die russischen politischen Parteien. Darmstadt 1972. *(Zitat S. 37 und 82.)* – R. Rexheuser: Dumawahlen und lokale Gesellschaft. Köln 1980. – L. Häfner: Die Partei der linken Sozialrevolutionäre. Köln 1994. – P. Liessem: Verwaltungsgerichtsbarkeit im späten Zarenreich. Frankfurt a. M. 1996. – Q 4.6, 4.7.

10.11 W. Figner: Nacht über Russland. A. d. Russ. Berlin 1928. *(Zitat S. 79 und 526.)* – V. Schklowski: Leo Tolstoj. A. d. Russ. Berlin 1980. – Lew Tolstoj: Rede gegen den Krieg. A. d. Russ. und hrsg. von P. Urban. Frankfurt a. M. 1983. – A. V. Zenkovsky: Stolypin – Russia's Last Reformer. A. d. Russ. Princeton 1986.

11 D. Geyer: Die russische Revolution. Stuttgart 1968. – M. Hildermeier: Die Russische Revolution. Frankfurt a. M. 1989. – B. Bonwetsch: Die russische Revolution. Darmstadt 1991. – N. Golikow (Hrsg.): Lexikon der Großen Sozialistischen Oktoberrevolution. Leipzig 1976. – H. Altrichter: Russland 1917. Paderborn 1997. – Q 5.1.

11.2 R. Wittram: Die Freiheit als Problem der russischen Provisorischen Regierung. Göttingen 1973. – R. Stites (Hrsg.): Revolutionary Dreams. Oxford 1990.

11.3 L. Trotzki: Ergebnisse und Perspektiven. A. d. Russ. Frankfurt a. M. 1971. *(Zitat S. 158 ff.)* – W. I. Lenin: Der Imperialismus als höchstes Stadium des Kapitalismus. In: W. I. L.: Ausgewählte Werke. Bd. 1. Berlin 1970. S. 765–873. – R. Lorenz (Hrsg.): Die Russische Revolution. München 1981.

11.4 W. I. Lenin: Staat und Revolution. In: W. I. L.: Ausgewählte Werke. Bd. 2. Berlin 1961. S. 315–420. *(Zitat S. 359.)* – O. Anweiler: Die Rätebewegung in Russland. Leyden 1958.

11.5 E. Mawdsley: The Russian Civil War. London 1987. – I. A. Poljakov / Ju. I. Igrickij (Hrsg.): Graždanskaja vojna. Moskau 1994.

11.6 L. N. Kritzman: Die heroische Periode der großen russischen Revolution. A. d. Russ. Frankfurt a. M. 1971. – W. I. Lenin:

Politischer Bericht. In: W. I. L.: Ausgewählte Werke. Bd. 3. Berlin 1970. S. 766–810. *(Zitat S. 775.)* – S. Malle: The Economic Organization of War Communism. Cambridge 1985. – P. Boettke: The Political Economy of Soviet Socialism. The Formative Years, 1918–1928. Boston 1990. – Q 5.2.

11.7 G. Meyer: Studien zur sozialökonomischen Entwicklung Sowjetrusslands. Köln 1974. – N. Bucharin: Ökonomik der Transformationsperiode. A. d. Russ. Reinbek 1970. – E. Preobraschenski: Die neue Ökonomik. A. d. Russ. Frankfurt a. M. 1972. – A. Erlich: Die Industrialisierungsdebatte in der Sowjetunion. A. d. Engl. Frankfurt a. M. 1971. – Q 5.3.

11.8 P. Scheibert: Lenin an der Macht. Weinheim 1984. – Th. Bergmann [u. a.] (Hrsg.): Lenin. Mainz 1994. – O. Velikanova: Making of an Idol. On Uses of Lenin. Göttingen 1996. – I. Deutscher: Trotzki. 3 Bde. A. d. Engl. Stuttgart 1962–63. – Th. Bergmann / G. Schäfer (Hrsg.): Leo Trotzki. Mainz 1993. – D. Wolkogonow: Trotzki. Das Janusgesicht der Revolution. A. d. Russ. Düsseldorf 1992.

12.1 D. J. Male: Russian Peasant Organisation before Collectivisation. Cambridge 1971. – T. Shanin: The Awkward Class. Oxford 1972. – H. Altrichter: Die Bauern von Twer. München 1984. – D. Dahlmann: Land und Freiheit. Machnovščina und Zapatismo. Stuttgart 1986.

12.2 A. M. Pankratowa: Fabrikräte in Russland. A. d. Russ. Frankfurt a. M. 1976. – U. Brügmann: Die russischen Gewerkschaften. Frankfurt a. M. 1972. *(Zitat S. 155.)* – G. Meyer: Sozialstruktur sowjetischer Industriearbeiter Ende der zwanziger Jahre. Marburg 1981. – T. Penter: Kohle für Stalin und Hitler. Arbeiten und Leben im Donbass 1929 bis 1953. Essen 2010.

12.3 F. W. Halle: Die Frau in Sowjetrussland. Wien 1932. Neuaufl. Berlin 1973. – Clements; Edmonton; Marsh (s. 28.3.3). – C. Scheide: Kinder, Küche, Kommunismus. Zürich 2002.

12.4 O. Anweiler: Geschichte der Schule und Pädagogik in Russland. Wiesbaden 1978. – M. Krüger-Potratz: Absterben der Schule oder Verschulung der Gesellschaft. München 1987.

12.5 W. Hofmann: Die Arbeitsverfassung der Sowjetunion. München 1956. – S. Plogstedt: Arbeitskämpfe in der sowjetischen Industrie. Frankfurt a. M. 1980.

12.6 H.-H. Nolte: Budgetakkumulation, Kollektivierungskampagne und Religionsbedrückung. In: Kirche im Osten 24 (1981)

S. 83–105. – N. N. Pokrovskij (Hrsg.): Politbjuro i cerkov'. Moskau 1997. – G. Stricker: Religionen in der UdSSR. Zollikon 1989. – Hauptmann; Stricker (s. 28. 2.) – Damaskin (Orlovskij): Mučeniki, ispovedniki i podvižniki blagočestija Rossijskoj Pravoslavnoj Cerkvi XX stoletija. Bde. 1–5. Tver' 1992–2001.

12.7 S. G. Strumilin: Problemy ėkonomiki truda. In: S. G. S.: Izbrannye proizvedenija. Bd. 3. Moskau 1964.

13.1 S. W. Page: Lenin and World Revolution. Gloucester (Mass.) 1968. – E. M. Žukov (Hrsg.): Osnovnye ėtapy razvitija mirovogo revoljucionnogo processa. Moskau 1968.

13.2 W. Hahlweg (Hrsg.): Der Frieden von Brest-Litowsk. Düsseldorf 1971.

13.3 H. Konrad / M. Stromberger: Zwischeneuropa. In: Feldbauer/Hausberger/Lehners (s. 28.6) Bd. 7. S. 54–79. – R. A. Mark: Synom Petljura und die UNR [Ukrainische Nationalrepublik]. Berlin 1988. – Plohy Tor (28.4.2). – W. Zürrer: Kaukasien. Düsseldorf 1978.

13.4 U. Schmiederer: Aspekte sowjetischer Außenpolitik. In P. W. Schulze (Hrsg.): Übergangsgesellschaft. Frankfurt a. M. 1974.

13.5 B. Meissner: Außenpolitik und Völkerrecht der Sowjetunion. Köln 1987. – I. A. Kirilin: Istorija meždunarodnych otnošenijach i vnešnej politiki SSSR. Bd. 1. Moskau 1986. – W. Laqueur: Deutschland und Russland. A. d. Engl. Berlin 1966.

13.6 Vnešnjaja torgovlja SSSR. Moskau 1967. – P. W. Schulze: Weltmarkt und Integration. In: P. W. S. (Hrsg.): Übergangsgesellschaft. Frankfurt a. M. 1974. – J. Nötzold: Die Entwicklung der deutsch-russischen Wirtschaftsbeziehungen. In: Benecke-Stiftung (s. 10.2) S. 123–148.

14.1 Altrichter / Haumann (s. 28.2) S. 142–158. – J. Vogt in Nolte/Eschment/Vogt (s. 28.4.1), Kap. 5.3. – J. Arnold: Die nationalen Gebietseinheiten der Sowjetunion. Köln 1973. – H. R. Huttenbach (Hrsg.): Soviet Nationalities Policies. London 1990.

14.2 B. Meissner / F.-Ch. Schröder (Hrsg.): Bundesstaat und Nationalitätenrecht in der Sowjetunion. Berlin 1974. *(Zur Ideologiegeschichte: Meissner in: ebd.)*. – Simon (s. 28.4.1). – D. Gerns: Nationalitätenpolitik der Bolschewiki. Düsseldorf 1988.

14.3 E. Mawdsley: The Russian Civil War. London 1987. – Zaprudnik (s. 28.4.2). – Ju. Boris: The Sovietization of the Ukraine. Edmonton [2]1980. – R. Conquest: Die Ernte des Todes. A. d.

Engl. München 1988. – S. Merl: War die Hungersnot von 1932–1933 eine Folge der Zwangskollektivierung der Landwirtschaft oder wurde sie bewusst im Rahmen der Nationalitätenpolitik herbeigeführt? In: G. Hausmann (Hrsg.): Ukraine. Baden-Baden 1993. S. 145–166. Plohy Tor (28.4.2).

14.4 R. G. Suny (Hrsg.): Transcaucasian Nationalism and Social Changes. London ^{3}1980. – R. G. Suny: Armenia in the 20th Century. Chico (Cal.) 1983. – T. Swietochowski in: Kappeler/Simon/Brunner (s. 28.4.2).

14.5 Beiträge in: Kappeler/Simon/Brunner (s. 28.4.2). – Rywkin (s. 28.4.2). – G. Wheeler: The Modern History of Central Asia. New York 1964. – W. K. Medlin (Hrsg.): Education and Development in Central Asia. Princeton 1972.

14.6 Z. Gitelmann: Jewish Nationality and Soviet Politics. Princeton 1972. – A. Eisfeld: Deutsche Kolonien an der Wolga. Wiesbaden 1985. – Vgl. 28.4. – KGR. S. 481.

15.1 M. P. Kim (Hrsg.): Industrializacija SSSR. 4 Bde. Moskau 1969–73. *(Zitat Bd. 1, S. 25, 34.) – Daten:* Rigby (s. 28.3.4) S. 116. – M. Lewin: Bureaucracy and the Stalinist State. In: Kershaw (s. 16.10) S. 53–74.

15.2 G. Grinko: Der Fünfjahresplan der UdSSR. A. d. Russ. Berlin 1930. *(Zitat S. 36 f.)* – A. N. Jefimow: Die Industrie der UdSSR. A. d. Russ. Berlin 1969. – Vgl. Raupach; Lorenz (s. 28.3.3).

15.3 W. A. Golikow (Hrsg.): Lenin und die KPdSU und die sozialistische Umgestaltung der Landwirtschaft. A. d. Russ. Berlin 1974. – Conquest; Merl (s. 14.3). – S. Merl: Die Anfänge der Kollektivierung. Wiesbaden 1985. – S. Merl: Bauern unter Stalin. München 1990. – H.-H. Nolte: Stalinism as Total Social War, in: R. Chickering / S. Förster (Hrsg.): The Shadows of Total War. Cambridge 2003. S. 295–312. – Q 5.5.1–5.5.7.

15.4 M. Fainsod: Wie Russland regiert wird. A. d. Engl. Köln 1965. – Ruffmann (s. 28.3.1) S. 59 ff. – A. G. Löwy: Die Weltgeschichte ist das Weltgericht. Wiesbaden 1969. – J. Barron: KGB. A. d. Engl. München 1974. – H. Schützler (Hrsg.): Schauprozesse unter Stalin. Berlin 1990. – *(Mit Schaubildern:)* V. Funk [u. a.]: Zwangsarbeit im GULAG. In: ZWG 3.2 (2002) S. 25–47. – O. W. Chlewnjuk: Das Politbüro. A. d. Russ. Hamburg 1998. – A. Applebaum: Der Gulag. A. d. Engl. Berlin 2003. – KGR. S. 488. – Q 5.4.

15.5 J. A. Getty / R. T. Manning (Hrsg.): Stalinist Terror. New York 1993. – P. Poljan: Ne po svoej vole. Moskau 2001. – W. Hedeler (Hrsg.): Stalinscher Terror. Berlin 2002. – Baberowski (s. 28.3.1). – M. Ellmann: Soviet Repression Statistics. In: EAS 54.7 (2001) S. 1151–1172. – *Plaggenborg (s. 28.3.1) S. 28 zählt acht Millionen. – Der Prikas und weitere Quellen in dt. Übersetzung in:* Binner/Bonwetsch/Junge (s. 28.2). – *Forschungen in:* R. Binner / B. Bonwetsch / M. Junge (Hrsg.): Stalinismus in der sowjetischen Provinz. Berlin 2010. – Q 5.4.4 Statistik, vgl. ff. – 5.4.17.

15.6 A. Deborin / N. Bucharin: Kontroversen über dialektischen und mechanistischen Materialismus. A. d. Russ. Frankfurt a. M. 1969. – J. W. Stalin: Zu den Fragen des Leninismus. Frankfurt a. M. 1970. – Oberländer (s. 28.2). – H.-H. Nolte: Ot sovetskogo patriotizma k rossijskomu nacionalizmu. In: M. Korchagina [u. a.] (Hrsg.): Germanija i Rossija. Moskau 2008. S. 171–182. – Hecker (s. 28.1.5). – O. Figes: Die Flüsterer. A. d. Engl. Berlin 2008; JbGOE 58.3 (2010) S. 400–415. – K. Schlögel: Terror und Traum. Moskau 1937. München 2008.

15.7 Narodnoe chozjajstvo SSSR, 1922–1972. Moskau 1972. – Soviet Union Fifty Years. Moskau 1969. (*Beides Publikationen des sowjetischen statistischen Zentralamts. Vgl. Kap. 21.9.*) – S. Conze: Sowjetische Industriearbeiterinnen. Stuttgart 2001.

15.8 H. Altrichter: Stalin. München 2018. – G. Erler / W. Süß (Hrsg.): Stalinismus. Frankfurt a. M. 1982. – S. Fitzpatrick: Neue Richtungen der Stalinismusforschung. In: ZWG 3.1 (2002) S. 81–98. – Baberowski (s. 28.3.1). – Nolte (Hrsg.): Diktaturen (s. 28.5.5).

15.9 U. Rauber: Fritz Platten. In: Vorwärts. Sonderdruck [der Schweizer Zeitung]. Basel 1984. S. 1–14. – *Zu Achmatowa:* Kasack (s. 28.1.4). – Vgl. auch: H.-H. Nolte: Einsamkeit und Ende des Helden in der russischen Literatur. In: J. Strelczyk (Hrsg.): Helden. Poznań 1997. S. 101–114. – *Gedicht in:* K. Borowsky / L. Müller (Hrsg.): Russische Lyrik. Russ./Dt. Stuttgart 1983. – N. M. Družinin: Erinnerungen und Gedanken eines Historikers. A. d. Russ. Göttingen 1983.

16.1 H.-A. Jacobsen (Hrsg.): Der Weg zur Teilung der Welt. Koblenz 1977. (*Dokumente.*) – E. Nolte: Der Faschismus in seiner Epoche. München 1964. – W. Michalka (Hrsg.): Der Zweite Weltkrieg. München 1989. – B. Wegner (Hrsg.): Zwei

Wege nach Moskau. München 1991. – G. L. Weinberg: Eine Welt in Waffen. Die globale Geschichte des Zweiten Weltkriegs. A. d. Engl. Darmstadt 1995. – H. Boog [u. a.] (Hrsg.): Das Deutsche Reich und der Zweite Weltkrieg. Bd. 1 ff. Stuttgart 1979 ff. – G. Ueberschär (Hrsg.): Orte des Grauens. Verbrechen im 2. Weltkrieg. Darmstadt 2003. – A. Kay: Empire of Destruction. New Haven 2021.

16.2 E. Oberländer (Hrsg.): Hitler-Stalin-Pakt, 1939: das Ende Ostmitteleuropas? Frankfurt a. M. 1989. – I. Fleischhauer: Der Pakt. Frankfurt a. M. 1990.

16.3 S. Myllyniemi: Die baltische Krise. A. d. Finn. Stuttgart 1979. – J. Gross: Und wehe Du hoffst. Die Sowjetisierung Ostpolens nach dem Hitler-Stalin-Pakt 1939–1941. A. d. Engl. Freiburg i. Br. 1988.

16.4 *Forschungsbericht:* Müller (s. 28.1). – A. Hillgruber: Hitlers Strategie. Frankfurt a. M. 1965. – G. Ueberschär / W. Wette (Hrsg.): »Unternehmen Barbarossa«. Paderborn 1984. *(Zitat S. 298–303.)* – G. Ueberschär / L. Bezymenski (Hrsg.): Der deutsche Angriff auf die Sowjetunion. Darmstadt 1998. – Ch. Hartmann / J. Hürter [u. a.] (Hrsg.): Der deutsche Krieg im Osten. München 2009. – R. Quinkert / J. Moré (Hrsg.): Deutsche Besatzung in der Sowjetunion 1941–1945. Vernichtungskrieg, Reaktionen, Erinnerung. Paderborn 2014. – *Dokumente:* W. Schumann [u. a.] (Hrsg.): Europa unterm Hakenkreuz. Sowjetunion. Berlin 1991.

16.5 *Zitate in:* Ueberschär/Wette (s. 16.4) S. 306 f., 377 ff. – Ch. Streit: Keine Kameraden. Stuttgart 1978. – R. Keller: Sowjetische Kriegsgefangene. In: ZWG 12.1 (2011) S. 91–108. – B. Chiari: Alltag hinter der Front. Düsseldorf 1998. – Ch. Gerlach: Kalkulierte Morde. Hamburg 1999. – B. Bonwetsch: Sowjetische Zwangsarbeiter. In: JbGOE 41 (1993) S. 532–546. – P. Poljan: Žertvy dvuch diktatur. Moskau [2]2002. – U. Goeken-Haidl: Der Weg zurück. Essen 2006. – J. Binner: NS-Besatzungspolitik und Zwangsarbeit. In: ZWG 12.1 (2011) S. 67–90. – H.-H. Nolte (Hrsg.): Häftlinge aus der UdSSR in Bergen-Belsen. Frankfurt a. M. 2001. – *Zum Verhungern einführend:* W. Benz: Das Hungervorhaben im »Unternehmen Barbarossa«. In: Kremb (s. 28.6) S. 19–37. – *Forschung:* A. J. Kay: Verhungernlassen als Massenmordstrategie. In ZWG 11.1 (2010) S. 81–106. – *Partisanen:* B. Bonwetsch:

Besetzte Westgebiete, in G. R. Ueberschär (Hrsg.): Handbuch zum Widerstand. Berlin 2011. S. 183–195. – H.-H. Nolte: Partisan War. In: Total War 2 (s. 28.6) S. 261–276.

16.6 R. Hilberg: Die Vernichtung der europäischen Juden. A. d. Engl. Berlin 1982. – D. Pohl: Holocaust. Freiburg i. Br. 2000. – I. Al'tman: Opfer des Hasses. A. d. Russ. Gleichen 2008. – J. Zarusky / J. Hürter (Hrsg.): Besatzung, Kollaboration, Holocaust. München 2008. – I. Al'tman (Hrsg.): Cholokaust na territorii SSSR. Enciklopedija. Moskva 2009. – L. I. Abramowitsch / H.-H. Nolte: Die Leere in Slonim. Dortmund 2005.

16.7 J. Stalin: Über den Großen Vaterländischen Krieg. A. d. Russ. Berlin 1945. – B. Bonwetsch: Der »Große Vaterländische Krieg«. In: HGR 3. – K. Segbers: Die Sowjetunion im Zweiten Weltkrieg. München 1987. – W. Thurston / B. Bonwetsch (Hrsg.): The Peoples War. Urbana (Ill.) 2000. – *Daten in:* Berchin (s. 28.3.1). – Institut Rossijskoj Istorii (Hrsg.): Ljudskie poteri SSSR. St. Petersburg 1995. S. 40 f., 133. – Poljan (s. 16.5) S. 368 f. – W. Moskoff: The Bread of Affliction. Cambridge 1990. – R. Overy: Russia's War. London 1997. – C. Merridale: Iwans Krieg. A. d. Engl. Frankfurt a. M. 2005. – KGR. S. 490. – Q 5.7.

16.8 L. J. Abramowitsch: Die faschistische Gehenna am Beispiel des Ghettos der Stadt Slonim. Hannover 1995. – J. Woock: »Festnahme!« In: Praxis Geschichte (1994) H. 3. – *Zu Koshedub:* Nolte (s. 16.4) Nr. 49. – Vgl. W. Wette (Hrsg.): Der Krieg des kleinen Mannes. München 1992. – A. Lüdtke: Mitmachen im Krieg. In: A. L.: Eigensinn. Hamburg 1993.

16.9 H. Sander / B. Johr (Hrsg.): Befreier und Befreite. München 1992. – M. Zeidler: Kriegsende im Osten. München 1996. – S. Karner: Im Archipel GUPVI 1941–1956. München 1996. – B. Bonwetsch (Hrsg.): Kriegskindheit und Nachkriegsjugend in zwei Welten. Essen 2009. – H.-H. Nolte: Kriegskinder: Zu den Differenzen zwischen Russland und Deutschland. In: zeitgeschichte 36.5 (2009) S. 311–323.

16.10 E. Jesse (Hrsg.): Totalitarismus im 20. Jahrhundert, Bonn 1996. – Ja. S. Drabkin (Hrsg.): Totalitarizm v Evrope XX veka. Moskau 1996. – I. Kershaw [u. a.] (Hrsg.): Stalinism and Nazism. Dictatorships in Comparison. Cambridge 1997. – K.-D. Müller [u. a.] (Hrsg.): Die Tragödie der Gefangenschaft in

Deutschland und der Sowjetunion. Köln 1998. – D. Dahlmann / G. Hirschfeld (Hrsg.): Lager, Zwangsarbeit, Vertreibung und Deportation. Essen 1999. – H.-H. Nolte / P. Poljan: Massenverbrechen im nationalsozialistischen Deutschland. In: ZWG 2.1 (2001) S. 125–148. – M. Geyer / S. Fitzpatrick (Hrsg.): Beyond Totalitarianism. Cambridge 2009. – D. Beyrau: Schlachtfeld der Diktatoren. Göttingen 2000. – T. Snyder: Bloodlands. London 2010. – Valentino (s. 28.6). – W 2. S. 307–326. – H.-H. Nolte (Hrsg.): Diktaturen (28.5.5). – s. 15.8.

17.1 G. Zieger: Alliierte Kriegskonferenzen 1941–1943. Hannover 1963. – A. Fischer (Hrsg.): Teheran, Jalta, Potsdam. Köln 1985. – A. de Zayas: Die Angloamerikaner und die Vertreibung der Deutschen. A. d. Engl. München 1977. – W. Benz (Hrsg.): Die Vertreibung der Deutschen aus Osteuropa. Frankfurt a. M. 1985.

17.2 M. Görtemaker: Die unheilige Allianz. München 1979. – W. Loth: Die Teilung der Welt. Frankfurt a. M. 1980. – A. Sywottek (Hrsg.): Der Kalte Krieg – Vorspiel zum Frieden? Münster 1994.

17.3 J. K. Hoensch: Sowjetische Osteuropapolitik. Düsseldorf 1977. – F. Fejtö: Geschichte der Volksdemokratien. A. d. Frz. 2 Bde. Graz 1972. – T. Rakowska-Harmstone: Communism in Eastern Europe. Manchester [2]1984. – J. Hacker: Der Ostblock. Baden-Baden 1983. – J. Topolski in: Polen. Ein geschichtliches Panorama. Warschau 1983. S. 164–203. – E. Schmidt-Hartmann (Hrsg.): Kommunismus und Osteuropa. München 1994.

17.4 D. Staritz: Sozialismus in einem halben Land. Berlin 1976. – V. Belezki: Die Politik der SU in den deutschen Angelegenheiten. A. d. Russ. Berlin 1977. – R. Steininger: Eine vertane Chance. Berlin 1985. – S. Creuzberger: Die sowjetische Besatzungsmacht und das politische System der SBZ. Köln 1996. – N. M. Naimark: The Russians in Germany. Cambridge 1995. – W. Krönig / K.-D. Müller: Anpassung, Widerstand, Verfolgung. Köln 1994. – W. Loth: Stalins ungeliebtes Kind. Reinbek 1994.

17.5 *Kurz, mit Zeittafel, Glossar, Personenregister und Literatur:* R. Steininger: Der Kalte Krieg. Frankfurt a. M. 2006. – *Übersicht mit umfangreichem Abkürzungsverzeichnis:* B. Stöver: Der Kalte Krieg 1947–1991. München 2007. – J. L. Gaddis / O. A. Westad / D. C. Engerman / V. O. Pechatnov in: M. P. Leffler / O. A. Westad (Hrsg.): The Cambridge History of the Cold War. Bd. 1–3. Cambridge 2010; *Zitat Westad*: S. 8. – Vgl.

H. Heller: The Cold War and the New Imperialism. New York 2006. – W2. S. 101–114. – B. Greiner (Hrsg.): Studien zum Kalten Krieg. *Darin zu den Kriegen in der Peripherie:* Heiße Kriege im Kalten Krieg. Bd. 1–6. Hamburg 2006–2013. – O. A. Westad: Der Kalte Krieg. Stuttgart 2019. – *Zu Korea:* R. Steininger: Der vergessene Krieg. München 2006. *Zur Bedeutung der Austauschprogramme:* Y. Richmond: Kultureller Austausch und Kalter Krieg – Wie der Westen siegte. In: ZWG 6.2 (2005) S. 85–94.

18.1 J. Kuroń / K. Modzelewski: Monopolsozialismus. A. d. Poln. Hamburg 1969. *(Zitat S. 101.)* – R. Medwedjew: Sowjetbürger in Opposition. A. d. Frz. Hamburg 1973. – R. Bahro: Die Alternative. Kiel 1977.

18.2 Fainsod (s. 15.4) S. 240–319.

18.3 B. Meissner (Hrsg.): Sowjetgesellschaft im Wandel. Stuttgart 1966.

18.4 Nove (s. 28.3.3) S. 287–321. – A. I. Paschkow: Das ökonomische Gesetz des vorrangigen Wachstums der Produktion von Produktionsmitteln. A. d. Russ. Berlin 1960.

18.5 W. Herlemann: Zu Entscheidungen der sowjetischen Agrarpolitik 1940–1960. Berlin 1980. – M. Ellmann: The 1947 Soviet Famine. In: Cambridge Journal of Economics 24 (2000) S. 603–630.

18.6 Sh. A. Medwedjew: Der Fall Lysenko. A. d. Engl. München 1974. – E. Zubkova: Russia after the War. Armonk 1998. – R. Roth / A. Vatansever (Hrsg.): Scientific Freedom under Attack. Frankfurt a. M. 2020.

19.1 D. Filtzer: Die Chruschtschow-Ära. A. d. Engl. Mainz 1995. – H. G. Skilling / F. Griffiths (Hrsg.): Pressure Groups in der Sowjetunion. A. d. Engl. Wien 1974. – B. Bonwetsch: Außenpolitik als Innenpolitik. In: Deutsche Studien. März 1982. S. 3–25. – H.-H. Nolte: Gruppeninteressen und Außenpolitik. Göttingen 1979. *(Zitat S. 68.)* – Q 6.1–6.19.

19.2 R. Medwedjew [u. a.]: Entstalinisierung. Frankfurt a. M. 1977.

19.3 M. Kaser: Wirtschaftspolitik der Sowjetunion. A. d. Engl. München 1970.

19.4 U. Albrecht / R. Nikutta: Die sowjetische Rüstungsindustrie. Opladen 1989. – J. Tiedtke: Abrüstung in der Sowjetunion. Frankfurt a. M. 1985. – G. Wettig (Hrsg.): Chruschtschows Westpolitik. Bde. 1–4. Berlin 2011–2016.

19.5 Bonwetsch (s. 19.1). – K. Grobe: Chinas Weg nach Westen. Frankfurt a. M. 1980.

19.6 E. Crankshaw (Hrsg.): Khrushchev Remembers. New York 1970 (dt. 1971). – G. K. Žukov: Vospominanija i razmyšlenija. Moskau 1969. – M. Morozov: Das sowjetische Establishment. Stuttgart 1971.

20 *Überschrift nach:* R. Winter: Die ärmliche Weltmacht. München 1971. – E. Jahn (Hrsg.): Sozioökonomische Bedingungen der sowjetischen Außenpolitik. Frankfurt a. M. 1975.

20.1 W2 S. 21–115. – H.-H. Nolte: Russland und Deutschland im gegenwärtigen System der Mächte. In: Wernstedt: Russlandbilder (s. 28.5). S. 108–140. *Daten hier:* SSSR i zarubežnye strany. Moskau 1970.

20.2 D.S. Lutz (Hrsg.): Die Rüstung der Sowjetunion. Baden-Baden 1979. – S. Tiedtke: Rüstungskontrolle aus sowjetischer Sicht. Frankfurt a. M. 1980. – H.-H. Nolte: Militarismus in der Sowjetunion. In: Das Argument (1982) Nr. 131. S. 75–96. – Görtemaker (s. 17.2). – H.-H. Schröder: Sowjetische Rüstungs- und Sicherheitspolitik 1979–1991. Baden-Baden 1995. – J. Barber / M. Harrison (Hrsg.): The Soviet Defence-Industry-Complex. London 1995.

20.3 Beyme (s. 28.5). – Nolte (s. 19.1) S. 74–181. – Vgl. B. Meissner: Außenpolitik und Völkerrecht der Sowjetunion. Köln 1987.

20.4 R. Löwenthal / B. Meissner (Hrsg.): Der Sowjetblock zwischen Vormachtkontrolle und Autonomie. Köln 1984. – S. Tiedtke: Die Warschauer Vertragsorganisation. München 1978. – M. Tatur: Solidarność als Modernisierungsbewegung. Frankfurt a. M. 1989. – *Verschuldung bei:* R. W. Fuhrmann: Polen. Hannover 1990. S. 208. – Z. Hejzlar: Reformkommunismus. A. d. Tschech. Wiesbaden 1976. – J. Kosta: Abriss der sozialökonomischen Entwicklung der Tschechoslowakei. Frankfurt a. M. 1978.

20.5 D. Staritz: Geschichte der DDR. Frankfurt a. M. 1985. – H. Weber: DDR. Grundriss der Geschichte. Hannover 1991. – *Zur deutschen Ostpolitik:* T. G. Ash: Im Namen Europas. A. d. Engl. Frankfurt a. M. 1995. – F. Hager: Moskaus kleine Schwester. In: Nagel: Bauen (s. 28.4.1). S. 291–314.

20.6 W. Abendroth: Sozialgeschichte der europäischen Arbeiterbewegung. Frankfurt a. M. 1965. – *Beispielhaft zum 50. Jahrestag der Oktoberrevolution:* M. A. Suslov: Vorwort. In: Rabočij klass v bor'be protiv imperializma. Moskau 1968. – Vgl. K. Mehnert: Moskau und die neue Linke. Stuttgart 1973.

20.7 K. D. Müller: Die sowjetische Entwicklungspolitik gegenüber der Dritten Welt unter besonderer Berücksichtigung Indiens. Wiesbaden 1988.

20.8 H. Vogel (Hrsg.): Die sowjetische Intervention in Afghanistan. Baden-Baden 1980. – M. Sapper: Die Auswirkungen des Afghanistankriegs auf die Sowjetgesellschaft. Münster 1994. – M. Galeotti: Afghanistan. London 1995. – Q 6.45 f.

20.9 S. Talbott: Raketenschach. A. d. Engl. München 1984. – R. Steinke (Hrsg.): Exterminismus – Ende der Zivilisation? Berlin 1983. – D. Frei: Feindbilder und Abrüstung. München 1985. – G. Lindström (Hrsg.): Bewaffnung des Weltraums. Hamburg 1986. – J. Mueller: Retreat from Doomsday. New York 1989. – Q 6.39, 6.43 f.

21 *Überschrift nach:* N. Baranskaja: Woche um Woche. A. d. Russ. Darmstadt 1979.

21.1 B. Dietz (Hrsg.): Zukunftsperspektiven der Sowjetunion. München 1984. *(Zitate: H.-H. Höhmann, S. 15; W. Schrettl, S. 51.)* – Bundesinstitut für ostwissenschaftliche und internationale Studien (Hrsg.): Sowjetunion 1980/81. München 1981. S. 158. – H.-H. Nolte: Russland und die Sowjetunion im Weltsystem. In: Perspektiven ds (Zeitschrift der Hochschulinitiative Demokratischer Sozialismus) (1990) S. 208–231.

21.2 H. Golikov (Hrsg.): Die Sowjetunion. A. d. Russ. Moskau 1979. S. 280. – Bundesinstitut (s. 21.1) S. 167–170.

21.3 V. D. Petrušev: Das Zeitbudget der städtischen Bevölkerung. In: R. Ahlberg (Hrsg.): Soziologie in der Sowjetunion. Freiburg i. Br. 1969. S. 199–213. – M. E. Ruban: Die Entwicklung des Lebensstandards. Berlin 1965. S. 70, 110, 194 f. – Bundesinstitut für ostwissenschaftliche und internationale Studien (Hrsg.): Sowjetunion 1976/77. München 1977. S. 162–176. – L. Fisher-Ruge: Alltag in Moskau. A. d. Engl. Düsseldorf 1984. – G. Krone-Schmalz: In Wahrheit sind wir stärker. Frauenalltag in der Sowjetunion. Düsseldorf 1990.

21.4 M. Matthews: Privilege in the Soviet Union. London 1973. – M. Matthews: Poverty in the Soviet Union. Cambridge 1986. – *Tabelle in:* Nolte (s. 19.1) S. 49. – R. Ahlberg: Armut in der Sowjetunion. In: OE 40 (1990) S. 1159–74.

21.5 M. Edwardes: Siberia. In: National Geographic Magazin. March 1990. S. 2–49. – A. Jaroshinskaja (Hrsg.): Verschlusssache Tschernobyl. A. d. Russ. Berlin 1994.

21.6 B. Meissner: Parteiführung, Parteiorganisation und soziale Struktur der KPdSU. In: OE 26 (1976) H. 8–9. – J. F. Hough: Soviet Leadership in Transition. Washington 1980. – A. Waksberg: Die sowjetische Mafia. A. d. Russ. München 1991.
21.7 Skilling/Griffiths (s. 19.1). – W. Bukowski: Opposition – eine neue Geisteskrankheit in der Sowjetunion? A. d. Frz. München 1971. – R. Medwedjew (Hrsg.): Aufzeichnungen aus dem sowjetischen Untergrund. A. d. Russ. Hamburg 1977. – M. Fuchs: Die Grauzonen der Sowjetisierung. In: ZWG 2.1 (2001) S. 107–124. – Beyrau (s. 28.3.2). – Vgl. 18.1. – Q 6.35 ff.
21.8 O. Luchterhandt: Die Religionsgesetzgebung der Sowjetunion. Berlin 1978. – W. Kasack (Hrsg.): Der Geistliche und seine Gemeinde in Osteuropa. Berlin 1986. – H.-H. Nolte: Religion und Unterschicht in der sowjetischen Gesellschaft. In: Gegenwartskunde 37 (1988). Sonderheft. S. 177–186.
21.9 V. Seljunin / I. Chanin: Lukavaja cifra. In: Novyj Mir (1987) H. 2. S. 182–210. *(Zitat S. 192.)* – D. Steinberg: The Soviet Economy. A Statistical Analysis. San Francisco 1990. *Die offiziellen Daten in:* Meyer (s. 28.2).
22.1 K. Marx: Das Kapital. Berlin 1966. *(Zitate S. 94, 92 f.) – Zur Argumentation vgl.:* A. Carlo: Politische und ökonomische Struktur der UdSSR. A. d. Ital. Berlin 1975. – F. Hoffer: Perestroika. Marburg 1992. – Vgl. G. Hosking: The Awakening of the Soviet Union. Cambridge (Mass.) 1990. – Q 6.47–6.57.
22.2 M. Gorbatschow: Die Rede. »Wir brauchen die Demokratie wie die Luft zum Atmen«. A. d. Russ. Reinbek 1987. – W. Taubman: Gorbatschow. München 2018. – H.-H. Nolte: Das Ende der Union und Gorbatschows Unterschätzung der Nationen. In: ZWG. – M. Mommsen: Wohin treibt Russland? München 1996. S. 61–156.
22.3 B. Meissner: Das Aktionsprogramm Gorbatschows. Köln 1987. – Offene Worte. Sämtliche Beiträge der 19. Konferenz der KPdSU. Nördlingen 1988. – The Guardian. 2. 4. 1989. – Time. 10. 4. 1989. – Kongreß der Volksdeputierten (Hrsg.): Dokumente. Moskau 1989. – B. Meissner: Die KPdSU zwischen Macht und Ohnmacht. In: OE 41 (1991) H. 1. – *Zu Leserbriefen als Mittel einer entstehenden Öffentlichkeit:* C. Cerf / M. Albee (Hrsg.): Small Fires. New York 1990. – *Ausführlicher:* KGR. S. 356 f.
22.4 Die Studie von Nowosibirsk. In: OE 34 (1984) H. 1. – Über

den Fünfjahresplan. Moskau 1986. – The Guardian. 30. 4., 19. 9. 1989. – K. Segbers: Der sowjetische Systemwandel. Frankfurt a. M. 1989. S. 223–266. – H.-H. Höhmann: Wirtschaftlicher Zusammenbruch statt Systemwechsel? In: Aus Politik und Zeitgeschichte. 12. 4. 1991. – W. Moskoff: Hard Times. Armonk 1993. – V. N. Kiričenko (Hrsg.): Uskorenie social'no-ėkonomičeskogo razvitija. Moskau 1987. – A. Jones / W. Moskoff (Hrsg.): The Great Market Debate in Soviet Economics. Armonk 1991. – A. Bezborodov / N. Eliseeva [u. a.]: Perestrojka i krach SSSR. St. Petersburg 2010 *(Zitat S. 25)*. – *Mehr sowjetische Daten:* KGR. S. 360.

22.5 H. Konrad / M. Stromberger: ›In der Mitte am Rand‹ in Zwischeneuropa. In: Feldbauer/Hausberger/Lehners (s. 28.6) Bd. 8. S. 196–219. – P. Kenney: A Carnival of Revolution. Central Europa 1989. Princeton (N. J.) 2002. – K. Verdery: What Was Socialism and What Comes Next? Princeton (N. J.) 1996, *vor allem zu Rumänien*; *zu Deutschland die gleichzeitige Berichterstattung in »Das Parlament«*. – R. Bierbaum: Zwischen Kreml und Kanzleramt. Paderborn 1996. – K.-D. Henke (Hrsg.): Revolution und Wiedervereinigung. München 2009. – Vgl. R. Grünbaum: Deutsche Einheit. [2]Berlin 2010. – M. Gehler: Deutschland. Wien 2010. *Zur Rückkehr-Metapher:* Segert (s. 28.6) S. 1–23. – Fuchs/Nolte (s. 28.5).

22.6 Ch. Davis (Hrsg.): Rüstung, Modernisierung, Reform. Die sowjetische Verteidigungswirtschaft in der Perestrojka. Köln 1990. – S. Fischer (Hrsg.): Zerfall einer Militärmacht. Bremen 1992. – D. N. Nelson: Power at What Price? In: A. L. Ross (Hrsg.): The Political Economy of Defense. New York 1991. S. 41–66. – H.-H. Nolte: Zivile Gesellschaft, Partei und Militär in der Endphase der Sowjetunion. In: Beiträge zur Historischen Sozialkunde 4 (1997) S. 146–154.

22.7 Segbers (s. 22.4). – K. Segbers (Hrsg.): Perestroika. Frankfurt a. M. 1990. – Bezborodov/Eliseeva (s. 22.4) S. 67–70, 132–135.

22.8 U. Halbach: Nationalitätenfrage und Föderation. In: OE 40 (1990) S. 1011–24. – Vgl. 27.6 *(bes. Stölting)*.

22.9 Die Zeit. 23. 8. 1991. – B. Jelzin: Aufzeichnungen eines Unbequemen. A. d. Russ. München 1990. – G. Ruge: Der Putsch. Frankfurt a. M. 1991. – T. Delavre (Hrsg.): Der Putsch in Moskau. Frankfurt a. M. 1992. – International Monetary Fund [u. a.] (Hrsg.): The Economy of the USSR. Washington 1990. [Zitat

S. 29.] – St. Hanson in: St. H. / W. Spohn (Hrsg.): Germany and the Reconstruction of Postcommunist Societies. Seattle 1995.

22.10 B. Reitschuster: Putins Demokratur. Berlin 2007 *(Zitat: S. 43)*. – P. Stykow: Marktreformen und ererbtes Beziehungskapital. In: Stegert (s. 28.6) S. 45–63 *(Zitat: S. 45)*. – Vgl. v. d. Linden (Hrsg.): Was war die Sowjetunion? Wien 2007.

23.1 Vgl. O. Subtelny: American Sovietology's Greatest Blunder: The Marginalization of the Nationality Issue. In: Nationalities Papers 22 (1994) S. 141–156. *(In dieser Zeitschrift auch die fortlaufende Berichterstattung.)* – Carrère d'Encausse *und* Simon (s. 27.5) *bildeten eher Ausnahmen. – Als eine mehrerer Gruppen:* Nolte (s. 19.1) S. 54–58. – H.-H. Nolte: Gruppeninteressen. In: Gegenwartskunde 29 (1980) S. 203–209. – *Texte nach:* Nolte/Eschment/Vogt (s. 28.4.1). *Dort die Nachweise zur Theorie der Nationen. – Vgl. besonders* Stölting *sowie* G. und N. Simon (s. 28.4.1).] – *Zu »Gemeinschaft« und »Gesellschaft« vgl.:* I. Wallerstein: Die Sozialwissenschaften »kaputtdenken«. Die Grenzen der Paradigmen des 19. Jahrhunderts. A. d. Engl. Weinheim 1995. S. 78–96.

23.2 Meissner; Hellmann; Pistohlkors (s. 28.4.2). – A. Urdze (Hrsg.): Das Ende des Sowjetkolonialismus. Reinbek 1991. – The Baltic States. A Reference-Book. Tallinn [u. a.] 1991. – M. Butenschön: Estland, Lettland, Litauen. München 1992.

23.3 Kappeler; Golczewski; Plohy, Zaprudnik (s. 28.4.2). – R. Göbner: Die demokratische Opposition in der Ukraine. In: OE 41 (1991) Nr. 9. – A. Sahm: Die weißrussische Nationalbewegung nach der Katastrophe von Tschernobyl. Münster 1994.

23.4 Suny (s. 28.4.2). – D. Slider: The Politics of Georgian Independence. In: Problems of Communism (1991) Nr. 6. – A. Mahrad (Hrsg.): Hannoversche Studien über den Mittleren Osten 12 (1992). – A. Manutscharjan: Nagornyj Karabach im Kampf um das Selbstbestimmungsrecht. In: OE 42 (1992) Nr. 11.

23.5 Kappeler/Simon/Brunner; Grobe-Hagel; Rywkin (s. 28.4.2). – U. Halbach: Islam und Nationalstaat. In: APUZ. 17. 9. 1993. – B. Eschment: Zentralasien. In: Feldbauer/Hausberger/Lehners (s. 28.6) Bd. 8. S. 140–169. – Y. Aydin: Türkei und Turkvölker. In: ZWG 23.1. S. 151–178.

23.6 Kappeler: Die Russen (s. 28.4.2). *(Zitat von Hosking S. 182.)* – St. K. Carter: Russian Nationalism. London 1990. – Vgl.

M. Fuchs: Regional Seperatism in Siberia. In: SSSR and Successor States Briefing-Service. Jan./Feb. 1995. S. 3–31. – J. Chinn / R. Kaiser: Russians as the New Minority. Boulder 1996.

23.7 Sharifzhanov (s. 28.4.2). – Ch. Noack: Tatarstan. In: OE 46 (1996) Nr. 2. – *Daten:* M. N. Guboglo: Opyt i uroki suverenizacii. In: Otečestvennaja istorija (1995) Nr. 2.

23.8 *Zitat:* Novoe vremja. 13. 12. 1994. S. 4. – *Zur russischen Seite:* Literaturnaja Rossija. 31. 5. 1996. – W. Ostrogorski: Der tschetschenische Knoten. Hamburg 1995. – A. Lieven: Chechnya. Tombstone of Russian Power. London 1999. – T. Gadzhiev: Daghestan. In: H.-H. Nolte: Innere Peripherien in Ost und West. Stuttgart 2001. S. 145–156.

23.9 Hecker (s. 28.4). – A. Eisfeld: Zwischen Bleiben und Gehen. In: Aus Politik und Zeitgeschichte. 26. 11. 1993.

23.10 Z. Gitelman: Judaism and Jewishness. In: Nationalities Politics 201 (1992). – *Zum Antisemitismus:* G. Koenen / K. Hielscher: Die schwarze Front. Reinbek 1991. – W. Laqueur: Der Schoß ist fruchtbar noch . . . A. d. Engl. München 1995.

23.11 Götz/Halbach (s. 28.1.2). – L. Potschiwalow / W. Schostakowski: Die GUS (Gemeinschaft Unabhängiger Staaten). A. d. Russ. München 1992. – Welt-Trends. Sonderheft: Russland und die GUS. 1995. *(Dokumentenanhang.)*

24 *Monographien:* Segbers / de Spiegeleire (s. 28.3.1). – M. Mommsen: Wohin treibt Russland? München 1996. – G. Lapidus (Hrsg.): The New Russia. Troubled Transformation. Boulder (Col.) 1995. – O. V. Volobuev (Hrsg.): Istorija sovremennoj Rossii. Moskau 1995. – T. I. Zaslavskaja (Hrsg.): Kuda idet Rossija? Moskau 1996.
Handbuch: W. Eichwede [u. a.]: Das neue Russland in Politik und Kultur. Bremen 1998. – *Ausführlicher* KGR. S. 497 f.

24.1 A. S. Barsenkov [u. a.]: Towards a Nationalities Policy in the Russian Federation. Aberdeen 1993. – J. Stadelbauer / P. Poljan [u. a.]: Ljudskie resursy Rossijskoj Federacii. Moskau/Freiburg i. Br. 1995. *(Typoskript.)*

24.2 G. Luchterhandt (Hrsg.): Die politischen Parteien im neuen Russland. Bremen 1993. *(Dokumentenanhang.)* – F. Ch. Schroeder (Hrsg.): Die neuen Kodifikationen in Russland. Berlin 1997. – H.-J. Veen (Hrsg.): Russland auf dem Weg zur Demokratie? Paderborn 1993. – E. Schneider: Dumawahlen 1995. In: OE 46 (1996) Nr. 5. – B. Orlov: Ukazokratija. In: Li teraturnaja gazeta. 2. 11. 1994. – V. Schejnis / J. Stadelbauer [u. a.] in OE 46 (1996) Nr. 11. – *Zur Rechten:* W. Oschlies: Wladimir Schirinowski. Köln 1995. Vgl. Stuby; Segbers (s. 28.4.1). – *Zur Vorphase der Parteienbildung ab etwa 1985:* V. N. Berežovskij: Neformal'naja Rossija. Moskau 1990. – *Zu neuen Eliten:* N. Ju. Lapina: Formirovanie sovremennoj rossijskoj ėlity. Moskau 1995. – H. J. Lauth /W. Merkel (Hrsg.): Zivilgesellschaft im Transformationsprozess. Mainz 1997.

24.3 *Zur Ausgangslage:* H.-H. Nolte: Christentum in Russland. In: Journal für Geschichte (1989) Nr. 4. – M. Bourdeaux: The Gospel's Triumph over Communism. Minneapolis 1990. – *Die neue Gesetzgebung:* A. I. Kudrjavcev (Hrsg.): Legislation of the Russian Federation on Religious Freedom. Moskau 1993. *Zur neueren Entwicklung:* P. Valliere in: Nationality Problems 20 (1992). – Frankfurter Allgemeine Zeitung. 12. 9. 92, 4. 5. 94. – Sovetskaja Rossija. 10. 10. 1992. – *Handbuch:* Ju. P. Zuev (Hrsg.): Religija, svoboda sovesti, gosudarstvenno-cerkovnyje otnošenija. Spravočnik. Moskau 1996.
Fortlaufende Berichterstattung in: G2W. Glaube in der 2. Welt. Zürich.

24.4 *Eine weitere, undogmatisch linke Zeitschrift:* Vek XX i mir; *eine großrussische:* Rossija XXI; vgl. auch G. A. Zjuganov (Hrsg.): Sovremennaja russkaja ideja i gosudarstvo. Moskau 1995. – Die Zeit. 15. 10. 1993.

24.5 R. C. Stuart / P. A. Gregory: The Russian Economy. New York 1995. – A. Buzlagina [u. a.] (Hrsg.): Alternativy modernizacii rossijskoj ėkonomiki. Moskau 1997. – Die Zeit. 15. 10. 1993. – Die Welt. 22. 4. 1994. – Frankfurter Allgemeine Zeitung. 12. 11. 1994. – *Kontinuierliche Berichterstattung in der Zeitschrift* Osteuropa-Wirtschaft. – *Zitat aus:* Hannoversche Allgemeine Zeitung. 10. 7. 1996 – *Zur Rüstungsindustrie:* J. Cooper: The Soviet Defense Industry: Conversion and Reform. London 1991. – V. Khrutskhy / T. Lapytov: Arms Trade and the Russian Defence Industry. Commack (N. Y.) 1995. – *Regionale Zahlen der Einzelbauern:* KGR. S. 426.

24.6 Novoe vremja (1993) Nr. 14. – Wochenpost. 16. 1. 1992. – Stuart/Gregory (s. 24.5). – *Zum Alkoholismus:* Guardian Weekly. 19. 3. 1995. – *Zur Dedowschtschina:* Ebd. 9. 6. 1996. – H. Goscillo (Hrsg.): Fruits of Their Plume. Essays on Contemporary Russian Woman's Culture. Armonk 1993.

24.7 P. Klebnikow: Godfather of the Kremlin. Orlando (Fl.) 2000. – H. Pleines: Wirtschaftseliten und Politik. Münster 2003. – S. Kotkin: Armageddon Averted. The Soviet Collaps 1970–2000. Oxford 2001.

24.8 *Zitat aus:* Frankfurter Allgemeine Zeitung 22. 7. 1992. – F. Varese: The Russian Mafia. Oxford 2001. – Argumenty i fakty 2002. Nr. 36. – *Einführend:* J. Roth: Die Russenmafia. Hamburg 1996; *zu Klientelgesellschaften:* H.-H. Nolte: Einführung in: H.-H. N. (Hrsg.): Patronage und Klientel. Köln 1989.

24.9 W. Thurnherr: Von der Partnerschaft mit dem Westen zur neuen Realpolitik. In: OE 46 (1996) Nr. 5. – Welt-Trends 10 (1996). – Literaturnaja Gazeta. 4. 8. 1993. – Bundesinstitut für ostwissenschaftliche und internationale Studien (Hrsg.): Russland in Europa? Köln 2000. – K. Bähre: Tschetschenien. In: Nolte 2001 (25). – H.-H. Nolte: Die Osterweiterung der EU. In: I. Katenhusen / W. Lamping (Hrsg.): Demokratien in Europa. Opladen 2003. – H.-H. Nolte: Eurasien. In: ZWG 1.1 (2000).

25 *Allgemeine Literatur:* R. Sakwa: The Crisis of Russian Democracy. Cambridge 2010. – M. Mommsen / A. Nußberger: Das System Putin. München 2007. – W. Putin / W. Schestakow / A. Lewizki: Judo mit Wladimir Putin. Chemnitz 2017. – C. Belton: Putins Netz. Hamburg 2022. – G. Ackerman / S. Courtois (Hrsg.): Schwarzbuch Putin. München 2023.

25.1 S. Eisenstadt: Vielfältige Modernen. In: ZWG 2.1 (2001) S. 9–34. – Immanuel Wallerstein: Wegbeschreibung der Analyse von Weltsystemen. In: ZWG 2.2 (2001) S. 9–32. – V. G. Choros / V. A. Krasil'ščikov / A. I. Salickij (Hrsg.): Globalizacija i krupnye poluperiferijnye strany. Moskau 2003. – Komlosy/Hofbauer (s. 28.5). – Jakowlew, Baberowski (s. 28.3.1).

25.2 M. Mommsen: Präsident Putin. In: Meier-Walser/Rill (s. 28.3.1). – G. V. Uspenskij: Ot pervogo lica. Moskau 2000. – A. Politkovskaja: Russisches Tagebuch. A. d. Russ. Frankfurt a. M. 2008 *(die Zitate stammen von W. Shakespeare und M. Weber).* – M. Mommsen /A. Nußberger: Das System Putin. München 2007. – Novaja Gazeta (2008) Nr. 23. S. 8 f. – Izvestija. 9. 4. 2008. – SIPRI Yearbook 2007. Oxford 2007. S. 310–333. – W2. S. 295–297. – Sakwa (s. 25).

25.3 H.-H. Nolte (Hrsg.): Transformationen in Osteuropa und Eurasien. Schwalbach 2007.

25.4 Argumenty i fakty. 22.8.2007. S. 9. – *Karikatur:* Novaja Gazeta. 23. 3. 2010. S. 1., *Aufsatz:* S. 2 f. – Argumenty i fakty International. September 2009. – Bremer (s. 28.3.2) *(Zitat S. 139).* – Komsomol'skaja Pravda. 23. 8. 2007 *(Zitat aus dem Interview des Patriarchen, S. 5).* – O. Medvedkov / J. Medvekov: Moscow in Transition. In: Hamilton/Andrews (s. 28.3.3) S. 428–464 *(Zitat: S. 429).*

25.5 *Zu Politkovskaja: die Berichte in:* Novaja Gazeta. 7.10.2008. – Amnesty International, Report 2010. Dt. Frankfurt a. M. 2010 *(Zitat: S. 380).* – *Zitat Medwedjew:* Parlamentskaja Gazeta. 3. 7. 2008. S. 6 f. – A. Orlova: Korruption in Russland. In: OE (2008) Nr. 1. S. 21–34. – *Zu Abramovich:* Novaja Gazeta. 10. 6. 2008. – W2. S.- 277–284. – http://www.unodc.org/unodc/en/data-and-analysis/homicide.html (24. 10. 2011).

25.6 W2. S. 237–261. – R. Götz: Russland – eine wirtschaftliche Großmacht? In: www.laenderanalysen.de/russland.de 166. – *Liste:* www.welt.de/wirtschaft/article1257555317.02.2011. – Sakwa (s. 25) S. 131–159. – A. Rahr: Russland gibt Gas. München 2008. S. 6. – K. Kremb: Materialien. In: Nolte: Transformationen (s. 25.3). S. 121–139.– Izvestija. 24. 2. 2011. S. 3. – Novaja Gazeta. 4. 11. 2008. S. 1–3 *(mit Fotos der Oligarchen).*

25.7 M. C. Schäfer: Russlands Außenpolitik gegenüber Zentralasien. Münster 2007. – *Vgl. fortlaufend:* www.laenderanalysen.zentralasien.de – Izvestija. 15. 3. 2011. S. 2. – O. Kirchner: Russland zwischen China und EU. In: Adamczyk (s. 28.6) S. 65–78, 116–119. – E. Fels: Assessing Eurasia's Powerhouse. Bochum 2009. – W2. S. 45–64. – *Zum Anschlag in Domodedowo:* Welt-online.8.2.2011.

25.8 Planet Erde 2008 (National Geographic) S.68. – C. Goehrke: Rückstand trotz Ressoucen. In: OE 57.4 (2007) S. 3–23. – Rahr (s. 25.6). – M. Pfaffrath-Dorn: Gazprom. In: OE-Wirtschaft (2007) Nr. 2. S. 141–155. – M. Sander: Energiepolitische Beziehungen EU – Russland. In: OE-Wirtschaft (2006) Nr. 1. S. 1–16. – R. Götz: Pipeline-Popanz. In: OE 59.1 (2009) S. 3–18. – *Karte in:* Komlosy/Hofbauer (s. 28.5) S. 273. – Ching Jian: Relations between Russia and Europe in Energy-Strategy. Hamburg 2008. – R. Götz: Russlands Energie-Binnenverbrauch. In: OE-Wirtschaft (2010) Nr. 12. S. 205–221. – *Liste von Staatsfonds weltweit:* Neue Zürcher Zeitung. 15. 3. 2011. S. 11.

25.9 M. v. der Linden (Hrsg.): Was war die Sowjetunion? Wien 2007. – Albrecht Rothacher: Stalins langer Schatten. Graz 2008. – W2. S. 237–259. – J. Ziegler: Der Hass auf den Westen. A. d. Frz. München 2009. – J. Stiglitz: Die Schatten der Globalisierung. A. d. Engl. Berlin 2002 (z. B. S. 246–263). – *Aktuelle Übersicht:* M. Aust: Die Schatten des Imperiums. München 2019. – H.-H. Nolte: Russland, das postimperiale Trauma und die Folgen für die Weltgesellschaft. In: M. Gehler [u. a.] (Hrsg.): Dimensionen und Perspektiven einer Weltgesellschaft. Wien 2018. S. 451–466. – A. Komlosy / K. Kaps (Hrsg.): ZWG 22. – H.-H. Nolte: Kurze Geschichte der Imperien. Wien 2017. – Ders. (Hrsg.): Nationen und Nationalismen in Geschichtsschreibung und Erinnerungskultur. Gleichen 2020. – B. Milanovič: Die Ungleiche Welt. A. d. Engl. Frankfurt a. M. 2016. – A. Chua: World on Fire. London 2003. – P. Flaschl [u. a.]: Mehr Demokratie wagen. In: H. Gischer [u. a.] (Hrsg.): Bewegungsgesetze des Kapitalismus. Marburg 2018. S. 271–284. – *Vergleich:* C. Goehrke: Trumps Amerika und Putins Russland. In: ZWG 22½. S. 319–361. – *Daten:* H.-H. Nolte: Russland und Deutschland. In: Wernstedt: Russlandbilder (s.28.5). S. 127–152. – *Kontinuitäten:* M. Aust (Hrsg.): Globalisierung imperial und sozialistisch. Frankfurt a. M. 2013. Hier S. 274–300: Eurasische Union Q 7.50; vgl. H.-H. Nolte: Wohin mit Osteuropa? In: APUZ. 22. 11. 1995. S. 3–11. – Ders.: Konkurrierende Imitation als Erklärungsansatz zur Politik Russlands. In: Z Nr. 134. Juni 2023. S. 102–116. – G. Karaganov: Die NATO ist ein Krebsgeschwür. A. d. Russ. In: Rundbrief des VGWS 319. 19. 1. 2022 (www.vgws.org). – Gaspreise Q 7.37–7.39. – *Irak:* B. Greiner: Made in Washington, München [3]2022. S. 185–203.

25.10 OE fortlaufend – S. Plokhy: Der Angriff. A. d. Engl. Hamburg 2023. – H.-H. Nolte: Ein Pyrrhussieg der EU in der Ukraine? In: WT 103. Mai 2015. – OE 72, 1–3 (dort S. 114–135, Zitat S. 115 *Rede Putins*). – APuZ 73. 6. 3. 2023. – A. Komlosy: »Die Grenzen des Grenzlandes«. In: https://multipolar-magazin.de/artikel/die-grenzen-des-grenzlandes. – *Einordnungen:* ZWG 23.1 (2023 erschienen) »Eurasien zwischen neuem Westen und altem Osten«. – APuZ 72 28–29. – *Majdan:* Q 7.49–7.60. *Zitat:* 7.53. – *Zitat:* A. Rahr WT Nr. 198 (Herbst 2023). S. 111. – Der Spiegel. 2. 12. 2023.

25.11 M. Aust [u. a.]: Osteuropa zwischen Mauerfall und Ukrainekrieg. Berlin 2022. – R. v. Fritsch: Welt im Umbruch (*Zitat:* S. 53). – Th. Kolnberger [u. a.] (Hrsg.): Krieg in der industrialisierten Welt. Wien 2017. – D. Beyrau: Schlachtfeld der Diktatoren. Göttingen 2000. – T. Snyder: Bloodlands. A. d. Engl. München 2013. – *Zitat Kennan:* H.-H. Nolte: Gruppeninteressen und Außenpolitik. Die Sowjetunion in der Geschichte internationaler Beziehungen. Göttingen 1979. S. 62. – W. Nolte: Autonome Abwehr. In: Friedensforum (2022) H. 5. S. 49 f. – H.-H. Nolte: Konfliktfelder zwischen altem Osten und neuem Westen. In: ZWG 23.1. S. 203–229. – *zum negativen Russlandbild z. B.:* G. Vates: Die Welt ist nicht genug. In: HAZ 30/31. X. S. 2 f. – *Einführend zur europäischen Expansion:* WT 183 (Januar 2022). S. 20–53 (dort S. 27 das Zitat); WT 195 (Januar 2023). S. 16–45. – M. Levystone: Zeitenwende in Zentralasien. In: Le Monde Diplomatique deutsch. Dezember 2022. – P. Ammon. In: https://www.cicero.de//wurzeln-der-Karabach-Katastrophe. 25. 11. 2023. – https://christians4peace.com. 25. 12. 2022. – G. Judin: Imperskaja formula prinjata. In https://meduza.io/feature. 28. 2. 2023. – I. Altman: Genozid am Sowjetvolk als neues Ideologem. A. d. Russ. In: Rundbrief des VGWS 339 (www.vgws.org). – P. Poljan: Antizemitism v Rossii pereekhal. In: Moscow Times. 19. 11. 2023.

26.3 *Zitat aus:* A. Adamowitsch: Kennen wir uns selbst? A. d. Russ. in: H.-H. Nolte (Hrsg.): Der Mensch gegen den Menschen. Hannover 1992 *(hier S. 13).*

26.4 H.-H. Nolte: Comparing Internal Peripheries: A Plea for Non-linear Research. In: B. Etemad (Hrsg.): Towards an International Economic and Social History. Festschrift P. Bairoch. Genf 1995. S. 75–84. – Vgl. D. Rothermund: Geschichte als Prozess und Aussage. München 1994. – Wallerstein (s. 23.1). – Ch. Bright / M. Geyer: Globalgeschichte und Einheit der Welt im 20. Jahrhundert. In: Comparativ 4 (1994) S. 13–45. – *Zitat aus:* M. Vester (Hrsg.): Soziale Milieus in Ostdeutschland. Köln 1995. S. 11.

28
Bibliographie

Die Bibliographie gliedert sich nach Sachgebieten, vom Allgemeinen ins Besondere absteigend. Innerhalb der einzelnen Abschnitte wurde der alphabetischen oder chronologischen Abfolge gleichfalls eine Anordnung nach Sachgebieten vorgezogen.

1 Atlanten, Lexika, Bibliographien

1.1 Atlanten

M. Gilbert: Atlas of Russian History. [o. O.] ²1985.

R. Crampton (Hrsg.): Atlas of Eastern Europe in the 20th Century. London 1996.

Weltatlas der Alten Kulturen: Russland. München 1990. [Karten, Bilder, Kurztexte.]

W. Hilgemann / G. Kettermann: dtv-Perthes-Weltatlas. Bd. 6: Sowjetunion. München 1975.

1.2 Allgemeine Lexika

J. L. Wieczynski (Hrsg.): The Modern Encyclopedia of Russian and Soviet History. [Ab Bd. 1.56: Modern Encyclopedia of Russian, Soviet and Eurasian History.] Bd. 1–58. Gulf Breeze (Florida) 1976–94. [Detailliertestes und wichtigstes Lexikon aus dem Westen.]

A. Brown / M. Kaser (Hrsg.): The Cambridge Encyclopedia of Russia and the Former Soviet Union. Cambridge 1994.

E. Donnert: Altrussisches Kulturlexikon. Leipzig 1985.

H.-J. Torke (Hrsg.): Lexikon der Geschichte Russlands (vor 1917). München 1985.

H.-J. Torke (Hrsg.): Historisches Lexikon der Sowjetunion. München 1993.
A. Morozov (Red.): Sojuz nerušimyj. Moskau 1982. [Unionsrepubliken.]
R. Götz / U. Halbach (Hrsg.): Politisches Lexikon: GUS. München ²1993. [Kontinuierlich ergänzte Neuauflagen.]
M. Ferro (Hrsg.): L'Etat de touts les Russes. Paris 1993.
E. M. Žukov (Hrsg.): Sovetskaja Istoričeskaja Ėnciklopedija. Bd. 1–16. Moskau 1961–76. [Weltgeschichte vom sowjetmarxistischen Standpunkt aus.]
V. L. Janin (Hrsg.): Otečestvennaja istorija. Bd. 1 ff. Moskau 1994 ff. [Russische Geschichte.]
G. M. Lappo (Hrsg.): Goroda Rossii. Moskau 1994. [Städte Russlands.]
R. Götz / U. Halbach (Hrsg.): Politisches Lexikon: Russland. Die nationalen Republiken und Gebietseinheiten der Russländischen Föderation. München 1994.
R. Mark: Die Völker der ehemaligen Sowjetunion. Opladen ²1992.
S. E. Wimbush: The Muslims of the Soviet Empire. London 1986.
Narody Rossii. Russkaja bol'šaja ėnciklopedija. Moskau 1994.
S. D. Kernig (Hrsg.): Sowjetsystem und Demokratische Gesellschaft. Bd. 1–6. Freiburg i. Br. 1966–71.
Th. Mayer (Hrsg.): Lexikon des Sozialismus. Köln 1986.
W. F. Haug (Hrsg.): Historisch-Kritisches Wörterbuch des Marxismus. Bd. 1 ff. Berlin 1994 f.

1.3 Biographische Lexika und Findmittel

Brokgauz i Ėfron: Ėnciklopedičeskij Slovar'. Biografii Bd. 1–5. Moskau 1991–94. [Reprogr. Nachdr. Erschienen bis »Klejn«.]
A. N. Ščukin (Hrsg.): Kto est' kto v russkoj istorii. 2000 izvestnych rossijan. Moskau 2011.
H.-J. Torke (Hrsg.): Die russischen Zaren 1547–1917. München 1995.
D. J. Raleigh (Hrsg.): The Emperors and Empresses of Russia. London 1996. [Petersburger Periode.]
L. Kölm (Hrsg.): Kremlchefs. Berlin 1991.
L. Lebedev: Moskva patriaršaja. Moskau 1995. [Mit Biographien der ersten zehn Patriarchen.]
S. B. Veselovskij: Issledovanija po istorii klassa služilych zemlevladel'cev. Moskau 1969. [Monographien zu Bojarengeschlechtern.]

S. B. Veselovskij: D'jaki i Pod'jačie XV–XVII vv. Moskau 1975. [Alphabetisches Register Moskauer Beamter bis zu Peter I.]
O. Platonov (Hrsg.): 1000 let russkogo predprinimatel'stva. Moskau 1995. [Kaufmannsfamilien, Personenregister.]
A. Ch. Chalikov: 500 russkich familij bulgaro-tatarskogo proischoždenija. Kasan 1992.
E. Amburger: Die Anwerbung ausländischer Fachkräfte. Wiesbaden 1968. – Ders.: Die Pastoren der evangelischen Kirchen. Lüneburg 1998.
A. V. Demkin: Zapadnoevropejskie kupcy v Rossii v XVII v. Moskau 1992. [Listen westlicher Kaufleute.]
B. Meissner / A. Eisfeld (Hrsg.): Der Beitrag der Deutschbalten und der städtischen Russlanddeutschen zur Modernisierung. Köln 1996. [18. Jh. und Anfang des 19. Jh.s.]
G. G. Branover (Hrsg.): Rossijskaja evrejskaja ėnciklopedia. Bd. 1 ff. Moskau 1994 ff.
A. Pravda (Hrsg.): The Tauris Soviet Directory. London 1989.
A. Brown (Hrsg.): The Soviet Union. A Biographical Dictionary. London 1990.

1.4 Lexika zu einzelnen Gebieten

S. G. Pushkarev: Dictionary of Russian Historical Terms (to 1917). New Haven 1970.
Polnyj pravoslavnyj bogoslovskij ėnciklopedičeskij slovar'. 2 Bde. Sankt Petersburg [o. J.]
M. P. Čedlov (Hrsg.): Rossijskaja Civilizacija, Moskau 2001.
N. P. Franz (Hrsg.): Lexikon der russischen Kultur. Darmstadt 2002.
I. N. Rodionov (Hrsg.): Voennaja Ėnciklopedija Bd. 1 ff. Moskau 1997 ff.
W. Kasack (Hrsg.): Lexikon der russischen Literatur. Stuttgart 1976. Erg.-Bd.: München 1986.
R. Hootz (Hrsg.): Kunstdenkmale in der Sowjetunion. Bd. 1–3. Darmstadt 1980–84.
V. Kubijovyc (Hrsg.): Ukraine. A Concise Encyclopedia. Bd. 1–2. Toronto 1963–71.

1.5 Bibliographien. Historiographie

K. Meyer: Bibliographie zur osteuropäischen Geschichte (1939–1964). Berlin 1972.

Ch. D. Schmidt: Bibliographie zur osteuropäischen Geschichte (1965–1974). Berlin 1983. [Geschichte bis 1945.]
St. M. Horak (Hrsg.): Guide to the Study of Soviet Nationalities. Littleton (Co.) 1982.
P. L. Horecky: Russia and the Soviet Union. Chicago [3]1971.
Ph. Clendenning / R. Bartlett: Eighteenth Century Russia. Newtonville 1981.
D. R. Egan / M. A. Egan: Russian Autocrats from Ivan the Great to the Fall of the Romanov Dynasty. London 1987. [Auswählend.]
Europäische Bibliographie der Sowjet- und Osteuropastudien. Bd. 1–2. Hrsg. von Th. Hink. Birmingham 1975–76. Bd. 3 ff. Hrsg. von M. Armand und M. Aymard. Paris 1977 ff.
Sozialwissenschaftlicher Fachinformationsdienst Osteuropaforschung. Bonn 1992 ff. [Ausgewählte Titel mit Inhaltsangaben, u. a. zur Geschichte.]
R. G. Ruthchild. Women in Russia and the Soviet Union. New York 1993. [Annotiert.]
H.-H. Schröder: Ost- und Ostmitteleuropa. [5 Tle.] In: Geschichte in Wissenschaft und Unterricht (1995) Nr. 10 – (1996) Nr. 2. [Literaturbericht.]
A. G. Mazour: Modern Russian Historiography. Westport (Conn.) [2]1975.
H. Hecker: Russische Universalgeschichtsschreibung. München 1983.
A. L. Šapiro: Istoriografija s drevnejšich vremen do 1917. St. Petersburg 1993.
L. Repnin (Hrsg.): Političeskaja istorija na poroge XXI veka. Moskau 1995.
A. E. Šiklo (Hrsg.): Tradicija russkoj istoričeskoj mysli. Istoriosofija. Moskau 1997.
A. A. Černobaev (Hrsg.): Istoriki Rossii o vremeni i o sebe. Vypusk 1 ff. Moskau 1997 ff.
D. Geyer (Hrsg.): Die Umwertung der sowjetischen Geschichte. Göttingen 1991.
J. Hösler: Die sowjetische Geschichtswissenschaft 1953–1991. München 1995.
Ju. N. Afanas'ev (Hrsg.): Sovetskaja Istoriografija. Moskau 1996.
G. Camphausen: Die wissenschaftliche historische Russlandforschung in Deutschland 1892–1933. In: FOG 42 (1989).

G. Volkmer: Die deutsche Forschung zu Osteuropa 1933–45. In: FOG 42 (1989).
E. Oberländer (Hrsg.): Geschichte Osteuropas. Zur Entwicklung einer historischen Disziplin in Deutschland, Österreich und der Schweiz. Stuttgart 1992. [Nach Standorten.]
R.-D. Müller / G. Ueberschär: Hitler's War in the East. A. d. Dt. New York [3]2009. [Auch neuere Titel.]
H.-H. Nolte (Hrsg.): Auseinandersetzungen mit den Diktaturen. Gleichen 2005 (Russ. Übers.: Moskau 2007)
M. David-Fox: Multiple Modernities vs. Neo-Traditionalism: On Recent Debates in Russian and Soviet History. In: JbGOE 54.4 (2006) S. 535–555.

2 Quellensammlungen in deutscher und englischer Sprache

G. Vernadsky (Hrsg.): A Source Book for Russian History from Early Times to 1917. Bd. 1–3. New Haven (Conn.) 1972.
V. Gitermann: Geschichte Russlands. 3 Bde. Hamburg 1949. Reprogr. Nachdr. Frankfurt a. M. 1987.
R. Trautmann (Hrsg.): Die Altrussische Nestorchronik. Leipzig 1931.
H. Graßhoff (Hrsg.): Rauchspur der Tauben. Die Radziwill-Chronik. Leipzig 1986. [Bis 1206.]
S. A. Zenkovsky (Hrsg.): The Nikonian Chronicle. Bd. 1–3. Princeton 1984–86. [Bis 1381.]
P. Nitsche (Hrsg.): Der Aufstieg Moskaus. Auszüge aus einer russischen Chronik. Bd. 1–2. Graz 1966. [Bis 1510.]
P. Hauptmann / G. Stricker (Hrsg.): Die Orthodoxe Kirche in Russland (860–1980). Göttingen 1988.
E. Benz (Hrsg.): Russische Heiligenlegenden. Darmstadt 1983.
I. Fleischhauer (Hrsg.): Lust an der Erkenntnis: Russisches Christentum. München 1988.
H.-H. Nolte / W. Vetter (Hrsg.): Der Aufstieg Russlands zur europäischen Großmacht. Stuttgart 1981.
D. H. Kaiser / G. Marker (Hrsg.): Reinterpreting Russian History. Readings 860–1860. New York 1994.
R. E. F. Smith (Hrsg.): The Enserfment of the Russian Peasantry. Cambridge 1968.
K. Müller (Hrsg.): Itineraria rossica. Altrussische Reiseliteratur. Leipzig 1986.

B. Dmytryshyn [u. a.] (Hrsg.): Russia's Conquest of Siberia and Russian America 1558–1797. Bd. 1–2. Portland (Or.) 1986–88.
M. Raeff (Hrsg.): Russian Intellectual History. New York 1966 [u. ö.].
D. Tschižewskij / D. Groh (Hrsg.): Europa und Russland. Darmstadt 1959. [Geistesgeschichte.]
F. Golczewski / S. Pickhahn (Hrsg.): Russischer Nationalismus. Göttingen 1998.
G. L. Freeze (Hrsg.): From Supplication to Revolution. Oxford 1988. [Bittschriften 1767–1906.]
F. Martens (Hrsg.): Recueil des Traités et Conventions conclus par la Russie. Bd. 1–15. St. Petersburg 1874–1909. Reprogr. Nachdr. Vaduz 1969. [Jeweils beide Vertragssprachen.]
M. Weiers (Hrsg.): Die Verträge zwischen Russland und China 1689–1881. Bonn 1979.
H. Altrichter / H. Haumann (Hrsg.): Die Sowjetunion. 2 Bde. München 1987.
B. Meissner: Das Parteiprogramm der KPdSU. Köln 1962.
G. Brunner: Das Parteistatut der KPdSU. Köln 1965.
G. Meyer (Hrsg.:) Das politische und gesellschaftliche System der UdSSR. Köln 1976. [Offizielle Daten.]
G. Brunner / K. Westen (Hrsg.): Die sowjetische Kolchosordnung. Stuttgart 1970.
H. Haumann (Hrsg.): Grundlagen der sowjetischen Wirtschaftsverfassung. Meisenheim a. Glan 1977.
E. Müller / H.-H. Schröder (Hrsg.): Partei, Staat und Sovetgesellschaft. Tübingen 1993.
R. Binner / B. Bonwetsch / M. Junge (Hrsg.): Massenmord und Lagerhaft. Berlin 2009.
E. Oberländer (Hrsg.): Sowjetpatriotismus und Geschichte. Köln 1967.
H.-H. Nolte (Hrsg.): Deutsche Geschichte im sowjetischen Schulbuch. Göttingen 1972.

Zur Einführung in die russischsprachige Quellenlage vgl. HGR.
Eine neuere Quellenauswahl: M. E. Glavackij: Istorija Rossii 1917–1940. Jekaterinburg 1993. – Reihe: A. N. Jakovlev (Hrsg.): Rossija XX. vek. Moskau 1997 ff.
J. Baberowski (Hrsg.): Archivlandschaften. [JbGOE 51.1 (2003).]

3 Darstellungen

3.1 Überblicke und Einschätzungen

Russland-Ploetz. Freiburg i. Br. [3]1992. [Jahreszahlen, Grafiken.]
HGR.
G. Stökl: Russische Geschichte. Stuttgart 1962 [u. ö.].
C. Goehrke: Russland. Eine Strukturgeschichte. Paderborn 2010. [Zit. als: Goehrke, Struktur.]
E. Hösch: Geschichte Russlands. Stuttgart 1992 [u. ö.].
H. Haumann: Geschichte Russlands. München 1996 [u. ö.]. [Mit aktueller und umfassender Bibliographie.]
E. Donnert: Das russische Zarenreich. München 1992.
Institut für Geschichte der UdSSR (Hrsg.): Geschichte der UdSSR in drei Teilen. A. d. Russ. Köln 1977.
H. G. Linke: Geschichte Russlands. Darmstadt 2006.
Ch. Schmidt: Russische Geschichte 1547–1917. München [2]2009.
S. Plaggenborg: Experiment Moderne. Frankfurt a. M. 2006.
G. Schramm (Hrsg.): Russlands langer Weg zur Gegenwart. Göttingen 2001.
H. J. Torke: Einführung in die Geschichte Russlands, München 1997.
O. V. Tvorogov: Drevnjaja Rus'. St. Petersburg 1994.
G. v. Rauch: Geschichte des bolschewistischen Russland. Frankfurt a. M. 1963 [u. ö.].
K.-H. Ruffmann: Sowjetrussland. München 1967 [u. ö.].
H. Altrichter: Kleine Geschichte der Sowjetunion. München 1993.
M. Hildermeier: Geschichte der Sowjetunion. München 1998.
I. B. Berchin: Geschichte der UdSSR. A. d. Russ. Berlin 1971.
R. Pipes: Russland vor der Revolution. A. d. Engl. München 1977.
John L. Keep: Power and the People. New York 1995.
Th. H. von Laue: Why Lenin? Why Stalin? New York 1971.
W. Hoffmann: Stalinismus und Antikommunismus. Frankfurt a. M. 1967.
J. Baberowski: Der rote Terror. Die Geschichte des Stalinismus. Stuttgart 2004.
A. Jakowlew: Ein Jahrhundert der Gewalt. A. d. Engl. Berlin 2004.
B. Groys: Die Erfindung Russlands. München 1995.
K. Segbers: Der sowjetische Systemwandel, Frankfurt a. M. 1989.
– / S. de Spiegeleire (Hrsg.): Post-Soviet Puzzles. Bd. 1–4. Baden-Baden 1996.

Th. Taranovski: Reform in Russian History – Progress or Cycle? Cambridge 1995.

3.2 Religions- und Geistesgeschichte

H.-H. Nolte: Osteuropäische religiöse Kulturen. In: EN. Bd. 9. [Einführend.] E. Benz: Geist und Leben der Ostkirche. Reinbek 1957.
J. Chrysostomus: Die religiösen Kräfte in der russischen Geschichte. München 1961.
H.-D. Döpmann: Die Russisch-Orthodoxe Kirche in Geschichte und Gegenwart. Wien 1977.
Cypin: Istorija russkoj pravoslavnoj cerkvi 1917–1990. Moskau 1994.
I. Smolitsch: Geschichte der russischen Kirche 1700–1917. Bd. 1. Leiden 1964. Bd. 2. Hrsg. von G. L. Freeze. Wiesbaden 1991.
T. Bremer: Kreuz und Kreml. Freiburg i. Br. 2007.
P. Hauptmann: Russlands Altgläubige. Göttingen 2005.
L. I. Ivanits: Russian Folk Belief. Armonk 1992.
M. Balzer (Hrsg.): Russian Traditional Culture. Armonk 1992.
D. Beyrau (Hrsg.): Religion und Gesellschaft in Russland vor 1917. [JbGOE 52.3 (2004).]
J. Baberowski (Hrsg.): Stalinismus und Religion. [JbGOE 52.4 (2004).]
D. Tschiževskij: Russische Geistesgeschichte. München 1974.
Th. G. Masaryk: Zur russischen Geschichts- und Religionsphilosophie. 2 Bde. Jena 1913. Neuaufl. u. d. T.: Russische Geistes- und Religionsgeschichte. Frankfurt a. M. 1992.
T. A. Pavlova (Hrsg.): Dolgij put' rossijskogo pacifizma. Moskau 1997.
H.-H. Nolte: Überforderung und Pathos. In: Comparativ 5 (1995) S. 105–126.
H. Grashoff: Geschichte der russischen Literatur. 2 Bde. Berlin 1986.
N. G. Maschowzew (Hrsg.): Geschichte der russischen Kunst. A. d. Russ. Gütersloh 1986.
D. Beyrau: Intelligenz und Dissens. Die russischen Bildungsschichten in der Sowjetunion 1917–1985. Göttingen 1993.
Forum für Osteuropäische Ideen- und Zeitgeschichte. Nr. 1 ff. 1997 ff.
I. P. Smirnov (Hrsg.): Istorija Mysli. Moskau 2002 ff. [Almanach.]

3.3 Sozial- und Wirtschaftsgeschichte

Ja. E. Vodarskij: Naselenie Rossii za 400 let. Moskau 1973.
K. Heller: Russische Wirtschafts- und Sozialgeschichte. Bd. 1. Darmstadt 1987.
V. I. Buganov / P. Hoffmann (Hrsg.): Klassenkampf und revolutionäre Bewegung in der Geschichte Russlands. Berlin 1977.
D. Geyer (Hrsg.): Wirtschaft und Gesellschaft im vorrevolutionären Russland. Köln 1975.
B. V. Mironov: The Social History of Imperial Russia. A. d. Russ. 2 Bde. Boulder (Col.) 2000.
C. Goehrke: Russischer Alltag, 3 Bde. Zürich 2003–05.
H. Raupach: Geschichte der Sowjetwirtschaft. 2 Bde. Reinbek 1964.
A. Nove: An Economic History of the USSR. London 1969 [u. ö.].
A. N. Jefimow: Die Industrie in der UdSSR. A. d. Russ. Berlin 1970.
V. Andrle: A Social History of Twentieth Century Russia. London 1994.
B. E. Clements (Hrsg.): Russia's Women. Berkeley 1991.
L. Edmonton (Hrsg.): Women and Society in Russia and the Soviet Union. Cambridge 1992.
H.-H. Nolte / E. Smolarz: Slavery and Serfdom in Muscovy and the Russian Empire. In: Pargas, Schiel (28.5).
R. Marsh (Hrsg.): Women in Russia and Ukraine. Cambridge 1996.
R. Hellie: Slavery in Russia. Chicago 1982. – Ders.: The Economy and Material Culture of Russia 1600–1725. Chicago 1999.
B. D. Grekow: Die Bauern in der Rus. A. d. Russ. 2 Bde. Berlin 1958.
R. Rexheuser: Der Fremde im Dorf. In: JbGOE 25 (1977) S. 494–512.
E. Kingston-Man (Hrsg.): Peasant Economy, Culture and Politics. Princeton 1991.
D. Moon: The Russian Peasantry 1600–1930. Harlow 1999.
H. Rüss: Herren und Diener. Die soziale und politische Mentalität des russischen Adels. Köln 1994.
J. M. Lotman: Russlands Adel. Eine Kulturgeschichte. A. d. Russ. Köln 1997.
J. P. Le Donne: Absolutism and Ruling Class. Oxford 1991.
V. T. Bill: The Forgotten Class. The Russian Bourgeoisie. New York 1959 [u. ö.].
M. Hildermeier: Bürgertum und Stadt in Russland 1760–1870. Köln 1986.

F. Hamilton / K. Andrews [u. a.] (Hrsg.): Transformation of Cities in Central and Eastern Europe. Tokio 2005.
C. Goehrke / B. Pietrow-Ennker (Hrsg.): Städte im östlichen Europa. Zürich 2006.
R. E. F. Smith / D. Christian: Bread and Salt. Cambridge 1984.

3.4 Institutionen und Rechtsgeschichte

O. F. Kozlov / V. F. Jankovaja (Hrsg.): Gosudarstvennost' Rossii. Bd. 1–5. Moskau 1998–2005. [Rez.: B. Schalhorn in: JBGOE 57 (2009) S. 251–256.]
Istorija Pravitel'stvujuščego Senata za dvesti let. Bd. 1–5. St. Petersburg 1911.
B. N. Ponomarjew [u. a.] (Hrsg.): Geschichte der Kommunistischen Partei der Sowjetunion. A. d. Russ. Frankfurt a. M. 1977.
L. Schapiro: Geschichte der Kommunistischen Partei. A. d. Engl. München 1959.
H. Rigby: Communist Party Membership in the USSR. Princeton 1967.
Ju. S. Pivovarov: Političeskaja kul'tura poreformennoj Rossii. Moskau 1994.
B. Orlov: Političeskaja kul'tura Rossii i Germanii. Moskau 1995.
L. Schultz: Russische Rechtsgeschichte. Lahr 1951.
G. S. Kalinin / G. W. Schewkow: Geschichte des Staats und Rechts. A. d. Russ. Moskau 1987.
I. A. Isaev: Istorija gosudarstva i prava Rossii. Moskau 1994.
W. Grottian: Das sowjetische Regierungssystem. 2 Bde. Köln 1965.
T. P. Koržichina: Sovetskoe gosudarstvo i ego učrezdenija 1917–1991. Moskau [2]1996.
O. Crisp / L. Edmonton (Hrsg.): Civil Rights in Imperial Russia. Oxford 1989.
E. Amburger: Geschichte der Behördenorganisation Russlands von Peter dem Großen bis 1917. Leiden 1966.
W. M. Pinter (Hrsg.): Russian Officialdom. London 1980 [u. ö.].
D. Beyrau: Militär und Gesellschaft im vorrevolutionären Russland. Köln 1984.
J. P. Le Donne: The Grand Strategy of the Russian Empire. Oxford 2004.
R. Hingley: The Russian Secret Police 1565–1970. London 1970.

P. Košel': Istorija nakazanija v Rossii. Istorija rossijskogo terrorizma. Moskau 1995.
A. Jakowlew: Ein Jahrhundert der Gewalt in Russland. A. d. Engl. Berlin 2004.
A. N. Vigilev: Istorija otečestvennoj počty. Moskau ²1990.
I. G. Spasski: Das russische Münzsystem. A. d. Russ. Berlin 1983.
V. V. Uzdenikov: Monety Rossii. Moskau 1994.

4 Regionen, Nationen und Ethnien

4.1 Allgemeines. Imperium

Ab Imperio. Bd. 1 ff. Kasan 2000 ff.
E. Marasinova / H.-H. Nolte: Russländisches Reich. In: EN. Bd. 11.
G. v. Rauch: Russland – Staatliche Einheit und nationale Vielfalt. München 1953.
H. Münkler: Imperien. Berlin 2005.
– (Hrsg.): Was Imperien leisten. ZWG 11.2 (2010).
M. Gehler / R. Rollinger (Hrsg.): Imperien und Reiche in der Weltgeschichte. Bd. 1–2. Wiesbaden 2014.
S. Berger / A. Miller (Hrsg.): Nationalizing Empires. Budapest 2015.
J. Nagel (Hrsg.): Imperiales Bauen. Hagen 2023.
Kappeler: Vielvölkerreich. – Nolte: Imperien.
R. Vulpius: Die Geburt des Russischen Imperiums. Wien 2020.
M. Schulze Wessel: Der Fluch des Imperiums. München 2023.
J. Burbank / M. von Hagen / A. Remnev (Hrsg.): Russian Empire. Bloomington (Ind.) 2007.
G. Hausmann / A. Rustemeyer (Hrsg.): Imperienvergleich. Wiesbaden 2009.
M. Aust / R. Vilnius / A. Miller (Hrsg.): Imperium inter pares. Moskau 2010.
J. Osterhammel: Die Verwandlung der Welt. München 2009. [Bes. S. 565–673; 19. Jahrhundert.]
S. P. Maccafray / M. Melancon (Hrsg.): Russia in the European Context. A Member of the Family. New York 2005.
J. Leonhard / U. v. Hirschhausen (Hrsg.): Comparing Empires. Göttingen 2010.
B. Eschment / H. Harder (Hrsg.): Looking at the Colonizer. Würzburg 2004. [Russisches Reich; Indien.]
G. Stuby (Hrsg.): Föderalismus und Demokratie. Baden-Baden 1992.

K. Segbers (Hrsg.): Russlands Zukunft: Räume und Regionen. Baden-Baden 1994.
H.-H. Nolte: Zentrum und Regionen in Russland. In: H.-H. N. (Hrsg.): Innere Peripherien im 20. Jahrhundert. Stuttgart 1997.
G. Ju. Smernin (Hrsg.): Mir russkoj provincii. St. Petersburg 1997.
H. Haumann: Die russische Stadt in der Geschichte. In: JbGOE 27 (1979) S. 481–497.
A. L. Choroškevič [u. a.] (Hrsg.): Stoličnye i periferijnye goroda. Moskau 1996.
M. K. Ljubavskij: Obzor istorii russkoj kolonizacii. Moskau 1996.
L. Wieczynski: The Russian Frontier. Charlotteville 1976.
A. Wood (Hrsg.): The History of Siberia. London 1991.
J. Forsyth: A History of the Peoples of Siberia. Cambridge 1992.
M. Aust: Rossia Siberica. In: ZWG 1 (2000) S. 75–98; E. M. Stolberg: Replik. In: ZWG 4.1 (2003).
D. Dahlmann: Sibirien. Paderborn 2006.
V. Slezkine: Arctic Mirrors. Russia and the small Peoples of the North. Ithaca 1994.
J. J. Stephan: The Russian Far East. Stanford (Cal.) 1996.
M. J. Bradshaw (Hrsg.): The Russian Far East and Pacific Asia. Richmond 2001.
E. Amburger. Ingermanland. 2 Bde. Köln 1980.

A. Kappeler: Russland als Vielvölkerreich. München 1991. [Zit. als: Kappeler, Vielvölkerreich.]
H. Carrère d'Encausse: Risse im roten Imperium. A.d. Frz. Wien 1979.
G. Simon: Nationalismus und Nationalitätenpolitik in der Sowjetunion. Baden-Baden 1984.
E. Stölting: Eine Weltmacht zerbricht. Frankfurt a. M. 1990.
G. Simon / N. Simon: Verfall und Untergang des sowjetischen Imperiums. München 1993.
H.-H. Nolte / B. Eschment / J. Vogt: Nationenbildung östlich des Bug. Hannover 1994.

Nationality-Papers. New York 1972 ff. [Zeitschrift.]

4.2 Einzelne Nationen und religiöse Milieus

A. Kappeler (Hrsg.): Die Russen. Köln 1990.
A. I. Vdovin: ›Rossijskaja nacija‹. Moskau 1995.
G. Hosking: Russia and the Russians. Cambridge (Mass.) 2003.

F. Golczewski (Hrsg.): Geschichte der Ukraine. Göttingen 1993.
A. Kappeler: Kleine Geschichte der Ukraine. München 1994.
S. Koropeckyj (Hrsg.): Ukrainian Economic History. London 1994.
S. Plokhy: Das Tor Europas. Die Geschichte der Ukraine. A. d. Engl. Hamburg 2022.
K. S. Jobst: Geschichte der Ukraine. Stuttgart ³2022.
D. Beyrau / R. Lindner (Hrsg.): Handbuch der Geschichte Weißrusslands. Göttingen 2001.
R. Wittram: Baltische Geschichte. Darmstadt ²1973.
N. Angermann / K. Brüggemann: Geschichte der baltischen Länder. Stuttgart ²2021.
R. Tuchtenhagen: Geschichte der baltischen Länder. München 2005.
G. v. Pistohlkors (Hrsg.): Baltische Länder. Berlin 1994.
F. Anton / L. Luks (Hrsg.): Deutschland, Russland und das Baltikum. Köln [u. a.] 2005.
T. U. Raun: Estonia and the Estonians. Stanford (Cal.) 1987.
K. Maier: Estland und seine Minderheiten. Lüneburg 1995. (Nord-Ost-Archiv. 4,2.)
J. Dreifelds: Latvia in Transition. Cambridge 1996.
M. Hellmann: Grundzüge der Geschichte Litauens. Darmstadt ⁴1990.
C. Neukirch: Die Republik Moldau. Münster 1996.
H. Hofbauer / V. Roman: Bukowina, Bessarabien, Moldawien. Wien 1997.
U. Halbach / A. Kappeler (Hrsg.): Krisenherd Kaukasus. Baden-Baden 1995.
A. L. Naročnickij (Hrsg.): Istorija narodov Severnogo Kavkaza. Moskau 1988.
H. Fähnrich: Geschichte Georgiens. Leiden 2010.
P. Ammon: Georgien zwischen Eigenstaatlichkeit und russischer Okkupation. Frankfurt a. M. ²2020.
M. Sarkisyanz: A Modern History of Transcaucasian Armenia. London 1975.
D. M. Lang / Ch. Walker: Die Armenier. A. d. Engl. Oldenburg 1985.
T. Hoffmann (Hrsg.): Armenien und die Armenier. Reinbek 1994.
E. Sarkisyanz: Geschichte der orientalischen Völker Russlands. München 1961.
P. G. Landa: Islam v istorii Rossii. Moskau 1995.
A. Kappeler / G. Simon / G. Brunner (Hrsg.): Die Muslime in der Sowjetunion. Köln 1989.
K. Grobe-Hagel: Russlands Dritte Welt. Frankfurt a. M. 1992.

M. Rywkin: Moscows Muslim Challenge. New York 1990.
H. Dawisha / B. Parrott (Hrsg.): Conflict, Cleavage, and Change in Central Asia and the Caucasus. Cambridge 1997.
A. W. Fisher: The Crimean Tatars. Stanford (Cal.) 1978.
R. G. Kuzeev: Narody Povolž'ja i Priural'ja. Moskau 1985.
Istorija Tatarskoj ASSR. Bd. 1–2. Kasan 1955–60.
I. I. Sharifzhanov: Tatarstan after Sovereignty. In: Nolte (Hrsg.): Innere Peripherien im 20. Jahrhundert. Stuttgart 1997. 1997 (s. 25).
M. Zakiev: Istorija Tatarskogo naroda. Moskau 2008.
A. B. Junusova: Islam v Baškirii. Ufa 1994.
Y. Ro'i (Hrsg.): Muslim Eurasia. London 1995.
E. Allworth: The Modern Uzbeks. Stanford (Cal.) 1990.
M. B. Olcott: The Kazakhs. Stanford (Cal.) 1987.
H. Hecker: Die Deutschen im Russischen Reich, in der Sowjetunion und ihren Nachfolgestaaten. Köln 1994.
G. Stricker (Hrsg.): Russland. Berlin 1997. [Russlanddeutsche.]
M. Zborowski / E. Herzog: Das Schtetl. A. d. Engl. München 1991. (Orig.-Ausg. New York 1952.)
H. Haumann: Geschichte der Ostjuden. München 1990 [u. ö.].
N. Levin: The Jews in the Soviet Union. 2 Bde. New York 1988.
M. Hausleitner / M. Katz (Hrsg.): Juden und Antisemitismus im östlichen Europa. Berlin 1995.
E. Amburger: Fremde und Einheimische im neuzeitlichen Russland. Wiesbaden 1982.

5 Kontexte und Außenpolitik

Studienhandbuch Östliches Europa. Bd. 1: Th. Bohn / D. Neutatz (Hrsg.). Bd. 2: H. Roth (Hrsg.). Köln 1999, 2002.
H.-H. Nolte: Non-Orthodox Labour in Early Modern Russia. In: Vestnik Volgogradskogo Gosudarstvennogo Universiteta Seriya 4 (2022) H. 27,5. S. 84–95.
A. Gerschenkron: Europe in the Russian Mirror. Cambridge 1979.
D. Groh: Russland im Blick Europas. Frankfurt a. M. [2]1988.
P. Haslinger (Hrsg.): Ostmitteleuropa transnational. [Comparativ. Zeitschrift für Globalgeschichte und vergleichende Gesellschaftsforschung 18.2 (2008).]
M. Hildermeier: Das Privileg der Rückständigkeit. In: Historische Zeitschrift (1987) Nr. 244. S. 557–603.

A. Tausch: Russlands Tretmühle. München 1991.
D. Chirot (Hrsg.): The Origins of Backwardness in Eastern Europe. Berkeley 1989.
H.-H. Nolte: Tradition des Rückstands. In: Vierteljahresschrift für Sozial- und Wirtschaftsgeschichte 78 (1991) S. 343–364.
C. Goehrke: Rückstand trotz Ressourcen. In: OE 57.4 (2007) S. 3–23.
A. Fursov: Kapitalismus, Kommunismus und die Glocken der Geschichte. In: Comparativ 4 (1994) S. 57–69.
M. Fuchs / H.-H. Nolte: Russia and the West. In: Review of the F. Braudel Center (1998). S. 221–245.
P. Dukes: World Order in History, Russia and the West. London 1995.
H.-H. Nolte: Konkurrierende Imitation als Erklärungsansatz zur Politik Russlands. In: Z. Nr. 134. Juni 2023. S. 102–116.
M. T. Poe: The Russian Moment in World History, Princeton (N. J.) 2003.

L. Wolff: Inventing Eastern Europe. Cambridge 1994.
H. Sundhaussen: Die Ursprünge der osteuropäischen Produktionsweise. In: N. Boskovska-Leimgruber (Hrsg.): Die Frühe Neuzeit. Paderborn 1992. S. 145–162.
A. Komlosy / H. Hofbauer: Peripherisierung und nachholende Entwicklung in Osteuropa. In: ZWG 10 (2009) S. 99–134.
U. Hofmeister [u. a.] (Hrsg.): Verflochtene Geschichten aus dem östlichen Europa. FS A. Kappeler. In: JbGOE 71 (2023).
S. Troebst (Hrsg.): Zur Europäizität des östlichen Europa. In: http://www.europa.clio-online.de (19. 6. 2008).
A. Komlosy [u. a.] (Hrsg.): Ostsee 700–2000. Wien 2008.
D. Obolensky: The Byzantine Commonwealth. London 1971.
– Byzanz und die Welt der Slawen. Darmstadt 1974.
H. C. Beck: Das byzantinische Jahrtausend. München 1978.
H. Ahrweiler: L'idéologie politique de l'empire byzantine. Paris 1975.
E. Eickhoff: Macht und Sendung. Stuttgart 1981.
C. Schmidt: Leibeigenschaft im Ostseeraum. Köln [u. a.] 1997.
J. Klußmann: Leibeigenschaft. Köln 2003.
E. Smolarz / H.-H. Nolte: Slavery and Serfdom in Muscovy and the

Russian Empire. In: D. A. Pargas / J. Schiel (Hrsg.): The Palgrave Handbook of Global Slavery. Cham 2023. S. 279–396.

H.-H. Nolte: Was waren Bauern? Ein west-östlicher Diskurs. In: ZWG 8.2 (2007) S. 33–58.

D. H. Aldcroft / St. Morewood: Economic Change in Eastern Europe since 1918. Aldershot 1995.

I. Berend: Central and Eastern Europe 1944–1993. Detour from the Periphery to the Periphery. Cambridge 1996.

M. Hroch / L. Klusakova (Hrsg.): Criteria and Indicators of Backwardness. Prag 1996.

I. Bibó: Die Misere der osteuropäischen Kleinstaaterei. A. d. Ung. Frankfurt a. M. 1990. [Orig.-Ausg. Budapest 1946.]

M. Mommsen (Hrsg.): Nationalismus in Osteuropa. Gefahrvolle Wege in die Demokratie. München 1992.

G. Brunner (Hrsg.): Nationalitätenprobleme und Minderheitenkonflikte in Osteuropa. Gütersloh 1993.

B. Faulenbach / H. Timmermann (Hrsg.): Nationalismus und Demokratie. Essen 1993.

W. Weidenfeld (Hrsg.): Demokratie und Marktwirtschaft in Osteuropa. Bonn 1995.

H. Hofbauer: Osterweiterung. Wien 2003.

M. Chardon / S. Frech [u. a.] (Hrsg.): EU-Osterweiterung. Schwalbach 2005.

R. Teltscher: Europas neuer ›Osten‹. Wien 2010.

T. Feierl / E. Müller: Osteuropa – Schlachtfeld der Erinnerungen. Berlin 2010.

G. Stökl: Osteuropa und die Deutschen. Oldenburg 1967 [u. ö.].

O. Anweiler / E. Reißner / K.-H. Ruffmann (Hrsg.): Osteuropa und die Deutschen. München 1990.

L. Dralle: Die Deutschen in Ostmittel- und Osteuropa. Darmstadt 1991.

H.-H. Nolte: Russia and Germany in the System of Powers. In: G. Segell (Hrsg.): Development, Globalization, Global Values and Security. Thun 2023. S. 103–115.

L. Luks / D. O'Sullivan (Hrsg.): Russland und Deutschland. Zwei Sonderwege im Vergleich. Köln 2001.

R. Wernstedt [u. a.] (Hrsg.): Russlandbilder – Deutschlandbilder. Gleichen 2018.

H.-H. Nolte (Hrsg.): Auseinandersetzungen mit den Diktaturen. Gleichen 2005. (Russisch: Rossijskaja Akademija Nauk (Hrsg.): Red. von M. B. Korchagina. Moskau 2007.)
J. Drabkin (Hrsg.): Annäherungen an die deutsche und die russische Geschichte. Berichte des Forschungszentrums für deutsche Geschichte in Moskau. Köln 1996. – Literaturbericht H.-H. Nolte. In: ZWG 4.2 (2003).
J. Szücs: Die drei historischen Regionen Europas. A. d. Ung. Frankfurt a. M. 1990.
C. Augustynowicz: Geschichte Ostmitteleuropas. Wien 2010.
P. S. Wandycz: The Price of Freedom. London 1993.
A. Gerrits / N. Adler (Hrsg.): Vampires Unstaked. National Images in East Central Europe. Amsterdam 1995.
V. P. Kiselev / L. Sisela: Rossija i central'naja Evropa v novych geopolitičeskich real'nostjach. Moskau 1995.
H.-A. Jacobsen [u. a.] (Hrsg.): Deutsch-russische Zeitenwende (1941–1995). Baden-Baden 1995.
M. Keller (Hrsg.): Russen und Russland aus deutscher Sicht. Bd. 1–3. München 1985–92.
K. Zernack: Polen und Russland. München 1994.
L. N. Gumilev: Drevnjaja Rus i Velikaja Step'. Moskau 1993.
M. Hauner: What is Asia to us? Russia's Asian Heartland. London 1992.
S. C. Paine: Russia, China and their Disputed Frontier. London 1996.
V. V. Pochlebkin: Vnešnjaja politika Rusi, Rossii i SSSR za 1000 let v imenach, datach, faktach. Vypusk 1 ff. Moskau 1995 ff.
B. N. Ponomarjow [u. a.] (Hrsg.): Geschichte der sowjetischen Außenpolitik. 2 Bde. A. d. Russ. Berlin 1969. [Sowjetische Position.]
D. Geyer (Hrsg.): Sowjetunion. Außenpolitik. Köln 1972.
K. v. Beyme: Die Sowjetunion in der Weltpolitik. München 1983.
P. Dukes: The Superpowers. London 2002.
A. O. Čubarjan (Hrsg.): Sovetskaja vnešnjaja politika v retrospektive. Moskau 1993.
B. Meissner: Vom Sowjetimperium zum eurasischen Staatensystem. Berlin 1995.
M. S. Wessel (Hrsg.): Neue Ansätze in der Geschichte der internationalen Politik. [JbGOE 56.1 (2008).]

A. Malašenko / B. Koppiters / D. Trenin: Central'naja Azija i Kavkaz. Moskau 1997.
R. Seeley: Russo-Chechen Conflict 1800–2000. London 2001.
R. Hrair Dekmejian / H. H. Simonian: Troubled Waters. The Geopolitics of the Caspian Region. London 2001.
M. Khodarkovskij: From Steppe Frontier to Russian Empire. Bloomington (Ind.) 2001.
B. Fragner / A. Kappeler (Hrsg.): Zentralasien 13. bis 20. Jahrhundert. Wien 2006.

6 Russland als eigene Region im Rahmen von Weltgeschichte

H. Bentley / H. F. Ziegler: Traditions and Encounters. Boston [u. a.] 2000.
F. Edelmayer / P. Feldbauer / M. Wakounig (Hrsg.): Globalgeschichte 1450–1620. Wien 2002.
P. Feldbauer / B. Hausberger / J.-P. Lehners (Hrsg.): Globalgeschichte. Die Welt 1000–2000. Bd. 1–8. Wien 2007–11.
K. Kremb (Hrsg.): Weltordnungskonzepte. Hoffnungen und Enttäuschungen des 20. Jahrhunderts. Schwalbach i. Ts. 2010.
Th. Schieder (Hrsg.): Handbuch der europäischen Geschichte in 7 Bänden. Neuaufl. Stuttgart 1998.
W. Fischer (Hrsg.): Handbuch der europäischen Wirtschafts- und Sozialgeschichte in 6 Bänden. Neuaufl. Stuttgart 1991.
B. Fragner /A. Kappeler (Hrsg.): Zentralasien 13. bis 20. Jahrhundert. Wien 2006.
D. Adamczyk (Hrsg.): Quo vadis, Asien? Schwalbach i. Ts. 2009.
H. Duchhardt / F. Knipping (Hrsg): Handbuch der Geschichte der Internationalen Beziehungen in 9 Bänden. Bd. 1 ff. Paderborn 1996 ff.
H.-H. Nolte (Hrsg.): Innere Peripherien. Bd. 1–3. Göttingen 1991. Stuttgart 2001.
R. Chickering / S. Förster [u. a.] (Hrsg.): Total War. Bd. 3–5. Cambridge 2000–06.
K. J. Bade / P. C. Emmer [u. a.] (Hrsg.): Enzyklopädie Migration in Europa. Paderborn 2007.
S. Liebig (Hrsg.): Migration und Weltgeschichte. Schwalbach i. Ts. 2007.

M. Levene / P. Roberts (Hrsg.): The Massacre in History. New York 1999.
N. M. Naimark: Flammender Hass. A. d. Engl. Berlin 2004.
P. Gleichmann / T. Kühne (Hrsg.): Massenhaftes Töten, Essen 2004.
B. J. Valentino: Final Solutions. Ithaca (N. Y.) 2004.
J. Baberowski (Hrsg.): Moderne Zeiten? Göttingen 2006.
B. Bonwetsch (Hrsg.): Neue Forschungen zu Massenverbrechen. ZWG 11.2 (2010).
F. v. Borkenau: Der europäische Kommunismus. Bern 1952.
K. v. Beyme: Ökonomie und Politik im Sozialismus. München 1975.
S. Courtois / N. Werth [u. a.]: Das Schwarzbuch des Kommunismus. A. d. Frz. Berlin 1998. Neuaufl. München 2011.
D. Segert (Hrsg.): Postsozialismus. Hinterlassenschaften des Staatssozialismus und neue Kapitalismen in Europa. Wien 2007.
M. v. der Linden (Hrsg.): Was war die Sowjetunion? Wien 2007.
Karl Schlögel: Das sowjetische Jahrhundert. Archäologie einer untergegangenen Welt. München 2017.
D. Priestland: Weltgeschichte des Kommunismus. A. d. Engl. Berlin 2009.
J. Becker / R. Weissenbacher (Hrsg.): Sozialismen. Entwicklungsmodelle von Lenin bis Nyerere. Wien 2009.

Demographische Statistiken aus der sowjetischen Forschung: KGR. S. 518–527.

29

Stammtafeln

Die Jahreszahlen in dieser und der folgenden Stammtafel bezeichnen die Regierungszeit (»erm.« steht für »ermordet«).

Ausführliche Stammtafeln der Herrscherdynastien enthält das *Handbuch der Geschichte Russlands*, hrsg. von M. Hellmann [u. a.], Bd. 1,2, Stuttgart 1989.

Die Rurikiden-Dynastie

Rjurik 856 (?) – 873 — **Oleg** 873 – 912 (?)

Igor 913 – 945 ∞ **Olga (Helga)** 945 – 962

Swjatoslaw 962 – 973

Wladimir 973 – 1019

Jaroslaw 1019 – 1054

Die Söhne 1054–1093

- Isjaslaw (*Kiew*) erster Senior
  - Swjatopolk 1093–1113
- Swjatoslaw (*Tschernigow*)
- Wsewolod (*Perejaslawl*) Senior 1078–1093
  - **Wladimir Monomach** 1113–1125 ∞ Gyda von England
    - Mstislaw 1125–1132 ∞ Christina von Schweden
      - Isjaslaw II. 1146–1154
    - Jaropolk 1132–1139
    - **Jurij (Dolgorukij)** 1154–1157
      - Andrej (Bogoljubskij) *bleibt in Susdal/Wladimir*
      - **Wsewolod (das Nest)** 1176–1212
- Igor (*Wladimir in Wolhynien*)
  - Wsewolod 1139–1146

Mstislaw
1167–1169

Roman
(*Galitsch*)
1170–1205

Daniil
1205–1264

Lew I.
1264–1301

Jurij
1301–1308

Andrej und Lew II.
1308–1323

Boleslaw von Masowien
1323–1340

1349 »Rotreußen« polnisch,
Wolhynien litauisch

Jurij II.
1218–1238
gefallen gegen die Mongolen

Jaroslaw
1238–1246
erm. in Karakorum

Andrej
1246–1251

Alexander (Newskij)
1251–1263

Jaroslaw
1264–1271

Wassilij
1272–1277

Dmitrij

Andrej

1277–1304
im Wechsel

Daniil
erhält 1263 Moskau

Michail von Twer
1304–1318
hingerichtet in Saraj

Jurij von Moskau
1319–1328

Iwan I. (Kalita, ›Geldbeutel‹)
1328–1341

Simeon (der Stolze)
1341–1353

Iwan II.
1353–1359

Dmitrij (Donskoj)
1353–1389

Wassilij I.
1389–1425

Wassilij II.
1425–1462

Iwan III. (der Große)
1462–1505

Wassilij III.
1505–1533

Iwan IV. (der Schreckliche)
1533–1584

Die Romanow-Dynastie

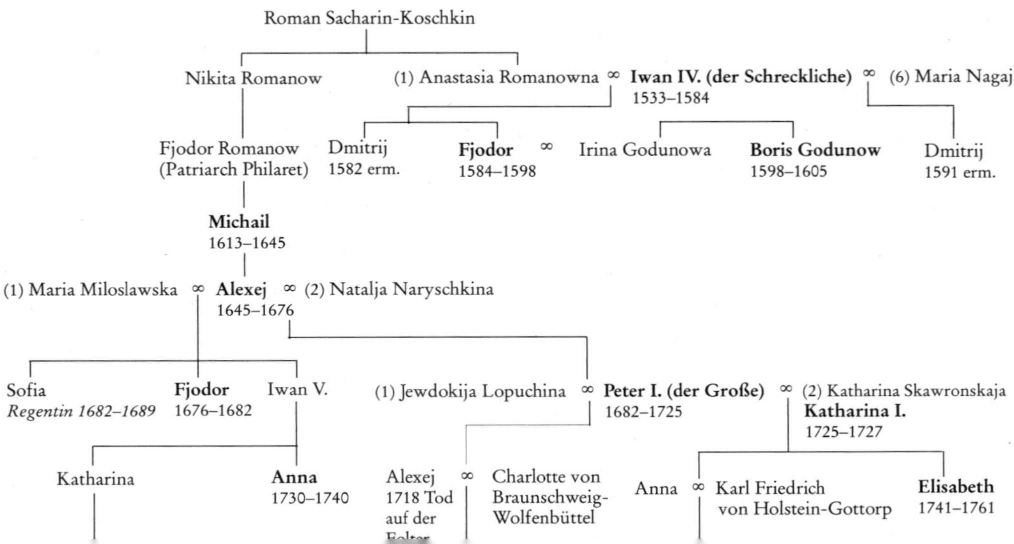

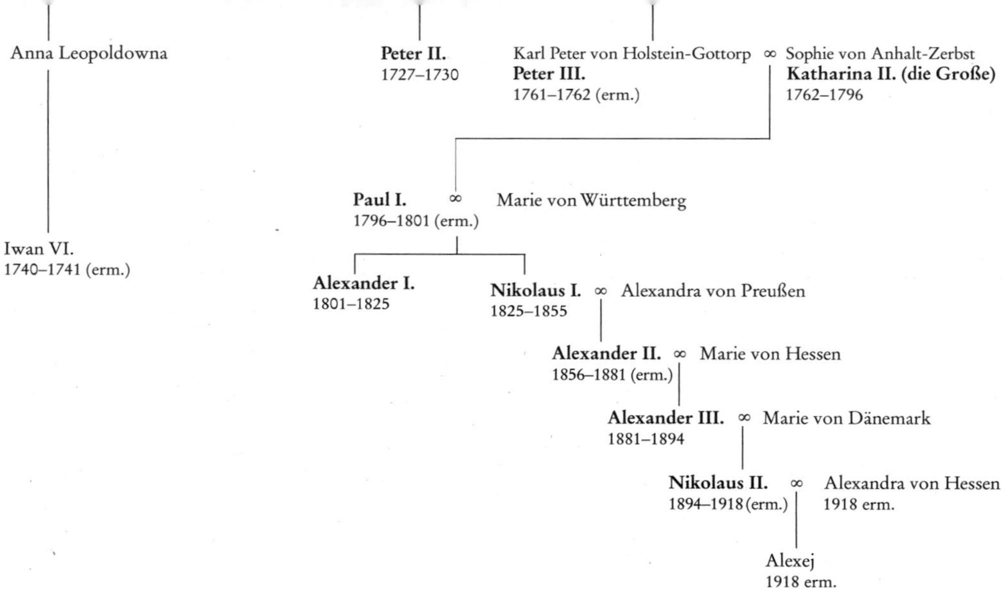
Anna Leopoldowna
Iwan VI.
1740–1741 (erm.)
Peter II.
1727–1730
Karl Peter von Holstein-Gottorp
Peter III.
1761–1762 (erm.)
∞
Sophie von Anhalt-Zerbst
Katharina II. (die Große)
1762–1796
Paul I.
1796–1801 (erm.)
∞
Marie von Württemberg
Alexander I.
1801–1825
Nikolaus I.
1825–1855
∞
Alexandra von Preußen
Alexander II.
1856–1881 (erm.)
∞
Marie von Hessen
Alexander III.
1881–1894
∞
Marie von Dänemark
Nikolaus II.
1894–1918 (erm.)
∞
Alexandra von Hessen
1918 erm.
Alexej
1918 erm.

30
Verzeichnis der Karten, Schaubilder und Tabellen

Die Karten und Schaubilder wurden, nach den genannten Quellen, vom Autor entworfen und von Theodor Schwarz, Urbach, gezeichnet.

Quellenangaben, die hier fehlen, finden sich zum größten Teil an den entsprechenden Stellen in dem vom Autor verfassten Buch *Russland / UdSSR. Geschichte, Politik, Wirtschaft* (Hannover 1991), von dem das vorliegende Buch eine durchgehende Überarbeitung und Erweiterung darstellt.

Karten

Schaubilder

Tabellen

31
Register

Unberücksichtigt bleiben Nennungen in den Literaturnachweisen und der Bibliographie.

Halbfette Ziffern verweisen auf Seiten, wo eine Person oder ein Ort ausführlicher behandelt wird. *Kursive* Ziffern verweisen auf eine Karte, ein Schaubild oder eine Tabelle.

1 Personen und Orte

2 Ethnien, Gruppen, Institutionen

3 Sachbegriffe

Nicht aufgenommen wurden die Begriffe »Kapitalismus« und »Sozialismus«, wiederkehrende Abschnittsüberschriften wie »Alltag« und Nennungen im Kapitel 26.